成华年鉴

2023

CHENGHUA YEARBOOK

成都市成华区人民政府 主办
成都市成华区地方志办公室 编

方志出版社
Publishing House of Local Records

图书在版编目（CIP）数据

成华年鉴. 2023 / 成都市成华区地方志办公室编.
北京：方志出版社，2023.12
ISBN 978-7-5144-6160-2

Ⅰ. ①成… Ⅱ. ①成… Ⅲ. ①区（城市）—成都—2023—年鉴 Ⅳ. ①Z527.14

中国国家版本馆CIP数据核字（2023）第253084号

责任编辑：王海荣
责任校对：张玉霞
责任印制：梅中英
出 版 者：方志出版社
地　　址：北京市朝阳区潘家园东里 9 号（国家方志馆4层）
邮　　编：100021
网　　址：http://www.zgfzcb.cn
发　　行：方志出版社图书营销中心（010-67110500）
印　　刷：成都市兴雅致印务有限责任公司
开　　本：889毫米 × 1194毫米 1/16
印　　张：32.5
字　　数：1252千字
版　　次：2023年12月第1版
印　　次：2023年12月第1次印刷
定　　价：268.00元

《成华年鉴（2023）》编写组成员名单

中共成华区委办公室

石　杰　周巧灵　耿　涛　吴　奎　秦　勇
张磊卿　臧颖洁　董武洋　吴　敏　万　敏
王　希　彭　江　钟　浩　谢　旭　李诗忆
王文辉　周荣胜　郝　放

成华区人大常委会办公室

王德运　王　文　郭仕文　陶　曦

成华区人民政府办公室

廖　锐　李　云　陈　弦　刘晓萍　王壮志
王　磊　曾　波　赵　喆　谭留夷　罗　兰
罗铁鑫　王道乐　杨雪凡　杨浩波　梁青松
黄诗燕　王　翠

政协成华区委员会办公室

周万生　于伟鹏　田福盈　李凤莲　林　原

中共成华区纪律检查委员会（成华区监察委员会）

周　敏　何峻洁　袁万银　刘谢平　朱春坡
幸廷婷

中共成华区委组织部

李　刚　周　浪　贺　鑫　邱常健　蒋永达
陈婉佳　鲍鑫瑞

中共成华区委宣传部

陈洪波　龚育雄　杨建春　周　卫　刘蓄瑞
杨宗忍　周　亮　唐　洵　冯　平　封　荣

中共成华区委统一战线工作部

张明英　韦　华　黄　彬　蒋建峰　刘　彬
林康琪　朱　浩　周　映　白书琴　黄琬莹

中共成华区委政法委员会

陈　双　戴延刚　何　军　漆　涛　李红兵
吴　刚　莫　毅　胡黎明　钟　锴　孙国庆

中共成华区委政策研究室

余　沁　何　涛　李芋静　唐文辉　李高旭

中共成华区委社区发展治理委员会

李科伟　颜　鹏　李松柏　谭　捷　宋　进
徐建彬　卢玥伶

中共成华区委机构编制委员会办公室

刘莉蓉　王向伟　卢大林　胡微波　鞠怀芙
张先勇　杨　颖　唐彬彬　李　博　王阳愉

中共成华区委老干部局

郭　惠　徐　槐　鲁　晴　陈雪梅

中共成华区委党校

李晓锋　李　平　王元常　干庆文　邓　莹
何徐兴　韩蕊璞　彭　浩　杨荣军　罗什菀

成华区人民武装部

吴多平　潘运中　侯　黎　王官军　王　兰

成华区人民法院

王泽轩　王　磊　董力华

成华区人民检察院

钟　磊　周宏亮　朱　远　邹小康

成华区发展和改革局

邓　伟　冯延沁　张　寒　王文君　张　宇
刘　巍　刘晋峰　许　爽　刘彦兵　雷　庆

成华区教育局

杜坤扬　陈　惠　廖　勇　刘小葵

成华区新经济和科技局

胡　甦　胡　勇　张　钰　林　超　刘振辉
罗　豪　李正乐　徐晨晨　李　幸　陈子云

成华区民政局

张　庆　曹晶晶　樊海英　刘国文　滕　强
蒋　魏　谭何军　汪超人　游　勇　王　勇

成华区司法局

郑敏逸　胡　波　李　松　周　游　郭　浩
赵　欣　牟雪琴　魏　戊　易立新　王　雪

成华区财政局

张　敏　张　瑾　先　艳　刘　毅　张兴兰
丁晓颖

成华区人力资源和社会保障局

黄　龙　李　红　许　洲　余星霖　侯佳明
胡清杰　丁　冬　张　洁　任泽兰　毛蕊洁

成华区住房建设和交通运输局

李　君　孙　峰　冯　燕　刘　刚　徐建红

张晓莉　吕政桥　何欣悦

成华区农业和水务局

王占成　高　燕　刘　武　鄢朝君　王　卉

石　胆　曾俊茜　廖永高

成华区商务局

雷　霆　王　波　刘　文　汤小东　袁　春

秦　峰　王大云　王　松　刁　壤　杨　光

成华区投资促进局

辛　甜　贾元波　邓　幸　王永春　黄　梁

成华区文化体育和旅游局

陈庆睿　钱　勇　潘　葵　张　娇　陶　棠

罗　斌

成华区卫生健康局

何　梅　许　凌　罗　岚　蒋　楠

成华区退役军人事务局

肖　伟　叶家俊　马　玲　谢文辉　肖杨凡

代莹莹

成华区应急管理局

王建沣　杨　攀　张　仙　陈世平　奚海锋

康鹏程　刘　宇　王文军

成华区审计局

方祥兰　袁　陈　刘子旖　杨皓体　冯昱夫

李　丹　罗晓容　张　挺　张丽蓉

成华区国有资产监督管理和金融工作局

刘　源　喻　哲　代虎立　黄　凯　管亚楠

张宏霆　张同林　陈秀熙

成华区市场监督管理局

贺　勇　肖　月　马　庆　廖俊杰

成华区统计局

程　松　李宏钦　邹　珊　冯婧宇　董彬影

杨　静　刘丽娜

成华区机关事务管理局

罗　曦　王雪峰　王　敏　陶　磊　赵　盼

徐　朦

成华区信访局

张　帆　储呈晖　李　剑　孔燕林　夏振华

成华区行政审批局

王　萍　杨　阳　曾炳钞　邓恢宏　杨　涛

王中宇　马骁骁　王朝荣　杨　军　高　强

成华区综合行政执法局

黄章钧　杨利勇　康　毅　景军民　张亚南

赵世波　罗姒妤　张　帆　谢　伟　李　坤

成华区公园城市建设和城市更新局

杨国亮　胥从平　刘嘉琦　李　剑　杜　魁

龙小莉　邱甲勇　向竹霞

成华区医疗保障局

陈道勇　张　军　魏东升

成都市熊猫国际旅游度假区管理委员会

李建科　杨双芹　楚　倡　袁嘉潞　杨　洋

成都市龙潭工业机器人产业功能区管理委员会

康　鸥　王　瑶　邓晨媛　伍　瑶

成都市成华区东客站TOD新城建设办公室

张金龙　童　浩　陈春祺　朱　艳

成都市成华区东郊记忆艺术区管理委员会

王　猛　苏青笠　付祥和　羊　岚　曹青云

黄　苇

成都市成华区新北天地商贸旅游发展区促进中心

杨　眉　赵　珣　杜　龙　张　冀　刘　颖

刘玉婷　杜　倩

成都市成华区建设路金融商务总部发展区促进中心

董洪彬　张　念　肖钦文

成华区智慧蓉城运行中心

苟　霞　卢俊杰　赖欢欢　李　姗

成都市公安局成华区分局

李佩弦　张　力　王　莹　谢　毅

国家税务总局成都市成华区税务局

冯文胜　邓　毅　赵元培　张灵翼　马　榔

成都市成华区规划和自然资源局

陆　军　黄　涛　张念龙　姜　潇　文小冬

李浩浩　余　波

成都市成华生态环境局

陈　新　胡族涛　张海霞　孙文成　蒲洋博雪

江　莎

成华区总工会

谢记明　熊　辉　王云杉　郑佳辉　杨祝英

龙万富　李静楠　朱　静　赵　菲　黄　茜

共青团成华区委员会

彭莎莎　曾　飞　王　兵　范晶晶　王鹭宁

韩彦龙

成华区妇女联合会

向天红　梁　琳　曾　英　任雪莲

成华区工商业联合会

董　斌　钟绪阳　于　俊

成华区残疾人联合会

唐　海　张　军　周　强　黄小芳

成华区科学技术协会

肖高林　李　冕　谢　立　王小龙

成华区红十字会

刘　燕　庹向欣　朱世芬

中国国民党革命委员会成都市委员会成华区支部

贯元波　冯新荣

中国民主同盟成都市成华区总支委员会

李宏坤　蒋松谷　王焰激　蒋　瑜

中国民主建国会成都市成华区总支委员会

吴瑜琳　李沁纹　季　筠　傅小容

中国民主促进会成都市委员会成华区支部委员会

徐　宏　冯　炯

中国农工民主党成都市委员会成华区支部

陈　英　王少坤

中国致公党成都市成华区支部委员会

王学俊　李　放　陈建萍

九三学社成都市成华区委员会

付　超　冯延伟

成华区人民政府双桥子街道办事处

袁建平　马旭东　母　芸　李青怡　杨　博

成华区人民政府猛追湾街道办事处

郭凤杰　曹　云　陈　胜　徐　跃　刘笑臣

成华区人民政府府青路街道办事处

赵　林　曾俊雄　杨祝英　侯　瑞　刘　格

成华区人民政府二仙桥街道办事处

邹　涛　邹　锐　刘　涛　毛　飞　裴　蓓

成华区人民政府跳蹬河街道办事处

李　睿　吴　刚　梁培源　蒋　明　胡婷舒

成华区人民政府万年场街道办事处

王　力　陈红松　刘　菊　焦书军　张良丹

成华区人民政府保和街道办事处

段莹莹　周　娱　罗　熠　曲运欢　黄诗忆

成华区人民政府双水碾街道办事处

欧　果　严军峰　张　科　冯伟俊　冯　敏

成华区人民政府青龙街道办事处

张道印　赵鲁星　张　剑　张森皓　张　露

成华区人民政府龙潭街道办事处

屈　何　刘云洲　刘　敏　方文杰

成华区人民政府白莲池街道办事处

马健伟　杨　健　胡　珊　涂胜果　杨桂琳

成都市成华发展集团有限责任公司

孙学东　张　瑾　李垚非　周　威　李婷玉

成都成华城市建设投资有限责任公司

罗渝江　周　胜　何　建　李晓娇

成都成华国资经营投资有限责任公司

肖　波　淦正纲　沈　阳　李　瑛

成都成华旧城改造投资有限责任公司

赵　华　邱　皓　陈爱农　李　娜　张婉清

成都成华棚户区惠民改造建设有限责任公司

胡生亮　王　勇　李　珀　包迎雪

成都东方广益投资有限公司

晏永康　袁雪飞　张　玄　陈　晶　彭春梅

成都兴华生态建设开发有限公司

曾维斌　张　波　陈　远　任凇江　胡　伟

成都大熊猫繁育研究基地

尹志东　彭　江　聂溟飞　李春燕　李　谦

成都市公安局交通管理局第五分局

杨蜀治　廖炳权　廖尚君　陈青松　陈　豪

成都市公安局交通管理局第二分局

时　建　齐　波　郭峰云　郭　征　唐　榆

成都市公安局交通管理局第三分局

陈　进　王　强　石　磊

中国邮政集团有限公司成都市成华区分公司

庞有科　牟妍妮

中国电信股份有限公司成都市成华区分公司

张思勤　莫文双

中国移动通信集团四川有限公司成华分公司

贾明珂　尹　艳　吴蓉沙

中国联合网络通信有限公司成都市成华区分公司

徐　建　赵　静

中国广电四川网络股份有限公司成华区分公司

肖　洁　刘　欣

电子科技大学

曾　勇　肖　鹏　刘赟卓　唐　灿

成都理工大学

刘清友　许　强　谢　琨　应　杰

西南财经大学天府学院

蒲果泉　黄纯国　李　锐　李　璐

成都开放大学

黄兴国　文亚军　李黎勇　陈　明

中国铁路成都局集团有限公司成都车站

丁创新　傅俊波　邓唯思　段佳玘

编辑说明

一、《成华年鉴》以马克思列宁主义、毛泽东思想、邓小平理论、“三个代表”重要思想、科学发展观、习近平新时代中国特色社会主义思想为指导，坚持辩证唯物主义和历史唯物主义的立场、观点和方法，按年度全面系统记述成华区自然、政治、经济、文化、社会、生态等方面的基本情况和发展状况，为读者了解和研究成华区提供基本资料。

二、《成华年鉴》是成都市成华区人民政府主办的大型资料性文献，首次出版于1999年，2009年开始一年一卷，2023年卷是逐年编纂连续出版的15卷，总第17卷。

三、《成华年鉴（2023）》采用分类编辑法编纂，设类目、分目、条目三个层次，以条目为基本记述单位和检索单元，条目标题均加【】表示，少数包含多方面资料的条目在文内用楷体标题标明各段的主题。

四、《成华年鉴（2023）》将生态环境类目和城市建设类目、应急管理类目调整到社会·民生类目之后；将物价管理、粮油监管分目调整到经济管理类目，社会科学分目调整到文化类目，精神文明建设、退役军人事务分目调整到社会·民生类目。全书设成华概览、特载、专记、大事记、中国共产党成华区委员会、成华区人民代表大会、成华区人民政府、中国人民政治协商会议成都市成华区委员会、中共成华区纪律检查委员会成华区监察委员会、民主党派、群众团体、法治、军事、经济管理、都市农业和工业、建筑与房地产业、服务业、产业功能区发展、教育、科技、文化、卫生、体育、社会·民生、生态环境、城市建设、应急管理、街道、人物·荣誉、附录共30个类目。

五、《成华年鉴（2023）》采用公报语体，正文结合运用记叙文体和说明文体，语言文字严格使用国家规范的简化汉字，以现代书面语为表现方式，称谓一律用第三人称，时间用年、月、日表示。

六、《成华年鉴（2023）》数字用法、标点符号用法分别采用国家标准《出版物上数字用法》（GB/T 15835—2011）、《标点符号用法》（GB/T 15834—2011），计量单位采用国家技术监督局1993年12月发布的《量和单位》系列国家标准。

七、《成华年鉴（2023）》稿件由成华区区级各部门、各街道和驻区有关单位提供，并经撰稿单位领导审核。综合性数据由区统计局提供。

学习宣传贯彻党的二十大精神

<<<<<<

10月16日，成华区委、区人大、区政府、区政协领导集中收看中国共产党第二十次全国代表大会开幕会直播

（区融媒体中心供图）

>>>>>>

10月16日，成华区跳蹬河街道党员干部收看中国共产党第二十次全国代表大会开幕会直播

（区融媒体中心供图）

10月16日，成华城投公司干部职工收看中国共产党第二十次全国代表大会开幕会直播

（区融媒体中心供图）

10月16日，成华区龙潭街道同乐社区群众收听收看中国共产党第二十次全国代表大会开幕会直播

（区融媒体中心供图）

10月26日，成华区传达学习党的二十大精神大会召开，研究部署贯彻落实工作　　（区融媒体中心供图）

2023年1月11日，区委常委、常务副区长刘嘉宁到区国资和金融局宣讲党的二十大精神　　（区委宣传部供图）

2023年1月13日，区委常委、宣传部部长马亚炜到区教育局宣讲党的二十大精神　　（区委宣传部供图）

>>>>>>>

2023年1月19日，区委宣讲团到龙潭街道华泰社区宣讲党的二十大精神
（区委宣传部供图）

<<<<<<<

11月21日，区信访局组织干部职工学习贯彻党的二十大精神
（区委宣传部供图）

<<<<<<<

12月22日，区委统战部、区民宗局、区工商联组织干部职工集中传达学习党的二十大精神
（区委宣传部供图）

10月10日，成华区迎接党的二十大胜利召开“强国复兴有我”主题活动演讲比赛决赛在区会议中心举行

（区融媒体中心供图）

11月12日，“学习宣传贯彻党的二十大精神”2022年成都市成华区“走基层”文化惠民活动交响音乐会举行

（区融媒体中心供图）

法治政府建设

成华区转变政府职能，完善依法行政制度体系，深化行政执法改革，探索基层治理现代化建设新路径，扎实推动政府工作全面纳入法治化轨道，11月被命名为全国法治政府建设示范区。

（本栏图片除署名外由区司法局供稿）

3月30日，区委全面依法治区委员会第三次（扩大）会议暨全国法治政府建设示范区创建迎检工作推进会召开

4月21日，四川大学法学教授徐继敏应邀在区政府第9次常务会上授课

4月21—28日，成华区邀请四川大学法学院、西南财经大学法学院和四川省委党校法学教授对区管干部和初任公务员集中开展“法治大讲堂”培训，并组织563人考试　（区委党校供图）

>>>>>>

4月19日，区市场监管局行政执法人员随机模拟抽考举行

>>>>>>

7月4日，法治政府建设专家为区卫健局、区人社局、区综合执法局等部门一把手授课

5月12日，区司法局在龙潭街道华泰社区广场开展“法治之光耀成华”法治文艺演出进社区活动

11月16日，区检察院到成华实验小学开展预防校园暴力普法讲座　　（区检察院供图）

4月19日，区创建办邀请法律专家到跳蹬河街道调研指导社区创建工作

12月4日宪法日，区司法局向市民发放法治政府建设宣传资料和宣传用品

4月28日，区创建办组织区级各部门召开行政决策案卷工作会

成都市成华区公共法律服务中心　（区地志办供图）

成都市成华区“律警民e点通”远程视频调解中心

二仙桥疏心姐妹调解现场　（二仙桥街道供图）

5月17日，区法院和区住建交局联合召开物业纠纷联调座谈会　（区法院供图）

6月14日，区司法局开展安全生产法律咨询服务

>>>>>>

区司法局和万年场街道、双桥子街道联合开展法律服务进万家系列活动

成华区宪法主题街区法治广场 （区地志办供图）

青龙街道致强社区新建以“民法典”为主题的法治文化广场 （区地志办供图）

熊猫国际旅游度假区做优

1月1日，成都大熊猫繁育研究基地扩建区开园，对公众开放11个大熊猫参观场馆以及多个科普场馆。熊猫基地面积由原来1035亩扩建为3570亩。上图为熊猫基地新建的西门广场，下图为新建的大熊猫场馆　（区融媒体中心、熊猫度假区管委会供图）

搬入新家的大熊猫　　（成都熊猫基地供图）

11月7日，成都大熊猫繁育研究基地参观道人车分流及观光车站改扩建工程竣工　　（成都熊猫基地供图）

8月18日，熊猫度假区IP提升工程音乐剧《熊猫》在熊猫剧场首演　　（区融媒体中心供图）

9月28日，成都大熊猫繁育研究基地2022级新生大熊猫在太阳产房集体亮相　　（成都熊猫基地供图）

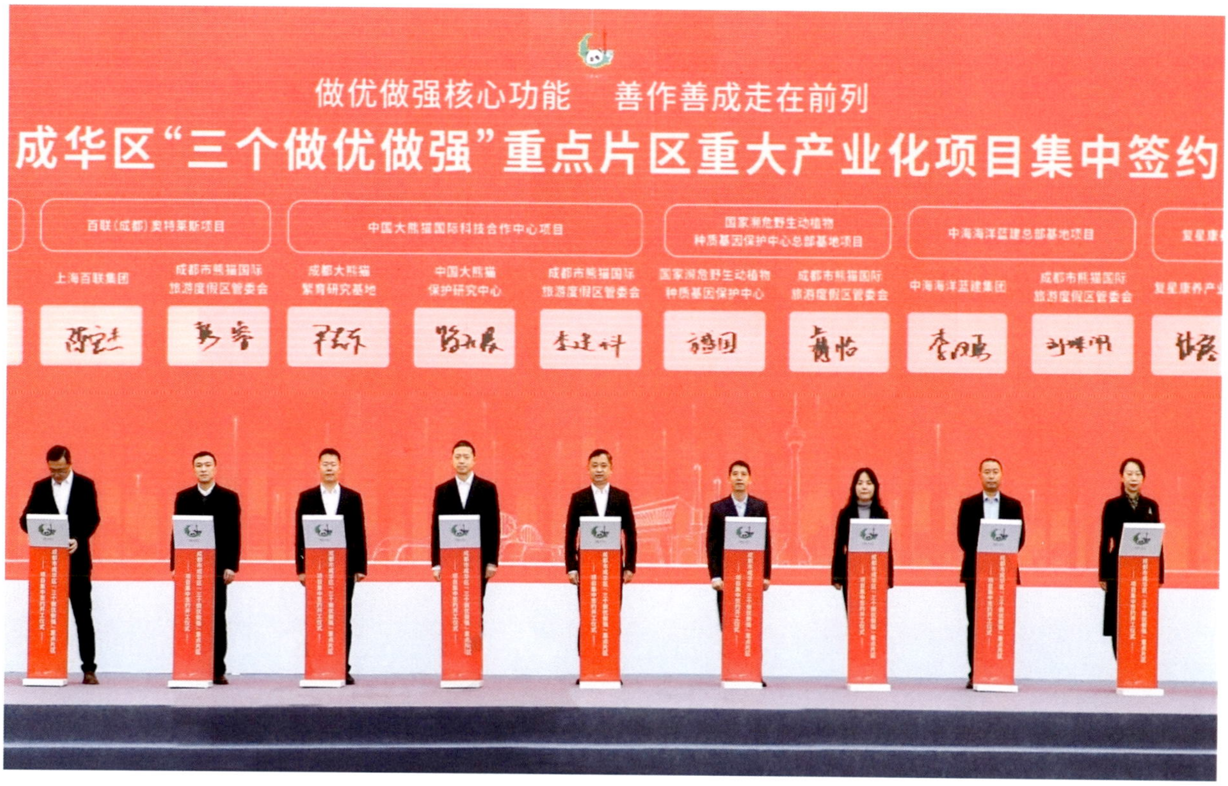

12月5日，成都市成华区“三个做优做强”重点片区项目集中签约开工仪式在成都熊猫国际旅游度假区举行

（熊猫度假区管委会供图）

12月11日，北湖泛娱乐滨水商业街云湾项目开工

（熊猫度假区管委会供图）

10月1日，北湖生态公园望湖楼餐饮综合体改造后投入使用，图为望湖楼夜景

（兴华生态公司供图）

8月17日，蜀龙路成华段获评成都市2022年夏季“最美街道”称号 （熊猫度假区管委会供图）

北湖生态公园全景 （熊猫度假区管委会供图）

6月23日，北湖生态公园露营地入选2022“最成都·生活美学新场景”。图为公园露营地一角　　（兴华生态公司供图）

人工智能生态圈构建

12月30日，联东集团品牌体验馆开放暨成都新经济园集中签约仪式举行　　（龙潭工业机器人管委会供图）

5月25日，高工机器人西部峰会暨龙潭工业机器人产业功能区推介会在呈祥国际酒店举行　（龙潭工业机器人管委会供图）

成都卡诺普智能机器人基地生产线

（龙潭工业机器人管委会供图）

四川成焊宝玛焊接装备工程有限公司生产线

（龙潭工业机器人管委会供图）

华颢鲲鹏西部产业基地鸟瞰

（龙潭工业机器人管委会供图）

“金色中环”建设

城市有机更新

3月31日，成都陶玻酒店用品城整体升级改造竣工，图为升级改造后的内部场景　（区融媒体中心供图）

成都机车车辆厂收储区地块鸟瞰　（成都锦城华创置业有限责任公司供图）

东郊记忆 · 东山艺术馆

（区地志办供图）

原成都机车车辆厂厂房更新改造为中车共享城

（区地志办供图）

11月27日，游客参观成都自然博物馆合川马门溪龙标本　　（成都自然博物馆供图）

11月23日，在成都理工大学博物馆基础上改建的成都自然博物馆开馆。博物馆建筑面积5.06万平方米，展厅面积1.70万平方米，设地质环境、矿产资源、龙行川渝、恐龙揭秘、生命探源、缤纷生命等展厅。图为成都自然博物馆鸟瞰　（区文体旅局供图）

7月11日，市民参观成都自然博物馆大竹重庆鱼化石、隆昌铁陨石　　（成都自然博物馆、区融媒体中心供图）

成华区杉板桥路夜景　　（区委宣传部供图）

成都王府井Discovery （区地志办供图）

11月8日，Discover发现之旅特色文旅街区升级改造项目竣工 （区融媒体中心供图）

7月11日，市民参观天府国际动漫城，探访成华文旅发展新成果　（区融媒体中心供图）

量子界数字文化双创产业园外景　（区地志办供图）

万科天荟城市广场　　（区委宣传部供图）

9月29日，城东体育公园综合运动场馆项目建成投入使用　　（成华国投公司供图）

>>>>>>>

8月29日，成都七中英才学校高中部投入使用，图为高中部大门

（区地志办供图）

>>>>>>>

5月22日，成都轨道交通27号线双水碾站主体结构完成封顶

（中建三局供图）

5月11日，大头河综合治理工程竣工，图为大头河桥西侧河景

（成华国投公司供图）

2022年成华区主要经济社会指标

区域面积：109.3 平方千米

年末户籍人口：84.29 万人

年末常住人口：140.29 万人

年末新增就业人员：1.42 万人

全年空气质量优良天数：303 天

地区生产总值：1360.58 亿元

第一产业增加值：0.03 亿元

第二产业增加值：522.75 亿元

工业增加值：515.60 亿元

第三产业增加值：837.80 亿元

第一、第二、第三产业构成：0.00∶38.42∶61.58

人均地区生产总值：97195 元

一般公共预算收入：91.97 亿元

一般公共预算支出：87.32 亿元

固定资产投资增长：0.9%

社会消费品零售总额：604.52 亿元

外贸进出口总额：198565 万美元

实际利用内资总额：191.15 亿元

实际利用外资总额：32.80 亿元

驻区世界500强企业：71 家

高新技术企业：480 家

旅游总收入：322.03 亿元

幼儿园：146 所　入园幼儿：3.71 万人

中小学校：55 所　在校学生：10.40 万人

驻区高等院校：4 所　在校大学生：17.70 万人

卫生机构：863 个　卫生机构病床：7761 张

图书馆（分馆）：14 个

文化馆（分馆）：19 个

社区文化服务站：83 个

剧场、影剧院：40 个

体育场馆：13 个

博物馆：4 个

各类文物保护单位：14 处

不可移动文物保护点位：25 处

国家AAAA级旅游景区：2 个

绿地面积：1538.79 万平方米

在岗职工平均工资：128825 元

城镇居民人均可支配收入：57563 元

城镇居民人均消费支出：33748 元

教育事业投入：19.22 亿元

科学技术事业投入：0.55 亿元

文化体育事业投入：1.04 亿元

卫生事业投入：12.28 亿元

社会保障和就业投入：8.18 亿元

目　录

成华概览

特　　载

专　　记

大事记

中国共产党成华区委员会

成华区人民代表大会

成华区人民政府

中国人民政治协商会议
成都市成华区委员会

中共成华区纪律检查委员会 成华区监察委员会

民主党派

群众团体

法　　治

军　事

经济管理

都市农业和工业

建筑与房地产业

服务业

产业功能区发展

教育

科　技

文　化

卫　生

体　育

社会·民生

生态环境

城市建设

应急管理

街　　道

人物·荣誉

附　录

主题索引

成华概览

编辑　李锡清

自然地理

【概况】　成华区位于成都市城区东北部，地处成都市区东大门和北大门，东与龙泉驿区交界，南与锦江区相连，西与金牛区毗邻，北与新都区接壤。地理位置介于北纬30° 33′ ~30° 44′ 、东经103° 53′ ~104° 53′ 。2022年，成华区土地面积109.3平方千米。成华区人民政府驻成都市一环路东三段148号。

【地形地貌】　成华区地处成都平原的东部，区域内地势平坦，地质构造简单，地貌类型主要由第四纪冲积平原、丘陵和台地组成，仅东北部偏高，属浅丘地带。位于白莲池街道石岭社区的磨盘山海拔594米，属龙泉山脉延伸地域，是成华区及成都市城区的海拔最高点。成华区城市部分地貌特征总体属于平原型，涉农部分位于龙泉山边缘，地势以浅丘为主，坝区约占三分之一。

【土壤结构】　成华区土壤肥沃，土壤类型以第四系黄色沉积物和白垩系上统沙泥岩风化物等发育形成的姜石黄泥土、水稻土、紫色土为主要土类。全区地表广布深厚黏性土层，土层有机含量丰富，一级土壤占50%。

（杨宗学）

【气候特点】　成华区气候属亚热带湿润季风气候，四季分明，热量丰富，雨量充足，雨热同季，降雨多在夜间。2022年，成华区域年平均温度17.6℃，最热月为8月，月平均温度31.5℃，最高气温出现在8月23日、温度43.6℃，出现在青龙监测点；最冷月为1月，月平均温度15.5℃，最低气温出现在1月31日，气温低至-1.7℃、出现在熊猫基地监测点。年平均降水量612.6毫米，24小时最大降水量出现在5月14日，降水量60毫米，出现在二仙桥监测点。无霜期365天。

（市气象局　陈青燕）

【水利资源】　成华区水源属长江流域岷江、沱江水系，地处都江堰自流灌溉区，水量充沛，过境河流有锦江、沙河、东风渠总干渠和北干渠，无径流站，地面径流主要由降雨形成。锦江（成华段）长度2400米，起于红星桥，止于东风大桥，流经猛追湾街道；沙河（成华段）长度14600米，起于刘家碾，止于五桂桥，流经双水碾、府青路、猛追湾、双桥子、跳蹬河、万年场、保和街道；东风渠（成华段）长度12100米，起于石岭社区，止于和欣社区，流经白莲池、龙潭、二仙桥、保和街道。区内沟渠纵横，既有天然形成的河道，又有人工开挖的渠道，区内南支一、南支三等人工渠道为东风渠一、二期工程的配套工程；天然河道有方家河、凤凰河、猫耳洞河、下涧槽排洪河、十陵河、黉门堰、大头河、长椿沟、秀水河等，天然河道与人工渠道贯穿全境。

（李　云）

政区沿革

【建置沿革】　成华区域最早为古蜀国地，公元前316年秦灭蜀设置成都县起，迄今有2300多年的历史。20世纪50年代，属成都市东城区、郊区及双流县、华阳县。20世纪60年代以后，属成都市东城区和金牛区。1990年9月，经国务院批准，成都市区划调整，设立锦江区、青羊区、金牛区、武侯区、成华区五个城区。成华区于1991年1月1日正式对外办公，辖原东城区划入的椒子街、双桥子、双林村、猛追湾、跳蹬河、建设路、府青路、二仙桥8个街道办事处，原金牛区划入的保和镇、青龙场、龙潭寺3个街道办事处和圣灯、保和、青龙、龙潭4个乡。

1991年1月，成华区将椒子街街道办事处更名为望平街街道办事处、双林村街道办事处更名为双林路街道办事处。1993年6月，经成都市人民政府批准，设立新鸿路街道办事处、圣灯街道办事处。1993年8月，经成都市人民政府批准，设立保和街道办事处、青龙街道办事处、龙潭街道办事处，撤销保和镇、青龙场、龙潭寺3个街道办事处，实行乡、街道一套班子两块牌子管理。1998年6月，经成都市人民政府批准，设立万年场、桃蹊路、站北路3个街道办事处。2003年7月，经成都市人民政府批准，成华区12个街道办事处调整为10个，撤销望平街街道办事处划入猛追湾街道办事处，撤销双林路街道办事处，双林路以北区域划入新鸿路街道办事处、以南区域划入双桥子街道办事处，站北路街道办事处更名为双水碾街道办事处。2004年8月，经四川省人民政府批准，撤销圣灯乡、保和乡、青龙乡、龙潭乡4个乡建制，实行街道办事处管理体制。2014年12月，经成都市人民政府批准，撤销新鸿路街道办事处划入双桥子街道办事处，增设白莲池街道办事处，将青龙街道办事处白莲池、一里塘、回龙、狮子、石岭、将军碑、白莲7个社区划入白莲池街道办事处。2019年12月，经成都市人民政府批准，撤销圣灯街道办事处划入二仙桥街道办事处，撤销桃蹊路街道办事处和建设路街道办事处，将桃蹊路街道办事处桃源社区、桃蹊社区、怡福社区、文德社区划入府青路街道办事处，将桃蹊路街道办事处踏水社区和建设路街道办事处培华路社区、建设中路社区、电子科大社区划入猛追湾街道办事处，将建设路街道办事处建兴路社区划入跳蹬河街道办事处。2020年5月，成华区对街道所辖社区进行调整，全区110个社区（村）调整为83个社区（村）。

【区名缘由】 据成都市人民政府〔1990〕141号文件，以“成华”名区有较好的地名基础，区域在历史上分属原成都县和华阳县，原华阳县“成华乡”和龙潭乡境内的“成华桥”“成华堰”等，皆因地处原成都、华阳两县交界处而得名。“成华”指代成都、华阳，是原成都县、华阳县名称的简写，也是两县作为具有悠久历史的行政地域名称恰如其分的反映。“成华”一名内涵丰富，是取古文中“华”与“花”字相通之意，蕴含有“成都之花”或“成都之精华”的意味，将“成都现代工业精华之区——新兴的电子工业集中地”体现于区名之中。

【行政区划】 2022年，成华区辖双桥子、猛追湾、府青路、二仙桥、跳蹬河、万年场、保和、双水碾、青龙、龙潭、白莲池11个街道办事处，83个社区（村），全区城镇化率100%。

（杨宗学　李锡清）

表1　2022年成都市成华区各街道基本情况表

街道名称	辖区面积（平方千米）	所辖社区（村）
双桥子街道	2.94	萩香里社区、万晟社区、新华社区、新鸿社区、双林社区、双桥路北社区、三街坊社区、水碾河路北社区
猛追湾街道	4.08	望平社区、祥和里社区、建华社区、石油社区、培华路社区、建设中路社区、踏水社区
府青路街道	5.71	八里庄社区、李家沱社区、怡福社区、文德社区、桃蹊社区、桃源社区
二仙桥街道	11.18	仙韵社区、东路社区、下涧槽社区、华林社区、圣灯社区、枫景社区、东华社区、长林盘社区、人民塘社区
跳蹬河街道	5.29	锦绣社区、杉板桥社区、跳蹬河社区、建兴路社区、跳蹬村
万年场街道	5.74	长天路社区、双福社区、槐树店社区、红桥社区、联合社区
保和街道	11.11	和美社区、和顺社区、迎晖社区、胜利社区、杨柳社区、和欣社区、斑竹社区、天鹅社区
双水碾街道	5.57	站北路社区、花径路社区、升仙湖社区、荆竹社区、横桥社区、双水碾村
青龙街道	7.99	昭青路社区、仁义路社区、昭觉社区、致强社区、东林社区、西林社区、新山社区、海滨湾社区
龙潭街道	36.48	隆兴路社区、正街社区、华泰社区、向龙社区、龙瑞社区、高洪社区、龙祥社区、桂林社区、和成社区、华冠社区、丛树社区、龙驰社区、同乐社区、同仁社区、威灵社区、院山社区
白莲池街道	13.21	将军碑社区、一里塘社区、白莲池社区、狮子社区、石岭社区

人口民族

【概况】 2022年，成华区出生人口1.13万人，人口出生率13.51‰，其中男性0.62万人、女性0.51万人；死亡人口1.33万人，人口死亡率15.92‰；户籍人口自然增长率-2.41‰。全年迁入区内人口2.38万人，迁出人口0.68万人。截至年末，成华区有常住人口140.29万人，比上年增加0.61万人，户籍总户数32.52万户、户籍人口84.29万人，比上年增加1.32万人，其中男性41.58万人、占总人口49.3%，女性42.71万人、占总人口50.7%。户籍人口中0～17岁14.67万人、占17.4%，18～34岁16.36万人、占19.4%，35～59岁34.37万人、占40.8%，60岁及以上18.89万人、占22.4%。

【人口管理】 成华区公安分局依托"e治采"，组织专人对12个派出所人口全覆盖检查，提高"一标三实"基础信息覆盖采集准确率；定期分析统计人口大数据，形成实有人口、户籍人口分析报告；加强居民身份证日常管理，执行居民身份证办证规范，审核签发居民身份证受理信息，全年办理居民身份证8.91万人。区公安分局健全流动人口服务管理体系，开展流动人口基础信息采集，并录入四川省警务综合平台。截至年末，成华区有流动人口71.29万人。

【出入境管理】 成华区公安分局加强中国公民因私出入境管理，推进出入境"放管服"改革，推出便利老年人办证、川渝通办、出境留学、定居等34项便民利民服务，完善港澳台自助签注机升级，增设自助照相机，恢复澳门旅游自助签注服务。全年办理中国公民因私出入境证件6715件次，其中护照1294件次、港澳通行证5060件次、台湾通行证71件次。

（谢　毅）

【民族宗教】 成华区居民以汉族为主，户籍人口中有汉族人口83.09万人、占总人口的98.6%，有藏族、彝族、回族、满族、土家族、羌族、苗族、蒙古族、壮族、哈萨克族等46个少数民族，户籍少数民族人口1.2万人，占总人口的1.4%。区内有成都昭觉寺、龙潭寺2个佛教活动场所。

（蒋兆龙）

表2　2022年成都市成华区户籍户数和人口分布情况表

单位名称	年末户籍户数（万户）	年末户籍人口（万人）	年末流动人口（万人）
双桥子街道	3.74	9.97	4.94
猛追湾街道	3.79	11.15	4.84
府青路街道	4.14	10.65	5.12
二仙桥街道	2.32	6.10	7.29
跳蹬河街道	3.05	7.43	5.64
万年场街道	3.41	7.85	7.91
保和街道	3.26	7.99	10.75
双水碾街道	2.38	5.46	7.22
青龙街道	3.04	7.18	9.34
龙潭街道	2.98	8.44	6.73
白莲池街道	0.41	2.07	1.51
合计	32.52	84.29	71.29

名胜古迹

【概况】 成华区历史文化底蕴深厚，名胜古迹众多，旅游资源丰富，拥有国家AAAA级旅游景区——成都大熊猫繁育研究基地、东郊记忆·成都国际时尚产业园，中国西部第一高塔——天府熊猫塔，川西第一禅林——成都昭觉寺，国家级重点文物保护单位——孟知祥墓，珍藏合川马门溪龙化石等标本6万余件的成都自然博物馆。

（李锡清）

【成都大熊猫繁育研究基地】 成都大熊猫繁育研究基地位于成华区熊猫大道1375号，占地3.07平方千米，是以大熊猫珍稀自然资源为载体的国家AAAA级旅游景区，世界著名的大熊猫迁地保护、科研繁育、科普教育和文化旅游基地，作为大熊猫迁地保护生态示范工程，以保护和繁育大熊猫、小熊猫等中国特有濒危野生动物而闻名，被誉为"国宝的自然天堂"。基地有大熊猫237只、小熊猫169只，全年接待游客173.9万人次。基地形成"产、学、研、游"一体的发展模式，开展公众研学体验、大熊猫讲堂等八大品牌科普教育活动190场次，打造园区科普展品及互动设施200处，全年线下线上科普受众1060万人次；开展港澳台青年探秘熊猫之旅、第六届两岸青年大熊猫保育实习体验营等主

10月1日，游客参观成都大熊猫繁育研究基地　　（成都大熊猫繁育研究基地供图）

题文化活动31项，被央视新闻及文艺栏目报道32次。

（李　谦）

【成都昭觉寺】　成都昭觉寺位于成华区昭青路333号，占地128亩，被列为全国重点佛教活动场所、四川重点佛教寺院。昭觉寺始建于唐贞观年间，初名建元寺，殿宇规模宏大，林木葱茏，为成都著名古刹之一，被誉为川西“第一丛林”、川西“第一禅林”，主要建筑由山门、八角亭、天王殿、五观堂、先觉堂、圆觉堂、涅槃堂、观音阁、御书楼、藏经楼等组成，年内改造佛教文化陈列馆、碧岩陈列馆，全年接待游客25.9万人次。5月6日，成都昭觉寺举行释普华荣膺住持升座仪式，释演法为释普华送座。

（果荣监院）

【东郊记忆】　东郊记忆位于成华区建设南支路1号，占地282亩，是由原成都红光电子管厂旧址改建的国家AAAA级旅游景区、国家音乐产业基地。景区以时尚设计与音乐艺术发展为定位，集数字音乐、展览演艺、时尚文创、文旅体验、戏剧等文化形态于一体，是多元文化园区、工业遗址旅游地、艺术文化展演聚落、文艺创作交流园区、成都文化创意产业高地，获评市级百佳公共文化空间。全年举办2022数字文创嘉年华·荷荷市市天府文创大集市、骁龙嘉年华、东郊记忆戏剧节、数字文创产业峰会、四川省文创大会等活动20场次，接待游客621.5万人次。

（黄　苇）

【天府熊猫塔】　天府熊猫塔位于成华区猛追湾街168号，占地10亩，塔高339米，为中国西部第一高塔。天府熊猫塔作为西部地标、成都名片和成都市科普教育及品格素质教育基地，是四川省广播、电视、微波传输发射枢纽，塔内8000平方米用以开展高空旅游、餐饮、娱乐、艺术展、室内外观光等服务，全年接待观光游客13.6万人次。

（杨　戈）

【北湖生态公园】　北湖生态公园位于成华区湖光路，占地1198亩，水体面积458亩，是集水文化、鸟文化、竹文化、客家文化于一体的生态湖区，园区有6686平方米体育长廊，15千米绿道，融入“时尚运动”和“全民健身”，被评为成都市最美公园，综合党建服务站“湖畔红心驿站”被成都市精神文明建设办公室命名为“新时代文明实践基地”。全年举办成都市首批未来公园社区建设项目启动会、成都消夏露营汽车生活节、天府文创大集市、成华潮

1月31日除夕夜，天府熊猫塔以线上AR特效灯光秀方式向全国人民拜年　　（区融媒体中心供图）

玩夜市促消费活动、国家公园邮票首发仪式等重大活动29场次，接待游客396.7万人次。

（任凇江）

【成都自然博物馆】　成都自然博物馆（成都理工大学博物馆）位于成华大道十里店路88号，建筑面积5.06万平方米，展厅面积1.7万平方米，建筑外观形似岩石、又似雪山，由6个单体组成，设地质环境厅、矿产资源厅、龙行川渝厅、恐龙揭秘厅、生命探源厅、缤纷生命厅6个展厅和2个临设展厅，馆藏古生物、岩石、矿物、矿产、宝玉石和观赏石等标本6万余件，镇馆之宝有合川马门溪龙化石、隆昌铁陨石、大竹重庆鱼化石等，集科普教育、展陈展示、科学研究、精品典藏、智慧休闲于一体。成都理工大学博物馆被中国科协命名为2021—2025年全国科普教育基地。2022年11月23日，成都自然博物馆（成都理工大学博物馆）面向社会公众免费开放，截至年底共接待游客11.56万人次。

（陈　蓉）

【孟知祥墓】　孟知祥墓位于白莲池街道石岭社区内，为五代后蜀皇帝孟知祥与其妻福庆长公主合葬墓，史称“和陵”。1971年清理发掘，和陵是一座形制独特、工程浩大的陵墓，墓葬由墓道、墓门及墓室等部分组成，除墓道用青砖铺砌阶梯外，其余部分使用青石构筑。墓冢为青石砌成的石墙宝城，墓道为斜坡阶梯式，墓门为牌楼式结构建筑、墓门与主室之间以甬道相连，墓门内侧至石门前两壁面彩绘男女宫人，墓室呈正圆形、穹窿顶正中饰以蟠龙石雕，下方四角各有小铁环。“和陵”的发掘，为研究五代后蜀时期经济社会发展状况提供实料，具有历史、艺术、科学价值。1980年7月被列为四川省文物保护单位，2006年5月被列为第六批全国重点文物保护单位。年内对孟知祥墓保护性设施设计方案进行编制、对墓葬本体进行保护，暂未对外开放。

【三洞古桥】　三洞古桥位于二环路北四段内侧，始建于清光绪末年，桥面呈弧形，桥墩为青龙石雕，四爪、龙口微张、龙身有鳞，雕工颇为精细，龙首向西、龙尾向东，分立于桥两侧；桥墩之上为桥拱，有3个拱券，红色砂石砌成。1998年6月被列为区级文物保护单位。

（庞智彬）

成都自然博物馆合川马门溪龙化石　（成都自然博物馆供图）

【龙潭寺】　龙潭寺位于龙潭街道火神庙路108号，寺院现存蜀国时期“拴马桩”“太子墩”文物印证龙潭寺曾经的“皇家印记”。龙潭寺有四大千年奇观和四大千年奇景传说，即千年龙潭、千年古井、千年古树、千年灵龟四大千年奇观，千年古刹不惧水、千年龙潭水不变、千年龙井水自出、千年古树龙化身四大千年奇景。1998年6月被列为区级文物保护单位。

【范家祠堂】　范家祠堂位于龙潭街道威灵社区6组，祠堂为两进双四合院，是传统的穿斗式川西民居建筑，穿斗式砖木结构，悬山屋顶，小青瓦屋面，由左中右三院组成。20世纪70年代，范家祠堂作为乡村小学校。1998年6月被列为区级文物保护单位。范家祠堂未对游客开放。

（方文杰）

【孙家祠堂】　孙家祠堂位于保和街道和欣社区。1926年，孙震为祭祀其父孙芷卿而建，由前中后三院组成，有正堂、厢房、廊庑等，祠堂为青砖、小青瓦，楠木雕花门窗构建的明清风格四合院。1929年，孙震利用祠堂办学校，校名“树德义务小学”。1998年6月被列为区级文物保护单位。孙家祠堂未对游客开放。

（黄诗忆）

工业遗产

【概况】　成华区作为成都老工业基地，曾拥有成都红光电子管厂、成都机车车辆厂等大型国有企业，辖区有工业遗产18处。成华区将城市有机更新与公园城市建设相结合，依托辖区富集的工业文化遗产资源，采用“留、改、建”方式实施城市更新，以“功能复合、职住平衡”导向重塑城市空间结构，以“一园一品牌、一仓一IP、一楼一总部”模式提升工业遗产综合价值，以“生态+”“公园+”理念提高城市功能品质，以“产业招引+氛围培育+业态运营”实现空间经济再生，致力打造城市有机更新示范新样板、产城人有机融合新高地。截至年底，原成都红光电子管厂改造为东郊记忆·成都国际时尚产业园，原禾创药业仓库改造为完美文创公园，原107仓库改造为萌想星球107文创产业园，原国营锦江电器厂改造为CEC784·万谷智慧产业园，原二仙桥铁路站台改造为二仙桥公园。

【成都红光电子管厂】 成都红光电子管厂改造为东郊记忆·成都国际时尚产业园。成都传媒集团在原成都红光电子管厂旧址，将具有代表性的老厂房、烟囱、铁轨等工业特色鲜明的厂区作为工业文明遗址予以保留，并与文化创意产业结合，打造成音乐产业基地——成都东区音乐公园。音乐公园先后更名为东郊记忆、东郊记忆·互联网创意产业园并挂牌成都国际时尚产业园。园区占地282亩，建筑面积20万平方米，吸引成都舞台、东郊记忆演艺中心、东郊记忆国际艺术展览中心等20个功能完善的展演场馆，成都华星璀璨娱乐有限公司、成都繁星戏剧村、成都合纵时代文化传播有限公司、成都紫光影子视文化传媒有限公司等商家入驻，涵盖数字音乐、展览演艺、创意设计、教育培训、酒店餐饮、购物零售、娱乐体验等业态，形成功能完善、体量丰富的“东郊记忆·天府文化剧场聚落”。2022年11月，东郊记忆·成都国际时尚产业园入选成都市市级文创产业园区。

【禾创药业仓库】 禾创药业仓库原为成都市医药采购站储备仓库，2019年列为成都市第十五批历史建筑保护名录。成华区联合完美世界控股集团将原禾创药业仓库8栋红砖仓库楼实施翻新加固、立体绿化及光彩工程，打造为完美文创公园，彰显东郊工业发展的辉煌历史。园区占地49亩，建筑面积12万平方米，建设以影视、游戏、音乐等数字文娱应用产业为主的文创公园，构建泛娱乐产业的联动营销平台，综合商学研游一体化产业园区，实现产业领先、文娱主导、教研相辅、文化彰显的“产、娱、教、文”四位一体发展，促进泛娱乐元素与天府文化有机融合，构建西部都市文化新地标。园区入驻完美世界西南总部、完美教育、安得音乐、北遇映画、花吃动漫、星光盒子等品牌公司120家。2022年8月，完美文创公园被认定为四川省省级众创空间。2022年11月，完美文创公园入选成都市市级文创产业园区。

东郊记忆·成都国际时尚产业园 （东郊记忆艺术区供图）

【107仓库】 107仓库原为成都市纺织品有限公司、四川省五交化公司和宝泰实业有限公司仓库，2019年列为成都市第十五批历史建筑保护名录。成华区保留标志性红砖仓库外貌，部分建筑装修维持工业风，将其改造为萌想星球·107文创产业园。园区占地33亩，建筑面积2万平方米，布局景观功能区、文旅产业平台区、布后花园生活空间三大功能板块，构建文创商务、文创商业、文化活动等于一体的综合性文创园区，形成具有独特IP的特色文旅融合产业园区，引入哆哆喵选共享直播、环球魔力、吾同体育、方糖设计、一方路文化、布后花园等69家文创企业入驻，入选2021成渝城市更新十大地标。2022年11月，萌想星球·107文创产业园入选成都市市级文创产业园区。

【国营锦江电器厂】 国营锦江电器厂改造为CEC784·万谷智慧产业园。成都万谷园区管理有限公司依托原国营锦江电器厂厂区及工业保护建筑，以“文创+、园区+”与“科创+”相结合的发展思路，围绕TMT相关主导产业，以移动信息、大数据分析、云服务为创新驱动，布局文化产业创新加速区、TMT创新孵化区、产业服务特区、研发区、创意街区、配套服务区六大功能板块，打造西南文创产业加速与科技创新融合示范区，建设具有全国影响力的文化创新中心、科技创新中心及成都市示范智慧园区，成为中国电子在西南地区

萌想星球107文创产业园 （东郊记忆艺术区供图）

的创新策源基地。园区占地78亩，建筑面积6.1万平方米，入驻九州通集团、泰盈科技、蒙娜丽莎智能家居科技3家上市公司和34家优质企业。2022年11月，CEC784·万谷智慧产业园入选成都市市级文创产业园区。

【二仙桥铁路站台】 成华区将二仙桥铁路站台进行打造，保留原成都东站货运铁路痕迹，突出铁路线遗址、城市商务区两大元素，在原来上卸货的展台位置设置特色景观，保留原轨道、列车及附属设施，重新铺设部分铁轨，保留片区铁路记忆，改造为二仙桥公园。二仙桥公园设有婚姻登记处作为全市首批6个公园婚姻登记处之一，在火车上的婚姻登记，以幸福列车为主题，涵盖结婚登记、家庭辅导、主题体验等场景。

（向竹霞）

【成都机车车辆厂厂房】 成都机车车辆厂厂房改造为中车·共享城，中车集团实施“退城入园”城市更新项目，以“工业遗产保护和TOD开发”为触媒，涵盖住宅、商业、生态、医疗、立体交通于一体的核心城区优质人居微城市，项目以“一站、两路、两心、三组团”为设计理念，一站（机车厂地铁站）、两路（创意铁轨步行景观道连接机车厂站与成都理工大学林荫大学路）、两心（两个社区文化中心）、三组团（工业主题社区组团以机车公园、四季花园、艺展中心构成，TOD核心组团2号、3号地块集中商业打造及工艺遗址改造与轨道交通结合，中车创智街区组团）。项目由6个地块组成，1号、6号地块为住宅地块，2号地块为商业地块，3号地块为商兼住，4号、5号地块为住兼商，打造精品社区配套商业。项目保留1万平方米工业遗产，改造定位为乐园中的商业、商业中的社交、社交中的生活、生活中的公园，一座室内外空间贯通的共享乐园，一个以中车火车元素为特色，兼具娱乐、餐饮、展演、办公等功能融合互动的社交目的地，定义为成都公园中城市生活方式的新地标。截至2022年底，生活区改造项目成为成都市百强示范社区和社区治理典范工程，共接待省内外各类调研302次，客流量20.1万人次，获得2019年度城市更新推动奖、2019年产业创新标杆企业、2019年中国西部示范性文创项目、2019年美好城市示范奖、2020年首届成都房地产行业高质量发展绿色发展示范奖等荣誉。

（李东青）

【成都机车车辆厂灯光球场】 成都机车车辆厂灯光球场位于二仙桥街道下涧槽社区，占地1436平方米，呈圆形，直径40米，是工业文明的重要遗存，成都近代工业建筑艺术发展的历史标本，2018年列为成都市第九批历史建筑保护名录。成华区将成都机车车辆厂灯光球场升级改造为二仙桥街道文化活动中心灯光球场，灯光球场“活化再生”成为社区数万群众的文化活动中心，球场外围篮球、剪纸、锔瓷、太极、曲艺等18个工作室环绕灯光球场，18个空间成为灯光球场文化体育发展的“活水”和

中车·共享城机车公园 （中车产业园供图）

表3 2022年成都市成华区工业遗产保护点位情况表

序号	点位名称	类型	地址	年代	工业遗产保护点位现状
1	成都机车车辆厂保留建筑	工业	二仙桥北路31号	1951年	建筑保存完整，红砖墙面具有特色
2	成都机车车辆厂厂房	制造业	二仙桥北路31号	1952年	改造为中车·共享城
3	成都机车车辆厂办公楼	服务	二仙桥北路31号	1955年	四川省文物保护单位
4	国营锦江电机厂	工业	建设北路三段168号	1956年	改造为CEC784·万谷智慧产业园
5	成都刃具厂红楼	工业	府青路二环立交桥旁	1956年	保存红色3层楼房、沿袭俄罗斯建筑风格，四川省文物保护单位
6	成都红光电子管厂	工业	建设南路4号	20世纪50年代	改造为东郊记忆·成都国际时尚产业园
7	国光电气公司厂房	工业	建设路54号	20世纪50年代	红砖房、木质构造的楼梯、褪色的墙体
8	成都石油总机厂	工业	二仙桥西路5号	20世纪50年代	建筑保存完好，时代特征明显
9	101仓库	仓储物流	八里庄路81号	20世纪50~60年代	一栋红砖仓库、两栋厂房建筑以及标志性水塔
10	禾创药业仓库	仓储物流	二仙桥西路32号	20世纪60年代	改造为完美文创公园
11	107仓库	仓储物流	建设北路三段	20世纪60年代	改造为萌想星球·107文创产业园
12	二仙桥铁路线	运输	二仙桥辖区	20世纪60年代	铁路部分已拆除，保留部分破损
13	二仙桥铁路站台	运输	二仙桥辖区	20世纪60年代	改造为二仙桥公园
14	成都机车车辆厂灯光球场	服务	下涧槽路	1982年	改造为二仙桥街道文化活动中心灯光球场
15	华西混凝土水泥供应站	建筑	二仙桥西路6号	1982年	保存完好7层水泥墙面建筑，管线、空压机房和顶层功能房
16	四川中烟工业有限责任公司成都卷烟厂	工业	槐树店路4号	1985年	建筑保存完好，工业厂房仓库群、办公室楼连成一体，建筑形式多样
17	109仓库	仓储物流	府青路三段	20世纪80年代	保存完好5层水泥墙面建筑
18	103仓库	仓储物流	八里庄路36号	20世纪90年代	保存完好6层水泥墙面建筑

"源泉"。下涧槽社区与四川省歌舞剧院合作，将灯光球场交由企业运营，引入社会资源"活化再生"，成为省、市、区重大活动举办场所，社区居民的公共文化活动空间、精神文化"家园"。2022年，举办天府文化院坝群众春晚、成华区百姓春晚暨"百优十佳"民生实事"感动成华·最美人物"颁奖活动、成华区体育进社区健身主题活动、成华区"侨连五洲·筑梦成华"产业推介会暨金秋联谊会等17场活动。

（向竹霞）

成华荣誉

【概况】 建区以来，成华区国民经济和各项社会事业得到长足发展，区域综合实力显著增强，先后获全国法治先进区、全国平安建设先进区、全国百强区、全国生态文明先进区等国家级荣誉65项，获四川省小康区、天府旅游名县等省级荣誉31项。2022年，获全国法治政府建设示范区、省级生态县等荣誉13项。

【获奖荣誉】 1996年，成华区获"全国科技工作先进区"称号。2005年，成华区被确定为"全国科技进步先进区""全国科普示范区"。2006年，成华区获"全国民政工作先进区""全国计划生育优质服务先进区"称号。2009年，成华区被确定为"首批全国和谐社区建设示范区"，获"全国文化先进单位"称号。2010年，成华区被确定为“第一批全国养老服务示范区”“全国残疾人社区康复示范区”，被评定为“全国社区教育实验区”“全国阳光体育先进区”“全国学校艺术教育先进区”，获“全国法治先进区”称号。2011年，成华区被确定为“全国素质教育示范区”，获“全国中医药工作先进单位”。2012年，成华区被确定为“国家级科技和文化融合示范基地”，被评定为“全国绿色交通示范区”。2013年，成华区被评定为“国家级养老服务标准化试点区”“全国义务教育发展基本均衡区”“首批中国文化旅游示范基地”，获“全国生态文明先进区”称号。2014年，成华区被确定为“全国社区治理和服务创新实验区”“首批全国社会工作服务示范区”“全国社区教育示范区”，获全国“六五”普法中期先进集体称号。2015年，成华区被评定为“全国中小学校责任督学挂牌督导创新区”，获“全国节约型公共机构节能示范单位”称号。2016年，成华区被确定为“全国青少年校园足球试点区”，获“全国法制宣传教育先进集体”称号。2017年，成华区被确定为“首批国家级健康促进区”“国家知识产权强县工程试点区”“国家慢性病综合防控示范区”，获“全国平安建设先进区”称号。2018年，成华区被选定为“首批国家义务教育质量监测结果应用实验区”，获“全国法治区创建活动先进单位”“全国社会治理创新示范区”“全省维护社会稳定先进区”称号。2019年，成华区被确定为“全国街道服务管理创新实验区”，获“中国最佳国际营商环境城区”“全国综合竞争力百强区”“全国生态文明建设优秀城区”“全国社会治理创新典范区”，全国“七五”普法中期先进集体称号。2020年，成华区获“全国百强区”称号。2021年，成华区被确定为“全国智慧教育示范区”，获“全国百强区”“全国幸福百强区”“全国政府采购百强区”“全国计划生育优质服务先进单位”称号，被命名为“天府旅游名县”。

2022年1月，成华区被中国科学技术协会命名为第二批全国科普示范区。4月，成华区被中共四川省委办公厅、四川省人民政府办公厅表扬为“全省去冬今春农民工服务保障工作先进单位”。5月，成华区被四川省商务厅表扬为“2022年川派餐饮创新发展先行区”。7月，成华区被赛迪顾问城市经济研究中心评为“全国百强区”，被中国互联网新闻中心评为“中国文旅融合创新典范区”，被全国市辖区旅游研究课题组评为“全国市辖区旅游综合实力百强区”。8月，成华区被第二届中国城市高质量发展与国际合作大会评为“2022区域经济高质量发展十佳区”。11月，成华区被中央全面依法治国委员会办公室表彰为“全国法治政府建设示范区”，被中国城市产业发展论坛评为“2022产业高质量发展标杆城市”，被新华网评为“2022年优化政务（投资）环境优秀城市”“2022文化铸魂实践优秀城市”“2022绿水青山就是金山银山实践先进单位”，被四川省人民政府命名为第二批省级生态县。

（杨宗学　李锡清）

经济和社会发展

【概况】 2022年，成华区实现地区生产总值1360.58亿元，比上年增长5.0%。其中，第一产业增加值0.03亿元、增长11.6%，第二产业增加值522.75亿元、增长9.7%，第三产业增加值837.80亿元、增长3.1%，第一、第二、第三产业对经济增长的贡献率分别为0.0%、55.5%、44.5%，三次产业结构为0.00∶38.42∶61.58。按常住人口计算，人均地区生产总值97195元，比上年增长4.2%。全年实现民营经济增加值444.1亿元，比上年下降0.4%，占地区生产总值比重32.6%。全年一般公共预算收入91.97亿元，比上年增长5.9%，其中税收收入70.68亿元、增长8.5%；一般公共预算支出87.32亿元，比上年增长13.0%；固定资产投资比上年增长0.9%；社会消费品零售总额604.52亿元，比上年下降3.0%；引进到位内资总额191.15亿元，比上年下降15.7%；实际利用外资总额32.80亿元，比上年增长4.9%；外贸进出口总额198565万美元，比上年增长11.3%；城镇居民人均可支配收入57563元，比上年增长4.0%。

【经济发展】 成华区全力以赴拼经济搞建设抓发展，出台“助企健康发展38条”“稳增长41条”“纾困13条”“都市工业24条”“促进消费恢复发展9条”等政策，推动经济稳定增长。成华区聚焦九大重点产业链，都市工业、现代服务业“3+3”产业体系，锁定270家目标链主企业，签约引进中核二三西南总部、腾讯PEL电竞联赛等链主及链属企业投资项目41个，落地注册科大讯飞读写科技全国总部、中国能建西南投资管理总部等链主企业项目22个。成华区强化链主企业培育，坚持“企业至上、企业家C位”，开展“送政策”“送服务”“优环境”“解难题”活动；实施优质企业培育计划，新增国家级专精特新“小巨人”企业4家，四川千里倍益康在北京证券交易所上市。成华区申报省市科技项目66项，拨付专项资金1774万元，新增瞪羚企业3家、新经济种子企业13家、高新技术企业100家。成都宏

表4　2022年成都市成华区经济社会发展主要指标情况表

指标名称	单位	实绩	比上年增长
地区生产总值	亿元	1360.58	5.0%
第一产业增加值	亿元	0.03	11.6%
第二产业增加值	亿元	522.75	9.7%
第三产业增加值	亿元	837.80	3.1%
社会消费品零售总额	亿元	604.52	–3.0%
固定资产投资总额	亿元	—	0.9%
引进到位内资总额	亿元	191.15	–15.7%
实际利用外资总额	亿元	32.80	4.9%
外贸进出口总额	万美元	198565	11.3%
一般公共预算收入	亿元	91.97	5.9%
一般公共预算支出	亿元	87.32	13.0%
城镇居民人均可支配收入	元	57563	4.0%
科学技术投入	万元	5495	–14.9%
教育事业投入	万元	192225	9.7%
中小学校数	所	55	—
中小学在校学生数	万人	10.40	8.4%
文化体育与传媒投入	万元	10443	–27.5%
社会保障和就业投入	万元	81771	17.7%
卫生健康投入	万元	122817	101.5%
卫生机构数	个	863	6.7%
卫生机构病床数	张	7761	5.2%
卫生技术人员	人	12431	2.2%

明电子股份有限公司申报市工程技术研究中心，北方石油化工（集团）有限公司申报产学研联合实验室，四川成焊宝玛焊接装备工程有限公司建设数字化车间和智能工厂，航天科工通信技术研究院、成都理工大学防灾减灾技术创新平台、四川斯艾普电子科技有限公司微波射频服务平台、成都万物互联国际物联网产业创新中心创建省部级实验室，航天科工通信技术研究院（华灿工场）双创平台获评国家级众创空间，完美文创公园、成都蜂巢金服信息技术有限公司获评省级众创空间，今日头条创作空间获评市级孵化器。

成华区推进成都熊猫国际旅游度假区、“金色中环”示范片区、蓉北商圈“三大示范片区”建设，三个片区纳入成都市“三个做优做强”首批24个重点片区。成华区制定“三个做优做强”工作方案，完成三大示范片区建设方案，谋划10个项目群、43个引领性项目。成都熊猫国际旅游度假区聚焦国际交流交往、熊猫时尚消费引领、幸福美好生活宜居三大功能，致力打造国际范、中国味、天府韵的世界级休闲旅游度假区，签约中国大熊猫国际科技合作中心、国家濒危野生动植物种质基因保护中心总部基地，推动成都熊猫海洋世界、泛娱乐滨水商业街区等项目建设，熊猫音乐剧院竣工。“金色中环”示范片区聚焦时尚消费引领与现代服务核心功能，致力打造成渝双城门户创新发展联动轴、成都公园城市有机更新示范带、成华文商旅融合发展活力廊，完成“金色中环”策规一体化深化整合方案，谋划“一轴连三段、三心带三点”的“蜀扇”延展骨架放射组合空间布局，策划片区4大项目集群24个重点项目，签约落地量子界数字文化双创产业园项目等重大项目，推动中环沿线13个片区更新项目，八里庄工业遗址片区、下涧槽片区列入全市城市更新试点项目。蓉北商圈围绕服务国内国际双循环枢纽型都市商圈总体发展定位，致力打造成渝地区双城经济圈成华区城北门户城市客厅，以“一轴一环双核多组团”为产业空间格局，构建以“枢纽+总部经济、+商务会展、+特色消费”为主导产业方向的产业生态圈，形成以“枢纽型服务业”为主导的枢纽经济产业链，策划8大项目集群26个重点项目，签约落地深业泰然成都泛娱乐文创街区项目，推进成都站站城一体综合开发项目、天府国际动漫城项目建设。

【营商环境优化】　成华区出台营商环境4.0政策，制定贯彻落实市下任务清单199条和创新突破任务清单25条；升级改造智慧政务审批管理平台，推出行政审批30项高频许可事项秒批秒办，设置“跨区域”通办专窗，实现川渝通办163项、跨省通办140项、省内通办139项、市内通办99项，区级高频事项100%跨区域通办。依托龙潭政务服务分中心、东郊创艺labs驱动中心、CEC784·万谷智慧产业园，建立“企服之家”联动政务服务制度，提供重点项目落地全流程绿色通道服务，发布海尔智家技术需求清单等城市机会清单266条，获评“2022优化政务（投资）环境优秀城市”。

【城市有机更新】 成华区紧扣"园中建城、城中有园、城园相融、人城和谐"营城理念，推进五级绿化体系建设，高铁城市公园（二期）建成开放，新建投用市政公园1个、天府绿道33千米、幸福社区绿道50条、小游园微绿地5个、立体绿化2.01万平方米、金角银边30处、公共空间品质提升5处、"两拆一增"点位73个、老旧小区改造57个、"背街小巷"整治提升6条、大运会线路点位品质提升46个、市级特色街区3个、市级园林式居住小区4个，全市"最美街道"2条，5G基站595个，公共服务设施项目开建20个，新能源充电桩安装493个。成华区轨道交通加快完善，推动成渝中线高铁项目开工，地铁8号线（二期）、17号线（二期）、27号线（一期）建设，9个车站主体封顶；道路交通网络加快完善，开工道路建设74条，其中竣工道路31条，打通断头路5条。

【生态环境优化】 成华区生态环境不断优化，设立大气污染防治联合攻坚中心，优化4个大类896个污染源，全年空气优良天数303天。成华区开展15条河渠入河排污口排查溯源和"一口一策"整治，市级考核断面东风渠、沙河水质达Ⅱ类标准，石湃渠流域实现消Ⅴ目标，沙河刘家碾饮用水水源保护区水质达标率100%，完成2个污染地块治理修复并通过效果评估。成华区践行绿色低碳发展，龙潭工业机器人产业功能区入选全省首批近零碳排放试点创建园区，杉板桥社区入选全市首批近零碳排放试点创建社区。

【智慧城市建设】 成华区加快智慧城市建设，建成区、街道两级城运平台，完成风险预警、公共安全等8大板块4个层级600个指标设置，汇聚省、市、区60家单位1087类2亿条数据；构建物联感知平台，接入42类17.51万个物联感知设备，1.84万个视频设备，全面夯实"一屏观全域、一网管全城、一体防风险"基础。成华区创新打造自建房管理等50类智慧应用场景，推进数字孪生社区试点，东方新城（二期）网约房智慧管理经验获评全国2022智慧治理创新案例。

（区发改局）

【教育发展】 成华区教育事业投入19.22亿元，优质教育总量持续扩大，新建续建中小学和幼儿园22所，新投用成都职业技术学校、成都市成华区华青学校、成都市第十三幼儿园枫叶分园等9所中小学和幼儿园，新增学位1.2万个，普惠性幼儿园覆盖率82.23%，优质学前教育资源覆盖率87.19%。全区有各类中小学校和幼儿园201所，实施"学前教育提升、小学教育强基、初中教育强校、高中教育课改"计划。成都市实验中学、成都市第三十八中学通过四川省二级示范性普通高中验收，全区有省级示范性普通高中6所。成都市双林小学、成都市成华小学、电子科技大学附属实验小学被认定为四川省义务教育优质发展共同体领航学校，四川省成都列五中学被确定为成都市普通高中新课程新教材实施引领学校，成都市成华区嘉祥外国语高级中学被确定为成都市普通高中新课程新教材实施学科实验基地。成华区创建"全国县域学前教育普及普惠发展区"和"全国义务教育优质均衡发展区"通过省级评估。

（刘小蒸）

【医疗卫生保障】 成华区卫生健康投入12.28亿元，全区有医疗卫生机构863个，卫生技术人员12431人；有省级医学重点学（专）科6个，市级临床重点专科2个，县级临床重点专科2个，设立区级医疗质量控制中心28个。成华区中医医院、成都锦官儿童口腔医院、成都冬雷脑科医院建成运营，青龙社区卫生服务中心东紫路分中心、保和兴城嘉苑社区卫生服务中心建成投用，实现政府投入社区卫生服务中心区域全覆盖，推进"15分钟健康服务圈"。成华区深化"华西—成华城市区域医疗服务联盟"，实现与华西第二医院检验检查结果互认，探索中医、口腔、精神卫生等专科联盟建设，推进优质医疗资源下沉；公共卫生服务

成都职业技术学校 （区教育局供图）

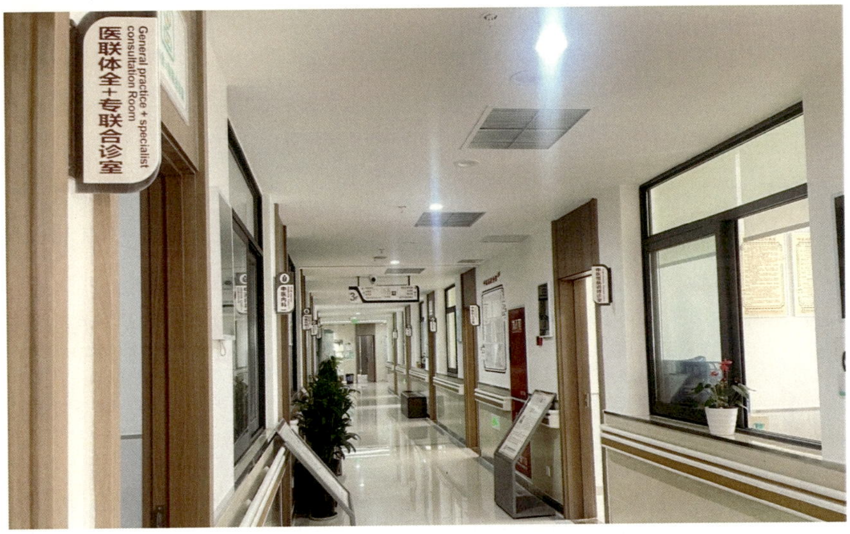

成华区青龙社区卫生服务中心东紫路分中心　　（区卫健局供图）

提质，实施孕妇外周血胎儿游离DNA产前筛查、宫颈癌综合防控试点，为6066名适龄在校女学生接种HPV疫苗1.47万剂次；开展7批次、284种药品集中采购，价格平均降幅53%，降低群众购药负担。

（罗　岚）

【文化体育发展】　成华区文化体育投入1.04亿元，全区文体事业繁荣发展，成都大熊猫繁育研究基地（二期）开园运营，天府设计展览馆、成都自然博物馆（成都理工大学博物馆）建成开放，全年开展“走基层”文化惠民等群众文化活动3914场次。全区有区图书馆1个、图书分馆13个，区文化馆1个、文化分馆18个，街道综合文化服务中心11个，社区综合文化服务中心82个，基本公共文化设施面积10.54万平方米，免费向市民开放，构建“15分钟公共文化圈”。东郊记忆·成都国际时尚产业园、萌想星球·107文创产业园、完美文创公园、CEC784·万谷智慧产业园4个园区入选成都市市级文创产业园区。朗fun商业街、猛追湾市民休闲区望平坊、地勘路咖啡文化特色产业街区3个街区入选成都市市级文创特色街区。成华区获评中国文旅融合创新典范区、2022年全国市辖区旅游综合实力百强区。成华区实施健身场地设施建设、品牌赛事培育、全民健身活动拓展、青少年体质提升、休闲运动产业发展五大重点任务，全区有各类体育场地3296个，成华区体育中心、城东体育公园等体育场馆12个，举办全国乒乓球业余锦标赛、首届“川渝”业余羽毛球精英赛、成华熊猫城市定向赛等赛事活动29场次，组织全民健身运动、体育进社区等全民健身系列活动567场次。

（周　锐）

【社会保障】　成华区社会保障和就业投入8.18亿元，全年城镇新增就业1.42万人，就业困难人员再就业995人，城镇失业人员再就业5112人，新增大学生就业创业4680人；为4.68万人次发放失业保险金7501万元，代缴医保费2258万元，打造2个示范性社区创业指导服务中心和1个高校创业指导工作室，开展各类招聘活动134场次，吸纳3400名高校毕业生就业；为2536名困难人员代缴城乡居民养老保险233万元，为3.4万家企业减免社会保险1.07亿元，完成困难群众建档221人。“一老一小”保障优化，提升居家和社区基本养老服务能力，建成家庭照护床位260张，为60岁以上低保家庭失能老年人特殊群体开展居家上门服务。

（区发改局）

11月12日，2022成华熊猫城市定向赛开赛　　（区融媒体中心供图）

特　　载

编辑　李金洁

成华区人民政府工作报告

——在成华区第八届人民代表大会第二次会议上的报告

（2022年12月26日）

成华区人民政府区长　袁顺明

一、2022年工作回顾

2022年是党的二十大胜利召开之年，是我国踏上全面建设社会主义现代化国家新征程、向第二个百年奋斗目标进军的重要一年，也是我区贯彻落实第八次党代会精神、深入实施"十四五"规划的关键之年。一年来，面对复杂严峻的外部环境和诸多超预期不利因素考验，我们坚定以习近平新时代中国特色社会主义思想为指导，深入学习贯彻习近平总书记对四川工作系列重要指示精神，全面贯彻党中央国务院、省委省政府、市委市政府决策部署，坚决落实"疫情要防住、经济要稳住、发展要安全"重要要求，统筹疫情防控和经济社会发展，统筹发展和安全，在区委坚强领导下，在区人大、区政协监督支持下，团结依靠全区干部群众，锚定"1556"总体发展思路，鲜明"三先三升"工作取向，扎实推进"631"重点项目建设，聚焦经济发展"十大重点领域工作"精准发力，深入实施"中环牵引、纵横联动、组团优强"发展策略，推动全区经济社会发展呈现稳中有进、稳中向好的积极态势，高质量发展取得新成效。

——这一年，我们坚决贯彻党中央"疫情要防住"重要要求，全力以赴战疫情、护民安，最大限度减小了疫情不利影响。始终坚持"人民至上、生命至上"，与时俱进执行国家第九版防控方案和新冠疫情防控"20条""新10条"优化措施，扎实抓好"查、防、备、管"4方面18项任务，有效应对处置"2·20""4·01""7·22""8·25"等多轮本土较大规模新冠疫情，因时因势实施分类分级健康服务和医疗救治，防控工作得到国家卫健委、国务院联防联控机制成都工作组和省市领导多次肯定。积极克服新冠疫情对经济社会发展不利影响，构建"防疫闭环""发展闭环"并行机制，创新"防疫泡泡"企业闭环生产模式，深入落实中央省市"助企纾困""两稳一保"等系列政策措施，制定出台"助企健康发展38条""稳增长41条""纾困13条"等区域帮扶政策，全年预计减税降费及退税缓税缓费27亿元、帮助近2000家中小微企业获得融资30亿元，最大限度帮助市场主体渡过难关，增强了经济发展动力和韧性。

——这一年，我们坚决贯彻党中央“经济要稳住”重要要求，全力以赴拼经济、搞建设，千方百计稳住了经济增长大盘。积极应对需求收缩、供给冲击、预期转弱三重压力，坚决落实中央省市稳增长系列决策部署，扎实做好“六稳”“六保”工作，创新推行“十指连心”经济工作法，突出抓好经济运行分析“周监测、月调度、季拉练”，每季度组织开展重大项目集中开（竣）工活动，倒排进度推动335个经济社会发展项目超额完成年度投资计划，积极参与“成都消费券”活动、大力开展“潮购成华”“品味成华”等主题消费活动，有力促进全区经济运行总体平稳、稳中向好，前三季度我区获评全市重点经济工作担当作为先进区（市）县，预计全年地区生产总值突破1300亿元、同比增长5%，全区经济总量再次跨越一个新的百亿台阶；预计完成全社会固定资产投资514亿元、总量连续十三年排在五城区首位，社会消费品零售总额607.8亿元，一般公共预算收入89.9亿元、增长3.7%，成华区综合竞争力位居全国百强区第85位、较去年上升6位、提升位数居全省百强区第一。

——这一年，我们坚决贯彻党中央“发展要安全”重要要求，全力以赴防风险、保安全，尽心尽责筑牢了安全发展底线。牢固树立安全发展理念，积极防范化解各类风险挑战，深入贯彻国务院安全生产“十五条硬措施”，统筹做好城市安全生产和防汛减灾等工作，建立健全“16+4”行业领域安全隐患排查整治“大体系”，扎实推进基层安全监管责任全区联动“大包保”，深入开展城镇燃气、自建房、耕地保护等重点领域“大整治”，持续完善食品安全“两个责任”体系，全面完成辖区第一次全国自然灾害综合风险普查，稳妥做好房地产、金融等领域风险防范化解， 扎实开展夏季治安打击整治“百日行动”、工作成效得到公安部领导肯定，统筹推进“治重化积”、扫黑除恶、全民禁毒、打击违法犯罪等重点工作，全区违法犯罪警情同比下降26.4%，全年生产安全事故起数和死亡人数实现“双下降”、未发生较大及以上生产安全事故，“3+4+5”安全生产工作经验在全省推广，市民群众获得感幸福感安全感更加坚实。

一年来，我们紧扣城市更新“优组团、优功能、优形态”，公园城区品质加快提升。深入落实市委市政府“三个做优做强”“四大结构调整”等战略部署，大力实施“中环牵引、纵横联动、组团优强”发展策略，加快构建“产城融合、功能彰显、生态宜居”的城市发展格局。坚持以功能导向优化城市空间组团，聚焦做优做强城市核心功能、特色功能，加快构建“五横五纵九组团”空间布局，圆满完成“三区三线”划定，有序腾退低效工业用地419亩，高标准推进蓉北商圈成华区、凤凰山成华片区、昭觉寺片区、中电锦江等区域城市设计，成都熊猫国际旅游度假区、金色中环、蓉北枢纽商圈三个示范片区成功纳入全市“三个做优做强”首批重点片区建设。坚持以有机更新做美城市形态风貌，大力实施“6+6+8”城市有机更新项目，统筹抓好中环沿线13个片区更新和亚光小区等57个老旧小区改造，加快推进9个公园城市示范片区建设和6处工业遗产活化利用，全面完成6条“背街小巷”整治提升和5处公共空间、46个大运会线路点位品质提升，高标准打造市级园林式居住小区4个、市级特色街区3个、“两拆一增”点位73个和全市“最美街道”2条，猛追湾片区城市更新经验被住建部在全国推广。坚持以宜居宜业提升城市生活品质，全域构建“一屏一链四脉”公园体系，高品质呈现杨柳公园二期等铁路沿线“绿丝带”景观，全年新建天府绿道33公里，新增绿地73.6公顷，规划绿地实施率达42%；大力推进城市立体交通体系建设，全力保障成渝中线高铁项目顺利开工，加快推进地铁8号线、17号线、27号线建设，竣工通车丛树配套道路四期等31条道路，全面打通峨眉山路等5条断头路；深入开展“新一轮基础设施提质、公服设施攻坚”等专项行动，全年建成5G基站595个、基本实现5G网络连续覆盖，开工建设高车三路康养中心等公服设施项目20个，建成区公服设施规划实施率达到82%。坚持以绿色低碳引领城市转型发展，完善落实“碳惠天府”机制，新增绿色建筑110万平方米、装配式建筑240万平方米，建设充电桩2000余个，居民小区生活垃圾分类覆盖率达100%，成功打造全省首批近零碳排放试点创建园区，获评“绿水青山就是金山银山实践先进单位”；深入推进两轮中央和省环保督察问题整改，扎实开展生态环境问题大排查“百日攻坚”，全力打好污染防治攻坚战，全年空气优良天数284天、排名五城区第一，完成1550户排水户内部排水管网病害治理，石滩渠等锦江重点小流域完成“消V”攻坚任务、主要河道出境断面水质优于省市考核标准，全区土壤环境质量总体稳定，成功创建省级生态区。

一年来，我们紧扣产业提质“聚链主、聚产业、聚载体”，现代产业支撑不断夯实。聚焦推动产业基础高级化、产业链现代化，大力实施产业建圈强链、重大项目攻坚大会战、招商引智“三大行动”，编制完成人工智能、都市旅游等9条重点产业链产业图谱，签约引进链主及链属企业项目41个、落地注册链主企业投资项目22个，加快构建“头部企业集聚、主导产业集群、优质载体集成”的发展格局。加快推进都市工业增效提能，深入贯彻落实成都推进制造强市建设战略部署，聚焦发展壮大“3+3”都市工业产业体系，做优“1+N”都市工业空间布局，签约引进50亿级项目1个、30亿级项目4个、10亿级项目1个，金地威新一期、人工智能谷二期等重大项目开工建设，万物互联国际物联网创新中心等重大平台项目建成投运，新增国家级专精特新“小巨人”企业4家，卡诺普入选第三批中央财政重点支持企业名单，千里倍益康成为全区第三家上市企业，预计全年规上工业企业累计完成产值960亿元，规上工业增加值同比增长10%、增速领跑成都中心城区。大力推进现代服务业崛起提能，聚焦培育壮大“3+3”现代服务业产业体系，全域构建“三轴八圈”现代商贸空间格局，统筹实施“332”商圈打造计划、总部经济“三提升”计划和楼宇经济“双千”培育计划，加快推进金地西南总部等23个省市服务业重大项目建设，成功落户科大讯飞读写科技全国总部、四川银行成都分行等一批高能级服务业企业，“君华汇”新增私募机构20家，全年竣工商业综合体项目3个、新增甲级写字楼1栋、专业特色楼宇6栋，服务业增加值增长2.3%。持续推进产业功能区高质发展，成都熊猫国际旅游度假区签约引进成都熊猫海洋世界等产业化项目11个，开工建设泛娱乐滨水商业街区，顺利通过省级旅游度假区创建初评；龙潭工业机器人产业功能区成功引进埃斯顿工业机器人智能制造基地等产业项目13个，升华电源等一批重大项目竣工投产；东郊记忆艺术区落户天府设计产业园、ICCA国际会议研究及培训中心，获评省级现代服务业集聚区和四川省“直播天府”示范基地；东客站枢纽经济发展区加快推进TOD控规调整工作，成功引进肖传国医院等6个高能级项目；新北天地商贸旅游发展区签约落地大熊猫商旅中心等高能级项目10个，天府国际动漫城打造经验获评2022文化和旅游新发展典型案例；建设路金融商务总部发展区落地注册中国能建西南总部等高能级项目，华创星空城油气大厦等8个项目开工建设。

一年来，我们紧扣动力转型“抓创新、抓改革、抓开放”，区域发展动能持续释放。抢抓成渝地区双城经济圈共建“两中心两地”等重大机遇，统筹推进创新、人才、改革、开放协同发力，区域发展新动能不断增强。激活科技创新动力，携手电子科技大学共建“两中心两学院”，支持成都理工大学建设碳中和重点实验室，全年申报省市科技项目66项，累计聚集高新技术企业400余家，“四上”企业研发经费投入增长25.3%，华灿工场获评国家级众创空间；坚持以建设全国创新人才高地特色区为统揽，出台人才发展“十四五”规划、人才新政2.0版和特色区建设行动方案，柔性引入中国工程院院士、俄罗斯自然科学院和日本外籍院士等战略科技人才4名，新引进“高精尖缺”人才100余名、“蓉漂”青年人才6000余名。深化重点领域改革，统筹推进体制机制、要素市场化、国资国企、民生领域等重点改革任务，持续深化功能区等领域“编制+员额”人事管理制度改革，政府投资项目管理机制不断完善，企业扶持激励制度改革有序推进，“服贷投”融合模式案例入选全省要素市场化配置改革试点，国企改革“三年行动”圆满收官、成华发展集团成为全省首家获得BBB+国际主体信用评级的区县级国有企业，“全国智慧教育示范区”改革试点稳步推进，深化医改工作获得市级表彰，中长期青年发展规划改革试点经验在全国推广。提升对外开放水平，充分发挥“双枢纽、双门户”区位交通优势，主动融入成渝地区双城经济圈建设、成德眉资同城化发展，成功创建“成渝高校产研融合双中心”，携手打造大竹（成都）总部经济产业园，圆满举办“中加人文交流月”等国际交流活动，成功引进世界500强紫金矿业投资项目，预计全年外商投资实际到位30.6亿元、外贸进出口总额完成130亿元。打造“赢在成华”营商品牌，出台营商环境4.0政策，全面实施政府权责清单和市场准入负面清单制度，不断完善知识产权大保护格局，切实保护市场主体和企业家合法权益，深入推进“放管服”改革，全区政务服务实现综合窗口“无差别受理”、高频事项100%可跨区域通办，成华获评2022年优化政务（投资）环境优秀城市。

一年来，我们紧扣文化赋能“创典范、创标杆、创品牌”，文商旅融合发展彰显魅力。借势大运会等“办赛营城”契机，深入推进“三城三都”建设，持续提升城市文明水平、文化品位、文商旅融合品牌，加快打造独具魅力的世界文化名城先进区。狠抓全国文明典范城市创建，大力实施市民文明素养提升等“六大攻坚行动”，高标准完成杉板桥社区新时代文明实践站建设，广泛选树各领域各行业“成华榜样·最美人物”先进典型，积极开展各类文明实践志愿服务活动4000余场，我区“灯塔下的夜行者”项目荣获第六届中国青年志愿服务项目大赛铜奖和四川省赛金奖，成华入选“2022文化铸魂实践优秀城市”。提升公共文化服务水平，积极推进“区街社”三级公共文化设施体系建设，开馆运行西南地区建筑体量最大的成都自然博物馆、为全省全市再添一处文旅新地标，高质量提升打造华林社区等2处综合文化活动中心，新增天府绿道健身新空间10个，线上线下开展全民健身及群众文化惠民活动3800余场，音乐剧《熊猫》和动画影片《第五名发家》入选四川省重点文艺作品扶持项目，“锔瓷技艺”入选第六批省级非遗代表性项目，“熊猫·云书房”公共文化服务数字化建设经验在全市推广。加强“文创”“旅游”“消费”三大名区建设，成功举办第二届四川省文创大会，“拍在四川”影视服务平台落户成华，萌想星球107等4个园区和朗fun商业街等3个街区分别入选市级文创产业园区、文创特色街区；进一步打响天府旅游名县品牌，熊猫基地二期开园运营，望平坊获评省级旅游休闲街区，预计全年接待游客2318万人次、实现旅游收入323亿元，我区在全省天府旅游名县建设考评中位列第6名，获评“2022年全国市辖区旅游综合实力百强区”“中国文旅融合创新典范区”。

一年来，我们紧扣治理提升“强智治、强共治、强法治”，基层治理创新纵深推进。聚焦治理现代化建设，创新治理理念、治理手段、治理模式，推动城市治理精细化、信息化、科学化水平不断提升。探索“智慧成华”建设，深度融入“智慧蓉城”建设体系，制定实施智慧城市建设专项规划、任务方案，试点构建“王”字型城市运行架构，创新推出自建房管理等50余类智慧应用场景，物联感知体系实现大气质量、河道水质等信息实时预警，东方新城二期网约房智慧管理经验获评全国2022智慧治理创新案例，“杉板桥数字孪生社区”获评全国数字政府治理运行创新奖。汇聚共建共治合力，构建“83个总网格+961个一般网格+6316个微网格”的“微网实格”治理架构，统筹实施18个幸福美好公园示范社区、18个示范小区建设，率先在全市启动北湖未来公园社区建设，高品质投运天府社创中心，我区7个街道和社区获评全省基层治理示范街道（社区），保和二期“信托制”物业管理经验入选全市首批小区信义治理优秀案例，成华获评全市推进幸福美好生活十大工程工作先进区。树立“法治成华”标杆，巩固拓展全省全面依法治区示范试点成果，一体推进法治城区、法治政府、法治社会建设，人民调解“五化联动”、“社区法律之家”建设规范等法治创新经验在全国推广，长天路社区获评全省首批民主法治示范社区，万象城智慧警务驿站获得中国法治政府提名奖，我区荣获全国“七五”普法先进单位，率先成为成都市唯一一个全国法治政府建设示范区，成华全面进入四川省“依法治区”“依法行政”双示范行列，成功跻身全国新时代法治政府建设典范标杆的“一流方阵”。

一年来，我们紧扣民生改善“保就业、保基本、保重点”，市民群众福祉稳步增进。深入践行以人民为中心的发展思想，用心用情解决群众急难愁盼问题，民生支出占一般公共预算支出稳定在70%以上，146件民生实事全面完成，幸福成华更有温度和质感。坚持就业优先发展，打造2个示范性社区创业指导中心，开展“直播带岗”等各类招聘活动150余场、提供岗位13万余个，发放失业保险金、就业创业补助金上亿元，城镇新增就业1.4万人、登记失业率控制在4%以内，预计城镇居民人均可支配收入增长5%。兜牢基本民生底线，城乡居民基本养老保险和医疗保险参保率分别保持在92%、98%以上，建成安置房2.28万套、筹集保障性租赁住房3500余套，完成165个既有住宅自主增设电梯项目，投入帮扶资金3100余万元助推丹巴乡村振兴。推进“教育强区”建设，新建续建学校（幼儿园）22所、年内竣工投用成都英才学校（高中部）等8所、新增优质学位1万余个，全区中小学骨干教师比例达65%，优质教育资源覆盖率突破85%，成华中小学教育整体质量跻身全市“一流方阵”，“双减”工作经验在全市交流推广。提升“健康成华”水平，与市六医院组建网格化城市医联体，新增2个政府举办社区卫生服务中心点位，区中医院新院区、锦官儿童口腔医院建成运营，全区三级医院达到6家，成华在2022年全市基本公共卫生服务及家庭医生签约服务考核中排名五城区第一，连续4年入选全市健康城市建设实践十佳案例。加强“一老一小”服务，加快推进适老适幼化改造，建成2处省级民生实事社区养老服务综合体，投用区中医院香山长岛医养结合点位，完成全国医养联合基本公共服务试点中期评估，下涧槽社区获评全国示范性老年友好型社区；扎实推动20个儿童友好社区建设，实现未成年人保护工作站街道全覆盖、线上“儿童之家”社区全覆盖，成华获评全市母婴安全保障工作成绩突出集体。

一年来，我们紧扣人民满意“提站位、提效能、提本领”，政府自身建设全面加强。坚持把党的政治建设摆在首位，全面贯彻落实新思想新理念新要求，深入学习宣传贯彻党的二十大精神，全面落实市委“五个走在前列”要求，扎实开展“重学习、转作风、强担当、提能力”“三问三比”等活动，以实际行动拥护“两个确立”，不断增强“四个意识”、坚定“四个自信”、做到“两个维护”。严格执行区人大及其常委会决议决定，自觉接受人大法律监督和政协民主监督，按时办结人大代表建议和政协委员提案454件，办复率、满意率均为100%。坚持依法科学民主决策，完善行政决策“全链条”规则，推行重大行政决策“六方联审”，从源头上推动政府行为全面纳入法治化轨道。深化行政权力制约监督，加强财政预算管理，探索纪检、审计、财会、统计“四方融合”监督机制，在全国首创窗口行业“作风监督扫码评议”模式，确保权力运行依法规范、公开透明。全面提升政务公开和网络理政质效，主动公开信息3.25万条、依申请公开397件，办理“12345”热线等平台群众诉求24.7万件、办结率100%、满意率91.3%。加强党风廉政建设，严格落实中央八项规定及实施细则精神，深化精文简会工作，创新开发“码上巡察”系统，持续用力正风肃纪反腐，大力纠治“四风”和群众身边“微腐败”问题，全区“三公”经费下降1.8%。

此外，国防动员、民兵预备役、退役军人、双拥共建、消防、人防、机关事务、信访、保密、关心下一代等工作切实加强，防灾减灾、值班值守、地方志、档案、民宗、外事、侨务、粮食等工作取得新成效，工会、共青团、妇联、科协、工商联、残联、红十字会、文联、社科联等群团组织作用有效发挥。

各位代表！过去一年，成华走过了一段极不寻常的发展历程，面对宏观经济下行压力持续加大、疫情形势跌宕起伏和接踵而至的高温、干旱、限电、地震等重重难关叠加考验，全区上下承压前行、负重拼搏、攻坚克难、砥砺奋进，取得的发展成效来之不易，值得倍加珍惜。这些成绩的取得，是习近平新时代中国特色社会主义思想科学指引的结果，是党中央国务院、省委省政府、市委市政府、区委坚强领导的结果，是区人大、区政协监督支持的结果，是历届老领导、老同志接续奋斗的结果，是省市各部门、驻区企事业单位、驻区部队、社会团体、民主党派和社会各界关心支持的结果，也是全区干部群众团结拼搏、共同奋斗的结果。在此，我代表区人民政府，向全区人民，向所有关心、支持、参与成华建设发展的国际国内朋友，表示衷心的感谢并致以崇高的敬意！

在看到成绩的同时，我们也清醒认识到，全区经济社会发展仍面临不少困难和挑战：一是疫情等不确定因素对经济恢复特别是对市场信心、消费信心带来一定影响，需求收缩、供给冲击、预期转弱三重压力仍然较大；二是高质量发展基础还不牢固，经济总量不大、产业支撑不强、发展质效不高的问题客观存在；三是城市建设和社会治理服务任务比较繁重，城市功能配套不够、环境品质不优、公共服务水平不高的短板还需加快补齐，社会治理、安全生产、风险防控等方面还面临较大压力；四是少数政府工作人员的眼界格局、专业能力、作风状态还需进一步提升。同时，受宏观经济形势和多重不利因素影响，我区地区生产总值增幅、全社会固定资产投资增幅、社会消费品零售总额增幅未达到预定目标。对于这些困难问题，我们将在今后工作中高度重视，采取切实有力措施加以解决，决不辜负全区人民的期望和重托！

二、2023年工作安排

2023年，是深入学习贯彻党的二十大精神的开局之年，也是成华区全面实施“十四五”规划、奋力推动高质量发展的重要一年。按照区委总体部署，明年的政府工作，要坚定以习近平新时代中国特色社会主义思想为指导，深入学习贯彻党的二十大精神，深入学习贯彻习近平总书记对四川工作系列重要指示精神，按照党中央国务院和省委省政府、市委市政府、区委的决策部署，扎实推进中国式现代化，坚持稳中求进工作总基调，完整、准确、全面贯彻新发展理念，主动服务和融入新发展格局，着力推动高质量发展，更好统筹疫情防控和经济社会发展，更好统筹发展和安全，全面深化改革开放，持续扩大内需，大力提振市场信心和消费活力，锚定“1556”总体发展思路，鲜明“三先三升”工作取向，扎实推进“631”重点项目建设，聚焦经济发展“十大重点领域工作”精准发力，深入实施“中环牵引、纵横联动、组团优强”发展策略，全力打好“实体经济提能、城市功能提档、民生事业提质、市场预期提振、安全韧性提升”五大攻坚战，积极争当公园城市示范区排头兵，加快建设社会主义现代化新成华，奋力打造中国西部具有全球影响力和美誉度的社会主义现代化国际大都市先行区。

明年政府工作的总体目标是：全区地区生产总值增长5%以上，全社会固定资产投资增长6%以上，一般公共预算收入增长5%以上，规上工业增加值增长7.2%以上，服务业增加值增长5.2%以上，社会消费品零售总额增长5%以上，城镇居民人均可支配收入与GDP增长同步，节能减排完成市下目标任务。

重点抓好以下六方面工作：

（一）打好实体经济提能攻坚战，推动产业高质量发展新突破。坚持把发展经济的着力点放在实体经济上，大力实施创新驱动发展战略，深入推进产业建圈强链，不断提升产业生态集聚力、产业链建构力、高端要素运筹力，加快形成制造强区和服务兴区“双擎驱动”格局，推动经济实现质的有效提升和量的合理增长。

大力推进制造业强区。坚持把先进制造业发展作为提升产业竞争力的战略高点，做优“1+N”都市工业空间布局，壮大“3+3”都市工业产业体系，力促全年都市工业营业收入突破1300亿元、规上工业企业累计产值突破1000亿元。坚持以先进制造业引领产业链现代化，大力实施企业“上云用数赋智”行动，鼓励工业企业数字化、网络化、智能化改造，支持千里倍益康等制造业企业做大做强，力促发那科创新中心、华航唯实西南研发中心等项目落地，推动埃斯顿、康拓兴业等项目开工，争创全省制造业（工业软件）创新中心，力争新落户国际国内机器人龙头企业3家以上、新增上云企业2家。坚持把传统产业转型升级作为着力重点，充分发挥西南油气田、川庆钻探等总部企业的龙头引领作用，鼓励发展以清洁能源开发为主的区域总部、管理总部，支持斯艾普等企业实施“工业上楼”，全力抓好82座都市工业楼宇载体提升打造，加快推进金地威新等标准厂房建设，力促联东U谷等工业载体年内建成投用，力争新增规上工业企业5家、“专精特新”企业10家以上。

大力推进服务业兴区。坚持把现代服务业作为产业结构调整的战略重点，优化“三轴八圈”现代商贸空间格局，做强“3+3”现代服务业产业体系，统筹实施现代服务业高质量发展“234”计划和服务业品牌打造“135”计划，全年实现服务业增加值955亿元。加快推动“三大支柱型”服务业高端发展，打造成华商贸信息化平台，力促京东超级体验店、上海三联书屋西南总部、VSPN西南总部等项目落地，加快实施成都熊猫海洋世界等文旅产业项目，推动量子界数字文化双创产业园等项目竣工、西部创意设计产业园等项目投运，确保引进现代服务业重大项目5个以上，完成旅游收入342亿元、文创产业增加值141亿元。加快推动“三大成长型”服务业集聚发展，大力发展“枢纽+城际商旅、健康服务”等特色产业，力促新华健康西南区域总部等项目落地，加快引进树兰医疗等一批国内领先特色医疗机构；持续推进新兴金融特色发展，突出财富管理、数字金融、并购产业三个重点领域，抓好亚太并购大厦、享宇科技等龙头项目，新增设20亿元成华区产业投资基金，为实体经济发展注入更多金融活水。

大力推进科技创新驱动。坚持创新在现代化建设全局中的核心地位，做优政府搭台、创新引领、人才主角、产业发展“四维”创新生态环境，推进创新链、产业链、人才链、金融链“四链”深度融合，力争全年引育高新技术企业20家以上，新增科技领军人才10名以上、“高精尖缺”人才100名以上、“蓉漂”专业人才6000名以上，高新技术产业主营收入达到780亿元。着力完善校院企地协同创新机制，推动重庆大学城“成渝高校协同创新基地”、西南大学产业技术研究院“双城协同创新中心”落户，抓好高新技术企业梯度培育，力争创建各级各类创新平台5个，实现重大专利成果落地转化10项以上，全区“四上”企业研发投入持续增长。着力完善人才引育留用全链条机制，深入实施“东骄英才”“东骄俊杰”“产业教授”三大计划，建立健全重大产业项目与顶尖人才（团队）双招双引机制，加快建设西部高技能人才培育总部，提升打造“两站一基地”等高能级人才平台，持续办好“蓉漂杯”高层次人才创新创业大赛等品牌赛事，广泛集聚各层级各领域英才，奋力建设全国创新人才高地特色区。

大力推进改革开放赋能。狠抓经济领域重点改革，深化国资国企市场化改革，试点国有企业混合所有制改革，力促区属国企资产规模达到1750亿元、自持物业350万平方米；深化投融资改革，充分发挥“蓉易贷”服务中心、“服贷投”投融资服务中心资源整合作用，力争帮助企业融资30亿元，破解中小微企业融资难题；探索数字化改革，激发数字经济活力，增强数字政府效能。扩大全方位各领域开放合作，主动融入国内国际“双循环”，积极投身成渝地区双城经济圈、成德眉资同城化等区域合作，鼓励支持企业参与“品质川货”“电子商务年会”“组团出海”等国内国际商贸交流活动，申建中国（四川）自由贸易试验区协同改革先行区，力争全年实际到位外资30亿元、外贸进出口总额达133亿元。

（二）打好城市功能提档攻坚战，夯实公园城区宜居宜业新支撑。深入践行绿水青山就是金山银山理念，以争当公园城市示范区排头兵为统揽，以实现碳达峰碳中和目标为方向，以做优做强中心城区核心功能为目标，不断满足人民群众日益增长的优美生态和宜居宜业需要，着力打造实践“两山”理念的先锋城区。

加快做优公园城区核心功能支撑。深入实施“中环牵引、纵横联动、组团优强”发展策略，大力实施778亩低效工业用地腾退转型，全力抓好北湖未来公园社区、熊猫地球村等重点片区规划建设，进一步完善“金色中环”策规一体化方案，大力推动“金色中环”建设率先突破，加快打造以“金色中环”为牵引的老工业区转型发展标杆。梯次实施“6-15-30”片区有机更新，加快推进迎晖路片区等20个城市更新项目、启动实施八里小区北片区等6个城市更新项目，全年完成112个老旧小区改造提升，高质量推进八里庄工业遗址片区、下涧槽片区城市更新国家级试点项目建设。全力做好“三个做优做强”重点片区示范建设，抓紧实施熊猫国际旅游度假区、“金色中环”、蓉北枢纽商圈10个项目集群、43个引领性支撑性项目建设，高标准做好熊猫国际旅游度假区产业规划设计，启动蓉北商圈成华区成都站站城一体综合开发（客运+双塔）项目，奋力打造公园城市示范区中的“示范区”。

加快提升公园城区宜居宜业品质。狠抓高品质公服设施建设提升行动，全年开工建设公服配套项目20个，建成投用5G基站500个。深化交通畅行工程，全力做好成自铁路、成渝中线高铁以及地铁8号线、17号线、27号线项目保障，支持保障成南复线、成绵复线高速及成金简快速路建设，启动成都东站等TOD项目建设，优化调整新建小区、商业体、大中型楼盘公交站点，实施道路建设50条、竣工24条，打通断头路6条，建成区路网密度提升至8.4公里/平方公里。狠抓特色风貌塑造行动，统筹实施60个“两拆一增”点位、20处“金角银边”、3个网红打卡点打造，做美做靓干道立面、街道店招、光彩照明等城市部位，打造市级“美丽街区”2个，塑造让居者心怡、来者心悦的城市风貌。

加快推动公园城区绿色转型发展。统筹实施五级生态网络和“两轴两带四河四道”绿道体系建设，推进9个公园城市示范片区建设，新建4个市政公园，新增30公里绿道、7个小游园微绿地、1.4万平方米立体绿化，打造成华片区高标准农田示范点，筑牢蓝绿交织、景城相融的生态本底。打好蓝天碧水净土保卫战，落实“林长制”“河长制”“田长制”，巩固提升中央、省生态环保督察和长江经济带问题整改成效，确保空气质量优良天数率不低于78%、基本消除重污染天气，城市黑臭水体、重点小流域治理成果持续巩固，省市考核断面水质达Ⅲ类以上，污染地块安全利用率高于90%。深入落实“四大结构”优化调整行动方案及配套措施，培育绿色循环经济体系，系统构建低碳行为场景，探索生态价值转化新途径，全面执行绿色建筑标准，启动生活垃圾分类标准化街道国家试点建设，新建1000个充电桩，确保完成市下能耗双控指标，争创国家级节水型社会建设达标区，加快打造全域“无废城区”。

（三）打好民生事业提质攻坚战，顺应群众对美好生活的新期盼。坚持把群众对美好生活的向往作为高质量发展的出发点和落脚点，始终聚焦民生关切、顺应民生需求、办好民生实事，努力让现代化建设成果更多更公平惠及全体市民群众。

扎实抓好稳就业促增收工作。坚持就业优先战略，完善高校毕业生、农民工、退役军人、残疾人等重点群体就业支持体系，全年推动城镇新增就业1.2万人、城镇登记失业率控制在4%以内、确保动态消除“零就业”家庭。坚持以稳市场主体促进稳就业，建立健全常态化援企稳岗帮扶机制，全面落实降费减负、困难行业稳岗返还、就业创业补助等政策，切实帮助企业降低用工成本、稳定就业岗位。优化就业创业公共服务体系，加快建成市公共实训基地、市就业创业训练院等载体，积极开展重点企业职工项目制培训、成华区青年创业大赛等活动，精准提供就业指导、岗位推荐、托底安置等服务。着力提升居民收入水平，充分运用税收、社会保障、公益慈善等分配调节机制，持续推进共同富裕。

扎实兜牢基本民生保障底线。大力推进多层次社会保障体系高质量发展，全面落实社会福利、退役军人服务保障等制度，建立健全分层分类的社会救助体系，深入实施全民参保计划，城乡居民基本养老、基本医疗保险参保率分别保持在94%、98%以上。坚持“房住不炒”，完善多主体供给、多渠道保障、租购并举的住房制度，支持刚性和改善型住房需求，筹集保障性租赁住房4000套、建成安置房项目10个。巩固拓展脱贫攻坚成果，高质量实施援建项目18个，力争实现四川省对口帮扶先进集体“五连冠”。

扎实推动重点公共服务扩面提质。聚焦办好人民满意的教育，深化教育高质量发展“五大行动”，年内建成中小学（幼儿园）6所、新增优质学位9250个，推动优质教育资源覆盖率达到88%，争创全国学前教育普及普惠区、全国义务教育优质均衡发展区。聚焦做优全方位全周期健康服务，加快推进3家区属公立医院升级改造、省第一中医医院建设，建成投用2个政府举办社区卫生服务中心点位，认真落实新阶段疫情防控各项举措，持续深化“华西—成华城市区域医疗服务联盟”“华西妇儿专科联盟”建设，力争高质量通过国家级慢病示范区复审。聚焦更好满足群众精神文化需求，全力争取首届中国群众文化品牌发展大会等重大节会和中甲联赛等知名体育赛事落地成华，高标准筹办2023年成都大运会成华赛区工作、全国乒乓球业余锦标赛暨“业余球王”总决赛，高质量办好成都国际友城青年音乐周等国际文化交往活动，全年开展群众性文体活动3500场以上，争创中国民间文化艺术之乡。

扎实办好“一老一小”服务保障实事。大力营造尊老爱幼社会氛围，加快推动适老适幼环境改造，全面抓好老幼友好型城区建设，持续扩大托育托幼和养老服务供给，构建普惠性托育体系和居家社区机构相协调、医养康养相结合的养老服务体系，开展“蓉易托”社区智慧托育中心和“蓉易养”社区智慧医养中心试点建设，建成区级智慧养老指挥中心、3个社区养老服务综合体，新增普惠性养老床位200张，积极创建全国医养结合示范区。

（四）打好市场预期提振攻坚战，激发经济增长稳中有进新动力。统筹推进扩大内需和供给侧结构性改革，积极促进投资调结构提能级、消费扩总量提质量，全力帮助市场主体纾困解难、赋能增效，持续提振市场预期，充分激发市场活力。

全面扩大有效投资。充分发挥投资对稳增长的关键性作用，牢固树立“项目为王”理念，精准对接国家省市投资导向和产业政策，深度谋划一批牵动性大、撬动性强、综合效益好的重大项目，不断夯实经济稳增长项目支撑。全力抓好重大产业项目招引攻坚行动，聚焦九大重点产业链补链强链延链，加快招引一批投资规模大、产业层次高、创新能力强、带动效应好的重大产业项目，力争引进落地链主及链属企业投资重大项目及高能级项目18个以上、其中投资总额达30亿元项目5个，产业化项目实际到位内资185亿元。深挖城市建设投资潜力，围绕重大基础设施、重大公共服务、重点片区更新开发、新基建等领域，加快策划推出一批高质量城市建设项目，全力争取更多项目纳入省市重大基础设施发展规划、进入上位政策和资金盘子。强化重大项目全生命周期管理和分类提级调度，严格执行“牵头区领导+配合区领导”联系督导项目机制和“行业+综合”调度机制，坚持每月召开项目调度会、M20经济运行分析会，加快推进337个经济社会发展项目特别是39个省市重点项目建设、完成年度投资588.7亿元以上。

全面激发消费活力。充分发挥消费对经济发展的基础性作用，抢抓成都建设国际消费中心城市机遇，大力实施消费升级“三百三千”计划，持续扩大消费规模、创新消费供给、升级消费结构、提升消费环境，加快建设时尚消费引领体验地。加快打造品质消费新场景，全力推进万象城、杉板桥、猛追湾建设路等八大商圈升级扩容，高品质建设“昭觉里”等一批特色商业街区和熊猫野趣度假等一批主题消费新地标，力争打造消费新场景10个以上。不断丰富优质消费新产品供给，积极融入成都“买全球、卖全球”消费服务平台，加快引进培育首店、时尚、定制、体验等高端消费供给主体和消费型总部，推动本土消费产品“增品种、提品质、创品牌”，引进品牌首店35家以上。加快培育多元消费新业态，提升发展夜间经济、周末经济等特色经济，加快发展直播电商、社交电商等消费新模式，积极开展“成华潮玩夜市·烟火成都”等系列消费活动，大力推动熊猫基地创建5A级景区、成都熊猫国际旅游度假区争创国家级旅游度假区、望平坊争创国家级旅游休闲街区，全力促进成华人气、商气、烟火气尽快回归，全面打响“成华消费”“成华休闲”品牌。

全面提振市场信心。坚持把稳增长的基点放在稳市场主体上，深入落实“两个毫不动摇”方针，用好用实中央、省、市、区助企纾困帮扶政策，高效推动刚性政策“免审即享”、普惠政策“免申即享”、惠企资金“直达快享”，真心实意帮助市场主体解难题、渡难关、复元气、增活力，以政府主动服务、靠前服务、优质服务提振市场信心和社会预期。坚持把产业转型升级的重点放在优质市场主体引育上，深入落实优质企业培育、总部企业招引、民营企业繁荣“三大计划”，不断完善“动态遴选、靶向招引、精准培育、激励扶持”工作机制，持续助推市场主体“个转企、分转子、小升规、规上市”，加快推进宏明电子、卡诺普等企业上市进程，力争全年新增市场主体5.3万家以上、“四上”企业200家以上。坚持把提升区域经济活力的原点放在优化营商环境上，深入开展营商环境对标创新行动，高标准推动营商环境5.0政策落地落实，创新构建成华“54321”企业服务体系，做好第五次全国经济普查相关工作，努力打造服务效率最高、办事体验最佳、综合成本最低的西部营商环境高地。

（五）打好安全韧性提升攻坚战，构建统筹发展与安全的新格局。科学把握超大城市中心城区发展规律，牢固树立全周期管理理念，不断增强城市安全韧性，持续提升城市治理科学化、精细化、智能化水平，加快打造现代化治理的示范样板。

持续提升“智慧成华”建设水平。坚持以“智慧蓉城”建设为牵引，优化“王”字型城市运行架构，建强智慧城市运行大脑，实体化运行城运中心，启用“区+街道”两级城市运行管理平台，加快实现“一屏观天下、一网管全城”。完善智慧城市建设基座，加强基础设施智能化升级改造，加快物联感知体系和区级数据资源体系建设，以“报表通”平台建设利用夯实人口基础数据底座，持续做强智慧城市前端感知、数据采集、协同计算和联动处置基层支撑。丰富智慧城市应用场景，聚焦公共服务、公共安全、公共管理各领域，加快开发“智慧+”应急、教育、养老、文旅等应用，新打造一批智慧社区，不断提升“AI+12345”热线诉求办理质效，加快实现政务服务“一网通办”、公共服务“一网通享”、社会诉求“一键回应”。

持续筑牢“平安成华”防控体系。深化立体化、信息化、现代化社会治安防控体系，强化“三张清单”管理和“诉源治理”，常态开展“治重化积”、扫黑除恶、全民禁毒等工作，建好群众工作之家，完善社会矛盾纠纷多元调处化解机制，高标准开展市域社会治理现代化试点，争创全省平安建设先进区。稳妥推进房地产、金融、征地拆迁等重点领域风险防范化解，严厉打击防范电信网络诈骗、非法集资等违法犯罪行为，提升市民风险防范意识和能力。强化食品药品安全全链条监管，抓深抓实“16+4”行业领域安全隐患排查整治，健全应急管理体系，完成9个应急救援分中心建设，提高防灾减灾救灾和突发事件处置保障能力，争创全国综合减灾示范社区、四川省食品安全示范区、省级安全发展示范区。

持续汇聚“和谐成华”共治合力。全力抓好全国文明典范城市创建工作，大力实施“文明提升”“社区共创”等行动，积极倡导“文明交通”“文明养犬”等行为，持续开展“成华榜样·最美人物”先进典型评选，弘扬文明和谐新风尚。持续推进党建引领“微网实格”治理体系建设，构建完善三级网格服务管理架构，实现“一支队伍统管、一张网格统揽、一套机制统筹”，打造11个“微网实格”治理示范点位。完善基层社会治理体系，健全基层民主协商和“五社联动”机制，加强社区综合服务供给和社工服务体系建设，进一步推广信义治理模式、完成4个小区信托制物业导入，争创全国基层社会治理创新区。深化法治成华建设，拓展全省全面依法治区示范试点和全国法治政府示范创建成果，推进“法治成华、法治政府、法治社会”一体建设，打造民法典广场、“六个一”普法等新品牌，争创全国“八五”普法中期先进单位、全国民主法治示范社区。

（六）抓好人民满意的服务型政府建设，营造风清气正干事创业新气象。坚持把党的领导贯穿政府工作全过程、各领域，深入践行“五个走在前列”重要要求，持之以恒转作风、提效能、强本领，坚决做到让党放心、让人民满意。

旗帜鲜明讲政治、铸忠诚。坚持以习近平新时代中国特色社会主义思想为指导，深入学习贯彻党的二十大精神，深刻认识“两个确立”的决定性意义，进一步增强“四个意识”、坚定“四个自信”、做到“两个维护”，不断提高政治判断力、政治领悟力、政治执行力，始终在政治立场、政治方向、政治原则、政治道路上同以习近平同志为核心的党中央保持高度一致，全力推动中央省市和区委决策部署落地落实、见行见效。

坚定不移重法治、严履职。严格执行区人大及其常委会决议决定，大力支持人民政协履行职责，认真办理人大代表建议和政协委员提案，扎实办好民生实事人大代表票决制建议项目。严格落实重大行政决策程序和“三重一大”事项决策机制，全面提升行政决策公信力和执行力。自觉接受人大法律监督、工作监督和政协民主监督，强化监察、司法、审计、统计监督，主动接受社会和舆论监督，深化政务公开，确保政府各项工作在法治轨道上运转、权力在阳光下运行。

真抓实干强担当、提效能。坚持团结奋斗、发扬斗争精神，用好时间工作法、问题工作法、一线工作法、效果工作法，加快推进效能型政府、学习型政府建设，进一步强化政府工作人员专业理性、精进务实作风，激励干部职工想干事、能干事、干成事，切实推动政府工作提质提效。

持之以恒转作风、葆廉洁。深入落实全面从严治党要求，严格落实中央八项规定及其实施细则精神，全面加强政府系统党风廉政建设和反腐败工作，持之以恒纠“四风”树新风，以零容忍态度惩治“微腐败”，严控一般性、非刚性支出和“三公”经费支出，做到干部清正、政府清廉、政治清明。

各位代表！实干踏平坎坷，奋斗铸就辉煌。让我们更加紧密地团结在以习近平同志为核心的党中央周围，全面贯彻落实党中央国务院、省委省政府、市委市政府和区委决策部署要求，锚定“1556”总体发展思路，鲜明“三先三升”工作取向，扎实推进“631”重点项目建设，聚焦经济发展“十大重点领域工作”精准发力，深入实施“中环牵引、纵横联动、组团优强”发展策略，全力打好“五大攻坚战”，积极争当公园城市示范区排头兵，加快建设社会主义现代化新成华，为奋力打造中国西部具有全球影响力和美誉度的社会主义现代化国际大都市先行区而努力奋斗！

名词解释

经济发展“十大重点领域工作”：指区委七届十二次全会提出的“楼宇经济、总部经济、商圈建设、都市工业、新经济新赛道、科技创新、投资工作、培育新消费、人口经济、城市更新”等经济发展十大重点领域工作。

“十指连心”经济工作法：指右手五指抓发展：抓项目扩大有效投资、抓企业激活市场主体、抓消费激活市场需求、抓投资培育未来支撑、抓就业改善民生；左手五指抓保障：政策落实保障、资金保障、土地要素保障、营商环境保障、经济运行调度保障。

“3+4+5”安全生产工作经验：“3”指安全生产隐患大排查、问题大整治、行业大监管三大举措；“4”指统筹员协调员纪检员能力提升、基层治理吹哨、责任包保划片、“互联网+”执法四大行动；“5”指监管底数、常态检查、隐患整改、培养人才、全民参与五个抓手。

五横五纵九组团：“五横”指沿成华大道、蜀都大道、蓉都大道、成洛路、蜀龙路五条主干道，策划打造集交通轴、产业轴、文化轴、生态轴、景观轴“多轴合一”的五大综合廊道；“五纵”指把一环路、二环路、中环路、三环路、四环路，分别策划打造为独具特色、彰显魅力的五大主题发展轴；“九组团”指打造猛追湾建设路组团、华润万象城组团、东郊记忆组团、熊猫基地北湖组团、东客站组团、龙潭片区组团、昭觉寺组团、驷马桥组团、北站升仙湖组团九大组团城市空间布局。

“6+6+8”城市有机更新项目：指2020年启动的八里庄工业遗址片区、小龙桥市井文化特色街区、龙潭新型产业园区（一期）、崔家店南路中烟（一期）特色街区、下涧槽片区（一二期）等6个城市更新项目，2021年启动的龙潭新型产业园区（二期）、崔家店西片区2号地块、崔家店东片区、猛追湾熊猫电视塔文旅休闲片区（一期）、槐树店片区、铁塔厂市民特色街区等6个城市更新项目，以及2022年启动的龙潭西片区、猛追湾熊猫电视塔文旅休闲片区（三期）、崔家店西片区1号地块、蜀都大道片区、迎晖路片区、万年场片区、蓉北商圈升仙湖片区、昭觉里片区等8个城市更新项目。

“3+3”都市工业产业体系：指区委七届十次全会提出的构建“总部工业、楼宇工业、新型工业和数字通信产业集群、人工智能产业集群、工业互联网产业集群”都市工业体系。

“1+N”都市工业空间布局：指区委七届十次全会提出的，加快打造以龙潭新经济产业功能区为支撑，以N个产业社区（街巷）、特色楼宇为补充的空间布局，不断增强都市工业发展承载能力。

“3+3”现代服务业产业体系：指区委七届十次全会提出的构建“现代商贸、文化创意、都市旅游”三大支柱型服务业和“枢纽服务、医疗健康、新兴金融”三大成长型服务业体系。

“三轴八圈”现代商贸空间格局：指区委七届十次全会提出的，加快建设中环路文商融合发展轴、二环路主题商贸发展轴、成华大道文化旅游发展轴，培育打造东客站商圈、北站升仙湖商圈两个“门户枢纽商圈”和猛追湾建设路商圈、昭觉寺商圈、华润万象城商圈、东郊记忆商圈、驷马桥商圈、熊猫基地北湖六个“百亿商圈”。

“332”商圈打造计划：指区委七届十二次全会提出的高起点打造万象城、杉板桥、驷马桥三个百亿商圈，高标准打造东客站、昭觉寺、蓉北升仙湖三个主题商圈，高水平打造猛追湾建设路、熊猫基地北湖两个顶级商圈。

六大攻坚行动：指《成都市争创全国文明典范城市十条措施》提出，针对老旧院落、农贸市场、背街小巷、交通秩序、市政基础设施、市民文明素养六个方面实施攻坚行动。

三问三比：指“当公务员为了什么、在现在岗位上干了什么、将来要做好什么”讨论和“比作风、比本领、比实绩”评比。

重大行政决策“六方联审”：指重大行政决策经纪委、财政、审计、政法、府办、司法六方审查。

“6-15-30”片区有机更新：指策划包装覆盖成华全域的50个片区城市更新单元，计划每年启动不低于6个，“十四五”期间累计启动不低于30个、完成不低于15个片区城市有机更新项目。

“两轴两带四河四道”绿道体系：“两轴”指新成华大道、中环路，“两带”指天府绿道、熊猫绿道，“四河”指锦江、沙河、方家河、东风渠绿道，“四道”指熊猫大道、川陕路、蜀龙路、成洛路。

教育高质量发展“五大行动”：指成华教育高质量发展示范行动、教师队伍素能提升行动、教育区域协同发展行动、教育服务能力提升行动、教育综合改革创新发展示范行动。

消费升级“三百三千”计划：指区委七届十二次全会提出的计划，即力争到2025年，打造100个城市特色消费新场景、塑造100个知名消费新品牌、引进100个国际国内新首店，建成商业消费载体1000万平方米以上、“四上”企业突破1000家、全区社消零总额突破1000亿元。

“五社联动”机制：指社区与社会组织、社会工作者、社区志愿者、社会慈善资源的联动机制。

“六个一”普法：指“点一点、听一听、扫一扫、喊一喊、寄一寄、拨一拨”智慧普法新模式。

专 记

编辑 李锡清

成华区创建全国法治政府建设示范区

成华区承接四川省全面依法治区示范试点，开展全国法治政府综合示范创建，勇担法治政府“率先突破”使命，扛起依法行政“示范带动”责任，奋力争创全国法治政府建设示范区，扎实推动政府工作全面纳入法治化轨道。2022年11月，中央全面依法治国委员会办公室印发《关于第二批全国法治政府建设示范地区和项目命名的决定》，成华区被命名为全国法治政府建设示范区，进入全国新时代法治政府建设的典范标杆行列。

一、全面强化组织领导，保障法治政府建设率先实现突破

健全“一把手抓”体制机制，组建以区委书记、区长任“双组长”的法治政府示范创建领导机构，区委区政府坚持每月研究示范创建重点工作，区委区政府主要负责人先后3次专题研究法治政府建设工作，构建形成高位推动、高效落实的工作格局，充分激活了法治政府建设内生动力。科学绘制法治建设五年蓝图，编制全区法治建设“一规划两方案”，一体推进法治成华、法治政府、法治社会协同进步。构建“全面覆盖”责任体系，制定落实《党政主要负责人履行推进法治建设第一责任人职责规定》，健全完善“一级目标督法治”“年终述职述法治”“政治巡察巡法治”等制度机制，认真组织开展法治政府建设专项督查，积极推动法治政府建设各项工作落实见效。完善“学法用法”常态机制，健全会前学法、任前考法、年度述法、实践用法、宪法宣誓等领导干部学法用法机制，创新“法治大讲堂”“学法大测评”等形式，聘任法学专家和资深律师50人组建区级法律顾问团，在全区69家党政机关、区属国有公司普遍建立法律顾问制度，全覆盖培训测评领导干部、初任公务员和行政执法人员1万人次，显著提升了公职人员运用法治思维法治方式推动改革发展稳定的能力。

二、加快转变政府职能，推动有效市场有为政府更好结合

深入推进“简政放权”增效，深化证照分离改革和智慧社区代帮办实践，在全区直接取消涉企经营许可事项68项、将许可事项改为备案管理12项、实行告知承诺事项37项，实现“一件事一次办”范围不断拓展，获评“全省镇村便民服务标准化规范化便利化建设成效显著单位”。深入推进“政务便民”扩面，深化“一网通办”前提下的“最多跑一次”改革，在全省率先启用老年人证等特色电子证照，实现行政审批31项高频许可事项秒批秒办。深化“综合一窗”改革和“跨区域”通办，95%以上审批事项实现“一窗”分类办理，区级高频事项实现100%跨区域通办。深入推进“法治化

营商环境”提档，坚持“企业至上、企业家C位”导向，出台国际化营商环境4.0政策，统筹推行224项营商环境任务清单和182项“提醒服务”工作事项清单，帮助100家中小微企业快捷获得2亿元首贷融资，成华区获评2022优化政务（投资）环境优秀城市和成渝地区双城经济圈最佳投资城区。深化信用监管实践，打造智慧政务“优信办审批+”应用场景，实现“信用越好、办事越易、受惠越多”，该项目入选全国第二届政务服务软实力数字化实践典型案例，被评为2022年度成都市法治政府创新项目第一名。

三、健全完善制度机制，提升政府依法行政能力水平

完善依法行政制度体系，加强行政规范性文件“制定—审查—备案”全流程管理，完善行政规范性文件“后评估”制度、全面和专项清理制度，全年区政府行政规范性文件合法性审查率、报备率、报备及时率、规范率均达100%。健全依法决策制度机制，完善重大行政决策“年度目录清单、法定程序账图、合法性审查细则、实施后评估规定、责任追究办法”等“全链条”制度规则，创新重大行政决策“六方联审”机制，大力推行“两级顾问咨询+承办部门初评+区司法局审查”四步工作法和合法性审查“闭环管理”机制，全年完成重大行政决策事项、区政府合同等合法性审查311件、提出审查意见1800余条、合法性审查率达到100%。成华重大行政决策案例被评为2022年度成都市重大行政决策示范案例第二名。优化政府法律顾问制度，建立政府法律顾问“择优选任、统筹调用、激励约束、动态调整”管理机制，构建50名区四套班子法律顾问团、7个重点行政执法部门公职律师和69个区级相关单位法律顾问工作体系，高水平推进“一社区一法律顾问”全覆盖。

四、持续深化改革创新，促进严格规范公正文明执法

深化综合行政执法体制改革，深入推进应急管理和卫生健康领域的综合执法改革，有序向街道下放第二批行政处罚事项33项，建立健全应急管理、市场监管、综合执法协同联动机制和行政执法、刑事司法移送衔接机制，有力促进行政执法质效提升。加强行政执法规范化建设，全面落实行政执法“三项制度”，严格实施行政执法事前、事中、事后“三公开”持续规范行政执法文字、音像、档案“三记录”，认真落实重大执法决定法制审核“五必审”目录清单，2022年全区重大执法决定法制审核制度执行率100%。创新行政执法理念方式，探索构建“律师随队执法、群众随案监督、服务随件联动”执法模式，积极推行包容审慎柔性执法，编制并公开从轻处罚、减轻处罚、不予处罚事项“三张清单”1373项，2022年完成食品药品、安全生产、生态环境、城市管理等重点领域行政处罚1500余件，有力维护了企业群众合法权益。

五、统筹加强制约监督，确保权力运行依法规范公开透明

全面完善综合监督体系，主动接受人大、政协和社会监督，全年区政府办理人大代表建议、政协委员提案454件，按时回复率100%、办理满意率100%，自觉接受法院司法监督，全年区政府作为被告的行政应诉案件157件，重大行政案件行政机关负责人出庭率100%，生效裁判执行100%，司法建议、检察建议按期办复率达100%。全面加强行政执法监督，深化四川省行政执法协调监督改革试点工作，深入开展行政执法队伍“大学习大练兵大比武”活动和“人民群众最不满意行政执法突出问题承诺整改”活动，先后对30个执法部门近年来所有行政执法案卷进行全面评查，有力促进行政执法规范化水平提升。全面深化政务公开，深入推进政务公开制度化、标准化、信息化建设，2022年全区主动公开政务信息31611条，依申请公开政府信息按期办复率达100%。大力推进政府网站优化升级，区政府网站位列“2022年中国政府网站绩效评估”全国第6名、成都市第1名。

六、聚焦城市长治久安，探索基层治理现代化建设新路径

强化行政复议化解行政争议“主渠道”，稳妥实施行政复议体制改革，推动人员编制、办案场所、工作经费、设施设备“四提升”，健全完善“全流程标准作业”“一府两院协作联动”等机制，全年依法办理行政复议案件和被复议案件171件，行政复议决定履行率100%，行政诉讼败诉率显著低于全国平均水平。筑强人民调解化解社会矛盾纠纷“主阵地”，坚持矛盾纠纷多元化解，推动人民调解与行政调解、司法调解联动，全年调处基层各类矛盾纠纷1636件、涉及金额1.12亿元、群众满意率99.7%，有力促进全区矛盾纠纷、群体性事件、违法犯罪警情数量实现“三连降”，人民调解“五化联动”改革、司法所“六个一”建设经验被司法部推广。唱响全社会尊法学法守法用法“主旋律”，围绕发挥法治“最大公约数”效应，全覆盖构建“区街社”三级15分钟公共法律服务圈，集成打造宪法主题街区等“3+N”法润成华新地标，高质量制作传播“十部”法治主题视频，先后在央媒省媒推出“百篇”法治成华宣传报道，“成华司法”跻身全国十大司法行政微博，成华区“社区法律之家”经验被写入全国“八五”普法规划，获评全国“七五”普法先进单位。

（成华区法治政府建设领导小组办公室）

成华区幸福美好生活十大工程实施

2022年，成华区幸福美好生活十大工程秉持“以人民为中心”的理念，以“建好幸福城、提升幸福感”为主线，解决群众急难愁盼，统筹疫情防控和民生与社会事业发展，推进重点民生项目建设。成华区“十大幸福美好工程”社会影响力、项目显示度、市民参与度提升，被表彰为成都市推进幸福美好生活十大工程先进区（市）县，成都自然博物馆项目获得成都市幸福美好生活十大工程2022年“人民阅卷十大市民点赞项目”第二名。

一、十大工程建设推进情况

成华区按照幸福美好生活十大工程工作计划，推进居民收入水平提升工程、高品质公共服务倍增工程、生活成本竞争力提升工程、城市通勤效率提升工程、城市更新和老旧小区改造工程、生态惠民示范工程、稳定公平可及营商环境建设工程、青年创新创业就业筑梦工程、智慧韧性安全城市建设工程、全龄友好包容社会营建工程建设，全年幸福美好生活十大工程实施项目138个，总投资8856170万元，其中社会投资7975900万元、政府投资880270万元，年度计划投资1060820万元，完成投资1137342万元，完成年度计划的107.2%。全年实施重点项目23个，年度计划投资609000万元，完成投资612000万元，完成年度计划的100.5%。

二、主要工作成效

突出人本导向，建成一批惠民利民的重大项目。成华区聚焦一老一小、教育、医疗等重点领域民生项目，建成家庭照护床位260张，发放高龄津贴3014.61万元，新建中小学和幼儿园9所，新增学位1.2万个，新备案托育机构14家；配建人才公寓172套，新增保障性租赁住房3500套（间），拆迁安置房24758套；完成双福三路等5条道路整治，实现31条道路竣工，新增立体绿化2.01万平方米，完成双庆路、成洛路等绿道建设33千米；新建政府举办社区卫生服务中心2家，四川省第一中医医院、3家三级区属公立医院、6个社区卫生服务中心建设项目加快推进，全区有二、三级医院19家；推动城市有机更新项目策划包装、项目报批和工程建设，项目完成投资52.1亿元，重点抓好中环沿线13个片区城市更新项目，八里庄工业遗址片区、下涧槽片区纳入成都市城市更新试点项目。

突出问题导向，办好一批群众急难愁盼的民生实事。成华区提升就业质量，西南油气田、华为生态链上下游企业、成都轨道交通集团等优质企业，为应届高校毕业生筹集就业岗位2000个，盒马鲜生、朴朴等企业筹集岗位500个；强化特殊群体兜底保障，为3.92万人次低保对象发放最低生活保障金3454万元，为856人次特困供养

表5　2022年成都市成华区幸福美好生活十大工程项目推进情况表

序号	工程名称	项目数（个）	项目总投资（万元）	年度计划投资（万元）	年度完成投资（万元）	年度投资完成比例
1	居民收入水平提升工程	7	36650	10080	10200	101.2%
2	高品质公共服务倍增工程	14	522648	190570	190570	100.0%
3	生活成本竞争力提升工程	2	29800	29800	29800	100.0%
4	城市通勤效率提升工程	49	375752	196600	230702	117.3%
5	城市更新和老旧小区改造工程	13	7307415	422358	464658	110.0%
6	生态惠民示范工程	26	215918	141307	141307	100.0%
7	稳定公平可及营商环境建设工程	1	80	72	72	100.0%
8	青年创新创业就业筑梦工程	2	255889	15861	15861	100.0%
9	智慧韧性安全城市建设工程	3	10325	10305	10305	100.0%
10	全龄友好包容社会营建工程	21	101693	43867	43867	100.0%
	合计	138	8856170	1060820	1137342	107.2%

对象发放特困人员救助供养费96.05万元，实施临时救助550人次，发放临时救助108.74万元，为554人次特殊困难群体儿童发放基本生活费54.37万元；实施生态惠民“五大行动”，全年空气质量优良天数303天、综合指数4.19、改善幅度5.4%，三项指标位列五城区第一，省考核断面水质综合指数排名全省第二。成华区开展积案难案化解法律服务，走访群众1228批3638人次，办理群众网上信访、来信4374件，办理人民网网民留言1751件，按期受理、回复率100%。

突出服务导向，实施一批便民利民措施。成华区出台成华人才新政2.0版，将“青年人才筑梦工程”纳入《成华区人才发展“十四五”规划》，打造“圆梦坊、青创园”等7个就业创业指导中心，为1200名高校毕业生提供各类就业创业服务；实施全链条“秒批”改革，深化“证照分离”改革，扩展“优信办审批+”应用场景，推行“跨域办”“零接触”“免费用”服务，实现非涉密依申请服务事项网上可办率100%，全程网办事项99.08%，“一网通办”能力巩固提升专项行动五城区领先。全区构建党建引领“微网实格”治理三级体系，做优做强微网格“最小治理单元”，组建18948名微网格员队伍参与基层治理，畅通联系群众、服务群众“最后一米”。

（成华区幸福美好生活十大工程推进领导小组办公室）

成华区“金色中环”重点片区建设

2022年，成华区“金色中环”被市委、市政府确定为全市“三个做优做强”重点片区，按照“市级统筹、区域联动”原则，组建由“市领导+市住建局牵头+成华区委区政府实施+市规划和自然资源局、市商务局和成都交投、成华国投等市区两级部门”和国企配合，协同推动的跨层级重点片区开发建设工作推进专班，形成市、区、管委会（街道）上下联动、内外协同三级工作推进机制。成华区加强“金色中环”重点片区建设组织领导，成立由区委、区政府主要领导任“双指挥长”，区级相关领导任副指挥长，区委办、区政府办等49个单位主要负责人为成员的“金色中环”重点片区建设指挥部，负责统筹贯彻落实市委、市政府“三个做优做强”有关决策部署，组织实施重大项目，指导督促检查有关工作落实情况。指挥部下设城市有机更新、文创业态育新、文商融合创新、宜居生活焕新、规划资源保障、招商引智促进和综合协调7个“金色中环”重点片区建设攻坚工作专班，形成全区“一盘棋”、上下“一条心”、各方“大参与”局面。

一、“金色中环”策划规划编制

成华区对标上海市金色中环示范带，秉持“总体策划、片区开发、轴线带动、组团打造、地标增色”思路，聚焦“时尚消费引领与现代服务”核心功能，编制“金色中环”策划规划一体化方案，面向全球征集成华区“金色中环”策划规划一体化概念方案，由上海同济城市规划设计研究院有限公司和世邦魏理仕（上海）管理咨询有限公司中选进行编制。成华区推进策划规划大编制，中选设计团队专题研讨，编制《成华区“金色中环”策划规划一体化深化整合方案》《成华区“金色中环”策划方案》《成华区“金色中环”高质量发展三年行动计划方案》。截至年底，“金色中环”策划规划方案正优化调整、规范完善。

二、重点片区项目建设

成华区开展“金色中环”重点片区项目集群攻坚大会战，梳理“金色中环”项目106个，总投资1230.4亿元，年度计划投资169.8亿元，完成投资174.5亿元，完成年度计划的102.8%。成华区纳入全市攻坚大会战重点项目24个，总投资597.1亿元，开工22个，年度计划投资66.3亿元，完成投资68.9亿元，完成年度计划的103.9%。成华区以城市有机更新优化功能空间承载力，坚持“保护传承、优化改造、拆旧建新”并举，叠加嵌入交通、生态、新基建、智慧城市等元素，统筹推进13个“六片十芯”城市有机更新、“中环四苑”等9个老旧小区项目，6月在全市重大项目建设现场推进会上，市委书记施小琳实地视察八里庄工业遗址片区城市更新红仓101天府设计产业园项目。成华区以文创业态育新激发产业发展新活力，秉持“文化遗存、文创空间、文旅地标、文商街区”四位一体打造理念，统筹实施18处工业遗址保护性再造、产业化改造、景区化营造，梯度形成分布有序、彼此关联的十大特色文创产业园和一批“工业风、文创范”网红打卡地；以文商融合创新提升消费潮流引领力，推进城市商圈商业载体打造、消费场景营造，促进消费模式升级、空间升级、业态升级、品质升级，打造国际化、时尚化发展的消费引领区和文商旅融合发展魅力新高地；以宜居生活焕新增强宜居宜业吸附力，以“优质普惠、共享可及”为导向，实施“现代化基础设施提质、公服设施攻坚、智慧蓉城应用场景构建”等行动，推动中环沿线整体品貌提升，打造“片区里”好学校、“社区旁”名医院、“小区边”畅行路、“家门口”运动馆，让中环片区功能更完善、配套更齐全、服务更便利。

表6　2022年成都市成华区“金色中环”片区纳入全市“三个做优做强”重点项目情况表

序号	项目集群	项目名称	项目地址	总投资（万元）	年度投资（万元）	年度工作目标	项目业主
1	城市有机更新	八里庄工业遗址片区城市更新项目	北至仙韵二路，东至二仙桥北路、建设北路三段，南至文德路，西至府青路三段	761446	80000	完成老旧小区和市场改造、搬迁签约工作	华天文旅公司
2		崔家店南路中烟（一期）特色街区城市更新项目	东至长秀路，南至技师学院，西至规划道路，北至和泰东一路	288000	13500	完成搬迁签约工作	锦城华创公司
3		迎晖路片区城市有机更新项目	东至建材路，南至迎晖路，西至沙河，北至槐树店路	421000	0	上市出让部分土地	锦城华创公司
4		槐树店片区城市有机更新项目	东至槐柳二路，南至御风一路，西至槐杨路，北至成洛大道	676000	50000	启动征收及配套建设工作	锦城华创公司
5		下涧槽片区城市有机更新项目（一期）	东至十里店路，南至中环路二仙桥东路，西至二仙桥北路，北至东华一路	224400	30000	启动征收工作	锦城华创公司
6		下涧槽片区城市有机更新项目（二期）		336600	10000	启动征收工作	锦城华创公司
7	时尚体验消费创新	万科天荟二期项目	杉板桥路369号	330000	100000	主体封顶	成都传媒文化置业有限公司
8		龙之梦鹏瑞利新城C地块	邛崃山路988号	350000	0	完成方案设计	成都汇峰商业置业有限公司
9		龙之梦鹏瑞利新城D1地块	邛崃山路988号	80000	10000	主体施工	成都长峰房地产开发有限公司
10		东方希望上东里	建材路39号	150000	30000	完成施工图设计及审批	成都东方希望天玺实业有限公司
11		和悦广场	迎晖路与中环路交会处	100000	10000	完成全部桩基工作	润渝置业有限公司
12	现代服务业态育新	中车共享城项目	二仙桥北路31号	550000	45000	一期投入使用，二期完成竣工备案，三期进入装饰，四期进场施工	中车科技园(成都)有限公司
13		合信K101项目	二仙桥西片区	300000	56000	5、6号楼主体施工，14号楼主体封顶	成都知德置业有限公司、成都晶誉置业有限公司

续表6

序号	项目集群	项目名称	项目地址	总投资（万元）	年度投资（万元）	年度工作目标	项目业主
14	现代服务业态育新	天府国际动漫城项目	昭觉寺东侧	195000	80000	项目主体封顶	四川旅投漫话世界旅游开发责任公司
15		禾创文创产业园区项目（一、二期）	二仙桥西路398号	140000	28000	1号、4号楼主体施工，2号、3号楼主体完工	成华旧改公司
16		中演华天演艺中心（101文化综合体建设项目）	中环路八里庄路段外侧规划红线范围	81279	5000	完成剧场50%基础施工	成华旧改公司
17		量子界数字文化双创产业园	二仙桥北路31号	32390	17770	推进工程建设	锦城华创公司
18	宜居生活焕新	省第一中医医院建设工程项目	华林一路与人民塘路交叉口	200000	20000	推进工程建设	锦城华创公司
19		成华区妇幼保健院新址建设项目	八里庄路53号	106245	40000	项目主体封顶	成华旧改公司
20		东客站片区国际学校项目	迎晖路南侧	38000	4200	项目开工	成华国投公司
21		中车配套幼儿园建设工程项目	二仙桥北路31号	17800	6000	项目主体封顶	成华棚改公司
22		中车养老设施修建项目	二仙桥北路31号	45000	16000	推进工程建设	成华棚改公司
23		城东体育公园综合运动场馆	G42沪蓉高速旁	18000	18000	项目完工	成华国投公司
24		市田径网球运动训练中心配套工程项目	御风一路以南	42000	500	项目开工	锦城华创公司

三、招商引智

成华区“金色中环”区域产业化项目实际到位内资105.16亿元，投资重大项目及高能级项目7个，“专精特新”工业项目2个，实际到位外资14.93亿元。成华区开展土地招商，制作2022年度《成华区土地招商项目册》，中环供地34块，分别为东郊记忆艺术区12块、东客站枢纽经济发展区12块、新北天地商贸旅游发展区10块，促成复星康养西南区域总部、中国金茂新山城项目等“链主企业”项目签约，中国能建西南区域总部项目、深业泰然成都泛娱乐文创街区等3个“链主企业”项目注册落地。举办成华区城市价值推介会等重大推介活动26场次，完成202家知名企业“一对一”项目推介，复星康养西南区域总部、中国能建西南区域总部项目等重点项目达成战略合作。

四、改革创新推进

成华区坚持“以工改工”，以产业发展为导向，推进低效空间提质增效，提升工业遗产空间能级，下涧槽片区、八里庄工业遗址城市有机更新项目改革成果在国家和省级层面推广，为美丽宜居公园城市建设、超大特大城市转型发展提供“成华方案”。成华区围绕公园城市示范区建设、聚焦“三个做优做强”，以疏解非核心功能、治理“大城市病”为切入点，推进八里庄工业遗址城市更新、东客站TOD等重点片区控规调整；优化便民商业服务设施，加强生活服务供给，打通便民服务驿站、智慧生活、智慧社区，构建“15分钟公共服务圈”。

（成华区实施“中环牵引、纵横联动、组团优强”发展策略工作领导小组）

成华区对口支援丹巴县经济社会发展

2022年，成华区对口支援丹巴县第十年。10月19日，成华区召开对口支援丹巴县10周年工作座谈会，两地签订战略合作协议，聚焦丹巴县乡村振兴，将对口支援丹巴县工作与巩固拓展脱贫攻坚成果同乡村振兴有效衔接。全区全年投入各类财政帮扶资金3101万元，实施产业援助、乡村振兴、民生保障、人才培养、医疗援助、教育发展、产业就业7个方面17个项目。成华区“立体打造乡村振兴示范村助力丹巴拓展全域乡村旅游新空间”的经验做法，入选新华网2022文化和旅游新发展典型案例和2022乡村旅游新空间优秀案例。

一、对口帮扶推进

成华区按照省、市工作安排部署，将对口帮扶工作纳入全区一级目标管理，健全“日常管理定期联系、重大工作定期协商”机制，在区委常委会、区政府常务会、对口支援领导小组会议专题研究帮扶工作6次，区纪委监委、区绩效考评中心等部门对帮扶项目推进情况、资金使用情况等开展检查，确保对口帮扶工作务实、过程扎实、结果真实。成华区落实党政“一把手”互访会商制度，10月11日，丹巴县县长李瑛率队到成华区对接对口支援工作；10月19—21日，区委书记赵春淦率队赴丹巴县检查对口支援工作开展情况，与丹巴县党政主要负责人会商对口支援相关工作。

成华区科学编制2022年对口帮扶计划，结合五年规划，融合丹巴县经济社会发展、资源禀赋特色产业，围绕产业援助、人才培养、教育发展、基层治理等重点项目，明确2022年对口支援目标、重点任务、援助项目和资金总量，推动乡村振兴示范点位打造。围绕巩固拓展脱贫成效与乡村振兴有效衔接工作要求，投资966万元打造江达村乡村振兴示范点，带动当地100户群众就地就业增收，形成民族地区农旅融合发展示范效应；投资806万元打造邛山村乡村振兴示范点，挖掘美人谷发源地脉络，将邛山村作为丹巴全域旅游景观节点，展示丹巴嘉绒文化，带动丹巴县全域旅游产业升级，推动丹巴乡村振兴发展；抓好就业创业指导中心建设等就业培训项目，评选认定县级就业创业基地5家。

二、对口帮扶资金保障

成华区按照对口支援经费按上年度地方公共财政预算收入0.5%现金方式，及时、足额划拨各类财政帮扶资金3101万元，其中规划内财政资金2741万元、规划外全域帮扶资金360万元；加大专项资金监管，确保资金安全规范使用，实现资金统筹安排、规范管理、监管有效；加强项目动态管理，提升项目管控水平，重点推进半扇门团结村现代农业产业园、章谷镇党群服务中心等项目，抓好丹巴县教育帮扶救助基金等公共服务项目。

三、人才智力援助

成华区加强人才智力援助，按照省市目标要求，择优选派10名丹巴干部人才赴成华挂职顶岗锻炼，为丹巴巩固拓展脱贫攻坚成果与实现乡村振兴提供智力支撑；提升干部队伍素能，开展两地培训、交流考察、短期援助，采取把丹巴县干部“请出来”“带出去”的方式，举办两期能力素质提升专题培训班，集中培训丹巴县乡科级干部44名、村（社区）干部80名，增派教育、医疗、农业、旅游等乡村振兴急需紧缺专业人才，开展“组团式”短期干部人才赴丹巴“送教送培”活动。截至年底，成华区举办专题培训班20期，培训丹巴教育、医疗等专业技术人才871人次，“传帮带”134人次，为丹巴县干部队伍及专业技术人才建设蓄足“源头活水”；开展就业援助，推行完善岗位对接机制，促进招工和求职信息共享互动，全年提供用工信息12期，提供岗位2000个，开展线下招聘会1场、线上招聘会2场，劳务洽谈会1场，转移就业50人，投资50万元抓好丹巴县就业创业指导项目。

四、全域帮扶拓展

成华区结合丹巴县实际，围绕易地搬迁安置点治理、城郊接合部新型社区治理、涉藏地区基层治理等重点任务，开展驻村（社区）干部及基层党员学习培训及丹巴县村社干部专业化能力提升专题培训，培训基层治理干部人才123人；投资100万元在章谷镇打造社区发展治理示范点，提升社区发展治理水平，增强党组织凝聚力和基层党员影响力；开展法律援助活动，四川省善嘉律师事务所落实“县区、乡镇、村社区”三级法律顾问制度，为推进乡村基层振兴打牢基础；加大全域结对援助力度，按照机构对口、行业相近、优势互补的原则，全区11个街道、23个部门、23

所学校、3家医院结合帮扶协议深化帮扶内容，开展社会力量帮扶，拓展帮扶资金来源，各成员单位发动社会各界捐款107.5万元；邀请成都市见福便利店有限责任公司、中际天耀房地产有限公司等企业，赴丹巴实地考察、洽谈合作事宜，与当地农牧基地、合作社达成合作意向；开展消费帮扶，组织成员单位采购脱贫地区农副产品、网络销售平台农副产品247.8万元。

（成华区对口支援丹巴县工作领导小组办公室）

成华区对口支援简阳市贫困村

2022年，成华区按照《成都市实现巩固拓展脱贫攻坚成果同乡村振兴有效衔接实施方案的通知》要求，调整成华区与简阳市乡村振兴重点村结对帮扶结对子工作，组织对口帮扶简阳市雷家镇、杨家镇11个村，选派2名干部赴雷家镇九龙滩村挂职锻炼。

一、对口帮扶共建

成华区引导帮扶单位对接受扶地发展规划和需求，组织帮扶单位和相关部门主要领导赴受扶地开展调研，重点就帮扶项目推进情况进行对接，通过工作座谈会、实地察看等方式，了解项目建设推进情况以及重点规划。成华区实施“百企兴百村”行动，开展“强村带弱村、携手共振兴”活动，万年场街道槐树店社区与简阳市杨家镇界牌村结对共建。

二、对口帮扶措施落实

成华区聚焦受援地乡村振兴，将对口帮扶工作纳入巩固拓展脱贫攻坚成果同乡村振兴有效衔接，一盘棋谋划、一体化推进，制定《2022年成华区对口帮扶简阳市重点村工作实施方案》，明确任务，压实责任，确保帮扶工作完成。成华区聚焦受援地巩固提升和乡村振兴，按照对口帮扶简阳市杨家镇界牌村、金星村、新庙子村、常家坪村、互助村，雷家镇九龙滩村、石岩寺村、黑水寺村、望水寺村、金竹村、高桥村11个村，按每村20万元资金安排，帮扶财政资金220万元；组织全区各单位购买脱贫地区农产品13.2万元，帮扶销售农产品4.2万元。成华区组织街道、区级相关部门，赴对口帮扶地简阳市雷家镇、杨家镇开展走访慰问活动，慰问农户282户，发放米262袋、食用油256桶、牛奶217件、面粉41袋等慰问品。

三、对口帮扶成效

成华区推进11个帮扶项目落地落实，完善雷家镇石岩寺村种植业与观光旅游相结合配套设施建设，为金竹村9个村民小组提供乡村一条龙服务，推动受扶地集体经济产业发展；帮扶杨家镇金星村在集体柑橘产业园套种西瓜、冬菜等农作物41亩；在界牌村整理苗木培育土地20亩，开展芝麻种植，通过集体经济产业发展，为本地农户提供就业岗位，增加村集体经济收入；在杨家镇新庙子村利用村集体经济合作联合社组织，承接生产用工服务，整合本村及周边剩余劳动力；为常家坪村兴办代加工服务点位，包装袋半成品加工，为本地农户提供就业岗位，增加村民收入，壮大村集体经济；完善4个村产业发展配套设施建设，运用企业合作带动培育乡村新型经济；帮助雷家镇九龙滩村入股四川绿晨聚源农业发展公司，主要经营粮食作物，为雷家镇片区10万亩粮经复合示范园区服务。

（成华区农业和水务局）

大事记

编辑　李锡清

1月

1日　成都大熊猫繁育研究基地改扩建区开园。

7日　成都东方广益公司建设的智能制造产业园项目获2021—2022年度第一批中国安装工程优质奖（中国安装之星）。

10日　成华区获评2021成渝地区双城经济圈建设最佳投资城区。

同日　成华区二仙桥街道文化活动中心入选2022年全国“村晚”示范展示点位。

12日　成华区“学习强国”主题街区、成都大熊猫繁育研究基地、成华区青少年综合实践教育活动中心，被中共成都市委、成都市人民政府命名为2021年成都市“市级爱国主义教育基地”。

13日　成华区党史学习教育总结会议召开。

17日　成都市建筑职业中专校被确定为“首批全国急救教育试点学校”。

18日　中国共产党成都市成华区第八届委员会第三次全体（扩大）会议暨区委经济工作会议召开。

21日　成华区府青立交运动空间、萌想星球107文创园获评2021成都生活美学大赏“年度十大空间”。

22日　成华区东郊记忆艺术商圈社区绿道获评成都10条最美“回家的路”。

27日　成华区2022年百姓春晚暨“百优十佳”民生实事“感动成华·最美人物”颁奖活动在二仙桥街道文化活动中心灯光球场举行。“千名教师进万家”等10个项目获评“我为群众办实事”实践活动“十佳”民生实事项目，“对口帮扶丹巴人才培养项目”等100个项目获评“百优”民生实事项目。

31日　除夕夜，成都339天府熊猫塔以线上AR特效灯光秀方式向全国人民拜年。

成都339
天府熊猫塔AR秀

1月27日，成华区2022年百姓春晚暨“百优十佳”民生实事“感动成华·最美人物”颁奖活动在二仙桥街道文化活动中心灯光球场举行
（区融媒体中心供图）

2月

7日　成华区2021年重点项目总结表扬暨2022年“631”重点项目攻坚动员大会召开，总结2021年全区重点工作，表扬2021年度优秀重点项目、先进集体、最佳项目能手、最佳服务标兵，以及区属国有企业“五比”先锋，安排部署2022年“631”重点项目、优秀重点项目。

9日　成华区与科大讯飞集团达成战略合作，科大讯飞成都智谷项目落户成华，项目总投资50亿元。

14日　成华区2022年企业家新春联谊会举行，成都卡诺普机器人技术股份有限公司董事长李良军等11名企业家作交流发言。

同日　电子科技大学电子科学与技术、信息与通信工程学科，成都理工大学地质资源与地质工程学科入选“双一流”建设高校及建设学科。

同日　四川省第一中医医院建设项目开工仪式在成华区华林一路举行。

同日　成华区2022年“春风行动”首场线下招聘会在天府熊猫塔广场举行，利尔化学、圣杰药业、家美陶瓷等123家企业提供就业岗位3000个，500余人达成就业意向。

15日　成华区推出营商环境建设“创新突破25条任务”，优化“成华线上涉企服务平台”。

同日　成都市首批未来公园社区建设项目在成华区北湖生态公园启动，北湖未来公园社区为成都市首批启动建设的25个未来公园社区示范点之一。

同日　四川省自然资源投资集团全资子公司——四川省天府矿业投资有限责任公司落户成华区，注册资金30亿元。

22日　成华区驷马桥公园开放。

24日　成都理工大学“行星科学”专业被教育部列入普通高等学校本科专业目录，9月招收首批“行星科学”专业学生。

3月

8日　中国共产党成都市成华区第八届纪律检查委员会第二次全体会议召开。

15日　《成华区2022年老旧小区改造工作方案》出炉，全区实施92个老旧院落改造项目，涉及住户1.72万户，总投资5.1亿元。

18日　成都市级公立医院首个院史馆在成都市第二人民医院龙潭院区落成。

20日　成华区司法局、成都市公安局成华区分局联合申报的《打造小驿站　回应新需求发挥大效用——成华区打造万象城智慧警务驿站推进“放管服”改革》获第六届全国“法治政府奖提名奖”。

22日　成华区青龙路“青悦”街角运动场建成开放，是成华区青少年足球和乒乓球训练基地。

24日　《成华区开展产业建圈强链行动推进产业高质量发展工作实施方案》出台，聚焦人工智能、都市旅游、文化创意、数字通信、工业互联网、现代商贸、枢纽服务、医疗健康、新兴金融九个重点产业链，强化产业图谱引领、链主企业引育、创新策源驱动、关键要素供给四大主要任务。

同日　成华区首个“双拥国防教育”基地在中国铁建广场党建品牌馆揭牌，基地免费向全区党政机关、企事业单位、驻区部队和广大居民开放。

26日　第五届龙潭乌米粿客家文化节在北湖印象广场、天九广场、天泽恒盛广场举行，通过线上乌米粿客家文化展和线下客家乌米粿品尝、客家文化集市等系列活动，打造客家特色文化品牌。

29日　成华之恋·爱转角红色主题文创街区“红色展示厅”亮相，成为新时代爱国主义教育阵地和红色资源整合展示中心。

30日　成都大熊猫繁育研究基

3月24日，成华区首个“双拥国防教育”基地在中国铁建广场党建品牌馆揭牌

（区融媒体中心供图）

地被中国科协命名为2021—2025年第一批全国科普教育基地。

31日　成都市2022年先进制造业建圈强链重大项目暨金地威新人工智能创新基地项目集中开工仪式在龙潭工业机器人产业功能区金地威新项目基地举行。成华区金地威新人工智能创新基地、东广人工智能谷（二期）、亚光微波混合集成电路智能制造工业、航电微能源4个项目开工，总投资85亿元。

同日　四川省青少年社会教育服务中心、四川师范大学分别向成华区红十字会授予"四川省青少年应急救护知识培训基地""四川师范大学实践教学基地"称号。

4月

2日　四川省成都华西中学满天星足球场通过国际足联FIFA足球场地认证检测，成为成都中小学校首块获得此认证的足球场。

同日　成华区儿童友好社区总结会召开，为首批25个儿童友好社区授牌。

成华区首批25个儿童友好社区

6日　国内工业机器人行业链主龙头企业——南京埃斯顿自动化股份有限公司与成华区签约，埃斯顿工业机器人智能制造基地项目落户龙潭工业机器人产业功能区。

12日　成华区启动"我是蓉宝·大运有我"大讨论活动。

13日　成都医学院第二附属医院·核工业四一六医院抽调50名医护人员组建援沪医疗队出征。

15日　成华区第八届青年创业大赛举行颁奖仪式，线上为20个项目颁奖，为7个社区就业创业指导中心示范点和成都市就业技能训练院授牌。

同日　成都市双水小学校打造全国首个学生蚕丝工作坊。

18日　成华区向全球公开征集"金色中环"策划规划一体化概念方案，推出《家在中环》《美在中环》《创业在中环》等"金色中环"系列报道。

20日　成华区2022年流动人员随迁子女接受义务教育办理指南出炉。

21日　2021年度成华区幸福美好生活十大工程暨民生实事总结推进会召开，发布2022年幸福美好生活十大工程工作计划和重点项目，计划统筹实施幸福美好生活十大工程重点项目236个，投资150.2亿元。

22日　成华区第三届社区规划品质提升项目评审暨"城视·成画"社区规划设计节评选结果出炉，评选出优秀社区规划项目24个、2021年度优秀社区规划师11人、2021年度优秀社区规划众创组11个。

23日　成华区启动"书香成华·阅读之美"世界读书日系列活动。

28日　成华区打造的"新华坊"特色街区亮相。

同日　国家税务总局成都市成华区税务局荣获"全国五一劳动奖状"称号。

同日　成华区双水碾街道"万人坚守护河岗"志愿服务项目获评"四川省青年志愿服务优秀项目"。

5月

3日　西部影视产业园项目落户成华区东郊记忆艺术区。

6日　2022年成华区招商引智推介会暨建圈强链第一季度重大产业化项目集中签约仪式在中车共享城举行，23个重大产业化项目、9家招商合作机构集中签约落户成华区，总签约金额241亿元。活动现场对外发布1580亿元投资机会清单，涵盖成华区六大产业功能区、九大产业链46个项目。

8日　成华区与大竹县举行大竹（成都）总部经济产业园合作共建签约及揭牌仪式，两地将深化电子信息、人工智能、数字通信、工业互联网等产业领域合作。

同日　成华区首个熊猫主题银行网点——成都农商银行白莲池分理处开业。

4月21日，2021年度成华区幸福美好生活十大工程暨民生实事总结推进会召开

（区融媒体中心供图）

11日　四川省首个红十字应急救护智慧一体机在青龙街道致强社区投放，并启用全国首个“救在身边”系统。

同日　成华区中医医院（成华区第六人民医院·成华区康穗养老中心）开诊。医院位于长秀路133号，是四川省第一批医养服务示范单位的三级中医医院。

13日　成华区被四川省商务厅认定为2022年川派餐饮创新发展先行区。

18日　成华区青龙社区卫生服务中心完成成都市首批“胸痛救治单元”基层医疗机构建设并通过验收。

19日　成华区锔瓷技艺传承人王培波被评为成都市2021年度非物质文化遗产优秀传承人”。

23日　成华区在11个街道全面启动信托制物业服务模式试点。

25日　四川省高校廉洁文化教育基地——“育廉馆”在成都理工大学落成开馆。

26日　成都市龙潭工业机器人产业功能区举办“共享经济圈·共享新机遇”高工机器人西部峰会暨龙潭工业机器人产业功能区推介会，发布成都市机器人产业协作配套清单。

27日　成华区人民政府与成都理工大学签订《校地合作推进区域城市更新共建高水平公园式开放型校园框架协议》。

同日　成华区印发《成华区贯彻落实成都市〈支持市场主体健康发展促进经济稳定增长政策措施〉的实施办法》，出台38条政策措施。

31日　成华区人民检察院发布“亮晶晶+绒花”未检品牌，全方位推动未成年人保护工作。

6月

1日　成华区联合成都理工大学举办“珠峰人才欢聚成华，喜迎端午共话粽情”——2022“蓉漂人才日”成都理工大学青年人才成华行活动。

6日　成都市首家现代化儿童口腔三级专科医院——成都锦官儿童口腔医院落地成华。

9日　成华区致强环街（昭青里）获评2022年春季成都市“最美街道”。

13日　成华区发布招生公告，28所普惠性民办幼儿园提供学位1800个。

14日　成华区人民政府与电子科技大学签署战略合作协议，双方携手共建工业软件孵化中心、工业软件创新中心、特色化示范性软件学院、继续教育学院。

同日　2022年四川省“安全宣传咨询日”活动在成华区东郊记忆艺术区举行。

同日　成华区融媒体中心携手巴蜀文化学者袁庭栋推出成华“寻宝”系列报道。

同日　成华区退役军人优待证首发仪式举行。

15日　成都智慧油服产业基地开园，基地面积1100平方米，招引入驻企业20家。

16日　成华区与中国石油四川销售公司签署战略合作协议，双方将在能源保障服务、新能源推广应用、“双碳”目标综合能源建设等方面开展合作。

同日　成华区获评全国中长期青年发展规划实施县级试点工作考核优秀。

17日　“潮购成华·自由畅享”成华汽车消费促进活动在SM广场举行，14家成华主流车商参展。

18日　八里庄工业遗址片区更新项目被列入国家首批城市更新试点项目。

同日　建川钢琴博物馆签约落户成华区东郊记忆艺术区红仓101仓库。

同日　电子科技大学计算机科学与工程学院院长申恒涛教授当选欧洲科学院院士。

21日　成都市首个“退役军人多功能流动服务站”移动服务车在成华区双水碾街道建成投用。

23日　《成华区大力实施建圈强链做优做强都市工业若干政策》32条政策出台，支持优质企业落地、主导产业做优做强、企业高质量发展三大扶持方向，全方位助推成华区都市工业增效提能。

同日　成华区人民政府与中国德国商会联合主办中德盛夏集市暨德国葡萄酒节在成华区望平滨河路举办。

24日　2022年成都市成华区城市

5月26日，成都市龙潭工业机器人产业功能区举办高工机器人西部峰会暨龙潭工业机器人产业功能区推介会
（区融媒体中心供图）

价值推介会举行，推出32宗共1715.5亩土地，华润置地、龙湖、保利、碧桂园等50家企业代表参加。

29日　成华区2022年第二季度“631”重点项目集中竣工仪式在龙潭工业机器人产业功能区成都卡诺普工业机器人项目现场举行，集中竣工重点项目26个，总投资224.3亿元。

同日　一环路市井生活圈建设巷改造提升项目竣工，正式开街。

同日　成华区人民政府与四川大学华西口腔医院签署战略合作协议，双方将推动优质医疗资源下沉，创新发展口腔医疗家庭医生模式，提升基层口腔医疗服务能力。

7月

4日　成华区政企银座谈交流会暨金融综合服务沙龙活动举行，现场达成意向融资25笔、金额1.33亿元。

同日　成华区劳动人事争议裁审衔接工作站在成华区劳动人事争议仲裁院挂牌。

5日　成都市龙潭工业机器人产业功能区劳动纠纷一站式联处分中心揭牌暨调解合作签约仪式举行。

6日　成华区“青创成渝·不负韶华”2022年成渝青年英才沙龙暨环成渝高校创新中心揭牌仪式在东郊记忆艺术区东骄文商人才培育基地举行。

同日　成华区东郊记忆音乐众创空间签约暨授牌仪式举行，6家音乐艺术类企业签约入驻。

同日　成都社区艺术创享计划首站活动在万年场街道槐香·邻里社区服务中心、二仙桥公园、完美文创公园等点位举行。

7日　成华区教育局与成都理工大学签署合作共建基础教育协议，共建成都理工大学附属中小学校。

同日　成都树德中学与成华区深度合作计划达成，成都树德中学将领办成都市第四十中学、成都市和悦初级中学。

8日　《成华区新经济发展“十四五”规划》发布。

同日　2022成都数字文创嘉年华活动——天府文创大集市和全国首个“熊猫IP”艺术展——“黑与白”熊猫艺术创意展在成华区东郊记忆开启。

9日　成都消夏露营汽车生活节在成华区北湖生态公园举行。

同日　2022年成都市重点项目融资机会清单发布，成华区6个项目入围。

11日　2022年“天府旅游名县巡礼”集中采访宣传活动走进成华区，《人民日报》、《中国旅游报》、中新社等16家中央和省市主流媒体实地参观、采访成华区文旅业态。

13日　万年仓COOL项目建成投用，项目位于万年路24号，通过城市有机更新，打造特色时尚的文商旅融合创意园区，吸引14家企业入驻。

14日　《成华区都市工业“十四五”高质量发展规划》出炉。

27日　成华区上榜赛迪顾问城市经济研究中心2022年度全国百强区排行榜，位居第85位，较上年上升6位。

8月

5日　成华区航天科工通信技术研究院（华灿工场）双创平台入选国家备案众创空间。

8日　成华区行政审批局、成都市公安局成华区分局出入境管理大队被命名为2021—2022年度四川省青年文明号。

同日　成华区玉双路与望平街交叉路口一男子持刀街头伤人，成都市公安局交通管理局第五分局辅警符杰与市民刘万刚、肖勇、范贤明、刘敏、王亮合力将其制伏。

9日　《成华区贯彻落实成都市增强发展韧性稳住经济增长若干政策措施实施办法》出台，在财税、金融、产业建圈强链等九个方面助力稳经济增长。

同日　《成华区促进消费恢复发展若干措施》发布。

同日　四川华控图形科技有限公司、四川航电微能源有限公司、四川斯艾

7月6日，成华区东郊记忆音乐众创空间签约暨授牌仪式举行　　（区融媒体中心供图）

8月16日，旅投创新第一届招商发展大会暨天府国际动漫城头部企业签约发布会在成华区举行（区融媒体中心供图）

普电子科技有限公司、成都航天通信设备有限责任公司4家企业入选工信部第四批专精特新"小巨人"企业培育名单。

10日　成都市龙潭工业机器人产业功能区入选四川省近零碳排放园区。

11日　成都市"7·15""7·22"本土疫情全面清零，成华区全域转为常态化防控。

同日　《成华区生产性服务业"十四五"发展规划》出台。

12日　T3出行西南线下运营中心项目落户成华区。

16日　旅投创新第一届招商发展大会暨天府国际动漫城头部企业签约发布会在成华区举行，天府国际动漫城与国内20家文创一线企业达成合作并签订意向入驻协议。

18日　中国首部熊猫主题音乐剧《熊猫》在成都大熊猫繁育研究基地熊猫剧院正式上演。

19日　完美文创公园众创空间被认定为2022年度四川省省级众创空间。

22日　成都理工大学资源与环境创新基地被认定为首批"科创中国"创新基地。

23日　成华区首个保障性租赁住房水岸东里项目开租，提供配租房源197套。

24日　成华区庆祝中国人民解放军建军95周年暨2022年度"三美一好"颁奖典礼举行。

25日　成华区"亮晶晶+绒花"法治宣传计划——未成年人"沉浸式"司法体验项目启动仪式在青龙街道致强社区举行。

26日　第二十五届成都国际汽车展览会启幕，成华区发放3000万元汽车专项消费券，开展汽车消费促销活动。

同日　大型线下数字娱乐盛会"骁龙嘉年华"在东郊记忆·成都国际时尚产业园举行。

28日　成华区2022年第三批次配建人才公寓开售，124名人才在华建锦院选到心仪房源。

9月

3日　成华"云课堂"开课，全区10.4万名中小学生线上迎新学期。

13日　成华区获"全国县域共青团基层组织改革试点工作"评估优秀。

15日　成都理工大学教授范宣梅获2022年科学探索"天文与地学"类奖项，电子科技大学教授程玉华获2022年"先进制造"领域科学探索类奖项、申恒涛获2022年"信息电子"类奖项。

19日　"笨走猛追湾，巧游望平坊——2022年第二届919笨人节公益活动"在望平滨河路举行，活动发布公益项目、为首届"公益笨匠"数字藏品颁奖、成立笨世界联盟商家。

20日　中共成华区委工作会议召开，分析研判经济发展形势，安排部署全区重点工作，以实际行动迎接党的二十大胜利召开。

23日　成华区第八届人民政府第一次全体（扩大）会议召开。

26日　成华区首家公立区属医院——成华区中医医院通过市级康复定点医疗机构评审。

27日　成华区创建全国科普示范

9月30日，2022年成都"庆国庆　创典范　我参与"国庆主题活动启动仪式在成华区北湖生态公园举行（区融媒体中心供图）

区工作通过省级验收。

同日　成都市成华发展集团有限公司获评BBB+国际信用主体评级，成为全省首家获得BBB+国际信用主体评级的区县级国有企业。

同日　成华区双水碾街道团工委“灯塔下的夜行者”项目获得第六届中国青年志愿服务项目大赛四川省赛金奖。

28日　2022年成华区第三季产业建圈强链招商引资重大项目集中签约仪式举行，签约重大产业化项目9个，总投资214亿元。

29日　成华区与北京时代光影文化传媒股份有限公司签署合作协议。

同日　四川省“时代光影·拍在四川”一站式服务平台落户成华区。

30日　2022年成都“庆国庆·创典范·我参与”国庆主题活动启动仪式在成华区北湖生态公园举行。

10月

10日　成华区迎接党的二十大胜利召开“强国复兴有我”主题活动演讲比赛决赛在区会议中心举行。

12日　中国影视选角行业领先者CD home落地成华区东郊记忆艺术区。

16日　成华广大党员干部群众以各种方式收听收看中国共产党第二十次全国代表大会开幕会盛况直播。

同日　“为成都添活力”守护活力成都，共创文明城市发布会在成华区和美社区举行。

19日　成华区二仙桥街道下涧槽社区被国家卫生健康委、全国老龄办命名为2022年全国示范性老年友好型社区。

25日　成华区2022年第四季度“631”重点项目集中开工仪式在龙潭工业机器人产业功能区四川千里倍益康智能制造基地建设现场举行。

26日　成华区召开传达学习党的二十大精神大会，研究部署贯彻落实工作。

27日　成都索思云互联网医院落户成都鹏瑞利国际医疗健康中心。

同日　成华区中医医院被四川护理职业学院评为“产教融合实践教学基地”。

28日　川渝首届露营产业发展峰会在成华区完美文创公园举行。

11月

1日　第九届中国西部中小企业发展论坛在成华区举行。

2日　四川音乐学院高雅艺术进社区音乐会在跳蹬河街道杉板桥社区邻里艺术中心举行。

3日　“共建经济圈　共享新机遇”成都市成华区先进制造业（上海）推介会暨重点项目签约仪式在上海举行。

同日　2022年成华区“侨连五洲　筑梦成华”产业推介会暨金秋联谊会活动在二仙桥街道文化活动中心灯光球场举行。活动表彰12名“为侨服务之星”，东郊艺术区管委会、区侨联分别与深圳亿幕信息科技有限公司、西南财经大学天府学院签订项目合作协议。

同日　第五届成都国际医美产业大会暨“医美之都”高峰会议举行，成华区东客站新城建设办公室与成都医疗健康投资集团有限公司签订战略合作协议。

4日　第31届世界大运会官方赞助商签约仪式暨2022科大讯飞全球1024开发者节成都峰会在成华区举行。

同日　2022年“成都银行杯”四川省留学回国人员创新创业大赛决赛暨颁奖典礼在成华区举行，成华区海外人才工作站获“优秀组织奖”。

同日　2022成华潮玩夜市促消费活动在北湖生态公园启动。

5日　《国家公园》纪念邮票首发式在成华区北湖生态公园举行。

6日　成华区第九届青年就业创业大赛颁奖典礼在成华区青年筑梦空间举行。

8日　以“新起点　新赛道　新方向”为主题的第二十届中国国际软件合作洽谈会举行，成华区与北京海策工程咨询有限公司签约智慧水利总部企业项目，十一科技获“成都软件20年影响力软件企业”。

9日　成华区人民政府与中国邮政储蓄银行四川省分行签署战略合作协议。

同日　2022成都—渥太华中加人

11月9日，2022成都—渥太华中加人文交流月开幕式在成华区举行　（区教育局供图）

文交流月暨成华区第五届“教育共享 创见未来”中加教育文化交流活动在成华区举行，中加合作共建项目教育集群之幼儿园——成都市第十三幼儿园枫叶分园开园。

同日 成都市2022年数字文创产业峰会在成华区东郊记忆艺术区举行，成华区天府动漫城项目入选十大事件、东方正火入选十佳企业、四川今日头条科技有限公司入选成都数字文创企业30强。

13日 成华区2022年高雅艺术“三进”活动交响音乐会在龙湖滨江天街成都国际剧院举行。

同日 崔家店东西片区城市更新项目搬迁改造启动签约，项目涉及住户2800户、企业26家，改造面积65万平方米。

15日 2022年成华区“走基层”文化惠民活动在猛追湾街道培华广场举行。

同日 东郊记忆·成都国际时尚产业园、完美文创公园、CEC784·万谷智慧产业园、萌想星球·107文创产业园4个园区入选成都市市级文创产业园区。

17日 2022中国游戏行业年会在成华区举行。

18日 成华区“直播电商发展”论坛举行，全国首个党建引领直播电商导则——《成华区党建引领直播电商行业融合发展工作导则》发布。

20日 《成华区关于建设全国创新人才高地特色区加快人才集聚发展的若干政策》出台，提出21条政策措施，推动成华人才政策体系从“拼政策、给机会”向“优平台、营生态”升级。

23日 成都自然博物馆（成都理工大学博物馆）开馆。

同日 成都文创产业建圈强链项目招商推介暨产融对接会举行，成华区签约成都熊猫海洋世界项目。

26日 成华区入选2022产业高质量发展标杆城市。

28日 成华区入选第二批全国法治政府建设示范区。

同日 四川省首个沉浸式防骗展在成华区双林路学习强国主题街区开展。

29日 成华区被四川省人民政府命名为第二批省级生态区。

同日 成都理工大学博物馆被中国科协命名为2021—2025年全国科普教育基地。

12月

1日 四川千里倍益康医疗科技股份有限公司在北京证券交易所上市，成为龙潭工业机器人产业功能区第一家、成华区第三家上市企业。

5日 成华区“三个做优做强”重点片区项目集中签约开工仪式在成都熊猫国际旅游度假区举行。

同日 龙潭E线跨线桥交通优化工程竣工通车。

8日 2022年成华区城市价值推介会举行，推出47宗共2728亩土地，华润、龙湖、保利、中海等50家企业代表参加。

9日 “成华—川音”四川音乐学院美育中心名师工作坊在成华区文化馆揭牌。

10—12日 第二届四川省文创大会在成华区东郊记忆艺术区举行。

19日 成华区第八届人民政府第二次全体（扩大）会议召开。

同日 成都万象城入选2022风尚成都商业总评榜。

22日 “在社区·爱成都·做文明城市行动者”2022年社区志愿服务周启动仪式暨社区邻里节直播主题活动在成华区举行。

23—24日 中国人民政治协商会议成都市成华区第八届委员会第二次会议召开。

26—28日 成都市成华区第八届人民代表大会第二次会议召开。

28日 成华区“熊猫时空馆”项目在第十八届中国(深圳)国际文化产业博览交易会11号文旅融合文化消费馆亮相。

同日 “成华发布”获评微政四川2022年度十佳区县政务新媒体。

29日 成华区智慧蓉城·智慧成华城市运行管理平台建设项目在2022年人民财经高峰论坛获评“匠心服务奖”。

31日 2023成都美食嘉年华暨成华新春欢乐购在成都万象城中心广场举行。

（李锡清）

12月8日，2022年成华区城市价值推介会举行　　（区融媒体中心供图）

中国共产党成华区委员会

编辑　李金洁

综　　述

【概况】　2022年，中国共产党成华区委员会坚持以习近平新时代中国特色社会主义思想为指导，落实中央和省委、市委决策部署，抓好学习贯彻党的二十大精神、新冠疫情防控、经济社会发展“三件大事”，聚焦“经济发展十大重点领域工作”精准发力，推进“631”重点项目建设，实施“中环牵引、纵横联动、组团优强”发展策略，争当成都建设践行新发展理念的公园城市示范区排头兵，全区经济发展稳中有进、社会大局平稳有序。成华区综合竞争力位居全国百强区第85位，较上一年上升6位，被命名为省级生态区，获评2022年绿水青山就是金山银山实践先进单位、2022年全国市辖区旅游综合实力百强区。

政治建设　中共成华区委坚持把党的政治建设摆在首位，深入学习宣传贯彻党的二十大精神和习近平总书记来川视察重要指示精神，构建形成全面学习、全面把握、全面落实的局面；开展八届区委巡察，推进政治生态“画像”和政治素质“建档”，对全区79家单位开展全覆盖意识形态“清朗”“净网”专项行动；抓好党建引领“双百千”示范培育计划，提升街道社区、机关国企和事业单位党建质量；加强“五得干部”队伍建设，实施党政干部“三百培养工程”，深化“发旗激励+记牌预警”等激励约束机制，推动全面从严治党向纵深发展。

经济发展　中共成华区委把“拼经济搞建设抓发展”摆在最突出位置，全面落实中央和省市稳增长系列决策部署，积极应对需求收缩、供给冲击、预期转弱三重压力，实施产业建圈强链、项目攻坚大会战、招商引智“三大行动”，开展经济运行分析“周监测、月调度、季拉练”，促进全区经济运行总体平稳、稳中向好。全年签约引进科大讯飞成都智谷、埃斯顿工业机器人智能制造基地等重大项目，引进盛路通信微波组件生产研发基地等链主及链属企业项目63个，竣工投产经济社会发展项目149个。全区实现地区生产总值1360.58亿元，比上年增长5.0%，规模以上工业增加值比上年增长13.2%，税收收入比上年增长8.5%。

文化建设　成华区借势大运会等“办赛营城”契机，建设世界文化名城先进区，实施核心价值引领，打响“学习强国”主题街区IP，开展全国文明城市创建，组织“成华榜样·最美人物”等先进典型评选，开展各类文明实践志愿服务活动4126场。成华区擦亮文商旅融合品牌，挖掘成华“十大宝贝”特色资源，加快建设“六馆四中心”，创建萌想星球·107文创产业园等4个市级文创产业园区和朗fun商业街等3个市级文创特色街区，望平坊获评省级天府旅游休闲街区。

社会事业　成华区抓实优质民生供给，推进“教育强区”建设，全区中小学骨干教师比例65%，优质教育资源覆盖率突破85%，“双减”工作经验在全市交流推广。成华区提升“健康成华”水平，全区三级医院达到6家，基本公共卫生服务及家庭医生签约服务考核排名五城区第一。成华区加强“一老一小”服务，通过全国医养联合基本公共服务试点中期评估，获评全市母婴安全保障工作成绩突出集体，下涧槽社区获评全国示范性老年友好型社区。成华区统筹做好稳岗援企、就业增收、社会保障等工作，全年城镇新增就业1.4万人、登记失业率控制在4%以内，居民基本养老保险和医疗保险参保率保持在92%、98%以上。

生态文明建设　成华区突出绿色低碳转型，打好蓝天碧水净土保卫战，深化“河长制”“林长制”“田长制”，完成“三区三线”划定，全面开展生态环境问题大排查“百日攻坚”，打造全省首批近零碳排放试点创建园区。全区土壤环境质量总体稳定，主要河道出境断面水质优于省市考核标准。全年空气优良天数303天。

（郝　放）

【区委工作机构】　中共成都市成华区委设置工作部门11个，其中纪检监察机关1个，即区纪律检查委员会、监察委员会；工作机关10个，即区委办[区委保密机要局（区保密局、区密码管理局）、区政府外事办、区档案局]、区委组织部（区委非公有制经济组织和社会组织工委、区直机关工委、区公务员局）、区委宣传部[区文明办、区委外宣办（区政府新闻办）、区新闻出版局（区版权局）、区网信办]、区委统战部（区政府侨台办）、区委政法委、区委政研室、区委社治委、区委编办、区委巡察办、区委老干部局。区委直属事业单位6个，即区委党校（区行政学校）、区绩效考评中心、区档案馆、区委党史研究室、区人才发展中心、区融媒体中心。区委设置派出机关11个，即双桥子街道党工委、猛追湾街道党工委、府青路街道党工委、万年场街道党工委、双水碾街道党工委、跳蹬河街道党工委、二仙桥街道党工委、保和街道党工委、青龙街道党工委、龙潭街道党工委、白莲池街道党工委。市委设置派出机构1个，即熊猫度假区党工委，与熊猫基地景区党工委合署办公，委托成华区委管理。区委设置派出机构2个，即龙潭工业机器人党工委（龙潭都市工业集中发展区党工委）、东郊艺术区党工委。

（李　博）

中国共产党成华区委员会

书　记　赵春淦

副书记　袁顺明

　　　　雷　鸣

常　委　张明英

　　　　欧泽春

　　　　顾文辉（6月离任）

　　　　周　敏（6月任职）

　　　　冯　军

　　　　邓　旭

　　　　刘嘉宁

　　　　马亚炜

　　　　黄庆华（8月离任）

　　　　潘运中（8月任职）

（万　鑫）

重要会议

【区委全体会议】　1月13日，中共成华区第八届委员会第二次全体会议召开，出席区委委员30人、候补委员6人。会议讨论决定成华区推荐提名四川省出席党的二十大、成都市出席四川省第十二次党代会代表候选人推荐人选。

1月18日，中共成华区第八届委员会第三次全体（扩大）会议暨区委经济工作会议召开，区委委员33人、候补委员7人参会。会议学习贯彻习近平新时代中国特色社会主义思想、习近平总书记对四川工作系列重要指示精神，落实党的十九届六中全会、中央经济工作会议和省委十一届十次全会、省委经济工作会议、市委十三届十次全会暨市委经济工作会议精神，听取讨论区委常委会工作报告，审议通过《中共成都市成华区委关于进一步激励广大党员干部传承红色基因担负时代使命在新征程上争做五得干部的实施意见》《中共成都市成华区委关于以实现碳达峰碳中和目标为引领优化空间产业交通能源结构促进城市绿色低碳发展的实施意见》《2022年全区经济工作要点》等议题。

【区委常委会会议】　中共成华区第八届委员会全年召开常委会会议44次，会前集中学习党的二十大报告，学习《中国共产党章程》《领导干部配

1月18日，中共成都市成华区委八届三次全体（扩大）会议暨区委经济工作会议召开

（区融媒体中心供图）

偶、子女及其配偶经商办企业管理规定》等党内法规，审议通过《东郊记忆艺术区"十四五"建设发展规划》《成华区促进招商引智优化营商环境行动方案》《成华区开展产业建圈强链行动推进产业高质量发展工作实施方案》和相关人事事项等议题450个，安排部署全区党建引领社区发展治理、推进"三个做优做强"、产业建圈强链行动、"16+4"行业领域安全隐患集中排查整治、新冠疫情防控等工作。

表7

2022年中共成都市成华区委常委会会议一览表

次别	时间	主要议题
八届第12次	1月7日	审议《中共成都市成华区委常委班子党史学习教育专题民主生活会方案》《成华区组织实施成都市出席党的二十大代表候选人推荐提名工作方案》《成华区推荐提名成都市出席四川省第十二次党代会代表候选人工作方案》《成华区出席成都市第十四次党代会代表选举工作方案》等请示
八届第13次	1月13日	传达学习习近平总书记在省部级主要领导干部学习贯彻党的十九届六中全会精神专题研讨班开班式上的重要讲话精神，传达学习全国、全省、全市安全生产专项整治工作会议及全市林长制全体会议暨森林草原防灭火工作会议精神，听取成华区粮食购销领域腐败问题专项整治情况汇报，审议《成华区推荐提名四川省出席党的二十大代表候选人推荐人选建议名单》《成华区推荐提名成都市出席四川省第十二次党代会代表候选人推荐人选建议名单》《成华区出席成都市第十四次党代会代表候选人推荐人选建议名单》等请示
八届第14次	1月17日	传达学习习近平总书记近期重要指示精神、国务院总理李克强批示要求和全国安全生产电视电话会议精神，审议中共成都市成华区委八届三次全体（扩大）会议暨区委经济工作会议文件文稿
八届第15次	1月18日	审议《关于进一步激励广大党员干部传承红色基因担负时代使命在新征程上争做五得干部的实施意见》《关于以实现碳达峰碳中和目标为引领优化空间产业交通能源结构促进城市绿色低碳发展的实施意见》《中国共产党成都市成华区第八届委员会第三次全体（扩大）会议决议》《2022年全区经济工作要点》等请示
八届第16次	1月20日	听取2021年度成华区各街道党工委书记和区级有关党（工）委（党组）书记抓基层党建工作和党风廉政建设情况汇报，对述职同志进行现场测评
八届第17次	1月20日	传达学习习近平总书记在十九届中央纪委六次全会上的重要讲话精神和中央政法工作会议精神，审议《成立成都市成华区实施"中环牵引、纵横联动、组团优强"发展策略工作领导小组的建议方案》《成华区党政干部"三百培养工程"2022年实施方案》及成华区"我为群众办实事"实践活动"百优十佳"民生实事项目有关事项等请示
八届第18次	1月30日	传达学习《中共成都市纪委关于落实中央八项规定精神正反典型的通报》，专题听取区委区政府领导班子成员2021年度述责述廉报告，审议《成华区2021年度优秀重点项目、先进集体、项目能手、服务标兵和国有企业"五比"先锋建议名单》《成华区促进招商引智优化营商环境行动方案》《成华区产业建圈强链工作领导小组组建方案》《成华区开展产业建圈强链行动推进产业高质量发展工作实施方案》等请示
八届第19次	2月8日	传达学习习近平总书记在2022年春节团拜会上重要讲话精神，审议《成都市成华区"双减"工作领导小组组建方案》《东郊记忆艺术区"十四五"建设发展规划》《成都市成华区人民政府与科大讯飞股份有限公司合作协议》等请示
八届第20次	2月22日	传达学习十九届中央纪委六次全会和省纪委十一届六次全会、市纪委十三届十次全会精神，听取区纪委监委2021年工作情况汇报；传达学习中央、省委、市委政法工作会议精神，听取2021年政法工作情况及2022年工作安排汇报；传达学习全国、全省、全市政法队伍教育整顿总结大会精神，听取成华区政法队伍教育整顿工作情况汇报；审议《重大项目攻坚大会战行动方案》《成都市成华区"十四五"生态环境保护规划》《成华区文化旅游发展"十四五"规划》等请示
八届第21次	2月25日	审议相关人事事项
八届第22次	2月28日	审议相关人事事项
八届第23次	3月4日	传达学习习近平总书记在中央党校（国家行政学院）中青年干部培训班开班式上的重要讲话精神，学习《四川省抓项目促投资稳增长若干政策》；传达学习全国、全省、全市宣传部长会议精神，听取2021年宣传思想工作情况汇报及2022年工作安排；审议《关于贯彻落实省市重大经济事项决策规定的实施意见》等请示
八届第24次	3月15日	传达学习《中共成都市纪委成都市监委关于8起年轻干部腐败典型案件的通报》，审议《中共成都市成华区委组织部2022年工作要点》《中共成都市成华区委统战部2022年工作要点》《成都市成华区党建引领社区发展治理2022年工作要点》《成都市成华区人大常委会2022年工作要点》《成都市成华区政协2022年工作要点》《中共成都市成华区委关于新时代坚持和完善人民代表大会制度加强和改进人大工作的实施意见》等请示

续表7

次别	时间	主要议题
八届第25次	3月18日	传达学习习近平总书记在《求是》杂志发表的《在中央政协工作会议暨庆祝中国人民政治协商会议成立70周年大会上的讲话》重要文章精神，审议《优化调整成都大运会成华赛区委员会组织架构方案》及更名成立成都市成华区委人才工作领导小组有关事项等请示
八届第26次	3月25日	审议《成华区主动融入国内国际双循环大力发展先进生产性服务业的实施意见》《成华区2022年经营性建设用地上市计划》等请示
八届第27次	4月1日	传达学习习近平总书记在中共中央政治局第三十七次集体学习时的重要讲话精神，审议《2020年度征兵工作先进单位和先进个人名单》等请示
八届第28次	4月14日	传达学习习近平总书记在北京冬奥会、冬残奥会总结表彰大会上的重要讲话精神，审议《促进招商引智优化营商环境行动及“链主企业”招引专项工作考评实施细则》《区委常委会2022年工作要点》《成都市成华区人民政府 四川大学华西口腔医院战略合作协议》等请示
八届第29次	4月24日	传达学习习近平总书记在海南考察时的重要讲话和重要指示精神，传达学习《中共成都市纪委成都市监委关于5起领导干部酒驾醉驾典型案件的通报》，审议《区委宣传部2022年宣传思想工作要点》《2022年度区属国有企业融资计划》等请示
八届第30次	4月29日	传达学习习近平总书记在中央财经委员会第十一次会议上的重要讲话精神，传达学习中国共产党成都市第十四次代表大会精神，安排部署5月份重点工作
八届第31次	5月19日	传达学习习近平总书记在庆祝中国共产主义青年团成立100周年大会上的重要讲话精神，审议《成都市成华区人民政府 电子科技大学战略合作协议》《成都市成华区人民政府 四川发展（控股）有限责任公司战略合作协议》等请示
八届第32次	5月30日	传达学习中国共产党四川省第十二次党代会精神，听取全区“16+4”行业领域安全隐患排查整治情况及成华区委党校分类建设工作推进情况汇报，审议《成华区贯彻落实第二轮中央生态环境保护督察反馈意见整改实施方案》《成华区人才发展“十四五”规划》等请示
八届第33次	6月14日	传达学习全国、全省、全市统计造假不收手不收敛问题专项纠治工作动员部署视频会议精神，审议《深化平安成华建设工作方案》《成华区“十四五”科技创新发展规划》《成华区新经济发展“十四五”规划》《成华区都市工业“十四五”高质量发展规划》《成华区生产性服务业“十四五”发展规划》《成华区工业设计产业专项规划》《成华区大力实施建圈强链做优做强都市工业若干政策》《成华区“十四五”卫生健康发展规划》等请示
八届第34次	6月17日	审议相关人事事项
八届第35次	6月17日	审议相关人事事项
八届第36次	6月28日	传达学习省委常委、市委书记施小琳调研成华区智慧城市建设工作重要指示精神，审议《关于成都市成华区贯彻落实国务院安委会十五条措施的实施意见（试行）》《关于在全区建立区领导联街道、部门帮社区、干部包楼宇（院落）“联帮包”制度的实施意见》《成华区社区专职工作者职业管理办法（试行）》《成华区社区专职工作者职业化岗位薪酬管理办法（试行）》等请示
八届第37次	7月19日	学习《领导干部配偶、子女及其配偶经商办企业管理规定》等文件，审议《成华区2022年激励干部担当作为干事创业市下重点经济及生态指标实施细则》《成华区“十四五”世界文创名城建设规划》《成华区促进消费恢复发展的若干措施》等请示
八届第38次	8月11日	听取全区人才工作、市域社会治理现代化试点、常态化扫黑除恶斗争工作、禁毒工作等情况汇报，审议《成华区开展民生实事项目人大代表票决制工作的实施意见》《成华发展集团有限责任公司2022—2026年战略发展规划》等请示
八届第39次	8月26日	传达学习《中国共产党政治协商工作条例》，听取全国文明城市创建工作、全区新冠疫情防控工作、全区防汛减灾抗旱工作等情况汇报，研究全区特殊重点人群管理服务工作

续表7

次别	时间	主要议题
八届第40次	8月26日	审议相关人事事项
八届第41次	9月14日	传达学习中共成都市纪委《关于3起涉及疫情防控工作敏感信息典型问题的通报》，研究部署贯彻落实工作
八届第42次	9月27日	审议《关于推进2022年全面从严治党、党风廉政建设和反腐败工作的意见》《成华区街道应急救援分中心建设工作方案》《成华区人民政府与成都体育产业投资集团有限责任公司战略合作协议》等请示
八届第43次	9月30日	传达学习中共成都市委《关于开展政治谈话工作的实施意见》和中共成都市委办公厅《关于抓早抓小纠治党风廉政建设有关苗头性倾向性隐蔽性问题进一步夯实管党治党政治责任的工作办法》《关于以“九责工作法”促进落实党风廉政建设主体责任的意见》，审议《关于在全区党员干部中深入开展“重学习、转作风、强担当、提能力”活动的实施方案》《成华区“十四五”新型智慧城市建设专项规划》《关于深化应急管理综合行政执法改革的方案》《成华区交通体系建设发展“十四五”规划》等请示
八届第44次	10月14日	传达学习中国共产党第十九届中央委员会第七次全体会议精神，审议《成华区智慧应急管理信息系统建设方案》《成华区残疾人联合会第八次代表大会实施方案》等请示
八届第45次	10月24日	审议《成都市成华区人民政府　国网四川省电力公司成都供电公司关于探索共建新型电力系统推动成华区高质量发展战略合作框架协议》等请示
八届第46次	10月26日	传达学习中国共产党第二十次全国代表大会、中国共产党第二十届中央委员会第一次全体会议精神和省委常委会（扩大）会议、全省传达学习党的二十大精神大会以及市委常委会（扩大）会议、全市传达学习党的二十大精神大会精神，审议《成华区学习宣传贯彻党的二十大精神总体安排》，研究部署贯彻落实工作
八届第47次	10月31日	传达学习二十届中共中央政治局会议及二十届中共中央政治局会议第一次集体学习精神，听取全国文明城市创建工作、全区禁毒工作等情况汇报，安排部署11月份重点工作
八届第48次	11月15日	传达学习新修改《中国共产党章程》，传达学习习近平总书记带领中央政治局常委瞻仰延安革命纪念地时重要讲话精神和在陕西延安、河南安阳考察时重要指示精神，传达学习《中共中央关于认真学习宣传贯彻党的二十大精神的决定》，审议《中共成华区委第八届委员会巡察工作规划（2022—2026年）》《关于深入学习贯彻习近平总书记来川视察重要指示精神推动实现全年经济社会发展目标任务的实施意见》《成华区建设践行新发展理念的公园城市示范城区行动计划（2021—2025年）》《成华区推进“三个做优做强”工作方案》《成都市成华区关于建设全国创新人才高地特色区加快人才集聚发展的若干政策》等请示
八届第49次	11月23日	审议相关人事事项
八届第50次	12月1日	审议相关人事事项
八届第51次	12月1日	审议相关人事事项
八届第52次	12月2日	集中学习党的二十大报告第一部分和《习近平生态文明思想学习纲要》，审议《关于常态化开展“16+4”行业领域安全隐患集中排查整治工作的实施意见》《成华区法治宣传教育第八个五年规划（2021—2025年）》《成华区法治政府建设实施方案（2021—2025年）》《成华区“十四五”“一河一策”专项规划》等请示
八届第53次	12月15日	传达学习习近平总书记在江泽民同志追悼大会上悼词，审议《中共成都市成华区委八届五次全体（扩大）会议暨区委经济工作会议方案》《法治成华建设规划2021—2025》《成华区法治社会建设实施方案2021—2025》《成华区公园城市建设“十四五”专项规划》《成华区服务业“十四五”发展规划》等请示
八届第54次	12月19日	集中学习党的二十大报告第二部分，审议《成都市成华区政协常委会工作报告》等请示
八届第55次	12月30日	集中学习党的二十大报告第三部分，传达学习中共中央办公厅《关于加强巡视整改和成果运用的意见》和省委办公厅《关于加强巡视整改和成果运用的工作措施》文件精神，审议《关于加强区委巡察整改和成果运用的工作措施》《关于进一步推进离退休干部融入社区发挥作用工作的实施方案》等请示

2月7日，成华区2021年重点项目总结表扬暨2022年"631"重点项目攻坚动员大会召开

（胡斌 摄）

【"631"重点项目攻坚动员大会】 2月7日，成华区2022年"631"重点项目攻坚动员大会召开，总结上年全区重点项目工作，表扬年度优秀重点项目、先进集体、最佳项目能手、最佳服务标兵以及区属国有企业"五比"先锋，安排部署2022年"631"重点项目攻坚工作。会议提出加快推动一批大项目大企业落户中环成华沿线，对计划新开工项目尽快办理审批手续、安排专人跟踪衔接，对计划竣工项目加快推进，建立健全项目全生命周期服务体系，提升"1+N"产业扶持政策适配度，健全"项目一线锻炼考察干部长效机制"，构建"全区纵深推动、部门横向联动、社会各方协同"项目攻坚格局，全年召开"631"重点项目调度会议5次。

【产业建圈强链工作会议】 3月1日，成华区产业建圈强链工作领导小组第一次会议召开，会议听取重点产业链链长汇报加强链主企业招商、实施重大产业化项目等推进情况，要求健全完善"1个领导小组+9个重点产业链链长+6大工作机制"工作体系，常态化开展重点产业链建设的现场观摩、竞进拉练、督促指导，构建"重点产业链全景图谱+产业发展路径图+重点招引目标企业名录"产业图谱体系。5月7日，成华区产业建圈强链工作领导小组第二次会议暨"631"重点项目调度会议召开，听取全区产业建圈强链工作、1—4月经济社会发展项目、链主企业招引及学习调研情况，要求加强链主企业引优育强和专项培育，强化重点项目策划实施，健全产业链运行调度机制，优化资源要素配置供给，协同推动产业研究、规划编制、政策制定、项目调度等工作。10月13日，成华区产业建圈强链工作领导小组第三次会议召开，听取各重点产业链链长汇报招商引智、引育链主企业和特色亮点工作等情况，肯定全区产业建圈强链工作成效，要求加快落地一批优重大产业化项目，引育一批创新领军人才，加强建设科技创新平台，加大闲置、低效用地的清理和盘活力度，落实各类惠企政策，推动全区产业发展路径不断清晰、链主企业引育稳步提升、产业生态构建持续发力。

【全国文明城市创建工作推进会】 8月9日，成华区全国文明城市创建工作推进会召开，通报2022年成都市第一次综合测评情况，听取区级相关部门、街道汇报存在问题和下一步工作措施情况。会议提出梳理整改辖区社区、公园、城市商贸综合体和综合写字楼及周边、景区景点、小区院落、交通路口、主次干道、背街小巷、建筑工地等存在问题，实施"点长负责制"推动农贸市场整治提升，加强新时代文明实践中心、志愿服务站点、全民健身场地设施、"15分钟生活圈"等建设，实施"文明行为+"行动，建立常态文明劝导志愿服务队伍，打造一批具有成华特色志愿者品牌，形成"全城发力、全域联动、全民参与"创建格局。

（李汶松）

重要决策

【争当示范区建设排头兵】 12月5日，中共成华区委、成华区人民政府印发《成华区建设践行新发展理念的公园城市示范城区行动计划（2021—2025年）》。成华区提出以打造"三区一样板"（实践"两山"理念的先锋城区、践行"人民城市"理念的典范城区、硬核强劲宜业宜商的示范城区、现代化治理示范样板）为路径，探索生态环境质量转变、生态产品价值转化、生产生活低碳转型、山水人城和谐相融的"成华实践"，争当成都建设践行新发展理念的公园城市示范区排头兵，在全国百强区排名争先进位；到2025年公园绿地服务半径覆盖率达90%以上，主要河渠优良水体达标率100%，山水人城和谐相融的公园城市示范区全面建成，成为全国绿色发展典范城区。成华区绘制美丽生态画卷，打造实践"两山"理念的先锋城区，构筑城园融合功能空间格局，打造绿色生态空间，探索生态价值转化路径，塑造城市特色风貌，构造生态保护屏障，打造区域发展共同体。成华区增进社会民生福祉，打造践行人民城市理念的典范城区，建设"全龄友好"包容城区，提升"良教优医"供给能力，加强“居有所安”住房保障，构建“智慧高效”交通体系，建设“舒适便捷”现代社区，推行“绿色低碳”生活方式，建设世界文化名城先进区。成华区激发绿色低碳发展活力，打造硬核强劲宜业宜商的示范城区，以结构调整促进绿色低碳转型，以动力转型推动创新创业活力迸发，以推进建圈强链加快优势产业提质发展，以擦亮熊猫品牌做优国际交流交往功能，以深化文商融合强化时尚消费体验引领，以双圈门户做强西部一流枢纽经济，以纵深改革打响“赢在成华”营商品牌，以创富致富促进全民共同富裕。成华区增强城市智慧安全韧性，打造现代化治理示范样板，打造“智慧成华”品牌，提升“韧性成华”水平，筑牢“平安成华”防线，探索城市内涵发展方式。

【推进“三个做优做强”】 12月5日，中共成华区委、成华区人民政府印发《成华区推进“三个做优做强”工作方案》。成华区明确推进“三个做优做强”指导思想、基本原则、主要目标，提出到2025年在全国百强区排名争先进位，两个枢纽TOD综合开发基本完成，“15分钟便民生活圈”基本建成，创建全国和谐社会示范区、全国义务教育优质均衡发展区、全省平安建设先进区。成华区以服务城市发展战略为指引，做优“三地”核心功能支撑，擦亮熊猫品牌、提能都市工业、深化文商融合，打造国际交流交往“目的地”、时尚消费引领“体验地”、现代产业支撑“新高地”；以突出区域比较优势为重点，培育“三区”特色功能示范，规划建设“金色中环”、活化转化“工业遗产”、持续建强“双圈门户”，打造宜居宜业公园城市典范区、世界文创名城建设先行区、西部一流枢纽经济引领区；以满足公共服务需求为目标，统筹“一区五成华”建设，建设一流“教育强区”，提升“健康成华”水平，筑牢“平安成华”防线，打造“智慧成华”品牌，夯实“生态成华”本底，汇聚“和谐成华”合力。

【“中环牵引、纵横联动、组团优强”发展策略】 1月18日，中共成华区第八届委员会第三次全体（扩大）会议暨区委经济工作会议提出实施“中环牵引、纵横联动、组团优强”发展策略，打造以“金色中环”为牵引的老工业区转型发展标杆，组建市级跨层级开发建设工作推进专班和成华区“金色中环”重点片区建设指挥部，面向全球征集成华区“金色中环”策划规划一体化概念方案，初步形成《成华区“金色中环”策划规划一体化深化整合方案》《成华区“金色中环”策划方案》《成华区“金色中环”高质量发展三年行动计划》。8月，成华区编制《成都“金色中环”示范带（成华区）建设方案》，明确成华区“金色中环”示范带以成都市中环路成华段为轴，向两侧延伸500~800米，围绕“成渝双城门户创新发展轴、成都公园城市有机更新示范带、成华文商旅融合发展活力廊”总体定位，聚焦做优做强时尚消费引领与现代服务核心功能，实施城市有机更新工程、文创业态育新工程、文商融合创新工程、宜居生活焕新工程，加快构建基本功能就近满足、核心功能互相支撑、特色功能优势彰显的发展格局。

【低碳发展路径成华探索】 2月7日，中共成华区委、成华区人民政府印发《中共成都市成华区委关于以实现碳达峰碳中和目标为引领优化空间产业交通能源结构促进城市绿色低碳发展的实施意见》。意见明确重要意义、总体要求和发展目标，到2025年，重点领域结构调整取得明显进展，空气质量优良天数比例达83.7%以上；到2030年，经济社会发展全面绿色转型取得显著成效，非化石能源消费比重达53%以上；到2035年，实现超大城市中心城区全面绿色低碳发展。意见以推动空间结构调整为根本，构建绿色低碳发展新格局，打造和谐共生的生态空间，构建科学发展的功能格局，强化产城融合的建设导向，推广绿色低碳的建管模式，建设精明增长的精致城区；以推动产业结构调整为主线，做强绿色低碳发展新支撑，做强现代服务业，壮大先进制造业，数字赋能提升传统产业，发挥企业主体作用；以推动交通结构调整为突破，打通绿色低碳发展新脉络，构建绿色低碳出行网络，推广节能低碳型交通运输装备，推动绿色交通路网基础设施建设；以推动能源结构调

“金色中环”片区 （汤宏炜 摄）

整为基础，激发绿色低碳发展新动能，提升末端清洁能源供给和安全保障能力，深化能源消费结构调整，全生命周期提升用能效率；以强化科技制度创新为保障，营造绿色低碳发展新环境，推进绿色低碳技术创新应用，强化完善要素保障，强化国资国企绿色引领战略支撑作用，推广全民参与的绿色低碳生活方式，积极探索生态产品价值实现机制，健全绿色低碳发展工作体系和推进机制。

（区委办公室）

区委综合事务

【概况】 2022年，中共成华区委办公室对标中共中央办公厅“适应得上、跟进得快、落实得好”工作标准，办理公文7995件，拟制会议材料198篇，承办大型会议活动82场，上报专刊专报、特色亮点等信息416篇，形成《关于加快构建区域间产业协同发展新格局的思考建议》等调研成果，获得市委、区委主要领导肯定性批示51条。

（郝　放）

【综合协调服务】 区委办公室坚持领导批示登记日值班、周值班制度，建立会议纪要领导签字表、部门文件流转表、批示原件签收表“三张清单”，定时报送《区领导工作预报》《单位主要领导工作预报》402期，参与区第八次党代会、全区重大项目拉练、新冠疫情防控等重大活动25次。牵头完成全国人大常委会、省委、市委主要领导考察调研等政务活动23次，承办区委主要领导基层调研、招商引资等政务活动82次，保障省市区领导调研督导“入川即检”、项目复工复产、工业企业“防疫泡泡”闭环生产等工作152次。

（段　炼　魏宇宏）

【重要文稿撰写】 区委办公室动态收集全国各地创新举措、有效做法和典型经验，结合成华实际，撰写中共成华区第八届委员会第二次全体会议、中共成华区第八届委员会第三次全体（扩大）会议、区委常委会会议、成华区2022年“631”重点项目攻坚动员大会、“三个做优做强”暨加快公园城市示范区建设专题会、全国文明城市创建工作推进会等会议文稿，完成区委主要领导在区委常委会等会议发言材料44篇。

【信息编发】 区委办公室编辑《每日快报》《对标信息》等信息刊物221期，上报专刊专报、特色亮点、问题建议等信息416篇，形成《关于加快构建区域间产业协同发展新格局的思考建议》等调研成果。《基层反映疫情下国内露营行业“野蛮生长”呼吁规范管理引导行业健康有序发展》等3篇信息被中共中央办公厅采用，《成华区探索实施网约房综合治理》等11篇信息被省委办公厅采用。区委办公室获评成都市党委报送信息先进单位。

（林　婧）

【文件办理】 区委办公室采取即办即转、周日值班、制定委办专项清单等方式，办理领导批示件2650件、汇编《领导批示》24期；办理领导批示、上级来文、密码电报等各类公文7995件，提出拟办意见1247条；拟制传达提纲、会议记录、会议纪要等会议材料198篇，审查备案区委规范性文件16件，发文213件。

【会务办理】 区委办公室拟制会议服务工作操作模板，优化收集议题、草拟讲稿、审核材料、保障会务、拟定纪要等8大板块18个环节，建立“分管负责人+科室责任人+具体经办人”三级信息互通机制，推行及时提醒推送、实时情况报送、交叉会场检查等工作机制，执行会后评分制度，开展常态化“复盘”评估会议承办成效。全年承办区委八届三次全会暨区委经济工作会议、区委常委会会议、重点项目拉练等大型会议活动82场，保障电视电话会议210场。

（李汶松）

表8　2022年中共成都市成华区委及区委办公室部分公开文件一览表

序号	文号	文件名称	发文机关	发布日期
1	成华委发〔2022〕1号	关于进一步激励广大党员干部传承红色基因担负时代使命在新征程上争做“五得”干部的实施意见	区委、区政府	1月30日
2	成华委发〔2022〕2号	关于以实现碳达峰碳中和目标为引领优化空间产业交通能源结构促进城市绿色低碳发展的实施意见	区委、区政府	2月7日
3	成华委发〔2022〕3号	关于表扬2021年度优秀重点项目、先进集体、最佳项目能手、最佳服务标兵和区属国有企业“五比”先锋的通报	区委、区政府	2月7日
4	成华委发〔2022〕6号	关于认真学习宣传贯彻市第十四次党代会精神的通知	区委	5月18日

续表8

序号	文号	文件名称	发文机关	发布日期
5	成华委发〔2022〕8号	关于成都市成华区主动融入国内国际双循环大力发展先进生产性服务业的实施意见	区委、区政府	6月8日
6	成华委发〔2022〕9号	关于认真学习宣传贯彻省第十四次党代会精神的通知	区委	6月15日
7	成华委发〔2022〕10号	关于城市更新工作先进单位和先进个人的通报	区委	6月1日
8	成华委发〔2022〕11号	关于表扬成华区“五得”干部的决定	区委	6月30日
9	成华委发〔2022〕14号	关于表扬成华区优秀党工委书记和优秀社区书记的决定	区委	6月30日
10	成华委发〔2022〕15号	关于表扬成华区街道社区工作先进集体和先进个人的决定	区委、区政府	6月30日
11	成华委发〔2022〕16号	关于表扬全区老干部工作先进集体、先进个人和为老干部办实事先进集体、先进个人的决定	区委	10月8日
12	成华委发〔2022〕17号	关于推进2022年全面从严治党、党风廉政建设和反腐败工作的意见	区委、区政府	10月13日
13	成华委发〔2022〕18号	关于认真学习宣传贯彻党的二十大精神的通知	区委	11月3日
14	成华委发〔2022〕21号	关于深入学习贯彻习近平总书记来川视察重要指示精神推动实现全年经济社会发展目标任务的实施意见	区委、区政府	12月5日
15	成华委发〔2022〕22号	关于成华区推进“三个做优做强”工作方案	区委、区政府	12月5日
16	成华委发〔2022〕23号	关于印发《成华区建设践行新发展理念的公园城市示范城区行动计划（2021—2025年）》的通知	区委、区政府	12月5日
17	成华委发〔2022〕24号	关于对记三等功和嘉奖的公务员进行奖励的通知	区委、区政府	12月5日
18	成华委发〔2022〕25号	法治成华建设规划（2021—2025年）	区委	12月23日
19	成华委发〔2022〕26号	成华区法治社会建设实施方案（2021—2025年）	区委	12月22日
20	成华委发〔2022〕27号	成都市成华区法治宣传教育第八个五年规划（2021—2025年）	区委	12月21日
21	成华委发〔2022〕28号	成都市成华区法治政府建设实施方案（2021—2025年）	区委	12月21日
22	成华委办发〔2022〕1号	关于对2020年度落实食品安全党政同责暨创建国家食品安全示范城市先进单位进行表扬的通报	区委办、区政府办	1月13日
23	成华委办发〔2022〕2号	关于设立区林长、区常务副林长、区副林长及区林长制办公室的通知	区委办、区政府办	1月21日
24	成华委办发〔2022〕3号	关于印发《贯彻落实区第八次党代会重大决策部署责任分工方案》的通知	区委办	1月20日
25	成华委办发〔2022〕5号	关于印发《成华区促进招商引智优化营商环境行动方案》的通知	区委办、区政府办	2月24日
26	成华委办发〔2022〕7号	关于印发《重大项目攻坚大会战行动方案》的通知	区委办、区政府办	3月2日
27	成华委办发〔2022〕8号	关于印发《成华区开展产业建圈强链行动推进产业高质量发展工作实施方案》的通知	区委办、区政府办	3月20日
28	成华委办发〔2022〕11号	关于印发《成华区2022年经济工作要点》的通知	区委办、区政府办	4月22日
29	成华委办发〔2022〕12号	关于印发《成都市成华区红十字会机关职能配置、内设机构和人员编制规定》的通知	区委办	4月23日
30	成华委办发〔2022〕14号	关于印发《学习贯彻成都市第十四次党代会精神宣讲方案》的通知	区委办、区政府办	5月18日
31	成华委办发〔2022〕15号	关于印发《2022年成华区四套班子领导开展常态化政企交流工作方案》的通知	区委办、区政府办	5月25日
32	成华委办发〔2022〕19号	关于做好学习贯彻习近平总书记来川视察重要指示精神和省十二次党代会精神宣讲工作的通知	区委办、区政府办	6月30日

续表8

序号	文号	文件名称	发文机关	发布日期
33	成华委办发〔2022〕20号	关于印发《成华区深入开展为民惠企服务实施方案》的通知	区委办、区政府办	
34	成华委办发〔2022〕24号	印发《关于在全区党员干部中深入开展“重学习、转作风、强担当、提能力”活动的实施方案》的通知	区委办	10月9日
35	成华委办发〔2022〕25号	印发《关于深化应急管理综合行政执法改革的实施方案》的通知	区委办、区政府办	10月9日
36	成华委办发〔2022〕26号	关于印发贯彻落实习近平总书记来川视察重要指示精神具体措施分工方案的通知	区委办	10月30日
37	成华委办发〔2022〕27号	关于做好学习贯彻党的二十大精神宣讲工作的通知	区委办	11月14日
38	成华委办发〔2022〕28号	关于印发《成华区学习宣传贯彻党的二十大精神总体安排》的通知	区委办	11月14日
39	成华委办发〔2022〕29号	关于印发《成都市成华区关于建设全国创新人才高地特色区加快人才聚集发展的若干政策》的通知	区委办	11月28日
40	成华委办发〔2022〕30号	印发《关于贯彻落实省市重大经济事项决策规定的实施意见》的通知	区委办、区政府办	12月5日

组织建设

【概况】 2022年，成华区有基层党组织1775个，其中基层党委118个、基层党总支部54个、基层党支部1603个；有中共党员52234人，其中35以下党员8635人、占16.5%，女党员20772人、占39.8%，少数民族党员616人、占1.2%。中共成华区委组织部落实政治素质档案试点、高素质专业化干部队伍锻造、党建引领示范创建等任务，出台“区领导、部门、干部联帮包”制度和领导干部管理专项整治工作方案等文件，发布全国首个党建引领直播电商导则，创建四川“直播天府”示范基地，打造万谷直播电商红创基地、“华仔红色方向盘”网约车阵地等党建示范矩阵。成华电子党员证教育管理工作获中组部调研肯定。区委组织部获四川省“两新”组织党建带群建创新案例、2022年度成都市“揭榜挂帅”人才创新项目二等奖等表扬11项。

（龙星辰　周　驰）

【干部任用】 区委组织部围绕“一把手”、年轻干部、党外干部、智慧治理干部、建圈强链干部等提升能力素质，实施干部队伍建设“五项计划”，完善“以数识人、以绩评人”领导干部政治素质档案试点，强化“察作风、听口碑、看实效”专项考察，做好干部选拔任用工作。区委组织部根据《“十四五”年轻干部培育选拔规划》，遴选优秀年轻干部、“85后”博士和“90后”硕士研究生65人进行递进培养和“青苗培育”，开展第二批“三百培养工程”，选派111名干部到重点产业、重点企业、对口服务领域进行跟岗锻炼。全年提拔重用干部110人，其中“80后”干部44人、一线重点工作人员94人，晋升一至四级调研员48人、一至四级主任科员61人，开展科级领导干部跨单位统筹交流17人，统筹安排选调生到社区（村）任职36人，接收成都市“双百计划”挂职干部2人。全区有“80后”局级领导干部154人。

（韩杨洋　万　鑫）

【干部培训】 区委组织部以锻造高素质专业化“五得”干部队伍为目标，实施“强基铸魂、精准赋能、改革提质”三大培训计划，选派领导干部170人参加省市各类培训42期，落实处级以上领导干部学习贯彻党的十九届六中全会、党的二十大和省市全会精神轮训。区委组织部围绕金色中环打造、产业建圈强链等领域开展实战专项提能培训，举办智慧城市建设专题、国有企业改革发展专题等业务培训9期，培训干部831人次；围绕提升法治思维，举办“创新思维月讲堂”“法治大讲堂”等专题讲堂，培训干部1123人次。全年举办区管正职领导干部专题研讨班、区管领导干部专题研讨班、优秀年轻干部铸魂工程培训班等党校示范班次24期，依托网络学习平台开展学习贯彻党的十九届六中全会精神、新冠疫情防控、乡村振兴等专题培训，覆盖全区干部2350人次。

（李晓华）

【干部监督】 区委组织部严实并重开展干部管理监督，严格执行“一报告两评议”，对新提拔局级正职领导干部进行评议44人，对71家单位的选人用人工作、新提拔科级正职干部进行全覆盖评议。区委组织部结合区委巡察对区综合执法局、区农业和水务局等15家单位开展选人用人专项检查，发现问题45个，提出整改建议40条。区委组织部抓实干部个人事项报告集中填报工作，对179名干部个人事项报告进行查核，如实率99.44%。区委组织部抓好关键少数监督，开展因私出国（境）、兼职及档案管理“三项整治”，对16名领导干部开展经济责任审计和自然资源资产审计，加强新任领导干部廉政专题教育，全年开展干部集体谈话11次、谈话280人次。

（杨　航）

【干部激励约束机制健全】　区委组织部坚持从严管理与关心激励并重，制定《关于实施年轻干部“红色薪火”工程大力发现培养选拔“五得”干部的意见》，对全区19个重点部门、11个街道和7家区属国有公司进行调查研究，形成“1+7+2”国企专题调研报告、“1+11+5”街道专题调研报告，为区委选人用人提供重要参考。区委组织部加强“发旗激励+记牌预警”激励约束机制的结果运用，对因工作不力的3人进行谈话提醒，对“政治过得硬、工作想得到、事情搞得定、问题搁得平、底线守得住”的“五得”干部200人进行通报表扬。

（韩杨洋　杨　航）

【公务员和参公人员管理】　区公务员局贯彻实施新修订的《中华人民共和国公务员法》及其配套法规，围绕建设高素质专业化公务员队伍和优化队伍结构目标，综合运用录用、调任、转任等方式，统筹全区单位用编进人，全年公开招录参公人员35人，接收安置选调生28人。区公务员局健全公务员全生命周期管理机制，加强对任职、奖惩、退休等基础工作指导，开展公务员平时考核、年度考核线上申报审核，提升人事工作科学化规范化水平。全区64个单位1868人参加考核，优秀比例25%，明确优秀指标适当向承担经济工作、新冠疫情防控、安全维稳等急难险重工作的部门倾斜。

（韩杨洋　李忠伲）

【党建引领工程实施】　中共成华区委推进“党建引领、双线融合”治理机制创新，构建党建引领自治法治德治融合、共建共治共享的新型基层治理机制，全年专题研究党建工作36次，细化明确8类25项党建重点任务，督促指导基层党建工作50次，制定区级各部门落实党建责任督查清单25项。区委实行党组［党（工）委］书记全覆盖联系指导党支部制度，开展街道社区书记谈心谈话160人次，形成区、街道（部门）、社区“三级书记”抓党建工作格局。区委组织部推进小区党建“四有一化”，开展“红色物业”“红色楼宇”创建行动，推进党建引领“六小”（幼儿托管、养老服务、社区超市、小食餐饮、家电维修、创业孵化）服务建设，提档升级83个社区（村）党群服务中心，推动57个老旧院落改造，建成投用“家门口”党群服务站305个。蔌香里社区、踏水社区、仙韵社区、东华社区等10个社区获评2022年度成都市党建引领城乡社区发展治理示范社区，石油苑、东方新城二期、首创国际城二期、玛塞城等11个小区获评2022年度成都市党建引领城乡社区发展治理示范小区。北湖“幸福美好生活”党建主题公园获评新华网2022年最具影响红色旅游目的地。

【基层党组织建设】　区委组织部健全“总网格——一般网格—微网格—党员联系户”四级网格党组织体系，建立一般网格党组织934个、微网格党小组2814个，组织3135名党员进网入格成为基层治理骨干，动态保持“微网格员+其他补充力量”平战队伍1.8万人，统筹调配“本级+支援”“党群+专业”等6支队伍3万名党员参与新冠疫情防控工作，建立临时党支部175个。区委组织部实施党群服务阵地规范化建设2.0版，全覆盖开展社区“两委”换届“回头看”工作，组建32个专项工作组，实地回访调研83个社区（村），发放满意度测评表1737份，谈心谈话621人，走访群众1116人，收集意见建议255个，汇总形成成华区社区班子运行情况台账。区委组织部实施基层骨干队伍能力提升计划，出台《成华区社区专职工作者职业管理办法》《成华区社区专职工作者职业化岗位薪酬管理办法》等文件，推动2193名社区干部进入职业化体系；全覆盖开展街道社区工作专题调研，召开街道社区工作大会，评选表扬“五好”社区10个、“五得”社区干部160人。全年有133个先进基层党组织和173名优秀党员获市区两级通报表扬。

（刘　超）

【机关党建】　中共成华区直属机关工作委员会下属基层党组织58个，其中机关党委18个、机关党总支部6个、机关党支部34个，年内发展中共预备党员25人，转正预备党员43人，共有中共党员3535人。区直机关工委指导区应急局等29家部门完成党组织换届，对区委统战部、区委政法委等11家部门调整组织设置，组织机关党员参加“喜迎二十大、奋进新征程”成

11月18日，推动直播电商行业高质量发展论坛在成华区万谷直播电商红创基地举行
（区委组织部供图）

都市机关干部职工主题书法绘画摄影作品展，获优秀组织奖。《机关党建助力成渝地区双城经济圈一体化发展》获全省机关党建课题研究成果三等奖。

（李冬捷）

【“两新”组织党建】 中共成华区委在全区“两新”组织中新建党组织34个，指导交通运输行业党委成立，打造全市首个“华仔红色方向盘”网约车司机之家。区委组织部制定出台党建指导员队伍管理、薪酬管理等办法，选派兼职党建指导员370名，补聘全职党建指导员5名，协调5名“一村一大”在产业功能区开展党建工作。全年“两新”组织发展中共党员75名，制发“三会一课”“党员发展”等两新党务工作系列手册510份，联合职能部门举办主题沙龙、政策宣讲320场次。11月18日，“深入学习贯彻党的二十大精神 推动直播电商行业高质量发展”论坛在成华区万谷直播电商红创基地举行，全国首个党建引领直播电商导则《成华区党建引领直播电商高质量发展工作导则》发布。成华区直播电商党建创新探索经验入围第六届全国基层党建创新典型案例，创建省级“直播天府”网络直播示范基地、省级互联网企业党建示范点。

（梁 梁）

【党员教育培训】 区委组织部实施社区党员干部“6个100”轮训计划，举办社区领航人才、启航人才、续航人才等示范培训班6期，联合区级部门举办成华区“两新”组织党务工作者骨干培训班等专题培训6期，培训党员714人次。区委组织部利用七一等节点，开展集中学习、主题党日活动及“基层微宣讲”“微党课”等320场，党员参与2.2万人次。全年编制《成华区基层治理优秀案例集锦》等本土教学案例集2本，拍摄《由乱到治的美丽蝶变》《领跑者》等成华特色党员教育电视片4部，升级打造“坚守初心 赓续奋斗”东郊华章主题展览馆。创新电子党员证教育管理获中组部调研肯定，《由乱到治的美丽蝶变》获成都市党员教育电视片观摩交流活动典型事迹片优秀奖。

（何都都）

表9 2022年成都市成华区“两新”组织中新建中共党组织一览表

类别	党组织名称
新经济组织	青鸟星航文化艺术培训学校有限公司党支部、四川瑞邦盛世建设工程有限公司党支部、成都顾连医院管理有限公司党支部、成都视阁网络科技有限公司党支部、成都瘾食文化传媒有限公司支部、成都米井文化传媒有限公司支部、成都柒八肆文化传媒有限公司支部、成都代瑞克能源技术有限责任公司党支部、成都完美世界融合影城管理有限公司党支部、成都锦官儿童口腔医院党支部、成都闻图科技有限公司党支部、成都微服投资管理有限公司党支部、成都康尔美健康科技有限公司党支部、成都白兔有你文化传播有限公司党支部、金港物业东锦城项目服务中心党支部、成都上实置业有限公司党支部、四川航电微能源有限公司党支部、成都康拓兴业科技有限责任公司党支部、四川升华电源科技有限公司党支部、四川千里倍益康医疗科技股份有限公司党支部、四川万鹏时代科技股份有限公司党支部、成致环境科技（成都）集团股份有限公司党支部、成都西夏科技发展有限公司党支部
新社会组织	成都老年知心热线义务助老协会党支部、约未来社会工作服务中心党支部、弘德社会工作服务中心党支部、成华区慈善会党支部、普润社会工作服务中心党支部、四川智力律师事务所党支部、一缕阳光家庭教育公益服务中心党支部、成华区爱慧特殊儿童关爱中心党支部、成都市多彩生活社会工作服务中心党支部、成都市成华区童心文化服务中心党支部

【“联帮包”机制构建】 6月30日，成华区制发《关于在全区建立区领导联街道、部门帮社区、干部包楼宇（院落）“联帮包”制度的实施意见》。32名区领导联系11个街道，带头下沉联项目、联队伍、联民生、联平安、联创建，落实调度、谈心、办实事、销账、督导等职责。66个部门对口帮助83个社区（村），通过“一季一主题”“一社一企业”“一季一活动”“一月一排查”“一节一问候”五大抓手，帮社区治理、帮组织孵化、帮平台搭建、帮社会稳定、帮特殊人群。46名局级领导包73个楼宇（企业），包党建融入、包产业集聚、包企业服务、包疫情防控、包安全稳定，做到组织生活同过、招商引智同频、困难问题同解、管理服务同步、风险隐患同排。1113名机关干部包2015个院落，实现院落全覆盖，落实党建引领、院落情况、民生需求、疫情防控、安全隐患“五清”任务，达到组织协调、人员管理、精准服务、措施落实、排查整改“五个到位”，与区政府安办“16+4”安全生产包保责任清单落实协同推进，推动矛盾隐患一线化解。

1月25日，成华区党员志愿服务春运主题实践活动周在成都东客站西广场启动

（区委组织部供图）

【党员义工志愿服务活动】 区委组织部采取“群众点单、社区下单、义工接单”服务模式，全年组织机关党员2410人到街道社区，开展安全排查、群众服务等志愿活动650场次。1月25日，成华区在成都东客站启动实施“筑牢疫情防控阵地、平安幸福迎新春”春运主题实践活动周，四川省政府副省长罗强实地调研视察成华党员义工服务点，成华主题活动被市委组织部认证为全市首个“一月一主题”主题活动在全市推广学习。原创制作歌曲MV《红色蒲公英》选定为成都党员志愿者之歌，被中央组织部、省委组织部、市委组织部推荐为优秀正能量作品，获《成都组工网宣》通报表扬。

（李冬捷）

“华仔红色方向盘”网约车司机之家

（区委组织部供图）

【网约车司机之家阵地建设】 11月8日，“华仔红色方向盘”网约车司机之家在成都东客站鹏瑞利国际医疗健康中心投用。司机之家建有“一核心三区域”，核心区设置学习、休息空间，为网约车司机提供驾驶证补换领业务、汽车保险、车辆养护等服务，兼具退役军人服务站和青年之家等功能；接送区与成都东客站地下出站口接驳，设置网约车专用停车位200个，充电区配置68个充电桩，服务区依托鹏瑞利提供餐饮、医疗等一站式综合性服务。司机之家围绕党建引领、资源共享，为网约车司机提供学习、生活、健康、政务等服务体验，开展网约车党员司机志愿服务活动、党员读书会等特色党建活动，引导网约车司机群体参与基层治理。

（梁　梁）

思想建设

【概况】 2022年，中共成华区委宣传部以习近平新时代中国特色社会主义思想为指导，以宣传贯彻党的二十大精神为主线，组织区委理论学习中心组专题学习16次，打造“区委宣讲团+沙河风基层宣讲队”理论宣讲矩阵，开展集中宣讲、分众化和互动化宣讲1412场。区委宣传部牵头推进全国文明城市创建工作，完成杉板桥社区新时代文明实践站建设，全区95个新时代文明实践中心（所、站）举办各类文明实践志愿服务活动4126场次。全年在中央、省、市级媒体推出宣传报道832条（篇），在区级媒体推出宣传报道1.4万篇。区委宣传部获评2022年度全市“学习强国”学习先进单位。

（王　鹏）

【学习宣传党的二十大精神】 中共成华区委把学习贯彻党的二十大精神作为首要政治任务，结合贯彻省第十二次党代会、市第十四次党代会精神，及时召开区委常委（扩大）会议、全区传达学习大会、区委理论学习中心组学习会等，制发《关于认真学习宣传贯彻党的二十大精神的通知》《成华区学习宣传贯彻党的二十大精神总体安排》作出具体部署。全区开展学习贯彻党的二十大精神等专题学习研讨会8次，各单位理论学习中心组集中学习1410场，编印学习资料60万字，撰写学习研讨材料152篇；开展“大学习、大讨论”活动1023场，形成讨论成果74篇；组织学习宣讲2011场，运用“成华发布”等政务新媒体矩阵发布相关稿件177篇，实现1775个基层党组织、5.2万名党员干部全覆盖。

【理论学习中心组学习】 中共成华区委制定《2022年全区党委（党组）理论学习中心组专题学习安排意见》，印发《成华区党委（党组）理论学习中心组学习列席旁听工作方案》，对全区12家单位进行学习旁听监督巡察，实现学习制度体系化、学习管理规范化、学习开展有序化。区委理论学习中心组全年围绕学习贯彻党的二十大精神、全国“两会”精神及《习近平谈治国理政》《习近平生态文明思想学习纲要》等组织专题学习16次，包括学习研讨会8次，中心组成员撰写学习研讨材料152篇，带动全区各单位党委（党组）理论学习中心组集中学习1420场。

（杨宗汝　王小艳）

表10　　2022年中共成都市成华区委理论学习中心组学习情况表

日期	学习主题	学习形式
1月21日	全区单位主要负责人学习贯彻党的十九届六中全会精神暨区委中心组深入学习“十个坚持”读书班	专家辅导报告、集体学习研讨
2月18日	区委理论学习中心组（扩大）会议	集体学习研讨
3月29日	调研“金色中环”暨工作务虚会	调研、集体学习研讨
4月15日	学习全国“两会”精神专题学习会	集体学习研讨
4月22日	学习贯彻习近平总书记关于“增强忧患意识，防范风险挑战”重要论述专题学习会	专家辅导报告、集体学习研讨
5月19日	学习贯彻市第十四次党代会精神专题学习会	集体学习研讨
5月24日	学习贯彻成都市第十四次党代会精神市委宣讲团报告会	专家辅导报告
9月27日	学习贯彻《习近平谈治国理政》（第四卷）和习近平总书记在省部级主要领导干部专题研讨班上的重要讲话精神专题学习会	集体学习研讨
9月30日	“四史”专题学习会	实践活动
10月11日	学习贯彻习近平总书记来川视察重要指示精神和省第十二次党代会精神专题学习会	专家辅导报告、集体学习研讨
10月14日	学习贯彻网络意识形态安全专题学习会	集体学习
11月2日	学习贯彻党的二十大精神专题学习会	专家辅导报告
11月15日	学习贯彻《习近平关于依规治党论述摘编》专题学习会	集体学习
11月22日	学习贯彻党的二十大精神专题学习会	集体学习研讨
12月2日	学习贯彻《习近平生态文明思想学习纲要》专题学习会	集体学习
12月20日	学习贯彻习近平总书记关于坚定文化自信的重要论述专题学习会	集体学习研讨

【新闻宣传】　区委宣传部结合天府文创大集市、成都市数字文创产业峰会、成都十二月市、天府银杏文化艺术周等文商旅体活动开展新闻宣传，组织策划党的二十大、全国两会等重要会议精神宣传，联合主流媒体策划推出“砥砺成华·非凡十年”等宣传栏目，年内策划推出成华“新年送祝福”、蓉意成绩单主题宣传、成华风采喜马拉雅音频栏目等7个精品网络主题宣传。全年举办新闻发布会8场，在中央、省、市级报刊、电视台、广播以及新媒体推出宣传报道832条（篇），其中报纸221篇、电视197条、新媒体414条，获中央电视台、《人民日报》、《光明日报》、新华社等中央级媒体宣传报道44篇（条）。

【对外宣传】　区委宣传部结合重大节会、赛事、论坛、展览等活动，综合运用线上线下宣传资源及传播渠道，开展城市营销和形象塑造。7月8日，天府文创大集市在东郊记忆·成都舞台启幕，开启多元消费场景，激发文创发展活力。同日，全国首个“熊猫IP”艺术展——“黑与白”熊猫艺术创意展在东郊记忆国际艺术展览中心开展，熊猫形象与艺术文化交流碰撞，展现区域文化内涵。7月11日，“天府旅游名县巡礼”集中采访宣传活动走进成华，《人民日报》、《中国旅游报》、中新社等16家媒体参观成都大熊猫繁育研究基地、北湖生态公园、天府动漫城等8个景点，宣传成华文化魅力、旅游实力。7月14日，成华区联合字节跳动举办“抖in city”成都站，以成都“闲文化”为抓手，在抖音发起#闲功夫大赏话题挑战赛，在成华万象城和东郊记忆分别开设街头快闪店，举办线上城市嘉年华、综艺直播、音乐节等活动。10月29日，三联人文城市光谱盛典落地东郊记忆·国际时尚产业园，呈现融合光影、肢体和诗歌的多媒体戏剧展演，吸引国内外媒体关注。11月23日，区委宣传部协调媒体实时直播成都自然博物馆开馆，推出《嘘，恐龙出没》等短视频作品，被封面新闻、锦观新闻等媒体报道。区委宣传部聚焦“成华十大宝贝”推出的《袁庭栋成华寻“宝”记》系列报道，全网阅读量突破1000万次。区委宣传部策划“339AR秀熊猫拜年”视频，全网阅读量突破3000万次，获央视、新华社等媒体报道8次，省、市主流媒体重点宣传50条（篇），新浪微博#成华拜年#话题连续两天同城热搜第一。

（黄　毅）

【文化事业发展】　成华区制定《成华区“十四五”世界文创名城建设规划》《成华区世界文创名城建设行动计划（2021—2025年）》，加大文创企业培育，推进亿幕总部、国信电竞产业园等文创项目落地，推进世界文创名城先进区建设，梯次培育萌想星球107·文创产业园等成华特色文创园区。东郊记忆·国际时尚产业园、完美文创公园、CEC784·万谷智慧产业园、萌想星球107文创园4个园区获评市级特色文创产业园区。朗fun商业街、望平坊、地勘路咖啡文化特色产业街区3个街区获评市级文创特色街区。2022年全区文创产业增加值完成141.77亿元。

（唐　洵）

【网络安全和信息化管理】　区委宣传部加强信息化管理，制定《成华区网络安全事件应急预案》《成华区网络安全事件保障方案》等文件，会同市场监管、公安网监等部门开展关键节点户外LED大屏和系统安全巡察执法专项行动，对全区1600个点位开展全覆盖专项检查，完成28个关键基础设施网络安全“双盲”渗透漏洞整改。9月5—11日，成华区互联网信息办公室推出“网络安全　成华有‘画’说”网络安全知识在线答题活动，吸引市民参与175万人次。

（刘　青）

【宣讲活动】　中共成华区委打造“区委宣讲团+沙河风宣讲队”理论宣讲矩阵，区委主要领导、区级领导和部门主要负责人带头开展宣讲，吸纳全国劳模、老红军、能工巧匠、名家名嘴、网红大咖、非遗传承人等人才，组建新时代宣讲师队伍22支137人。宣讲团聚焦

10月29日，三联人文城市光谱盛典在东郊记忆演艺中心举行　（区融媒体中心供图）

9月29日，“奋进新征程 建功新时代‘永远跟党走’走基层大型宣讲活动”在跳蹬河街道杉板桥社区举行
（区委宣传部供图）

党的二十大精神、习近平总书记来川视察重要指示精神和省市党代会精神等重大主题，采取互动交流、问答式、座谈式宣讲，创新快板、顺口溜、歌曲、舞台剧等表达形式，结合城市典故、地域文化、道德模范、历史人物故事弘扬社会主义核心价值观。区委宣传部创新“互联网+宣讲”形式，运用网络新媒体平台和现代信息技术手段，把宣讲文字转化为图片、音频、视频等内容，推出“《人民日报》里的成都”等网络宣讲专栏，构建“1+11+N”全覆盖网络“微宣讲”平台。区委宣讲团全年开展集中宣讲412场，“沙河风”基层宣讲队开展分众化、互动化宣讲1012场，开展网络宣讲1022场。“沙河风”基层宣讲队在成都市第三届“理响成都”宣讲大赛中获一等奖。

（杨宗汝）

党史学习教育

【概况】 2022年，成华区常态化开展党史学习教育，持续打响“学习强国”主题街区全国IP，举办“强国复兴有我”主题演讲比赛，在成都印象城打造完美世界红色主题影城，开展党史学习交流会、知识讲座和红色电影展播等活动，围绕就业创业、住房保障、城市更新、生态惠民、优质公共服务等方面推进“我为群众办实事”。全年开展“青春志愿·爱心义集”志愿服务、节能宣传周、全国科普日等“我为群众办实事”主题实践活动120场，完成电子科大东二院改造项目等“我为群众办实事”民生实事138项。

【党史学习教育深入开展】 中共成华区委总结党史学习教育创设“五大课堂”、创新“三问三亮”工作法等经验，组织全区各级党组织和党员干部常态化开展党史学习教育，选树红色典型，抓好党章学习教育、党规党纪教育和政治纪律政治规矩教育；加强革命传统教育，建立健全常态化开展红色教育的制度机制；聚焦就业、教育、医疗、养老、食品药品安全、生态环境、社会治安等群众关心领域，深化“我为群众办实事”实践活动，建立健全领导干部领办民生实事项目长效机制；加强宣传教育、实践创新、特色打造、成果转化和组织保障，巩固拓展党史学习教育成果。

【“学习强国”主题街区】 成华区持续打响“学习强国”主题街区全国IP，依托街区建设成华区新时代文明实践中心、成都新时代文明实践基地，升级“一街百站千景万家”项目，推出辐射“公共服务空间+商超+公园+路口+社区+院落”应用场景1000个，推动学习深入万家百姓，构建“学习+实践”学习强国立体化宣传体系。主题街区全年开展微宣讲、演讲比赛、主题党建等活动282场，接待来自全国各地参观学习单位510家2.1万人次。

1月27日，成华区举行党史学习教育“我为群众办实事”实践活动“十佳项目”颁奖仪式
（区融媒体中心供图）

【"强国复兴有我"演讲比赛】 3月11日至10月10日，成华区举行迎接党的二十大胜利召开"强国复兴有我"主题演讲比赛。全区各行业各领域1012名选手参加，角逐出16名选手参加决赛，围绕"成华·使命篇""成华·奋斗篇""成华·豪迈篇"3个篇章展示新时代新风采。区融媒体中心尤梓入获得一等奖，成都笨家管理有限公司周杰、区投促局孙博等3人获得二等奖，成华城投公司丛帅、四川电信钟海琳等5人获得三等奖，成都市双林小学何晓阳、区公安分局赵俊锋等7人获得优秀奖。

【"我为群众办实事"实践活动】 成华区围绕就业创业、住房保障、城市更新、生态惠民、公共服务、优化营商环境、疫情防控等方面推进"我为群众办实事"实践活动，年内开展"青春志愿·爱心义集"志愿服务、节能宣传周、全国科普日等"我为群众办实事"主题实践活动120场，完成电子科大东二院改造、天府社创中心建成投用、"圆梦坊"孵化平台建设、全链条"秒批"改革、成都英才学校建成、成华区中医医院（康穗养老中心）建成等民生实事138项。

（杨宗汝　王　鹏）

统一战线

【概况】 2022年，中共成华区委统一战线工作部拟定《加强成华区党外干部储备培养选拔管理工作的实施方案》，支持民主党派和无党派人士参与人大协商、政府协商、政协协商26次85人次，加强政策宣讲、法律服务等民营经济代表人士统一战线工作，开展"美好生活·民法典相伴"暨送法进寺院等普法活动，举办"追梦华灿·圆梦成都"等蓉台双创活动，打造"蓉侨荟"东郊产业服务示范点、新心家园实践创新点位。区侨台办获评全省对台经济工作先进单位、全市海外统战和侨务工作先进单位。院山社区获评四川省民族团结进步示范单位。

（黄琬莹）

【多党合作与政治协商】 区委统战部为区级各民主党派、无党派人士参与政治协商提供平台载体，组织开展纪念中国共产党统一战线政策提出100周年"我和我的党派"主题活动，支持区级各民主党派开展"矢志不渝跟党走、携手奋进新时代"政治交接主题教育活动，全年召开民主党派座谈会、情况通报会15次。区委统战部组织各民主党派开展"同心大调研"，形成调研报告51篇，4篇得到民主党派中央、省委会采用和省部级领导肯定性批示，15篇得到民主党派市委会采用和市级领导肯定性批示。

【党外干部培养选拔】 区委统战部制订党外干部梯次选备计划，动态管理党外干部后备人才库。遴选推荐3名优秀党外干部参加市委统战部"党外干部菁英培养工程"，1名优秀党外干部参加市委统战部"党外干部和人才培训班"，6名优秀党外干部参加成华区优秀年轻干部递进培养。全年推荐提拔市管正局级领导干部1名，市管副局级领导干部1名，区管正局级领导干部2名，区管副局级领导干部3名，区属国有公司高管1名。

（蒋建峰）

【党外知识分子统一战线】 区委统战部坚持"广泛团结、热情服务、积极引导、发挥作用"，落实"双走访""双报告"制度，加强党外知识分子联谊会建设，发挥知联会桥梁纽带作用。全年认定无党派人士28名，推荐优秀党外知识分子4人参加省市区培训，引导党外知识分子发挥正能量、形成同心圆。

【新的社会阶层人士统一战线】 区委统战部在杉板桥社区打造新心家园实践创新点位，以"心·悦读"学习空间、"心·语间"联谊空间、"心·工坊"创客空间、"心·星荟"成长空间等为主要空间载体，开展新阶行业交流会、创新创业培训、公益讲座等活动4次。区委统战部组织引导新的社会阶层代表人士参加新冠疫情防控工作，组织财税微课堂12次，组织35名志愿者参与服务556小时，印发宣传中小企业减免税政策法规手册3020份，为疫区捐款、捐赠防疫物资及医疗物品价值10万元；指导新联会组织建立律师、公益、创业、新媒体4支专业服务队伍，开展法律援助、创业指导、新媒体服务等12次。区委统战部支持新的社会阶层代表人士围绕经济社会发展重要问题开展调研，26名担任省、市、区级人大代表、政协委员的新的社会阶层代表人士就城市发展建设、民生教育等问题建言献策105条。全年举办"促发展·强交流·聚力量""喜迎党代会·同心话发展"等新的社会阶层代表人士主题活动21场，采用问卷、访谈和实地走访等方式，开展新的社会阶层人士和文创类新阶企业问卷、重点人群企业访谈和实地调研61人次。

（白书琴）

【民营经济代表人士统一战线】 区委统战部落实《中共中央办公厅关于加强新时代民营经济统战工作的意见》，

10月18日，成华区新的社会阶层代表人士统战工作座谈会在杉板桥社区新心家园实践创新点位举行
（区委统战部供图）

建立成华区民营经济统战工作协调机制，巩固党委统一领导、统战部门牵头协调、各部门分工协同的大统战工作格局。6月29日至7月1日，区委统战部举办2022年成华区民营经济统战工作暨民营经济代表人士培训班，组织全区民营经济人士学习习近平新时代中国特色社会主义思想和中共十九届六中全会、四川省第十二次党代会、成都市第十四次党代会、区第八次党代会精神。区统战系统代表人士参加“成渝地区双城经济圈”“金色中环”主题研讨、“产业建圈强链”企业家沙龙、成华区38条惠企政策答疑解惑等专题活动6场次，开展商会企业家法治沙龙、司法服务面对面等“法律服务民营企业”活动，通过QQ、微信等平台精准推送涉企政策30条。

（朱　浩）

【民族宗教代表人士统一战线】　区委统战部开展“美好生活·民法典相伴”暨送法进寺院等普法活动，联合律师事务所在昭觉寺和龙潭寺宣讲《中华人民共和国宪法》《中华人民共和国民法典》等法律知识。区委统战部在龙潭寺和昭觉寺开展消防、燃气、房屋建筑、地下管网等重点安全隐患整治，排查安全隐患32处，组织安全知识培训、应急疏散演练和灭火演练，上门宣传安全知识35次。

（蒋兆龙　刘　彬）

【港澳台代表人士统一战线】　区委统战部密切联系港澳台界代表人士，支持爱国爱港爱澳力量发展壮大，开展2022年全国台联第二十八届台胞青年冬令营四川分营、温馨台湾情·新春围炉活动、壬寅虎福送元宵等交流活动4场，举办“‘追梦华灿·圆梦成都’蓉台青年就业创业交流会”等线上线下双创活动6场，组织台资企业参加第十二届两岸青年创新创业论坛、2022两岸青年就业创业发展交流会、第十四届海峡论坛、2022年川台青年创新创业研习考察活动等交流座谈、投资推荐会11场次；开展台资企业安全生产检查5批次，调处涉台矛盾纠纷18件。

【侨界代表人士统一战线】　区委统战部密切联系侨界代表人士，提升打造“蓉侨荟”东郊产业服务示范点及邻里月台“侨之家”服务阵地，创新探索“地方侨联+高校侨联+产业园区”友好合作“133”模式；举办第一届“侨智菁英”品牌评选活动，评选“侨智菁英”53人；参与组织“Panda成都·华教云课堂”活动，联合国家开放大学华侨学院在“汉语云”平台对外传播天府文化和讲好成华故事，全年组织侨界人士开展“侨心向党”等思想引领活动34次，开展“侨智学院”四进活动22场。

（周　映　林康琪）

6月23日，成华区招商引智产业推介会暨“侨智菁英”颁奖音乐会在“蓉侨荟”侨胞之家举行
（区委统战部供图）

政策调研

【概况】 2022年，中共成华区委政策研究室贯彻落实党中央和省委、市委、区委各项决策部署，加强调查研究，强化成果转化，打造文稿精品，健全完善全区“大调研”工作制度机制，形成调研报告217篇，完成会议文稿和文件材料150篇、汇报发言材料130篇、疫情防控相关文稿150篇，推动全区各部门梳理全年重点改革任务121项。区委政研室获评全市目标绩效考评工作表现突出单位。

【区委全会报告撰写】 1月15日，区委政研室牵头启动《区委八届三次全会报告》起草筹备工作，先后征求区委常委、委员意见，听取区人大、区政府、区政协领导和各部门各街道意见建议，多次修改完善后形成2大板块9200字。全会报告回顾梳理2022年区委学习宣传贯彻党的十九届五中、六中全会精神和省委市委重大决策部署、组织开展党史学习教育和庆祝中国共产党成立100周年活动、完成全区集中换届工作、打赢疫情防控遭遇战阻击战；系统总结2022年区委主要开展稳增长调结构、强改革促创新、优功能提品质、兴文化展形象、惠民生办实事、抓党建聚合力7个方面工作，同时分析了存在的问题和不足，为开创社会主义现代化新成华建设新局面明晰方向。

【专题文稿起草】 区委政研室做好全区大型会议相关材料起草，服务保障“631”项目攻坚、老旧小区改造、新冠疫情防控等重点工作，推动文稿提质量、出精品，年内牵头完成区委主要领导在“全区党史学习教育总结会”“成华区2021年重点项目总结表扬暨2022年‘631’重点项目攻坚动员大会”“幸福美好生活十大工程暨民生实事总结推进会”等会议上的发言材料和会议文稿150篇，牵头完成区委主要领导在“成都市蓉北商圈建设领导小组第1次会议上的汇报发言”“在学习贯彻党的十九届六中全会精神专题培训班分组讨论上的发言”“关于成华区老旧小区改造工作推进情况的汇报”“在市十四届二次全会暨市委经济工作会议分组讨论时的发言”等汇报发言材料130篇，履行区疫情防控指挥部综合信息组文稿小组职能职责，撰写疫情防控相关文稿150篇。全年完成《坚持问题导向　聚力改革创新　成华区着力破解老旧院落消防难题》等成华改革经验文章13篇，《做强“人才链”　服务“产业链”　成华区持续推进产业工人队伍建设改革》《坚持问题导向　聚力改革创新　成华区着力破解老旧院落消防难题》等经验文章获市委主要领导肯定性批示。

【专题调查研究】 区委政研室完善全区“大调研”工作机制，6月组织开展全区“促发展、惠民生、防风险”专题调研活动，聚焦“三个做优做强”、“四大结构”优化调整、产业建圈强链、幸福美好生活十大工程、“金色中环”等工作开展调查研究，形成调研报告106篇。10月，区委政研室组织开展全区“重学习、转作风、强担当、提能力”专题走访调研活动，推动党的二十大和习近平总书记来川视察重要讲话精神在成华落地见效，形成调研报告78篇。11月，区委政研室组织开展全区重大课题调研活动，围绕33个重大课题方向形成调研报告33篇。区委政研室加强与研究机构、高校学者、专业团队合作，形成《加快建设金色中环　做优做强三大功能》《打造“54321”街道级经济运行服务平台体系　加快构建一流营商环境》《推动制造业高质量发展加快建设制造业强区》等调研成果。

【全面深化改革推进】 成华区对标市委改革任务部署，推动全区各部门梳理全年重点改革任务121项，形成一套“8+10+N”改革任务组合拳（“8”是8项国家级改革试点任务、“10”是全区十大重点原创性原动力改革任务、“N”是全区各级各部门主动谋划121项原创性原动力改革任务），加强改革系统集成。区委全面深化改革委员会办公室研究制定《成华区改革要点》《成华区原创性原动力改革工作落实方案》，明确9大类51项改革任务，推行项目化、清单化管理，健全“周联系、月报送、季评估、年总结”工作制度，建立改革试点高效推进机制。2022年新争取开展第一批“央馆人工智能课程”规模化应用试点区等3项国家级试点，四川省中小学校自我督导体系建设试点区等2项省级改革试点；持续推动医养联合基本公共服务标准化试点等5项国家级改革试点，省第二批城乡社区治理试点等2项省级改革试点；抓好“智慧蓉城·数字孪生社区”创建工作、“老旧院落智慧消防治理模式”改革工作等10项全区重点原创性原动力改革任务；委托专业机构对《关于对街道党政正职和部门主要负责同志加强监督的实施办法（试行）》等2个专项改革方案开展第三方评估和销账工作。截至年底，全区9大类51项具体改革任务全部完成，在提升城市整体功能、构建现代产业体

10月27日，中共成华区委全面深化改革委员会会议召开　（李芋静　摄）

系、推动绿色低碳发展、提质民生福祉、提升民主法治建设水平等方面取得改革成效，形成实施“产业教授”计划、探索长期护理保险、建设数字孪生社区等经验做法，获国家级报刊和媒体刊载200项。

（唐文辉）

机构编制

【概况】　2022年，中共成华区委机构编制委员会办公室聚焦“631”重点项目、经济发展“十大重点领域工作”和“中环牵引、纵横联动、组团优强”发展策略等全区中心工作，做优做强机构职能体系、体制机制保障、编制管理方式，系统性重构数字化城市运行管理体系，向民生等重点领域部门倾斜用编53名，配合相关部门引进人才7名，编制学校安全职责任务清单149条，制定微网实格责任清单56条，开展机构编制法规制度宣传培训390人次，重点特色工作在省市区有关平台刊发42篇次，被省委编办评为“2022年度全省机构编制系统先进单位”。

【机构职能体系优化调整】　成华区建立全区机构职能体系基础信息台账和运行管理台账，优化调整安全生产等重点领域议事协调机构设置，推动区政府安办实体化运行，明确部门、街道、园区安全生产机构设置、人员配备标准和工作机制。成华区完善区街两级协同执法机制，夯实街道行政执法主体资格的配套体制机制，制定应急管理、城市管理、市场监管等领域协同执法工作办法，推进审批—监管—执法有机融合。区委编办全年调整区委办、区发改局等11家单位机构编制事项34项，理顺安全生产、校园安全、综合执法等领域涉及单位职责关系43家，被市委编办评为2022年度深化综合行政执法改革工作先进单位。

【基层管理体制改革】　成华区围绕基层赋权提能增效，将增强街道职权、明晰权责界限、规范“属地管理”作为抓手，推进赋予街道“五权”工作，明确街道统筹协调和综合管理事项90条，增强街道综合管理、统筹协调、应急处置和社会治理能力。区委编办专题研究并推动完善事权事项下放监督管理制度机制，推进赋予街道第二批县级行政权力工作，制定具体实施方案，明确赋权内容、实施步骤，依法向街道下放县级行政权力33项，确保街道“接得住、管得好”。区委编办加强部门街道工作协同，围绕社区“微网实格”体系建设，明确细化区级部门、街道做强“微网实格”任务56条，提高区街协同、齐抓共管水平。

【智慧城市治理职能体系优化】　成华区从城市运行全生命周期和工作全流程优化出发，系统性重构区城运中心组织架构，按照“值守调度、协调督查、建设规划、应用场景”四大职能板块，健全领导体制、职责体系和内设机构；

6月23日，区委编办组织开展赋予街道“五权”工作培训会　（区委编办供图）

梳理规范“多跨”“突发”事件处置流程，构建“职能全景呈现、任务精准分派、处置及时有效、责任可溯可评”闭环工作体系；坚持“有统有分、平急结合”，建立人员进驻派驻、值班值守、应急报送、分析预警等运行机制，构建整体智治、高效联动的组织体系和运行机制。成华区围绕街道在城市运行中“联勤联动”职能定位，探索优化街道城运中心组建和运行模式，统筹街道综治网格、城市管理、基层党建、居民自治等多元力量，初步形成精准发现、精准预警、精准处置的数字化城市运行管理体系。

【民生领域机构编制保障】 成华区加强教育领域机构编制保障，新设成都市成华区华青学校，整合成都市建筑职业中专校、成都市蜀兴职业中学设立成都职业技术学校，健全中小学“编制+员额”一体化管理制度体系，加强中小学教职工编制总量控制、动态调整，吸引教师1900人进入成华任教、200名硕士以上教育人才进入在编教师队伍，全区教师本科及以上学历占比94%。成华区聚焦居民健康水平提升，在成都市成华区第七人民医院（区精神卫生中心）加挂成都市成华区心理卫生中心牌子，创新卫健领域“设岗招聘、编制结算”保障方式，建立科学高效、有利于吸引人才和稳定医疗队伍的人员供需平衡机制，吸引医疗人才50名进入基层医疗队伍。区委编办被市委编办表扬为2022年度民生领域事业机构编制管理创新先进单位。

【机构编制实名制管理】 区委编办印发《成华区机构编制实名制平台管理协同机制实施方案》，规范“编办审核科级职数—单位线上线下办理—组织部、人社局备案”工作流程，审批业务由原来多头审批15项整合简化为人员新增、人员减少、人员信息变更3项，业务办理流程由46项简化为16项，实现“单位线下少跑路、数据线上多说话”，促进部门间协作协同“全链条”闭环管理。区委编办推行科级干部职数预审制度，探索实名制平台数据与公务员信息管理系统、工资管理系统数据定期对账制度。全年更新完善189家机关事业单位人员信息1812条，教育、卫健系统人员“三龄、两历、一身份”信息2.3万条。

【事业单位登记管理】 区委编办开展事业单位法人公示信息实地核查工作，按照“双随机、一公开”原则，抽取4家事业单位和3名具有执法资格人员进行实地核查，在政府门户网站和社会信用信息平台公开接受监督。全年依法办理事业单位设立登记9家、变更登记49家、注销登记3家，机关群团赋码42家，规范管理注册“.政务”和“.公益”中文域名249个，完成183家事业单位法人年度报告公示。

【机构编制研究和法治化建设】 区委编办研究制发《成华区贯彻〈中国共产党机构编制工作条例〉实施方案》，强化各部门党管机构编制、“编制就是法制”意识，刚性执行机构编制纳入巡察选人用人专项检查，联合多部门开展重点领域机构编制执行和管理问题核查。全年开展机构编制法规制度宣传培训390人次。工作经验《坚持系统观念和法治思维 强化闭环促进精细化管理》在《中国机构编制》刊载，区委编办被市委编办评为“2022年度机构编制管理创新工作先进单位”。

（王阳愉）

老干部工作

【概况】 2022年，成华区有离休和正局级以上退休干部343人，其中离休干部11人、区级退休干部60人、正局级退休干部272人。中共成华区委老干部局推动老党员工作室品牌化建设，打造杉板桥社区老党员工作室、培华社区同心老党员工作室示范点位，探索推出离退休干部党支部组织生活套餐服务，升级老干部活动中心，开展“增添正能量·共筑中国梦”、“感恩成华 岁月风采”荣誉退休等活动。全年邀请老干部代表参加重要会议活动8场次，走访慰问离退休干部及遗属705人次，发放困难帮扶金3.2万元，开展书法、绘画、声乐培训班150场次。区委老干部局获评2022年度全市老干部工作任务完成情况先进单位。

【老干部思想政治建设】 区委老干部局将学习贯彻党的二十大精神作为首要政治任务来抓，坚持“集中+分散学”相结合、“线上+线下学”相贯通，组织老干部开展专题学习280人次，编印发放学习资料430份，为11名行动不便的老干部送学上门，实现学习教育全覆盖。区委老干部局指导区法院、万年场街道等5个单位离退休干部党支部完成换届，探索推出离退休干部党支部组织生活套餐服务，提供理想信念、集中学习、特色服务3大类12项套餐服务，全年开展活动24场次，覆盖28个离退休党支部党员550人，党员参与率94%，活动信息获《成都日报》刊登。区委老干部局推动老党员工作室品牌化建设，打造杉板桥社区老党员工作室、培华社区同心老

7月6日，杉板桥社区老党员工作室在成都战役英烈馆开展志愿服务活动（区委老干部局供图）

党员工作室示范点位，双桥子街道万晟社区攀成钢退休中心第一党支部被市委组织部评为全市疫情防控斗争中担当作为先进基层党组织，跳蹬河街道机关离退休干部党支部等4个单位获评全市融入社区发挥作用先进离退休干部集体，左国辅、李彬等6名老干部获评全市融入社区发挥作用先进离退休干部。

【老干部学习阵地建设】 区委老干部局升级现有老干部活动中心服务功能，开展书法、绘画、声乐培训班150场次，举办老干部智能手机使用兴趣培训班，培训微信使用、支付功能等手机技巧，引导老干部在“蓉城金秋”网络平台上传摄影、文学、书法等自创作品120幅展示交流，“同心老党员工作室”老干部文艺队《过雪山草地》《战歌》合唱节目等作品参加全区“走基层”文化惠民文艺会演活动。区委老干部局推广“蓉城金秋”离退休干部服务管理系统使用，发送学习资料420次、发布活动信息86条。区委老干部局推动老干部活动新中心加快建设，年内完成建筑施工总量50%。

【老干部待遇落实】 区委老干部局落实老干部政治待遇，各级领导干部全年走访慰问离退休干部及遗属705人次，邀请老干部代表参加成华区“喜迎二十大”街道社区工作表扬推进会等重要会议活动8场次。10月8日，成华区老干部2022年庆祝重阳节情况通报暨先进表扬会召开，通报表扬老干部工作先进集体和先进个人。区委老干部局落实老干部生活待遇，开展健康知识及政策解读讲座，开展“清凉行动”“暖冬行动”，组织老干部体检212人，组织老干部200人前往峨眉山、街子古镇等地开展短期疗休，为新中国成立初期参加革命工作的退休干部划拨门诊补贴26人次。区委老干部局建立和完善离休干部服务管理“一人一策”台账，帮扶参加革命早、贡献大和身患重病、失能、高龄等特殊困难离退休干部32人，为困难老干部7人发放帮扶金3.2万元。

【“沙河风”老干部宣讲活动】 区委老干部局以社区“老党员工作室”和“离退休干部微党校”为阵地，定期组织“沙河风”老干部党史宣讲队开展宣讲活动。宣讲队依托“道德讲坛”“东郊故事”“家风建设”等平台，创建离退休干部党支部微信群、老党员工作群，支持宣讲队成员开通微博和微信公众号，打造线上线下互动“空中宣讲课堂”。全年组织开展红色宣讲活动60场次，参与干部群众860人次。《红歌中的党史》被市委老干部局评为精品课程，退休干部张友发被市委老干部局聘为“蓉城金秋”老干部宣讲团宣讲员。

【荣誉退休仪式】 区委老干部局做好干部荣誉退休工作，开展“开展一次退前谈话、制作一本荣誉册、拍摄一段工作视频、组织一次专题学习、举办一场荣退仪式”荣退“五个一”活动。6月29日，区委老干部局、区委组织部、区应急局以“感恩成华·岁月风采”为主题，举办全区第一次荣誉退休仪式，向退休干部代表颁发退休证书、颁授老党员工作室牌匾，组织退休党员共同

6月29日，区委老干部局举办“感恩成华·岁月风采”荣誉退休仪式（区委老干部局供图）

重温入党誓词，全区新退休干部及部分区级部门、街道领导共56人次参加会议。

【“增添正能量·共筑中国梦”活动】 3月28日，区委老干部局启动2022年“增添正能量·共筑中国梦”活动，分5批次组织老干部220人参观成都市公园城市建设、成华区“金色中环”、青白江区国际铁路港、崇州市乡村振兴等项目。10月26日，组织召开“建言二十大”和“我看中国特色社会主义新时代”老干部座谈研讨会，收集建设性意见20条。11月14日，组织“学习二十大精神·奋进新征程”主题书画笔会展，老干部82人围绕党的二十大胜利召开创作书法和绘画作品200幅，组织开展趣味运动会、歌唱比赛、家风讲坛等活动60场。

（鲁　晴）

目标绩效考评

【概况】 2022年，中共成华区委办公室围绕中央、省委、市委系列重要部署开展督促检查，建立11个基层减负监测点，围绕“631”重点项目建设、经济发展“十大重点领域工作”、新冠疫情防控工作等开展专项督查90次，协同推进全年28项工作任务和规范下放基层事权事项专项整治试点。成华区获评2022年全市政务督查先进单位。

【目标管理】 中共成华区委督促检查暨绩效管理工作领导小组办公室对标省、市目标，为区级70家考评单位定制“一对一”目标体系，依据考评对象的职能性质、工作任务等差异，将考评对象分为5个考评序列，差异化设定考评项目，引导各考评序列错位竞争，形成2022年度成华区各目标责任单位目标绩效考评体系、成华区2022年目标绩效考评体系考评细则。区委督效办构建“分管区领导调度指挥+牵头单位统筹抓总+责任单位联动落实”三级目标监控体系，区级牵头部门研究制定“时间表、任务书、路线图”，健全目标“月督查”“季通报”和“全流程”跟踪督查机制，对进度滞后的指标持续跟踪催办、按时通报，激励先进、倒逼后进。区委督效办实行“定向+定量”考核、“加分+减分”激励、“升级+降档”考评，采取过程性考评、逆向考评、年终考评相结合，引导考评向经济建设一线、承担急难险重任务多的单位倾斜。

【目标督查】 区委督效办牵头制定2022年度督查检查考核计划，明确19项督查检查考核工作任务，组织7个区级牵头部门细化基层减负工作方案，协同推进全年28项工作任务和规范下放基层事权事项专项整治试点。区委督效办通过“三级督查网络”开展专项督查或联动督查，形成“立项督办—台账管理—跟踪问效—报告反馈—回访复核”闭环管理模式，将目标管理和督查督办工作纳入全区目标考评体系，搭建“每日更新台账、每周核实落实情况、每半月点对点专报、每月全覆盖通报”工作落实链条。区委督效办牵头制定贯彻落实习近平总书记来川视察重要指示精神具体措施分工方案及专项督查工作方案、贯彻落实区第八次党代会重大决策部署责任分工方案、贯彻落实2022年常委会工作要点分工方案等，对77项区委常委会会议定事项、108项区委专题会议定事项、202项区委主要领导批示开展立项督办。全年开展实地督查90次，形成督查工作专报155期，督促解决问题330项。

【重大专项工作督查督办】 区委督效办通过现场走访、实地查看等方式，对“631”重点项目建设、经济发展“十大重点领域工作”、文明城市创建、新冠疫情防控等20项重点工作专项督查90次。全年印发《督查事项通知》392期、《目标管理督查专报》81期、《目标管理督查通报》28期、《通报表扬》11期、《通报批评》4期。

【民生实事督查督办】 区委督效办聚焦交通出行、市容环境、就业创业、扶贫解困、教育助学、医疗养老、食药

11月15日，区委督效办在339永辉超市仓库督查“入园必检”司乘人员台账（区委督效办供图）

安全、文体惠民、住房保障、便民服务10个民生领域开展督查督办，全年完成民生实事省级目标21项、市级目标85项、区级目标40项，计划财政资金7.17亿元，实现财政支出8.82亿元。

（杜荧屏）

保密管理

【概况】 2022年，中共成华区委保密机要局依法开展保密监管，利用“成华密语”微信公众号和今日头条加强线上两识教育，加强新媒体保密管理，开展全区干部职工“失泄密案例剖析大比拼”、“秘了个密”保密知识线上竞答游戏等活动，全年组织干部职工开展保密培训430人次。区委保密机要局获评四川省保密工作先进集体，获评2022年度《保密工作》杂志通联工作全国先进单位。

【保密管理与监督】 区委保密机要局加强新媒体保密管理，成立专班、定岗到人，印发保密专项工作汇编材料，对微信等新媒体、新技术的使用作出具体规定，明确微信工作群建立、信息发送及群主管理等原则，将新媒体保密管理纳入保密自查自评工作，在全区开展微信电脑端使用情况和工作群管理情况检查，及时堵塞漏洞。4月18—27日，区委保密机要局组织全区机关、单位及驻区保密资质（资格）企业干部职工开展“失泄密案例剖析大比拼”活动，吸引干部职工参与320人次。区委保密机要局牵头完成高考、中考、小升初摇号等14场教育统一考试和升学摇号保密服务，协助区教育考试中心开展试卷分类入库11次，开展招办现场保密检查34次、考点保密检查17次；指导相关单位组织文件、耗材销毁44吨；为区委编办、区综合执法局、成华发展集团、东方广益公司4家单位提供“送课上门”培训服务，组织全区干部职工开展保密培训430人次。

【保密宣传教育】 区委保密机要局强化横向联动，组织全区机关干部、驻区资质（资格）企业职工开展“4·15”“12·4”和新冠疫情期间保密法治宣传教育活动。10月10日—21日，联合区纪委监委，设计开发“秘了个密”保密知识线上竞答游戏，全区公职人员2.4万人参与。区委保密机要局利用“成华密语”微信公众号和今日头条开展线上保密知识、保密意识“两识”教育，全年采编推文257篇，阅读量52.5万人次，《“黑客帝国”丑闻再曝光！防止互联网泄密应该怎么做？》等10篇推文被省市级媒体转载推广，《实名举报信被泄密，22名公职人员受处分》单条点击量13万人次。

（赵勇军）

5月29日，区委保密机要局组织开展保密业务培训 （区委保密机要局供图）

档案管理

【概况】 2022年，成华区档案局（档案馆）编制《成华区档案事业发展“十四五”规划》，开展档案“收、管、存、用”工作，推进档案新馆建设，开展档案行政执法检查、业务指导、业务培训，完成45个重大建设项目档案管理登记，开展档案文化品牌活动“读档时光”进校园、“喜迎二十大·档案颂辉煌”主题展等活动。截至年底，成华区档案馆馆藏25个门类档案资料52971卷（册），文书档案数字化率100%。成华区获评2022年度成都市档案工作先进区（市）县。

【档案事业发展“十四五”规划】 4月10日，成华区印发《成华区档案事业发展“十四五”规划》，回顾成华区“十三五”档案工作情况，分析面临的形势与挑战，提出“十四五”时期成华档案事业发展目标、基本原则，明确“14820”总体发展思路。区档案局坚持服务大局中心，建强档案治理、资源、利用、安全4个体系，推进档案专题数据库建设、档案工作制度建设、档案馆（室）规范化建设、档案资源汇聚、档案资源开发利用、档案馆库建设、档案信息化强基、人才强档8个项目，抓实20项重点任务，做好组织领导、经费落实、组织实施、档案宣传等保障措施。

【档案法治宣传】 区档案局开展“6·9”国家档案日、“12·4”国家宪法日等主题宣传，设立实地法治宣传点15个，加强档案法律法规知识多媒体普及。5月18日，组织干部职工参加“千人读档”云接力主题活动。6月9日，组织干部职工观看国家档案局举办的线上档案专题讲座。6月9—15日，举办区档案馆开放日活动，邀请公众参观爱国主义教育基地展览，举办“喜迎二十大·档案颂辉煌”主题展。11月2日，在成都列五中学举行“读档时光”档案文化品牌活动。12月4—10日，联合区司法局开展“点亮辉煌”线上档案知识竞答活动。全年发放档案知识折页、服务指南等宣传资料260份，吸引干部群众参与970人次。

6月9日，成华区“喜迎二十大·档案颂辉煌”主题展在下涧槽社区举行　（区档案局供图）

【档案接收】　区档案馆坚持依法接收、应收尽收，年内接收区民政局2018—2020年婚姻档案1885卷，接收撤销的圣灯街道1991—2018年各门类档案4227卷，接收2021年“疫情防控”“党史学习教育”文书档案68卷、照片档案324张、光盘档案108张。区档案馆加大双重档案采集力度，开展党代会、“两会”等重要会议以及“成华榜样”颁奖晚会、重点项目拉练等重要活动档案采集35次，采集“双重”照片档案258张。截至年底，成华区档案馆馆藏全宗78个，馆藏档案25个门类，文书、专门档案（婚姻、国土、审计、地名、教学、农科、收养、会计、航测图等）和寄存档案、资料共52971卷（册），建立馆藏档案目录数据库、全文数据库，馆藏档案数字化目录673726条、全文5407853页。

【档案利用服务】　区档案馆利用档案数据库向公众提供方便快捷的查阅、咨询和服务，全年接待查档单位及群众848人次、提供档案1170卷、复制档案9700页，接待省内异地查档178人次，利用“全国档案查询利用服务平台”完成省外异地查档及咨询4人次。区档案馆加快档案资源数字化建设，完成馆藏数字化档案的数据校对、纠错工作，推进“存量档案数字化”“增量档案电子化”工作。全年完成馆藏圣灯街道办事处2187卷（其中文书档案1187卷、科技档案640卷、会计档案360卷）、建设路街道办事处会计档案194卷、桃蹊路街道办事处245卷、成都皮毛厂等3家破产企业纸质档案233卷的数字化扫描工作。

【档案行政执法检查】　区档案局开展2022年度档案行政执法检查，制定行政执法检查评分细则，指导各单位完成自查报告、自查评分、名录库收集整理。通过听取汇报、调阅材料、实地查看等方式，对26家单位进行全面检查，形成档案行政执法检查反馈意见书，督促受检单位完成问题整改78个。

11月2日，成都市档案文化品牌活动“读档时光”在成都列五中学举行　（区档案馆供图）

【档案业务指导】　区档案局加强与区发改局、区住建交局等部门对接沟通，梳理全区重大建设项目情况，分解目标、细化责任，形成“档案局—责任单位—项目业主单位”协同推进机制，完成45个重大建设项目档案管理登记工作、3个重大建设项目档案竣工验收工作。区档案局出台《学校档案工作管理意见》，率先在全市推行教育系统档案规范化管理达标创建，42所学校达四川省档案规范化管理二级标准，《成华区“三高”促“三化”全面提升教育档案管理利用水平》工作经验在全市推广，获区委主要领导肯定性批示。

【档案业务培训】 区档案局采取主动上门指导和集中业务培训相结合的方法，组织开展档案业务分类培训，邀请档案行业专家于10月20日开展业务培训2场。区档案局组织重大项目等档案培训3期100人次，提高专兼职档案员业务水平；组织开展立卷归档演练等业务小练兵活动4次，强化档案干部“单兵作战能力”；组织开展对标对表交流学习4次，提高档案干部人才队伍综合素质。

（周荣胜）

党校教育

【概况】 2022年，中共成华区委党校（成华区行政学校）以县级党校分类建设改革为主线，加强干部培训、咨政服务、宣讲服务，制订《年轻教师培养三年行动计划（2022—2024年）》，全年举办各级干部培训班25期，培训1634人次，完成省市课题10项，4个课题被省委党校、市委党校评为优秀。区委党校获第七届成德眉资党校系统教师风采交流观摩活动优秀组织奖。

【干部教育培训】 区委党校围绕“1556”总体发展思路和金色中环、产业建圈强链等中心工作，分层分类设置专题班次、课程体系，整合培训资源提升办学质量；统筹利用省市党校培训资源，综合运用集中轮训、专题研讨、辅导讲座、网络培训等形式，推进党的十九届六中全会及省市区全会精神、党的二十大及省市区党代会精神培训；开展“四史”教育，组织干部赴延安、西安、深圳等地开展党性锻炼。区委党校做好甘孜藏族自治州丹巴县、成都简阳市干部教育培训，举办干部能力素质提升专题培训班2期，丹巴县和简阳市乡科级干部44人和村（社区）干部84人参训。全年举办各类培训班25期1634人参训，其中市级备案主体班10期，备案外主体班13期，委托班2期。

【领导干部创新能力培训】 成华区2022年正局级领导干部高质量发展专题研讨班于10月25—31日、11月6—12日分两期举办，组织干部108人赴苏州学习城市建设、文化传承、文商旅融合发展、液态城市发展等先进经验。培训班采用“专题讲座+现场感悟”沉浸式教学模式，邀请高校专家围绕党的二十大精神、人口形势、社区治理、江南文化等话题开展理论授课，带领学员实地考察苏州博物馆西馆、平江路历史街区、双塔街道、智能制造融合发展中心、科沃斯机器人有限公司等点位，感受苏州推进经济发展和社会进步举措，增强学员干事创业、开拓进取的信心和决心。

【优秀年轻干部人才培训】 成华区2022年优秀年轻干部人才“立根铸魂工程”暨中青年干部培训班于10月8日至12月31日举办，围绕提升年轻干部的政治能力、调查研究能力、科学决策能力、改革攻坚能力、应急处突能力、群众工作能力、落实能力，构建“团建聚力+视野拓展+素能实训+党性铸魂+实践锻炼+总结提升”培训体系，遴选培训年轻干部和人才66人。培训班分5个阶段，第一阶段开展团建、展示学员风采，第二阶段在苏州开展异地培训，第三阶段开展实训课程，第四阶段进行实践锻炼，第五阶段总结提升，进行测评考核，组织召开党性分析会，形成具有决策参考价值的资政报告16篇。

【社区治理多元参与式培训】 成华区2022年社区发展治理“青年菁华达人成长社·引力培训计划”于11月2—4日举行，通过组织调训、挖掘动员和社会招募方式，汇集社区两委成员、网格员、社区能人、青年社群等群体93人，开展3个月融合式培训。培训聚焦党建引领社区发展治理和韧性社区建设，分为社区通识集训、社区共创行动、社区实践探究、展示复盘激励四个阶段，

10月10日，成华区2022年优秀年轻干部人才“立根铸魂工程”培训班在萌想星球107文创产业园开展破冰训练 （肖祥娟　摄）

5月13日，成华区2022年第一期社区党组织书记培训班开设“城视成话·超话聊天室”

（罗什莞　摄）

构建“党校—研创中心—街道—社区”四级指导体系，培养一批社区专业人才、带动社区志愿队伍，探索形成社区应对公共突发事件行动指南。全年举办社区党组织书记培训班2期，培训81人。校内培训以“理论授课+现场教学+交流研讨”为主，围绕公园社区打造、智慧社区建设等主题开展研究式教学；异地教学以武汉大学为依托，深入武汉的特色社区和治理典范社区，学习社区治理和社区营造先进经验。

【课题调研及科研咨政】　区委党校围绕成渝地区双城经济圈建设、文商旅融合发展、美丽宜居公园城市建设、超大城市治理等重点领域开展理论和现实问题研究，全年结项省市委党校课题10项。《“城市大脑”赋能智能化治理的实践与探索——以成华区“智慧成华”建设为例》等4个课题成果被省委党校、市委党校评为优秀，《世界文创名城建设背景下成都文创产业功能区分析——以东郊记忆为例》等5篇科研成果在《成都党校报》《社会科学》等刊物公开发表，《成都城市生活垃圾分类的对策建议》等4篇科研成果在《四川党校通讯》《调查与思考》等内部刊物上刊载。《成都城市生活垃圾分类的对策建议》咨政报告获省环保厅领导肯定性批示，《以金色中环为空间载体支撑，推动现代服务业高效优质发展》《聚焦“金色中环”发展策略　创建韧性社区社治品牌》2篇课题成果获区委主要领导肯定性批示。

【理论宣讲】　区委党校围绕党的二十大、十九届六中全会、省第十二次党代会、省委十一届十次全会、市委十三届十次全会、市第十四次党代会、区委八届三次全会等主题，采用讲授式、案例式、互动式、坝坝会等方式开展宣讲，实现宣讲专业化、菜单化、品牌化，推荐8名骨干教师进入区委宣讲团。全年开展宣讲活动69场，听讲干部群众2981人次。

【“对标创新”工作】　区委党校牵头市下目标——对标创新工作，组织动员全区60家目标责任单位申报创新工作

表11　2022年中共成都市成华区委党校（成华区行政学校）调研课题结项一览表

序号	课题名称	课题负责人	结项类别
1	《从社会保障创新视角探索共同富裕的实现路径——基于成都市成华区低收入人群体的调查与思考》	张心玥	省委党校课题
2	《场景理论视角下“公园社区”建设发展模式探讨——以成都市成华区为例》	刘雨柔	省委党校课题
3	《老龄化背景下社区嵌入式医养结合模式初探——以成都市成华区为例》	胡香雪	市委党校课题
4	《加快培育“链主”企业引领产业提质升级的探索与思考——以成华区龙潭工业机器人产业为例》	李钰瑶	市委党校课题
5	《消费者视角下成华区重点商圈建设现状分析及发展路径思考——以万年场商圈为研究主体》	何徐兴	市委党校课题
6	《“城市大脑”赋能智能化治理的实践与探索——以成华区“智慧成华”建设为例》	杨荣军	市委党校课题
7	《三孩政策视域下普惠托育事业发展的挑战及对策研究——以成都成华为个案研究》	彭　浩	市委党校课题
8	《党建引领青年社群发展助力创建青年友好城市研究——以成华区“成都华润万象红色驿站”建设为例》	李俐琦	市委党校课题
9	《关于提升居民应急救护能力的实践与探索——以成都市成华区为例》	韩蕊璞	市委党校课题
10	《公园城市示范区建设背景下城市微绿地功能承载及综合空间利用现状分析及下一步优化思考——以成华区为例》	罗什莞	市委党校课题

表12　　2022年中共成都市成华区委党校（成华区行政学校）科研成果发表一览表

序号	成果名称	发表刊物	撰稿人
1	世界文创名城建设背景下成都文创产业功能区分析——以东郊记忆为例	《三角洲》	胡香雪
2	现代化治理背景下社区公共空间长效运营的思考——基于成都市成华区的调查研究	《成都党校报》	彭　浩
3	党建引领 场景赋能 专业运维探索中心城区社区发展治理新路径——成华区推进下涧槽社区共建共治共享的创新实践	《成都党校报》	区委党校课题组
4	党建引领青年社群发展助力创建青年友好城市研究——以成华区“成都华润万象红色驿站”建设为例	《社会科学》	李俐琦
5	规划引领 标准赋能 模式创新构建“医中有养、养中有医”的养老服务新格局——以成都市成华区为例	《成都党校报》	区委党校课题组

事项75项。龙潭工业机器人管委会《探索“1+5”六链融合发展新模式　为成都建设“中国工业机器人第三极”贡献力量——在做优做强中创新推进产业建圈强链行动》项目获五城区第一、全市并列第一。

（何徐兴）

党史编研

【概况】　2022年，中共成华区委党史研究室做好党史“征、编、研、宣、审”工作，对“二·一六”革命烈士墓、杉板桥社区东郊华章展馆、成都理工大学苏式建筑群等10处红色遗址进行普查登记，在萌想星球107文创园区、北湖生态公园等6处打造党史景区化点位，完成《坚守初心·赓续奋斗——东郊红色文化的“传”与“承”》《关于用好红色资源助推文化强区的思考》课题研究，编写《中国共产党成华执政实录（2021）》《成华党史300问》等党史文献书籍。区委党史研究室获评2022年全市党史工作先进单位。

【党史宣传教育】　区委党史研究室制作“成华党史故事”系列音视频310个，推送党史学习材料205期，拍摄《川西剿匪第一枪》《东郊工业铸辉煌》《东调蝶变谱新篇》等专题宣教视频，通过成都市党员e家、成华发布、成华组工抖音号等平台展播，播放量200万次。成华区结合本地红色资源，组建21支“沙河风”党史宣讲队，开展党史微宣讲350场。《党史微视频持续点燃精神火炬》《持续推动党员教育培训走深走实》《活化工业遗址资源提升党史宣教实效》等5篇信息被中共中央党史和文献研究院网站采用，《构建“联帮包”红色工作机制筑牢疫情防控屏障》被四川党史文献网采用。

【执政实录编纂】　区委党史研究室开展《中国共产党成华执政实录（2021）》编撰工作，收录中共成华区委执政过程中领导全区人民开展经济建设、政治建设、文化建设、社会建设、生态文明建设和党的建设等方面的资料，设政务活动图片、执政综述、政务活动、执政方略、执政实践、执政论坛、大事记、附录9个部分，反映成华区各级党组（党委）、党工委的执政过程及成效，成书100万字。

【党史学习教育点位打造】　区委党史研究室推动党史进社区、进园区、进公园，建成院山坡烈士陵园、东郊记忆、学习强国·主题街区、北湖生态公园、杉板桥社区东郊华章展馆、萌想星球107文创园6个党史景区化点位，在景区嵌入党史元素，保留工业韵味，呈现东郊奋斗精神、铁道兵精神。

（杨瑞宁）

成华区党史学习教育点位院山坡烈士陵园　（区融媒体中心供图）

成华区人民代表大会

编辑　李金洁

综　述

【概况】　2022年，成都市成华区第八届人民代表大会常务委员会发挥地方国家权力机关职能作用，开展传达学习党中央和习近平总书记重要讲话精神等集中学习23次，召开区人民代表大会1次、常委会会议10次，听取和审议“一府两院”工作报告22项，作出决议决定6项，提出审查意见22次，依法任免国家机关工作人员80人次，督促办结代表建议184件。聚焦经济发展“十大重点领域工作”、“幸福城”建设、法治政府建设、“金色中环”建设、“智慧蓉城·智慧成华”建设、耕地保护等重点工作，开展执法检查、视察调研等监督活动52次，探索实施民生实事项目票决制，组建法制及司法监督、经济、社会建设、城乡建设与环境保护、教科文卫、预算6个代表专业小组，开展“我为群众办实事”——人大代表在行动、“助推金色中环”——人大代表在行动等专项履职活动。和美社区基层立法点反馈立法意见建议被市人大常委会采纳7条，区人大常委会获评成都市2022年度“代表专题调研活动优秀组织单位”。

【区人大工作机构】　成华区第八届人民代表大会设法制与监察司法委员会、经济委员会、社会建设委员会、城乡建设与环境保护委员会、教育科学文化卫生委员会、预算委员会6个专门委员会，常务委员会设办公室、法制工作委员会、预算工作委员会、人事代表工作委员会、研究室、信访工作办公室6个办事工作机构；另设代表资格审查委员会，专门负责代表资格审查。

成华区人民代表大会常务委员会

主　任　王德运

副主任　余　胜　李宏坤　阮　强　何艳红　余　斌

委　员　丁　亚　王　文　王　黎　文　革　孔　红　包　梅　冯　延　母　芸　向朝晖　刘　义　刘谢平　刘　瑜　刘　燕　李　斌　吴雪松　宋宝利　张兴明　张宏光　张明德　陈　勇　陈琪玲　夏　斌　徐福寿　高　燕　郭凤杰　董　川　蒋　瑜　舒立友　曾维明

【人大自身建设】　区人大常委会坚持把党的政治建设摆在首位，开展党组书记讲廉政党课、“重学习、转作风、强担当、提能力”等主题活动，组织党员在红色教育基地、重点项目现场开展主题党日活动；修订完善区人大常委会工作制度汇编和各专委会工作规则，制定印发《成都市成华区人大常委会关于规范“一府一委两院”向区人大常委会报告工作的意见》，优化内部管理制度，建立街道人大工委向常委会汇报年度工作制度。全年开展各类集中学习23次、主任会议18次、常委会党组会议11次，机关干部培训120人次。

（郭仕文　陶　曦）

重要会议

12月26日，成都市成华区第八届人民代表大会第二次会议召开 （区人大常委会办公室供图）

【区人民代表大会会议】 12月26—28日，成华区第八届人民代表大会第二次会议召开，出席大会代表265人。会议听取和审议《成华区人民代表大会常务委员会工作报告》《政府工作报告》《成都市成华区人民法院工作报告》《成都市成华区人民检察院工作报告》，审查批准《成华区2022年国民经济和社会发展计划执行情况及2023年国民经济和社会发展计划（草案）的报告》《关于成华区2022年财政预算执行情况和2023年财政预算（草案）的报告》，通报成华区2023年民生实事项目人大代表票决情况。会议选举周敏为成华区监察委员会主任，选举王平江等33人为成华区出席成都市第十八届人民代表大会代表。

【区人大常委会会议】 成华区第八届人民代表大会常务委员会全年召开常委会会议10次，听取关于《四川省粮食安全保障条例》《中华人民共和国未成年人保护法》等8部法律法规贯彻落实情况报告，听取区政府关于“养老服务体系建设工作情况”“大运会前全区安全工作情况”“防洪防汛工作情况”“法治建设工作情况”“重大城建项目建设工作情况”“成华区建设全省新型智慧城市示范区工作情况”、区法院“深化执行指挥中心实体化运行工作情况”专题汇报7次；邀请不是人大常委会委员的街道人大工委负责人、区人大代表24人、公民代表40人次列席会议。

（郭仕文 陶 曦）

表13 2022年成都市成华区人大常委会会议召开情况表

次别	时间	主要内容
八届第1次会议	1月11日	会议传达学习习近平总书记重要讲话及中央、省委、市委、区委近期重要会议精神，审议相关人事事项，依法补选成华区出席成都市第十八届人民代表大会代表
八届第2次会议	2月23日	会议表决通过关于设立成都市成华区第八届人民代表大会常务委员会代表资格审查委员会的决定，审议相关人事事项
八届第3次会议	3月24日	会议专题学习《中华人民共和国地方各级人民代表大会和地方各级人民政府组织法》，听取区政府关于2021年生态环境工作情况报告、区人大法制委关于2021年度规范性文件备案审查工作情况报告，听取和审议区政府关于贯彻执行《四川省粮食安全保障条例》情况报告，表决通过区人大常委会2022年工作要点（草案）和相关人事事项
八届第4次会议	5月27日	会议专题学习《四川省粮食安全保障条例》《四川省人民代表大会常务委员会关于加强国有资产管理情况监督的决定》，听取区政府关于2021年度法治政府建设工作情况报告、关于全区禁毒工作情况报告、关于养老服务体系建设工作情况报告、关于贯彻落实《中华人民共和国退役军人保障法》工作情况报告和关于2022年防汛工作开展情况报告，听取和审议区政府关于2021年度国有资产管理情况综合报告、行政事业性国有资产管理情况报告，表决通过相关人事事项
八届第5次会议	6月29日	会议传达学习习近平总书记来川视察重要指示精神及省委、市委、区委相关部署要求和省第十二次党代会精神，专题学习《关于在县乡两级开展民生实事项目人大代表票决制工作的指导意见（试行）》，听取和审议《成都市成华区第八届人民代表大会常务委员会代表资格审查委员会关于个别代表的代表资格的报告（草案）》

续表13

次别	时间	主要内容
八届第6次会议	8月31日	会议学习《中华人民共和国未成年人保护法》，听取和审议区政府关于城市有机更新工作情况报告、关于成华区2022年上半年国民经济和社会发展计划执行情况报告、关于成华区2022年财政预算上半年执行情况报告、关于未成年人保护工作情况报告，听取和审议区法院关于推进执行“一体化”改革工作情况报告；审查批准区政府关于成华区2022年第1次财政预算调整方案，审议通过《成都市成华区人民代表大会常务委员会关于开展民生实事项目人大代表票决制工作的决定》和相关人事事项
八届第7次会议	10月18日	会议学习《中华人民共和国家庭教育促进法》，听取和审议区检察院关于未成年人检察工作情况报告
八届第8次会议	11月7日	会议听取和审议《成都市成华区第八届人民代表大会常务委员会代表资格审查委员会关于个别代表的代表资格的报告（草案）》，表决通过区八届人大代表补选事宜及相关人事事项
八届第9次会议	11月28日	会议听取和审议区政府关于四川省新型智慧城市示范城市建设工作情况报告、关于教育强区工作推进情况报告、关于成华区2021年度区级预算执行和其他财政收支审计工作报告、关于成华区2021年财政决算报告、关于区八届人大一次会议以来代表建议、批评和意见办理情况报告和区监察委员会关于整治群众反映强烈的问题工作情况报告；审查批准成华区2021年财政决算草案，审议通过《成都市成华区第八届人民代表大会常务委员会代表资格审查委员会关于补选代表的代表资格的审查报告（草案）》和相关人事事项
八届第10次会议	12月20日	会议听取和审议区政府关于成华区2023年民生实事候选项目形成情况报告、关于2021年度区级预算执行和其他财政收支审计查出问题整改情况报告，审查批准区政府关于成华区2022年第二次财政预算调整方案，审议通过《成都市成华区第八届人民代表大会常务委员会关于成都市成华区第八届人民代表大会法制委员会更名的议案（草案）》和区八届人大二次会议有关事项

人大监督

【概况】 2022年，成都市成华区人民代表大会常务委员会围绕中央和省委、市委、区委重大决策部署持续跟进监督，听取和审议“一府两院”工作报告22项，围绕法治政府建设强化法律监督，助推“金色中环”建设实施重点监督，围绕全区经济发展、财经工作、环保防汛、安全整治及疫情防控等中心工作开展重点监督，以高质效监督助推高质量发展。

【法律监督】 区人大常委会坚持依法监督，听取区政府“七五普法工作情况”“法治建设工作”专题报告，听取区法院关于“深化执行指挥中心实体化运行工作情况”、区检察院关于“未成年人检察工作情况”专题汇报；协助国家和省、市人大常委会做好地方立法工作，依托和美社区基层立法联系点等平台，完成《成都市客运出租汽车管理条例（修订草案）》《成都市优化营商环境条例（草案）》立法调研及《中华人民共和国行政复议法（草案修订）》《成都市文明行为促进条例（草案）》等14部法规草案的征求意见工作，反馈意见建议176条；配合市人大常委会对《中华人民共和国大气污染防治法》《中华人民共和国食品安全法》《中华人民共和国退役军人保障法》《中华人民共和国未成年人保护法》等法律

3月10日，区人大常委会调研区检察院“推进司法责任制改革”工作情况

（区人大常委会办公室供图）

法规进行执法检查；严格落实人大任命人员任前法律知识考试、宪法宣誓等制度，完成拟任人员法律知识考试62人；依法开展规范性文件备案审查，听取2021年备案审查工作情况报告，协助区委审查规范性文件5件，审查区政府、区法院和区检察院规范性文件9件，提出形式审查建议14个。

【经济发展监督】 区人大常委会把经济发展“十大重点领域工作”作为重要抓手，聚焦产业“建圈强链”，组织代表视察龙潭工业机器人产业功能区卡诺普工业机器人核心技术及智能机器人基地等项目，提出擦亮机器人产业品牌知名度、提升功能区产业吸引力、完善政策工具包等对策建议；聚焦项目攻坚中心工作，组织代表视察“631”重点项目，实地查看八里庄工业遗址片区城市更新项目101点位、省第一中医医院建设工程项目、金地威新人工智能创新基地项目等建设进展，提出抓好包装策划、完善功能配套、招引促建项目等建议；围绕粮食领域腐败问题开展专项整治，对贯彻执行《四川省粮食安全保障条例》情况开展执法检查，提出加强粮食安全监督管理、强化应急能力、健全粮食应急体系等建议；针对文商旅融合发展、消费迭代升级趋势，组织代表专题调研视察猛追湾建设路商圈、蓉北升仙湖枢纽商圈、熊猫基地北湖主题商圈等，督促相关部门加快协同推进，助推提升消费影响力和竞争力。全年组织代表对全区经济运行、复工复产、惠民助企政策落实及“中小企业发展专项资金”等情况开展视察督导15次，提出意见建议120条。

【财经工作监督】 区人大常委会聚焦财经监督职能，审查批准《成华区2022年国民经济和社会发展计划执行情况及2023计划草案报告》，听取审议《成华区政府2021年度财政预算执行和其他财政收支的审计工作报告》《成华区政府关于2021年度审计查出问题整改情况报告》，督促区政府完成问题整改44项、建立健全制度10项；听取审议《成华区2021年度国有资产管理情况报告》《成华区2021年度行政事业性国有资产管理情况的报告》，组织代表实地调研资产出租情况和资产管理情况；加强预算联网数据分析应用，按照“人大纵向监督”要求加强联网系统运行维护，对绕城内污水治理专项行动项目预算执行情况开展监督，发挥预算联网监督在全口径审查、全过程监督中的重要作用。

【生态环境和防汛监督】 区人大常委会围绕打好大气、水、土壤、固体废物等污染防治攻坚战，听取审议全区环保工作报告，依法开展《中华人民共和国土壤污染防治法》《中华人民共和国水污染防治法》等执法检查；针对噪声、油烟、垃圾等环保问题开展环境污染治理联合检查，对河长制落实、建设巷底商餐饮油烟净化改造、南车天利土壤污染治理修复工程、沙河刘家碾饮用水水源保护等工作开展视察，推进全区生态环境质量改善。区人大常委会听取区政府关于全区防洪防汛工作情况专题汇报，召开2022年度全区防洪防汛工作专题座谈会，组织代表对蜀龙路中环路口和方家河成绵高架桥等重要防汛整改点位进行视察，开展天空城小区、深基坑等防汛重点隐患点位“回头看”，提出意见建议30条，督促整改隐患24处，确保“整、防、救”不留空档隐患。

【“幸福城”建设监督】 区人大常委会围绕打造宜居宜业“幸福城”开展监督工作，听取审议成华区“教育强区”工作推进情况报告，开展义务教育“双减”工作专题调研，集中视察二仙桥西片区配套小学、朱家岭二路北侧配套小学、朱家岭二路北侧配套幼儿园、锦绣青城幼儿园迎晖分园等新建学校情况，对《中华人民共和国未成年人保护法》《中华人民共和国家庭教育促进法》开展执法检查；听取全区养老服务体系建

10月20日，区人大常委会在秀水河开展环保执法督导检查　　（区人大常委会办公室供图）

设情况报告，实地视察新山社区党群服务中心亲民化改造等项目，采取座谈交流、走访调研等方式督导全区“一老一小”工作推进；组织代表视察区中医医院、万年场配套社区卫生服务中心、白莲池医养综合体项目等点位，开展卫生人才队伍建设专题调研；组织代表实地调研地铁17号线机车厂站、建设北路站等点位，针对成华区轨道交通建设、道路建设及断头路打通等情况开展视察；实地考察青龙街道梧桐栖人才公寓、城投5号地块、配置地23号地块等项目地块，开展全区安置房建设及不动产遗留产权办理工作推进情况专题调研；实地调研下涧槽、八里庄等城市有机更新片区，围绕棚户区改造、老旧住宅电梯加装、背街小巷整治、“金角银边”打造等工作开展视察，助推民生工程高质高效推进、市民获得感提高。

【安全隐患整治监督】　区人大常委会深入开展“16+4”行业领域安全隐患集中排查整治督查工作，常委会领导率队下沉街道社区，采取“四不两直”（不发通知、不打招呼、不听汇报、不用陪同接待，直奔基层、直插现场）方式，对全区重点行业、重点领域、重点场所开展常态化督导检查；会同区新经济和科技局、区综合执法局、区消防大队，对城市消防和工业燃气领域开展安全督查；开展食品安全监管专题调研，采取抽点位查看、座谈会等方式，开展餐饮场所安全隐患整治；对区内5个景区景点实地检查督导48次，发现并督促整改问题131个。全年深入街道、社区开展全面督查200次，发现隐患93处并督促完成整改，有效维护全区安全稳定大局。

10月21日，区人大常委会视察万年社区配套卫生服务中心项目建设工作

（区人大常委会办公室供图）

【疫情防控监督】　区人大常委会深入亚朵酒店等点位指导督查集中隔离酒店防疫工作，深入学校调研疫情防控措施落实、食堂安全举措完善等情况，深入街道、社区督导物资供应保障、密切接触者转运等防疫工作，全年检查居民小区、餐饮商铺、酒店茶楼、农贸市场、生鲜超市、诊所药店等重点点位1324次，整改问题342个。区人大常委会深入企业一线，协调帮助解决困难，走访中国建筑西南勘察设计研究院、成都富森美家居股份有限公司等企业30家，助推全区企业复工复产。

【“金色中环”重点项目监督】　区人大常委会聚焦“金色中环”规划建设制定监督方案，开展“助推金色中环——人大在行动”主题活动，实地视察中环沿线红仓完美世界、二仙桥公园、成华区妇幼保健院新建项目、天府国际动漫城和成都渥太华国际学校等点位，监督“中环四苑”老旧小区改造、八里庄工业遗址片区活化利用、迎晖路片区城市更新、特色文旅街区打造等重点工作，全年组织全区各级人大代表参与专题调研、集中视察和执法检查130人次，形成调研成果《金色中环：擎动成华未来发展的“城市之芯”》。

【基层立法联系点建设】　成华区优化保和街道和美社区基层立法联系点“上下联动、专兼联动、点站联动”立体化组织架构，对党群议事厅、学法书柜等硬件基础进行升级，完善“接受征询任务—上报意见建议—反馈采纳情况”全流程闭环机制，依托街道人大工委建立的7个信息采集点建强信息采集网络，加强与区人大常委会服务立法工作智库资源链接，打造“和美有法·学法苑”“文化活动中心学法图书角”“天义调解室·民意荟”“小剧场·法学堂”等特色品牌。7月15日，保和街道和美社区再次被确立为成都市人大常委会基层立法联系点。全年对《成都市文明行为促进条例》《成都市大遗址保护条例》《成都市公共场所控制吸烟条例》等5部法律草案进行意见征集49条，反馈立法意见建议15条，被市人大常委会采纳7条。

（郭仕文　陶　曦）

人事任免

【概况】 2022年，成都市成华区人民代表大会常务委员会坚持党管干部原则与依法行使选举任免权有机统一，依法任免国家机关工作人员80人次，完成全区拟任人员法律知识考试62人次，促进国家工作人员提升法律素养、强化法治观念。

【国家机关工作人员任免】 区人大常委会依法行使任免权，严格落实拟任命人员资格材料把关、任前沟通、法律考试、任命书颁发、任职陈述等程序，监督“一府一委两院”落实宪法宣誓制度，全年任命区级领导2人、区监委4人、区法院19人、区检察院2人、区人大机关5人、区级部门30人；免去区领导3人、区监委4人、区法院16人、区检察院9人、区人大机关2人、区级部门3人。6月29日，成华区第八届人民代表大会常务委员会第五次会议任命周敏为成华区监察委员会副主任，决定周敏为成华区监察委员会代理主任。10月18日，成华区第八届人民代表大会常务委员会第七次会议任命刘虹为成华区人民政府副区长。12月20日，成华区第八届人民代表大会常务委员会第十次会议接受周海燕辞去成华区人民政府副区长职务，任命吴瑜琳为成华区人民政府副区长。

【代表资格审查】 区人大常委会严把人选政治关、廉洁关、身份关，根据成华区第八届人大代表情况，按照《中华人民共和国全国人民代表大会和地方各级人民代表大会选举法》及四川省实施办法有关规定，依法组织补选区人大代表5名；加强代表资格审查工作，依法确认终止代表资格10人，确保代表人选先进性、纯洁性。

（郭仕文　陶　曦）

代表工作

【概况】 2022年，成都市成华区人民代表大会常务委员会加强代表工作，优化1个区级代表之家、11个街道代表之家和51个社区代表联络站等履职平台建设，探索民生实事项目人大代表票决制工作，组建代表专业小组6个，建立代表招商工作联络机制，加强常委会组成人员联系代表制度，加强对街道人大代表工作指导，全区各级代表全年依托履职平台开展履职活动730次。

【人大代表履职平台建设】 区人大常委会印发《成华区人民代表大会常务委员会关于开展民生实事项目人大代表票决制工作的决定》，征集筛选12个民生实事项目，通过审议票决加强项目实施监督和评价，通过群众“点单”、代表“定单”、政府“买单”、人大“验单”，推动民生实事落实。区人大常委会印发《关于组建区人大代表专业小组和开展代表专业小组活动的意见》，提升代表活动专业性和实效性。区人大常委会印发《关于成都市成华区人大常委会组成人员联系基层代表的通知》，通过走访、座谈、电话等方式加强与代表联系；加强对街道人大代表工作指导，指导各街道制定计划，开展视察调研、学习培训等代表小组活动42次；建立代表招商工作联络机制，组织代表深入重点企业350家收集建议190条，提供建议60条。全年常委会组成人员联系代表290人次，依法邀请各级代表参加“一府一委两院”的各项评议、测评、征求意见座谈会等120人次。

【人大代表之家（联络站）建设】 区人大常委会优化“代表之家”和“代表联络站”履职平台建设，把人大代表履职平台标准化、规范化建设作为加强代表工作的重要抓手，制定“代表之家”和“代表联络站”建设标准，明确硬件设施标准化要求，整合现有系统平台资源，推进“代表联络站”与社区党群服务中心共建共享；将成华区内全国、省、市、区人大代表按照就近、对口、方

12月20日，区人大常委会主任王德运（站立者右）为新任命的副区长吴瑜琳颁发任命书

（区人大常委会办公室供图）

5月17日，区人大常委会在龙潭街道调研人大代表之家和代表联络站建设工作
（区人大常委会办公室供图）

便工作的原则，编组到各街道代表小组和“代表之家”“代表联络站”参加活动，拓展代表线上线下履职；加强对代表的履职监督管理，建立代表履职登记、履职报告、履职情况公开、履职效果评价等制度，规范代表履职行为；加强代表依法履职宣传报道，展示代表履职风采，优化代表服务保障。

【“我为群众办实事”——人大代表在行动】 区人大常委会开展“我为群众办实事”——人大代表在行动活动，组织全区各级代表立足本职岗位、发挥专业特长，深入企业、群众开展走访，协调解决安居、就业、上学、看病、饮水、行路、用电、通信等困难问题；组织开展人大代表助力招商引资工作座谈会、“人大代表走基层，服务居民暖人心”等专题活动，开展丹巴县对口支援帮扶工作专题调研，签订《成华区人大常委会与丹巴县人大常委会对口帮扶备忘录》，捐赠对口帮扶资金60万元。全区各级人大代表走访企业250宗，走访群众2760人次，收集反映问题320个，帮助解决问题240个，提出代表建议200条。

（郭仕文　陶　曦）

代表视察与调研

【概况】 2022年，成都市成华区人民代表大会常务委员会坚持为人民用权、为人民履职、为人民服务，组织全区各级代表围绕经济社会高质量发展、依法治区、城市有机更新、民生实事、大运会服务保障、“智慧蓉城·智慧成华”建设、耕地保护等重点工作，开展专项调研和视察活动52次。

【视察调研】 区人大常委会组织人大代表围绕政府高效运转，调研区政务服务中心、区城运中心等点位，视察政府信息公开、网络理政社会诉求高效办理、优秀年轻干部培养等工作；围绕推动民生实事落实，视察调研电子科大东一院、金桂园等老旧小区加装电梯工作，视察调研六医院香山长岛医养结合点及社区卫生服务中心建设，视察调研益民菜市改造升级情况，视察调研全区中小学校关于名校、名师和名校长“三名工程”推进情况，视察调研区红十字智慧韧性安全城市救护特色工作，专题调研居民小区电动汽车充电设施建设工作；围绕推动城市有机更新，视察调研“三环四路多节点”城市夜景光彩体系建设、杉板桥快速路改造项目、建设巷特色街区打造等工作；围绕全区推进“文化传承创新示范带”工作情况，组织代表视察调研东郊记忆·成都国际时尚产业园、完美文创公园等点位建设情况，视察调研熊猫基地改扩建项目、运营管理、国家AAAAA级旅游景区创建等工作；围绕大运会安全及服务保障准备工作，视察调研成华赛区电子科技大学排球训练馆筹备情况，提出细化大运会食品安全监管方案、

11月9日，区人大常委会在区行政审批局调研基层政务服务体系建设工作（区人大常委会办公室供图）

医疗和疫情防控方案、食品安全工作手册等建议。

【"法治政府"建设专题视察调研】 区人大常委会组织人大代表围绕助推成华创建全国法治政府建设示范区开展视察调研。3月10日，调研区检察院"推进司法责任制改革"工作情况，实地视察"12309"检察服务中心、检察听证室、未成年人"一站式"保护中心等点位，提出深化检律协作、完善内部监督、发挥公益诉讼职能等建议。4月26日，调研区法院执行"一体化"改革工作情况，实地察看执行服务大厅、司法释明中心工作情况，提出优化案件管理模式、解决执行难等建议。全年组织人大代表对基层政务服务体系建设、基层派出所工作、区禁毒预防教育工作、物业纠纷联调等工作开展专题调研12次，形成《全力推进全国法治政府示范区建设 为成华"促发展惠民生防风险"提供坚实保障》《深入贯彻习近平法治思想，全力推进全国法治政府示范区建设》等调研成果。

【"智慧蓉城·智慧成华"建设专题视察调研】 7月7日，市人大代表成华专题调研组围绕"智慧蓉城·智慧成华"建设开展视察调研，实地察看区城运中心、杉板桥社区党群服务中心等点位，召开数字孪生社区建设座谈会，通过资料分析、考察学习、研讨交流等方式，了解"智慧蓉城·智慧成华"建设实施路径、建设实况及进度"堵点"，形成《依靠科技赋能推进智慧城市建设》《关于成都市数字孪生社区建设的调研与建议》等调研成果。

【耕地管理保护工作专题视察调研】 9月28日，区人大常委会组织代表对全区耕地管理保护工作开展视察，实地察看环城生态公园配套设施用房、圣灯公园北侧土地供应2号地块等点位，掌握全区现阶段耕地规模、乱占耕地违规建房和年度供应土地任务完成等情况，提出编制优化专项整治行动方案、加快完善储备粮管理相关制度、坚决遏制耕地"非农化"、耕地"非粮化"4条建议。

（郭仕文　陶　曦）

建议督办

【概况】 2022年，成都市成华区人民代表大会常务委员会收到代表建议184件，交由各承办单位全部办结，办理结果满意率100%。市人大代表成华团提交议案4件、占全市总数的25%，提交建议55条、占全市总数的9.9%。《关于组建常设专家团队持续推进我市老旧小区院落精细化改造的建议》《关于以构建城市基础感知平台为抓手助力"智慧蓉城"建设的建议》等6件建议被评为成都市优秀人大代表建议。

【代表建议督办】 区人大常委会加强代表建议重点督办、对口督办和重点跟踪工作，确定14件建议为区人大常委会重点督办建议，确定11件建议为街道人大工委重点跟踪建议，采取领导牵头、听取汇报、实地察看、沟通座谈等方式开展重点督办；将全部建议划分到各专委会、常委会办事工作机构作为对口督办建议，发挥各专委会、常委会办事工作机构与对口单位联系紧密优势，共同研究协调办理重点难点问题、检查办理成果；加强"办前、办中、办后"见面沟通，通过听取承办情况报告、实行目标绩效管理等措施，加强建议办理过程跟踪监督。成华区收到人大代表建议184件，其中城市规划建设与资源保护类43件，占23.4%；工业发展与经济建设类17件，占9.2%；科教文卫体类25件，占13.6%；社会事务与公共服务类52件，占28.3%；市政交通类38件，占20.7%；其他方面9件，占4.8%。已经办理解决的A类答复件156件，已列入计划逐步解决的B类答复件26件，因政策或其他客观原因限制暂不能解决的C类答复件2件。

（郭仕文　陶　曦）

表14　2022年度成都市成华区人大代表优秀建议一览表

序号	案由	提议人	主办单位
1	关于高质量开展"八五"普法、深入推进"法治成华"志愿普法行动的建议	曾文忠	区司法局
2	关于在我区"12309检察热线""12368司法服务热线""12348公共法律服务热线"增设公益诉讼线索征集专门选项模块的建议	卜志伟	区检察院
3	关于帮扶支持本土企业做强做优做大的建议	张　刚	区新经济和科技局
4	关于联合开展整治彻底关停二仙桥街道非法废品收购站的建议	赵　彬	区商务局
5	关于加快成华区万年社区卫生服务中心新中心建设的建议	杜其玲	成华棚改公司

续表14

序号	案由	提议人	主办单位
6	关于加快二仙桥西片区及东片区基础设施建设、畅通交通路网的建议	张文川	成华城投公司
7	关于加快推进成都市龙潭工业机器人产业功能区土地报征工作的建议	吴瑜琳	龙潭工业机器人产业功能区管委会
8	关于将杉板桥片区打造成为创新公园城市发展理念的先行示范区的建议	熊　锐	东郊艺术区管委会
9	关于增设公立性质养老院助推实现老龄人口“老有所依、老有所养”政府民生保障的建议	陈　岚	区民政局
10	关于进一步推进我区城市更新改造工作的建议	王　蕊	区城市更新局
11	关于对我区流动摊贩进行精细化管理的建议	田　微	区综合执法局
12	关于加快推进天鹅社区6、7、15组城中村改造的建议	吴丽萍	区规划和自然资源局
13	关于协调购买新山6、7、8、9组安置房源的建议	赵鲁星	区规划和自然资源局
14	关于加快白莲池辖区医养综合体项目投运的建议	文　革	区卫健局
15	关于在社区配置文体设施工作中做好统筹兼顾工作、协调解决文体设备使用扰民问题的建议	李雪芹	区文体旅局
16	关于在街道便民服务中心增设税务窗口的建议	林功涛	区税务局
17	关于加快推进建设南二路1号亚光宿舍小区移交管理的建议	母　芸	双桥子街道办事处
18	关于建立健全信访研判联动化解机制，对信访积案实行领导包案的建议	屈　何	区信访局
19	关于加快对昭觉寺周边环境提档升级、打造特色鲜明文创街区的建议	石　杰	青龙街道办事处
20	关于打造建设路商圈立体化指挥调度中心平台项目的建议	廖　锐	猛追湾街道办事处

专委会事务

【概况】　2022年，成都市成华区人民代表大会常务委员会各专门委员会落实《关于加强区人大代表履职活动管理的办法》《关于开展区人大代表履职监督工作的方案》要求，印发《关于组建区人大代表专业小组和开展代表专业小组活动的意见》，加强代表履职管理和监督，结合专业领域建立学习培训制度，完善办文、办会、财务、人事、车辆等内部规范，组织代表进“家”入“站”下沉履职，全面提升视察监督、专项调研、建议督办、执法检查等履职能力和服务水平。

【法制与监察司法委员会】　成华区第八届人民代表大会法制与监察司法委员会围绕推进民主法治建设、促进公正司法发挥监督作用，听取“一府两院”相关工作情况报告5次；配合成都市人大常委会完成《成都市客运出租汽车管理条例（修订草案）》《成都市优化营商环境条例（草案）》成华立法调研，组织开展《四川省供销合作社条例（征求意见稿）》等14部法规草案的征求意见工作，加强基层立法联系点业务指导和协调保障；强化备案审查报告制度，依法完成《成华区促进建筑业高质量发展奖励政策》等规范性文件备案审查工作；组织对区法院“执行‘一体化’改革工作”、区公安分局“禁毒预防教育工作”、区行政审批局“基层政务服务体系建设”进行视察，对区公安分局“基层派出所工作情况”、区检察院“推进司法责任制改革工作情况”、区行政审批局“推进政府信息公开”、区纪委监委“纪法衔接、法法衔接”工作进行调研；下沉街道社区、景区景点开展安全督查，形成《全力推进全国法治政府示范区建设　为成华“促发展惠民生防风险”提供坚实保障》《深入贯彻全面依法治国新要求　不断推进成华法治政府建设》等调研成果4篇。

【经济委员会】　成华区第八届人民代表大会经济委员会紧盯“631”和“金色中环”重点项目建设，做好经济监督、执法检查及代表服务等工作，听取审议《成华区2022年国民经济和社会发展计划执行情况及2023年国民经济和社会发展计划（草案）的报告》，组织完成《四川省粮食安全保障条例》执法检查，组织开展龙潭工业机器人产业功能区、益民菜市升级改造落实情况、重点项目建设推进情况等视察活动6次；组织经济代表专业小组成员开展经济知识专题培训，代

4月26日，区人大常委会组织召开2022年区人大代表经济知识专题培训会

（区人大常委会办公室供图）

表参加76人次；探索民生实事项目票决制。全年邀请代表参加监督、视察、执法检查等活动120人次，督办完成代表议案38件。

【社会建设委员会】 成华区第八届人民代表大会社会建设委员围绕创新社会治理、保障和改善民生开展履职活动，围绕《中华人民共和国退役军人保障法》《中华人民共和国未成年人保护法》《中华人民共和国家庭教育促进法》执法情况开展专题调研3次；组织对《四川省未成年人保护条例（修订草案）》《成都市养老服务促进条例（修订草案）》等5项地方性法规开展立法调研，完成调查问卷400份；开展汛期安全督导检查，深入社区养老服务综合体、学校、街道和社区等地调研督导全区“一老一小”推进工作，对网络理政社会诉求高效办理、社区发展治理、民族宗教等工作开展专项视察，协调解决雅砻江流域水电开发有限公司、童年有戏文化发展有限公司等企业生产经营问题。全年组织代表下基层调研23次，深入集中隔离酒店和社区开展疫情防控督导检查56次。

【城乡建设与环境保护委员会】 成华区第八届人民代表大会城乡建设与环境保护委员会配合成都市人大常委会，完成《关于开展〈四川省农村集体经济组织条例〉执法检查》任务和《四川省大熊猫国家公园管理条例》《四川省土壤污染防治条例（草案）》《成都市城市照明管理条例（草案）》等条例意见征求工作；针对公园城市建设、河长制落实、污染防治、防汛排险等重点工作，组织代表对“金色中环”建设、轨道交通发展、下涧槽和八里庄工业遗址改造、全区重要防汛点位整改等进行视察；对《中华人民共和国土壤污染防治法》《中华人民共和国水污染防治法》等法律法规开展执法检查，会同区新经济和科技局、区综合执法局、区消防大队解决城市消防和工业燃气领域安全问题；完成代表们建议、批评和意见督办55件，满意率100%。

【教育科学文化卫生委员会】 成华区第八届人民代表大会教育科学文化卫生委员会建立完善《成华区人民代表大会教育科学文化卫生委员会工作规则》《成华区人民代表大会教育科学文化卫生委员会与区级部门及有关单位工作联系办法》，吸纳64名代表加入教科文卫代表专业小组，围绕“教育强区”“健康成华”“幸福成华”等工作开展监督；组织代表视察锦绣青城幼儿园迎晖分园等新建学校，走访座谈区教育局和中小学校长老师，开展成华区“双减”落实工作专题调研；组织代表视察区中医医院及社区卫生服务中心建设情况，参观医养结合创新区、康复场所和科室设置；组织代表视察成都第31届世界大学生夏季运动会成华赛区电子科技大学排球训练馆筹备情况，开展街道疫情防控、学校疫情防控和食品安全督导检查；督办完成《关于推进我区学校急救教育工作的建议》等建议20件，形成《推动“双减”提质增效　营造良好教育生态的调查与思考》等调研成果。

【预算委员会】 成华区第八届人民代表大会预算委员会审查批准2021年财政决算草案和2022年财政预算调整方案，听取审议区政府《关于2021年度国有资产管理情况的综合报告》《2021年度预算执行和其他财政收支的审计工作报告》《关于2021年度审计查出问题整改情况的报告》；运用预算联网监督平台，采用系统审查与人工审查相结合方式，对71个部门预算进行全面审查，围绕教育、医疗等民生领域21个专项资金、11个重点支出项目以及部分单位预算安排情况等开展重点审查，提出意见建议25条；组织开展行政事业性国有资产管理情况专题调研，听取区教育局、区房地产服务中心、成华城投公司、东方广益公司等单位关于资产管理、出租的情况汇报。全年组织人大代表参加有关预决算审查、监督、调研活动11次88人次，提出意见建议78条。

（郭仕文　陶　曦）

成华区人民政府

编辑　李金浩

综　　述

【概况】　2022年，成华区人民政府全力以赴战疫情、稳经济、护民安，有效应对"2·20""4·01""7·15""7·22""8·25""11·7"等多轮本土新冠疫情，实施分类分级健康服务和医疗救治；创新"防疫泡泡"企业闭环生产模式，出台"助企健康发展38条""稳增长41条""纾困13条"等帮扶政策，为中小微企业减税降费及退税缓税缓费27亿元，帮助2000家中小微企业获得融资30亿元，最大限度减小疫情不利影响。成华区实施"城市更新、产业提质、动力转型、文化赋能、治理提升、民生改善"六大行动计划，推进公园城区品质提升、现代产业支撑夯实、区域发展动能释放、文商旅融合发展、基层治理创新深化、市民群众福祉增进，全区经济社会发展向好。成华区创建全国法治政府建设示范区，被新华网评为2022年优化政务（投资）环境优秀城市、2022文化铸魂实践优秀城市，被中国互联网新闻中心评为中国文旅融合创新典范区。

城市更新行动　成华区实施八里庄工业遗址片区、龙潭西片区等城市更新项目20个，推进9个公园城市示范片区建设和6处工业遗产活化利用，完成46个大运会线路点位品质提升，猛追湾片区城市更新经验被住建部在全国推广。成华区实施"中环牵引、纵横联动、组团优强"发展策略，抓好中环沿线13个项目片区更新和水碾河小区等57个老旧小区改造，实施"金色中环"经济社会发展项目106个。全年新建天府绿道33千米，新增绿地73.6万平方米，新增绿色建筑110万平方米，居民小区生活垃圾分类覆盖率100%；竣工通车配套道路31条、断头路5条，新开工公服设施项目20个，建成区公服设施规划实施率82%，规划绿地实施率42%。成都熊猫国际旅游度假区、金色中环、蓉北商圈3个示范片区纳入全市首批24个重点片区。

产业提质行动　成华区实施产业建圈强链行动，编制完成人工智能、都市旅游等9条重点产业链产业图谱，签约引进链主及链属企业项目41个、落地注册链主企业投资项目22个；发展壮大"3+3"都市工业产业体系，开工建设金地威新一期、人工智能谷二期等重大项目，新增国家级专精特新"小巨人"企业4家，千里倍益康在北交所成功上市；培育壮大"3+3"现代服务业产业体系，推进金地西南总部等23个省市服务业重大项目建设，落户科大讯飞读写科技全国总部、四川银行成都分行等高能级服务业企业，全年竣工商业综合体项目3个、新增甲级写字楼1栋、专业特色楼宇6栋。

动力转型行动　成华区坚持"创新、改革、开放、人才"四轮驱动，与电子科技大学共建"两中心两学院"，支持成都理工大学参与天府实验室建设，申报省市科技项目66项，聚集省部级以上实验室36个；统筹八项国家级改革、十大重点改革和121项原创性原动力改革，中长期青年发展规划试点、老旧院落消防等创新工作在全国示范推广；主动融入成渝地区双城经济圈建设、成德眉资同城化发展，创建"成渝高校产研融合双中心"，携手打造大竹（成都）总部经济产业园，出台营商环境4.0政策；出台人才发展"十四五"规划、人才新政2.0版，实施"东骄英才、东骄俊杰、产业教授"三大计划，全年引入高精尖缺人才100

名，创新人才“四链融合”驱动模式在全市交流推广。

文化赋能行动　成华区推进“三城三都”建设，实施市民文明素养提升等“六大攻坚行动”，完成杉板桥社区新时代文明实践站建设，“灯塔下的夜行者”获第六届中国青年志愿服务项目大赛全国铜奖、四川省赛金奖。成华区推进“区街社”三级公共文化设施体系建设，提升打造华林社区等综合文化活动中心2处，新增天府绿道健身新空间10个，举办体育赛事29场次，开展群众文化惠民活动3914场。成都自然博物馆、熊猫基地二期建成投运，音乐剧《熊猫》、动画影片《第五名发家》入选四川省重大文艺作品扶持项目，“锔瓷技艺”入选第六批省级“非遗”代表性项目，“熊猫·云书房”公共文化服务数字化建设经验在全市推广。

治理提升行动　成华区探索“智慧成华”建设，构建“王”字型城市运行架构和“微网实格”治理架构，创新“联帮包”工作机制，投运天府社创中心，7个街道和社区获评全省基层治理示范街道（社区），“杉板桥数字孪生社区”获评全国数字政府治理运行创新奖。成华区巩固拓展全省全面依法治区示范试点成果，长天路社区获评全省首批民主法治示范社区；聚焦城镇燃气等重点领域，推进“16+4”行业领域安全隐患集中排查整治，推进基层安全监管大联动，全区违法犯罪警情比上年下降26.4%，全年生产安全事故起数和死亡人数实现“双下降”。

民生改善行动　成华区坚持民生改善“保就业、保基本、保重点”，全年建设示范性社区创业指导中心2个，开展“直播带岗”等各类招聘活动150场、提供岗位13万个；为2536名困难人员代缴城乡居民养老保险233万元，发放失业保险金、就业创业补助金1.02亿元；建成安置房2.28万套、筹集建设保障性租赁住房3500套（间）；新建续建学校（幼儿园）22所，竣工投用成都英才学校（高中部）等学校8所，新增学位1.14万个；新建成社区卫生服务中心2家，建成运营成华区中医医院新院区、锦官儿童口腔医院、成都冬雷脑科医院；为60岁以上低保家庭失能老人和特殊群体开展居家上门服务，建成家庭照护床位260张；出台3岁以下婴幼儿照护服务指导实施意见，运营“儿童之家”示范点50个，获评省级婴幼儿照护优质服务区。全区全年完成民生实事146项，获评成都市推进幸福美好生活十大工程工作先进区。

（王道乐）

【政府工作机构】　成华区人民政府设置工作部门26个，即区政府办、区发改局（区粮食和物资储备局）、区教育局、区新经济和科技局（区经信局）、区民宗局、区民政局、区司法局、区财政局、区人社局、区住建交局（区人防办）、区农业和水务局、区商务局、区投促局、区文体旅局（区广电局、区文物局）、区卫健局、区退役军人局、区应急局、区审计局、区国资和金融局、区市场监管局（区知识产权局）、区统计局、区机关事务局、区信访局、区行政审批局（区政务服务办）、区综合执法局（区城管局）、区城市更新局、区医保局。区民宗局与区委统战部合署办公，不计入机构限额。区政府设置派出机关11个，即双桥子街道办事处、猛追湾街道办事处、府青路街道办事处、万年场街道办事处、双水碾街道办事处、跳蹬河街道办事处、二仙桥街道办事处、保和街道办事处、青龙街道办事处、龙潭街道办事处、白莲池街道办事处。区政府设置派出机构4个，即熊猫度假区管委会、龙潭工业机器人管委会（龙潭都市工业集中发展区管委会）、东郊艺术区管委会、东客站新城办。熊猫度假区管委会与熊猫基地景区管委会合署办公。区政府直属事业单位7个，即区城运中心（区智慧治理中心）、区新北天地商旅中心、区建设路商务中心、区地志办、区政府决策服务中心、区经济合作中心、区城市更新中心。

（李　博）

成华区人民政府

区　长	袁顺明
副区长	刘嘉宁
	周海燕（12月离任）
	张旭伟
	何　特
	黄　宇（10月离任）
	陈　枢
	刘　虹（10月任职）
	吴瑜琳（12月任职）

（万　鑫）

【政府自身建设】　成华区人民政府加快人民满意的服务型政府建设，贯彻落实中央省市和区委决策部署，完善行政决策“全链条”规则，推行重大行政决策“六方联审”，推动政府行为全面纳入法治化轨道；深化行政权力制约监督，加强财政预算管理，探索纪检、审计、财会、统计“四方融合”监督机制，在全国首创窗口行业“作风监督扫码评议”模式；自觉接受人大法律监督和政协民主监督，主动公开信息1.98万条、依申请公开391件。区政府加强党风廉政建设，严格落实中央八项规定及实施细则精神，创新开发“码上巡察”系统，纠治“四风”和群众身边“微腐败”问题，全区“三公”经费比上年下降1.8%。

（王道乐）

9月23日，成都市成华区第八届人民政府第一次全体（扩大）会议召开　（区融媒体中心供图）

重要会议

【区政府全体会议】　9月23日，成华区第八届人民政府第一次全体（扩大）会议召开。会议学习贯彻习近平总书记来川视察重要指示精神及党中央、国务院重要决策部署，落实省委工作会议、省政府第十次全体会议、市委工作会议、市政府第九次全体会议及区委工作会议精神，总结分析1—8月区政府工作，研究部署下一步重点工作。会议要求全区要稳住市场主体，做优做强三大功能，高效推进项目投资，保障改善民生，高水平促进建圈强链，筑牢安全堤坝，守住发展底线。

12月19日，成华区第八届人民政府第二次全体（扩大）会议召开。会议学习贯彻党的二十大精神、中央经济工作会议精神及省委十二届二次全会精神，审议《政府工作报告》《成华区2022年国民经济和社会发展计划执行情况及2023年国民经济和社会发展计划（草案）的报告》《成华区2022年财政预算执行情况和2023年财政预算（草案）的报告》，总结分析区政府2022年工作，安排部署2023年工作。

【区政府常务会议】　成华区第八届人民政府召开常务会议21次，坚持会前学法，学习《中华人民共和国市场主体登记管理条例》《中华人民共和国土地管理法实施条例》《四川省河湖长制条例》等法律法规，审议通过《成华区人才发展“十四五”规划》《成华区新经济发展“十四五”规划》《成华区生产性服务业“十四五”发展规划》《成华区“十四五”卫生健康发展规划》《成华区大力实施建圈强链做优做强都市工业若干政策》等议题310个，研究部署推进“三个做优做强”、开展建圈强链行动推进产业高质量发展、世界文创名城建设、特色街区项目建设、中环四苑老旧小区连片改造等工作。

表15　2022年成都市成华区人民政府常务会议召开情况表

次别	时间	主要议题
八届第2次	1月12日	审议双水碾街道站北东街3号、天福缘、祥苑老旧院落改造工程项目投资概算、石室初中培华校区提升打造建设工程项目投资概算等有关事项请示
八届第3次	1月27日	传达学习国务院总理李克强关于安全生产工作重要批示及全国安全生产电视电话会议精神，审议《成华区2021年度优秀重点项目、先进集体、项目能手和服务标兵建议名单》《成华区2021年度国有企业“五比”先锋建议人选名单》《成华区“十四五”生态环境保护规划》《成华区促进招商引智优化营商环境行动方案》《成华区开展产业建圈强链行动推进产业高质量发展工作实施方案》等请示
八届第4次	2月8日	传达学习省市“两会”精神，审议《成华区“双减”工作领导小组组建方案》《成华区文化旅游发展“十四五”规划》《东郊记忆艺术区“十四五”建设发展规划》等请示
八届第5次	2月22日	审议相关人事事项
八届第6次	3月2日	学习《四川省抓项目促投资稳增长若干政策》，听取区生态环境局关于全区大气污染防治工作情况报告，审议《关于贯彻落实省市重大经济事项决策规定的实施意见》《成华区2022年〈政府工作报告〉主要目标任务责任分解方案》等请示
八届第7次	3月24日	传达学习十三届全国人大五次会议、全国政协十三届五次会议精神和习近平总书记出席全国两会有关会议时重要讲话精神，审议《成华区主动融入国内国际双循环大力发展先进生产性服务业的行动方案》等请示

续表15

次别	时间	主要议题
八届第8次	4月6日	学习《中华人民共和国市场主体登记管理条例》，审议《成华区人才发展“十四五”规划》等请示
八届第9次	4月21日	学习《法治政府建设实施纲要（2021—2025年）》，审议《成华区公园城市建设“十四五”专项规划》及2022年支持小微企业留抵退税专项资金有关事项等请示
八届第10次	5月13日	学习《关于进一步强化安全生产责任落实坚决防范遏制重特大事故的若干措施》，听取全区安全生产工作推进情况、大气污染防治工作情况报告，讨论并原则通过区人社局关于成华区“城市更新”工作先进集体和先进个人评选表彰事项等请示
八届第11次	6月7日	学习中共中央办公厅、国务院办公厅《关于更加有效发挥统计监督职能作用的意见》，审议《成华区新经济发展“十四五”规划》《成华区“十四五”科技创新发展规划》《成华区生产性服务业“十四五”发展规划》《成华区都市工业“十四五”高质量发展规划》《成华区大力实施建圈强链做优做强都市工业若干政策》《成华区“十四五”卫生健康发展规划》等请示
八届第12次	6月27日	审议《关于成都市成华区贯彻落实国务院安委会十五条措施的实施意见》《关于在全区建立区领导联街道、部门帮社区、干部包楼宇（院落）“联帮包”制度的实施意见》《成华区促进消费恢复发展的若干政策》等请示
八届第13次	7月8日	学习《四川省河湖长制条例》，审议《成华区“十四五”世界文创名城建设规划》等请示
八届第14次	8月10日	听取区应急局2022年上半年安全生产和消防安全工作开展情况报告，审议《成都市成华发展集团有限责任公司2022—2026年战略发展规划》等请示
八届第15次	9月22日	审议《成华区街道应急救援分中心建设工作方案》等请示
八届第16次	9月29日	学习《成都市食品安全通报和约谈办法》，审议《成华区“十四五”新型智慧城市建设专项规划》《成华区交通体系建设发展“十四五”规划》等请示
八届第17次	10月11日	学习《中华人民共和国土地管理法实施条例》，审议《成华区激励知识产权高质量发展政策措施》等请示
八届第18次	10月24日	审议《2022年成华区生活垃圾分类提标提质工作方案》等请示
八届第19次	11月14日	审议《成华区建设践行新发展理念的公园城市示范城区行动计划（2021—2025年）》《关于深入学习贯彻习近平总书记来川视察重要指示精神　推动实现全年经济社会发展目标任务的实施意见》《成华区推进“三个做优做强”工作方案》《成华区关于建设全国创新人才高地特色区加快人才集聚发展的若干政策》等请示
八届第20次	11月29日	审议《成华区法治宣传教育第八个五年规划（2021—2025年）》等请示
八届第21次	12月13日	学习《信访工作条例》，审议《成华区服务业“十四五”发展规划》《2023年成华区民生实事人大代表票决制建议项目》等请示
八届第22次	12月19日	审议《政府工作报告》《关于成华区2022年国民经济和社会发展计划执行情况及2023年国民经济和社会发展计划草案的报告》《成华区行政许可事项清单（2022年版）》等请示

【防汛抗旱专题工作会议】　5月23日，成华区防汛抗旱专题工作会议召开。会议传达学习全国、全省、全市防汛抗旱相关工作会议精神，听取防汛抗旱工作情况汇报，安排部署相关工作，要求聚焦涵洞、下穿隧道、地下车库、低洼地带、危旧房屋、建筑工地等重点部位，开展地毯式、全覆盖隐患排查，严格实行隐患点位“清单+销号”管理；严格落实领导带班和24小时值班制度，加大检查督查力度，确保隐患彻底整改、见底清零；落实“三个避让”和“三个紧急撤离”刚性要求，提升监测预警、应急救援、避险管控、自防自救、排水防涝等能力水平。

【安全隐患集中排查整治工作会议】　2月18日，成华区“16+4”行业领域安全隐患集中排查整治工作会议召开。会议听取全区“16+4”行业领域安全隐患集中排查整治工作和督导检查情况汇报，要求区人大常委会督查组、区政协督查组持续对“16+4”行业领域安全隐患开展督导检查，深入部门

2月18日，全区“16+4”行业领域安全隐患集中排查整治工作专题会召开

（区融媒体中心供图）

一线反馈问题；责任单位对发现问题进行台账式整改，开展整改问题“回头看”；各街道对督查组交办问题分析研究，建立台账，与部门联动建立安全风险监管预警机制；行业主管部门强化重点环节日常监管、精准监管，完善行业管理办法；部门街道负责人到一线宣传安全知识，提升群众安全防范能力；全区抓好长效机制建立，常态化开展安全隐患排查整治，坚决守住安全红线。

【耕地保护专题工作会议】 5月5日，成华区耕地保护专题工作会议召开。会议学习贯彻落实习近平总书记重要指示及中央省市有关会议精神，对全区耕地保护工作进行部署，成立区耕地保护领导小组，对成华耕地保护问题进行全面调查摸排，加大辖区违法违规用地巡查力度，依法依规、科学有序、逐一解决耕地流出问题；实施耕地质量保护与提升行动，完善耕地保护补偿机制，促进低效工业用地腾退转型；落实“严格考核、一票否决、终身追责”要求，运用约谈问责、发布通报等方式加强督查考核，建立“党委领导、政府负责、部门协同、公众参与、上下联动”工作机制。

【区政府廉政工作会议】 5月25日，成华区第八届人民政府第一次廉政工作会议召开。会议贯彻落实十九届中央纪委六次全会、国务院第五次廉政工作会议、省纪委十一届六次全会、省政府第五次廉政工作会议、市纪委十三届十次全会、市政府第五次廉政工作会议精神，落实区纪委八届二次全会部署要求，总结2021年全区政府系统党风廉政建设和反腐败工作，部署2022年重点任务，要求抓好惠企政策落地、营商环境提升、重点领域监管和财政开源节流等重点任务，把全面从严治党要求贯穿政府工作各方面、全过程。

（王道乐　张瀚霞）

政府施政

【产业建圈强链行动】 成华区人民政府坚持制造强区战略，大力实施产业建圈强链行动，广泛征求各重点产业链所属企业代表意见，挂网公示征求公众意见、书面征求专家意见后，出台《成华区开展产业建圈强链行动推进产业高质量发展工作实施方案》《成华区大力实施建圈强链做优做强都市工业若干政策》等文件。成华区深化“区领导+产业链牵头部门+要素保障部门+产业功能区”重点产业链工作推进机制，坚持重点产业链链长“整链包干、一链到底”原则，在人工智能、都市旅游、文化创意、数字通信、工业互联网、现代商贸、枢纽服务、医疗健康、新兴金融9个重点产业发力，推进产业图谱编制更新、产业化项目招引促建、产业生态培育、产业发展空间拓展4项任务。各重点产业链“链长”整合产业功能区、链主企业、专业人才、科研平台等力量，按照“八个清”要求开展产业发展研究，围绕产业链生产、消费、使用等关键环节，编制产业图谱。产业链招商专班聚焦重点产业链细分研究，推进重点产业链目标企业招商，围绕链主企业开展一对一服务，加快链主企业培育，推动优质企业联合高校、科研院所建设科技创新平台，聚焦重点产业链加强人才引进培育，加快建设产业服务平台，推动要素向重点领域聚集。全区持续开展重大项目攻坚大会战，完善重大项目服务专员等工作机制，推动重大建圈强链产业项目开工促建。截至年底，成华区落地注册科大讯飞等链主企业22家，培育人工智能、都市旅游等领域链主企业87家，建成“成焊宝玛—电子科大”等产学研联合实验室8个，33个省市级重大产业化项目完成投资进度121.5%，都市工业营业收入实现1562亿元，高新技术产业营业收入实现787亿元。

【助企纾困措施出台】 5月27日，成华区出台贯彻落实成都市《支持市场主体健康发展促进经济稳定增长政策措

8月15日，成华区发放助企纾困解难政策措施明白卡　（区政府办公室供图）

施》的实施办法（简称“助企38条”），围绕降低中小微市场主体经营成本、支持工业企业稳定发展、帮助服务业企业健康发展、促进外贸企业更好发展、支持市场主体扩大项目投资、加大金融信贷支持力度、加强企业要素保障、优化为企服务营商环境8个方面，出台减免中小微企业及个体工商户房租、降低标准化厂房使用成本、降低服务业企业经营成本等政策措施38条，支持市场主体健康发展。8月12日，《成华区贯彻落实成都市增强发展韧性稳住经济增长若干政策措施实施办法》（简称“稳增长41条”）出台，围绕加大财税支持力度、加大融资服务保障力度、全力稳定投资促进消费、聚力稳外资外贸、推进产业建圈强链、完善通道枢纽功能、加强就业和民生保障、增强城市发展韧性、强化政策执行刚性约束9个方面，进行组合式税费支持、推动金融机构减费让利、优化投资项目审批等政策措施41条，助力全区经济稳增长。10月25日，《成华区贯彻落实成都市支持市场主体纾困加快经济恢复政策措施的实施办法》（简称“纾困13条”）出台，在落实退税减税缓税政策、支持工业企业技术改造、降低工业企业融资成本、发放助企惠民消费券、促进汽车消费等13个方面加大力度，出台补贴水电气费和生活垃圾处理费、发放困难行业稳岗补贴、降低市场主体防疫成本等政策措施13条，加快经济恢复平稳向好。成华区全年发放助企纾困解难政策措施明白卡5693份，为3.4万家企业减免社会保险费1.34亿元，为2.36万家服务业企业发放稳岗补贴5138.12万元，为220家用人单位发放社保和岗位补贴1522.8万元。

【新型智慧城市建设】　成华区依据《成都市“十四五”新型智慧城市建设规划》等文件，起草专项规划方案面向全区各单位征集意见建议28条，公开征求社会公众意见2次，采纳专家意见33条，于10月26日印发《成华区“十四五”新型智慧城市建设专项规划》。成华区率先在全市组建区级智慧蓉城运行中心，构建区、街两级组织架构，搭建新型智慧城市建设“1145”总体架构，即1个智能底座、1个智慧城市运行中心、4大重点领域、5大保障体系，实施建设数据资源平台、智慧蓉城运行中心及智慧应用场景、发展数字产业等任务，编制《成华区数据资源体系建设方案》，建立完善值班值守、应急处置、巡屏监测、会商研判、事件交转、督办盯办等工作制度。截至年底，三级协同联动的“王”字型智慧治理架构初步构建，“智慧蓉城·智慧成华”城市运行管理平台系统完成风险预警、值班体系等板块指标上屏1675项、数据共享8700万条，落地运行智慧公安、智慧城管、智慧水务等9大重点领域应用场景，打造网约房智慧管理、共享单车序化管理等30个特色应用场景，建成全区实有人口基础数据底座。“智慧蓉城·智慧成华”运行管理平台建设项目获评人民网第十九届“人民匠心服务奖”、全国“智慧城市十大样板工程”。

（区政府办公室）

区政府综合事务

【概况】　2022年，成华区人民政府办公室提升服务发展、服务决策、服务落实“三服务”能力水平，加强重点工作督办清单管理，探索开展建议提案立案初审，规范文件和会务办理，全年流转公文5400件、承办重要会议234次，完成重要文稿240篇、政务信息1174条，保障政务调研活动710次。区政府办公室获评全省政务信息报送工作先进单位。

（王道乐）

【综合协调】　区政府办公室聚焦经济发展、城市建设、社会民生、安全稳定、新冠疫情防控等重点工作建立督办清单，完善督办交办、限时办结（反馈）等工作机制，全年召开专题工作协调会280次、推动落实区政府领导批交办事项930件。区政府办落实“区三级值班带班和部门街道两级值班带班”制度，通过值班抽查、视频调度、通报分析等方式强化值班工作督查，全年接报各类突发事件973起，上报新冠疫情防控值班信息1300条，编印《值班简报》226期。

（谢　昕）

【建议提案办理】　区政府办公室建立建议提案办理工作台账，探索立案初审，开展审核专办，采取电话催办、提醒提示、工作交流等方式，对办理情况实时跟踪督促、确保按时办结。区政府办通过书面、电话、网络系统征求人大代表、政协委员对办理工作意见建议，开展背靠背满意度测评；邀请人大代表和政协委员对智慧助老等群众关心热点问题进行研判分析，召集职能部门集中会商办理，对教育、医疗、交通等民生难点问题，结合职能部门年度工作计划纳入全年民生实事项目统筹实施，加强民生实事项目与群众需求对接。全年承办建议提案454件，全部按期办理完毕，办复率100%，人大代表、政协委员对办理结果满意率100%。

（杨浩波）

【重要文稿撰写】 区政府办公室做好以文辅政工作，起草《政府工作报告》，撰写全区经济工作会、区政府全体会议等会议文稿20篇，完成《“8.25”突发疫情防控处置情况报告》《政府班子运行情况》等汇报材料20篇，撰写《区政府主要领导在学习贯彻党的十九届六中全会精神专题培训班发言》等发言材料50篇，《在全区产业建圈强链工作领导小组会议上的讲话》等讲话材料120篇，《在成都理工大学2022级新生开学典礼上的致辞》等致辞材料30篇。

（杨雪凡　谢　刚）

【政务调研】 区政府办公室围绕城市更新、产业提质、动力转型、文化赋能、治理提升、民生改善等领域开展调查研究，形成《成华区“四上”企业培育研究》《强化使命担当　深耕建圈强链　全力为做优做强成华核心功能夯实现代产业支撑》等调研成果12项，《关于加快健全养老服务体系的调查研究》获评全市政府系统精品政务调研报告。全年保障市级以上调研考察107次，服务政务调研活动710次。

（谭洁心）

【政务信息】 区政府办公室做好政务信息的收集、编写和上报，全年编发《每日快报》132期，上报政务信息1174条，被国务院办公厅、省政府办公厅、市政府办公厅采用信息156条，被市级刊物采用疫情防控经验信息36条，市政府办公厅刊发成华信息专刊3篇，信息工作获市委、市政府主要领导肯定性批示4次。

（丁　毅）

【文件和会务办理】 区政府办公室做好公文处理初审、承办、催办、归档各环节，全年流转公文5400件。区政府办完善《成华区人民政府会议会务承办制度汇编》《政府公文办理常用资料汇编》等工作指南，加强会前通知、会中服务、会后督办等环节衔接，常态化开展文电会务业务培训指导，承办区政府全体会议、区政府常务会议、区长办公会、工作专题会等各类重要会议234次。

（黄诗燕）

表16　　2022年成都市成华区人民政府及区政府办公室部分公开文件一览表

序号	文号	文件标题	发文日期
1	成华府发〔2022〕1号	关于印发成都市成华区大力实施建圈强链做优做强都市工业若干政策的通知	6月22日
2	成华府发〔2022〕2号	关于印发成华区推行“证照分离”改革全覆盖进一步激发市场主体活力工作方案的通知	6月28日
3	成华府发〔2022〕3号	关于授予刘万刚、范贤明“见义勇为公民”称号的决定	9月30日
4	成华府发〔2022〕4号	关于印发成都市成华区行政许可事项清单（2022年版）的通知	12月29日
5	成华府办规〔2022〕1号	关于印发成华区促进消费恢复发展若干措施的通知	7月25日
6	成华府办〔2022〕1号	关于印发2022年《政府工作报告》目标任务责任分解方案的通知	3月4日
7	成华府办〔2022〕4号	关于印发成华区贯彻落实成都市支持市场主体健康发展促进经济稳定增长政策措施的实施办法的通知	5月27日
8	成华府办〔2022〕5号	关于印发成华区培育文旅消费新业态推动文商旅融合发展工作方案的通知	6月7日
9	成华府办〔2022〕6号	关于印发成华区防汛抗旱应急预案的通知	6月8日
10	成华府办〔2022〕7号	关于印发成华区2022年政务公开重点工作安排的通知	6月20日
11	成华府办〔2022〕8号	关于印发成都市成华区人民政府2022年度法治政府建设工作要点的通知	6月29日
12	成华府办〔2022〕11号	关于印发成华区药品安全突发事件应急预案（试行）的通知	8月2日
13	成华府办〔2022〕12号	关于印发成华区贯彻落实成都市增强发展韧性稳住经济增长若干政策措施实施办法的通知	7月1日

续表16

序号	文号	文件标题	发文日期
14	成华府办〔2022〕13号	关于印发成华区自建房安全风险专项排查整治工作方案的通知	6月27日
15	成华府办〔2022〕14号	关于印发成华区水上交通运输事故应急预案（试行）的通知	8月29日
16	成华府办〔2022〕15号	关于印发成华区贯彻落实成都市支持市场主体纾困加快经济恢复政策措施实施办法的通知	10月13日
17	成华府办〔2022〕17号	关于印发2022年成华区生活垃圾分类提标提质工作方案的通知	11月14日
18	成华府办〔2022〕19号	关于印发成华区重污染天气应急预案（2022年修订）的通知	12月8日
19	成华府办〔2022〕22号	关于印发成华区赋予街道第二批县级行政权力工作实施方案的通知	12月29日
20	成华府办函〔2022〕6号	关于印发成华区政策解读办法的通知	4月11日
21	成华府办函〔2022〕13号	关于加强高温天气防范应对工作的紧急通知	7月8日

人事与人才管理

【概况】 2022年，成华区出台《成华区人才发展“十四五”规划》《成华区建设全国创新人才高地特色区行动方案》等文件，推出成华人才新政2.0版，与电子科技大学共建“两中心一学院”，与成都理工大学联动打造“珠峰人才特区”，引进日本外籍院士董勤喜团队、973计划首席科学家肖传国等创业团队，举办“蓉漂人才日”“蓉漂人才荟——华东师大专场活动”“海归蓉漂·创业中华”、直播带岗等系列引才活动204场。全年柔性引进科技领军人才4名，招引研究生以上学历人才142名，落户本科以上“蓉漂”青年人才6000名。截至年底，全区有市级以上重点人才计划专家519名，省部级以上实验室36个。成华区获评成都市2022年“蓉漂杯”年度贡献奖。成华区青年（大学生）创业园获评“省级创业孵化基地”。

（熊国如）

【事业单位人事管理】 区人社局制定《成华区员额教师管理实施细则（试行）》，实行教师员额制改革，将2062名教师纳入员额管理。区人社局制定《成华区事业单位管理岗位职员等级晋升制度实施方案》，在街道全面实施事业单位管理岗位职员等级晋升制度，完成事业人员职员等级晋升2人。区人才中心做好2022年普通高等学校毕业生报到接收工作，接收机要档案4566卷，存放保管流动人员人事档案39612卷。区人社局指导85家一般事业单位完成岗位设置核准，指导200家一般事业单位和54家配备工勤人员的机关、参公事业单位完成事业单位工作人员（含机关工勤人员）岗位调整聘用和备案，完成新进人员、调动、转岗、晋升岗位等级聘用等2167人。全区全年事业人员参加考核6397人，优秀比例13.65%，优秀指标适当向承担一线工作的部门倾斜。

（蒲　谦　侯佳明）

【事业单位工资及福利管理】 区人社局加强机关事业单位工资福利管理，做好机关事业单位人员退休手续办理、工资基金审核及抚恤金、丧葬费、遗属生

5月7日，成华区获评成都市2022“蓉漂杯”年度贡献奖　（区委组织部供图）

活困难补助等审核工作，全年机关工人正常晋升岗位工资252人，事业单位人员晋升薪级工资5709人，机关事业单位技术工人晋升技术等级考核考评24人，工资调标6356人。

（王禹权）

【人才新政策出台】 6月15日，成华区出台《成华区人才发展“十四五”规划》，明确“十四五”时期成华区人才发展目标思路和主要任务，提出创建全省人才工作先行区、初步建成具有城市支撑力的全国创新人才高地特色区等发展目标，实施构建高标准人才政策体系、集聚高素质人才队伍、建设高能级人才平台、营造高品质人才生态、加强组织实施保障等任务，为成华区未来五年人才工作提供纲领性指导。12月，成华区出台《成华区关于建设全国创新人才高地特色区加快人才集聚发展的若干政策》，提出政策举措21条，实施“四类”人才认定、产业建圈强链“三大”人才计划、青年人才汇聚、基础人才壮大、平台建设、“薪酬激励”计划、营造“近悦远来”人才生态7个方面举措，结合市场要素推出多元人才评价体系，拓展扶持对象范围，优化升级“悦东骄”人才安居、政府代办、医疗体检、交通出行、文化体育等人才服务项目。

（熊国如）

【招才引智专项行动】 区人社局面向国内高校毕业生及国（境）外留学回国人员开展人才招引活动，引进符合区域重大战略和产业发展的事业单位高层次人才20人，联动北方石油、中测院柔性引入中国工程院院士2名、俄罗斯自然科学院外籍院士1名。区教育系统公开招聘和引进教育人才149人，区卫健系统公开招聘和考核引进急需紧缺高层次人才39人。全年引入高精尖缺人才100人，完成公开招聘方案备案7次。

【人才服务】 成华区出台《成华区“情暖东骄，智汇成华”行动实施办法（试行）》，发挥“悦东骄”人才服务品牌作用，建立领导干部联系服务专家人才制度，协调解决子女入学、人才安居、创新创业等问题，服务专家人才420人次。11月11日，成华区举行“学习贯彻二十大·建功立业新时代”暨2022年专家人才国情区情研修活动，组织专家人才参观杉板桥社区东郊华章主题展馆、人才之家、创客工坊、品读学院空间等点位，实地调研熊猫国际旅游度假区业态和商业发展模式，“东骄华章”项目入选者、成华区头部企业骨干专家、教育及卫生系统专家、高技能人才等人才代表21人参加。成华区推进首开中环云樾、翰文府、华建锦院、首钢璟悦里4个人才公寓配建项目建设，提供租赁住房7355套，认定人才安居资格666人，受理人才公寓申请1051人次，协调高层次专家人才解决子女入学难题67人次。

（陈山三）

【建圈强链产业人才培育】 成华区编制《成华区产业功能圈人才开发指引（2022）》，聚焦人工智能、数字通信、工业互联网、现代商贸、文化创意、都市旅游、枢纽服务、医疗健康、新兴金融9条重点产业链关键环节、关键工位，从岗位名称、专业要求、经历要求、能力要求等方面，对紧缺人才精准画像，为企业和人才求职、招募、培养提供指导。成华区创新实施“产业教授”计划，联动电子科技大学、成都理工大学及“五院三司”龙头企业，选聘一批创新创业人才担任“产业教授”，实施校企“双导师制”，联合培育“高精尖缺”人才998人，支持高校教授在地转化重大科研成果项目26个，带动企业实现营收20亿元。区委人才办探索“产教融合+产才融合”培育模式，选树蓉城轨道人才、川美匠人、美居播创等10个特色技能品牌，定向培育智能制造、直播营销等专业人才，全年举办建圈强链产业人才线上线下招聘会23场，引导350家链主及链属企业发布紧缺岗位1500个，发放以工代训、职业技能提升补贴901.2万元。全区汇聚中国石油天然气股份有限公司西南油气田分公司、中国石油集团川庆钻探工程公司、成都亚光电子股

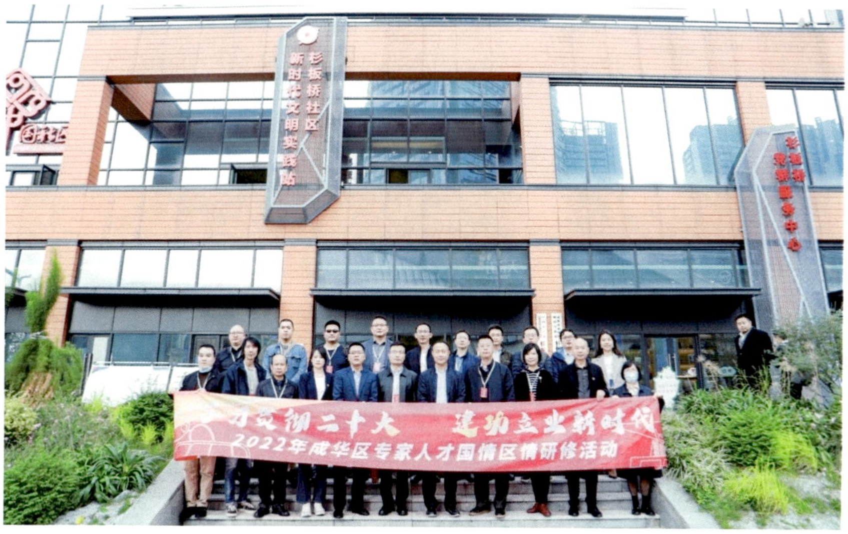

11月11日，2022年成华区专家人才国情区情研修活动在杉板桥社区举行 （区委组织部供图）

份有限公司、四川成焊宝玛焊接装备工程有限公司等产业链头部企业，集聚产业链人才21.2万人。

（熊国如）

【高校毕业生就业创业服务】　区人社局实施“就业帮扶”行动，通过基层走访、社区摸排、数据比对等方式摸清高校毕业生底数，建好离校未就业高校毕业生、困难家庭毕业生两本台账，实施“一人一档”“一生一策”精准帮扶，主动提供1次免费就业指导、3次岗位推荐、1次职业培训或1次就业见习机会“1311”服务。区人社局实施“一社一大”招募计划，推出公益性、实习大学生等基层服务岗位200个，认定大学生见习基地企业6家，开发就业见习岗位595个，拨付见习补贴48.84万元。区人社局升级“圆梦坊、青创园”等7个社区就业创业指导中心，建设标准化一站式社区就业综合服务中心，举办“蓉漂人才日”“才聚成华”等线下招才引智品牌活动，全年为高校毕业生筹集就业岗位1.02万个，发放创业补贴67万元、创业担保贷款5306.1万元。

（陈山三）

【成华区第九届青年创业大赛】　8月24日，成华区第九届青年就业创业大赛初赛在“圆梦坊”青年筑梦空间举行，聚焦成都、重庆地区制造业与服务业创业项目开设“创聚成华”主体赛，依托抖音短视频平台打造“创享幸福”专题赛新场景，开设职业技能指导、互联网营销、内容创作3个专题新赛道，吸引科技创新、乡村振兴、生物医药等领域323个项目参赛。10月26日，成华区第九届青年就业创业大赛决赛在成都市就业创业训练院举行，《建圈强链　果美优选》项目获主体赛一等奖，《VOCs监测数据量值溯源保障用气体标准物质研制及应用》等2个项目获二等奖，《一朵SoFaMart鲜花便利店》等3个项目获三等奖，《BENCHO》等4个项目获优秀奖。吴帅、刘书、刘程获专题赛一等奖，张晓吉、赵婷婷、汪鹏程等6人获二等奖，刘濠吉、高旭、李宝等9人获三等奖，阳刚、谢怡、何泽林等12人获优秀奖。

（胡清杰）

【“蓉漂杯”产业建圈强链专题赛】　12月5日，成华区启动“蓉漂杯”智能制造+工业设计产业建圈强链专题赛，面向智能制造、工业设计两大领域征集项目31个，汇集人才82人（战略科学家2人、国家领军人才2人、科技创新人才4人、青年创新人才74人），决出高密度DC-DC电源转换器项目获得一等奖，喂车车智慧油站等项目获得二等奖，号脉山川—地质灾害智能监测预警技术引领者、高原山地复杂环境伴随保障足式特种机器人等项目获得三等奖。

（熊国如）

10月26日，成华区第九届青年就业创业大赛决赛在成都市就业创业训练院举行（区人社局供图）

地方志

【概况】　2022年，成华区地方志办公室完成《成华年鉴（2022）》编纂出版工作，首次编纂《鉴记成华（2022）》，推进《中环·红仓》和3部街道（社区）志编纂，联合区融媒体中心推出“成华往事”栏目，运用新媒体打造“方志成华”政务电台，开展方志馆展陈功能研究和实物资料前期征集工作，加强方志宣传阵地建设，新申报设立“社区微方志馆”7个。区地志办获成都市地方志系统工作综合成效、年鉴编纂工作、方志馆工作、宣传及信息化工作4项先进表彰。

【年鉴编纂出版】　区地志办对标全国精品年鉴提升质量，探索建立年鉴编纂、初审、复审、定稿等流程制度，全年召开业务培训会12次、研讨交流会15次，形成《成华年鉴（2022）》书稿108万字，由方志出版社出版发行。《成华年鉴（2022）》设成华概览、城市建设、经济管理、产业功能区发展、都市农业和工业、服务业、街道、人物·荣誉等30个类目、248个分目、1534个条目、176个图表、450幅随文图片，书前彩色图片专辑50页，设美丽

《成华年鉴（2022）》编纂出版　　（区地志办供图）

成华、活力成华、幸福成华、党史学习教育、新冠疫情防控、数字成华6个专题版块，系统记载全区上年度自然、政治、经济、文化、社会和生态文明建设年度基本情况。

【街道（社区）志编纂】　区地志办开展街道（社区）志编纂，制定《成华区街道志、社区志编纂工作方案》《成华区街道志、社区志编纂管理暂行办法》，对志书篇章构成、资料搜集方式、队伍组织建设、文稿审校机制、街道部门联动、经费保障等进行明确细化，将跳蹬河街道、府青路街道怡福社区、保和街道和美社区列为第一批街道（社区）志编纂单位。区地志办加强对各编纂单位方案及篇目大纲的审查指导，加强志书编纂业务培训，定期跟踪编纂进度、协调解决问题，全年召开工作部署会、编纂研讨会等专题会议5次，开展实地参观、专题学习、网络业务培训等学习交流活动8次。

【《鉴记成华（2022）》编纂】　区地志办探索编纂《鉴记成华（2022）》，以2022年1月1日至12月31日为时限，向各部门、街道及驻区有关单位搜集资料，通过门户网站、《新成华》报、“成华发布”等媒体收集信息，实时记录成华全年社会经济发展状况，为成华区首个即时性新型志鉴产品。《鉴记成华（2022）》成书15万字，设置专题聚焦、年度热词、金色中环、数说发展、乐享成华、奋进成华、时政要闻和附录8大版块，采用照片、图表、二维码呈现，制成小巧便携的“口袋书”，提升读者阅读体验。全书在保留部分年鉴资料性工具书特质同时简化创新，总结成华年度工作中的“优、精、特”，记录时代印记、时事热点，展现成华宜居宜业宜游地方特色，增强实用性和可读性。

【方志宣传阵地建设】　区地志办挖掘社区特色点位，新建培华路社区、杉板桥社区、北湖生态公园湖畔红心驿站等社区微方志馆7个，选取24个社区挂牌成立“成都微方志馆”，赠送《成华区志》《成华年鉴》《方志成华》等地情书籍2191册。区地志办加强方志新媒体建设，系统梳理、挖掘地情文化资源，用文字、图片、视频等方式宣传推广方志文化，联合区融媒体中心推出“成华往事”栏目，发布成华历史人文推文11篇，总阅读量2.2万次；在喜马拉雅网络平台首次开设“方志成华”政务电台，运用电子书、音频等多维立体形式，发布原创音频20期，阅读量11.61万次。区地志办全年在数字方志馆更新发布地情信息57条，“方志成华”微信公众号发布原创推文35篇、大事记12篇、动态文章10篇，阅读量7.61万次。

【“金色中环”资料收集】　区地志办聚焦区委八届三次全会提出的“中环牵引、纵横联动、组团优强”发展策略，3月30日协调区发改局、区住建交局、区投促局等20家单位启动“金色中环”资

一里塘社区成都微方志馆　　（区地志办供图）

料搜集工作。截至年底，区地志办拍摄成华区中环区域街景图片610张，收到相关单位“金色中环”报送资料6万字、图片62张，收集《每日快报》、《金色中环工作简报》、《新成华》报、成华门户网等有关中环资料25万字、图片153张，整理形成中环区域相关街道历史文化资料170万字。

（王　翠　郑家红）

外　事

【概况】　2022年，成华区人民政府外事办公室做好意识形态安全、网络安全、海外利益保护等领域涉外安全工作，做好涉外新冠疫情防控，举办2022年中德盛夏集市暨德国葡萄酒节、“彩灯迎新春·烟火夜成都”外国领团游猛追湾等国际交流活动。猛追湾旅游休闲街区被四川省外事办评为“四川外事参访重点单位”。

【外事工作管理】　区外事办落实市委外事工作委员会第四次会议精神，加强对来蓉采访外国媒体和境外非政府组织在蓉活动的管理、引导和服务，健全应对境外安全案（事）件机制，加强全区涉外案（事）件应急处置，妥善处置成华区居民在柬埔寨、尼泊尔等地的涉外突发案（事）件，处置率100%。全年开展领事保护、应急处置、外事礼仪等业务培训4批次、112人次。

【涉外疫情防控管理】　区外事办开展涉外政策宣传、业务指导、督导检查、应急处置等涉外疫情管理和服务工作，全年办理外国人来华邀请事宜22批37人次。

6月23日，2022年中德盛夏集市暨德国葡萄酒节开集仪式在望平滨河路举行（区外事办供图）

【国际友好交流】　成华区制定完善国际友好合作关系城市缔结计划，深化与法国荷拜、法国邦多勒、美国富兰克林、法国欧坦、墨西哥普罗格雷索、日本白滨町6个城市的友好合作关系，举办2022中德盛夏集市暨德国葡萄酒节、“彩灯迎新春　烟火夜成都”外国领团活动、“中加人文交流月”等活动，开展第十二届中日韩青少年国际书画交流展、成华区与白滨町线上视频交流会、中日小学线上文化交流会等国际交流，全年承接国家级、省级、市级重大国际赛事及交流活动22次。

【外国领团游猛追湾】　2月11日，“彩灯迎新春　烟火夜成都”外国领团活动在望平坊举行“夜游成都”精典外事游览线路启动仪式，奥地利、巴基斯坦、以色列、泰国、瑞士等国驻成都领事机构官员及家属20人出席活动，参观猛追湾旅游休闲街区梅花川剧院、猛追湾故事馆、十二月市集等文旅点位，观看中国非物质文化经典川剧，欣赏皮

2月11日，外国领团在猛追湾梅花剧社欣赏川剧《三英战吕布》　（区外事办供图）

影、糖画等中国传统民俗技艺，品味成华“老成都+时尚范”烟火气息。

（余　婷）

【中加教育文化交流活动】　11月9日至12月2日，2022成都—加拿大渥太华中加人文交流月暨成华区第五届“教育共享·创见未来”中加教育文化交流活动举行，组织中加师生聚焦“可持续的城市与社区”“陆上动物”“良好的健康和福祉”三大主题开展交流，组织中加教师云论坛之全球教师胜任力培养、2022年中加青少年全球视野项目比赛获奖学生交流、中加友好学校文艺会演、校长圆桌会议、机器人邀请赛等活动。

（周　琪）

机关事务

【概况】　2022年，成华区机关事务管理局加强以资产管理为基础的集中统一管理，推进机关事务治理体系和治理能力现代化，守护好新冠疫情防控“机关门”，探索“智慧型公务”建设，推进采购项目电子化采购管理、公共机构节能改造等工作，全年执行采购预算1.38亿元，承办会务接待与服务工作2878次，实现公共机构生活垃圾分类覆盖率100%。成华区获评2022年度成都市机关事务管理创新工作先进区。

【国有资产管理】　区机关事务局修订完善国有资产管理、国有资产清查治理、公务用车使用管理、办公用房权属统一登记等制度，强化资产处置监管和保障资源统筹整合，提升集约化水平。区机关事务局按照四权分离原则，明确划分资产决策、资产归口管理、资产执行、资产监督四层级机构，按流程合理配置国有资产，做好国有资产日常管理、调拨、报废处置工作，全年报请处置国有资产2批次29.35万元。

【办公用房管理】　区机关事务局落实《四川省党政机关办公用房管理实施办法》，收集核实全区67个党政机关、11个街道办公用房数据信息，全部纳入办公用房信息系统统一管理，确保办公用房管理信息系统实现党政机关及参公以上事业单位覆盖率100%。全年组织开展办公用房检查3次，确保办公用房使用管理规范，推进办公用房资源合理配置和节约使用。

【政府采购管理】　区机关事务局推进采购项目电子化采购管理，受理29项专门面向中小企业采购项目，落实节能、环保、无线局域网、信息安全产品有关政策，发挥政府采购支持中小企业发展的政策功能。全年执行采购预算1.38亿元，实际采购金额1.33亿元，涉及项目463项，节约财政资金460.5万元，节约率3.3%。

【公务用车管理】　区机关事务局按照《四川省党政机关公务用车管理实施办法》，执行公务用车“四定点”管理制度，将成华区公务用车全部纳入公车管理平台，安装北斗导航定位功能车载终端，实现公务用车定位系统覆盖率100%。区机关事务局推广使用新能源汽车，报废老旧公务用车23辆，新购置国产新能源汽车13辆，新建新能源车充电桩11套。

【公共机构节能改造】　区机关事务局强化公共机构节能改造，开展“全国低碳日”、垃圾分类指导等宣传活动，完成中央空调节能改造4000平方米，完成空调节能环保新型冷媒改造、节约用水改造，实现年节能量2.21吨标准煤，分体空调电耗节约20%，节水型器具普及率100%。区机关事务局开展公共机构生活垃圾分类工作，设立垃圾分类清运点155个涵盖单位194个，公共机构生活垃圾分类覆盖率100%。区机关事务局指导21个党政机关开展节能创建工作，区直机关、区直事业单位节水型单位100%通过复核，节约型机关创建率实现100%。区机关事务局严控能耗管理，新增能耗分户监测点位16个，全区公共机构单位

6月15日，区机关事务局在区政府第一办公区开展“全国低碳日”节能宣传活动

（区机关事务局供图）

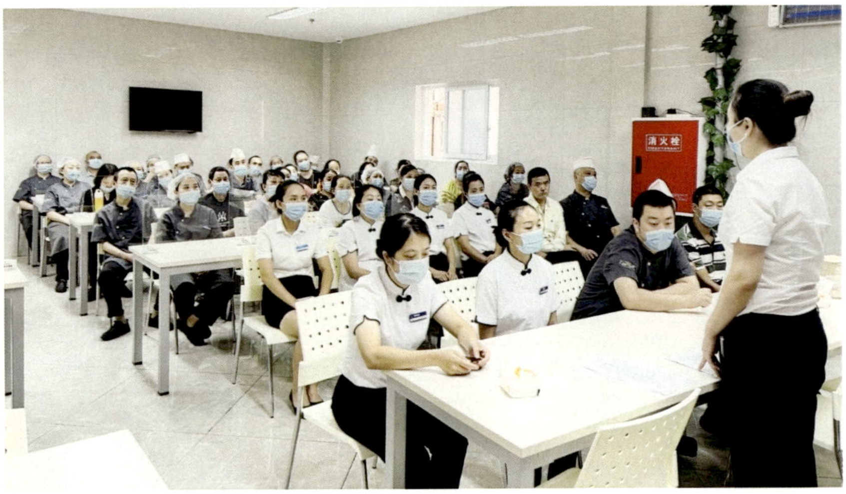

9月27日，区机关事务局组织召开食堂安全教育培训会　　（区机关事务局供图）

建筑面积能耗比上年下降1.1%，人均水耗比上年下降1.6%。

【机关后勤服务】　区机关事务局做好接待、会务、餐服、维修等保障任务，完成区委八届三次全会、全国“安全生产月”宣传咨询日活动、中国游戏行业年会、“三个做优做强”重点片区集中签约开工仪式等大型活动接待服务保障任务17次服务1380人次，承办会务接待与服务工作2878次。区机关事务局坚持“厉行节约、强化管理、精心保障”“质优价廉、竞争择优”原则，采购菜油、鸡蛋、大米等助农产品，保障办公区干部职工日常工作用餐47.44万人次。全年高效处置报修故障720件，完成综合维修项目1300件，开展设施设备巡检1265次，保障区政府各集中办公区正常秩序。

（罗　曦　徐　朦）

群众来信来访

【概况】　2022年，成华区信访局贯彻落实《信访工作条例》，推进“治重化积”专项工作，完善“群众工作之家”工作机制，提升初信初访办理质量，全区全年信访总量8213件（人）次，初信初访群众满意率98%。成华区委、区政府获评2022年度人民网网上群众工作“民心汇聚单位”。区信访局被省信访联席会议评为“全省治理重复信访化解信访积案专项工作”优秀集体，被市委办公厅、市政府办公厅评为“党的二十大维稳安保信访工作”先进集体。

【群众来信来访办理】　区信访局贯彻落实《信访工作条例》，召开信访工作联席会议4次，落实领导干部阅信、接访、包案等工作机制，完善突出信访问题清单办理长效机制，定期梳理重复信访事项任务清单、责任清单，集中组织专项治理，严格问责问效推动信访问题解决。全区全年信访总量8213件（人）次，其中接待走访群众1348批4523人次，占信访总量的16.4%；办理群众网上信访、来信5066件，占信访总量的61.7%；办理人民网网民留言1799件，占信访总量的21.9%；办理重复访1108件，群众满意率、参评率达目标要求。

【信访源头治理】　区信访局落实预警、分析研判等工作，常态化督查各单位开展日预警、周调查、月分析，实现信息互通、排查彻底、处理及时，做到各区域、各领域内苗头性问题早发现、早报告、早处置。区信访局全年梳理矛盾纠纷146件，处理预警信息110条。

【“治重化积”专项工作】　区信访局落实“治重化积”专项工作，坚持“每月一调度、每月一督促、每月一通报”，运用政策、法规、帮扶等措施，推动重复信访问题妥善解决。截至年底，国家级重复信访事项154件、省级重复信访事项54件、市级重复信访事项36件全部化解上报。

4月19日，成华区信访联席会议办公室召开“治重化积”调处化解工作调度会　（区信访局供图）

【网上信访】 区信访局把网上信访工作作为畅通诉求渠道的重要抓手，引导信访群众“访”转“网”、“信”转“网”、多“上网”少“走访”，全面提升人民网、领导信箱、网上投诉平台信访群众留言办理质量，全年办理群众网上信访、来信5066件，办理人民网网民留言1799件。

【初信初访质量提升】 区信访局落实“一次性把群众诉求弄清楚、一次性把矛盾症结找准确、一次性把政策法规用到位、一次性把解决方案定合理、一次性把诉求请求办满意”“五个一次性”信访工作要求，以“马上办、限时办、盯着办”专项行动为抓手，提升初信初访问题首接首办质量，优化信访事项满意度回访测评工作，提高一次性办结率和群众满意率，实现初信初访按期受理率、回复率100%，参评率95%，群众满意率98%。

【“群众工作之家”建设】 区信访局推动“群众工作之家”建设，完善信访全程代理、建议征集、矛盾纠纷排解三项工作机制，加大首次重复信访事项代理工作力度，74件代理件代理率100%。区信访局定期开展人民建议专题征集活动，征集人民建议200条，采纳优质建议20条，深化“人民满意窗口”创建活动，全年街道“群众工作之家”接待来访群众705批3347人次。

（孔燕林　夏振华）

政务公开

【概况】 2022年，成华区各部门、各街道聚焦法定公开内容，深化政府信息公开，提升公开实效，全区11个街道32个部门主动公开各类政府信息1.98万条。成华区政府门户网站获全国政府网站绩效评估第6名、成都市第1名。

【政府信息公开】 区行政审批局指导区级有关部门、各街道聚焦重大行政决策、重大项目建设、重大风险防范化解、行政规范性文件、政策解读、民生服务等基础和重点领域信息，加强申请受理、登记、审核、答复、归档等环节管理，打造集政府信息查询、信息公开申请、政策咨询等一体的“政务公开专区”16个，邀请人大代表、政协委员、企业和群众代表开展政务公开、政务服务等工作监督、评议、建言活动18场次。全区全年主动公开政府信息19838条，依法规范办理公开申请391件。

（王朝荣）

【公开信息平台建设】 区行政审批局依托省一体化平台，推进政务服务“一网通办”体系建设，优化微信公众号、小程序、微博等多元化在线服务和信息资讯平台，拓展微信公众号在线服务功能，更新完善“成华优信办”微信小程序及“企业报建”等栏目，实现政务事项“指尖提交、指尖查询、指尖办理”。“成华服务”政务新媒体平台全年发布信息6329条，开展宣传活动12次，接收办理回复网民诉求1117件，平台粉丝24.33万人。

（曾炳钞）

【政府门户网站建设】 区行政审批局优化政府门户网站栏目设置，开设“法治政府示范区创建工作”“网站工作年报”等专题专栏6个，增设栏目25个、优化调整栏目18个、归档栏目17个；优化全站页面背景效果和“政务公开”“走进成华”页面效果，清理整治15个政府网站二级域名；加大政策图文解读、视频解读、精准解读22条，开展在线访谈9期，征集调查6期，发布信息公开工作督查通报12期。全年总访问1340.95万人次，独立用户访问59.32万个，公开信息2.69万条，提供办事服务112.15万件，留言受理办结并公开4065件。

（王中宇）

【网络理政】 区城运中心落实7×24小时全天候值守制度，健全“受理、转办、办结、回访、考核”闭环处理和

成华区城运中心指挥调度大厅网络理政专席工作现场　（区城运中心供图）

“红黄牌”督办、基层三方评议、24小时紧急工单处置等工作机制，形成闭合式办理和智能考评管理体系。全年开展第三方评议会110次、会商会议5100次，督办领导批示件2670件，形成综合性报告188期，受邀参加2022年度四川网络理政峰会，工作经验被四川在线、四川新闻网等媒体报道。区城运中心获评2022年度四川网络理政优秀组织奖。

【公开电话和信箱服务】 区城运中心组建12345热线提速处置专班，针对群众“急难愁盼”，要求立即联系、30分钟反馈阶段性进展、3小时跟进办理进度，快速处置公开电话和信箱等诉求802件。区城运中心打造“智能语音+人工回访+短信评分”数据采集体系，率先开展“12345”全量回访评价，启动全市首个“AI+12345”智能感知系统，形成部门职能矩阵和业务需求标签965项，自动衍生规则知识图谱162条，实现智能签收率100%、智能转派率85%、准确率83%。全年办理各类群众诉求27.09万件，比上年增长62.22%，到期办结率100%，平均回复周期2.74个工作日，回访满意率94.56%。

（杨　婧）

政务服务

【概况】 2022年，成华区聚焦改革赋能、数字赋能和服务赋能，实施营商环境重点领域创新改革，制发《加强数字政府建设的指导意见》《加快推进政务服务标准化规范化便利化的指导意见》，深化“一网通办”“综合一窗”“跨区域通办”等政务服务改革，推进电子证照扩大应用领域和全国互通互认，开展新冠疫情防控“不见面”网上办、“提醒服务”和撤销冒名登记等工作，提档升级区政务服务大厅，优化特殊群体“爱心接力”服务。全区全年新登记市场主体38985户，市场主体存量426039户，比上年增长5.98%；新增外资企业45户，比上年增长57%。成华区获评2022年赛迪投资竞争力百强区第78位，“智慧政务‘优信办’”项目获评成都市法治政府建设创新项目。区行政审批局获评2022年成都市商事登记及行政审批制度改革工作担当作为先进单位。

（杨　涛　马骁骁）

【营商环境优化】 成华区推进营商环境4.0政策落地落实，实施“助企纾困”行动，提升“两稳一保”等纾困政策落地效率，开展政策宣导、线上直播答疑等活动，加强惠企政策推送、跟踪对接服务，办理留抵退税、“六税两费”减免退税、制造业中小微企业缓税缓费11.48亿元。成华区推动行政审批升级提速，探索链主企业“代帮办”服务机制，为全区“四个一批”经济社会发展项目提供专业化“一链式”服务，推动政务服务信用秒批，推广企业诉求接办、流转交办、分级会办、跟踪催办、反馈督办“五个办”工作机制，服务中车共享城老旧厂房改造等重点项目185件次，办结审批工程建设项目103个，总投资555亿元。成华区优化产业生态促进“建圈强链”，搭建产业链企业精准对接平台，举办埃斯顿自动化西部合作伙伴大会，依托“五院三司两校”科研力量，推进高能级创新平台、技术创新示范企业、产业创新服务中心建设，推动“链主企业”项目签约落地。成华区着力提升涉企服务质效，构建“线上+线下”涉企联动服务模式，线上平台集合政策、活动、金融、楼宇办公、市场、诉求等服务功能，线下完善企服之家“产业园区+企业服务点+专业化服务”一体化体系，搭建服贷投科创金融生态系统，帮助区内40家企业获融资8000万元。成华区组建涉外贸易、知识产权等新兴领域法律服务专业团队，为企业提供知识产权保护、法治体检、法律风险防范等法律服务，搭建新经济领域孵、产、研、创、投“五位一体”公共法律服务体系。成华区开展营商环境“一把手走流程”“政企常态化交流”等活动，收集

8月12日，区政务服务中心志愿者为来访老人提供“爱心接力”服务　（区行政审批局供图）

营商环境各项政策措施落实及高频政务服务事项堵点、痛点问题，全年邀请企业群众参与145人次，发现亮点8条，提出整改建议11条。《构建建圈强链企业服务新机制，打造特色产业营商环境》获评2022年成都市深化“放管服”改革优化营商环境典型案例。成华区在新华网主办第八届绿色发展论坛上获评“2022优化政务（投资）环境优秀城市”。

（邓恢宏）

【行政审批事项管理】 区行政审批局实施行政许可事项清单管理，梳理编制《成华区行政许可事项清单（2022年版）》，涵盖投资建设、教育科技、医疗卫生、交通运输、农业农村、公共安全等领域。区行政审批局印发《成华区推行“证照分离”改革全覆盖进一步激发市场主体活力工作方案》，在全区范围内取消“诊所设置审批”等涉企经营许可事项68项，将“诊所执业登记”等12项涉企经营许可事项改为备案管理，对“公共场所卫生许可”等37项涉企经营许可事项实行告知承诺，对“游艺娱乐场所设立审批”等376项涉企经营许可事项实行优化审批服务。全区全年受理行政审批和服务1330075件，即办件1246888件。

（杨　涛　杨　军）

【商事制度改革】 区行政审批局推进商事登记制度改革，推行企业住所（经营场所）申报登记制度，实施企业集群注册登记模式，放宽企业住所登记条件，允许企业登记注册“一址多照”；将“仅销售预包装食品”由审批改为备案制，实行企业登记注册一并办理；推进简易注销容错机制，扩大“容缺受理”范围，对符合条件的企业，允许依容错程序申请简易注销登记，全年办理简易注销登记5506户。

【政务服务能力提升】 区行政审批局推进“一网通办”“综合一窗”“政务服务秒批秒办”“跨区域通办”等政务服务改革，全区全年办理依申请服务事项1167项，其中马上办事项占比74.64%，全程网办事项占比98.54%，一次办事项占比100%，好评率99.99%。

“一网通办”能力提升行动 区行政审批局印发《成华区行政审批局“一网通办”能力巩固提升专项行动责任分工方案》，认领发布省一体化平台事项管理系统4.0版本事项520项，推进政务服务事项网上规范运行。区行政审批局规范电子证照的签发、应用，提升电子证照生产率和电子印章加盖率指标，扩大电子证照应用。区行政审批局完成39项“一件事一次办”配置测试，梳理区级政务服务应用资源，接入成华区分站点10个PC端及10个移动应用，构建成华特色服务专区。全区政务服务“好差评”系统汇聚数据70.2万条，差评按时整改率100%。

“综合一窗”改革 区行政审批局开展政务服务流程再造，完成167个精细化事项梳理，涉及510个情形，制定统一标准的办理指南框架，固化“综合一窗”服务流程，实现综合窗口“无差别受理”。

“一件事一次办”改革 区行政审批局通过协同审批、容缺办理、告知承诺、信息共享等方式，形成“一件事一次办”清单42件和办事指南，实现主题内事项一张表单填报、一套材料提交、一个流程办理、一口同步出证，实现企业开办、灵活就业、居民婚育等企业群众常办“一件事”线上线下同步运行。

政务服务秒批秒办改革 区行政审批局升级改造智慧政务审批管理平台，推动“可视化”办事指南标准化建设，将常见许可涉及情形要件进行详细梳理，通过系统规范固化，推出行政审批30项高频许可事项秒批秒办。

“跨区域”通办 区行政审批局制定成华区“跨区域通办”事项清单，在各级各中心设置“跨区域”通办专窗，线上线下同步办理，通过电子证

成华区“蓉易办 代帮办”网上办事自助服务区　（区行政审批局供图）

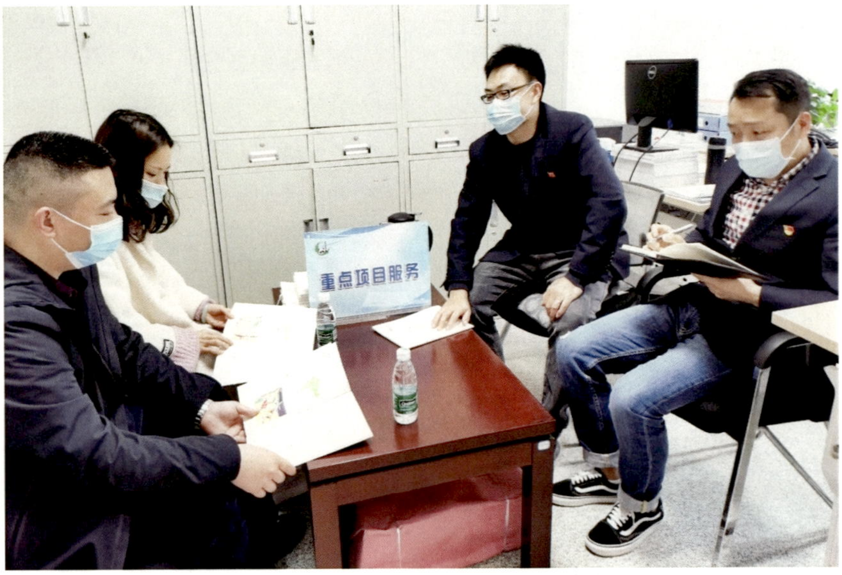

11月23日，区行政审批局为拟入驻落户企业进行政策介绍及答疑　（区行政审批局供图）

照或免费寄递方式送达。全年实现异地办理川渝通办311项、跨省通办162项、省内通办262项、市内通办154项事项，确保区级高频事项100%跨区域通办。

（杨　涛　马骁骁）

【智慧政务“优信办”】　区行政审批局探索“信用+政务服务”新路径，建立办事主体的信用激励评估系统，与成都市交子信用平台合作，深化信用信息的归集、共享和深度加工，科学设计各类市场主体信用维度，将信用激励运用至审批办事场景。区行政审批局优化不见面审批“视频云现勘”服务模式，压缩业务办理时间，将政务服务告知承诺、容缺受理、先证后查等便利化举措与办事主体信用挂钩，对失信主体采取“重点关注+黑名单”监督机制。智慧政务“优信办”平台全年信用办件2892人4076件，产生信用记录4446条。成华区智慧政务“优信办”项目获成都市2022年“十大法治政府建设创新项目”表扬。

（杨　涛）

【涉企服务平台打造】　区行政审批局落实“天府蓉易享政策找企业”智能服务平台市级试点部署，升级打造“一网查询、一键申领、精准画像、提醒推送、全程公开”成华特色惠企服务平台，建立企业诉求接办、流转交办、分级会办、跟踪催办、反馈督办“五个办”闭环工作机制，实现企业诉必应、应必答、答必果。区行政审批局完善企业跨区（市）县迁移管理制度，实现跨区（市）县迁移1个工作日内办结；优化企业开办“一件事”流程，压缩企业开办时间至4小时内，最快1.5小时内可办结；深化工程建设项目审批制度改革，全区工程建设项目全流程审批用时控制在20~80个工作日内；完成与市级智能服务平台对接，实现惠企政策事项线上申领。

【“企服之家”建设】　区行政审批局探索“产业园区+政务服务”合作模式，依托龙潭政务服务分中心、东郊创艺labs产业驱动中心、CEC784·万谷智慧产业园企服之家，建立“企服之家”联动政务服务制度，建强“园区管家+服务专员”队伍，以“互联网+政务服务”方式精准服务项目落地，提供全流程绿色通道服务。成华区政务服务中心设置“个转企”专窗，开辟“绿色通道”，安排专人负责“个转企”的咨询、指导及办理等各项工作，实现“个转企”和“最多跑一次”有机结合，对“个转企”企业全周期、全链条扶持，培育市场主体高质量发展。全年“企服之家”办理行政审批事项2911件，为企业群众提供政务服务7218件次，线上发布涉企优惠政策20个、服务活动专栏3个、金融服务产品3个，实现企业“办事不出功能区”服务目标。

（高　强）

【街道社区便民服务“三化”试点】　区行政审批局推进街道社区便民服务运行标准化、服务供给规范化、企业和群众办事便利化“三化”试点，优化智慧社区代帮办，拓展“掌上办”“就近办”，实施减材料、减跑动、减环节，一窗办、自助办、跨区域办，数据赋能、创新赋能、服务赋能“三减三办三赋能”。截至年底，全区下沉街道公共服务事项159项，在区政务中心、街道综合便民服务中心设置24小时政务服务自助站点12个，整合集成便民利企服务事项自助办理170项。成华区街道综合便民服务中心、社区便民服务室设计方案在全省推广。双桥子街道综合便民服务中心、二仙桥街道综合便民服务中心、青龙街道综合便民服务中心获评省级“示范便民服务中心”。区行政审批局获评2022年四川省镇村便民服务标准化规范化便利化建设成效显著单位。

（杨　涛　马骁骁）

中国人民政治协商会议成都市成华区委员会

编辑　李金洁

综　　述

【概况】　2022年，中国人民政治协商会议成都市成华区第八届委员会引领全区政协组织和政协委员贯彻落实习近平总书记关于加强和改进人民政协工作的重要思想，聚焦区委中心工作开展政治协商、民主监督、参政议政，召开区政协全体会议、常委会会议、专题会等重要会议31次，召开推进老旧小区改造、机器人产业强链补链延链专题议政性常委会会议2次，聚焦助推“智慧蓉城·智慧成华”建设、蓉北商圈升仙湖商务区规划建设等工作开展协商监督62次，聚焦实施“中环牵引、纵横联动、组团优强”发展策略、“专精特新”企业梯度培育等工作开展视察调研37次，开展新冠疫情防控督导、“16+4”行业领域安全隐患集中排查整治督查等320次。区政协完成年度重点工作任务33项，聚焦经济和城市建设、民生改善和社会保障等方面审查立案提案278件，形成调研报告21篇，协商专报及调研报告获区委主要领导肯定性批示6项。

【区政协工作机构】　中国人民政治协商会议成都市成华区第八届委员会设提案委员会、经济委员会、城市建设管理和环境保护委员会、科教医卫体委员会、法制社联委员会、文化和文史委员会6个专门委员会，常务委员会设办公室、研究室、委员联络办公室3个办事工作机构。

中国人民政治协商会议
成都市成华区委员会

主　　席　周万生

副 主 席　韩际舒

　　　　　徐　宏

　　　　　文　兵

　　　　　钟　萍

　　　　　陈　英

　　　　　邹　平（12月任职）

秘 书 长　于伟鹏

副秘书长　刘龙泉

常　　委　王晓南　康萍涛

　　　　　贺晓斌　崔鸿雁

　　　　　张立新　邱国勇

　　　　　周晓林　李　锐

　　　　　孙宏皋　李　刚

　　　　　戴运书　杨　楠

　　　　　蓝海波　马健伟

　　　　　郑　丽　蒋松谷

　　　　　罗　蓓　杨　蓉

　　　　　彭先芬　杨　华

　　　　　冯延伟　李明汶

　　　　　赵小红　杨远见

　　　　　赵春霞　龚　斌

　　　　　冯　炯　张　丹

　　　　　马树海　王焰激

　　　　　谢　锋　付少杰

　　　　　付　强　高建文

　　　　　黎怀阳　季　筠

　　　　　冯新荣　贾元波

　　　　　曹晶晶　刘玲瑜

　　　　　蒲立新　李　仪

　　　　　向运华　熊红霞

　　　　　谢光波　梁春涛

　　　　　韦　华

【政协自身建设】　区政协学习贯彻中国共产党第二十次全国代表大会精神，开展研讨交流、宣讲培训帮助委员提升理论水平、增强履职本领，全年举办

1月19日，区政协书画院在跳蹬河街道锦绣社区开展“迎新春·联万家”公益书画活动
（区政协办供图）

政协大讲堂12场，政协委员和各界群众1800人次参与。区政协发挥政协门户网站、《成华政协》年刊等宣传阵地作用，宣传政协协商民主新进展、委员履职新作为，《温情336小时，一线战“疫”显担当》被《四川政协报》采用。区政协加强政协书画院建设，开展“读好书、诵经典”“迎新春·联万家”等公益活动，举办庆祝中共二十大主题书画展、“同心协力·艺起抗疫”主题书画展等展出活动8场。区政协协同丹巴县政协召开友好交流座谈会，从信息动态互通、文史成果互享、队伍建设互促等7个方面加强交流合作，签订《成华·丹巴两区县政协友好交流备忘录》。区政协修订完善《主席会议成员联系常务委员、常务委员联系委员、委员联系群众工作制度》《委员履职服务与管理办法》《政协街道工委工作规则》等制度，落实“专委会和政协街道工委对委员双联系、双服务”“主席会议成员分工联系专委会、专委会对口联系部门和界别委员”等工作机制，提升委员履职服务管理的精细化、规范化和科学化水平，全年走访政协委员237人次，联系各界群众500人次，收集处理意见建议172条。

（林　原）

重要会议

【区政协全体会议】　12月23—24日，中国人民政治协商会议成都市成华区第八届委员会第二次会议召开，出席会议委员261人。会议听取并审议通过《政协成华区第八届委员会常务委员会工作报告》《政协成华区第八届委员会常务委员会关于提案工作情况的报告》，协商讨论《政府工作报告》《成华区2022年国民经济和社会发展计划执行情况及2023年国民经济和社会发展计划（草案）的报告》《成华区2022年财政预算执行情况和2023年财政预算（草案）的报告》《成华区人民法院工作报告》《成华区人民检察院工作报告》，审议通过《政协成华区第八届委员会第二次会议决议》《政协成华区第八届委员会第二次会议提案审查委员会关于提案审查情况的报告》。会议选举邹平为政协成华区第八届委员会副主席，韦华为政协成华区第八届委员会常务委员。大会收到提案337件，其中集体提案7件，联名提案64件，委员个人提案266件。

【区政协常委会会议】　成华区政协第八届委员会全年召开常委会会议3次。3月24日，政协成华区第八届委员会召开第二次常委会，传达学习全国“两会”精神，审议区政协2022年工作要点，通报2022年度政协协商计划。9月27日，政协成华区第八届委员会召开第三次常委会，传达学习习近平总书记来川视察重要指示和中国共产党四川省第十二次代表大会、中国共产党成都市第十四次代表大会精神，审议区政协有关工作制度，听取区政府2022年上半年全区经济社会运行情况通报。12月17

12月23日，中国人民政治协商会议成都市成华区第八届委员会第二次会议召开（区政协办供图）

日，政协成华区第八届委员会召开第四次常委会，传达学习中共二十大精神，听取2022年度全区经济社会运行、党风廉政建设和反腐败工作情况、区政协八届一次会议以来提案办理情况；审议区政协八届二次会议有关事项，通报2022年度区政协委员履职情况，通报表扬2022年度优秀区政协委员、区政协八届一次会议以来优秀提案。

（林　原）

5月20日，区政协围绕“老旧小区改造项目推进情况”开展视察监督　（区政协办供图）

协商议政

【概况】　2022年，中国人民政治协商会议成都市成华区委员会锚定中国共产党成都市成华区第八次代表大会、区委八届三次全会作出的各项决策部署，围绕实施机器人产业强链补链延链、老旧院落改造专题议政性常委会会议2次，围绕彰显成华文化魅力、做优做强中心城区核心功能等工作开展重点协商6次，围绕擦亮成华特色IP、推进实施“新兴金融聚势提能工程”等工作开展对口协商6次，围绕东郊记忆艺术区主导产业提质增效、推进成华楼宇经济“双千”培育计划等工作开展界别协商6次，围绕“金色中环”建设、疫情防控、老旧小区改造、机器人产业强链补链延链等重点工作开展协商监督，全年开展各类协商监督履职活动255人次。

【专题协商】　3月23日，区政协围绕“智慧成华”建设开展专题协商，实地视察智慧城市管理大数据应用及指挥平台、杉板桥“数字孪生社区”试点项目、区城运中心指挥调度大厅，听取区委社治委、区城运中心、区综合执法局关于“智慧成华”建设推进情况介绍，针对加强战略谋划和前瞻性研究、争创全国“数字政府、智慧社会”建设典范区等方面提出对策建议。11月3日，区政协围绕“彰显成华‘文化魅力’推动熊猫基地创建国家AAAAA级旅游景区”开展专题协商，实地视察熊猫基地，听取熊猫基地园区建设、场景打造情况介绍，听取区文体旅局、熊猫度假区管委会关于创建工作情况介绍，针对品牌打造、环境保护、配套设施和规范化管理等方面提出对策建议。

3月23日，区政协围绕“智慧成华”建设工作开展专题协商　（区政协办供图）

【对口协商】　5月11日，区政协围绕“擦亮成华特色IP，融入巴蜀文化旅游走廊建设”开展对口协商，实地调研大熊猫繁育研究基地溪谷片区、无限山丘片区、熊猫塔等点位，围绕构建熊猫IP全产业链体系、推进旅游产业、产品创新等方面与熊猫度假区管委会进行探讨交流。5月13日，区政协围绕“新兴金融聚势提能工程”开展对口协商，实地调研亚太并购大厦“蓉易贷”服务中心、天府股交中心成华分中心、享宇科技公司、金融博物馆等点位，围绕打通多元化投融资渠道、设立引导基金、金融产业发展、新兴金融聚势提能等方面与区国资和金融局进行探讨交流。5月20日，区政协围绕“贯彻落实教育‘双减’政策，提升全区基础教育质量”开展对口协商，实地视察成都市双林小学、电子科技大学附属实验小学和成都七中英才学校等点位，围绕基础教育质量提升、义务教育优质均衡发展等方面与区教育局及学校进行探讨交流。10月12日，区政协围绕打造“东骄华章”人才品牌、建设青年就业创业“一站式”服务平台开展对口协商，实地调研成华区青年人才驿站、二仙桥街道“青年之家”等点位，围绕强化服务意识、提升服务能力、差异化开展服务等方面与团区委进行探讨交流。

【界别协商】 4月26日，区政协围绕“推进成华区楼宇经济‘双千’培育计划”开展界别协商，实地视察甲级商务楼宇万科文创大厦和十一科技大厦，听取企业关于项目规划、建设运营情况介绍，听取区商务局关于成华楼宇经济培育情况介绍，针对加强载体建设、优化营商环境、完善优惠政策、加大宣传引导、加强招商引资等方面提出对策建议。10月20日，区政协围绕规划建设蓉北商圈升仙湖商务区开展界别协商，实地视察成都北站站城一体综合开发项目、升仙湖、成都轨道交通学院等点位，了解升仙湖商务区项目建设、运营管理和未来规划情况，围绕有效助推商务区规划建设进行探讨交流。10月20日，区政协围绕构建“社区+物业+社工+商业”小区治理模式开展界别协商，实地视察猛追湾街道望平社区、双桥子街道新鸿社区等点位，听取街道关于区域有机更新、街区转型升级和社区宜居品质提升等情况介绍，针对社区服务、发展、治理等方面提出对策建议。10月20日，区政协围绕打造彰显新时代成华特质的文艺精品开展界别协商，实地视察区政协书画院，参观成华区“喜迎党的二十大”美术书法摄影精品展，听取区文体旅局、区文联关于成华文艺事业发展情况介绍，针对文艺精品创作、发挥高校资源优势作用等方面提出对策建议。

【民主监督】 3月24日，区政协围绕“优化完善优质卫生资源供给，提升全区流调溯源和核酸检测能力”开展民主监督，实地视察区疾控中心、四川金域医学检验中心等点位，围绕健全工作机制和应急预案、提升基层防疫能力、应急队伍建设等方面进行探讨交流，针对固化流调溯源机制、完善优化预案流程等方面提出对策建议。7月12日，区政协围绕城东体育公园综合运动场馆及配套用房建设情况开展民主监督，实地考察项目建设施工现场，听取成华国投公司、成华旧改公司关于项目建设、关键环节、存在问题等情况介绍，针对加快施工进度、探索运营机制、加快配套建设、承办国际赛事、打造多功能复合载体等方面提出对策建议。11月24日，区政协围绕推进“金色中环”产业发展开展民主监督，听取区发改局关于“金色中环”产业发展推进情况介绍，针对提升城市功能、发展数字文创、促进文旅融合、推动枢纽经济、配套商贸商务等方面提出对策建议。

【疫情防控监督】 区政协建立新冠疫情防控工作领导小组，制定完善工作机制，主席会议成员带队下沉联系街道，紧盯工作人员管理防护和问题协调解决等方面，采取定点督导、暗访检查、随机抽查等方式，督导疫情防控工作。全年实地察看跳蹬河街道河畔华苑小区、华星总部园、东郊记忆等点位，提出《关于成都疫情有效防控的九点建议》《关于疫情防控基层工作的几点建议》《关于加强疫情防控工作中公民信息保护的建议》《关于成都疫情取消机动车限行措施的建议》等疫情防控有关建议。

【“推进老旧小区改造”民主协商】 5月20日，区政协围绕“推进老旧小区改造项目”开展民主协商，实地视察猛追湾街道电子科大东一院、府青路街道平景苑西区、双桥子街道天一小区和金色中环“四苑”连片改造项目，查看老旧小区道路、管线、停车位、绿化等改造

9月27日，区政协围绕“推进老旧小区改造”召开专题议政性常委会 （区政协办供图）

实施情况，听取区城市更新局、成华棚改公司情况介绍，针对城市功能品质提升、合理优化功能布局等方面提出对策建议。9月27日，区政协召开“老旧小区改造推进情况”专题议政性常委会，听取区政府关于老旧小区改造项目推进情况的通报、区政协关于前期专题协商工作开展情况的通报；政协委员结合调研成果围绕“老旧小区智慧韧性建设”“老旧小区服务功能提升”等8个方面作主题发言，与相关街道、部门进行协商交流，形成《关于老旧小区改造中全龄友好的建议》《关于加强老旧小区“智慧韧性”功能的建议》《关于加强老旧小区改造管理的建议》等意见建议。

【“机器人产业强链补链延链”民主协商】 5月17日，区政协围绕“工业机器人产业强链补链延链”开展民主协商，实地调研成都卡诺普机器人技术股份有限公司、四川成焊宝玛焊接装备工程有限公司等点位，围绕工业机器人产业建圈强链、上下游供应链构建、人才落地引进、资金支持、科技创新、招引优质企业等方面进行探讨交流。12月17日，区政协召开“机器人产业强链补链延链”专题议政性常委会，听取区政协关于前期专题协商工作开展情况的通报、龙潭工业机器人产业功能区关于机器人产业强链补链延链情况的通报；政协委员结合调研成果围绕“提升工业机器人产业规模和影响力”“制定工业机器人产业专项人才新政”等方面作主题发言，与相关街道、部门进行协商交流，形成《打造全球机器人产业新高地　为成渝共建世界级装备制造产业集群贡献力量——关于推进成都市机器人产业发展的思考与建议》等调研报告。

（林　原）

政协提案

【概况】 2022年，中国人民政治协商会议成都市成华区委员会委员围绕全区中心工作和经济社会发展热点、难点建言献策，征集提案337件，其中各界别和专委会集体提案7件，联名提案64件，委员个人提案266件。经审查立案提案278件，全年提案办理结果满意率100%。

【提案办理】 区政协修订完善《政协成都市成华区委员会提案工作条例》《政协成都市成华区委员会办公室关于提高提案质量的实施意见》，优化选题及立案交办、领办督办、走访面复、评选表彰等提案工作机制，完善主席会成员跟踪、专委会参与的重点提案协商督办机制，强化提案撰写激励机制，提升提案办理质量。区政协委员、各民主党派、各人民团体以及政协各专门委员会围绕经济和城市建设，提出融入“双城记”打好主动战、实施机器人产业强链补链延链、发展“人工智能+制造业”、加强“四上”企业培育、以TOD模式再造环电子科大经济圈、持续改善成华区水生态环境、优化改造蜀龙路—熊猫大道交叉口等建议；围绕民生改善和社会保障，提出加强小区民宿管理、加快老旧小区（院落）加装电梯、推进成华区二级以上医院“医学影像学资料”共享、“全龄友好”视角下优化居家养老模式、加强公共体育设施建设等建议；围绕政务政法和社会治理，提出加强智慧城市建设、全面提升“一网通办”能力、打造政企共治特色街区、整治“保健品乱象”、深化依法治区示范试点工作、开展《中华人民共和国民法典》宣传进社区等建议。全年立案提案278件中，涉及经济发展和城市建设管理方面的提案132件，占47.5%；涉及社会管理和民生改善方面的提案135件，占48.5%；涉及政务和政法方面的提案11件，占4%。

（林　原）

5月17日，区政协围绕“工业机器人产业强链补链延链”实地调研成焊宝玛焊接装备公司

（区政协办供图）

表17　　2022年成都市成华区政协部分优秀提案表

序号	提案	提案人	主办单位
1	关于持续改善成华区水生态的建议	杨　华	区农业和水务局
2	关于整合成华区优势文旅资源，打造多位一体文旅聚集地的建议	段　梅	区文体旅局
3	关于智慧成华建设的建议	王　镖	区智慧治理中心
4	进一步做好新形势下网络负面舆情应对与疏导工作的建议	李　放	区委宣传部
5	关于加强应对大规模新冠疫情爆发时应急措施的建议	黄　平	区卫健局
6	关于提升成华大道都市文商旅线路的建议	李明汶	区文体旅局
7	关于建立应急救护培训长效机制的建议	林轶生	区红十字会
8	关于推动我区楼宇经济高质量发展的建议	陶新征	区商务局
9	依托研发优势，推动成华生物医药产业创新发展的建议	付　强	区新经济和科技局
10	关于加强我区托幼机构备案及监管的建议	王　丁	区卫健局
11	关于以TOD模式再造环电子科大经济圈的建议	冯延伟	区规划和自然资源局
12	关于锦江猛追湾段改造工程善后管理的建议	罗　原	猛追湾街道办事处
13	关于成华区工业遗产旅游品牌塑造的建议	肖　晓	区文体旅局
14	关于加强成华区文旅配套设施建设的建议	先　艳	区文体旅局
15	关于大力引进和培育总部企业的建议	贾元波	区投促局
16	关于进一步挖掘东郊记忆传统历史内涵，提升商业文化旅游转型升级品质发展的建议	侯　黎	区文体旅局
17	关于深化成华区群团三级服务体系做深走实的建议	杨长云	区总工会
18	关于深入挖掘熊猫文化，聚焦打造文旅成华大IP的建议	杨　蓉	熊猫度假区管委会
19	关于引进培育“专精特新”企业的建议	汪琼良	区投促局
20	为培育我区更多专精特新中小企业，全力提升科技创新要素整合力的建议	蒲立新	区新经济和科技局
21	关于成华区产业园科技企业帮扶的建议	孟令刚	区新经济和科技局
22	关于打造成华区金融形象名片的建议	张　军	区国资和金融局
23	关于建立“数字成华”智能综合管理系统的建议	方　曼	区智慧治理中心
24	关于加大成华区机器人产业实力提升　助力成华区工业高质量发展的建议	张明波	龙潭工业机器人管委会
25	依托成华区中心城区优势为2022届高校应届毕业生提供优质就业岗位的建议	陈肖霖	区人社局
26	关于加快中等职业教育开展校企合作的建议	郭家宏	区人社局
27	关于蓉北商圈升仙湖商务区建设项目采用EOD模式的建议	何明兴	新北天地商旅中心

调研与视察

【概况】　2022年，中国人民政治协商会议成都市成华区委员会以服务成华发展为目标，集中政协系统智力资源，围绕实施“新一轮公服设施攻坚”专项行动、完善家庭教育服务体系建设等7项重点工作开展调查研究，全年组织视察调研37次，撰写调研报告24篇，报送社情民意信息40篇，为区委、区政府及相关职能部门科学决策提供借鉴和参考。

【委员视察】　3月29日，区政协组织政协委员围绕“惠民改造·共享发展”开展视察活动，实地视察华油苑小区、怡福巷80号院等点位，听取府青街道关于辖区老旧院落改造情况介绍，与居民代表就改造施工过程中的问题进行沟通交流。4月26日，区政协组织政协委员视察万科文创大厦等商务楼宇项目，了解基本情况、存在问题和下步措施，围绕加强前瞻性规划、提升建设和招商引资品质等方面进行讨论交流。6月15日，组织政协委员围绕“网约房”治理开展视察活动，实地视察东方新城小区二期等点位，听取保和街道关于“网约房”规范经营、社区发展治理等方面情况介绍，与居民代表就“网约房”小区噪声扰民、租住纠纷等问题进行沟通交流。7月6日，组织政协委员前往成都自然博物馆开展视察活动，实地视察矿产资源厅、龙行川渝厅、恐龙探秘厅等6大主题展厅，听取博物馆关于项目策划筹备、规划建设等情况介绍，围绕博物馆配套设施建设、特色科普品牌打造等方面进行讨论交流，针对加强宣传推介、完善公建配套、加快陈列布展等方面提出对策建议。10月8日，区政协围绕推动“专精特新”企业梯度培育开展专题调研，实地视察四川成焊宝玛焊接装备工程有限公司、成都微精电机股份有限公司，听取企业技术研发、供应生产、终端销售等情况介绍，听取区新经济和科技局、龙潭工业机器人产业功能区管委会关于“专精特新”企业培育梯度扶持政策介绍，针对加强调查研究、定制化培育服务等方面提出对策建议。10月21日，区政协围绕“医养结合”工作开展专题调研，实地视察成华区中医医院国医馆、治未病中心和成华区第六人民医院康穗养老中心等点位，听取医院在人才队伍建设、设施设备配置、信息化建设、特色服务模式、转型定位、文化传承、未来发展规划等方面情况介绍，针对挖掘利用院校优质资源、培养“医养结合”专业人才、完善用人机制、拓宽发展平台、推动社会化普及等方面提出对策建议。

4月26日，区政协围绕“推进成华区楼宇经济‘双千’培育计划”开展调研视察　（区政协办供图）

【“金色中环”专题调研】　1—3月，区政协成立“中环牵引、纵横联动、组团优强”发展策略课题调研组，围绕推动金色中环“三带示范”工作落实，聚焦产业布局、现代商贸、数字文创、文旅融合、枢纽经济等方面工作，组织开展实地走访调查、规划政策收集、产业调研分析、先进案例研究。10月25日，区政协组织政协委员实地视察天府国际动漫城、量子界数字文化双创产业园、红仓·101文创产业园和城东体育公园综合运动场馆等项目，听取区中环办及功能区管委会关于产业发展、项目建设、招商引资等情况介绍，围绕优化营商环境、项目运营管理、配套设施建设等方面进行探讨交流，形成调研报告《关于“中环牵引、纵横联动、组团优强”发展策略的调查与思考》《成华区“中环牵引、纵横联动、组团优强”发展策略研究》。

（林　原）

10月25日，区政协围绕“中环牵引、纵横联动、组团优强”发展策略开展调研视察

（区政协办供图）

专委会事务

【概况】　2022年，中国人民政治协商会议成都市成华区委员会各专门委员会落实《成华区政协专门委员会工作通则》《政协成华区委员会委员履职工作规则》，聚焦“金色中环”建设、老旧

小区改造、产业建圈强链等重点工作实施年度协商计划和民主监督，开展疫情防控、安全隐患排查整治等督导检查，组织“助力巩固脱贫、助推乡村振兴”专项活动，加强委员履职培训和日常管理。各专门委员会全年反映社情民意信息255条，走访委员237人次，开展法律法规专题辅导等活动285人次，完善委员知情明政、建言献策、联系群众等平台。《华城记：历史记忆中的千年成华》获成都市第十五次哲学社会科学优秀成果二等奖。

5月20日，区政协围绕“贯彻落实教育‘双减’政策，提升全区基础教育质量”开展对口协商

（区政协办供图）

【提案委员会】 区政协提案委员会修订完善《政协成都市成华区委员会提案工作条例》《政协成华区委员会办公室关于提高提案质量的实施意见》，完善提案撰写激励机制，组织筹办工业机器人产业强链补链延链议政性常委会，围绕“擦亮成华特色IP，融入巴蜀文化旅游走廊建设”开展对口协商，围绕东郊记忆艺术区主导产业提质增效开展界别协商，推动提案办理协商，全年提交疫情防控相关提案20件，形成协商意见建议12条，反映社情民意信息50条。

【经济委员会】 区政协经济委员会组织政协委员开展“中环牵引、纵横联动、组团优强”发展策略、成华区“专精特新”企业梯度培育、“推进成都市工业机器人产业发展”专项工作等专题调研，围绕成华区楼宇经济“双千”培育计划开展界别协商，围绕成华区“新兴金融聚势提能工程”开展对口协商，围绕“金色中环”产业发展开展民主监督，开展助力对口帮扶工作“双助”活动，形成调研报告3份。

【城市建设管理和环境保护委员会】 区政协城市建设管理和环境保护委员会围绕“成华区锦江流域碧水蓝网建设”开展对口协商，围绕“规划建设蓉北商圈升仙湖商务区”开展界别协商，组织筹办推进老旧小区改造工作议政性常委会，组织和引导委员撰写提案，针对重点提案督办召开多方协商会，推动提案建议采纳落实。全年围绕老旧小区改造开展专题调研视察、专项工作督查、项目现场调研等活动50次，实地走访进出城通道、交通运输企业、废品回收站等安全隐患整治点位151个。

【科教医卫体委员会】 区政协科教医卫体委员会组织政协委员围绕“双减”热点开展对口协商，围绕婴幼儿照护难点开展界别协商，围绕“优化完善优质卫生资源供给，提升全区流调溯源和核酸检测能力”开展民主监督，围绕“完善全区家庭教育服务体系建设”“医养结合”养老服务事业发展开展视察调研，参与助力乡村振兴“双助”活动。区政协科教医卫体委员会组织委员聚焦经济发展、城市建设等领域撰写提案，全年提交个人提案和联名提案98件、优秀提案5篇，形成社情民意82篇。

【法制社联委员会】 区政协法制社联委员会组织政协委员围绕打造“东骄华章”人才品牌、建设青年就业创业“一站式”服务平台开展对口协商，围绕成华构建“社区+物业+社工+商业”小区治理模式开展界别协商，围绕“智慧成华”建设开展专题调研协商，完成《实施河道综合治理，助力打造金色中环》《促进高质量就业，助力新成华建设》等专题调研报告，提交提案49件，反映社情民意信息98条。

【文化和文史委员会】 区政协文化和文史委员会组织政协委员围绕“高品质建设成都自然博物馆片区城市文旅新地标”开展对口协商，围绕“打造彰显新时代成华特质的文艺精品”开展界别协商，围绕“彰显成华文化魅力，大力推动熊猫基地创建国家AAAAA级旅游景区”开展民主监督，围绕推动成华区“环城生态公园生态资源向经济价值转换”开展视察调研；依托区政协书画院举办“胜景别裁”山水小品四人书画展等文化艺术展览，指导全区11个街道及怡福社区等3个社区开展政协大讲堂活动12场。

（林　原）

中共成华区纪律检查委员会 成华区监察委员会

编辑　李金洁

综　　述

【概况】　2022年，中共成华区纪律检查委员会、成华区监察委员会以学习宣传贯彻党的二十大精神为主线，贯彻党的自我革命战略部署和全面从严治党战略方针，探索向"金色中环"重大项目派驻监督专员机制，聚焦城市住房建设管理、生态环保、安全生产等"十大领域"开展群众身边"可视""有感"腐败和作风问题专项治理，创新开展"码上巡察"，抓实"纪委书记盯粮库"行动，开展"家风浸万家·幸福润成华"家规家训家书征集活动，以"廉心共筑·逐梦成华"为主题打造廉洁文化点位22个，11项工作获市纪委、区委主要领导肯定性批示。区纪委监委查办的两起案例获评全市"十佳精品案件""十大经典案例"，探索"一体化分层级"审理工作、构建疫情防控常态应急转换机制等经验在全市纪检监察系统交流推广，《防范年轻干部违纪违法问题的几点思考》等调研文章入选《第六届中国基层廉政研究论坛优秀论文集》。区纪委监委被《中国纪检监察》杂志社表彰为"学刊用刊工作先进单位"，被中央纪委国家监委新闻传播中心表彰为"2022年度宣传工作优秀集体"，获评2022年全市纪检监察工作考核先进单位。

【纪委监委工作机构】　区纪委监委机关内设办公室、组织部、宣传部、研究室、党风政风监督室、信访室、案件监督管理室、第一至第五纪检监察室、案件审理室、纪检监察干部监督室14个职能机构，1个下属事业单位纪检监察信息中心，设派驻纪检监察组20个、派出街道纪工委（监察办公室）11个。

【纪检监察自身建设】　区纪委监委深化强组织、强能力、强主业、强保障"四强行动"，坚持严抓班子、严管队伍，专题向区人大常委会提交《成华区监察委员会关于整治群众反映强烈问题工作情况的报告》，制发《关于对信访举报件办理实行"双监管"的工作规范》等内控制度6项，排查廉政风险点24个，制定整改措施37条。区纪委监

11月14日，派驻监督专员参与"金色中环"101研发总部项目监理例会　（区纪委监委供图）

委抓实“铸忠诚、创一流、振衣冠”专题教育活动，开展“家庭助廉”“面对职责·问三问”政治素养提升、派驻机构专题调研等活动，全年组织干部参加培训3862人次，选派54名干部上挂下派锻炼，发放倡议书、提示卡820份，引导干部做到“正心、除弊、断交、清净”。区纪委监委推进基层纪检监察组织标准化规范化建设，推进基层“乡案县审”，落实街道两名专职、三名兼职纪检监察干部“两专三兼”监督保障，推动11个街道全部建成“二类”谈话室。区纪委监委抽调纪检监察干部362人下沉一线做好新冠疫情防控“联帮包”，创新“微网实隔”模式提升棚户区管治效能，编印战“疫”实践读本《点亮“心”光》，获国家督导组肯定好评。全年受上级表彰奖励干部27名，被重用提拔干部32名，严肃查处纪检监察干部3名。

（幸廷婷）

重要会议

【区纪委全体会议】 3月8日，中国共产党成都市成华区第八届纪律检查委员会第二次全体会议召开，学习贯彻十九届中央纪委六次全会、省纪委十一届六次全会、市纪委十三届十次全会等会议精神，总结2021年纪检监察工作，安排2022年任务，审议通过区纪委《固本强基，笃行实干，奋力开创纪检监察工作高质量发展新局面，以实际行动迎接党的二十大胜利召开》工作报告，出席会议的区纪委委员24人，列席会议63人。会议对纪检监察工作进行安排部署，聚焦“国之大者”，强化政治监督践行“两个维护”；聚焦“三不”一体，巩固拓展压倒性胜利态势；聚焦作风建设，持续加固中央八项规定精神堤坝；聚焦顽瘴痼疾，整治群众身边腐败和不正之风；聚焦政治巡察，不断推进巡察工作高质量发展；聚焦监督首责，以监督合力推动治理效能提升；聚焦政治属性，始终做党和人民的忠诚卫士；完成好“命题式立项监督”、年轻干部“涉网”腐败监督、粮食购销领域专项整治、政治巡察、重点项目派驻监督专员制度、“一卡通”专项治理、“三务”公开、新时代廉洁文化建设等重要任务。

【区纪委常委会会议】 区纪委监委全年召开区纪委常委会会议51次，集中学习《学习贯彻习近平总书记来川视察重要指示精神督查方案》等文件精神，研究成华区关于聚焦“十大领域”开展专项治理群众身边“可视”“有感”腐败和作风问题的工作方案、传达大运会成华区赛委会纪检监察和审计部工作方案、成华区纪委监委成华区委保密机要局联系协调机制实施细则、成华区纪委监委关于构建全区纪检监察案件审理工作运行机制工作办法等议题，安排部署全区党风廉政建设和反腐败斗争工作、“四项监督”与审计、财会监督贯通协同工作机制、立项开展“码上巡察”、建立以案促改责任清单等工作。

【专项治理群众身边腐败和作风问题推进会】 5月27日，区纪委监委召开聚焦“十大领域”开展专项治理群众身边“可视”“有感”腐败和作风问题推进会，区级各牵头部门分管领导和纪检监察干部42人参加会议。会议组织观看市级媒体暗访“十大领域”专项治理短片，听取10个区级牵头单位推进情况汇报，通报前期专项治理存在问题，对下步工作进行安排部署。会议要求各单位要加强谋划部署、组织领导、督促推动和协调督办，坚持问题导向，建立快查快处机制，把专项整治与堵塞制度漏洞、健全工作机制结合起来，切实纠治“十大领域”乱象，推动行业系统政风行风转变。

【纪检系统述职述责述廉大会】 2023年2月17日，区纪委监委召开全区2022年度纪检系统述职述廉述责大会，全区各派驻（出）纪检监察机构、国有企业纪委负责人等36人进行专题述责述廉，抽取6人围绕落实全面从严治

3月8日，中国共产党成都市成华区第八届纪律检查委员会第二次全体会议召开（区纪委监委供图）

党主体责任、纪检监察“两个责任”及廉洁从政等情况作现场汇报，30人作书面述职述廉述责“三述”，并现场逐一接受参会代表的询问、质询和评议。

（幸廷婷）

巡视巡察

【概况】　2022年，成华区开展两轮巡察，3—7月开展第一轮巡察，对3个区级部门和3个街道及所属的19个社区开展常规巡察；9—12月开展第二轮巡察，对9个区级部门开展常规巡察，与武侯区采取交叉巡察方式巡察区教育局。巡察期间，巡察组查阅资料1.4万份、个别谈话922人次，反馈问题573个。相关工作做法《以学促巡磨砺巡察利剑》《群众点题　部门答题　监督促治出行难》被中央纪委国家监委网站报道。

【区委巡察】　区委巡察办制定八届区委巡察工作规划和全覆盖任务推进计划，完善巡察工作联席会议制度，出台区委巡察办与区纪委监委机关、区委组织部、区审计局、区统计局协作配合办法，修订完善工作协作机制，进一步凝聚工作合力。区委巡察办制定区委巡察人才库建设和使用管理办法，明确巡察抽调工作目标考核、巡察抽调干部评先评优和通报表扬等流程，邀请专家开展业务知识专题授课7场，加强区委巡察工作力量储备。区委巡察办运用科技手段创建成华“码上巡察”平台，开展“巡视巡察知识100问”参与3011人次，采取微信有奖竞答、巡察微讲堂、党校培训、中心组学习、会前学法和开设巡察规划解答专栏等方式，加强巡察工作宣传。区委巡察办制定巡视整改日常监督工作流程，成立日常监督检查组5个，采取明察暗访、监督调研等方式，对巡视整改落实情况进行监督检查，全年巡察区市场监管局、区综合执法局、区农业和水务局、区教育局、区住建交局、区民政局等区级部门12家及保和、双水碾、跳蹬河3个街道19个社区，移交问题线索67件，推动解决群众反映强烈的问题75个，收到锦旗4面。

【联动巡察监督机制构建】　区委巡察办制定《成华区巡察工作联席会议制度》，将联席会议成员单位由10个增加至16个，加强与区委组织部、区审计局、区统计局、区信访局、区保密局等单位协作配合，细化区委巡察机构与有关单位协作配合分工实施细则，健全巡前计划沟通、工作联动协助、信息共享等工作机制。区委巡察办建立纪检、党建、法律、项目、财务、审计6类专业人才库90人，推动审计、财政、统计等部门专业力量深度参与巡察工作，完善常态化派员参与巡察机制，实现线索互通、多方印证、优势互补、联动督促、整改到位，构建“上下贯通、左右互通”巡察工作联动格局。

【基层巡察监督】　区委巡察办制定《成华区巡察社区党组织工作规程》，建立巡察社区组织建设、作风建设、民生民利、基层治理等12个重点领域64个突出问题清单，将巡察监督任务重点化具体化精准化，发放并张贴《致居民群众的一封信》1.62万份，通过走访座谈广泛收集群众意见建议。全年巡察社区19个，收到群众反映的民生问题261个，督促相关单位解决居民楼漏水、办证难、断头路打通、停车场整改等问题，推动问题动态销号管理。

【“码上巡察”全民监督】　区纪委监委开发全民监督“码上巡察”信息化工作小程序，包括“码上宣传”“码上举报”“码上问卷”“码上评价”4个模块，对被巡察单位定制专属二维码，通过“廉洁成华”网站、微信公众号宣传推送，在324个党风廉政信访举报箱上张贴二维码，向全区便民中心投放宣传展板。干部群众通过扫码进入线上平台，了解巡察知识、浏览巡察公告，反映存在问题、进行评价反馈，形成“人人监督”群众监督网络。从开通至年底，平台扫码点击量6167次，收到反映问题391件次，占收到问题总数的

5月17日，香山长岛小区居民为区委第二巡察组送锦旗　（区纪委监委供图）

78%，相关做法被中央纪委国家监委网站报道。

（梁志英）

【整改落实】 成华区将中央巡视、四川省委巡视整改任务纳入年度重点任务清单，制订年度整改工作计划，做好中央巡视、四川省委巡视意见反馈，建立月跟进、季通报工作机制，推进噪声、教育、医疗、空气质量、污水治理等需长期坚持的重难点事项整改落实，全年召开巡视反馈意见整改工作领导小组会议6次。

（常志高）

党风政风监督

【概况】 2022年，中共成华区纪委监委健全“四责”协同机制，细化落实党风廉政建设“九责工作法”，开展“十大领域”专项治理，聚焦优化营商环境、新冠疫情防控、安全生产、医疗卫生、村（社区）集体“三资”管理等领域深化政治监督。全年开展全区公职人员“证照清查”处分4人，严肃查处违反中央八项规定精神问题12件，处置网络涉纪舆情2起，实现对领导干部政治谈话全覆盖115人次。

【从严治党主体责任落实】 区纪委监委制发《关于推进2022年全面从严治党、党风廉政建设和反腐败工作的意见》，健全“四责”协同机制，运用发送工作提示、随机督导检查等方式，推动各单位党委（党组）扛起党风廉政建设主体责任；制发《成华区纪检监察系统以“九责工作法”促进落实党风廉政建设主体责任的分工方案》，细化40项工作任务，深化“室组地”联动机制，推动管党治党政治责任落细落实。全年严格把关回复党风廉政意见2541人次，出具否定性意见1人，问责履行管党治党责任不力党员领导干部7人。

【整治“四风”问题】 区纪委监委落实中央八项规定精神，传达学习《中共成都市纪委关于落实中央八项规定精神正反典型的通报》，坚持“点”上精准发力、“线”上系统管控、“面”上全域覆盖，采取督导抽查与明察暗访相结合等方式，开展“吃公函”“借培训名义搞公款旅游”专项整治等纠治工作，查处并通报曝光违反中央八项规定精神问题14人，相关调研文章入选《第六届中国基层廉政研究论坛优秀论文集》。

【“发旗记牌”激励约束机制】 区纪委监委会同区委督效办等单位深化“发旗激励+记牌预警”激励约束机制，鞭策激励干部担当作为，发挥监督保障执行、促进发展作用，全年围绕区委“631”重点项目、产业建圈强链等重大决策部署落实情况发放红旗5275.5面，针对个别干部工作作风不实、落实不力等问题记红黄牌515张。

【作风监督评议】 区纪委监委优化“作风监督评议”评价系统，全区336个参评单位接受扫码评价77.8万次，一般问题交原单位办理，检控类问题线索移送纪检监察机构处置，通过主体责任、监督责任双向发力，推动作风问题解决894个。

【腐败和作风问题专项治理】 区纪委监委制发《成华区关于聚焦“十大领域”开展专项治理群众身边“可视”“有感”腐败和作风问题的工作方案》，明确教育医疗、养老社保、城市住房建设管理、生态环保、安全生产、食品药品安全等10个民生领域牵头单位、责任单位及任务分工，细化10类具体治理内容、6项专项治理措施和6项监督检查措施，完善“室组地”联动协作、案件线索移送和问题快速查办等工作机制，创新专项治理群众评价试点，通过定期调度、明察暗访、情况通报、督办整改等方式，整治责任不落实、搞形式、走过场、推诿扯皮、弄虚作假等腐败和作风问题。全年立案122件，处理91人，建立和完善制度机制27项，相关案例被列入市纪委监委推动解决群众急难愁盼问题“十大经典案例”。

医疗领域专项治理　区纪委监委督促各级医疗机构围绕“合理治疗、合理用药、合理收费”开展自查，检查药品使用、处方票据和病历质控等过程风险，全区医疗机构全年开展自查1768人次，核实问题37个。区纪委监委协同卫健、医保等部门组建联合执法队，分区分批督导检查，主动纠治不合理医疗检查问题，指导医疗机构查找制度机制漏洞，全年督查医疗机构798家，查处各类问题81个，梳理风险点16项，细化针对性工作措施10项。

优化营商环境专项治理　区纪委监委围绕优化营商环境，开展“联企清风行动”，收集企业意见建议340条，推动解决企业诉求91件；督促职能部门建立整改台账、优化供给清单，优化服务措施8条；专项治理乱收费、乱摊派、私设门槛、吃拿卡要等突出问题，督查发现问题43个，整改到位31个，查处损害营商环境问题17件17人，通报典型案例2例。

安全生产领域专项治理　区纪委监委完善“16+4”行业领域安全隐患大排查体系，建立重点行业监管底数总台账，健全请示报告、信息互通、联席会议等工作机制，按照每周不少于2天标准，组织开展逐级安全风险大排查；加强风险监测预警，向重点行业、重点单位、重点人群发送预警提醒短信180万条。全年督查点位352个，发现不作为、慢作为、乱作为等问题285个，推动整改259个，持续整改26个，排查隐患8627项。

【疫情防控监督】　区纪委监委落实新冠疫情防控“时度效”要求，组建常态、应急督查组，开展全覆盖监督检查和专项督导，制发“一封特殊慰问信”严明纪律，检查防疫点位，发现并督促问题整改，制发疫情防控《督查专报》，快查快处违规违纪人员，责成相关单位党委（党组）作出书面检查。成华区探索构建疫情防控常态应急转换模式获市纪委监委主要领导肯定性批示，在全市纪检监察系统推广。

6月30日，区纪委监委在二十四城尚云庭开展疫情防控督察检查　（区纪委监委供图）

【社区（村）集体“三资”监督】　区纪委监委按照“1+3”模式，推动区农业和水务局、区规划和自然资源局、区国资和金融局3个部门完善农村产权流转交易目录清单，开展乡村领域专项治理工作专题调度6次，对乡村领域专项治理工作开展督查检查5轮次；紧盯涉农街道财务公开、资源清理、资产核查等关键环节，开展全覆盖监督检查，针对发现的“三资”管理财务制度不完善、资金限额不明确、职责范围不清晰等问题，采取明示、函告等方式督促整改。全年收集问题270个，提出整改意见96条，查处1件1人。

【加强年轻干部“涉网”腐败监督】　区纪委监委制发《关于对年轻干部“涉网”腐败问题加强监督的工作方案》，围绕沉迷网络严重影响工作、违规借用管理服务对象钱物、挪用套取贪污侵占、权力寻租利益输送4方面问题，压实各级党委（党组）主体责任、明确监管措施，对年轻干部“涉网”腐败问题进行常态监督、跟进监督、精准监督，全区各派驻（出）纪检监察机构开展年轻干部“涉网”腐败问题督查检查121次，发现并督促整改“涉网”腐败问题5个。区纪委监委联合区委组织部、区委党校建立警示教育常态化机制，通过“理论讲解+现实案例剖析”等方式，开展《关于8起年轻干部腐败典型案件的通报》等典型案例警示教育225场1965人次。

1月14日，区纪委监委在龙潭街道丛树社区开展社区（村）集体“三资”提级监督指导

（区纪委监委供图）

【“金色中环”重点项目派驻监督专员】　区纪委监委制发《2022年度成华区向重点项目派驻监督专员工作方案》，建立“金色中环”重点项目派驻项目监察员制度，选取二仙桥北路规划学校建设工程、101研发总部等重点项目6个，由6家区属国企纪检监察机构派驻监督专员6名，围绕事前、事中、事后三个环节，重点纠治推拖绕躲、吃拿卡要、强买强卖、宽松软慢等8项内容，从项目立项至竣工验收实行全程监督，全年发现并推动解决职能部门不履职、监督管理浮表面等问题15个。

（幸廷婷）

纪律检查和案件审理

【概况】 2022年，中共成华区纪委监委受理检举控告类信访件70件，处置问题线索339件、立案152件，处分180人、移送司法机关8人，运用“四种形态”处理362人次，各形态占比分别为52.8%、32%、13%、2.2%，全区反腐败高压态势持续巩固。

7月4日，成华区纪委监委审查调查工作推进会召开　（区纪委监委供图）

【审查调查】 区纪委监委制定《关于构建全区纪检监察案件审理工作运行机制实施办法》，把派驻（出）机构案件审理纳入全区审理工作通盘考虑，细化职责、标准、制度，构建“一体化分层级”审理工作新格局。区纪委监委强化“室组地”协作，将31个派驻（出）机构编为6个协作组，开展调研式监督、联动式审查、系统化治理。区纪委监委实施案件质量提升工程，深化案件质量评查，完善案件“共审”机制，搭建审理专家咨询库，强化案件审理质效。全年召开案件协调会7次，开展案件答复咨询104次，邀请区检察院提前介入案件8件，与区法院开展职务犯罪案件交流座谈3次，对涉嫌职务犯罪案件组织旁听庭审5起。

【粮食购销领域腐败问题专项整治】 区纪委监委开展“纪委书记盯粮库”行动，会同区公安分局等部门，组织精干力量开展专项查处行动，完善信访举报受理转办、问题线索移送、案件线索查办、通报曝光4项举措，构建部门协作、信息报送、会议议事、监督检查、群众监督、追责问责6项工作机制，严肃查处陈粮或劣质粮入库、虚假购销进行“空”轮换、盗卖储备粮油、压低粮食收购价赚取差价、多报粮食损耗套取私分等“靠粮吃粮”违纪违法问题。全年处分7件7人，督促区粮食和物资局完善成华区粮食储备及购销管理台账，完善立案查处涉及粮食类食品违法案件台账、受理涉及粮食质量方面问题投诉台账等管理制度。

10月19日，区纪委监委开展成华区纪检监察干部信访知识应知应会测试　（区纪委监委供图）

【信访举报】 区纪委监委制定《关于对信访举报件办理实行“双监管”的工作规范（试行）》，构建信访和案管部门“双监管”格局，重塑工作流程、压实闭环责任、强化异议件处置，解决接收处理超时、办件质量不高、首办责任压而不实等问题。区纪委监委制定《成华区党风廉政信访举报箱管理规范》，完善分区设置、开箱记录、案件处置等管理规范，整合设置信访举报箱324个。区纪委监委针对物业领域投诉举报集中的问题，督促行业主管部门在全区开展小区物业领域突出问题专项治理，从严查处业委会委员挪用小区公共收益资金、职能部门工作人员不作为等违纪问题，行业主管部门收到问题诉求比上年下降60%，相关做法案例获成都市纪委“十大经典案例”第三名。

【重复举报件治理】 区纪委监委围绕有效化解信访积案淤案，实行“一案一专班”，帮带督导31个派驻（出）机构参与，建立“主要领导抓总、分管副书记、分管领导跟进、信访室统筹、工作专班具体推进”工作机制；召开联席会议35次，对全区重复举报件系统化起底复盘，分类建立台账、动态跟踪管理、限期整改办结，抓实流程监管、平台监管、质量监管；用好“一件一评”，对信访举报事项调查不清、证据材料收集不全等情况不予了结，倒逼派驻（出）机构压实首办责任，从源头上减少重复举报发生；提升信访回复“人性化”关怀，从治理告知到复盘反馈，第一时间与举报人联系沟通，有针对性地做好引导和疏导工作，全年重复访同比下降52%。

（幸廷婷）

5月20日，四川省高校廉洁文化教育基地在成都理工大学建成开馆　　（区纪委监委供图）

反腐倡廉宣传教育

【概况】　2022年，中共成华区纪委监委推进反腐倡廉体系预防，建立“会前学法、专题学法”制度，开展“第一议题”集中学习36次，制作“法纪小课堂”系列微视频，编印《咫尺之谬》《警惕黑恶势力腐蚀》等警示教育读本，拍摄《失衡的“天平”》《贪婪的中介》等警示教育片3部，发放《从政提醒》等教育书籍3023本，开展互动式警示教育228次覆盖1.9万人次。区纪委监委以“廉心共筑·逐梦成华”为主题，打造“廉洁清风号”工地红船、清心客家文化堂等廉洁文化点位22个，成都理工大学建成四川省高校廉洁文化教育基地“育廉馆”。全年开展“清风正气”书画展等普惠性廉洁文化活动4232场，推出《一百堂党史课》等廉洁文化作品，国潮长卷《只此青绿　念兹在兹》、微视频《清风心向党　礼赞荣光路》等廉洁文化作品在中央纪委国家监委网站展播。

“廉洁清风号”工地红船廉洁教育阵地　　（区纪委监委供图）

【“以案五说”警示教育】　区纪委监委收集重点行业、关键岗位、专项治理等方面典型案例作为“活教材”，剖析案件发生的深层次原因，找出发案共性规律，开展以案说纪、以案说法、以案说德、以案说害、以案说责“以案五说”警示教育。全年指导各单位开展行政审批、管钱管物等关键岗位警示教育活动156次，开展“送规送纪”活动40场次，开展“六查”（查当事人、查政治、查责任、查职权、查制度、查作风）以案促改26次，在2个案发单位开展现场“以案五说”警示教育，督促51个案发单位压实整改责任、健全机制、堵塞漏洞，推动个案查处向修复净化政治生态转化。

【“清廉社区”建设】　区纪委监委梳理全区83个社区（村）“两委”及工作人员党风廉政建设岗位职责，建立定人定岗定责台账，绘制“权力运行流程图”，点对点健全预警机制。区纪委监委充实院落廉情观察员队伍，设置社区监督小组，建立非公企业、小区物管、商业商圈、群众参与的街道“大廉盟”，开展“民情连心站”“居民说事”“廉洁教育”等活动，“大廉盟”监督队伍1285人全年收集社情民意173次，意见建议466条。区纪委监委强化社区权力规范运行，落实随机抽查、定期通报、追踪核实、整改问效等举措，收集社区“两委”在落实主体责任、遵守廉洁纪律、开展廉洁教育等方面问题131个，对32名评议结果较差社区干部进行谈话提醒。

6月30日，兴华生态公司在四川客家家风馆开展家风助廉宣传教育活动　（区纪委监委供图）

【“清廉国企”建设】　区纪委监委针对国企“内部审计+内控风险+人事管理+财务管理”4重风险环节，健全完善“三张清单”（责任清单、权力清单、问题清单）监督体系，构建知责明责、履责督责、考责问责工作闭环，全年开展风险评估65次，梳理排查风险点183个，制定责任清单32份、权力清单54份、问题清单25份。区纪委监委强化国企专业纪检力量，组建“专职纪检监察队+廉情监员”两支队伍123人，开展监督275次，发现并解决问题93个。区纪委监委在7个区属国企开展班子倡廉、案例警廉、活动促廉、氛围育廉、亲情助廉“五廉活动”，建立“送清风”干部家属钉钉群，召开“廉内助”座谈会，开展“清廉党课”12场，举办“董事长沟通日”“对话领导”等座谈会24次，组织“清廉班组”“清廉车间”评比等廉洁文化活动32次，制发岗位廉洁风险防控提醒卡1811份。

【“清廉学校”建设】　区纪委监委制发《教育系统开展“清廉学校”试点创建工作方案》，从教育系统党员干部、教职工、学生群体、学生家长四个层面，明确推进路径、制度机制和主体责任；挖掘设计廉政小故事、党员干部廉洁自律准则、传统廉洁文化等内容，制作成宣传栏和展板，新建廉政文化走廊、文化广场46处，截至年底全区教育系统各级各类学校幼儿园有廉洁阵地178处。全年推动教育系统党组织开展警示教育学习《关于8起年轻干部腐败典型案件的通报》等典型案例298次，向各级各类学校、幼儿园发送廉洁文化信息111条。

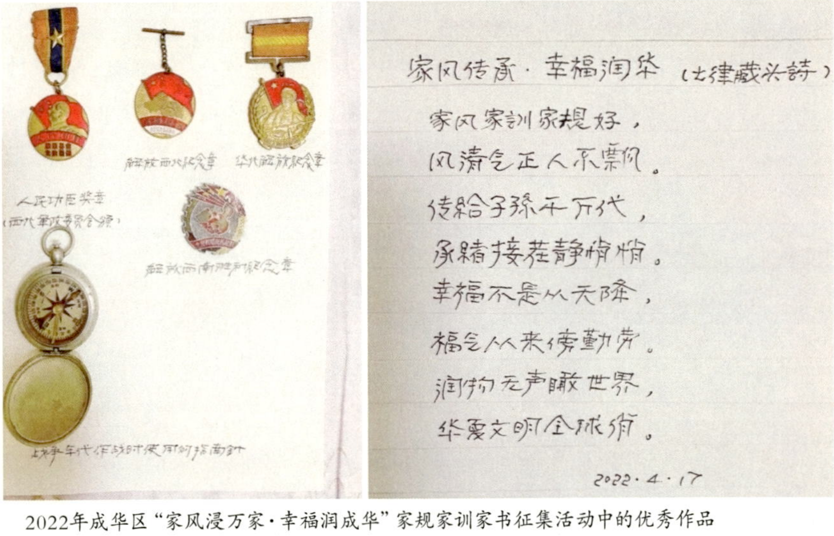

2022年成华区“家风浸万家·幸福润成华”家规家训家书征集活动中的优秀作品
（区纪委监委供图）

【家规家训家书征集活动】　4月15日，区纪委监委、区文明办、区教育局、区妇联联合在全区开展“家风浸万家·幸福润成华”家规家训家书征集活动，收到反映良好家风、传承礼仪美德的家规、家训、家书、族谱等物件262份，评出优秀作品100件，选送作品《魏征句·察近·居安》《勾毓灵祖训家风》获得四川省“510（我要廉）廉洁文化宣传月”系列活动三等奖。

（辛廷婷）

民主党派

编辑　李全洁

综　　述

【概况】　2022年，成华区有中国国民党革命委员会、中国民主同盟、中国民主建国会、中国民主促进会、中国农工民主党、中国致公党、九三学社7个民主党派基层组织。截至年底，全区有民主党派成员801人，其中民革成员87人、民盟成员149人、民建成员134人、民进成员75人、农工党成员43人、致公党成员46人、九三学社成员267人。民主党派成员主要分布在教育界、经济界、医卫界、科技界、文化艺术界、新闻出版界等方面，大专及以上文化719人、占成员总数的89.8%，45岁以下241人、占成员总数的30.1%；有市人大代表32人、市政协委员17人，区人大代表43人、区政协委员118人。成华区各民主党派年内组织开展"矢志不渝跟党走、携手奋进新时代"政治交接主题教育活动，参加成华区纪念中国共产党统一战线政策提出100周年"我和我的党派"主题活动；主动参政议政，形成各类调研报告51篇，受到各级领导肯定性批示19篇；发挥自身优势，围绕乡村振兴、抗疫救灾、特殊教育等方面开展社会服务，获市级及以上表彰25项。

【民主党派主要负责人】

民革成华区支部

主　委　张兴栋（3月离任）

　　　　贾元波（3月任职）

民盟成华区总支

主　委　文　兵（11月离任）

　　　　李宏坤（11月任职）

民建成华区总支

主　委　曾维明

民进成华区支部

主　委　徐　宏

农工党成华区支部

主　委　陈　英

致公党成华区支部

主　委　王学俊

九三学社成华区委员会

主　委　付　超

【民主党派思想建设】　成华区各民主党派学习宣传贯彻习近平新时代中国特色社会主义思想和中国共产党第二十次全国代表大会精神，开展"矢志不渝跟党走、携手奋进新时代"政治交接主题教育活动，参加"我和我的党派"主题活动，以"微视频+演讲"形式讲述党派成长故事，获评一等奖1名、二等奖3名、

表18　　2022年成都市成华区各民主党派组织成员一览表

党派名称	组织情况（个）			成员情况（人）	
	委员会	总支	支部	成员总数	新发展成员
民革成华区支部	—	—	1	87	5
民盟成华区总支	—	1	6	149	9
民建成华区总支	—	1	3	134	6
民进成华区支部	—	—	1	75	8
农工党成华区支部	—	—	1	43	6
致公党成华区支部	—	—	1	46	1
九三学社成华区委员会	1	—	6	267	10

三等奖4名。各民主党派、无党派人士全年列席区委、区人大、区政府、区政协相关会议、专项调研、检查督导和宣讲报告等活动35次，502人次参与。

【民主党派参政议政】 成华区各民主党派围绕全区重大决策部署和经济社会发展开展调研献策，参加“助力‘金色中环’建设 推动成华高质量发展”党外人士专题协商座谈会，开展“同心大调研”活动，全年形成调研报告51篇，受到各级领导肯定性批示19篇。民革成华区支部的《聚焦细分领域 深化产业协作 加快推动成渝共建世界级电子信息产业集群》获省委常委、市委书记施小琳批示；农工党成华区支部的《推进“微网实格”人口信息底座建设的初步思考》获省委常委、市委书记施小琳批示；致公党成华区支部的《发挥人口规模优势 壮大成渝地区文化旅游消费市场》获致公党中央副主席、致公党四川省委员会主委杨兴平批示；九三学社成华区委员会的《以现代种业为抓手推进我市都市农业“建圈强链”对策研究》获九三学社四川省委员会主委杨丹批示；民盟成华区总支的《打造数据化研学自主探究新模式，建设全国智慧研学中心城市》获民盟成都市委员会主委吴皓批示；民建成华总支的《试析以通用航空产业为切入点助力成渝经济圈产业转型升级》等6篇调研报告获民建成都市委员会主委史红平批示；民进成华区支部的《关于推动熊猫基地争创国家5A级旅游景区的几点建议》获民进成都市委员会主委杨建德批示。

【民主党派教育培训】 区委统战部加强民主党派代表人士培养工作，选送中青年骨干、新成员、党外干部参加市委统战部、党派市委会、区委组织的各类培训52人次，遴选推荐3名优秀党外干部参加市委统战部“党外干部菁英培养工程”，1名优秀副局级干部参加市委统战部“党外干部和人才培训班”，6名优秀党外干部参加成华区优秀年轻干部递进培养。成华区“民主党派之家”全年开展历史传承教育、联合大讲堂、调研沙龙、能力素质提升等活动51场712人次。

【民主党派社会服务】 成华区各民主党派发挥人才、智力、资源、资金优势，开展各具特色社会服务活动。民革成华区支部组织党员在新山社区开展金融知识普法宣传；民盟成华区总支组织盟员赴九寨沟县开展驻村和乡村振兴扶贫工作；民建成华区总支在新冠疫情防控期间组织会员向街道、社区捐助价值10万元爱心蔬菜4210千克；民进成华区支部在青龙街道东林社区开展“迎新春 送温暖 春联进万家”活动；农工党成华区支部到成华区爱慧特殊儿童关爱中心开展春节慰问活动；致公党成华区支部赴雅安市汉源县大树镇松林小学联合开展“庆六一献爱心”公益活动；九三学社成华区委员会持续升级“九三公益讲堂”，受益群众11万人次。各民主党派选派专业技术骨干和志愿者346人，投身新冠疫情防控一线工作，捐赠抗疫物资价值61万元。

（蒋建峰）

中国国民党革命委员会成华区支部

【概况】 2022年，中国国民党革命委员会成都市委员会成华区支部新发展党员5人，有党员87人，其中大学本科及以上学历43人，有市（区）人大代表3人、政协委员15人。民革成华区支部围绕新冠疫情防控、医药监管、法律援助、食品安全、养老服务等工作开展调研活动12次，开展《中华人民共和国民法典》和金融知识普法宣传活动，报送《民革成华区支部有个F4》等抗疫简报8篇，调研报告获省委常委、市委书记施小琳肯定性批示。民革成华区支部被民革成都市委员会表彰为2022年“党务工作先进集体”“优秀基层组织工作先进集体”。

【换届选举】 3月25日，中国国民党革命委员会成都市委员会成华区支部党员大会暨换届选举大会召开，张兴栋代表民革成华区支部第七届委员会作工作报告，通过党员选举投票，贾元波当选为民革成华区支部第八届委员会主任委员，包梅、冯新荣、冯瑜、谢锋为副主任委员，张艺千、陈骁、于安鲁、吴彦谷、熊星、黄华为支部委员。

【思想建设】 民革成华区支部组织党员集中学习中国共产党第二十次全国代表大会、中国共产党四川省第十二次代表大会、民革四川省委会第十三次党代会、中国共产党成都市第十四次代表大会等会议精神，召开学习《中国共产党政治协商工作条例》支部主题会议，开展“统一战线思想提出100周年”主题教育活动，承办成华区“我和我的党派”主题活动。5月15日，召开党员履职能力提升培训会20人参加。6月2日，组织学习中国共产党四川省第十二次代表大会精神暨参观萌想星球107文创园区活动。民革成华区支部被民革成都市委员会表彰为2022年“宣传工作先进集体”。党员冯新荣被成都市委统战部聘为“同心智库专家”。

【参政议政】 民革成华区支部加强参政议政能力建设，全年围绕科技、

10月22日，民革成华区支部在青龙街道新山社区开展金融知识及网络诈骗公益讲座
（民革成华区支部供图）

乡村振兴、心理健康等领域开展调查研究，形成建议提案26件、调研报告12篇、社情民意信息31件。《关于规范学校心理健康工作行政干预的建议》等2件建议被民革中央委员会和民革四川省委员会采用；《探索“一县一品”发展思路　助推我省民族地区乡村全面振兴》被民革四川省委员会、成都市政协采用；《聚焦细分领域、深化产业协作，加快推动成渝共建世界级电子信息产业集群》获成都市委书记、市长、常务副市长肯定性批示；《关于推动成渝地区双城经济圈打造科技创新高地的建议》列为市政协专委会重点督办提案、优秀提案；部分建议意见纳入《成都市“十四五”科技创新规划》《2022年全市科技创新工作要点》等文件。

【社会服务】　1月8日，民革成华区支部组织党员参与民革成都市委员会“同心庆双节·我为帮扶下一单”精准扶贫活动，以购代捐帮扶金额3534元。9月9日，组织党员为“9·5”泸定地震捐款1.12万元。10月22日，组织党员到青龙街道新山社区开展金融知识及网络诈骗公益讲座，接待群众咨询136人次。疫情防控工作中，组织党员为社区居民提供心理疏导等服务，向一线抗疫医务及工作人员捐赠110箱酸辣粉价值7621元，18名党员获得社区颁发的抗疫志愿者荣誉证书。民革成华区支部被民革四川省委员会表彰为2022年“社会服务先进基层组织”。

【祖统工作】　民革成华区支部主委、副主委分别加入民革成都市委员会和平统一促进委员会、民革四川省第十三届委员会祖国和平统一促进委员会，全年参加民革四川省委员会祖国和平统一促进委员会活动5次，依托华灿工场与省内在蓉台胞和台资企业开展交流20人次。民革成华区支部被民革成都市委员会表彰为2022年“祖统工作先进集体”。党员贾元波获评民革中央“全国祖统工作先进个人”。

（贾元波　冯新荣）

中国民主同盟成华区总支委员会

【概况】　2022年，中国民主同盟成都市成华区总支委员会下设法经、教育、文卫、华西、列五、综合6个支部，年内新发展盟员9人，有盟员149人，其中大学本科及以上学历100人，有市（区）人大代表4人、政协委员14人。民盟成华区总支组织盟员奋战新冠疫情防控一线，创作全景式展示城市建设风貌的20米水墨长卷《新成华锦绣图》，完成提案建议、调研报告和社情民情信息49篇。盟员虞佳获得第29届中国戏剧梅花奖，入选2022年全国戏曲表演领军人才培养计划。

【换届选举】　11月20日，中国民主同盟成都市成华区总支部委员大会召开，文兵代表第一届总支作工作报告，民盟成都市委会副秘书长毛明实宣读《民盟成都市委会关于民盟成华区总支换届选举结果的批复》，李宏坤当选为第二届总支主委，蒋瑜、胡晓颖、蒋松谷为副主委，朱亮、刘云奇、陈林、贾晓钦、黄建涛、蒋更兰、谢慧然、虞佳为总支委员。

【思想建设】　民盟成华区总支组织盟员学习和领会中国共产党第二十次全国代表大会、中国共产党四川省第十二次代表大会、中国共产党成都市第十四次代表大会等会议精神，学习领会习近平总书记系列重要讲话精神以及关于做好新时代中国共产党的统一战线工作的重要指示精神，向盟员推介《中国统一战线》《四川统一战线》《群言》《中央盟讯》《四川民盟》《成都盟讯》等刊物，通过QQ群、微信群转发国际国内时事政治、重大事件，强化盟员主题学习。4月29日，召开“矢志不渝跟党走、携手奋进新时代”政治交接主题教育活动动员会，23人参加。

【参政议政】　民盟成华区总支以“建言力行”为目标，围绕教育、电子信息产业等领域开展调查研究，发挥自身优

6月20日，民盟成华区总支派驻九寨沟县勿角镇甲勿村盟员王恒开展走村入户调研工作

（民盟成华区总支供图）

势建言献策，全年撰写社情民意信息4篇，提交建议提案40件，完成《打造数据化研学自主探究新模式，建设全国智慧研学中心城市》《聚智引才，机电融合，推动成华区机电产业高速发展》《成都市功率半导体器件产业发展现状及建议》《关于推动“双减”提质增效，营造良好教育生态的研究》等调研报告5篇。民盟成华区总支被民盟成都市委员会表彰为2022年“参政议政工作先进集体”。

【社会服务】 1月1日，民盟成华区总支组织盟员书画家在社区、小区、广场等开展“春联迎新春”文化活动，现场手绘并赠送书画小品1130件。民盟成华区总支组织盟员加入疫情防控“义工突击队”和志愿者服务，开展物资转运、人员管控、政策宣传、心理疏导、环境消杀、防疫防控知识宣讲、生活物资运送等工作，开展线上一对一心理服务120人次，发放疫情防控心理宣传资料1170份。8月4日，组织盟员企业四川众媒文化传播有限公司、成都儿人广告有限公司为跳蹬河街道建兴路社区捐赠口罩2万个、矿泉水500瓶。民盟成华区总支向九寨沟县勿角镇甲勿村派驻盟员，参加脱贫攻坚与乡村振兴工作，制定甲勿村乡村振兴战略发展计划和规划方案，组织成都大学附属医院、省法院相关专家到甲勿村开展义诊、法律咨询活动，与喻麟合作创作歌曲《九寨深处甲勿海》。

（蒋松谷）

中国民主建国会成华区总支委员会

【概况】 2022年，中国民主建国会成都市成华区总支委员会下设3个支部，年内发展新会员6人，有民建会员134人，大专及以上学历占比96.8%。民建成华区总支发挥紧密联系经济的界别特色和优势，全力参与打赢新冠疫情防控攻坚战，聚焦乡村振兴、对口帮扶、拥军事业、老年文体等开展社会服务，围绕全区中心工作开展主题教育活动，完成提案建议、调研报告和社情民情信息69篇，被全国政协采用2篇、四川省政协采用5篇。民建成华区总支被民建成都市委员会表彰为“2022年度先进集体”。

【思想建设】 民建成华区总支组织会员学习贯彻中国共产党第二十次全国代表大会、中国共产党四川省第十二次代表大会、中国共产党成都市第十四次代表大会等会议精神，传达学习成都市民主党派工作会议精神，围绕成华区《政府工作报告》、民建成都市委会2022年重点中心工作等开展专题学习研讨。选派年轻会员参加民建成都市委员会组织的“政治交接主题教育知识竞赛”，选派优秀会员、骨干参加民建成都市委员会、区委统战部组织的骨干培训班。11月8日，在望平街“笨”酒店开展“矢志不渝跟党走、携手奋进新时代”政治交接主题教育。民建成华区总支被民建四川省委员会表彰为首批“魅力基层组织”。

3月4日，民建成华区总支组织开展庆祝“三八妇女节”暨学习贯彻2022年政府工作报告会活动

（民建成华区总支供图）

【参政议政】 民建成华区总支围绕城市更新、产业提质、文化赋能、社区治理提升、民生改善、小微企业解困、疫情精准防控等选题方向，发挥党派界别特色和智力优势开展调研，全年完成调研报告15篇，社情民意信息26条，提案建议28条。《关于重视国际贸易纠纷刑事化风险的建议》《关于普通国际贸易纠纷恶意刑事化的现状及建议》被四川省政协采用，报送全国政协；《发展壮大四川涉外法律服务业，加快建设国际性重要人才中心和创新高地》《关于建立养老机构从业人员违法犯罪审查机制的建议》《以大力推动通用航空产业发展为切入点助力成渝经济圈产业转型升级》被市政协采用，报送四川省政协；《关于大力推进全区智慧养老服务的思考与建议》《积极探索成都市建筑产业国企混改路径》《坚持以金色中环引领成华转型升级》等6篇获民建成都市委会主委仰协肯定性批示。

【社会服务】 民建成华区总支投身社会公益事业，广泛参与乡村振兴、疫情防控等活动。3月参加由二仙桥街道对口帮扶简阳市杨家镇新庙子村的乡村振兴活动，团购藤椒系列产品价值1.2万元。6月赴甘孜州丹巴县开展对口帮扶活动，与丹巴县妇联签订《丹巴县妇女儿童权益法律援助合作协议》，针对藏区婚姻现状开展“中国婚姻家庭法律保护体系”主题讲座。7月倡导全体会员、积极分子、会员企业在成华新冠疫情防控“保卫战”中主动作为，购买抗疫急需物资前往区国资和金融局、区市场监管局、龙潭街道、青龙街道等点位慰问一线工作人员，开展支援慰问成华区抗击新冠疫情阻击战一线勇士捐赠活动，捐款捐物3.21万元。9月14日，民建成华区总支联合区委统战部、会员企业四川辰兴建设有限公司开展“爱心捐赠双水碾街道人民抗击疫情”活动，捐赠价值10万元“爱心蔬菜包”4210千克。6—12月，到11个街道开展体育舞蹈、柔力球、空竹等科学健身指导培训活动49场，培训社区群众2356人。会员企业“筌”酒店承办首届“919筌人节”暨“公益筌匠”评选活动。会员企业四川远舰建设集团参加“汇爱拥军，益路同行”公益活动，获四川省红十字基金会成都市拥军事业发展基金颁发的“爱心企业”称号。16家会员企业全年纳税3498万元，解决就业1540人。

（季　筠）

中国民主促进会成华区支部

【概况】 2022年，中国民主促进会成都市委员会成华区支部新发展会员8人，有会员75人，其中大学本科及以上学历68人，有市（区）人大代表4人、政协委员17人。民进成华区支部参加“我是蓉宝、大运有我”“强国复兴有我”主题演讲比赛获一等奖，深化“蓉城星力”文创实践基地品牌建设，提交社情民意信息被全国政协采用1篇、省政协采用6篇，工作信息被中央级媒体《团结报》采用9篇、民进中央采用1篇。民进成华区支部被民进四川省委员会表彰为2022年“先进基层组织”，被民进成都市委员会表彰为“基层组织综合奖”。

【思想建设】 民进成华区支部以思想建设为核心，组织会员学习《中国民主促进会会员工作条例》《中国民主促进会参加中国共产党领导的政治协商工作条例》《中国民主促进会会务公开条例》等文件精神，贯彻落实全国“两会”、中国共产党第二十次全国代表大会、中国共产党四川省第十二次代表大会、中国共产党成都市第十四次代表大会等会议精神。3月18日，召开参政议政工作专题学习会，参加会员24人。10月10日，参加成华区“强国复兴有我”主题活动演讲比赛获二等奖。

【参政议政】 民进成华区支部围绕科学发展、家庭教育、“双减”政策等重点工作开展调研，完成提案建议21篇、调研报告15篇、社情民意信息50篇。《“双减”政策背景下有序推进教育类培训机构转型促进健康发展的建议》被全国政协采用，获成都市市长王凤朝肯定性批示；《建议规范管理高校法学教师兼职律师行为保证司法廉洁公正》等6篇被四川省政协采用；《建议加快启动新“三线”建设》《关于完善家庭寄养措施的建议》等5篇被市政协采用；《关于大力发展普惠性家庭教育机构的建议》《关于建立婴幼儿产品认证标志的建议》获民进成都市委员会主委杨建德肯定，报送至全国两会，被中国教育网、《成都日报》、《南方都市报》等媒体报道；《关于围绕二仙桥“梗文化”开发“二次元”经济的报告》作为区级重点课题申报。

【社会服务】 民进成华区支部组织会员参与新冠疫情防控工作，开展防疫消杀、心理疏导等志愿服务，为一线抗疫驻守点位捐赠价值2万元生活物资，依托福宝印社和四川福宝美术馆举办“抗疫”主题文艺作品网络展。1月11日，民进成华区支部到四川交响乐团附属小学和成都市第四十九中学校“送温暖、献爱心”，为贫困学生捐赠物资2万元。2月2日，民进成华区支部到青龙街道东林社区开展“迎新春　送温暖　春联进万家”主题活动，现场为群众书写春联312

12月9日，民进成华区支部在四川福宝美术馆召开“蓉城星力”品牌挂牌筹备会

（民进成华区支部供图）

副、绘画45幅。3月31日，民进成华区支部组织会员到区人民检察院专题调研未成年人保护工作。

【“蓉城星力”文创实践基地建设】民进成华区支部立足弘扬传统文化，结合自身特点，打造“蓉城星力”文化创新实践品牌，将成华区星汉金石艺术博物馆、四川福宝美术馆作为成华民进文化教育实践创新基地；在小学校开设书画课程、拓吧课程等，助力成都市锦官城小学打造“博物馆式的学校”，推动成都市华建学校和成都市第四十九中建立“文化涵养教育中心、艺术陶冶教育中心”；举办崇州博物馆中国传拓专题体验、四川省科技馆中国金石学传拓体验、绵阳博物馆“绵阳平阳府郡阙”保护工程参观学习等文化活动。

（冯　炯）

中国农工民主党成华区支部

【概况】　2022年，中国农工民主党成都市委员会成华区支部发展新党员6人，有党员43人，其中大学本科及以上学历33人。农工党成华区支部组织集中学习中国共产党第二十次全国代表大会精神等专题学习6次，完成提案建议、调研报告和社情民意信息46篇，开展特殊教育捐资助学、防疫物资定向捐赠、泸定地震捐款、贵州大方县消费扶贫等社会服务活动，全年引进企业31家。农工党成华区支部被农工党成都市委员会表彰为2022年“先进基层组织”。

【思想建设】　农工党成华区支部通过集中学习、自学、撰写学习心得等形式，组织党员学习贯彻全国“两会”、中国共产党第二十次全国代表大会、农工党中央第十七次代表大会和四川省委全会、成都市委全会、成华区委全会等重要会议精神，学习领会习近平总书记来川视察重要讲话精神。4月，启动“矢志不渝跟党走、携手奋进新时代”主题教育活动，组织学习习近平新时代中国特色社会主义思想、农工党党史等内容。全年报送信息被农工党四川省委员会网站采用7篇，被市委统战部蓉城同心采用6篇。农工党成华区支部被农工党成都市委员会表彰为2022年“思想理研先进集体”。

【参政议政】　农工党成华区支部围绕教育行业、知识产权等专业领域开展调查研究，全年完成理论研究报告、调研课题13篇，提交提案建议25条、社情民意信息8篇，完成《关于推进区域司法协作服务保障成渝地区双城经济圈建设的建议》《成都机器人产业培育研究》《关于促进托育机构健康发展的建议》《关于促进小学阶段托管班健康发展的建议》4项市级课题。《推进“微网实格”人口信息底座建设的初步思考》《关于加强企业知识产权保护的建议》《关于成华区厚植绿色生态本底的建议》《关于促进托育机构健康发展的建议》4篇调研报告获市、区领导肯定性批示。督促办结《关于加强居民小区常态化疫情防控管理的建议》

10月29日，农工党成华区支部召开学习贯彻中国共产党第二十次全国代表大会精神专题会

（农工党成华区支部供图）

《关于治理改善完美文创公园环境的建议》《关于大件垃圾处理的建议》等社情民意8篇。

【社会服务】 农工党成华区支部围绕捐资助学、扶贫帮困和新冠疫情防控等工作，开展社会服务。1月26日，在成华区爱慧特殊儿童关爱中心开展优秀教师和智障儿童慰问活动。“9·5”雅安泸定地震后，全体党员捐款5500元助力灾区困难群众恢复生产生活。7月29日，农工党成华区支部向龙潭街道丛树家园、水乡嘉苑、平祥雅居、东方丽苑、龙锦雅苑等封控小区点位定向捐赠急救箱5个、抗新冠中药汤剂1万袋、牛奶50件等防疫物资总价值3.3万元，农工党成华区支部被农工党成都市委员会表彰为2022年“抗击新冠肺炎疫情先进集体”。农工党成华区支部发挥党员联系企业广泛的优势，全年引进四川省玖鼎嘉恒实业有限公司、成都骋宇物流有限公司等企业31家，注册资金2.05亿元。

（陈 英 王少坤）

中国致公党成华区支部

【概况】 2022年，中国致公党成都市委员会成华区支部新发展党员1人，有党员46人，其中大学本科及以上学历35人。致公党成华区支部依托“成华致公之家”承办第二期“致蓉沙龙”，开展“致泸合作”特殊教育学校爱心捐赠、乡村振兴定向帮扶等社会服务，提案建议获评致公党四川省委员会2022年度参政议政成果一等奖，调研成果被《中国发展论坛》2022论文集收录。致公党成华区支部被致公党成都市委员会表彰为2022年“思想建设、组织建设、参政议政、社会服务、对外（海外）联络”工作综合型标杆支部。

【思想建设】 致公党成华区支部以政治建设为统领，组织支部党员学习中国共产党第二十次全国代表大会、中国致公党第十六次全国代表大会等重要会议精神92人次。4月27日，致公党成华区支部召开“矢志不渝跟党走、携手奋进新时代”政治交接主题教育动员会，党员22人参加。6月21日，致公党成华区支部在“成华致公之家”举办第二期“致蓉沙龙”，围绕茶文化和古茶器主题进行中华优秀传统文化学习研讨。7月5日，致公党成华区支部在望平街亚朵酒店召开聚焦“创新街区有机更新与城市设计”组织生活会暨友好支部座谈交流会，参加党员52人。全年开展支部活动5次，选派骨干党员参加各种类型的学习班、培训班、专题讲座11人次。

【参政议政】 致公党成华区支部围绕生态文明、文化旅游等主题开展调研，完成建议提案12件、调研报告10篇、社情民意信息42件。《青藏高原水生态和生物多样性保护几点建议》被全国政协采用，《加强五维科技创新力促“双碳”目标实现》被中国发展论坛2022论文集收录；《关于加强生物多样性保护优化生态文明体系建设的建议》获致公党四川省委员会2022年度参政议政成果一等奖，《发挥人口规模优势壮大成渝地区文化旅游消费市场》获四川省副省长、致公党中央副主席、四川省委会主委杨兴平肯定性批示。

【社会服务】 3月17日，致公党成华区支部参与承办“有爱无碍”无障碍沙龙暨励志演讲活动，推广残疾人无障碍知识。“8·25”成都本土疫情发生后，致公党成华区支部组织党员下沉社区支援，协调户外用品公司捐赠自动充气床垫200床等抗疫爱心物资。6月1日，致公党成华区支部与致公党成都市委会社会发展与服务委员会赴雅安市汉源县大树镇松林小学，联合开展“庆六一献爱心”公益活动。6月22日，致公党成华区支部联合致公党成都市委会社会发展与服务委员会共同开展“致泸合作”——爱心服装捐赠活动，向泸州市叙永县特殊教育学校109名学生捐赠服装1564套价值10万元。7月14日，致公党成华区支部调研简阳市三合镇唐坝村乡村振兴工作，围绕产业发展出谋划策。党员熊红霞获评中国致公党2022年“社会服务工作先进个人”。

（李 放）

6月22日，致公党成华区支部到泸州市叙永县开展“致泸合作”爱心捐赠活动

（致公党成华区支部供图）

九三学社成华区委员会

6月14日，九三学社成华区委员会在石油路社区开展公益科普讲座

（九三学社成华区委员会供图）

【概况】 2022年，九三学社成都市成华区委员会下设6个支社，年内发展新社员10人，有社员267人，其中大学本科及以上学历210人，有市（区）人大代表6人、政协委员22人。九三学社成华区委员会围绕学习中国共产党第二十次全国代表大会精神、品茶文化、社史学习、五四青年等主题开展学习培训活动630人次，在九三学社中央委员会官网刊载宣传信息9篇，围绕产业建圈强链、老旧小区改造等重点工作开展调研43次，调研成果获九三学社四川省委员会主委杨丹、成都市委员会主委徐玖平肯定性批示。九三学社成华区委员会被九三学社成都市委员会表彰为2022年“优秀基层组织”。

【思想建设】 九三学社成华区委员会不断强化“爱国、民主、科学”信念，组织全体社员收看中国共产党第二十次全国代表大会开幕大会和中国共产党成都市第十四次代表大会等。3月26日，九三学社成华区委员会召开2022年调研工作启动会，社员32人参加。6月19日，九三学社成华区委员会举行6月组织生活会，通过文化讲座、趣味游戏、知识竞答等环节促交流、提能力。11月13日，九三学社成华区委员会组织青年社员集中学习中国共产党第二十次全国代表大会精神，社员41人参加。全年组织社员参加九三学社四川省委员会和九三学社成都市委员会培训17人次，组织青委会对青年社员和积极分子开展集中调研和培训活动5次。九三学社成华区委员会被九三学社成都市委员会表彰为2022年“宣传信息先进基层组织”。

【参政议政】 九三学社成华区委员会围绕“双碳”目标、公园城市示范区建设、产业建圈强链、老旧小区改造、人才公寓、青年创业、职业教育、家庭教育、智慧养老等主题开展调研43次，完成调研报告18篇，向九三学社成都市委员会报送参政建议5篇，全年提交提案建议29篇、社情民意信息37篇。《以现代种业为抓手，推进我市都市农业“建圈强链”对策研究》获九三学社中央常委、四川省委员会主委杨丹肯定性批示，被四川省政协采用；《推进老旧小区改造+“双碳”创新，打造“绿色低碳老旧小区”示范区》《加强工业机器人产业建设，推动智能制造高质量发展》获成都市政协副主席、九三学社成都市委员会主委徐玖平肯定性批示。副主委冯延伟获四川省政协“有事来协商”工作先进个人。

【社会服务】 九三学社成华区委员会动员社员奋战新冠疫情防控一线，开展秩序维护、信息收集、物资供应、环境消毒等志愿服务工作，组织社员创作抗疫科普漫画，开通疫情防控心理咨询热线，开展网络心理辅导讲座，服务群众3000人次。九三学社成华区委员会全年组织公益科普等各类社会活动7次，看望慰问老社员及社区困难群众63人次。

【成华九三公益讲堂】 九三学社成华区委员会持续做优“成华九三公益讲堂”，组织社员到猛追湾街道石油路社区等地开展实地科普讲座，社员李明开设四川省名师工作室举行线上心理健康教育讲座9次。全年“成华九三公益讲堂”围绕科普抗疫、节气文化、心理健康等主题开展线上讲堂36场，开展“童眼看疫情”线上科普活动参与460人次。2月，“成华九三公益讲堂”被市委统战部评为“蓉城星力”主题工程实践创新项目。

（冯延伟）

群众团体

编辑　李金洁

综　述

【概况】　2022年，成华区群团部门聚焦服务中心、服务职工群众和改革创新，优化完善“党建带群建”机制，探索群团机关联合党委引领群团党建工作新模式，深化“一体化枢纽型融入式”大群团改革，完善三级服务阵地建设，推进基层阵地特色化、高质化、创新化发展。全年新建群团基层组织747个，建立新就业形态群体基层组织473个，新增中长期青年发展规划试点等全国试点3个，评选“成华工匠”、“三八红旗手”、“两红两优”及群团“最美”等区级先进567个。成华区群团系统获评中国青年志愿服务项目铜奖、“全国五一劳动奖状”等国家级荣誉13个，获评猛追湾儿童友好城区建设等省市先进示范项目58个，省市级先进集体及个人54个。

【群团特色阵地建设】　区群团服务中心着力建强群团特色阵地，匹配专项建设经费64万元，在7个群团服务站实施特色阵地建设；加大对街道群团工作指导，完成府青、双水、青龙、跳蹬、龙潭5个街道，华泰、隆兴路、昭青路、锦绣等6个社区服务阵地特色化打造。截至年底，全区建成群团中心、群团分中心、服务站126家和特色示范阵地22个，建成工会户外劳动者服务站、青年之家、妇女微家、科普美空间、残疾人辅具适配服务站、救护站等特色服务阵地116个。四川省红十字应急救护培训基地（成华）挂牌四川省青少年应急救护知识培训基地和全省大学生校外社会实践场地。青龙街道东林社区职工驿站获评2022年四川省“最美工会户外劳动者服务站点”。

【智慧群团系统建设】　区群团服务中心升级建成“智慧群团”信息化系统（2.0版），实现全区126家群团中心、群团分中心、服务站线下群团阵地资源的整合，持续加强微信公众号、微信小程序、抖音账号等新媒体矩阵建设，发布新闻、活动文章1848篇，发布活动课程3630次，预约人数5.4万人次。截至年底，智慧群团应用矩阵关注用户28万人，其中“成华群英荟”微信用户

11月25日，成华区“灯塔下的夜行者——下班后社区综合治理志愿服务行动”获第六届中国青年志愿服务项目大赛铜奖
（团区委供图）

21万、抖音用户6.2万，日活跃度54%；线上商场“群团酷兜商城”完成销售270万元。

【群团活动】 全区群团组织加强干部自身政治建设和群众思想宣传教育，举办群团干部职工培训16场677人次，开展中国共产党第二十次全国代表大会精神“学思践悟”分享沙龙、“巾帼心向党·奋进新征程”等群众宣讲活动187场6821人次。群团组织开展第二届职工运动会、全国科普日、家庭教育网络知识竞赛、“携手人道·益路同行”志愿服务、政务服务技能大赛等活动476场次，塑造东骄科普、博爱送万家、职工互助保障、青年人才驿站、儿童友好城区等“成华群英荟”群团工作品牌。群团组织持续开展帮扶和维权工作，优化“工会四季送”“家家安康”“温暖万家行”等服务项目，落实户外劳动者驿站建设、残疾人辅具适配中心建设等惠民政策，处置职工维权案件780件、妇女儿童信访案143件、残疾人维权案325件，全年投入帮扶资金3200万元、惠及群众2.56万人。各群团部门协助街道开展居民核酸检测等工作，出动干部职工3000人次，服务群众122万人次，志愿服务时长4万小时。

（赵　菲　何　静）

成华区总工会

【概况】 2022年，成华区有基层工会组织4448个，工会会员17.51万人，新就业形态群体基层工会组织473个。区总工会以服务职工群众需求为主线，建成妈咪宝贝屋1个、职工心灵驿站1个，打造工会户外劳动者职工驿站77个；评选成华工匠63人、获评成都工匠19人，创建区级劳模和工匠人才创新工作室3家；开展百万职能技能大赛，建成全市首个互联网营销师之家，完成《天府工匠》大型技能挑战赛成华专场录制。区总工会获评2022年度成都市总工会“女职工、宣传教育、助推产业工人建设改革、新就业形态劳动者建会入会、百万职工劳动和技能大赛”等11项先进单位表彰。

【工会组织建设】 区总工会抓实基层工会组织建设，全年新增135家企业组建工会，新纳入职工会员2452人，全区100人以下、25人以上企业建会率94%。新增已建行业工会联合会及联合工会83家，年内已建行业工会联合会或联合工会数323家，覆盖企业494家。新增“新就业形态劳动者”单独建会行业企业33家，年内“新就业形态劳动者”单独建会企业151家，新就业形态劳动者工会会员37911名。

5月31日，区总工会、团区委、区妇联等联合举办成华区首届政务服务技能大赛

（区总工会供图）

【职工合法权益维护】 区总工会开展集中协商邀约行动，发出集体协商要约书598份，收到回复587份，覆盖新就业形态企业94家，全年签订集体合同企业数448家，签订工资集体协议企业数544家。区总工会推进“一站式”劳动争议调解机制建设，在街道新建“一站式”联处分中心3个、工作站3个，组建专业调解员队伍115人，完善案件联动反应、分类处理、一窗受理、一站服务等制度。成华区劳动纠纷调解工作站（含一站式联处中心、区法院劳动纠纷调解室、各基层调处站点）全年调解案件926件、调解金额1123万元，被成都市矛盾纠纷多元化解领导小组、成都市中级人民法院、成都市人民检察院等6家单位联合评定为“成都市劳动纠纷一站式多元化解标准化联处中心”。区总工会聘请律师团服务劳动争议网络维权20件，开展《中华人民共和国工会法》《中华人民共和国法律援助法》宣传、“12·4”宪法宣传周、“尊法守法·携手筑梦”农民工公益法律服务等法治宣传活动48场次3811人次，发放宣传资料5263份。

【职工创业就业促进】 区总工会为各类用工企业及城乡劳动者、新就业形态劳动者、就业困难人员搭建劳务供需平台，开展线上“春送岗位再起航”招聘会，举办线下春风行动现场招聘会，提供就业岗位3800个，达成就业意向1712人。区总工会落实小微企业工会经费支持政策，全征全返332家392.73万元。区总工会开展“五小主体”群众性经济技术创新活动，组织职工参加全国首届互联网营销师职业技能竞赛暨2022成都互联网营销师直播万人拉力赛3857人。

【厂务公开民主管理】 区总工会持续推进厂务公开民主管理标准化建设，7月组织全区15家企事业单位的工会主席及街道专干33人开展厂务公开标准化培训。8—10月对创建单位厂务公开进行现场指导。10月，联合区人社局、区新经济和科技局、区工商联3家三方成员单位，对创建达标单位开展厂务公开标准化工作检查验收，综合评定全区厂务公开民主管理标准化达标单位15家，其中B级6家，C级9家。截至年底，全区已建工会组织企事业单位厂务公开民主管理制度建制率87.1%。

【成华工匠和人才创新工作室创建】 区总工会按照“成华工匠”培育五年计划，落实推荐申报、资格审核、专家评审、审批公示等推荐评选环节，培育工匠技能人才。4月29日，曹晓军、曹军、曾春雪、吴彤等19人被授予2022年“成都工匠”称号。5月9日，朱建中、张亮懿、赵锐、王原广、黄鑫、陈蓉榕等63人被授予2022年“成华工匠”称号。全年新建王立云、曾红兵、林泽刚3家成华区劳模和工匠人才创新工作室。

【产业工人队伍建设改革】 区总工会牵头成立成华区产业工人队伍建设改革工作领导小组，制定印发《成华区产业工人队伍建设改革实施方案》，明确完善技能人才评价体系、广泛举办技能竞赛、支持产业工人发展等改革措施，遴选成都鸿源蒙牛乳业有限公司、成都东区爱尔眼科医院有限公司、成都市耐斯特精密模具有限公司、成都市青龙环卫有限公司、成都金华峰汽车维护技术有限公司、成都精沛科技有限

表19　2022年成都市成华区厂务公开标准化建设达标单位一览表

序号	企业名称	性质	达标等级
1	成都市第二十八幼儿园	事业单位	B
2	中煤财产保险股份有限公司四川分公司	非公有制	B
3	四川派摩互联科技有限公司	非公有制	B
4	成都市成华区同乐敬老院	非公有制	B
5	成都嘉诚医药有限责任公司	非公有制	B
6	成都市耐斯特精密模具有限公司	非公有制	B
7	四川物通科技有限公司	非公有制	C
8	四川蜀巴电力建设工程有限公司	非公有制	C
9	成都西井科技有限公司	非公有制	C
10	成都晓峰商业置业有限公司一分公司	非公有制	C
11	四川格瑞人康药房连锁有限公司	非公有制	C
12	四川省特美居企业管理有限公司	非公有制	C
13	成都蓝光全维商业管理有限公司	非公有制	C
14	成都理工大学附属小学	事业单位	C
15	成都市龙成小学	事业单位	C

表20　2022年成都市成华区入选“成都工匠”人员一览表

序号	姓名	性别	工作单位
1	曹晓军	男	成都钢五区顾大姐餐饮管理有限公司
2	曹　军	男	成都精沛科技有限公司
3	曾春雪	女	成都莫仿创意美容服务有限公司
4	吴　彤	男	成都莫仿创意美容美发服务有限公司
5	李　倩	女	成都市一叶春文化传播有限公司
6	王立云	男	成都微精电机股份公司
7	王国庆	女	成都微精电机股份公司
8	唐润平	男	川庆钻探工程有限公司钻井液技术服务公司
9	王光祥	男	国网四川电力送变电建设有限公司
10	张瑞海	男	四川成焊宝玛焊接装备工程有限公司
11	杨舜栊	男	四川省通信产业服务有限公司成都市分公司
12	张　勇	男	中国石油集团川庆钻探工程有限公司川西钻探公司
13	潘　勇	男	中国石油集团川庆钻探工程有限公司井下作业公司
14	方福君	男	中国石油集团川庆钻探工程有限公司井下作业公司
15	马　兵	男	中国石油集团川庆钻探工程有限公司试修公司
16	胡　勇	男	中国石油天然气股份有限公司西南油气田分公司
17	陈蓉萍	女	中国石油天然气股份有限公司西南油气田分公司
18	侯宗伦	男	中国石油天然气股份有限公司西南油气田分公司
19	杨永韬	男	中国石油天然气股份有限公司西南油气田分公司

公司、成都通威水产科技有限公司、成都致力微波科技有限公司、成都众牌医药有限责任公司、成都晓峰商业置业有限公司分公司、成都和创服饰有限公司、四川省贝特石油技术有限公司12家企业纳入区级产改名单，推荐成都卡诺普机器人技术股份有限公司纳入市级产改名单。11月10日，中华全国总工会副主席候选人杨宇栋调研下涧槽产业工人社区。《成华区持续推进产业工人队伍建设改革》经验在《成都改革》上刊发，获区委主要领导肯定性批示。

7月8日，成都百万职工技能大赛成华区2022年中医药比赛在成华区中医医院举行

（区总工会供图）

【职工技能大赛】　区总工会坚持“以赛促学、以赛促技、以赛促教”，组织承办成都百万职工技能大赛市级一类赛茶艺师比赛，开展“三级”劳动技能竞赛，组织51名职工参加市级一类赛项目9个，吴俊获砌筑工第一名，李婷获茶艺师第二名，张丹获眼镜验光师第五名，沈传贵获物业电工第六名并被授予“成都市技术能手”称号。区总工会围绕“建功‘十四五’奋进新征程”劳动竞赛组织开展三类赛岗位练兵、技术比武活动，全区428家企（事）业单位1.63万人参与。区总工会围绕生产安全事故预防和职业病危害控制主题开展“安康杯”竞赛活动，全区企（事）业单位846家、班组2498个、职工2.65万人参加。

表21　2022年成都市成华区职工技能比赛情况表

序号	比赛时间	比赛名称	参赛选手	比赛结果
1	5月24日	成华区餐厅服务员技能比赛	餐饮单位30家30名选手参赛	回望炊烟汤攀、成都市盐府人家餐饮管理有限公司胡忠剑、成都正宇四方阁餐饮管理有限公司宋成梅分别获比赛前三名
2	6月24日	成华区红十字应急救护技能大赛	企（事）业单位50家150名选手参赛	成华区青龙社区卫生服务中心、成都职业技术学校、成都东篱医院分别获比赛前三名
3	7月8日	成华区中医药技能比赛	医疗机构11家30名选手参赛	赵波、岳兴雯、王悦分别获比赛前三名
4	8月29日	成华区妇幼健康技能比赛	医疗机构19家30名选手参赛	成华区妇幼保健院蒋雪梅、成都市第二人民医院龙潭院区曹晓燕、成华区妇幼保健院张紫熙分别获比赛前三名
5	10月24日	成华区基层卫生护理技能竞赛	医疗机构10家30名选手参赛	李梅、史萌、李玉梅分别获比赛前三名
6	10月25日	成华区维修电工技能比赛	汽车维修企业18家30名选手参赛	成都嘉言信合科技有限公司李明月、成华区富森美家居谭显文、四川睿晨君科技有限公司刘毅分别获比赛前三名
7	10月26日	成华区汽车喷涂工技能比赛	汽车维修企业13家30名选手参赛	成都市奇和汽车服务有限公司周涛、成都长征长宝汽车销售服务有限公司尹霸、成都金菱凯迪拉克汽车销售服务有限公司陈杰分别获比赛前三名
8	10月27日	成华区汽车维修工技能比赛	汽车维修企业14家30名选手参赛	四川精典汽车服务连锁股份有限公司曹海东、成都仁孚南星汽车服务有限公司何永辉、四川灵通智远汽车销售服务有限公司李隆辉分别获比赛前三名

续表21

序号	比赛时间	比赛名称	参赛选手	比赛结果
9	10月28日	成华区汽车车身整形修复技能比赛	汽车维修企业16家30名选手参赛	成都鑫万兴汽车服务有限公司高宜波、成都宏嘉汽车销售服务有限公司范亮、成都市奇和汽车服务有限公司王明分别获比赛前三名
10	10月29日	成华区茶艺比赛	茶行业20家30名选手参赛	成都一九一八文化艺术中心吕旗飞、成华区千和园茶庭郑欢、成都雨田青教育咨询有限公司雷婧分别获比赛前三名。

【职工文体活动】 区总工会开展“最美职工”评选活动，评选出快递员刘敏、环卫工人邓群英、项目部责任工长王海兵、机器人项目总监李祥等“最美职工”11人。6月21日，成华区第二届职工运动会在成华区德瑞克篮球公园开赛，举办羽毛球、乒乓球、篮球等体育赛事活动314场次，全区机关和企事业单位及街道参加羽毛球比赛25支队伍200人、乒乓球比赛34支队伍280人、篮球比赛32支队伍340人。区总工会组织职工参加成都市总工会“职工杯”系列体育赛事，乒乓球比赛获团体第二，区总工会获评优秀组织单位。区总工会组织职工参加摄影展、书画展、摄影大赛等活动，开设《家庭的觉醒》等线上线下读书会48场，参与637人；举办“职工婚恋·会聚良缘”等相亲联谊活动4场次，单身职工450人参与；开展新市民培训40期，参与学员2000人；开展2022年电影周专场活动，发放观影券2.6万张，全年开展各类主题宣传活动62场。

【职工书屋建设】 区总工会将职工书屋的服务触角延伸至全区各单位、各社区院落，在萩香里社区圆梦坊、跳蹬河街道七八四互联网营销师之家新建教育基地2家，增补成都富森美家居、成都鸿源蒙牛乳业有限公司、青龙街道文化活动中心3家职工书屋，增设电子云屏阅读机、朗读亭等新设备。全年成华区有职工书屋70家，入图书馆管理系统20家。

7月1日，成华区第二届职工运动会乒乓球比赛在成华区德瑞克篮球公园举行

（区总工会供图）

【职工互助保障】 区总工会组织全区基层工会345个、职工6.3万人次参加职工互助保障活动，参保金额579.18万元；办理职工理赔手续1308人次，理赔金额502.53万元；因病致困职工家庭41人获救助金7.17万元。成华区总工会被中国职工保险互助会评为职工互助保障工作基层优秀单位。

【新就业群体“送温暖”行动】 区总工会推进新就业形态群体关心关爱工作，为快递员、环卫职工、一线建筑工人等新就业形态劳动者2649人购买专项职工互助保险12.8万元，发放慰问品价值30万元；开展农民工子女关爱慰问活动，发放慰问品价值4.46万元；为困难职工和环卫工开展免费健康体检，投入48.16万元惠及602人次。为解决广大环卫职工及户外劳动者“喝水难、吃饭难、休息难、入厕难”等问题，区总工会在全区建立“户外劳动者职工驿站”77个，提供饮水充电、外伤急救、雨伞借用、防暑避寒等服务。青龙街道东林社区职工驿站获评2022年四川省“最美工会户外劳动者服务站点”。

【劳动模范管理】 区总工会加强劳动模范推荐评选，区税务局获全国五一劳动奖状，四川欧亚建筑装饰工程有限公司获成都市五一劳动奖状，

8月26日，区总工会组织劳动模范潘勇在川庆钻探工程有限公司开展宣讲炫技活动
（区总工会供图）

何丹、雷恒等5人获成都市五一劳动奖章，刘宇、胡洋等4人获成都市安全生产专项整治三年行动五一劳动奖章，郑科、刘小娜等10人获成都市新冠疫情防控工作专项五一劳动奖章。区总工会全年慰问劳模362人次，发放慰问金32.01万元，发放荣誉津贴504人次7.38万元，组织免费体检40人。截至年底，全区有劳动模范（含享受劳模待遇）120人，其中全国劳动模范2人、省级劳动模范36人、市级劳动模范82人。

【互联网营销师职工之家建设】 区总工会依托成都柒八肆文化传媒有限公司，在CEC784·万谷智慧产业园建设互联网营销师职工之家，配备运动健身中心、休闲娱乐空间、直播培训区等功能区，打造党建文化墙和数字有声听书墙，开展短视频拍摄指导、直播电商培训、IP孵化等服务，培育扶持互联网营销师新业态群体，打造新经济创就业发展的专业服务平台，疫情防控期间直播销售额450万元。

（喻海龙　黄　茜）

共青团成华区委员会

【概况】 2022年，成华区有基层共青团组织1628个，其中团（工）委37个、团总支114个、团支部1366个，其他111个，少先大队48个，有共青团员10970人。共青团成华区委员会发挥组织青年、引导青年、服务青年、维护青少年权益职能作用，围绕“文明城市创建”“爱成都·迎大运”等主题开展志愿服务项目2114个，开展庆祝中国共产主义青年团成立100周年系列活动，探索打造全国首个环成渝青年协同创新中心，成立首届成华区“红领巾小记者团”，打造全国首个“团团YOUNG宣员”品牌，发布学雷锋青年志愿者主题宣传片《有个人》。成华区县域共青团基层组织改革、中长期青年发展规划两项试点工作获全国评估优秀。“灯塔”青年志愿服务项目获全国铜奖、四川省赛金奖，区青志协获评“四川省志愿服务优秀组织”。团区委获四川省五四红旗团委表彰。

【共青团组织建设】 团区委持续开展团组织规范化建设，完善团建经费保障、团干年度述职、团员推优入党等机制，发挥团办青年政治把关和组织吸纳“两项”作用，新经济组织和新社会组织新增“两新”团组织618个。团区委开展共青团系统“四比四抓四促进”专项行动，落实政治理论学习、组织生活、团员先进性评价、团员发展、对标定级、学社衔接六方面规范举措，提升团员团干队伍综合素质。成华区在2022年成都市共青团基层组织建设和服务能力评估中获全市第一。

【全国县域共青团基层组织改革试点】 成华区推进县域共青团基层组织改革试点，聚焦运行扁平化、干部来源多元化、组织方式多样化、生存社会化、工作项目化、引领动员网络化“六化”标准，推动落实县域共青团基层组织改革试点工作的台账表4大领域、10个方面、39项内容，做优做亮“统选兼用”“小区团建”“市场运行”等工作品牌，探索形成“团干增量”“组织扩面”“服务提质”等经验做法21项，形成《万科魅力城小区团建“七步工作法”》等课题报告20篇。试点经验《成都市成华区：为基层团干部配备成长导师》被《中国青年报》报道，录制主题团课视频在共青团新闻联播公众号播出。8月，成华区获全国县域共青团基层组织改革试点工作评估优秀。

【中长期青年发展规划试点】 成华区对标中共中央、国务院《中长期青年发展规划（2016—2025年）》，完善“一把手”试点工作领导小组，健全青年工作联席会议机制，实施青春领航、青春圆梦、青春礼赞“三大行动”，擦亮育心育人、安心安居、交心交友等九大品牌，开展“青年大学习”主题团课、“沙河风”“红领巾”等宣讲教育活动，搭建青年人才驿站、青年双创载体等实践创新多元平台，打造相亲交友打卡地、社区生活空间等美好生活场景，试点经验做法入选团中央《部分县级试点地区经验交流材料汇编》并被《中国青年报》《中国共青团》报道。2月14日，中共成华区委书记赵春淦作为区县代表在中长期青年发展规划部际联席会议第四次全体会议上交流发言。6月，成华区作为全市唯一区（市）县获评全国中长期青年发展规划实施县级试点工作考核优秀，获《中长期青年发展规划实施工作部际联席会议简报（2022年第4期）》通报表扬。中共成华区委收到团中央维护青少年权益部专函《感谢信》，《成华区“领航、圆梦、礼赞”青年工作在团中央作经验交流》被四川省委办公厅《每日要情》第40期刊登，《成华区搭建圆梦舞台　奋力建设青年发展型城市标杆》被成都市委办公厅《每日要情》第31期刊登，成华区打造四高标准、五化联动、六大特色“四五六”试点模式在全市推广学习。

7月10日，首届成华区青年志愿服务项目大赛颁奖仪式在二仙桥街道下涧槽社区邻里月台举行
（团区委供图）

【青年志愿服务】　团区委实施“成华群英荟”青年志愿服务，组建青年突击队43支，招募青年志愿者11930人，围绕“文明城市创建”“爱成都·迎大运”等主题开展文明劝导、关爱留守儿童、节能宣传等志愿服务活动，全年注册志愿者3万人，总服务时长4万小时。5月28日，在二仙桥街道下涧槽社区举办首届成华区青年志愿服务项目大赛，表彰“小小熊猫志愿者——熊猫少年”社会创新种子培育计划、普格县“在一起”留守儿童关爱项目等优秀项目。成华青年志愿服务项目“灯塔下的夜行者——下班后社区综合治理志愿服务行动”获第六届中国青年志愿服务项目大赛全国铜奖、四川省赛金奖，熊猫志愿者——少儿联动“双青年”参与熊猫村生态保护和乡村振兴项目获四川省赛银奖。万洁被共青团四川省委授予第25届“四川青年五四奖章”，成都理工大学脱贫攻坚评估团队被授予第25届集体“四川青年五四奖章”。

【青年（大学生）创业就业促进】　团区委探索打造全国首个环成渝青年协同创新中心，签约成渝青创企业项目6家，签约基金投行15家、专业导师28人，发布项目机会清单3640万元，有成渝共

表22　　2022年成都市成华区青年志愿服务情况表

序号	时间	活动名称	活动内容
1	3月12日	“绿色低碳·志愿有我”主题志愿服务	组织志愿者在多宝寺公园开展环保节能宣传志愿服务
2	3月26日	“青春志愿·爱在社区”大运会城市志愿服务“V”笑行动	组织志愿者在成都东站汽车客运站为旅客提供协助取票、道路指引、爱心咨询、乘车登记等服务
3	3月26日	新冠疫情防控青年志愿服务应急演练	在保和街道和美社区组织青年志愿者45人参与疫情防控应急演练
4	6月19日	“低碳让生活更美好”2022年节能宣传周	在成都市第四再生水厂开展低碳环保主题志愿服务示范活动
5	7月、8月	“向城市坚守者致敬——夏日送清凉”活动	发动青年志愿者为交警、环卫工人、快递和外卖工作人员等送上防暑物品
6	10月16日	“护活力成都，共创文明典范”发布会	联合成都市精神文明建设办公室等单位举办共创文明典范主题活动，捐赠活力成都纪念礼盒3300份
7	11月9日	“创典范·同微笑，最美笑蓉幸福城”活动	在猛追湾街道成都锦官儿童口腔医院举行主题活动启动仪式，开展青少年绘画征集、展出等活动

5月26日，团区委和团重庆市沙坪坝区团委通过线上云视频方式举行“环成渝青年协同创新中心”揭牌仪式（团区委供图）

享场地4个、高校资源5个，建设资源共用、创新共驱、项目共建、就业共担、服务共享的青年创新创业服务平台。团区委新建“青春之歌”直播间新媒体孵化载体，推出直播电商特训营等共享培训公益活动2期，提升青年新媒体创业就业技能。团区委组织开展2022年大学生“逐梦计划”暑期社会实践活动，募集社会实践岗位432个，促进30个单位145名大学生上岗锻炼；携手四川大学马克思主义学院共建专业实习基地，完成返乡青年大学生就业创业服务站建设，全年为青年大学生提供区域内实习见习就业岗位510个。团区委升级青年人才驿站，服务“蓉漂”青年820人次，床位使用总数3802次，成华区青年人才驿站获评“2022年成都市五星级青年人才驿站”。

【青年（大学生）创业园建设】 团区委加强成华区青年（大学生）创业园“一站式”服务平台建设，为入驻企业提供需求发布、政策匹配、项目孵化、投融资等21项服务功能，开展就业技能培训、创业主题沙龙等创新创业活动23场；协助11家企业通过“青创计划”“蜀青创业贷”等申请贷款76万元，培育孵化数字经济、智能经济、绿色经济、创意经济等创新创业项目42个，带动创业就业120人次。入驻企业成都久合通联科技有限责任公司入选成都市新经济梯度培育入库企业。成华区青年（大学生）创业园被四川省人力资源和社会保障厅等五部门评为“四川省省级创业孵化基地”。

【关心下一代工作】 区关工委抓好宣传教育和宣讲活动，3月27日，在四川丝绸博物馆、蚕宝自然王国等地开展“爱成都·迎大运”红领巾欢乐行主题活动；5月21日，开展“红领巾小健将”欢乐行主题研学活动；6月1日，开展“喜迎二十大——共建公园城市·‘碳’秘花样生活”六一主题研学活动；11月9日，举行成都锦官儿童口腔医院关工委成立暨挂牌仪式，拓展民营企业关工委新兴领域阵地。区关工委联合团区委、区委老干部局到成华区特殊教育学校等集中开展“关爱情·暖冬行”慰问活动，慰问全区11个街道学生55人、优秀“五老”志愿者代表68人。成华区13个“五老”党史宣讲团全年开展宣讲114场次，参与“五老”997人次，受教育青少年11.3万人次。区关工委全年编发简报30期信息200篇，被《中国火炬》、《关爱明天》、《蓉城关爱》、《新成华》报及成华电视台以及省市关工委微信、微博网站采用112篇。区关工委获评2022年成都市“老少颂党恩·喜迎二十大——雪山下的公园城市”“爱成都·迎大运”作品征集活动“先进集体”，获《中国火炬》宣传工作先进表彰。

【少年先锋队活动】 团区委新建猛追湾、万年场、青龙街道3个街道少工委，新建胜利、建设中路、石油、踏水、长天路、槐树店、昭觉社区7个社区少工委，全年组织各少先队开展“红领巾爱学习”“喜迎二十大，争做好队员”“喜迎二十大，好书伴成长”“喜迎二十大，奋进新时代——我眼中的幸福城”等主题活动。6月，团区委组建成华区“红领巾巡讲团”，在成都双语实验学校、成都市培华小学校开展“红领巾爱家乡·争做新时代好队员”主题巡讲2场，覆盖少先队员1500人。7月10日，成华区首届“红领巾小记者团”成立，吸纳65名少先队员为首批预备成员，授牌成华区融媒体中心“成华区红领巾小记者团实训基地”，联合成都爱有戏社区发展中心创新绘画戏剧、岗位模拟等方式，开展“成华区红领巾小记者培训”等主题社会实践活动2场。9月，团区委新建“成都市红领巾自然学院”，以成华区青少年宫为基地，以成都自然博物馆、大熊猫繁育研究基地、拾野自然博物馆等为阵地，组织自然科普专家指导少年儿童开展科普教育、科学实验、教育实践等探馆活动，完成“红领巾自然学院”宣传片拍摄。团区委组织开展少先队活动课说课大赛，评选出特等奖10名、一等奖20名、二等奖33名；开展“红领巾奖章”评选，评选出“红领巾奖章”个人二星章5967名、

4月29日，成华区“迎百年·庆建团”团史知识展览暨时代青年对话展播活动在学习强国主题街区举行（团区委供图）

集体二星章141个、“红领巾奖章”个人三星章873名、集体三星章20个；开展评优评先活动，评选出区优秀少先队员143名、区级优秀少先队辅导员42人、优秀少先队集体10个。成都市双林小学、成都市树德小学等4个少先大队获评四川省优秀少先队集体。二仙桥街道下涧槽社区少工委获评“2022年度四川省少先队社会化工作先进集体”。严子涵等4人获评四川省优秀少先队员，冯邻萌等3人获评四川省优秀少先队辅导员。截至年底，成华区有少先队员6.7万人，校内辅导员1716人。

【青少年事务社工队建设】　团区委优化11个街道专职青少年事务社工队伍，建立“团干部+社工+青年志愿者”工作队伍，明确社工作为街道青年工作共建委员会秘书长，负责参与街道青年工作共建委员会日常运维，参与“青年之家”社区店管理，通过线上发布、招募等方式，吸纳社区青年就近就便参与青年志愿服务，提供城市融入、职业提升、创业培训等服务，全年吸纳青年志愿者2.6万名，成立志愿服务队18支，发布志愿服务项目342个，开展服务1132场。

【“青年文明号”创建】　团区委推进“青年文明号”创建活动，加强综合考评，严格申报把关和对外公示，国家税务总局成都市成华区税务局办公室（党委办公室）等10个青年集体被命名为“2022年度成华区青年文明号”。成华区行政审批局、成都市公安局成华区分局出入境管理大队被命名为“2021—2022年度四川省青年文明号”。

【“迎百年·庆建团”活动】　团区委聚焦庆祝中国共产主义青年团成立100周年，开展青年座谈、特别主题团日、志愿服务行动、“青年大学习”等多形式活动。4月，在全区范围开展“寻找时代青年”活动，评选出吴文清、唐中安、雷婧、杨婉琳等1922—2022年100年间成华“时代青年代表”10人，推出时代青年对话纪录短片《喜迎二十大·永远跟党走·奋进新征程时代青年对话》播放量1.2万人次。4月29日至5月5日，团区委在学习强国主题街区举行“团史知识展览暨时代青年对话展播”活动，设置“光荣的中国共青团”“共青团光辉历程”“青年在成华”“时代青年对话展播”等5个展览区，设置“拍照打卡”“青年大学习”2个互动区，吸引青年参与312人次。团区委联合中国邮政集团有限公司成华区分公司设计推出“庆祝中国共产主义青年团成立100周年”纪念邮册文创产品，征集主题诗歌创作100篇制作《成华区“喜迎二十大、永远跟党走、奋进新征程”主题教育实践活动诗文集》。通过丰富活动引导广大青年奉献青春、建功时代。

【“团团YOUNG宣员”品牌打造】　5月15日，团区委举办“校媒记者走进青春成华”活动，联合中青校媒（四川）从高校校园媒体中选拔大学生记者13名，担任共青团成华区委及11个街道团工委兼职宣传委员，创新打造全国首个“团团YOUNG宣员”品牌。“团团YOUNG宣员”采取“线上办公+线下实践”方式，配套导师带队、平台支持、业绩打卡、定期考核、表扬奖励等管理机制，定期开展青年成华感知、青春成华巡礼、中青校媒（四川）采风、高校传媒论坛等活动，牵头策划青年发声、青年大讨论、小区团建大献策、基层团干大走访等宣传，捕捉采写全区团建工作、青年成长、青创项目、文创场景、县域共青团基层组织改革等动态亮点，全年依托新媒体矩阵记录宣传信息3850篇。

（韩彦龙）

成华区妇女联合会

【概况】　2022年，成华区有街道妇女联合会11个、社区妇女联合会83个、区级部门妇委会18个。成华区妇女联合会推进妇女儿童权益保障工作，牵头推进妇儿发展纲要实施和儿童友好城区建设，实施女性创新创业、家庭教育、家庭文化建设、“巾帼建功”“巾帼心向党”等行动，开展“居家照护员”培训2期101人，实施巾帼直播达人培育项目，联合爱有戏社区文化发展中心开展儿童性教育活动，报送信息被《中国妇女报》采用4条，接待全国、省、市领导调研儿童友好城区建设等工作10次。区妇联获评成都市妇联综合工作先进单位、儿童友好社区建设先进单位、“创新创业巾帼行动”先进单位等表彰9项。

双桥子街道双林社区的儿童彩虹跑道　（区融媒体中心供图）

【妇联组织建设】　区妇联指导全区11个街道完成换届选举工作，全区产生街道妇女代表912名，选举产生街道妇联主席11名、专职副主席13名、兼职副主席14名、挂职副主席12名、执委277名，39名专职、兼职、挂职副主席来自不同的行业和领域，有企业家、教师骨干、医生、女性社会组织负责人等。街道妇联班子成员大专学历101人，占36.20%；本科以上147人，占52.69%；35岁以下75人，占26.88%，文化及年龄结构比上一届优化提高。区妇联持续实施“女性素质提升工程”，举办妇联干部能力提升班之演讲力培训、信访工作培训、基层组织建设等专题培训3次220人次。全年新建市级“妇女之家”示范点龙潭街道院山社区妇女之家，双桥子街道双桥路北社区妇女之家、二仙桥街道长林盘社区妇女之家、府青路街道文德社区妇女之家等区级“妇女之家”示范点10个，保和街道和顺社区和悦庭院妇女微家、青龙街道东林社区东林景忆妇女微家、猛追湾街道望平社区几何书店妇女微家等“妇女微家”12个，成都康尔健康科技有限公司、成都龙之梦酒店等两新组织、商务楼宇、产业园区、行业协会妇委会7个。

【儿童友好城区建设】　区妇联牵头成立成华区儿童友好城市建设领导小组，制定《成华区建设儿童友好城市实施方案》，初步形成《成华区儿童友好城市建设策略与路径研究报告》，梳理形成儿童友好资源地图；授牌第一批儿童友好社区25个，启动第二批儿童友好社区试点20个，谋划推出“双林社区儿童彩虹跑道”“升仙湖社区引导儿童参与公园城市建设社会实践自然课程体系”“培华路社区‘小书虫’儿童阅读文化品牌”“一里塘社区熊猫咖啡画室儿童美育空间”等特色活动阵地和服务品牌；邀请关注儿童友好事业的专家、学者、媒体、社区工作者10人为宣传大使，联动望平社区笨酒店等10个商家参与儿童友好街区建设，联合中国银行、新华文轩等企业建立

表23　2022年成都市成华区妇女之家和妇女微家一览表

类别	妇女之家示范点
市级妇女之家示范点	龙潭街道院山社区妇女之家
区级妇女之家示范点	双桥子街道双桥路北社区妇女之家、猛追湾街道望平社区妇女之家、府青路街道文德社区妇女之家、二仙桥街道长林盘社区妇女之家、万年场街道长天路社区妇女之家、跳蹬河街道跳蹬河社区妇女之家、保和街道和顺社区妇女之家、双水碾街道双水碾村妇女之家、龙潭街道向龙社区妇女之家、白莲池街道狮子社区妇女之家
区级妇女微家	双桥子街道水碾河路北社区蜀都惠园妇女微家、猛追湾街道望平社区几何书店妇女微家、府青路街道四川招港建设有限公司妇女微家、二仙桥街道正成东区1号小区妇女微家、万年场街道红桥社区奥园广场一期妇女微家、跳蹬河街道蓝润V客东区小区妇女微家、保和街道和顺社区和悦庭院B区妇女微家、双水碾街道丽水澜庭小区妇女微家、青龙街道东林社区东林景忆妇女微家、青龙街道仁义路社区妇女微家、龙潭街道向龙小区妇女微家、白莲池街道狮子社区菁华翠庭C区妇女微家

流动儿童之家驻点；启动“性别平等进课堂”等儿童友好项目，开展“童心共创　共议社区”“童年看中环”“红领巾儿童友好提案征集”“萌娃实现冰墩墩自由”“童眼看乡村·劳动助成长”等主题活动，发布《我眼中的儿童友好城市》宣传片。全年成立儿童议事会38个，开展儿童0~3岁活动、儿童义集、家庭教育、蓉城幸福家等儿童友好主题活动4230场，服务8.3万人次。成华区有儿童之家83个，其中国家级儿童之家示范点1个、省级儿童之家示范点7个、市级儿童之家示范点3个。保和街道和美社区、跳蹬河街道锦绣社区创建为中国儿童友好社区，高铁城市公园、成华区图书馆被确定为成都市儿童友好单位试点，白莲池街道一里塘社区被评为成都市优秀儿童友好社区。《成华区儿童友好城市建设案例汇编》作为成都市儿童友好城市建设材料报送国家发改委。

10月29日，培华路社区儿童之家开展家庭教育宣讲活动　（区妇联供图）

【妇女儿童发展纲要实施】　成华区人民政府妇女儿童工作委员会发挥组织协调作用，推动重点指标任务单位深化妇女儿童发展纲要实施，督促统计部门加强指标动态监测评估。9月29日，成华区召开妇女儿童发展纲要编制工作推进会，新“两纲”编制专家组、区妇儿工委各成员单位61人次参加会议。猛追湾街道获评四川省实施妇女儿童发展纲要优秀集体，区教育局、区卫健局获评成都市实施妇女儿童发展纲要突出集体，毛海燕、陈凌影、王清、王仙文源获评成都市实施妇女儿童发展纲要突出个人。

【家庭教育行动】　3月24日，区妇儿工委办公室和区法院、相关教服机构及调解组织共同召开落实《中华人民共和国家庭教育促进法》座谈会，推动成立成华区“促进家庭教育”联动平台，制作发布宣传片《家庭教育指导令》。5月12日，区妇联启动成华区首个家庭教育宣传周活动，围绕“送法进万家　家教伴成长”主题，依托区儿童之家、妇女之家、家庭教育示范基地，开展《中华人民共和国家庭教育促进法》宣讲及“成华教育4C家长慧”等家庭教育讲座、亲子活动。6月16日，区妇联联合区检察院、区关工委挂牌成立“亮晶晶+绒花”家庭教育联合工作室，建立涉未成年人案件家庭教育指导工作体

表24　2022年成都市成华区儿童之家示范点一览表

类别	儿童之家示范点
全国儿童之家示范点	和顺社区
省级儿童之家示范点	和美社区、华泰社区、将军碑社区、下涧槽社区、望平社区、隆兴路社区、锦绣社区
市级儿童之家示范点	迎晖社区、培华社区、八里庄社区

表25　2022年成都市成华区儿童友好社区一览表

类别	社区名称
市级儿童友好社区	一里塘社区、隆兴路社区、同乐社区、院山社区、培华路社区、望平社区、迎晖社区、和顺社区、和美社区、长天路社区、槐树店社区、将军碑社区、锦绣社区、致强社区、荆竹社区、升仙湖社区、东林社区、下涧槽社区、八里庄社区、桃源社区、双林社区
区级儿童友好社区	双桥路北社区、建华社区、石油社区、文德社区、桃源社区、怡福社区、东路社区、仙韵社区、长林盘社区、联合社区、横桥社区、跳蹬河社区、和欣社区、胜利社区、昭觉社区、昭青路社区、华泰社区、华冠社区、向龙社区、狮子社区

系。区妇联开展“把爱带回家　送法到家　让孩子健康成长”2022寒假儿童关爱服务活动35场次530人次，联合毛边书局·桃蹊书院开展成华区“弘扬好家风·传递正能量”家风家训分享会，完成“海棠花开”成华区家庭教育赋能计划项目线下讲座18场、线上微课22次，线下服务650人次、线上服务4130人次。区妇联持续开展成华区“最美家庭”评选活动，评选出华阳等2022年“最美家庭”10户及王晶晶等提名10户，曾和蓉家庭获评全国“最美家庭”，李在荣家庭获评四川省“最美家庭”。

【成华女性创新创业行动】　6月15—17日、7月4—6日区妇联开展“居家照护培训班”2期，联合成华区阿孖幺家庭服务中心招募宝妈、月嫂等待业女性学员101人，在成华区中医医院讲授《老年人照护基础知识》等专业知识，实操训练口腔清洁、修剪指(趾)甲、海姆立克急救法、心肺复苏等技能，分别评选出一等奖1名、二等奖2名、三等奖3名、最佳贡献奖4名，为获奖者提供成华区第六人民医院康穗养老中心实习岗位。12月12日，区妇联承办的“双创发展她机遇　双城建设她力量”——2022成渝地区双城经济圈女性交流合作活动在万谷智慧产业园会议中心举行，现场解读成渝地区营商环境税收政策、成渝两地女大学生创业调研报告，采用“线上直播+线下集市”形式展出女性创业产品，成渝地区妇联、企业家代表、女创联盟、女知联等成员代表87人参加。区妇联加强区女企业家协会建设，3月与锦江区女企业家联盟结成友好协会，共谋合作发展；11月组织协会女企业家25人赴厦门开展企业创新考察学习暨推介成华主题活动。区妇联授予王凤英等60人2021—2022年度成华区三八红旗手荣誉称号，授予成华区人民法院立案二庭等20个单位2021—2022年度成华区三八红旗集体荣誉称号。

【巾帼建功行动】　区妇联组织全区巾帼志愿者围绕“文明城市创建”“爱成都·迎大运”、抗疫志愿服务等主题，开展“巾帼文明迎大运”“垃圾分类·巾帼同行”“普法宣传·巾帼先行”等志愿活动。区妇联年初在青龙街道试点成立成华区首支市容秩序“巾帼护卫队”，吸纳2年以上城市管理工作经验女性7人，以人情味“柔性执法”方式，巡查整治流动摊贩沿街乱摆摊设点、临街店铺占道堆物、跨门经营等不文明行为，日均处置市容问题45个。区妇联组织全区基层妇联干部、巾帼志愿者参与新冠疫情防控攻坚战6230人次，开播“孕妈云课堂”“分娩前的准备”等公益直播课程，为高风险居民提供心理疏导服务17.56万人次，开展儿童之家主题阅读、中秋节灯笼制作等线上互动活动1.31万人次，制作《你家收到的蔬菜包能玩出哪些新花样》等微信推文，阅读量10万人次。成华巾帼志愿者全年开展“巾帼心向党·奋进新征程”“理响成都”蓉城巾帼宣讲会等宣传教育活动6场次，开展帮扶丹巴妇女“暖冬行”、慰问困难妇女、燃气风险隐患排查、疫情防控、文明劝导、关爱女性健康等志愿服务5.2万人次。区纪委监委等30个单位获评“成华区巾帼建功先进集体”，潘文蓉等90人被授予“成华区巾帼建功标兵”称号，区网络信息中心等30个单位命名为“成华区巾帼文明岗”。区税务局樊建如获评四川省巾帼建功标兵。

【妇女节纪念活动】　区妇联聚焦妇女维权开展纪念“三八”妇女节法治宣传教育活动，3月7日联合区委政法委、区公安分局在万象城广场开展“关爱妇女　让爱回家”普法宣传，3月8日在四川和平卫士集团有限公司开展“普法宣传走进企业”活动，在成华区婚姻登记处办证大厅设置“反对家庭暴力”“维护妇女权益”“性别平等”等漫画展架，向新婚夫妻发放《中华人民共和国家庭教育促进法》等宣传资料5350份。区妇联指导全区开展丰富妇女节纪念活动，区财政局、区人社局、区综合执法局、区公安分局等部门开展知识竞赛、创业指导、女职工慰问、主题阅读等活动，兴华生态公司等国企开展“筑梦新时代·巾帼绽芳华”主题拓展等活动，11个街道开展环境整治、趣味运动会、义诊宣传、化妆课堂、面纱手绢制作、手工皮具DIY等活动，多彩活动让辖区妇女群众感受到“娘家人”的温暖关怀。

【“X和Y”儿童性教育活动】　区妇联聚焦提升儿童自我保护能力、培养性安全防范意识，联合成都爱有戏社区文化发展中心在社区儿童之家开展“X和Y”儿童性教育活动2期。1月9日，爱有戏团队在胜利社区儿童之家开展“X和Y的奇妙探险”性教育户外活动，组织54名儿童进行性教育问题答题冒险通关，邀请社区儿童、居民及游客参与性别刻板印象街头随机实验，组织性教育演示教学、绘画手工、儿童议事会等活动。11月19日，爱有戏团队在望平生活家开展自我保护与安全“X和Y的奇妙探险”儿童性教育活动，设置“今日焦点”“警官课堂”“慧眼巧识”三个关卡，向儿童展示身体“禁区”，介绍“性暴力”“欺凌”“性骚扰”等知识概念，分享儿童性保护案例，帮助儿童树立全面的性教育理念和性别平等意识。

【巾帼直播达人培育计划】　3月8—11日，区妇联招募学员26人在萌想星

3月9日，区妇联在萌想星球107文创园组织开展“巾帼直播达人”培训活动　　（区妇联供图）

球107文创园实施“巾帼直播达人培育计划”，采用“技能培训+实地学习+实战”的方式，培训直播运营思维搭建、抖音账号打造、直播带货实操课、店铺运营技巧等实用技能，针对直播行业被骗风险进行反电诈普法宣传，以直播带货PK赛作为结业考试，评出最佳风采奖5人。全年蓉城巾帼学院·文创分院（成华）在万谷智慧产业园、柒八肆文化公司妇女之家等开展电商直播主题的分享培训活动62人次，助力辖区妇女居家灵活就业创业。

（曾　英　任雪莲）

成华区科学技术协会

【概况】　2022年，成华区有园区科协1个、企事业科协14个、街道科协11个、老科协1个、院士（专家）创新工作站8个、科协工作站1个。成华区科学技术协会聚焦成渝地区双城经济圈建设等重点工作推进科技普及，推进全国科普示范区创建，新打造湿地自然教育中心等科普阵地3个，培育注册科技志愿者1636人，围绕“迎大运”等主题开展“科技之春科普月”“全国科技工作者日”“全国科普日”等科普活动1550场次。区科协推进“科创中国”创新基地建设，与电子科技大学沙河科技园签订海智工作站服务协议，推进“天府科技云服务”建设，遴选32个项目参与第二届科创会参展项目评选。成华代表队获得2022年成都市全民科学素质大赛一等奖。成华区委获评中国科协“2022年全国科普日活动优秀组织单位”。区科协获得省科协“2022年度精准服务全民科学素质提升工作成效突出单位”等荣誉10项。

【全国科普示范区创建】　成华区建立政府引导、社会参与、共同受益的科普工作模式，发挥电子科技大学和成都理工大学等高校科技供给能力，聚焦人工智能、电子信息、装备制造等领域，完成集中式云上服务；联合四川科技馆、电子科大科技博物馆、成都理工大学博物馆等场馆开展研学旅行，引入科学家演讲团进校园，研发设置科普宣教课程，建设社区科普大学青少年科学院；打造“339综合体熊猫主题互动科普地标”，建设

表26　2022年成都市成华区院士（专家）创新工作站情况表

序号	名称	公司简介
1	成都中电锦江信息产业有限公司工作站	西部地区专业从事军民用地面雷达等电子系统工程产品研发、生产、经营的电子信息行业高科技企业
2	成都建筑材料工业设计研究院有限公司工作站	集科研开发、工程设计、工程总承包、装备制造、技术咨询、工程监理、技术服务于一体的中国建材工业大型设计研究院
3	四川柯世达汽车制动系统集团有限公司工作站	集制动、自卸举升、悬挂系统、操纵转向系统等汽车关键零部件的研发、设计、生产、销售为一体的生产企业
4	成都中车电机有限公司工作站	从事轨道交通、能源开采、通用机械、风力发电等领域电机研制和造修的电机专业研制单位
5	中国医药集团总公司四川抗菌素工业研究所工作站	产学研特色明显的国家药物研发机构和药学人才培养基地
6	成都大熊猫繁育研究基地工作站	大熊猫迁地保护基地、科研繁育基地、公众教育基地和教育旅游基地
7	成都北方石油勘探开发技术有限公司工作站	中国兵器工业集团有限公司重点民品开发中心、石油勘探开发技术研究中心
8	四川神光光学集团有限公司工作站	专注合成石英玻璃研发和生产的科研型企业

9月27日，全国科普示范县（市、区）创建工作四川省检查验收组在成华区拾野自然博物馆检查验收科普阵地建设工作（区科协供图）

中国科协“全国科普教育基地”，成都理工大学资源与环境创新基地获评首批“科创中国”创新基地。截至年底，成华区有成都大熊猫繁育研究基地等5个国家级科普基地、成都市成华区青少年综合实践教育活动中心等2个省级科普基地、成华区东郊记忆等4个市级科普基地、成华区红十字应急救护培训基地等2个区级科普基地。成华区有科普基地13个，社区科普大学83个、科普活动室58个、科普阅览室53个、科普画廊21个，科普社区宣传专栏91个、科普e站阅览大屏25个、科学美空间2个。

北湖生态公园鸟类科普绿道、跳蹬河社区航空航天科普空间2个示范科学美空间点位，加快构建“15分钟科普圈”。全年有科普志愿者队伍128支，分类提供卫生健康、节能环保、安全避险等5大类全民科普课程和沉浸式青少年科普课程550场，开展“‘科技之春’科普月”“全国科技工作者日”等科普活动，覆盖群众62.3万人次，报送“339科普地标”等优秀典型案例3个。9月27日，成华区通过全国科普示范县（市、区）省级验收。11月30日，中国科协对成华区创建全国科普示范县（市、区）进行验收。2023年1月19日，成华区被中国科协命名为2021—2025年度第二批全国科普示范县（市、区）。

【科普阵地建设】　区科协牵头新打造湿地自然教育中心、北湖生态公园鸟类科普绿道、跳蹬河社区航空航天科普空间场景3个科普阵地，优化党群服务中心、科普活动室、社区科普大学等科普阵地300个。电子科技大学电子科技博物馆、成都大熊猫繁育研究基地、成都理工大学博物馆入选

表27　　2022年成都市成华区科普基地情况表

类别	科普基地名称
国家级科普基地	成都大熊猫繁育研究基地、成都动物园、成都自然博物馆（成都理工大学博物馆）、成都理工大学地质灾害防治与地质环境保护国家重点实验室、电子科技大学电子科技博物馆
省级科普基地	成都市成华区青少年综合实践教育活动中心、成都拾野自然博物馆
市级科普基地	成华区东郊记忆、成都市双林小学“双馨”科技馆、锦绣天府塔广播电视科普基地、中国测试技术研究院计量测试科普基地
区级科普基地	成华区红十字应急救护培训基地、云上田园魅力农场

表28　　2022年成都市成华区企业科协情况表

序号	科协名称	地址
1	航天科工通信技术研究院有限责任公司科协	崔家店路75号
2	成都大熊猫繁育研究基地科协	熊猫大道1375号
3	中国医药集团总公司四川抗菌素工业研究所科协	华冠路168号
4	四川海力智能科技股份有限公司科协	成济路1号
5	四川升华电源科技有限公司科协	成宏路10号
6	四川川博士科技发展有限公司科协	双林路251号
7	四川华控图形科技有限公司科协	建设北路一段76号
8	成都恩承油气有限公司科协	建业路109号
9	成都亚光电子股份有限公司科协	长融街30号
10	成都北方石油勘探开发技术有限公司科协	建设路10号
11	成都东区爱尔眼科医院科协	双林路388号
12	成都神光光学集团有限公司科协	贤南街100号

表29　2022年成都市成华区青少年科技创新大赛优秀科技辅导员一览表

序号	学校	教师
1	成都市海滨小学校	董雯雯
2	成都市成华实验小学校	曾成根
3	成都市成华区嘉祥外国语学校	代乾中
4	成都市站东小学校	张　莉
5	成都市成华小学校	曾　垚
6	成都市培华小学校	甘素蓉
7	四川省成都华西中学	李昔霜
8	成都市熊猫路小学校	王　琦
9	成都市双林小学	徐俊丽
10	成都市成华区教育科学研究院附属小学	徐　敏
11	电子科技大学附属实验小学	魏倩倩
12	成都市列五书池学校	马翔宇
13	成都市李家沱实验小学校	范明康
14	成都双语实验学校和悦分校	余诗君
15	成都市双林小学御风分校	李晓飞
16	成都双语实验学校	陈　龙
17	成都市石室小学	肖　婷
18	成都市建设路小学	李　娜

【科普信息化建设】　区科协拓展提升“互联网+科普”线上宣传阵地，优化科协网站、“科普成华”微信公众号、“成华科协”官方微博、今日头条和抖音号传播矩阵，“科普成华”传播矩阵全年发布文章5738条，总阅读量3.5亿次，成华科协获《2022年政务微博影响力报告》科协系统微博全国第三名。

3月14日，成都市双林小学馨校园科技活动月启动　（区科协供图）

【青少年科技教育】　3月14日至4月15日，区科协组织成都市双林小学开展火山大爆发、快乐小青蛙、猜猜他是谁、鸡蛋撞地球、小小建筑师等科技活动月活动。9月27—29日，区科协在成华小学蜀都分校举行“童心向党·科技筑梦”成华区2022年青少年科技创新大赛活动，征集创造发明、科学论文、科幻画等12个项目作品4091件，评出科创项目一、二、三等奖及优秀辅导教师等奖项。9月27—30日，区科协邀请“中国科学院老科学家演讲团”专家教授5人，开展“接力科学百分百　成华科普校园行　科学家进校园”线上直播活动，围绕“人工智能”“神奇的载人航天”“科学精神”等内容开展专题讲座。11月7日、10日，区科协在成都市石室小学育贤分校举行师生“电动纸船运物”竞赛活动，全区36所小学172名教师、141名学生参加。区科协获评成都市第38届青少年科创大赛优秀组织奖。

（谢　立）

成华区归国华侨联合会

【概况】　2022年，成华区归国华侨联合会以“侨连五洲、筑梦成华”等品牌为抓手推进侨务工作，构建“地方侨联+高校侨联+产业园区”友好合作模式，打造“蓉侨荟”东郊产业服务示范点平台，举办“侨智菁英”评选活动，探索在西南财大天府学院成立侨联组织，调研成果《探索“133”模式推动基层侨务工作创新发展》获评市委统战部“2022年度全市统战工作实践创新优秀成果”。区侨联被四川省侨联评为“2022年度选树典型基层侨联组织”。

【"侨之家"建设】 区侨联坚持"党建引领+校地融合+侨务治理"工作模式，联动成都理工大学统战部、二仙桥街道，升级邻里月台"侨之家"文创展示区、市民会客厅、社会组织工作站、志愿者驿站、共享微剧场等功能空间，组织开展"我是蓉宝 大运有我""金色中环"主题研讨等活动。

【"蓉侨荟"示范点建设】 区侨联以"侨企之家"为特色，在东郊记忆创艺Labs·产业驱动中心打造"蓉侨荟"东郊产业服务示范点，总面积1025平方米，建设"一馆四平台两区两厅"，包括东郊艺术区规划馆，政务服务、产业服务、人才服务、产业联盟服务四大平台，政务服务区、成果展示区及会客厅、路演厅。"蓉侨荟"示范点全年引进海外高层次人才20名，助力留学人才回国创业支持计划10人获资助160万元，提供"一窗受理"服务350人次，开展创业分享培训会21场、联谊交流活动13场。"蓉侨荟"示范点建设经验在"成德眉资四市侨联'侨胞之家'建设现场会"交流推广，"蓉侨荟"东郊产业服务示范点被中国侨联评为"全国侨联系统2021—2022年度'侨胞之家'典型选树单位"。

【侨心侨力凝聚】 区侨联发挥阵地作用，团结引导侨界群众、侨企、侨界菁英听党话、跟党走，邀请成都理工大学马克思主义学院教授为成华区归侨、侨眷开展"百年征程，永远跟党走"中国共产党党史主题教育讲座，全年组织侨界人士开展"侨心向党"等思想引领活动32次。区侨联牵头组织创作《新成华锦绣图》，在成都市侨联"学习宣传党的二十大精神书画展"和"成华区'喜迎党的二十大'美术书法摄影精品展"等活动中展出。

【侨务服务】 区侨联落实为侨服务，制发《侨企服务手册》《涉侨法律法规选编》等资料，组织侨界代表人士撰写意见建议，被省市部门采用10篇，《关于进一步规范教培机构教师准入标准和教师教培行为的建议》被市政协评为2022年度优秀提案，《关于纠正"元宇宙"翻译加强中华文化社会认同与安全的建议》被致公党四川省委会主编刊物《献策》采用。区侨联开展春节、端午等归侨侨眷慰问活动，全年入户关心慰问归侨侨眷78人次；开展帮困扶贫活动，帮助侨眷解决生活中的困难，对区内早期归侨22人发放早期归侨生活补助13.2万元。

【侨界文化交流】 11月，区侨联承办"创业中华·海归蓉漂"智慧蓉城创新荟活动，搭建成华区北新实验小学和香港汉鼎书院学校、成华区培华小学和西班牙马拉加中文学校、西班牙塔拉戈纳中文学校的交流桥梁，参与组织"Panda成都·华教云课堂"活动2次，组织留学生及侨界代表人士参加"虎趣横生·中国年""巴蜀文明探寻之旅国学"和"参观三星堆博物馆"等国学活动，联合国家开放大学华侨学院在"汉语云"平台对外宣传天府文化和成华故事。

11月2日，"侨连五洲·筑梦成华"产业推介暨金秋联谊会活动在二仙桥街道文化活动中心灯光球场举行 （区侨联供图）

【"侨连五洲"产业推介会】 11月2日，区侨联联合成都理工大学侨联、东郊艺术区管委会，联动海外成都工作站、驻蓉外贸机构等资源，在二仙桥街道文化活动中心灯光球场举行"侨连五洲·筑梦成华"产业推介会暨金秋联谊会活动，涉侨企业、侨界名人等212人参加，现场演出四重唱、京东大鼓、音舞诗画、主题魔术等文艺节目，发布"成华区校地企园合作机会清单"106个，表彰"为侨服务之星"12人。东郊艺术区管委会、区侨联分别与深圳亿幕信息科技有限公司、西南财经大学天府学院签订项目合作协议。

【"侨智学院"建设】 区侨联组织"侨智学院"专家队伍走进街道社区，传播前沿科学知识。5月11日，区侨联联合成都理工大学地球物理学院、地球勘探与信息技术教育部重点实验室，在成都理工大学附属小学开展"侨智学院进学校——'防灾减灾，安全童行'活动"，组织区侨智学院教师、理工地质研究专家团队进行防灾减灾演讲和现场实验展示，学生参与352人。5月17日，区侨联联合四川省第二中医医院，在邻里月台"侨之家"开展"侨智学院进社区——成华区侨之家中医讲座与义诊活动"，服务辖区侨眷侨属及居民48人。6月，区侨联启动成华区第一届“侨智菁英”评选活动，围绕推动科技成果转化、构建区域创新合作、支持新侨创新创业等方面，征集来自地球物理研究、分子通信研究、药物研发、音乐文化企划、品牌运营等行业领域归侨人才项目81个，53名优秀归侨人才获成华区2022年“侨智菁英”表彰奖励。“侨智学院”搭建侨界人士回归社会、反哺社会、服务社会的有效载体平台，全年开展科学知识普及等“四进”活动23场。

（林康琪）

成华区台湾同胞联谊会

【概况】 2022年，成华区有台胞台属183人，全年新增注册台资企业8家，引进台湾高层次人才3人。成华区台湾同胞联谊会维护台胞和台资企业合法权益，推进经贸合作、交流交往、服务宣传等重点工作，举办“追梦华灿·圆梦成都”蓉台青年就业创业交流会等双创活动6场110人次，开展“温馨台湾情·新春围炉活动”等文化交流活动3场130人次，开展线上线下对台宣传报道61次，走访慰问台胞台属52人次。华灿工场被科技部授牌为“国家级众创空间”，被市委统战部评为“蓉台青年就业创业基地”。

【涉台法律法规宣传】 区台联加强《反分裂国家法》、《中华人民共和国台湾同胞投资保护法》、《四川省〈中华人民共和国台湾同胞投资保护法〉实施办法》、《台湾问题与新时代中国统一事业》白皮书等法律法规、政策的宣传，加强对台工作政策保障；落实《成华区关于鼓励和支持台湾青年创新创业的若干政策》，从人才资助、项目引进、创业启动、安居服务、成果转化五个方面对台湾青年到成华区创业就业给予支持；推动区级各职能部门落实“同等优先、适当放宽”原则，对涉台企业予以优先审批、优先办理，积极兑现惠台政策。

【台胞台属服务】 区台联利用春节、端午节等节日走访慰问成华区台胞台属52人次，办理台湾考生中考加分3人次，协调台胞子女入学6人次，解答台湾籍人士在蓉购房、投资、子女入学、中考加分、寻找亲人等电话咨询24次，协调区卫健局、区文体旅局等部门解决台胞在新冠疫情防控中遇到的隔离住宿、生产经营、房租减免等困难问题18件，最大限度为台胞排忧解难。

【华灿双创基地服务站建设】 区台联优化“华灿双创基地服务站”工作职责、服务内容和工作流程，开通定点、定人“一站式”对台服务绿色通道，开展政策宣讲、企业注册、政务服务、人才引进等服务，开展“服务台商”走访活动，走访调研台资企业11次，收集并处理台胞台企意见建议18条。“华灿双创基地服务站”全年协助办理企业注册、税务申报等事项20件，协调解决企业经营中的困难和问题12件，组织台企考察望平坊街区等社区公服项目5次，举办“融融端午情 共话一家亲”成华区台胞台商端午节座谈会、港澳台企业金秋座谈会等活动4次。

【对台交流活动】 区台联承办“2022年全国台联第二十八届台胞青年冬令营四川分营”，开展“温馨台湾情·新春围炉活动”“壬寅虎福送元宵活动”“看文旅话发展 台商走进成华”等活动；举办“追梦华灿·圆梦成都”蓉台青年就业创业交流会等线上线下双创活动6场，吸引两岸创新创业青年参加110人次；组织台资企业参加“第十二届两岸青年创新创业论坛”“2022两岸（川渝）青年就业创业发展交流会”“川渝—粤港澳企业家合作联盟2022年会”“华灿风云榜—入驻企业产品服务交流会”等交流座谈及投资推荐会11场次；组织台胞参加成都市第五届“一人一伴·微拍秀”微视频创作大赛，推荐2名台湾青年李伟国、庄慈芯获评“川台交流融合突出贡献台湾同胞”。

5月17日，市委统战部副部长、市台办主任傅军向华灿工厂双创平台授牌“蓉台青年就业创业基地”

（区台联供图）

【蓉台青年就业创业交流会】 5月17日，区台联主办的“追梦华灿·圆梦成都”蓉台青年就业创业交流会在华灿工场举行，同步设立北京、珠海、台北分会场，邀请纽海智能科技有限公司、四川捷骝科技有限公司等5家入驻企业进行项目路演，邀请北京华卓投资、华腾普益、成都孵化器协会、成都天使投资协会等公司投资人和融资项目进行投融资对接，对东郊记忆艺术区产业进行推介，华灿工场双创平台与台湾诺萨克科技驿站通过线上方式签署合作协议，吸引蓉台青年通过线上线下的方式参加活动240人。

（周　映）

成华区工商业联合会

【概况】　2022年，成华区有综合性商会1家（成都市成华区青年企业家商会）、行业商（协）会4家、异地商会8家，会员企业945家。成华区工商业联合会（商会）加强民营企业服务引导，推动组建成华区数字文创商会，开展“法律服务进企业”活动，走访调研民营企业35家，实施民营企业“助企纾困”行动，开展西商大讲堂走进成华暨政策分享会、“听企业心声”等专题活动8场416人次。区工商联（商会）获成都市“光彩事业组织奖”，获评“区（市）县工商联综合工作先进单位”。

【商会建设】　区工商联（商会）推动落实《关于推进成华区工商联所属商会改革和发展工作分工方案》，聚焦产业建圈强链和“专精特新”中小企业培育等工作，探索新兴产业、新兴业态领域依法组建商会，推动组建成华区数字文创商会，将都市工业和现代服务业“3+3”产业体系中代表性企业纳入执常委队伍。区工商联（商会）指导成华区青年企业家商会抓好届中班子调整，优化队伍结构，设立“三部四站六俱乐部六中心”职能承接单位，做好青年商会活动组织、商机信息、情感链接等承接。全年发展新兴领域、新兴行业企业入会30家，直属商会党建和统战工作实现全覆盖。

表30　2022年成都市成华区异地商会情况表

序号	商会名称	会长
1	成都市成华区东阳商会	王春寿
2	成都市成华区兴文商会	曾　途
3	成都市成华区陇商联合会	冉立春
4	成都市成华区仪陇商会	夏开仪
5	成都市成华区长宁商会	牟世昆
6	成都市成华区大英商会	蒋平安
7	成都市成华区贡井商会	柏德银
8	成都市成华区夹江商会	邓雪敏

表31　2022年成都市成华区行业商（协）会情况表

序号	商会名称	会长
1	成都市成华区家居行业商会	朱玲英
2	成都市成华区建设路商圈商会	陈晓军
3	成都市成华区餐饮娱乐协会	钟　新
4	成都市成华区龙港商会	谢　勇

【非公有制企业党建】　区工商联（商会）加强非公有制企业党建工作，通过召开成华区工商联七届二次执委（扩大）会议、企业家沙龙、座谈交流会等方式，组织民营经济代表人士学习贯彻党的二十大、十九届六中全会精神和习近平总书记来川视察重要指示精神；在微信公众号、门户网站开辟学习专栏，宣传省第十二次党代会、市第十四次党代会、区委八届三次全会暨区委经济工作会等会议精神，区工商联会员企业中的人大代表、政协委员全年提交人大建议26件、政协提案43件。

【非公有制企业服务】　区工商联（商会）开展“法律服务进企业”活动，组织法律工作者深入区青年企业家商会、区餐饮协会等所属商协会，定期开展“商会—企业家法治沙龙”司法服务面对面活动。3月15日，区工商联（商会）联合中沛律师事务所举办“3·15”国际消费者权益日法律知识讲座，开展线上法律讲堂及典型案例分析，212家会员企业参加培训。5月17日，区工商联（商会）组织2022年度健康体检活动，企业家53人参加。区工商联（商会）与区检察院协作，深化全区民营企业涉法诉求办理绿色通道衔接机制，加大宣传典型案例，依法平等保护民营企业家合法权益，经验做法于6月10日被《成华新闻》专题报道。

【非公有制经济发展促进】　区工商联（商会）围绕推动企业复工复产，深入富森美家居、四川远舰建设、四川辰兴建设、泽南贸易、泰业投资等民营企业

35家进行调研走访，深入成华餐饮行业重点企业、四川乐多超市、锦悠里创意园等点位调研走访，组织会员企业120家参与全国工商联网上调查问卷、成都市民营企业扶持政策评估调查问卷，协调解决企业复工复产困难问题15条。调研成果《关于商会在公园城市示范区产业建圈强链建设工作中作用发挥的调研报告及政策建议——以成华为例》被市工商联采用，报送全国工商联。

7月12日，区工商联、西南财经大学西部商学院举办西商大讲堂走进成华暨政策分享会
（区工商联供图）

【民营企业家学习培训】 4月22日，区工商联（商会）在富森美家居焦糖盒子开展“产业建圈强链”企业家沙龙，区委统战部、区工商联及企业家代表32人参加。6月27日，区工商联（商会）举办民营经济发展政策宣传与解读会，发放《成华区近期促进民营经济发展相关政策汇编》114份，区工商联全体执委、特邀会员、商会代表140人参加。7月12日，区工商联（商会）联合西南财经大学西部商学院举办西商大讲堂走进成华暨政策分享会，企业家代表82人参加。区工商联（商会）全年举办“成渝地区双城经济圈”及“金色中环”主题研讨等专题学习培训活动6场次，企业家参加309人次。11月1日，区工商联（商会）组织43家成华区企业参加第九届中国西部中小企业发展论坛，成都焦糖盒子新零售有限公司、四川和平卫士集团有限公司等6家企业获西部之光中小企业100强“企业社会责任贡献奖”。

【“助企纾困”行动】 区工商联（商会）围绕产业政策、新型业态、新兴产业、企业运营管理等方面，邀请专家学者及部门开展成华区38条惠企政策答疑解惑等政策宣讲培训活动6场；梳理汇总国家、省、市、区助企纾困政策，通过QQ、微信等平台推送涉企政策30条，发放四川助企纾困政策明白卡1917张；开展“倾听企业心声”系列座谈会，掌握企业缺工用工需求，“一企一策”提供岗位推介、用工指导等服务；针对企业用工风险等主题开展“线上云课堂+线下专题培训”活动，联合区人社局组织企业502家参加成都市民营企业招聘月专场活动，提供岗位3000个。

（于　俊）

4月22日，区工商联在富森美家居开展“倾听企业心声”座谈会　（区工商联供图）

成华区文学艺术界联合会

【概况】 2022年，成华区属各文艺协会新加入国家级会员1人，省级会员4人（区摄协2人、区美协1人、区作协1人），市级会员1人（区书协1人）。成华区文学艺术界联合会履行团结引导、联络协调、服务维权等职能，推出《小倩》《熊猫》等精品剧目，在东郊记忆、四川福宝美术馆设立成都市文艺志愿服务基地；实施文化名家引进计划，引进二西三房书画研究院等艺术机构及张跃进等国内文化名家入驻；实施本土中青年文艺家培养推介计划，推出陈荣、龚斌等本土中青年文艺家15人；实施成华知名艺术家保护计划，完成成华名老艺术家作品收集整理，编制《成华艺术家优秀作品集》。全年举办书画艺术展览讲座活动15场次，文艺助力抗疫活动获省文联、市文联主席肯定性批示。

【文艺创作】 区文联推动舞剧《大熊猫》、音乐剧《熊猫》等剧目作品冲刺国家级、省级奖项，区摄协顾问王琦摄影作品《呻吟的冰川》《水源》获中国艺

4月15日，成华青年戏剧演员虞佳演出《目连子母·寻子·开荤》 （区文联供图）

术摄影学会金路奖，区文艺志愿者协会理事虞佳创作的川剧折子戏《目连子母·寻子·开荤》入选2022年度四川省重大文艺扶持项目和文艺精品奖励作品，区作协副主席曹蓉作品《那边的香巴拉》入选2022年第四届四川散文奖。区文联副主席、区志协顾问陈巧茹入选四川省戏曲名家工作室。成华区文艺家协会全年创作作品中，参加国家级平台发表作品4件次，参加省级平台发表作品8件次，参加市级平台发表作品62件次；应中宣部、文旅部、中国文联、国家级各文艺家协会等邀请参展参演14件次；应省委宣传部、省文旅厅、省文联、省级各文艺家协会等邀请参展参演13件次；应市委宣传部、市文旅局、市文联、市级各文艺家协会等邀请参展参演121件次；围绕喜迎党的二十大、新冠疫情防控、文明城市创建等主题创作文艺作品获奖325件次。

【抗疫文艺作品】 “8·25”成都本土新冠疫情发生后，区文联发布《致全区文艺工作者的倡议书》，号召全区文艺工作者创作抗疫主题作品，发挥以“艺”聚力、以“艺”战疫作用，受到省市文艺界一致好评。区书法家协会、区美术家协会组织推出《生命至上·人民至上》《以艺抗疫·共克时艰》等翰墨战“疫”作品400件，李兵、程峰等40名文艺家作品获省、市刊物刊发；区摄影家协会拍摄《静默中的成华》《雨中的志愿者》等成华开展疫情防控实录照片、微视频1500件，被“你好！成都”声音日历采用传播；区作家协会创作《“静默”中的访客》《那抹鲜艳的志愿红》等文学作品20篇，4篇在《文学川军》刊发，6篇被“成都文学网”发表。区文艺志愿者协会联动区文艺“两新”组织发表相关作品2000件，转载2.3万次。区文联面向全国征集抗疫文艺作品，收到四川、江西、湖南、山东等多省文艺大家、高校师生、退休工人、一线抗疫亲历者各类文艺作品5000件，示范带动100个家庭创作《谢谢您们的守护》《向您们致敬》等书法、美术和微视频作品200件，策划开展《以艺抗疫　感恩有你——“抗疫主题文艺作品网络展”》《“凝心聚力”——2022抗震抗疫主题海报公益网络展》《以“艺”抗疫·人物纪实》等网展70期，浏览量20.3万次，160件文艺作品被省市媒介采用。

【文艺家素质培养提升活动】 区文联牵头开展“沙河流韵”——2022年度成华区文艺家素质培养提升活动，邀请舒炯、程峰、郭茹愚、徐仲偶等天府文艺大家，以专业授课、讲评，创作、解析、示范等多种形式开展艺术专业培训及艺术鉴赏能力培训，开展“书法公益大讲堂”“美术公益大讲堂”活动，举办“沙河流韵”成华区文艺名家作品展，推出陈荣、龚斌、余政、程星琰等“本土中青年文艺家”15人，全年针对美术、书法等艺术类教师开展系列培训活动15场次，出版发行《沙河流韵——成都市成华区文艺名家推介作品集》。

【“书写党的二十大报告金句”网络展示活动】 12月5日，成都市文联、成华区委宣传部主办，区文联协办的“书写党的二十大报告金句”网络展示活动在四川福宝美术馆启动。活动组织文艺志愿者书写并朗诵党的二十大报告“金句”，以视频、书法作品形式呈现，征集书法、美术等艺术类别154名文艺志愿者作品216件，在蓉城文艺等新媒体平台展出优秀作品34件，点击率1.3万次。

（黎文怡）

5月17日，《沙河流韵——成都市成华区文艺名家推介作品集》首发式在四川福宝美术馆举行 （区文联供图）

成华区残疾人联合会

【概况】 2022年，成华区有持第二代残疾人证残疾人11047人，其中一、二级重度残疾人5273人、占45.3%，三、四级残疾人6374人、占54.7%。成华区残疾人联合会加强残疾人社会保障体系和公共服务体系建设，编制《成华区残疾人事业发展"十四五"规划》，新建区级辅具适配中心，优化社区残疾人康复服务，推进残疾人家庭无障碍改造，新冠疫情防控期间对独居残疾人、困难残疾人开展"敲门行动"服务1785人。全年开展"有爱无碍·创享美好"全国助残日等文体活动65场，实施残疾人政策救助1722人次，认定残疾人就业1375人，发放残疾人助学补助566人。"成华残联"微博获2022年"全国十大残联微博"第三名，区残联精准康复、教育就业、宣传文体等6项工作获市残联表扬。

【区残疾人联合会第八次代表大会】 10月28日，成华区残疾人联合会第八次代表大会召开，区残联第七届执行理事会理事长唐海作《踔厉奋发、勇毅前行、团结奋斗，为推进新时代成华残疾人事业高质量发展不懈努力》报告，选举王媛等43人为区残联第八届主席团委员，推举唐海为区残联第八届执行理事会理事长，推举产生残疾人各专门协会主席，聘请邓旭担任区残联第八届主席团名誉主席，区级相关部门、各街道负责人及残疾人代表、驻区机构代表等212人参加大会。

【残联组织建设】 区残联指导街道、社区残联完成换届工作，召开成华区残疾人联合会第七届主席团第四次全体会议，完成部分委员、主席、理事长等人员的调整和增补。区残联健全完善基层残疾人工作者培养、使用、激励机制，开展专干（专委）岗位补贴调整工作及业务技能培训。区残联按照"横向到边、纵向到底"原则，健全区级、街道、社区三级基层残疾人工作组织95个（区残联、11个街道残联、83个社区残协），完善以区级为骨干、街道为中心、社区为基础的基层残联组织。

11月16日，区残联在融乐阳光家园开展"微景观，大世界"DIY活动 （区残联供图）

【助残服务阵地建设】 区残联在东风路北一巷成华区残疾人综合服务中心新建区级残疾人辅具适配中心，总面积240平方米，提供辅具展示、适配、调试和维护、无障碍体验等功能，为残疾人提供专业化、个性化的辅具适配体验服务；在二仙桥街道下涧槽社区试点建设社区辅具适配服务站，为残疾人提供辅具租赁、维修、上门指导等服务。全年为残疾人提供适应性训练72人次，居家无障碍改造评估、辅具适配指导20次，康复训练（指导）74人次。区残联按照"标准化、规范化、制度化"提档升级"融乐阳光家园"，为165名残疾人学员提供职业康复、辅助性就业等日间照料。提升服务水平、扩大服务覆盖面。

【残疾人社区康复服务】 区残联与核工业416医院联合建立成华区残疾人社区康复服务指导中心，打造残疾人社区康复站、残疾人辅具适配中心（站）等基层服务点位16个，实现社区康复服务街道全覆盖。区残联引入成都高新澜森蓉康康复诊所等专业社会力量，投资33万元承接社区康复服务项目2个；依托核工业416医院等专业机构，建立医生、康复专业学生等社区康复志愿服务队伍300人，组建专家团队59人，下沉社区定期开展"健康教育+康复训练"等活动，提供医疗康复、职业康复、居家康复、体育康复、社会融合等多元化社区康复服务。区残联全年完成电话探访5804户，入户调查1022户，上门服务816人次，建立康复档案414份；发放白内障复明手术补贴1581例157.86万元、精神残疾人服药补贴572人41.87万元、基本型辅具补贴632人54.38万元，签约残疾人家庭医生服务1.08万人，开展残疾儿童"送康上门"服务28人。

【残疾人文体活动】 区残联聚焦"成就梦想""爱成都·迎大运"等主

5月31日，区残联开展“一路有你，温暖相伴”——全国助残日微徒步公益活动（区残联供图）

题，开展“二十五小时生命之光”“书香成都”“4·23读书日”“残疾人文化周”、公园城市无障碍感知行活动、残疾人文化进家庭“五个一”等残疾人文体活动。区残联推进残疾人“体育复健进校园”试点工作，为区特殊教育学校配备旱地冰壶球等体育设备，指导区特殊教育学校开展羽毛球、乒乓球、田径、足球等特奥项目。区残联负责成都市特奥游泳队组队参加四川省第五届特殊奥林匹克运动会游泳比赛，获十金五银三铜及道德风尚集体奖。区残联开展成华区“最美自强模范”评选，评出李伟、黄佑祥、严德新、张聃、易诗5名自强模范。全年开展合唱训练、乐器演奏、书画、读书会、无障碍观影、体育训练及趣味运动会等群众性文体活动102场，参与残疾人3240人次。

【全国助残日活动】 5月11—31日，区残联围绕“有爱无碍·创享美好”主题开展第32次全国助残日系列活动。5月11日，成华区智力残疾人及亲友协会组织残疾人及家属、志愿者45人，在熊猫基地二期、音乐百花谷开展无障碍感知行活动。5月12日，区残联组织融乐阳光家园72名残疾人在小鱼洞公园、黄龙溪开展“有爱无碍·创享美好”户外拓展活动。5月13日，区残联组织残疾人代表及亲属、志愿者254人，在花舞人间、道明竹艺村等景点和网红打卡地开展“文旅助残·爱在成华”无障碍旅游活动。同日，区特殊教育学校组织开展“阳光运动·无限精彩”特奥运动会，全校师生、残疾儿童家长等114人参加。同日，区残联主办、红石榴社会工作服务中心协办的“二十五小时·生命之光”文化联欢活动在区群团中心举行，区残疾人艺术团、助残志愿者以及残疾人家属等62人参与。5月31日，区残联组织残疾人123人在白鹿小镇、鱼凫湿地开展“全国助残日”微徒步公益活动。活动期间，成华区开展文体旅游、残疾儿童社会融合、爱心志愿服务、义诊、“光明影院”无障碍观影、线上有奖问答等公益活动30场次。

【残疾人生活技能比赛】 11月29日，区残联组织各街道“融乐阳光家园”开展生活技能比赛，组织残疾人比赛穿叠衣服、夹弹珠、叠杯子、洗碗和收纳整理等生活技能，残疾人学员参加活动105人，评出一等奖5名、二等奖10名、三等奖15名，通过劳动教育培养学员自理能力、促进融入社会。

【善淘慈善商店】 7月，成都首家“接力公益&善淘Buy42”慈善商店落地二仙桥街道邻里月台，商店二层总面积100平方米，所售服装、鞋帽、饰品、日用品、图书等商品全部来自企业和个人捐赠，吸纳残障伙伴就业，接受居民物品收捐义卖，所得款项除保障商店正常运营外，用于反哺公益慈善领域，探索公益与商业结合、慈善救助与可持续发展结合的发展之路，实现助残、旧物环保回收、社区营造等公益目标。

（黄小芳）

7月28日，二仙桥街道邻里月台“接力公益&善淘Buy42”慈善商店正式营业（区融媒体中心供图）

成华区红十字会

【概况】 2022年，成华区有红十字志愿服务队33支、红十字志愿者768人，团体会员70家、会员5558人。成华区红十字会推进“三救三献”多元化人道服务，推动红十字示范试点学校创建，新建红十字青少年生命教育基地，开展“生命教育 人道伴行”“喜迎二十大，扬帆赛人道”等红十字特色活动。全年开展人道志愿服务活动113场1761人次，开展“博爱送万家”活动慰问“三献”家庭等427户，开展救护知识普及培训159期2.5万人次。青龙街道致强社区博爱家园申报为全市首个城市社区博爱家园示范点，工作经验在《中国红十字会报》刊登。四川省红十字应急救护培训基地（成华）挂牌四川省青少年应急救护知识培训基地、全省大学生校外社会实践场地。区红十字会获中国红十字会总会“2022年红十字生命教育防灾避险知识竞赛活动单位组织一等奖”表彰。成华区基层组织、志愿者、会员、青少年、工作者等全年受中国红十字会总会、省市区级表彰表扬318人次。

【红十字会组织建设】 区红十字会全年新建红十字志愿服务队2支，发展红十字会员9694名、团体会员67个、志愿者2936名，全年开展街道、社区和学校红十字会业务培训4场220人次。

【红十字会改革】 区红十字会协助区委编办完成区红十字会机关“三定”方案修订，以通信方式召开理事会、监事会，选举成华区红十字会会长、副会长、专职副监事长，调整人员分工。全年完善《成华区红十字会理事会议事规则》《成华区红十字会常务理事会议事规则》等制度机制4项，开展干部能力提升培训14场。

【红十字示范学校创建】 区红十字会联合区教育局，挖掘文化艺术节、书法文化、志愿服务、生命教育等特色项目，打造成华小学校、成都市华建学校、成都职业技术学校、四川省成都列五中学4所区级红十字示范试点学校，成都职业技术学校成功申报市级示范学校，推进覆盖小学、初中、高中、职高阶段的红十字示范学校创建工作。区红十字会打造红十字青少年素质教育“红色少年善言行”品牌，在成华小学校、成都职业技术学校开展“青春善言行”活动4场参加师生3450人。成都职业技术学校举办全省首场红十字青春善言行活动，100名学生取得“红十字青少年骨干培训班结业证书”。

【应急救护培训】 区红十字会举办成华区第五届红十字应急救护技能大赛，全区部门街道、医疗系统、教育系统、公共交通行业、中小学校63个单位231名救护员参加比赛；承接团省委、省教育厅、省应急厅、省卫健委、省红十字会等部门联合举办的“四川省大学生应急救护知识技能培训及大演练”活动，组织全省100所高校6万名学生参加竞赛；组织成都职业技术学校红十字会深入凉山州开展“索玛花2022少年营”活动，对彝族青少年开展应急救护知识培训42人。全年新增应急救护师资1人、师资复训5人，组织师资教研活动3期110人次，开展学校、社区、景区安全演练110场，举办救护员持证培训76期3296人，开展救护知识普及和AED使用培训159期2.5万人次，培训数量居全省区（市）县第一。成华区红十字代表队获2022成都百万职工技能大赛红十字应急救护技能竞赛第四名。

【红十字青少年生命教育基地建设】 8月，区红十字会在成都职业技术学校新建成华区红十字青少年生命教育基地项目，包括应急救护培训和生命健康教育，融入应急、教育、卫健、公安多部门生命教育元素，通过设置智能毒品感应模型互动系统、防艾知识VR体验、数字心理沙盘、逃生绳结绳训练学习系统等功能模块，提升青少年应急救护综合能力。截至12月底，完成项目建设。

【志愿服务】 区红十字会依托致强社区博爱家园，开展“世界红十字

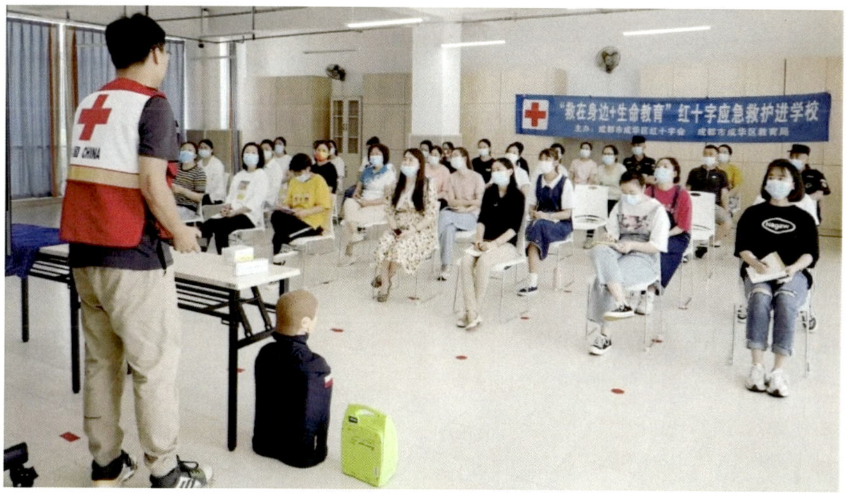

5月18日，区红十字会在艾米莉亚幼儿园开展应急救护普及培训 （郑军 摄）

日”“志愿服务主题集市”等活动31场；依托熊猫基地景区“红十字救护站”，组建医疗急救保障志愿者队，开展现场医疗急救保障28人次，服务时长200小时；成立成华区红十字水上救援队，开展物资运输等志愿服务时长50小时；组织27支志愿服务队7785人次参与社区新冠疫情联防联控，调动83个社区红十字会力量支援一线核酸检测、物资搬运、区域消杀等工作。区红十字会全年结合“博爱月”“三献月”“急救月”等主题开展志愿服务活动113场，参与志愿者1761人次，服务群众1.02万人次。

【惠民救助】 区红十字会开展“红十字博爱送万家”活动，为辖区290户427名困难群众、优秀救护员及“三献”家庭发放款物26.08万元；开展紧急人道救助、帮困助学项目，为困难家庭15户发放救助金5.8万元，为5名白血病儿童申报白血病儿童资助项目；引导社会资金定向捐赠开展临时救助，发放救助金19.35万元救助108人次。区红十字会联合区委宣传部，在学习强国主题街区开设“救”在身边——博爱讲堂，设置安全体验VR一体机、投放红十字应急救护一体机，进行红十字人道文化传播，开展群众急救意识和技能提升培训，完善突发意外伤害应急物资保障。全年接受疫情防控等定向捐赠物资28批次价值250.25万元，接受定向捐款44.1万元，对捐赠人、红十字志愿者、红十字会员、受助对象等开展回访3670人次。

【红十字工作宣传】 区红十字会联合区教育局、团区委开展2022年度红十字博爱月青少年文化艺术节暨首届人道公益项目评选活动，表彰优秀作品和项目150个；在成都理工大学开展“同伴教育”项目，参加学生232人；组织街道

5月8日，区红十字会在青龙街道致强社区博爱家园举办世界红十字纪念日博爱月活动

（李韬　摄）

群众、青少年学生参加中国红十字会总会举办的2022年红十字生命教育防灾避险知识竞赛，区红十字会获得单位组织一等奖。区红十字会全年开展“三献”“禁毒防艾”等宣传活动20场，表彰区红十字优秀志愿者、优秀志愿服务组织、先进工作者、最美救护员和支持红十字事业捐赠人107人，推送“两微一网”信息6200条，阅读量600万次，被国家级媒体采用13条、省级媒体采用13条、市区级媒体采用217条。区红十字会被中国红十字会总会评为“2022年度报刊宣传先进集体”。

【红十字博爱月活动】 5月8日，区红十字会在青龙街道致强社区博爱家园举办2022年“生命教育　人道伴行”世界红十字纪念日博爱月活动，依托人道文化广场、生命绿道、博爱家园、红十字小镇等阵地，开展文化体验、安全体验、法规宣传、三献宣传、造干采集、特色课程等红十字纪念活动。活动组织核工业四一六医院、成都东区爱尔眼科医院红十字志愿者开展现场义诊和健康讲座，举行应急救护一体机及AED投放仪式，启用全省首个“救在身边”App，启动实施“青少年生命教育项目”，启动“1+1+1+N”社区应急救援体系建设，即建设一个社区（一个应急救援体系）、一个院落（一支应急救援队伍）、一个家庭（一个救护员）、开办N场应急救援培训活动，全区红十字工作者、志愿者和参与红十字事业社会人士487人参加活动。

【红十字文化传播活动】 6月24日，区红十字会联合区人社局、区总工会、区教育局、区卫健局、区应急局、团区委在SM广场举办“喜迎二十大，扬帆赛人道”红十字文化传播活动，举办成华区第五届红十字应急救护技能大赛、首届青少年探索国际人道法辩论赛、“生命教育·人道伴行”应急救护师资说课比赛和“践行初心·典亮华章”我心中的红十字演讲比赛。青龙社区卫生服务中心代表队获成华区应急救护技能大赛一等奖，成都职业技术学校2019级高职班获青少年探索国际人道法辩论赛冠军，成都职业技术学校教师李荔获师资说课第一名，成都市北新实验小学学生吴昱霖获演讲比赛第一名，杨扬等10名救护员获评成华区十佳救护员，周圣杰、张曦晨、陈语歆等10名青少年获评成华区优秀红十字青少年。

（朱世芬）

法　治

编辑　李金洁

综　述

【概况】　2022年，成华区巩固拓展全省全面依法治区示范试点成果，编制“一规划两方案”法治建设五年蓝图，探索实施智能化网格服务管理、立体化智能化治安防控网络建设、“亮晶晶+绒花”未成年人检察品牌建设、“智慧法院”改革、红色律所打造等工作，一体化推进法治城区、法治政府、法治社会建设，“社区法律之家”建设、人民调解“五化联动”等法治经验在全国推广。成华区成为成都市首个全国法治政府建设示范区，万年场街道长天路社区被命名为第九批全国民主法治示范社区。

（罗一乐　王　雪）

【法治建设五年蓝图制定】　成华区对标落实省、市法治建设“一规划两方案”，系统谋划、科学绘制成华法治建设五年蓝图。12月21日，成华区制发《成华区法治政府建设实施方案（2021—2025年）》，明确转变政府职能、完善依法行政制度体系、规范重大行政决策程序、健全行政执法工作体系、提高突发事件应对能力、有效化解矛盾纠纷、强化行政权力制约监督、加强科技保障等工作任务。12月22日，成华区制发《成华区法治社会建设实施方案（2021—2025年）》，明确增强全社会法治观念、健全社会领域制度规范、加强权利保护、推进社会治理法治化、依法治理网络空间等实施路径及具体举措。12月23日，成华区制发《法治成华建设规划（2021—2025年）》，提出加强依法治理、深化司法体制改革、营造法治化营商环境、推进数字政府建设、做好新时代全民普法、构建现代公共法律服务体系等举措。

【依法治区】　成华区完善以区委主要领导任主任的全面依法治区委员会，推动全面依法治区办实体化运行，形成“党委带动、政府行动、专班推动、协调联动”齐抓共管格局，优化完善《成华区政府工作规则》《成华区政府常务会议事决策规则》《成华区政府“三重一大”事项决策机制实施细则》等管理制度，出台重大行政决策程序账图、合法性审查细则、责任追究办法等“全链条”规则。成华区编制合法性审查“标准化作业表”，推行

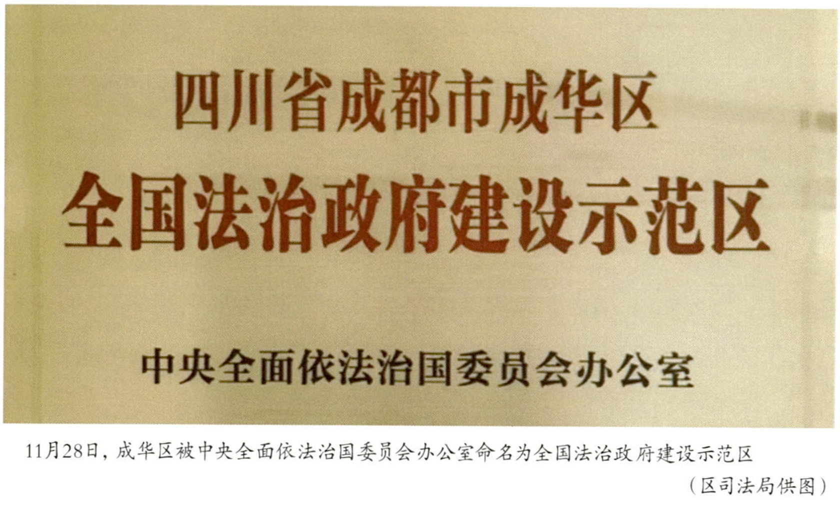

11月28日，成华区被中央全面依法治国委员会办公室命名为全国法治政府建设示范区

（区司法局供图）

4月3日，猛追湾街道社区“两委”成员向社区群众发放法治建设宣传手册

（区司法局供图）

“两级顾问咨询+承办部门初评+司法行政部门审查”四步工作法，健全“提出—采纳—反馈—评估—决策”闭环管理制度，完善行政规范性文件后评估制度、全面和专项清理制度，创新重大行政决策合法性、合规性、风险性等关键要素“六方联审”机制，建立单位、科室、岗位三级“法治账图台账”，绘制领导、科室、岗位“三维法治导图”。成华区聘任法学专家和律师50人组建区级法律顾问团，在全区69家党政机关、区属国有企业建立法律顾问制度。全区政府行政规范性文件合法性审查率、报备率、规范率、清理率等量化指标达100%，重大行政决策无一件被纠错。

（王　雪）

【平安成华建设】　成华区开展新一轮“三星级”平安街道、“七无”平安示范社区创建工作，聚焦衣、食、住、行、娱、教、医、养等领域，开展行业领域平安创建活动，青龙街道致强社区、万年场街道长天路社区被评为四川省“六无”平安社区，万年场街道、双水碾街道、青龙街道被评为成都市“三星级”平安街道，猛追湾街道建设中路社区、双水碾街道花径路社区、白莲池街道将军碑社区被评为成都市“七无”平安社区，区卫健局、双水碾街道办事处被评为“平安成都建设先进集体”。区委政法委全年评选核工业四一六医院等区级行业领域平安单位8个，二仙桥街道东华社区等区级“七无”平安社区3个，双桥子街道紫悦府等区级平安小区11个。成华区加强街面巡逻防控、老旧小区（院落）“三防”建设等工作，集中整治26个治安复杂区域，区域违法犯罪警情比上年下降20%，全区违法犯罪警情比上年下降26.4%。

（莫　毅）

【法治宣传教育】　成华区推进“八五”普法工作，依托社区法律之家等平台，加强全民普法宣传教育和法治阵地建设，全区11个街道开展2022年“法治之光耀成华”法治文艺演出进社区活动，区司法局、区教育局等部门开展“法治大讲堂”“法治四川行”一月一主题、“法治培训”“示范创建进校园”等普法活动，全区围绕征地拆迁补偿、环境保护、食品安全、司法公正、劳资纠纷等热点难点，开展宪法宣誓、以案释法、故事讲法、说唱演法、读本学法、法治舞语等法治宣传教育活动1124场次。成华区选拔6名优秀普法工作者担任成都市公民法治素养提升行动试点工作观察员，组织全区79个单位参加学法考法考试4078人次。成华区调动干部职工、社区“两委”成员、社区网格员、小区物业、楼栋长、保安等力量，深入小区（院落）发放法治建设宣传手册10.2万份，张贴法治宣传海报5.4万张、标语2470条，播放《依法治区　成华竞先》等法治宣传片5.7万次，推动法治良序形成。

（王　雪）

政法委与综治

【概况】　2022年，中共成华区委政法委员会围绕维护政治安全、社会稳定、服务经济社会发展，深化市域社会治理现代化试点、平安成华建设等工作，实施整治养老诈骗专项行动，提档升级智能网格管理，网约房治理创新项目入选全省社会治理创新项目库；牵头成立追阳工作专班，创新“工作群+信息员+在线文档”三线衔接机制，构建系统应急追阳作业链条经验做法获市委主要领导肯定表扬。成华5名勇士入选中央政法委“见义勇为勇士季度榜”。

【社会稳定维护】　区委政法委加强情报信息收集研判，依托省维稳工作平台，完善区网信办、区公安分局、区城运中心等部门和街道信息通道，严格落实重大决策社会稳定风险评估制度，加强风险信息收集和风险评估报告备案。区委政法委完善应急维稳组织指挥责任体系及职能部门、属地街道联动调处

8月19日，成华5名勇士在学习强国主题街区接受成都电视台表彰　（区委政法委供图）

机制，健全群众和专业力量相结合网格化防控模式、快速应急维稳处置模式，组建住房建设、生态环境等8个工作专班开展群体性矛盾风险专项治理行动。全年依法处置涉稳事件297件、群体性事件15件，化解群体性风险8件。

【市域社会治理现代化试点】　区委政法委将市域社会治理现代化试点纳入成华区“十四五”规划，向区委常委会专题汇报试点工作2次，接受省委政法委、市委政法委专题督导调研6次，针对全区部门、街道开展督促指导2轮，研究确立第2批创新项目22个，指导成员单位化解隐患、群体性事件处置、网络安全风险防范等社会治理痛点难题。全年建成“民族之花”品牌调解室、成华区关爱之家等市域社会治理现代化试点项目12个，编发市域社会治理经验专刊简报5期，“民族之花”品牌调解室、智慧蓉城·杉板桥数字孪生社区等5个项目入选第二批市级项目库，《党建引领　骑手参与　创建“华仔骑手帮帮团”助力社区治理》被成都市委政法委《市域社会治理现代化试点创新案例》刊载。

（莫　毅）

【扫黑除恶斗争】　成华区将宣传贯彻《中华人民共和国反有组织犯罪法》作为全年扫黑除恶专项斗争总牵引，制发《2022年成华区常态化开展扫黑除恶斗争工作要点》《成华区深入推进常态化扫黑除恶斗争工作实施方案》《成华区扫黑除恶斗争10项长效制度机制》等，推进信息网络、住房建设、交通运输、教育医疗、金融放贷、市场流通等领域整治，对26个社会治安突出问题及治安防范薄弱重点区域开展集中专项整治。全年收到涉黑涉恶线索9条，办结9条，制发“三书一函”8份，做好19名涉黑涉恶刑释人员安置帮教工作。

【智能化网格服务管理】　区委政法委推进智能网格1期项目建设，以智慧成华治理平台为载体，新增一批“视频AI”监控探头，对治安警情重点区域、重点场所24小时全覆盖动态监控，优化风险隐患预警推送、扁平处置闭环机制，以扁平化智能化指挥体系提升网格服务管理效能。截至年底，智能网格1期项目完成6类重点场所、12个应用场景建设，实现监控探头有效运行，推送预警性事件信息1442条，办结率98.96%。

【矛盾纠纷多元化解】　区委政法委开展矛盾纠纷集中排查、专项排查，完善问题清单管理、风险评估等工作机制，分类制定化解和管控措施；推动区级矛盾纠纷多元化解协调中心实岗化运行，加强矛盾纠纷化解阵地建设；挖掘退休干部、“五老”乡贤等多元解纷力量，打造“民族之花”“舒心姐妹”等品牌调解室。全年受理各类矛盾纠纷9404件，调解成功9322件，调解成功率99.13%。

【政法队伍建设】　区委政法委以贯彻落实《中国共产党政法工作条例》为主线，巩固政法队伍教育整顿成果，开展“忠诚铸魂、铁纪担当”专项行动，采取大课宣讲、研讨交流等形式学习贯彻党的二十大精神和习近平总书记来川视察重要指示精神，组织“响应需求、适应实战、全面发展”素质大培训。区委政法委升级打造“多警融合”服务品牌，增设异地查询功能、增开办事窗口，组织新录用公务员、法官、检察官参加初任培训，对领导班子运行情况进行综合分析研判、调整补充，提拔使用年轻科级领导干部55人。区委政法委制作全区政法干警群英谱，加强先进典型事迹宣传，评选表扬“最美警察”和“最美政法工作者”20人，全区政法系统全年91个集体528人次受到市级以上表扬。

【法学会建设】　成华区法学会开展“百名法学家百场报告会”“青年普法志愿者法治文化基层行”等法治活动，建立互联网+法律服务平台4个、企业法律服务站4个，组织会员参加第十五届中国法学家论坛、第十五届中国法学青年论坛、第三十二届全国副省级城市法治论坛、中国西部法治论坛、四川省“治蜀兴川”法治论坛等活动17人次。全年开展法治宣传活动310场次，开展“巡回

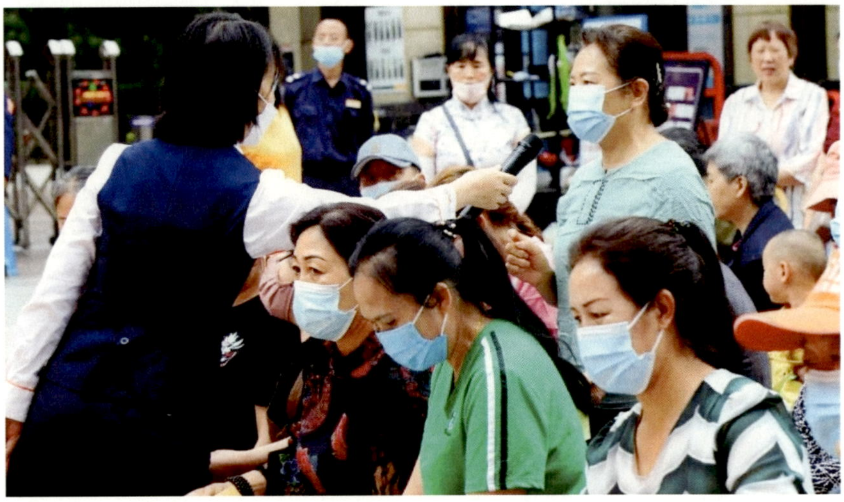
5月17日，成华政法志愿者在青龙街道东林社区开展养老诈骗案例宣传教育和普法答疑
（区委政法委供图）

式”“一站式”普法系列活动149次，提供法律咨询1820次，指导调处矛盾纠纷830件。成华区法学会被成都市法学会评为“成都市2022年度先进区（市）县法学会”。

【养老诈骗整治专项行动】 成华区开展养老诈骗整治专项行动，完善线索举报研判分析、核查反馈、跟踪督办、风控名单管理等机制，坚持分类整治、及时甄别、对症下药，对是否诱骗老年人高价购买假冒伪劣保健品、养老食品等问题摸排旅行社113家，对是否收取大额预付费及承诺投资回报“炒床位”等问题摸排养老服务机构28家，对是否以“养老”名义进行虚假宣传等问题摸排房地产企业，对老旧小区、农贸市场、社区广场等涉养老诈骗乱张贴隐患开展专项整治，依托大型户外视屏、小区宣传栏、微信公众号、抖音等平台，宣传报道、专题解读养老诈骗典型案例。全年推送反诈文章50篇，开展宣教活动450场，发放张贴防诈资料4.2万份，开展普法答疑10次，办结涉养老诈骗线索30条，提供涉养老诈骗违法犯罪线索2条。

（钟　锴）

法治政府建设

【概况】 2022年，成华区推进四川省全面依法治区示范试点、全国法治政府建设示范区创建，以试点带创建、以创建促提升，完成全省全面依法治区示范试点总结推广和全国法治政府建设示范区创建验收，探索形成“三级书记抓法治”等10项法治领域新经验，在中央依法治国办领导到川座谈会、司法部领导赴成都座谈会等会议中汇报发言5次，在《人民日报》、新华社等媒体发布法治成华宣传报道113篇次，获国家省市荣誉26项，成华区司法所“六个一”建设等工作经验被司法部推广。

【全国法治政府建设示范区创建】 成华区完善以区长为组长的法治政府建设领导小组，制定实施《成华区法治政府建设与责任落实督察工作规定》《成华区国家工作人员学法用法制度实施方案》等工作规则，建强监督检查、管理考核、法治素养培训等制度体系。成华区深化依法行政制度体系建设，完善《区政府工作规则》等依法行政管理制度，健全“六方联审”等政府议事决策机制，探索建立行政执法案例指导制度，完成应急管理和卫生健康领域综合执法改革，向街道下放第二批行政处罚事项33项，完成重大行政决策事项、区政府合同等合法性审查311件。成华区推进“放管服”改革“三化”提升，推进行政审批集成化，数字赋能推进政务服务便利化，以“企业至上、企业家C位”为导向打造法治化营商环境，95%以上审批事项实现“一窗”分类办理，区级高频事项实现100%跨区域通办。成华区优化“宪法主题街区”“云学法·云普法”等全民普法品牌，聚焦劳动争议、小区物业、婚姻家事、道路交通事故赔偿等高频领域优化矛盾纠纷多元化解。全区重大执法决定法制审核制度执行率100%，全年重大行政案件出庭率、生效裁判执行率、司法建议、检察建议按期办复率100%。成华区实施行政复议体制改革、坚持矛盾纠纷多元化解等经验被司法部推广。11月28日，成华区被中央全面依法治国委员会办公室命名为第二批全国法治政府建设示范区。

【行政执法】 成华区推进四川省行政执法协调监督改革试点，制定出台《成华区法治政府建设工作领导小组关于进一步规范全区行政执法工作的通知》，规范行政执法文字、音像、档案“三记录”，落实重大执法决定法制审核“五必审”目录清单，健全应急管理、市场监管、综合执法协同联动机制，构建“律师随队执法、群众随案监督、服务随件联动”执法模式。6—11月，成华区开展2022年“人民群众最不满意行政执法突出问题承诺整改”活动，查找九大执法领域问题13个，提出解决措施19条，全部整改到位。7—11月，成华区开展2022年行政执法队伍“大学习大练兵大比武”活动，邀请高校、律所法学专家对30个执法部门1365件行政执法案卷进行全面评查，全区领导干部、初任公务员和行政执法人员参加培训测评1.3万人次。成华区全年编制并公开从轻处罚、减轻处罚、不予处罚事项“三张清单”1373项，行政执法部门围绕食品药品、安全生产、生态环境、城市管理等领域实施行政处罚7685件，全区有在岗持证行政执法人员601人。

【行政复议和行政应诉】　成华区巩固行政复议体制改革成果，成立成华区人民政府行政复议办公室，设置行政复议听证室、审理室、调解室等场所，实行区级行政复议案件“统一受理、统一审理、统一决定”。全年依法办理行政复议案件和被复议案件171件，维持或驳回53件，撤销、确认违法、责令履职46件，撤回、和解31件。全年涉本级行政机关开庭审理71件，负责人出庭应诉65件，出庭应诉率91.55%；区政府涉诉行政案件157件，开庭审理43件，出庭应诉率100%。

（王　雪）

公　安

【概况】　2022年，成都市公安局成华区分局防风险、保安全、护稳定，做好全区违法犯罪打击、安保维稳、治安防控等工作，深化禁毒人民战争，实施“护校安园”、夏季治安百日整治等专项行动，加强电信网络新型违法犯罪打击治理，推进“智慧警务”建设，探索智能巡防实战力提升和“情指勤舆督”一体化实战机制。全区公安系统全年85个集体、538人次获上级表彰，猛追湾派出所、成华区公安分局疫情防控指挥部被四川省公安厅记集体二等功，成华区公安分局出入境接待大厅获评“全省公安出入境‘三优’窗口”。

【社会治安防控】　区公安分局坚持源头化解各类风险隐患，推进“e治采”平台应用，强化矛盾纠纷风险隐患智能采集、及时化解，收集房地产、成渝中线等风险矛盾信息3705条，联合区委政法委、区市场监管局等部门对长租公寓、非法集资、传销诈骗、网贷平台等警情集中区域开展综合清理整治。区公安分局设立实体化运转的校园警务大队，推进校园安全防范专职化、实战化能力建设。全年召开维稳工作专题会议107次、联席研判会议98次，开展督导检查116次，整改内保单位、校园等各类场所安全隐患364处，调解案件1.51万件。

【违法犯罪打击】　区公安分局以“磐石”行动、夏季治安打击整治“百日行动”等为抓手开展违法犯罪治理，打击传统侵财犯罪人员235人，受理经济类犯罪案件81件，追赃挽回损失5000万元。区公安分局依法严惩拐卖妇女儿童犯罪，受理失踪儿童立案7件，找回走失儿童7名，发放妇女儿童防拐反拐宣传资料1.5万份。成华区全年刑事立案比上年下降14.71%，侵财案件下降15.46%，命案现案破案率100%。

【智能巡防实战力提升】　区公安分局推进智能巡防实战力建设，依托“智擎成华”应用平台功能，结合立体化防控平台建设扁平化调度指挥体系，优化接处警勤务管理机制和警种联勤联动方案，在东郊记忆、成都东客站等重点区域，建成一批应急处突、治安防范、便民服务、法治宣传“平安岗哨”，推进智能巡防勤务督导信息化、可视化、实时化。全年完成冬奥会、省市区党代会安保等任务，处置“10·15”高空抛物案、“11·27”望平坊聚集等群体性案事件及疫情防控值守、集中清查等各类勤务665场次。

【夏季治安打击整治“百日行动”】　区公安分局落实“打防管控治”一体化推进，全域开展夏季治安打击整治“百日行动”，制定警情压降防控、违法犯罪打击、重点人员稳控及行业领域整治等12项子方案，设置12条加巡线路和夜巡线路，加强商圈和重点区域盯防，实行“每日研判推进+每周通报督办”工作机制，重点打击盗窃电动自行车、“两抢”、入室盗窃等高发警情及斗殴滋事等突出治安问题。“百日行动”期间，区公安分局滚动清查公共娱乐场所422家次，整改治安隐患78处，停业整顿3家，发送协查函60份，侦破市公安局目标案件7件，打掉犯罪团伙6个，全区夏季违法犯罪警情比上年下降30.21%。

【电信网络新型违法犯罪打击治理】　区公安分局开展“断卡”专项行动，联合12家派出所办案队组建区打击治理“两卡”违法犯罪工作专班，落实逐案研判、线索追踪等工作机制，联合区检察院、区法院等部门开展案件会商5次，全年打掉“两卡”犯罪团伙23个，抓获166人，为群众挽回经济损失236万元。区公安分局加大电信网络诈骗预防宣传力度，通过“平安成华”微信公众号、微博等官方平台推送反诈宣传视频4条、新闻稿件25篇，推广注册“蓉城反诈卫士”43.97万人次，结合“熊猫反诈联盟”、反诈进校园等活动开展专题讲座、集中宣传22次，开展受害人回访2830人次，预警劝阻7.7万人次。

【339区域立体化治安防控】 区公安分局推进339区域立体化智能化治安防控体系建设，依托339立体化智能化治安防控指挥调度中心，落实快速发现、快速预警、快速落地、快速追赃“四快”工作机制，运用人像识别等手段，调度街面警力及综治队员、天府熊猫义巡队等群防力量，提升风险感知、预警预防、应急处置和小案现案快侦快破能力。339区域全年接报110警情比上年上升1.53%，违法犯罪警情比上年下降30.73%，打架斗殴警情比上年下降26.26%。

5月23日，区公安分局在成都市成华小学校开展禁毒宣传进校园活动　（区公安分局供图）

【禁毒人民战争推进】 区公安分局推进禁毒“治、打、防、控”工作，加强新型毒品违法犯罪打击，开展“清源断流”“磐石”“禁毒123”“百日行动”等禁毒专项整治行动，搜集上报涉毒情报26条。区公安分局加强公共娱乐场所禁毒阵地建设，设置监控设备，滚动播放禁毒宣传标语，张贴举报奖励海报，落实涉毒筛查、监控记录保存、台账管理、场所巡查等机制，对从业人员入职开展系统培训、跟踪考评，建成1个禁毒阵地——成都市翼虎守护押运有限责任公司。区公安分局加强禁毒宣传教育，开展“平安成华626国际禁毒日”活动，走进成都市龙潭小学校、成都市成华小学校等52所中小学开展“共谱无毒青春”禁毒宣传进校园活动，联合西南财经大学天府学院等高校打造禁毒第二课堂，参与师生10.6万人次。全年建成禁毒志愿者队伍14支1314人，开展“禁毒宣传进万家”活动1330场次，覆盖群众51.2万人，发放禁毒宣传资料12.6万份，禁毒工作信息在党报刊发10条，在市级以上主流媒体发布20条。

【“护校安园”行动】 区公安分局成立“护校安园”行动和校园周边治安治理工作领导小组，健全警校联席会议制度和应急联动机制，对校园周边流动商业摊点、出租房屋、宾馆、网吧等复杂娱乐场所进行拉网清查，严防涉黄、涉赌、涉毒和未成年人违规上网、违规住宿等违法违规行为发生，推动全区中小学、幼儿园完成校园封闭化管理、护学岗制度完善，加强校园视频监控系统、一键式报警系统、安防设施建设，实现人防建设实名化管理、物防建设实有化展现、技防建设实用化配备、联防建设实效化运行。区公安分局落实派出所副所长（民警）担任法制辅导员制度，依托“平安成华”微信公众号、微博、抖音等平台开展防溺水、防诈骗、防交通事故等宣传工作。全年走访检查校园2102次，排查校园隐患66处，整治治安乱点12次，应急处突、防暴反恐演练126次，开展反诈、禁毒法治宣传以及防性侵、防欺凌等安全教育课程504场次，发放宣传资料1.8万份。

【“情指勤舆督”一体化机制建设】 区公安分局坚持“权威、高效、精准、灵敏”指挥调度理念，建强情报、指挥、联勤、舆情、督察“情指勤舆督”一体化运行机制，统筹街道、派出所等街面力量，建立“1+X+12（情指+多警种+派出所）”街面力量快速联勤联动工作模式，对警情类别、发案时段、区域分布等特点规律进行定期研判，指导派出所对辖区巡防重点点位、线路、时段进行科学调整。全年接报110警情16万件，接受市公安局指挥中心视频调度714次，电台、视频调度分局各单位920次，向上级单位报送工作信息2.1万条，下达工作指令7210条，编写每日要情304期。

【“智慧警务”建设】 区公安分局将警务实战需求与“智慧警务”平台功能融合，针对边界地域、交通干道等治安重要部位启动智能感知网2期建设，引入吸毒人员动态管控平台等大数据系统，研发禁毒寄递物流管控等立体化防控应用平台，构建以“智擎成华”、立体化防控平台、智慧治理平台为核心“三网三平台”融合运转模式。全年接通小区（院落）336个，公安感知源增加至1.01万路，接入社会视频资源增加至1.4万路，建成智慧安防小区203个。万象城智慧警务服务驿站获全国第六届“法治政府奖提名奖”，被成都市法治政府建设工作领导小组评为“成都市法治政府建设创新项目”。

12月8日，市民在防诈骗“当”案馆体验VR诈骗游戏　（张越熙　摄）

【户政服务优化】　区公安分局落实户籍制度改革“省内通办”“跨省通办”“双轨并行”等服务事项，推进“一次办”“网上办”等工作机制，推出增加警力、延长服务时间、预约上门服务等优化举措，全年开通9项“跨省通办”业务，办理川渝黔户籍迁移589人，完成预约办理3597件，邮寄办理1255件。“一站式服务”办证点受理业务268672件，其中户政业务231166件、出入境业务18件、车驾管业务8502件、治安业务723件，开具各类证明28263件。“成华微户政”自助平台全年预审户政26154件，预约办理3981件，邮寄办理1377件。

（谢　毅）

【防范非法集资宣传】　区公安分局联合区国资和金融局开展防范非法集资宣传工作，联合区法院、区检察院等部门及社区工作者组成“钱袋子卫士”小组，4月25日在西南国机大厦开展“远离非法集资　拒绝高利诱惑”主题宣传活动，6月15日在府青路街道财富又一城、青龙街道西林社区等地开展“守住钱袋子　护好幸福家”防范非法集资宣传活动，发放防范标识生活用品、讲解宣传资料，普及防骗反诈知识。12月8—24日，沉浸式助老防骗“当”案馆在双林路学习强国主题街区开馆，设置数字助老室、综合案卷室、VR体验区等，现场实景展示诈骗套路，提高群众防骗反诈意识。“钱袋子卫士”小组全年组织防范金融风险宣传活动31场次，发放宣传资料4.3万件。

（谢　毅　王亚轩）

检　察

【概况】　2022年，成华区人民检察院加强检察监督和长效治理，打造“民生小案”办案品牌，探索大数据赋能推动检察改革创新，向区人大常委会专题报告未成年人检察工作，邀请人大代表、政协委员参与视察、观摩庭审、通报检察工作112人次，邀请人民监督员监督办案52人次，组织新一届人民监督员8人进行宣誓和任职培训，举办“成华·智荟沙河畔”“检护未来送法进社区”等法治活动。全年办理审查逮捕案件359件447人，审查起诉案件1060件1308人。区检察院干警陈天策代表四川省检察机关参加全国电子数据取证大赛获得二等奖，谭琳获评全国检察宣传先进个人，37人次获四川省检察机关对口援助工作表现突出个人等荣誉。区检察院获评“四川省检察机关文明接待室”等省市表彰奖励6项。

【刑事检察】　区检察院坚持源头打击、系统治理，起诉故意杀人、绑架、强奸等严重暴力犯罪74人、“盗抢骗”等多发性侵财犯罪303人；起诉破坏市场经济秩序犯罪31人，对涉案企业依法不起诉16人；受理审查起诉危害食品药品安全违法行为10人，依法追索惩罚性赔偿金14万元；从严惩治电信网络诈骗及关联犯罪148人，稳妥办理非法集资案件19件47人；打击涉毒“自洗钱”、网络寄递毒品犯罪，辖区首例“电子烟

4月25日，区检察院举办第一期“成华·智荟沙河畔”知识产权座谈会　（区检察院供图）

油”新型毒品案件主犯获刑15年。区检察院加强监检协作，受理审查起诉司法、粮食、电信、建筑等领域职务犯罪案件8人，办理向国家机关工作人员、国有企业负责人行贿案件4人。

【刑事诉讼监督】 区检察院贯彻落实“宽严相济”刑事政策，加强实质化提前介入、自行补充侦查，诉前羁押率从54.9%下降至30%；挂牌成立侦查监督与协作配合办公室，强化检警协同履职；加强刑事审判监督，完善法检联席会议机制，提起抗诉4件；加强刑事执行监督，开展剥夺政治权利执行专项检察，依法监督纠正某市看守所混关混押违法行为。全年立案监督24件，纠正漏捕9人，追加起诉60人。

【民事行政检察】 区检察院践行权力监督与权利救济相结合的民事检察思维，对民事生效裁判结果监督案件提出再审检察建议3件；做好释法说理息诉工作，与区法院合力促成民事纠纷和解7件；加强民事审判和执行监督，建立防范和查处虚假诉讼联动机制，对财产保全、终本执行、文书送达等重点领域开展专项监督；全年办理民事检察监督案件89件，帮助35名劳动者追索劳动报酬、经济补偿金等50万元。区检察院坚持诉讼内监督和诉讼外监督“双轮”驱动，聚焦行政执法、交通行政处罚等领域，开展“加强行政检察监督促进行政争议实质性化解”专项活动，联合区法院、区司法行政机关破解行政争议和民事纠纷交叉案件办理难题；全年办理行政检察监督案件31件，化解涉及住房、养老等领域行政争议11件。

【公益诉讼检察】 区检察院完善“益心为公”检察云试点、“公益诉讼+网格化”等公益平台，参与耕地保护专项行动，协同助推长江经济带生态环境警示片披露问题整改，办理全市首例野生动物保护行政公益诉讼案，办理大气污染防治、水资源保护等环境领域公益诉讼案件19件。区检察院加强养老诈骗等涉老违法犯罪案件惩治，开展涉老问题公益诉讼专项监督，强化老年人特殊司法保护；探索代表建议、委员提案与检察建议双向衔接转化工作，从建议提案中发掘公益诉讼案件线索4条，1件公益诉讼检察建议转化为提案。全年办理公益诉讼案件57件，发出社会治理检察建议9件，开展司法救助20人，发放救助资金25万元，推动完善行政执法队伍建设经验做法被四川省检察院采用推广。

【未成年人检察】 区检察院从严打击性侵等严重侵害未成年人犯罪，建设“一站式”办案场所，一体化提供身体检查、询问讯问、心理疏导、取证鉴定、救助庇护等功能，一次性开展证据提取、权益保障、心理辅导等工作，避免对未成年被害人造成二次伤害；专项检查旅馆业落实《中华人民共和国未成年人保护法》《旅馆业治安管理办法》有关登记报告制度等日常管理问题，引导旅馆从业人员严把住宿登记报告关，减少未成年人性侵风险；制定涉案未成年人监护人的督促监护方案，集中发送督促监护令，促进“缺位”的家庭教育和监护履职“到位”；与区妇联、区关工委等单位共创“亮晶晶+绒花”家庭教育联合工作室，启动“亮晶晶+绒花”法治教育计划，制作成华区首个法治儿童剧目《绒花守护者》，开展法治宣传教育活动35场。全年提起侵害未成年人犯罪公诉22件28人，“性侵幼女主观明知问题研究”课题被最高人民检察院立项，办理“唯一抚养人针对未成年人犯罪案件”被评为全省检察机关典型案例、成都市维护妇女儿童合法权益优秀案例。

【检察档案智能化利用】 区检察院建设智能化数字档案库房230平方米，引入现代管理系统监控档案库房环境、安防、消防及安保，进行库房温湿度、烟雾监测和安全隐患短信预警；加强档案溯源管理，健全档案管理、借阅制度，明确安全保密、库房管理人员岗位责任；同步建立档案数字化管理平台，对1991年建院以来的4.3万卷诉讼、文书、技术档案全部数字化，分类建立案卷目录数据库，提供库存档案快速检

11月14日，“亮晶晶+绒花”未检团队在成都市熊猫路小学校开展反对校园暴力主题讲座
（区检察院供图）

索服务，根据数字平台沉淀信息定期分析受理案件的比例变化及历史发展规律，改变检察档案“重藏轻用”现状，提升档案利用价值。

【检察改革创新】　区检察院针对“盗、抢、骗”等侵财类多发轻案小案，调动业务骨干、技术力量组建“民生小案”工作小组，通过社会危险性量化评估、优化速裁程序、建立证据标准化指引、确立证据开示制度等举措，实现小案快办、办好，帮助群众及时挽回损失，工作经验被最高人民检察院推广。区检察院从人大代表、政协委员、社区工作者等群体中吸纳25人入选全市检察听证员库，完善听证员入库遴选、分类管理等制度，开展有重大争议、社会影响案件公开听证30件。区检察院实施大数据赋能推动检察改革创新，推进政法系统跨部门办案平台建设应用，实现非涉密刑事案件全程网上流转；优化大数据法律监督平台，完善事件驱动数据治理、数据可视化应用、数据模型共享等功能，对监督点位建立数据应用模型；在全市率先推行认罪认罚同步录音录像工作，建成投用“天府律检通”，实现律师远程预约、阅卷、递交材料等事务网络办理53人次。《社域一体化非羁押管控平台的“法”“治”构建》获评2022年度政法智能化建设智慧检务创新论文。

（邹小康）

法　院

【概况】　2022年，成华区人民法院加强审判职能和司法改革，完善司法供应链管理模式，聚焦生态环境、房地产市场、未成年人保护等领域开展司法服务，打造一站式纠纷解决平台，深化执行“一体化”改革，探索“智慧法院”建设。全年受理各类案件35673件，审执结31422件，结案率88.08%，员额法官人均结案672.13件。“智慧法院”“枫桥式人民法庭”创建等工作被最高人民法院、《人民法院报》宣传推广。区法院获评全省民事审判、行政审判、信访维稳、司法技术、司法警察实战化5个专项工作先进集体，获得省级以上表彰奖励15人次。

【审判改革】　区法院构建前后端分流机制、巩固繁简分流改革成效，前端选拔6名法官、18名法官助理组成小额审判团队，优化“令状式”“表格式”等12种文书模板，推进“要素式”庭审，平均审理天数缩短至30天，团队年均办案量2000件；后端推行专业化审判，组建金融借款、涉房物业、建设工程等专业审判团队，提升案件办理质效。区法院深化执行“一体化”改革，改变执行工作“一人包案到底”传统模式，将执行工作全流程29个节点分段至4大中心13个专门团队办理，构建执行工作服务、事务、实施、管理“四大中心”同频运转新格局。

【刑事审判】　区法院依法惩治刑事犯罪，严惩涉毒、故意伤害等犯罪案件135件，严厉打击“两抢三盗一诈骗”等犯罪案件229件，从严打击治理电信网络诈骗犯罪案件56件，依法办理非法集资等金融犯罪案件8件，涉集资参与人1219人金额1.36亿元。区法院落实监察与刑事司法衔接机制，审结贪污贿赂、渎职犯罪案件4件4人。全年受理刑事案件676件，审结670件，结案率99.11%。

【民事审判】　区法院处理民商事纠纷，审结涉物权、股权类纠纷415件，审结民间借贷、金融借款、证券交易等金融纠纷2702件，审结房地产、建设工程等案件978件。区法院强化破产审判，探索“无产可破”“执转破”“预重整”运行模式，受理破产、清算案件7件，申报债权11.9亿元。全年受理民商事案件21624件，审结18249件。

【行政审判】　区法院统一行政执法和司法裁判尺度，召开府院联席会及座谈会6次，发送行政审判白皮书、提出司法建议5件。区法院推进行政机关负责人出庭应诉、府院联席会议、行政诉讼司法审查白皮书“三项机制”，行政机关负责人出庭应诉率提升至82%。全年受理行政案件184件，案件数量比上年下降22.77%，审结173件。

【执行工作】　区法院深化执行案件普执与快执“分道”、繁案与简案“分流”、类案与个案“分组”3次分流，提升财产处置效率，开展执行百日攻坚专项活动5次，强制腾退房屋及土地1.5万平方米，依法采取查封、扣押、冻结等强制措施31713次，纳入失信人名单、限制高消费10955人次，罚款31人，司法拘留3人。全年受理执行案件13009件，执结12179件，执结率93.62%，执行到位金额10.41亿元，执行信访比上年下降30%。

【司法服务】　区法院运用判决、执行、调解等多元化纠纷处理手段，妥善化解征地拆迁类案件31件，细化完善《国有土地上房屋征收与补偿工作流程指引》，健全行政征收与司法保障衔接机制，围绕问题楼盘处置配强审判力量，依法引导房地产市场平稳发展。区法院强化环境资源类案件联动办理，与区检察院、区公安分局、区司法局、区生态环境局、区规划和自然资源局、区农业和水务局、区综合执法局七部门签署《成华区生态环境修复司法工作合作备忘录》，建立信息共享、线索移送、联席会议等合作机制。区法院优化涉未成年人专业审判团队，选派优秀法官兼任辖区中小学法治副校长，联合区妇联等部门依托“豌豆荚未成年人保护法官工作室”开展送法进校园活动，发出成华首份《家庭教育指导令》。区法院司法释明中心全年答疑3500件次，促进案件自动履行2946件。《经济社会运行态势司法大数据分析报告》调研报告获区委主要领导肯定性批示。

5月23日，成华法院“豌豆荚未成年人保护法官工作室”在杉板桥社区开展法治宣传进社区活动（区法院供图）

【司法监督】 区法院接受区人大和区政协监督，邀请人大代表、政协委员视察法院、旁听庭审、见证执行、参与调解等810人次，办理代表委员建议提案12件，编发《联络专刊》930册；依法接受纪检监察监督和检察机关法律监督，邀请纪检监察人员列席会议70次，邀请检察长列席审委会5次，回复检察建议55次；广泛接受社会监督，组织165名人民陪审员参与案件办理1461件。全年发布司法动态信息2230条，回复网络问政326次，举办线上线下公众开放日112次，组织市民走进法院“听法治故事”5240人次。

【法院调解】 区法院建立道路交通、房地产、物业纠纷等联调联动机制，打造“一站式”纠纷解决平台，区法院青龙法庭聚焦道路交通事故纠纷调解难题，建立各部门道交联调机制，搭建“专职调解员+保险公司”道交联调平台，加强“调审执”一体联动。区法院聚焦物业纠纷联动化解，推动设立成华区物业纠纷联调中心，聘请退休法官、律师、金牌人民调解员、物业服务行业专家等组建调解专家库，加强物业管理、运行、监督、调处全过程法治化管理，经验做法《织就基层多元解纷网络》被《人民法院报》宣传报道。

10月19日，区法院组织召开成华区生态环境修复司法工作合作专题研讨会（区法院供图）

【智慧法院建设】 区法院运用智能化系统与设备，新建庭审智能语音输入系统7套，新增互联网法庭系统10套，完善审判法庭的同步高清录音录像、无纸化庭审、刑事远程提讯、庭审直播、安防监控与应急报警、互联网开庭等12种功能，庭审时间比上年缩短20%。区法院更新电子诉讼综合平台，实现电子送达11.5万次，送达周期缩短4~6天。“智慧法院”改革成果被最高人民法院刊发推广。

【法治化营商环境服务保障】 区法院与区住建交局、区规划和自然资源局、区工商联、区房地产协会等建立联席会议制度，对企业苗头性、倾向性隐患及时治理；开通涉企服务绿色通道，完善立案、审判、执行配合衔接、繁简分流等机制，推行“诉前调解+简案快审+繁案精办”审理模式；开展“法官联系企业”“以案释法”“公众开放日”“送法进企业”等护企助企系列活动12次，为37家企业答疑解难。全年快审快执涉企案件3707件，和解涉企案件179件，推进一站通办服务中心16项诉讼服务“一次办好”，案件当场登记立案率99%。

（董力华）

司法行政

【概况】　2022年，成华区司法局发挥司法行政职能作用，新建“民法典”法治文化主题广场，优化“五化联动”“四诊四调”等解纷促和机制，推进红色律所建设，提升公证服务效能，打造“疏心姐妹”调解室，开展“法律七进”“宪法宣传周”“法治之光耀成华法治文艺演出进社区”等普法宣传教育。区司法局被中宣部、司法部评为全国“七五”普法先进单位。“民法典”公益广告获评“追寻光辉足迹　讲述法治故事”川渝法治微视频微电影大赛三等奖。

【普法宣传】　区司法局在《人民日报》数字版、《四川法治报》开设“法治成华”专栏，在成华有线电视频道开设“法在身边”栏目，开通“法润成华”视频号。全年“法润成华”政务微信发布72条，粉丝数3.18万人，阅读量7.1万人次，“@法润成华”微博发布1750条，粉丝数1.64万人，阅读量2315万次，视频号发布动画、漫画、视频图文、剧情演绎等普法短视频24期，播放量25.4万次。“法润成华”新媒体普法平台开展“国家安全”、“电诈防范”、“春节普法7天乐”、“民法典”、“3·15”消费者权益普法等线上答题活动，参与群众3.1万人次。“@法润成华”政务微博获评2022年全国政法系统司法行政微博影响力第10名。

【人民调解】　区司法局巩固人民调解“五化联动”改革成果，完善“四诊四调”分层过滤矛盾纠纷化解机制，加强人民调解员队伍建设，建强专业化、社会化人民调解员队伍22人。区司法局推进“律警民e点通2.0版”远程视频调解平台运用，加强智慧调解平台建设，优化远程法律咨询、视频调解、数据集成等功能，推动矛盾纠纷调解网络体系覆盖全区。全区各级人民调解组织全年调处矛盾纠纷1636件，提供咨询3272件6544人次，涉及金额1.12亿元，群众满意率99.7%。《“六个一”模式供给优质法律服务》经验被司法部刊物《人民调解》刊载，获区委主要领导肯定性批示。

【“疏心姐妹”调解室】　成华区在二仙桥街道打造“疏心姐妹”调解室，组建法官、民警等调解专家“智囊团”202人，组织街道“法律明白人”等社会调解力量160人，聘请兼具司法资格和心理学背景的专职调解员2人，采取“送法”宣传、上门巡访等方式，每月2次定期排查欠薪、婚姻家庭等多发矛盾，结合“律警民e点通”和线下工作室加强掌上办、线下调，构建街道全域化调解组织体系。“疏心姐妹”调解室全年开展法治宣传92次，发放宣传资料2.6万份，上门巡防186次，调解案件307起，调解成功率100%。

【安置帮教】　区司法局健全与区公安分局工作衔接机制，加强重点人员管控，协调单位做好刑满释放人员安置就业和社会保障，为刑满释放人员自食其力创造条件，开展走访帮扶慰问困难刑释人员67人，聘请心理咨询师为刑满释放人员提供心理咨询服务15人次，提供视频远程探视服务2962人次。成华区刑满释放人员过渡性安置教育基地安置困难刑满释放人员12人，开展就业培训5期。成华区全年衔接刑满释放人员278人、帮教278人、安置278人，重点帮教对象人数25人。

【社区矫正】　10月11日，成华区社区矫正委员会召开第一次会议，制订社区矫正委员会议事规则，明确区委政法委、区法院、区检察院、区公安分局、区司法局等成员单位职责分工，区司法局承担区社区矫正委员会领导小组日常工作。区司法局加强社区矫正信息化管理，信息化核查率100%，开展社区矫正对象法治教育6313人次，开展团体心理辅导24次1186人次、个别心理咨询362人次、个案跟踪矫治67人，组织社区矫正对象参加公益活动1.15万人次，出具社会调查评估意见115件。全年接收社区矫正对象478人、解除矫正398人，在册社区矫正对象582人。《春风化雨融坚冰，社区矫正促新生》获评2022年成都市社区矫正“十大优秀典型案例”。

5月25日，成华区开展创建法治政府示范区专职人民调解员业务培训　（区司法局供图）

8月17日，成华区“百万律师进万家”公共法律服务活动走进双水碾街道荆竹社区进行法治宣传
（区司法局供图）

【公共法律服务】 区司法局建立“1个区级中心+3个市级产业功能区分中心+11个街道工作站+83个社区法律之家”公共法律服务网络，联合区退役军人局成立成华区退役军人法律援助工作站，推进律师、公证、调解、仲裁等法律服务集聚发展，组建百人法律服务团，培育街道“法律明白人”282人，打造“法治润民心”“法治惠民生”“法治解民忧”等服务品牌，开展宣传法律政策、收集社情民意、矛盾纠纷化解等法律服务。全年开展“百名律师进万家”公共法律服务活动166场，为企业开展法治体检350次，受理法律援助案件1161件，为特殊困难群众提供法律咨询5204人次，免费提供法律咨询3.2万人次1.5万小时，形成多层次、全方位、立体化、均等化公共法律服务。

【“法律七进”推进】 区司法局制发《2022年成华区守法普法工作要点》《成华区2022年“谁执法谁普法”普法责任制清单》，结合“3·8”国际妇女节、“3·15”国际消费者权益日、“4·15”全民国家安全教育日、《中华人民共和国民法典》宣传月、《中华人民共和国社区矫正法》宣传、网络安全宣传周等时间节点，开展禁毒防艾、《中华人民共和国法律援助条例》、《中华人民共和国反家庭暴力法》、《中华人民共和国国家安全法》、《中华人民共和国民法典》等专项“法律七进”普法活动。全年开展“法律七进巡回讲堂”、法治政府创建宣传、宪法宣传周等各类“法律七进”活动224场次，发放各类法治宣传资料、用品等7.1万份，参与群众3.2万人次。

【宪法宣传周活动】 12月8日，成华区“礼赞二十大·法治耀成华·追寻百年党史中的法治足迹之红歌故事会”宪法宣传周活动在保和街道和美社区小剧场举行，举行“法律明白人”授任仪式，通过微博、微信、抖音等平台全网直播，在线观看网友1.03万人次，关注点赞4.2万人次。12月4—10日，成华区开展宪法进企业、进机关、进校园、进社区、进军营、进网络空间、进宗教场所等宪法宣传周活动54场，发放宪法、禁毒防艾、反邪防邪等专项普法宣传资料和法治小礼品5620份。成华区“2022宪法宣传周”线上主题活动被《人民日报》《四川法治报》及“学习强国”学习平台报道。

【民法典主题广场建设】 成华区在青龙街道致强社区新建以“民法典”为主题的法治文化广场，总面积3000平方米，结合致强社区五中心一广场（党群中心、卫生服务中心、智慧治理中心、邻里中心、养老中心、豫府广场）规划，建设主题牌、综治中心、公共空间等，集成“法润民心”智慧普法、“法解民忧”纠纷调解、“法惠民生”法律服务等功能。截至年底，完成广场主题牌、综治中心等主体建设。

（王　雪）

5月24日，成华区“四川十大法治人物”巡回宣讲活动在万年场街道司法所举行（区司法局供图）

军　　事

编辑　王　翠

人民武装

【概况】　2022年，成华区人民武装部贯彻中央军委主席习近平强军思想和新时代军事战略方针，推动党管武装落实见效，全年专题研究武装工作和双拥工作12次，开展“忠诚维护核心、矢志奋斗强军”主题教育，推动11个基层武装部规范化建设达标，帮助驻区部队解决实际困难4项。

【党管武装】　成华区委把党管武装工作纳入经济社会发展规划统一研究部署，执行党委议军、现场办公等党管武装制度，把专职武装干部和民兵骨干队伍建设纳入干部管理计划统一管理考评，把国防教育纳入全民教育计划统一组织实施，组织召开成华区各街道党工委（书记）党管武装工作述职会议暨区委议军会议，研究部署国防后备力量，推动党管武装落实见效。

【官兵思想政治建设】　区人武部把政治建设摆在首位，用习近平新时代中国特色社会主义思想和习近平强军思想武装头脑、指导实践、推动工作，组织学习党的二十大精神，习近平主席在十三届全国人大五次会议解放军和武警代表团、十九届中纪委六次全会等会议上的重要讲话精神。区人武部开展“忠诚维护核心、矢志奋斗强军”主题教育，研学《习近平论强军兴军》《习近平谈治国理政》《确保如期实现建军一百年奋斗目标》等理论书籍，党支部、党小组组织集中理论学习40次，交流讨论10次。

【基层武装部规范化建设】　区人武部以“科学规划、先行规范、分步组织、全面落实”为原则，加强专职武装干部队伍建设，选拔军政素质“双过硬”干部担任街道专职武装部部长，新任职3名街道专职武装部部长；强化“理想信念、优良传统、战斗精神、性质宗旨”等教育，保持专职武装干部队伍年轻化、专业化，组织专职武装干部进行人民武装业务培训22人次，完成18名专职武装干部资格认定。区人武部完善硬件设施建设，提升基层武装部规范化建设实效，11个街道基层武装部规范化建设全部达标，青龙、保和街道被确定为成都市基层武装部规范化建设试点单位。

（王官军）

民兵预备役

【概况】　2022年，成华区人民武装部把握适应国防建设需要强能力、服务经济社会发展做贡献总体要求，推动新时代民兵组织建设转型升级，民兵新质力量占基干民兵比例达到30%的要求，开展民兵战备训练，提高战备应急能力和组织指挥本领，发挥民兵参建参治作用，维护社会稳定。

【民兵组织建设】　区人武部会同区新经济和科技局、区民政局、区统计局、区退役军人局和区工商联、区科协等单位，开展适编潜力资源调查，依托民兵工作管理系统建立潜力数据库，开展退伍军人服预备役登记工作，摸清战时部队急需、紧缺的地方军事专业对口人员；统筹辖区民兵与其他国防后备力量建设，明确应急、支援力量队伍编建类型，优化力量结构；拓展民兵编组，围绕备战训练、维稳处突、救灾应急等任务，吸纳专业人才和编建专业队伍，向产业功能区、国有企业、民营企业、科研院所、高新技术产业等领域拓展民兵编组；落实成都市民兵新质力量占基干民兵比例不低于30%的编组要求，以新质民兵力量建设为核心，研究编建模式，优化民兵队伍结构，编实建强民兵应急力量和支援力量。

【民兵战备训练】 区人武部提高战备应急能力和组织指挥本领，落实日常战备工作，严格执行战备规定，严密组织战备值班，执行各类值班秩序和请示报告制度，坚持街道民兵应急日常战备值班，加强应急分队建设，强化常态战备执勤；组织民兵开展战备拉动点验，做到人员、分队在岗在位，装备设施正常完好，所有人员通信畅通，民兵分队在规定时间内集结完毕，始终保持战备状态，组织民兵应急分队拉动演练3次，接受上级各类值班检查抽查30次。区人武部开展民兵军事训练，采取民兵集中组训、以勤代训、以岗代训等方式，提升民兵综合素质能力，组织开展基干民兵基地化军事训练2期，完成军事训练目标任务。

（王　兰）

国防动员

【概况】 2022年，成华区人民武装部着力提高国防动员能力建设，多形式开展国防教育，组织征兵宣传、进行兵役登记，开展廉洁征兵，抓实国防动员后备力量建设，推进国防动员建设与经济社会共同发展。

【国防教育】 区人武部贯彻全民国防教育总要求，推动国防教育进机关、进学校、进企业、进社区，分批分层开展革命传统教育，建立国防教育与课堂教学、德育、社会实践相互融合的长效机制，开展爱国主义教育宣传。区人武部联合区委宣传部、区教育局和各街道，走进院校、社区宣讲军队故事，全年举办国防教育讲座4次，组织学生军训7000人，增强人民群众了解国防、支持国防、建设国防意识。

【征兵宣传】 区人武部在全区83个社区（村）设立征兵报名咨询点，采取“集中分发宣传资料、面对面讲解征兵政策”方式，将征兵宣传贯穿兵役登记、报名应征、体格检查、政治考核等环节，确保征兵宣传进社区进家庭；联合成都理工大学、西南财经大学天府学院2所高校，通过校园网、QQ群等发布征兵公告，设立报名咨询站，组织征兵政策宣讲会，激发大学毕业生投笔从戎、参军报国热情；通过成华有线电视台、成华发布微信公众号宣传征兵政策，营造参军报国社会氛围。

【兵役登记】 区人武部在全区发布《成华区2022年兵役登记通告》，以街道、社区、学校为阵地开展兵役登记，通过设置兵役登记提示牌和发放《兵役登记温馨提示卡》等方式，提高兵役登记知晓率，强化全社会国防观念和适龄男青年依法履行兵役登记义务意识。针对满18周岁男青年采取点对点宣传讲解的方式，回应兵役登记与应征入伍的关系等群众关心的热点问题，全区兵役登记率100%。

【兵役征集】 区人武部按照省市征兵工作的部署和要求，推进“组织准备、宣传动员和体检政审准备、体检政审及调查走访、审批定兵及运输、总结评比”五个流程，把牢身体关、政治考核关、文化关，采取加强教育、强化监督、坚持原则三个措施，做到依法征兵，确保廉洁征兵。区人武部突出专题教育、科学组训、复查复考三个役前训练，提升兵员素质，全年未发生征兵违规违纪问题和责任退兵问题，完成兵员征集任务。

（王　兰）

人民防空

【概况】 2022年，成华区人民防空办公室动员和组织开展应急避险疏散演练，提升自救互救能力；落实人防工程建设标准，加强人防组织指挥、防空警报建设、人防工程质量监督管理，推进新建人防工程项目，新增防空警报器3台，开展人防工程质量监督检查650次；利用“5·12”“9·18”等节点，开展防灾减灾知识、防空应急自救宣传。成华区人防办被成都市人民防空办公室评为2022年度工程建设先进单位。

【人防组织指挥】 区人防办开展人防机动指挥通信系统的集成、互联互通，定期进行系统设备操作训练和日常维护保养，参加市人防办组织的常规对星通信训练、成都市反恐演练、成德眉资四市人防指挥通信联训联演、人防机动指挥通信专业队伍跨区拉练等专项训练，全年向11个街道办事处及所辖社区、2支应急抢险专业队发放家庭应急包2813个、社区应急包100个。区人防办推进疏散基地建设，完成人口疏散基地地域建设对接工作，专题研究行政区域调整后全区疏散人员的疏散路线、接收乡镇现

10月19日，双水碾街道站北路社区开展人防宣传教育活动　（区人防办供图）

状等问题，拨付人防疏散基地建设经费。区人防办开展全区重要工矿企业、科研基地、交通枢纽、通信枢纽、变电站等走访摸排，完成2022年度全区国防动员数据统计和全区重要经济目标统计更新工作，监督和指导重要经济目标做好防护工作。

【人防工程建设与管理】　区人防办加强工程质量监督管理，运用“人防行政审批系统”，实现审批事项全覆盖，落实执法责任和备案报告制度，完备检查程序，形成闭环的过程资料、记录和报告，保证工程建设质量。区人防办委托物业公司24小时严密监控出入口部和通风竖井等人防工程外围，确保门锁完好无损，防止无关人员进入；加强人防工程安全维护管理，巡查人防地下室配电设备、抽水泵运行状态，查实深井水位线在设定位置，核查地下室主体裂纹和渗水情况，重点巡查老旧人防工程，制定应急措施，及时整改水电等重点问题，对投用的人防工程进行抽查，全年开展隐蔽检查618次，抽查竣工投用人防工程，未发生人防工程安全责任事故。

【防空警报建设与管理】　区人防办新增防空警报器3台，全区防空警报增至55台，其中多媒体警报3台，不定期对各设台单位进行警报维护管理督查，确保设备设施完好率100%。区人防办组织“9·18”防空警报鸣放演练，监听鸣放效果，全年无误鸣事故发生。跳蹬河街道办事处、成都理工大学、成都航天通信设备有限责任公司等8家单位被市人防办评为防空警报建设与管理先进单位。

【人防知识宣传】　区人防办利用“3·1”国际民防日、“5·12”防灾减灾日、“9·18”警报试鸣日、“12·1”《中华人民共和国人防法》颁布日和法制宣传日等时间节点，组织街道、企业、学校开展防灾减灾知识和防空应急自救宣传教育，在全区防空警报设置单位发布警报试鸣演练公告，采取展板海报、宣传短片、动画片和有奖竞答等形式，开展人防知识宣传。

（王瑞雪）

双拥工作

【概况】　2022年，成华辖区有驻区部队9家、双拥工作成员单位35家，重点优抚对象2409人。区退役军人局以创建四川省第十二届双拥模范区为目标，健全双拥工作机制，挖掘拥军崇军先进典型，推进拥军优属、英烈褒扬纪念等工作，建成中铁建双拥国防教育基地。区退役军人局开展“立功授奖”向军人家庭送喜报活动，向立二等功现役军人4人、立三等功现役军人29人送喜报33人次；全年发放优待证28274张。

（王卫兵　金煜夔）

【拥军优属】　区退役军人局建立健全“基层双拥工作七制度”，春节、八一期间开展走访慰问活动，发放慰问金、慰问品180万元；落实义务兵优待政策，发放入伍大学生一次性奖励金和家庭优待金1375万元；开展悬挂光荣牌、迎接2022年秋冬季退役军人光荣返乡工作，为返乡退役军人发放办事流程卡、政策宣传手册并提供政策咨询服务。区退役军人局被市退役军人局评为2022年度成都市拥军优属工作成绩突出单位。

【军地共建】　区退役军人局建立健全“N对1”“1对1”军地结对共建创新机制，全区35家双拥工作成员单位分为9组以“N对1”方式、11个街道以“1对1”方式，分别与9家驻区部队结对共建并签订共建协议书，落实“互办一件实事、开展一次走访、组织一场活动”的“三个一”年度目标任务，维护军人军属合法权益，协助做好军事设施保护，协调处理军地矛盾纠纷，维护驻区部队营区周边安全。区退役军人局为现役军人子女协调辖区入学入托137人，协调成都锦欣藏医院为驻蓉部队接种新冠疫苗700人次，驻区32603部队开展扶贫帮困、乡村振兴等活动，投入经费38.7万元。

（王卫兵）

表32　　2022年成都市成华区籍现役军人立功授奖情况表

姓名	颁奖单位	立功授奖荣誉	立功授奖时间
严万洪	63798部队	二等功	2022年1月
张　园	95061部队	二等功	2022年3月
李　欣	77120部队	二等功	2022年4月
高　峰	95655部队	二等功	2022年5月
郑　祎	31637部队	三等功	2022年1月
赵子轩	77156部队	三等功	2022年1月
尹铁尧	77680部队	三等功	2022年1月
江建成	95261部队	三等功	2022年1月
罗　成	武警成都支队	三等功	2022年2月
刘　波	武警成都支队	三等功	2022年2月
严伟栋	陆军953医院	三等功	2022年2月
肖普森	武警成都支队	三等功	2022年2月
贺　骁	95666部队	三等功	2022年2月
杨　鹏	95662部队	三等功	2022年2月
赵　宇	95655部队	三等功	2022年2月
赵晓涛	武警成都支队	三等功	2022年2月
全　博	32601部队	三等功	2022年2月
刘兴智	95455部队	三等功	2022年2月
赵佳琳	95778部队	三等功	2022年2月
唐文宏	陆军预备役第三基地	三等功	2022年2月
杨绍华	新疆武警总队机动第七支队	三等功	2022年3月
齐　尧	陆军军事交通学院	三等功	2022年3月
雷建超	32281部队	三等功	2022年3月
李　敏	四川武警总队机动第一支队	三等功	2022年4月
白小龙	四川武警阿坝州支队	三等功	2022年4月
黄金开	武警部队第二机动总队交通第一支队	三等功	2022年4月
张晓龙	31691部队	三等功	2022年4月
贺华东	95438部队	三等功	2022年4月
陈　继	武警阿坝支队	三等功	2022年4月
麦　舒	69339部队	三等功	2022年4月
姚书文	31660部队	三等功	2022年6月
郭银桥	四川省武警第三支队	三等功	2022年6月
田旭涛	68302部队	三等功	2022年10月

【“优待证”申领制发】　区退役军人局开展退役军人、其他优抚对象建档立卡和优待证申领制发工作，采取先行试点、实地观摩、召开推进会等方式，指导各街道、社区优化工作流程、提升服务质效。区退役军人局组织专人为年老体弱、行动不便的退役军人及其他优抚对象等提供上门服务，抽调业务骨干在退役军人相对集中的办公区域设立办理点位，增强工作精准性和便捷性。全年完成建档立卡30798份，受理优待证申请30742人次，发放优待证28274张。

（金煜夔）

【英烈褒扬纪念】　成华区利用清明节等节点，以主题党日等方式，开展英烈纪念活动缅怀革命先烈；9月30日，区领导，区级各部门各单位、各街道与驻区部队、公安干警代表，老战士、烈士遗属、社会各界代表和少先队员代表，到院山坡烈士陵园敬献花篮、默哀缅怀，向革命先烈表达崇高敬意。区退役军人局开展烈士寻亲活动，与山西、河南、河北等外省退役军人事务部门沟通对接，寻找到何自美、杨茹青、孙自友、李全文4名烈士亲属。

【院山坡烈士陵园升级改造】　区退役军人局坚持“烈士陵园、文化公园和精神家园”“三园合一”功能定位，按照“亮化、绿化、美化、净化”“四化相成”工作思路，完成院山坡烈士陵园升级改造和陵园纪念馆改陈布展工作。院山坡烈士陵园占地面积2100平方米，建烈士纪念碑1座、烈士墓位19座、烈士纪念馆200平方米、多功能用房206平方米、停车场820平方米，是成华区爱国主义教育基地、成华区党性党风党纪教育基地、党史学习教育基地、青少年爱国主义教育基地、驻区部队思想政治教育基地。

【成华区双拥国防教育基地投用】　3月24日，成华区双拥国防教育基地在中国铁建地产西南公司党建品牌馆举行揭牌仪式，基地面积700平方米，由“铁道兵展厅”“改革开放”“时代先锋”“旗帜引领”“发展战略”5个展厅构成，向社会免费开放。

【双拥国防主题公园开建】　12月，成华区双拥国防主题公园建设启动，公园位于保和街道槐柳四路，占地面积3800平方米，公园秉承“庄重、简约、开放”理念，设“百年伟业”“红色地标”“英模风姿”“军史钩沉”“双拥广场”“成华英烈”“威武之师”“军事荟萃”八大板块展现党史、军史，宣传普及双拥、国防和军事知识。

（王卫兵）

经济管理

编辑　李锡清

发展规划

【概况】　2022年，成华区以规划引领经济社会发展，分解落实《成华区国民经济和社会发展第十四个五年规划和二〇三五年远景目标》任务，推进“三个做优做强”、产业建圈强链、供给侧结构性改革、社会信用体系建设，以全国百强区巩固升位为目标，巩固提升区域经济高质量发展。成华区入选全国综合竞争力百强区第85位，比上年上升6位，受到省委、省政府通报表扬。

【公园城市示范城区行动计划】　12月5日，成华区出台《成华区建设践行新发展理念的公园城市示范城区行动计划（2021—2025年）》。计划将绿水青山就是金山银山理念贯穿城市发展全过程，以建成成都建设践行新发展理念的公园城市示范区为统领，以打造“三区一样板”为路径，绘制美丽生态画卷、增进社会民生福祉、激发绿色低碳发展活力、增强城市智慧安全韧性，探索生态环境质量转变、生产产品价值转化、生产生活低碳转型、山水人城和谐相融的“成华实践”，实现中心城区高质量发展、高品质生活、高效能治理，争当成都建设践行新发展理念的公园城市示范区排头兵。到2025年，“三区一样板”加快建设，公园城市示范城区建设取得明显成效，实践“两山”理念的先锋城区加快打造，公园形态与城市空间深度融合，蓝绿空间稳步扩大，城市建成区绿化覆盖率达到50%，公园绿地服务半径覆盖率达到90%以上，主要河渠优良水体达标率稳定在100%，空气质量优良天数比率稳步提高，生态产品价值实现机制初步建立。

【推进“三个做优做强”】　成华区聚焦做优做强中心城区核心功能，实施“中环牵引、纵横联动、组团优强”发展策略，以公园城市示范区建设为统领、提升功能能级为导向、重点片区和项目集群为突破，做强“三地”核心功能支撑、培育“三区”特色功能示范、优化“一区五成华”基本功能，打造以“金色中环”为牵引的老工业区转型发展标杆；坚持规划引领，推进“三个做优做强”方向路径，策划梳理熊猫国际旅游度假区、“金色中环”、蓉北枢纽商圈成华片区三大示范片区《建设方案》及10个项目群、43个引领性项目，纳入全市“三个做优做强”24个重点示范片区；坚持项目为王，推动“三个做优做强”成势见效，抓好招商引智，聚焦九大重点产业链，都市工业、现代服务业“3+3”产业体系，完成9条重点产业链“三表一图”编制，锁定270家目标链主企业，引进中核二三西南总部、腾讯PEL电竞联赛等链主企业项目31个，落地科大讯飞读写科技全国总部等链主企业项目18个。

（张　寒）

【产业建圈强链行动】　成华区聚焦人工智能、都市旅游、文化创意三大重点产业链，以六类500强、央企及国内外行业龙头十强企业为目标，推进重点产业链主目标企业招商，全年签约龙川集团成都熊猫极地海洋世界、国信国际电竞产业园等链主企业投资项目35个；落地注册紫金矿业集团、南京埃斯顿西部研发中心、科大讯飞成都智谷等链主企业项目22个。推动省市重大产业项目开工建设，全年38个省市重大产业项目年度完成投资159.11亿元，成华区金地威新人工智能创新基地、成华区东广人工智能谷二期、四川省第一中医医院建设工程等10个项目开工建设，成华区新经济产业服务中心、成华区隆兴北四路西侧新型社区建设工程等12个项目竣工。成华区加快链主企业培育，都市旅游产业链将旅游与文化、研学、体育、生态、美食融合创新，培育国之瑰宝、福建龙川集团等链主企业15家；文化创意产业链在影音、设计、电竞、电商等加速链主企业汇集，培育阿里巴巴、完美世界等链主企业23家，完美世界、华星璀璨、旅投漫话3家企业入选全市文创产业链链主企业；现代商务产业链重点聚焦新兴消费、数字贸易、电子商务等领域为链主企业提供金融资金、创业孵化、载体政策等，培育富森美、宜家成华商场等链主企业12家；枢纽服务产业链重点聚焦“枢纽+总部经济”“枢纽+商务会展”“枢纽+时尚消费”“枢纽+健康服务”，提供金融资金、创业孵化和载体政策等，培育成都龙之梦大酒店、鹏瑞利国际医疗健康中心等链主企业10家；医疗健康产业链聚焦高端医疗、特色医美等重点领域，培育四川千里倍益康、韩妃美容等链主企业4家；新兴金融产业链差异化发展财富管理、并购产业、金融科技等新赛道，培育四川银行成都分行、享宇科技等链主企业6家。成华区依托中国电力工程顾问集团西南电力设计院、信息产业电子第十一设计研究院、成都建筑材料工业设计研究院、中国测试技术研究院、中国石油集团西南油气田分公司、中国石油集团川庆钻探工程有限公司、雅砻江流域水电开发有限公司、电子科技大学、成都理工大学四院三司两校资源人才和技术优势，推动四川成焊宝玛焊接装备工程有限公司、成都卡诺普机器人技术股份有限公司、四川新先达测控技术有限公司等优质企业发展。联合高校院所建设科技创新平台，建成四川成焊宝玛焊接装备、电子科技大学等产学研联合实验室8个，新增成都理工大学四川省数控装备超精密驱动与传动工程研究中心、四川省油气钻完井智能装备工程研究中心2家。

（刘晋峰）

【供给侧结构性改革】 成华区以深化供给侧结构性改革为主线，统筹推进体制机制、要素市场、国资国企、民生领域等重点改革任务，深化功能区等领域“编制+员额”人事管理制度改革，政府投资项目管理机制不断完善，企业扶持激励制度改革有序推进，“服贷投”融合模式案例入选全省要素市场化配置改革试点。成华发展集团成为全省首家获得BBB+国际主体信用评级的区县级国有企业。成华区“全国智慧教育示范区”改革试点稳步推进，成华区中长期青年发展规划改革试点，推进规划落实、青年发展型城市建设、规划县级试点实施等工作经验在全国推广。

（王文君）

5月7日，成华区产业建圈强链工作领导小组第二次会议暨“631”重点项目调度会召开

（区融媒体中心供图）

【社会信用体系建设】 成华区加强信用体系建设区域合作，在川渝合作的框架下，在信用修复、信用报告应用、信用分级分类监管等方面加强合作；探索信用应用创新，联动成都市交子个人信用信息平台，加强与金融机构合作，共享信用评分，在勘验、政务办理、税务、智慧水务等领域，为诚信办事者提供更简便、更快捷、更智能的政务服务体验；推进“双公示”工作，区市场监管局等29家具备行政处罚和行政许可权限单位的查处事项全部录入相应网络公示系统，行政处罚和许可信息公示率100%。成华区围绕优化营商环境，制定《成华区2022年社会信用体系建设工作要点》，细化分解4大类19项具体工作任务，深化“放管服”改革，提升政务服务能力，强化信用宣传推广，打造信用应用亮点，推进全区社会治理体系和治理能力现代化、法治化、精细化建设。区发改局依托“成华信用”网，发布“信用动态”工作信息60条，公示新增市场主体统一社会信用代码相关信息58条，省市区各级信用政策法规8条，新增市场主体信息3.73万条、市场主体信用承诺书2.11万

份，列入“经营异常名录”企业4090户，指导1591家企业完成信用修复。

（许　爽）

开放与合作

【概况】　2022年，成华区探索在成渝两地成立高校“双中心”发展模式，促进重庆大学城成渝高校协同创新基地、西南大学产业技术研究院双城协同创新中心落户成华区，与重庆市璧山区、铜梁区组建成渝两地三区智慧教育协同发展共同体，举办“智慧教育”在线研讨会。成华区东郊记忆被重庆市和四川省联合命名为“川渝工业文化教育实践基地”。成华区获评成渝地区双城经济圈建设最佳投资城区。

【成渝地区双城经济圈建设】　成华区围绕成渝地区双城经济圈重大战略机遇，深化与重庆市九龙坡区、南岸区、江北区、大渡口区、铜梁区专项合作，推进人才、税务、教育、医保、民政、统战、政务服务、城市管理、生态环保、市场监管、司法检察等领域合作，与重庆市南岸区、大渡口区建立战略合作关系。探索高校在成渝两地成立“双中心”的发展模式，促进重庆大学城成渝高校协同创新基地、西南大学产业技术研究院双城协同创新中心落户成华区。创新建立全国首个服务成渝双城的“青年网络工作站”，定制化提供需求发布、项目孵化等便捷服务21项，吸纳“会员制”企业200家，华灿工场获评国家级众创空间、完美文创和蜂巢金服获评省级众创空间；承接电子税务“川渝通办”省级试点，与重庆市南岸区通办税费申报等事项6类67项，两区共同打造的同质化纳税服务“样板间”入选成渝地区双城经济圈建设发展典型案例。10月28日，成华区与重庆市璧山区、铜梁区组建成渝两地三区智慧教育协同发展共同体，举办第二届“智慧教育”在线研讨会。首届川渝露营峰会在完美文创公园举办，“公园+露营”微度假模式融入成华区公园社区规划建设。成华区引进砂之船商业管理集团、重庆光大百龄帮康养产业集团、重庆龙湖天街商业地产有限公司等链主企业30家，总投资53.5亿元。

【环成渝青年协同创新中心投用】成华区围绕成渝地区双城经济圈区域辐射力，成立环成渝青年协同创新中心。5月26日，成华区与重庆市沙坪坝区合作，成渝两地6家青创企业通过电子签约方式签约。环成渝青年协同创新中心联动成渝两地技术经理人服务平台，发布3640万元城市机会清单，项目涵盖智慧城市建设、大数据应用、工业互联网创新应用和数字文旅等领域。环成渝青年协同创新中心依托成华区青年（大学生）创业园，引入青联委员、青协会员运营的孵化平台，设立成华主站和沙坪坝分站，以团属社会组织为主体、成渝青创企业为主力，突出培育青年企业、强化产业对接、引导项目落地，联合重庆市沙坪坝区团委探索一体化打造平台共用、资源共用、创新共驱、项目共建、经济共促、就业共担、服务共享、青年共兴的全国首个环成渝青年协同创新中心。截至年底，环成渝青年协同创新中心签约基金投行15家、专业导师28人，成渝共享场地4个、高校资源5个。

【成德眉资同城化发展促进】　成华区与资阳市乐至县合作，龙潭工业机器人产业功能区管委会与乐至县经济开发区管委会签订共建合作协议。全年154个项目实现在线发布招标公告、招标文件、在线投标、在线开标、不见面开标等全流程电子招投标交易，优化成德眉资易地评标在线合同签订、在线发送中标通知书等功能，实现企业“零跑路”。成华区建立业务专用通道，实现职工医保关系转移接续转入地线上直接办理，办理时限由3～6个月缩短至15个工作日。截至年底，结算德阳、眉山、资阳三地异地就医人员20.68万人次，基金支付费用6160.95万元。成华区围绕打造成德眉资创新共同体，为中建长江投标20亿元德阳市首个PPP项目提供融资方案和各类金

5月26日，环成渝青年协同创新中心揭牌成立暨协作推进会召开　（区发改局供图）

5月31日，成华区、德阳市旌阳区、眉山市东坡区、资阳市雁江区共同启动德阳人才活动月暨成旌东雁“社区能人100+计划” （区发改局供图）

融服务。成华区会同德阳市旌阳区、眉山市东坡区、资阳市雁江区聚焦构建成德眉资人才共引、才智共育、平台共建、服务共融人力资源协同体系，启动人才活动月暨成旌东雁“社区能人100+计划”，拓宽四城人才“朋友圈”，推进四城人才交流合作，推动成德眉资同城化发展成势见效。

【成华区与资阳市乐至县区域合作】 成华区与乐至县推进教育、人才等方面合作，双方教育部门在《基础教育协同发展合作交流框架协议》的基础上，加强跨区域教学交流、教师培养和智慧教育资源应用，实现教育共建共享，遴选四川省成都列五中学与乐至中学、四川省成都市第四十九中学和美校区与乐至实验中学、四川交响乐团附属小学与乐至县希望小学、成都市第十二幼儿园与乐至县幼儿园4所学校（幼儿园）结对共建，覆盖幼儿园、小学、初中和高中，拨付专项工作经费4.8万元。邀请乐至县名优教师参加成华区名师工作室研修活动，拟定乐至县学校行政干部和骨干教师到成华区结对学校跟岗学习方案，计划结对工作室领衔人11名、跟岗学校5个。四川交响乐团附属小学与乐至县希望小学完成在线签约，并开展为期一周跟岗学习。

【成华区与德阳市旌阳区区域合作】 成华区与德阳市旌阳区发布《成华区——德阳市旌阳区政务服务异地通办事项清单（第一批）》，首批63个政务服务事项实现两地异地办理，包括城乡居民基本养老保险关系转移接续、城镇职工医疗保险关系转移、义务教育阶段学生学籍异地办理等公共服务类事项20项；核发居民身份证等行政确认类事项1项，普通护照签（换、补）发、举办营业性演出许可、内资公司设立登记、个体工商户注册登记、农民专业合作社登记等行政许可类事项42项，推进情况由省同城办印发推广。双方医保部门签订《深入推进成德眉资同城化医疗保障事业协同发展战略协议》，探索解决跨统筹区之间分级诊疗、转诊转院、就医地监管、门诊特殊疾病管理等。

（王文君）

固定资产投资

【概况】 2022年，成华区以“631”重点项目建设为引领，全年固定资产投资比上年增长0.9%，其中第二产业投资比上年增长27.8%、第三产业投资比上年增长17.5%，公共服务投资比上年增长0.8%，基础设施投资比上年下降58.6%。

【重点项目投资】 成华区实施产业建圈强链和重点片区重大项目攻坚大会战，狠抓项目招引储备和开工促建，多措并举抓项目促投资稳增长。成华区金地威新人工智能创新基地、成华区联东优谷成都新经济产业园、成华区龙潭总部新城标准化厂房、成

表33 2022年成都市成华区省级重点建设项目表

序号	项目名称	总投资（亿元）	年度投资（亿元）	所在功能区
1	成华区金地威新人工智能创新基地项目	50.0	11.70	
2	成华区联东优谷成都新经济产业园项目	12.3	3.90	龙潭工业机器人产业功能区
3	成华区龙潭总部新城标准化厂房项目	17.5	4.50	
4	成华区中车产业城	50.0	8.50	东郊记忆艺术区
5	成都天府国际动漫城项目	19.5	10.40	新北天地商贸旅游发展区

表34　2022年成都市成华区市级重点建设项目表

序号	项目名称	总投资(亿元)	年度投资(亿元)	所在功能区
1	成华区双龙路道路及配套设施项目	6.6	3.90	熊猫国际旅游度假区
2	成华区北湖未来公园社区商业及配套设施项目	7.6	1.95	
3	成华区世永信息技术研发管理中心项目二期工程	5.6	0.65	龙潭工业机器人产业功能区
4	四川省应急救援总队基地建设项目	1.4	0.60	
5	成华区东广人工智能谷二期项目	10.5	3.25	
6	成都市第三十八中学改造提升工程项目	1.5	0.78	
7	成华区科创中心项目	9.3	3.90	
8	成华区隆兴北四路西侧新型社区建设工程	3.4	0.80	
9	成华区华翰路西侧配套社区综合体及运动场项目	3.2	0.75	
10	成华区新经济产业服务中心项目	5.8	0.60	
11	成华区新经济产业服务中心二期项目	6.5	1.95	
12	成华区八里庄工业遗址片区城市更新项目	76.1	15.60	东郊记忆艺术区
13	成华区海兴公司地块自主改造商业项目	15.0	3.10	
14	成华区通瑞龙邸A地块永立大厦项目	10.5	0.70	
15	成华区万科天荟商业综合体项目	33.0	3.90	
16	成华区合信二仙桥片区商业项目	29.2	5.20	
17	成华区龙腾展锦荟项目	6.0	2.60	
18	成华区龙光世纪中心商业项目	18.6	2.04	
19	四川省第一中医医院建设工程项目	20.0	2.60	
20	成华区通瑞置业龙邸四期商业项目	10.0	6.11	
21	成华区妇幼保健院新址建设工程项目	10.6	4.23	
22	成华区101研发总部及文创产业园项目	14.1	3.90	
23	成华区禾创文创产业园区项目	14.0	1.30	
24	成华区雪松西南总部项目	58.0	7.80	东客站枢纽经济发展区
25	成华区华侨城滨江壹号商业综合体项目	36.0	9.52	
26	成华区东方希望上东里商业项目	15.0	3.25	
27	成华区和悦广场项目	13.0	3.90	
28	成华区第七人民医院新址修建工程项目	7.5	1.95	
29	成华区宸晖风华商业项目	22.0	8.99	新北天地商贸旅游发展区
30	成华区大陆潮里商业项目	10.0	0.62	
31	成华区人民医院新址修建工程	14.5	6.50	
32	成华区信远商业综合体项目	15.6	0.65	建设路金融商务总部发展区
33	成华区蜀都大道片区城市有机更新项目	23.1	6.50	

华区中车产业城、成都天府国际动漫城5个项目列为省级重点项目，总投资149.3亿元，年度完成投资39.0亿元。成华区东广人工智能谷（二期）、成华区新经济产业服务中心、成华区八里庄工业遗址片区城市更新、四川省第一中医医院建设工程、成华区万科天荟商业综合体、成华区雪松西南总部等33个项目列为市级重点项目，总投资533.2亿元，年度完成投资120.09亿元。

【区级重大项目投资】 成华区全年经济社会发展实施项目329个，年度计划投资492.7亿元，完成投资528.9亿元，完成年度投资计划的107.3%。按投资类型分，政府投资项目223个，完成投资166.7亿元，完成年度投资计划的103.2%；社会投资项目106个，完成投资362.2亿元，完成年度投资计划的109.4%。按项目批次分，竣工投产项目149个，完成投资110.5亿元，完成年度投资计划的103.0%；新开工项目94个，完成投资124.8亿元，完成年度投资计划的108.3%；续建项目86个，完成投资293.6亿元，完成年度投资计划的108.7%。

（刘　巍）

【房地产开发投资】 成华区全年房地产开发投资比上年增长15.3%，商品房竣工面积121.21万平方米、比上年增长120.1%，商品房新开工面积230.29万平方米、比上年增长128.8%，商品房销售面积174.08万平方米、比上年下降7.1%，其中住宅销售面积127.88万平方米、比上年下降5.4%，商品房销售额310.81亿元、比上年下降10.6%，其中住宅销售额272.74亿元、比上年下降6.2%。

（祝　溢）

政府投资项目评审

【概况】 2022年，成华区规范政府投资项目管理，促进政府投资项目提质增效。成华区政府投资项目评审管理中心严格按照《政府投资条例》规定，优化政府投资管理流程，加快政府投资项目评审，推进全区基础设施、公共服务、城市更新等项目建设。全年评审政府投资项目108个，评审金额78.4亿元，审定金额65.7亿元，审减节约政府资金12.7亿元。

【政府投资项目管理】 区政府投资项目评审管理中心全年完成政府投资项目建议书审批74件、涉及投资金额11.7亿元，可研审批16件、涉及投资金额21.4亿元，概算审批55件、涉及投资金额15.5亿元，调整资金及规模9件、追加资金1.1亿元，联合审查招标文件36项，招标核准64项，开展不见面开标154个，异地远程评标21个。

【政府投资项目评审】 区政府投资项目评审管理中心抓好政府投资项目评审质效提升，规范政府投资项目管理，全年评审政府投资项目108个，包括为人民塘3号地块保障性租赁住房、杉板桥路7号和9号住宅、新山2组配套小学、成都市第三十八中学改造提升工程、北湖秀水片区配套小学、旭日苑三期安置房、八里庄工业遗址片区城市更新、城东体育公园配套用房、中车电器大楼综合改造、华油路街道风貌提升、电子科大东二院改造、昭觉里特色街区建设、东星民居改造、北湖文化艺术综合体建设、成都市田径网球运动训练中心配套工程、新山社区卫生服务中心、八里庄社区综合体等项目。

（雷　庆）

新经济发展

【概况】 2022年，成华区围绕新经济企业招大引强、新经济企业梯度培育、示范应用场景建设和优化新经济创新生态，抓好新经济梯度培育提能工程，助推产业高质量发展。全区有23家新经济企业进入成都市新经济梯度培育库，其中新经济示范企业1家、新经济双百企业4家、新经济种子企业18家。全年举办机会清单发布活动6场，发布机会清单266个，对接案例24个；举办金融对接活动2场，新经济企业获得风险投资7.5亿元。全区全年新增新经济企业1.29万家，新增注册新经济500强企业2家，签约5亿元以上重大产业化项目2个。

【新经济发展“十四五”规划出台】 6月，成华区出台《成华区新经济发展“十四五”规划》。规划由总体思路、重点任务、优化保障新机制三部分组成，发展目标为新经济市场主体持续壮大、新经济场景体系有序构建、新经济载体功能更加健全、新经济产业生态更加完善，到2025年成为成都市新经济发展主阵地、新经济要素集聚区和新经济发展标杆城区之一，新经济市场规模基本成势，智能机器人、数字文创、新消费等优势赛道能级明显提升，区域产业竞争力明显增强；工业互联网、工业软件、区块链等基础赛道设施更加完善，城市数字化本底条件愈发坚实；智慧医养、AI智能硬件、下一代通信技术等未来赛道优势初步显现，

表35　2022年成都市成华区入选成都市梯度培育企业一览表

序号	企业名称	梯度
1	成都卡诺普机器人技术股份有限公司	新经济示范企业
2	四川航电微能源有限公司	新经济双百企业
3	四川斯艾普电子科技有限公司	
4	成都硕特科技股份有限公司	
5	成都凯磁科技有限公司	
6	洲际海峡能源科技有限公司	新经济种子企业
7	成都吉纬科技有限公司	
8	航天科工通信技术研究院有限责任公司	
9	成都旭思特科技有限公司	
10	成都中科云集信息技术有限公司	
11	成都久合通联科技有限责任公司	
12	成都喜元网络科技有限公司	
13	成都上上上智能科技有限公司	
14	成都陆迪盛华科技有限公司	
15	成都创禾聚力科技有限公司	
16	四川宇德中创信息科技有限公司	
17	成都三合力通科技有限公司	
18	成都三联微讯科技有限公司	
19	四川优联通信工程有限公司	
20	四川金域医学检验中心有限公司	
21	四川北斗卫星导航平台有限公司	
22	成都易科远见科技有限公司	
23	四川中测标物科技有限公司	

成为支撑地区创新发展的核心引擎。加快布局新赛道、创新营造新场景、深化引育新主体、着力建设新载体、协同构建新生态五大重点任务。深化工作统筹机制、完善监管考评机制、健全政策扶持机制三大优化保障新机制。

【新经济“梯度企业”培育】　成华区实施新经济梯度培育提能工程，建立新经济示范企业、新经济双百企业、新经济种子企业三级梯度培育体系，分层分级开展精准培育和服务，重点抓好链主企业专项培育和对产业链上下游、左右岸企业进行整体协同培育，带动新旧动能转换，促进经济结构优化调整。成都吉纬科技有限公司、成都久合通联科技有限责任公司等23家新经济企业入选成都市新经济梯度培育库，成都卡诺普工业机器人技术股份有限公司入选成都市新经济示范企业，四川航电微能源有限公司、四川斯艾普电子科技有限公司、成都硕特科技股份有限公司、成都凯磁科技有限公司4家企业入选成都市新经济双百企业，航天科工通信技术研究院有限责任公司等18家企业入选成都市新经济种子企业。成华区实施新经济企业上市倍增行动，组织成都阿普奇科技股份有限公司、成都焊研科技股份有限公司、四川千里倍益康医疗科技股份有限公司、四川格瑞良云科技有限公司、四川观堂建筑工程设计股份有限公司、四川金宏桥建筑工程有限公司、成都致力微波科技有限公司等7家企业参加“直通北交所”活动。12月1日，四川千里倍益康医疗科技股份有限公司在北京证券交易所上市。

【新经济“双百工程”实施】　成华区实施新经济百家重点企业和百名优秀人才培育“双百工程”，聚焦产业生态圈、重点产业链，依托龙潭工业机器人产业功能区，构建以埃斯顿、卡诺普、成焊宝玛、焊研科技等为代表的机器人全产业链生态体系，围绕产业链、价值链、创新链、人才链多链融合，打造具有全国影响力的机器人产业创新高地。3月31日，南京埃斯顿工业机器人智能制造基地项目落户龙潭工业机器人产业功能区，支撑龙潭工业机器人产业功能区在人工智能领域，引育优质企业、聚集资源要素、涵养产业生态。截至年底，龙潭工业机器人产业功能区聚集人工智能产业关联企业70家，数字通信产业关联企业300家，工业互联网关联企业50家。讯飞智谷科技有限公司祝伟杰、金地威新产业成都公司李漆被评为2022年成都市产业建圈强链人才计划人工智能产业链人才。

【新经济应用场景建设】　成华区聚焦主导产业，开展场景集中示范和集群创新，打造出一批特色标杆示范场景，助力四川金域医学检验中心有限公司、成都卡诺普机器人技术股份有限公司、成都康赛信息技术有限公司、成都东方广益投资有限公司、四川航

11月4日，成都卡诺普工业机器人技术股份有限公司技术人员检测生产设备

（区新经济和科技局供图）

电微能源有限公司、成都阿普奇科技股份有限公司、成都成电金盘健康数据技术有限公司7个场景示范项目获得财政补贴230万元；推动城市场景项目化，打造基于“AI智能+机器视觉”的工业智能制造场景、抗浪涌跌落电源数字化安全管理应用场景、基于3D Mapping技术的动漫影视裸眼展示场景、产业园区智慧管理场景、低碳非蒸发垃圾浓缩液处理场景5个产业示范应用场景。成都成电金盘健康数据技术有限公司“基于5G的医学影像远程系统研发及应用”入选四川省2022年新经济典型应用新场景，四川省旅投集团“基于3D Mapping技术的动漫影视裸眼展示示范应用场景”入选成都市新经济示范应用场景。

【新经济500强企业引进】 成华区围绕大数据、人工智能、物联网、5G技术等产业领域和技术前沿，动态更新产业链重点企业招引名录；按照“优势赛道强链聚链，基础赛道补链畅链，未来赛道引链拓链”的原则，针对产业链薄弱或缺失环节，开展重点产业链“链主企业”招引。截至年底，通过实地拜访等形式拜访苏州浩辰软件股份有限公司、上海合见工业软件集团有限公司、西安深蓝航天科技有限公司等企业40家，走访百度、树根互联技术有限公司等“链主企业”8家，落地安徽科大讯飞成都智谷、南京埃斯顿西部研发中心2个重大高能级项目。

【5G创新行业应用】 成华区加快5G基础设施建设，全区建成5G基站3800个，基本实现全区景区、重要工业园区、党政军办公、重要交通枢纽、高校及医院等重点区域全覆盖。成华区5G网络结构基本形成，为助力数字经济、智能经济、绿色经济提供保障，为服务民生提供有力支撑。区新经济和科技局搭建交流平台，帮助5G产业相关企业寻融资、拓市场、抢订单，推动5G产业稳步发展。

【第九届中国西部中小企业发展论坛】 11月1日，第九届中国西部中小企业发展论坛在成华区举行，论坛推出首个全新三维数字世界——第九届中国西部中小企业发展论坛元宇宙虚拟云展馆，以大数据、云计算等关键技术为支撑，为企业文化、品牌故事、创始人IP和产品的展示提供更为丰富的应用场景。在“共建经济圈·共享新机遇2022成华区区域经济建圈强链高峰论坛”会上，100名深度研究企业发展的专家教授、各行业的优秀企业家代表，对产业深度融合进行深入分析，帮助中小企业纾困解难。成华区人民政府发布“成华造”产品机会清单、应用场景，四川千里倍益康医疗科技有限公司、四川国莎实业有限公司、四川航电微能源有限公司3家企业发布“成华造”优秀产品，成华区签约项目10个，总投资74.5亿元。

（林　超）

11月1日，第九届中国西部中小企业发展论坛·成华区重大项目集中签约仪式

（区新经济和科技局供图）

民营经济发展

7月4日，成华区政企银座谈交流会暨金融综合服务沙龙举办　（区新经济和科技局供图）

【概况】　2022年，成华区新注册批发和零售业，信息传输、软件和信息技术服务业，科学研究和技术服务业，文化、体育和娱乐业等民营经济市场主体4.91万户，其中新登记民营市场主体个体工商户2.12万户、新登记注册资本1亿元以上企业79户，完成“个转企”455户。截至年底，全区有民营经济市场主体43.07万户，全年民营经济实现增加值444.1亿元，占地区生产总值的32.6%。

【民营企业助企纾困】　成华区优化企业开办“一件事”流程，将企业开办全流程整合为1个环节，推行“先照后证”等改革举措，实现企业开办“4小时+零成本”，营造便捷宽松的市场准入环境；为民营企业助企纾困解难，收集企业发展诉求，举办“产业建圈强链企业家沙龙、听企业心声”等专题活动8场次，邀请400名民营企业家参会；通过QQ、微信等平台推送中央和省市区涉企政策30项，发放四川助企纾困明白卡1917张。区新经济和科技局全年调研成都富森美家居等民营企业620家，协商解决企业原材料运输、闭环生产等困难338条，加大中小企业欠款清理力度，全年清退拖欠民营中小企业账款6笔225万元。

【民营企业发展扶持】　成华区支持民营企业做大做强，全年帮助企业获得上级财政资金8000万元，兑现区内扶持资金6000万元；培育四川华控图形科技有限公司等4家国家级“专精特新小巨人”民营企业，四川瑞都石油工程技术服务有限公司、四川德迈环保工程有限公司、四川中测标物科技有限公司、四川海力智能科技股份有限公司、成都北斗天线工程技术有限公司等21家省级“专精特新”民营中小企业；支持四川成焊宝玛焊接装备工程有限公司等企业建设数字化车间和智能工厂，协同招引中国500强企业紫金矿业落户成都理工科技园。成华区出台“支持市场主体健康发展38条”“稳增长41条”“纾困13条”等若干政策，全区小型微利企业所得税优惠政策惠及纳税人1.67万户，减免企业所得税9.99亿元。全年开展各类融资对接活动16次，为金融机构和企业搭建合作交流平台，为1800家企业提供信贷资金28亿元。

（徐晨晨）

表36　　2022年成都市成华区培育国家和省级“专精特新”民营企业一览表

类别	企业名称
国家级“专精特新小巨人”民营企业	四川华控图形科技有限公司、成都航天通信设备有限责任公司、四川航电微能源有限公司、四川斯艾普电子科技有限公司
省级“专精特新”民营中小企业	四川瑞都石油工程技术服务有限公司、四川德迈环保工程有限公司、四川中测标物科技有限公司、四川海力智能科技股份有限公司、成都北斗天线工程技术有限公司、洲际海峡能源科技有限公司、中慧长源工程设计集团有限公司、成都众柴科技有限公司、成都中超碳素科技有限公司、成都致力微波科技有限公司、成都创新达微波电子有限公司、成都赛英科技有限公司、成都华普电器有限公司、成都旭思特科技有限公司、成都西夏科技发展有限公司、成都福立盟科技有限公司、京创智慧科技有限责任公司、成都三是科技有限公司、成理智源科技（成都）有限公司、成都浩瀚芯光微电子科技有限公司、成都鸿宇微通电子科技有限责任公司

投资促进

5月25日，2022成都市成华区投资合作环球撮合荟在中国工商银行成都分行举行，韩国首尔、泰国曼谷线上视频接入（区投促局供图）

【概况】 2022年，成华区以招商引智为抓手，推进产业建圈强链，围绕成华区产业体系组建产业链招商专班，做强人工智能、都市旅游、文化创意产业在全市重点产业链中的功能支撑，推进数字通信、工业互联网、现代商贸、枢纽服务、医疗健康、新兴金融产业加快嵌入全市重点产业链。成华区锚定“建圈强链”目标，以产业链招商为牵引，以载体招商为突破，深挖链主链属企业投资信息，发展人工智能、工业互联网、数字通信等优势产业，打造千亿级都市工业集群。全区全年新签约高能级产业化项目20个，新增安徽科大讯飞成都智谷、福建紫金矿业集团股份有限公司2家世界500强企业，引进到位内资191.15亿元，引进到位外资32.80亿元。

【项目招商】 成华区聚焦九大重点产业链，锁定“链主型”招商项目，开展目标企业产业链、供应链、创新链和投资布局分析研判，完善“三表一图”，一对一匹配招商引智方案，推动一批带动辐射力强、区域影响力大的标杆、旗舰项目落地，提升主导产业显示度、高端化产业聚集度和产业功能区辨识度。区委、区政府主要领导率队到深圳、南京、北京、厦门、珠海等地开展投资促进活动6批次，拜访企业20家。区投促局拟制《成华区重点产业链“链主企业”招引工作实施方案》《2022年成华区基金招商工作方案》，形成产业牵头部门、功能区、街道、区属国有公司共同参与基金招商协同联动机制；围绕“链主企业”开展走访及签约落地，全年走访“链主企业”316批次、企业270家；引进紫金矿业集团、南京埃斯顿、科大讯飞等链主企业项目22个，九大产业链“链主企业”落地2个。

表37 2022年成都市成华区高能级产业化项目情况表

序号	项目名称	产业类别	投资总额（亿元）	六类500强企业排名
1	安徽科大讯飞成都智谷项目	人工智能	50.0	新经济企业500强第57位
2	江苏省南京埃斯顿智能工业机器人西部研发中心	人工智能	30.0	上市公司（代码：002747）
3	广东金域医学检验西南总部基地项目	高端医疗器械	30.0	行业领军企业
4	广东省盛路通信微波组件生产研发基地项目	智能终端	30.0	知名企业
5	四川省自然资源投资集团矿产勘查开发总部项目	矿产勘查	30.0	知名企业
6	金灿光电5G+驱动芯片集成化创新生产平台项目	集成电路	10.0	行业领军企业
7	海南省融创娱雪乐园综合管理运营项目	旅游业	10.0	行业领军企业
8	广东省趣创无线智能设备平台项目	智能终端	5.0	行业领军企业
9	北京蓝田投资科技服务项目	大数据产业	5.0	知名企业
10	香港珊瑚医生科技生物医疗美容智慧健康社区暨西南总部项目	高端医疗器械	5.0	知名外资企业
11	广东深业泰然成都泛娱乐文创街区项目	文创业	5.0	知名企业
12	广东省创东方投资成都医疗美容产业基金项目	金融业	2.5	行业领军企业
13	北京市中轻检验西南研发服务中心项目	现代商贸	1.0	行业领军企业

续表37

序号	项目名称	产业类别	投资总额(亿元)	六类500强企业排名
14	广东肖传国医院成都医疗中心项目	高端医疗器械	1.0	知名企业
15	香港微橙体育发展运营管理总部项目	文创业	1.0	知名外资企业
16	上海河马文化数字文创IP产业中心项目	文创业	1.0	新三板上市企业(代码834559)
17	北京时代光影影视制作基地西南总部项目	文创业	1.0	新三板上市企业(代码839463)
18	福建省沛坤春华投资高端人才硬科技创投平台项目	金融业	1.0	知名企业
19	福建紫金矿业成都分支机构项目	矿业	0.5	世界500强第407位
20	吉林东北证券四川第二分公司项目	金融业	0.3	上市公司(代码:000686)

【项目招引集中攻坚行动】 成华区把项目招引攻坚行动作为稳投资的先手棋、强产业的关键招、优结构的主动仗。全区全年新签约注册投资重大及高能级项目33个,新引进金泰高分子石基新材料研发中心、鸿达阀门能源设备智能控制系统等专精特新工业项目15个;以“共建经济圈·共享新机遇”为主题,举办韩国首尔、泰国曼谷等线上视频接入投资推介会、交流座谈会、重大项目签约仪式等各类投资促进活动35场次,推介成华发展新机遇,发布成华投资机会清单。

【招商方式创新】 区投促局通过强化基金招商、推进驻点招商、开展云招商等举措,推动招商引资工作,与美团龙珠、兴投控股、高通资本、川商基金、中财荃兴资本等社会投资机构对接,拓宽项目信息渠道,获取优质项目资源,落地创东方资本出资的成都医美产业基金项目,成都科创投集团投资的神光光学集团新材料科创总部项目。区投促局会同区委组织部遴选7名年轻干部到外驻点招商,加强外派驻点力量,依托北京、上海、深圳3个市级片区指挥中心,对接小叶子科技、领存技术等高能级企业,推动航天嘉诚高端防务装备生产基地、五矿创投碳中和绿色低碳基金等项目取得实质性进展;突破传统招商模式,通过网上洽谈、视频会议、在线签约等形式推行“云招商”,与厦门紫金矿业集团、北京理工大学创新中心等企业对接招商项目,将招商不见面、服务不断线落到实处。

【重大项目招商引资活动】 成华区开展系列招商引资活动,举办科大讯飞成都智谷项目合作协议签约仪式、第一季建圈强链重大产业化项目集中签约仪式、第三季产业建圈强链招商引资重大项目集中签约仪式等活动,引进科大讯飞成都智谷、福建龙川成都熊猫海洋世界、航天嘉诚高端防务装备总体研发及生产制造基地、玄武岩纤维复合材料科技成果转化等重大产业项目30个。2月9日,成华区与科大讯飞集团达成战略合作,举行科大讯飞成都智谷项目合作协议签约仪式,项目总投资50亿元。5月6日,成华区发布1580亿元投资机会清单,涵盖六大产业功能区、九大产业链46个项目,东方希望集团、砂之船集团、中国对外文化集团有限公司、中国南山集团、全联并购公会等100家“链主企业”、行业知名机构参加,现场签约红星美凯龙沉浸式太空艺术体验馆、四川文投集团文化金融、四川省自然资源投资集团天府矿业投资平台等重大产业化项目23个,涉及都市旅游、文化创意、现代商贸、枢纽服务、新兴金融、人工智能、数字通信、工业互联网、医疗健康9大产业链,9家招商合作机构线上集中签约落户成华区,总投资241亿元。9月28日,成华区第三季产业建圈强链招商引资重大项目集中签约仪式举行,福建龙川成都熊猫海洋世界项目、中国能建绿色低碳产业集群项目、中

6月24日,2022年成华区城市价值推介会举行 (区投促局供图)

核二三西南总部项目、中康养康复医疗中心项目等9个重大产业化项目签约，涉及人工智能、绿色低碳、高端医疗器械、旅游业、金融业等重点产业链，总投资214亿元。

【成华区城市价值推介会】 6月24日，2022年成华区城市价值推介会举行，华润、龙湖、万科、中海、中交、金地、远洋等50家房地产企业代表参加，集中推介拟上市优质土地资源，涉及土地32宗1715.5亩，涵盖住宅、商业等用地类型。12月8日，2022年成华区第二次城市价值推介会举行，华润、龙湖、保利、中海等50家企业代表共探成华区城市价值，寻找发展新契机，睿合泰产城发展研究院总经理何昕宇分享成华区城市投资价值，推介北湖未来公园社区投资环境及重点地块，发布拟上市47宗2728亩优质土地，涉及住宅、商业、住兼商、商兼住等多种用地。

（王永春）

国有资产管理

【概况】 2022年，成华区建立国有资产绩效管理制度，推进经营性资产集中管理，强化国有资产合理流动和优化配置，全区国有资产系统监管单位232个，其中行政单位62个、街道办事处11个、教育系统122个、卫生系统17个、区属国有公司20个。

【国有资产备案年检】 区国资和金融局开展行政事业单位国有资产备案年检，截至年底，全区行政事业单位国有资产总额104.14亿元，比上年增长0.07%，其中行政事业单位国有资产74.70亿元、占71.73%，事业单位国有资产29.44亿元、占28.27%。全区行政事业单位土地使用权面积81.6万平方米，行政事业单位房屋面积109.38万平方米，各类车辆798台。

【国有资产规范管理】 区国资和金融局推动"以绩效为导向的资产管理制度改革"，制定《成华区国有资产管理绩效评价指标体系》，实施财经秩序整治、"十大领域"腐败作风问题等专项整治行动10次。全区开展首批区属行政事业单位房屋资产优化配置，配置资产17.78万平方米，区属国有公司持有房屋面积增长182%，管理经营性资产总面积35.33万平方米。区国资和金融局印发《关于区属国有经营性房产租金减免的通知》，缓解中小微企业发展压力，全年办理经营户减免申请1359户，减免金额8329.65万元。

【国有企业改革】 成华区实施国有企业混合所有制改革，区国资和金融局指导国企混改项目6个。成都东方广益公司全资子公司成都东广新城置业有限公司与中城新产业控股集团有限公司下属公司中城新产业发展（成都）有限公司合资，成立成都东广中城科技产业发展有限公司。成都成华国投公司通过合并收购四川奥翰公司成立成都成华建筑工程有限公司。成都成华棚改公司旗下子公司华创星空城公司与四川恒置勘察设计有限公司、成都日方创展地产有限公司联合合资，成立成都锦城创展置业有限公司。成华区深化区属国有企业改革，完善区属国有企业监管体制，指导区属国有企业建立健全现代企业管理制度，做强做优做大区属国有企业。

【国有企业监管】 成华区发挥政府引导管控作用，强化部门对公司融资指导、资金使用及债务管理，通过拟定融资计划管理等制度，规范区属国有企业融资行为，提高融资效率。区国资和金融局指导成华发展集团通过债务管控信息系统，实时掌握债务信息，分析债务数据，为债务分析研判提供数字化支撑，提高企业债务管理效率和风险防控能力。成华发展集团建立以集团作为国有资本运营及管理中心、二级公司作为项目实施主体及成本中心、三级公司作为利润中心的三级管理体系，形成"1+6+N"企业组织架构。截至年底，区属国有企业资产总规模1782亿元。

（陈秀熙　李婷玉）

【成华发展集团】 成都市成华发展集团下属成都成华国投公司、成都成华城投公司、成都成华旧改公司、成都成华棚改公司、成都东方广益公司、成都兴华生态公司6家二级公司，全年完成固定资产投资152.83亿元、重点项目投资65.16亿元、建安投资118.46亿元、服务业固定资产投资152.79亿元，新增物业69.41万平方米，累计自持物业310.82万平方米，通过拆迁整理、取得待上市储备土地6124.57亩，通过土地市场招拍挂、二级市场购买、协议出让等取得自持土地557.1亩。集团公司成华产业投资公司，注册资本20亿元，建立"总部直接投资+产投公司投资+区属国企投资"的多元投资架构，着力建设产业培育新驱动、资产管理新高地、资本运营新枢纽，当好成华发展新引擎。集团公司收购成华发展大厦B座，购置超甲级写字楼成华发展大厦A座，形成"双子星"资产管理品牌发展格局，全年实现全口径税收8.3亿元。8月10日，成华发展集团出资1.65亿元参股长城证券，成为成都市首家持股上市券商的区县级国有企业。9月27日，成华发展集团获评BBB+国际信用主体评级，成为全省区县首家获得BBB+国际信用主体评级的国有企业。

（李婷玉）

成华国投公司 成都成华国投公司围绕“三个做优做强”、公园城市示范区行动计划，以及产业建圈强链等，向公园、文商、产业、民生、提能五个主攻方向发力。全年推进项目53个，总投资106亿元，完成固定资产投资33.8亿元。城东体育公园综合运动场馆、建设巷特色街区改建、猛追湾东街特色街区改建、一环路景观照明提升工程、东立国际立面改造5个项目完工，杨东天片区配套小学改造、东林4组规划小学建设等4个项目完工，推进12.6万平方米天府国际动漫城主体施工；完成天鹅安置房、瑞景新城安置房2处，推进一里塘安置房、保平安置房、将军碑安置房建设3处，抓好昭觉寺南侧等3处26万平方米租赁性住房建设。成华国投公司拓宽项目开发领域，引入战略合作方，以持股70%比例，组建混合所有制企业“成都成华建筑工程有限公司”，拓展在更大范围、更高效益层面承揽工程建设项目。

（杨　澜）

成华城投公司 成都成华城投公司紧扣“三个做优做强”、产业建圈强链、“金色中环”建设等，全年新开工项目22个，续建项目14个，竣工项目31个，完成投资11.47亿元，固定资产投资22.3亿元；兴城嘉苑安置房（二期）、民兴路电力隧道、高铁城市公园（二期）等16个项目交付使用，致兴路道路建设、槐柳四路绿地（二期）、“智慧公安”信息化系统建设服务等8个项目完工，成都列五联合中学、成都石室初中培华校区提升建设等10个建设项目开工建设，海滨湾社区2组、4组安置房被评为四川省安全生产文明施工标准化工地及绿色施工工地。成华城投公司与成都交投集团新能源公司合作，依托成都绿色智慧骨干充储网，建设成华“城市充电宝”，开展充换电设施和储能设施一体化建设；推动龙潭寺东站TOD综合开发，与成都轨道集团协同合作，做好开发建设、产业植入和经营管理；参股合肥讯飞读写科技有限公司，跻身智能办公设备及服务研发和推广新赛道，实现软件、硬件、研发、销售及运营等产业链生态圈一体化管理。

（李晓娇）

槐柳四路绿地（二期）建设项目　（成华城投公司供图）

成华旧改公司 成都成华旧改公司聚焦全区30个经济社会发展项目，其中续建项目5个、新开工项目4个、竣工项目10个、储备项目11个，总投资63.14亿元，年度完成投资21亿元。全年实施城市更新项目8个，占地11687亩，总投资602亿元；完成科仪厂住宅地块、灯泡厂B地块、二仙桥公园北侧1号3宗地137.57亩土地出让，成交总金额38.94亿元；实施城建项目19个，完成成都陶玻市场及地勘院宿舍改造、大运会保障线路城市空间品质提升、“新华坊”特色街区建设、国际青年文化艺术社区改造、跳蹬河街道片区住宅类排水管网病害治理、二仙桥公园（二期）等改造工程。

（张婉清）

成华棚改公司 成都成华棚改公司纳入经济社会发展项目25项，总投资122.58亿元，年度完成投资30.1亿元。公司以城市有机更新、老旧小区改造提升工程为抓手，推动公共设施完善、居住环境改善、主导业态集聚、城市品质提升四维一体发展，重点实施“金色中环”城市更新项目，推进槐树店片区、铁塔厂、中烟片区、迎晖路片区、下涧槽片区城市更新项目；完成成华区康穗养老中心、中环四苑老旧小区连片改造、拾光公园、宏苑总平等项目11个，建设路整体提升、建设路金融商务总部发展区排水管网病害治理等4个项目竣工；实施水碾河等13个院落提升改造，面积34万平方米，惠及住户5960户，项目总投资1.6亿元。成华棚改公司通过发债、项目贷款、融资租赁等方式取得融资授信总额112.95亿元，融资到位66.29亿元，其中5月9日发行2022年度第一期中期票据，发行金额10.2亿元，发行期限3+2年，票面价格3.28%。

（包迎雪）

向龙兴苑安置房　　（成都东方广益公司供图）

成都东方广益公司　成都东方广益公司全年完成省市重点项目投资16.6亿元，固定资产投资23.1亿元，经济社会发展项目投资23.9亿元，建安投资17.4亿元。东广人工智能谷（一期）厂房主体施工和装修工程完工，成华新经济产业服务中心、成宏路东段南侧配套街头绿地、华英路（南段）道排及附属工程、院山片区规划道路工程、隆兴北四路西侧配套社区综合体、华翰路西侧配套社区综合体及运动场、青龙东紫路配套社区卫生服务中心等项目竣工；向龙兴苑安置房项目竣工，可安置居民1308户。东方广益公司围绕建圈强链，做好融资工作，发行1.7亿美元债券、6亿元公司债券，到位26.6亿元银行贷款，申请龙潭总部新城标准化厂房项目专项债资金1.5亿元、一般债券资金5300万元，为项目建设提供资金保障；完成二类住宅用地、一类工业用地5宗138亩土地上市，土地成本返款5亿元；做好自持资产运营，全年自持楼宇载体租赁收益6352.46万元，自持商铺租赁收益1732万元。

（彭春梅）

成都兴华生态公司　成都兴华生态公司全年实施经济社会发展项目32个，完成投资36.53亿元，融资到位32.15亿元，引进重点产业项目2个。全年开工项目14个、竣工项目10个，推进新型社区建设项目7个，面积140.5万平方米；建成安置房99.5万平方米，惠及群众11050人；推进公服配套项目8个、学校建设3所、附属设施提升改造5项、交通畅行工程项目9个，建成丛树道路四期、五期等市政道路21条；完成丛树片商住区58.6亩、住宅39.8亩、熊猫小镇17.4亩商业地块上市，推进风情小镇商业50亩、丛树片区住宅41.8亩土地上市；引进福建龙川集团合作打造熊猫海洋世界项目，与深圳奥雅合作，打造熊猫特色IP、熊猫文化消费为核心的奥雅北湖生态公园探险乐园。成都兴华生态公司持有物业10.92万平方米，年收益2700万元，控股成都华茂兴蓉置业有限公司，引入专业物业管理团队运营。

（戴旭来）

财　政

【概况】　2022年，成华区确保“631”重点项目建设、城市有机更新、城市发展治理、社会民生事业等投入，做好助企健康发展38条、稳增长41条、纾困13条系列政策兑现工作。区财政局加强财政管理监督，全区财政收支平稳运行。

【财政收支】　成华区全年一般公共预算收入完成919655万元，为预算的102.6%，比上年增长5.9%，其中税收收入完成706775万元，比上年增长8.5%。一般公共预算收入加上级补助收入222821万元、动用预算稳定调节基金110068万元、一般债券转贷收入33020万元、政府性基金预算调入45564万元、国有资本经营预算调入13427万元、上年结转结余17626万元，收入总计1362181万元。全年一般公共预算支出完成873155万元，为预算的98.1%，比上年增长13%。一般公共预算支出加上解上级支出366377万元、地方政府一般债务还本支出13400万元、安排预算稳定调节基金95507万元，支出总计1348439万元。

全区政府性基金收入完成288356万元，为预算的99.6%，比上年下降18.2%。政府性基金收入加上级补助收入698558万元、上年结转结余108414万元、调入资金57808万元、地方政府专项债务转贷收入98000万元，收入总计1251136万元。全区政府性基金支出完成1062385万元，为预算的113.8%，比上年增长70.5%。政府性基金支出加地方政府专项债务还本支出41650万元、调出资金45564万元，支出总计1149599万元。

全区国有资本经营预算收入完成34579万元，为预算的100%，比上年增长116.1%。国有资本经营预算收入加上级补助收入1805万元，收入总计36384万元。全区国有资本经营预算支出完成20045万元，为预算的94.7%，比上年增长125.7%。国有资本经营预算支出加调出资金13427万元，支出总计33472万元。

【财政资金管理】 成华区落实新的组合式税费政策，为市场主体减轻税费负担31.5亿元，其中留抵退税11.5亿元，比上年增长35.1%；政府采购实行采购文件“零收费”，鼓励少收免收履约保证金，减轻市场主体交易成本和资金占用压力；落实对中小企业加大预留份额、提高小微企业价格评审优惠等措施，增加中小企业成交机会，推进中小企业政府采购信用融资，获取贷款0.9亿元；强化专项债券全生命周期管理，发挥专项债券“扩大投资、稳定增长”作用，聚焦产业园区、社会事业等领域，推进专项债券发行，全年发行专项债券9.8亿元，比上年增长37.1%。成华区围绕建设公园城市示范区，聚焦重大基础设施和公共服务设施建设，发行一般债券3.3亿元，主要用于义务教育、道路建设等领域，到位各类上级补助资金21.1亿元。

【城市有机更新投入】 成华区城市有机更新投入763338万元，主要用于加快构建“中环牵引、纵横联动、组团优强”发展，聚焦提升公园城区空间品质，促进城市有机更新和57个老旧小区改造。完成建设路等5处公共空间和46个大运会线路点位品质提升，打造市级特色街区2条、背街小巷6条、“两拆一增”点位73个。推进公服设施攻坚行动、交通畅行攻坚工程，开工建设高车三路康养中心等公服设施项目，丛树配套道路四期等道路竣工，打通断头路5条。构建“一屏一链四脉”公园体系，建设幸福社区绿道、小游园微绿地和立体绿化。开展生态环境攻坚，实现石涉渠及其流域水质“消V”。

【建圈强链引优育强投入】 成华区建圈强链引优育强投入68135万元，主要用于实施产业建圈强链、重大项目攻坚、招商引智行动“三大行动”，构建“头部企业集聚、主导产业集群、优质载体集成”的发展格局；培育壮大都市工业、现代服务业两个“3+3”产业体系，签约引进30亿元以上先进制造业项目3个、10亿元以上项目5个，新增国家级专精特新“小巨人”企业4家；落户科大讯飞读写科技全国总部、四川银行成都分行等一批高能级服务业企业，金地西南总部等省市服务业重大项目；推进成都熊猫国际旅游度假区泛娱乐滨水商业街区建设，龙潭工业机器人产业功能区引进埃斯顿工业机器人智能制造基地等产业化项目，东郊记忆艺术区落户天府设计产业园，东客站枢纽经济发展区引进广东肖传国医院等高能级项目，新北天地商贸旅游发展区签约落地大熊猫商旅中心、建设路金融商务总部发展区签约注册中国能建西南总部等高能级项目。

【重点领域改革投入】 成华区重点领域改革投入23914万元，主要用于深化重点领域改革，成华发展集团成为全省首家获得BBB+国际信用主体评级的区县级国有企业；深化“放管服”改革，

表38　　2022年成都市成华区财政收支年表

指标名称	金额（万元）	同口径增长	指标名称	金额（万元）	同口径增长
财政收入			农林水支出	8568	4.9%
一般公共预算收入	919655	5.9%	交通运输支出	235	-96.2%
政府性基金收入	288356	-18.2%	资源勘探信息工业等支出	48256	10.0%
财政支出			商业服务业等支出	3834	3.8%
一般公共预算支出	873155	13.0%	金融支出	1727	74.8%
一般公共服务支出	68299	2.9%	援助其他地区支出	3571	0.6%
国防支出	738	37.7%	国土自然资源支出	2710	-20.5%
公共安全支出	63444	0.6%	住房保障支出	27614	-23.7%
教育支出	192225	9.7%	粮油物资储备支出	135	-60.5%
科学技术支出	5495	-14.9%	灾害防治及应急管理支出	8109	54.8%
文化体育与传媒支出	10443	-27.5%	其他支出	9811	21702.2%
社会保障和就业支出	81771	17.7%	债务付息支出	3685	-0.2%
卫生健康支出	122817	101.5%	债务发行费用支出	44	—
节能环保支出	4064	-21.2%	政府性基金支出	1062385	70.5%
城乡社区支出	205560	5.1%			

抓好营商环境4.0政策落地落实，全区政务服务实现综合窗口“无差别受理”、高频事项100%可跨区域通办；深化校地联动合作、科技协同创新，携手电子科技大学共建“两中心两学院”，成都理工大学碳中和等重点实验室建设，华灿工场获评国家级众创空间；融入成渝地区双城经济圈建设、成德眉资同城化发展，携手打造大竹（成都）总部经济产业园；推动全国创新人才高地特色区建设，引入中国工程院院士、俄罗斯自然科学院和日本外籍院士等战略科技人才4名，引进“高精尖缺”人才100名、“蓉漂”青年人才6000名。

【创建全国文明城市投入】 成华区创建全国文明城市投入7518万元，主要用于实施市民文明素养提升等“六大攻坚行动”，完成杉板桥社区新时代文明实践站建设；完善现代公共文化及全民健身服务体系，提升打造综合文化活动中心2处，保障成都自然博物馆开馆，开展线上线下全民健身及群众文化惠民活动3800场次，举办第二届四川省文创大会。萌想星球·107文创产业园等4个园区、朗FUN商业街等3条街区分别入选市级文创产业园区、文创特色街区，望平坊获评省级旅游休闲街区。

【城市发展治理创新创优投入】 成华区城市发展治理创新创优投入84791万元，主要用于“智慧成华”建设，试点构建“王”字型城市运行架构，创新打造自建房管理等50类智慧应用场景，物联感知体系实现大气质量、河道水质等信息预警功能；深化基层治理体系和治理能力现代化建设，构建“83个总网格+961个一般网格+6316个微网格”的“微网实格”治理架构，统筹实施幸福美好公园示范社区、示范小区建设，7个街道和社区分别获评全省基层治理示范街道、示范社区；巩固拓展四川省全面依法治区示范试点成果，成华区率先成为成都市唯一的全国法治政府建设示范区，进入四川省依法治区、依法行政双示范行列，全民禁毒、扫黑除恶、信访、食品药品监管行业领域，开展安全隐患排查整治、应急救援能力提升行动，筑牢安全发展底线。

【社会民生事业投入】 成华区以民为本、惠民利民，社会民生事业投入82481万元，主要用于提升社会保障水平、完善多层次社会保障体系，落实最低生活保障、特殊困难群体救助、残疾人康复等制度；落实困难行业稳岗补贴和吸纳登记失业人员就业一次性补助等措施，惠及全区4450家企业3.6万人；投入191000万元推进教育公共服务设施建设，新建续建中小学和幼儿园22所、竣工投用8所、新增优质学位1.2万个，全区优质教育资源覆盖率85%；投入133150万元提升卫生健康服务水平，落实基本公共卫生服务、国家基本药物制度、长期照护险和城乡居民基本医疗保险政府补助政策，新增政府举办社区卫生服务中心点位2家；投入3118万元完善“一老一小”服务体系，保障养老惠老政策落实，足额发放高龄津贴，推进适老化改造，建成省级民生实事社区养老服务综合体2处，投用区中医院香山长岛医养结合点位；推动20个儿童友好社区建设，强化母婴安全保障，实现未成年人保护工作站街道全覆盖。

【财政绩效管理】 成华区强化绩效目标引领，提高绩效目标编制质量，开展事前评估，对15个项目开展重点评估，推动预算安排科学决策。全年纳入重点监控项目15个，涉及财政资金3.5亿元；加强政府性资源统筹管理，试点开展行政事业性国有资产综合管理绩效评价，全区有49个项目、3项政策、15个部门、2家金融企业纳入重点绩效评价范围，涉及资金32.9亿元，多措并举实现财政资金提质增效。

【财政预算管理】 成华区坚持把过紧日子要求贯穿预算执行全过程，既保障必要的支出，又从严从紧把好支出关口，硬化预算约束，严格控制一般性支出，全力保障重点支出；按照

3月22日，成华区优化营商环境促进政府采购提质增效培训会召开　　（区财政局供图）

中央和省市对压减"三公"经费的工作部署，按规定比例压减"三公"经费315.5万元。区财政局盘活财政存量资金，收回进度慢、绩效差、存量低效财政资金，清理收回账户沉淀资金1.5亿元，统筹调整用于经济社会亟须领域。

【财政国库管理】 成华区推进国库集中支付电子化改革，将财政拨款资金、财政专户资金、代管资金、单位自有资金全部纳入预算管理一体化系统管理，缩短资金审批时限，提高业务办理效率。区财政局加强财政库款管理，对库款资金流入、流出及早研判，根据收支实际做好资金调度，兜牢"三保"支出底线，提高库款保障水平。

【政府购买服务管理】 成华区优化政府采购领域营商环境，压实单位依法依规开展采购活动和落实政府采购政策的主体责任；编制政府采购风险账图，加强风险警示、强化风险监管，督促采购人依法履责行权，做实风险防控；开展政府采购代理机构监督评价，规范政府采购代理机构执业行为、政府购买服务项目管理，提高政府购买服务财政资金使用效益。

【政府债务管理】 成华区强化政府债务限额管理，健全债务风险防控长效机制，加大隐性债务化解力度，全区政府债务余额严格控制在市政府核定的限额736585万元。截至年底，全区政府债务余额608580万元，其中一般债务120970万元、专项债务487610万元，全区债务余额低于市政府核定限额，债务风险总体安全可控。

【财政绩效改革】 区财政局做深绩效管理，选取河道管理（清淤）经费、环卫市场化作业经费开展成本效益分析，健全完善项目成本标准和公共服务标准，将成本管理融入预算管理，优化财政资源配置；加强财政资金绩效管理，健全完善重点绩效评价整改机制，强化绩效评价结果运用，建立问题台账，责任落实到人，督促预算部门整改落实到位，推进绩效管理取得实效。

（张　瑾　谭　澈）

税　务

【概况】 2022年，国家税务总局成都市成华区税务局依法组织收入，夯实成华发展财力支撑，落实减税降费政策，切实减轻企业负担；坚持把落实好新的组合式税费支持政策作为重要政治任务，服务"六稳""六保"大局；建立组织收入工作专班，做好重点税源预测分析，实现税费收入质优量增，在还原留底退税后全年组织税费收入495.92亿元、比上年增长94.02%。成华区税务局被中华全国总工会授予"全国五一劳动奖状"，被国家税务总局四川省税务局授予"金四"保障集体三等功。

【税收征管体制改革】 区税务局提升税收工作质效，做好"金四"基地保障建设，完成第二办公区扩容，争取政府保障资金3000万元；发挥先行先试优势，被确定为数电票、新电局试点单位，率先提出分步推广思路，提前35天完成数电票"应上尽上"任务，推广面100%；首批新电局试点纳税人全部办理业务，开具全省首张数电票，相关工作受到国家税务总局局长

表39　　2022年成都市成华区税收收入年表

	税种或产业	累计收入（万元）
按产业分	第一产业	163
	第二产业	420303
	第三产业	1345796
按税种分	增值税	579081
	消费税	2145
	企业所得税	482026
	个人所得税	140905
	资源税	369
	城市维护建设税	40190
	房产税	57866
	印花税	26129
	城镇土地使用税	18042
	土地增值税	278911
	车船税	15
	耕地占用税	619
	契税	139517
	环境保护税	393
	其他税收	54
税收收入合计		1766262

王军肯定批示，收到国家税务总局大数据与税收风险管理局来信感谢。区税务局在双桥子、龙潭、青龙街道便民服务中心各增设1台税务服务自助设备，方便纳税人和缴费人自助办理税费业务。

【退税减税】 区税务局全力服务“六稳”“六保”大局，全区全年减税降费及退税缓税缓费31.49亿元，其中留抵退税11.51亿元、新增减税降费15.85亿元、缓税缓费4.13亿元。全区新增办税主体2.1万户、社保费参保企业4700户。

【税费征管】 区税务局做好重点税源分析，实现税费收入质优量增。全年组织税费总收入484.41亿元，比上年增长96.05%，其中全口径税收收入176.63亿元、比上年增长16.25%，非税收入206.16亿元、比上年增长3901.50%，社保收入99.72亿元、比上年增长12.96%，代征工会经费1.9亿元、比上年增长10.30%。还原留抵退税后，全年组织税费总收入495.92亿元、比上年增长94.02%，其中全口径税收收入188.14亿元、比上年增长17.25%。

表40　2022年成都市成华区全口径税收前20强企业一览表

序号	企业名称	纳税金额（万元）
1	四川石油管理局有限公司	99601
2	华润置地(成都)发展有限公司	79139
3	信和置业（成都）有限公司	73922
4	中国石油天然气股份有限公司西南油气田分公司	58226
5	SM广场（成都）有限公司	57436
6	成都成华城市建设投资有限责任公司	50201
7	成都成华国资经营投资有限责任公司	32078
8	四川石油管理局有限公司综合服务中心	24184
9	成都地铁运营有限公司	23280
10	上海浦东发展银行股份有限公司成都分行	21620
11	雅砻江流域水电开发有限公司	19735
12	成都人居成兴置业有限公司	19628
13	信息产业电子第十一设计研究院科技工程股份有限公司	18273
14	四川国莎实业有限公司	17492
15	成都成铁华晟置业有限公司	17133
16	成都轨道交通集团有限公司	16073
17	成都富森美家居股份有限公司	15875
18	成都东方广益投资有限公司	15480
19	成都建工第七建筑工程有限公司	15261
20	四川恒景房地产开发有限公司	13046

【税费服务】 区税务局优化服务举措，组建网格化服务团队，创新“直播+答疑”“纳税人+税务人”辅导模式，拓宽“数字员工”业务范围，建立“数字纳税人”标签体系，用好征纳互动平台，打造“问办一体”模式。全年推送政策服务信息222.6万条，组织线上线下政策辅导66期，覆盖纳税人12.2万户，170人参与走流程体验，20期答疑短视频获得纳税人点赞。

4月15日，区税务局到成都富森美家居城北店调研经营情况　（区税务局供图）

【依法治税】 区税务局严格落实行政执法“三项制度”和“首违不罚”清单，打造纳税人权益保护站，调整完善重大执法决定法制审核事项清单，规范税务行政执法文书、音像记录。区税务局全年公示数据2.1万条，评查行政处罚、行政许可案卷145件，对轻微税收违法行为主动适用不予处罚123户次，开展重大执法事项审核17户次。

（任思颖）

表41　　2022年成都市成华区区级税收前20强企业一览表

序号	企业名称	纳税金额（万元）
1	成都成华城市建设投资有限责任公司	50179
2	华润置地(成都)发展有限公司	49471
3	SM广场（成都）有限公司	43544
4	成都成华国资经营投资有限责任公司	29868
5	信和置业（成都）有限公司	26407
6	四川石油管理局有限公司	22041
7	成都东方广益投资有限公司	21020
8	成都龙湖辰顺置业有限公司	16171
9	成都招商博时房地产开发有限公司	12552
10	成都交投置业有限公司	10345
11	成都首创瑞华置业有限公司	9759
12	信息产业电子第十一设计研究院科技工程股份有限公司	6875
13	成都人居成兴置业有限公司	6730
14	上海浦东发展银行股份有限公司成都分行	6416
15	四川石油管理局有限公司综合服务中心	6381
16	中车科技园（成都）有限公司	6300
17	雅砻江流域水电开发有限公司	6226
18	成都富森美家居股份有限公司	5790
19	成都建工第七建筑工程有限公司	5594
20	成都成铁华晟置业有限公司	5594

审　　计

【概况】　2022年，成华区审计局利用大数据技术提高审计监督效能，将政策跟踪审计与专项资金、部门预算执行、经济责任等审计相结合，达到“一审多项、一项多果、一果多用”审计效率。区审计局全年完成各类审计项目34个，查出管理不规范金额8.41亿元，核减造价节约投资资金0.79亿元；发现非金额问题104个，提出审计建议81条，推动建立健全各项制度24项；指导相关单位完成中央、市级预算执行审计查出问题整改14项，整改金额2.7亿元；完成2022年区级预算执行审计问题整改金额7.4亿元，促进修订完善制度12项。

（袁　陈）

【财政审计】　区审计局落实财政资金提质增效和过“紧日子”要求，组织开展2021年度区级预算执行、决算草案和其他财政收支审计，以及省、市、区财政预算执行联动审计项目，重点关注财政预算收支执行、预算分配管理、专项资金分配管理、财政收支质量、财政暂付款清理消化、部分专项资金使用绩效、财政风险管理、地方政府专项债券、现代产业体系建设相关资金、政府投资基金管理和使用绩效情况等，查出违规金额0.05亿元、管理不规范金额5.26亿元。区审计局组织开展区级部门预算执行全覆盖审计，汇集全区72个一级预算单位财务数据，对资金管理和使用、行政事业性国有资产管理、中央八项规定及其实施细则精神贯彻落实情况等方面进行大数据筛查，筛查出审计疑点170个，书面询证60个单位，查出管理不规范金额1.41亿元。

（杨皓体）

【经济责任审计】　区审计局聚焦领导干部履职行权轨迹和质量效果，突出“稳增长、保民生、防风险、严纪律、促尽责”五条主线，坚持任中审计与离任审计相结合、经济责任审计与自然资源资产审计相结合，组织开展13个单位16名领导干部经济责任审计，重点关注执

3月2日，区审计局召开2022年度领导干部经济责任审计进场会 （区审计局供图）

行重大经济方针政策和决策部署情况、重大经济事项决策及其执行和效果情况、财政财务管理和经济风险防范、民生保障和改善生态文明建设、重要建设项目实施和完成情况、内部管理、落实有关党风廉政建设责任和遵守廉洁从政规定情况等，审计共查出各类问题139项，其中金额类问题103项，非金额类问题36项，违规金额0.04亿元，管理不规范金额1.63亿元。

（李　丹）

【政府投资建设项目审计】　区审计局围绕成渝双城经济圈、“五大攻坚战”等重大战略部署，紧盯“631”重大项目建设、“金色中环”重点工程项目，开展政府投资审计，重点关注项目决策审批、招标投标、建设管理、质量安全、结（决）算办理、资金使用等，揭示规避招标、弄虚作假、投资浪费、进度滞后和安全质量隐患等问题，完成竣工结算审计项目34项，审计金额13.89亿元，核减造价节约投资资金0.79亿元；开展全过程跟踪审计171项，涉及金额328.31亿元，揭示建设程序不完善、合同履行不到位、资金核算不准确等问题97个，提出审计建议101条。

（冯昱夫）

【专项资金审计】　区审计局聚焦民生保障，对38个老旧院落改造情况进行审计，重点关注民生项目建设管理、民生资金拨付使用、民生政策执行落地，以及惠民利民效益效果等，在项目建设、合同管理、资金管理等方面提出建议；聚焦疫情防控，重点关注防疫资金支出情况，围绕安保服务、消杀服务等费用，以及涉疫资产权属、周转材料处置等方面进行风险提示；聚焦粮食安全，组织实施区级储备粮食收购存储销售情况专项审计，重点关注粮食主管部门和代储收购企业贯彻落实党中央和国务院，关于粮食安全的重要指示精神、贯彻执行相关法规规章制度等情况，通过巡审联动联合监督，推动粮食管理更加规范；对成都大运会成华赛区筹办经费进行专项审计，重点关注成都大运会筹办经费的预算编制及执行、资金使用及效益、办赛保障以及因延期可能引发的合同履约风险等情况。

（罗晓容　张　挺）

【内部审计】　区审计局印发《2022年成华区内部审计工作专项目标及考评实施细则》，压实区级各部门推进落实内部审计工作主体责任，对全区72个一级预算单位由8个科室“分片包干”指导监督，提升内审人员专业能力，通过定期收集内部审计工作成果、重点检查指导等方式督促内审项目进度。区审计局全年完成内部审计项目545项，审计发现金额类问题64个，涉及问题金额0.19亿元，非金额类问题308个，建立健全各项制度33项，优化完善业务流程103项、其他167项，推进各单位经济管理工作更加规范。

（张　挺）

【区属国有公司审计】　区审计局深化区属国有公司审计监督，围绕2019—2021年度区属国有公司项目建设、运营、效益及资产管理等方面开展专项审计，查深查透公司运营中的突出矛盾和风险隐患，揭示企业运营中存在的资产管理不到位、项目监管不力等6大方面17项提出审计建议，完善国有资产监管体系，提高国有资产运营效益。

（张丽蓉）

统　　计

【概况】　2022年，成华区统计局抓好主要经济指标统计，做好“四上”企业清理入库，以提升统计数据质量为核心，加强基层统计基础建设，提高统计服务水平；全面分析研判，科学准确监测区域经济发展动态，推动和完善部门信息共享机制，利用部门统计资源助推统计基层基础工作，完成各项主要经济指标统计监测。成华区被国家统计局四川调查总队表扬为全省劳动力调查工作先进县（市、区），成华区统计局被评为2022年成都市统计工作综合评价优秀单位。

2月16日，成华区规模以上工业年报定报业务培训会召开　　（区统计局供图）

【深化统计管理体制改革】　区统计局贯彻落实中央和省市关于深化统计管理体制改革要求，加强基层统计基础规范化建设，夯实统计数据质量，制定《成华区统计基层基础规范化建设提升年工作方案》，从源头上确保统计数据完整。区统计局落实“双随机”执法检查制度、领导干部干预统计工作记录制度及统计违纪违法举报制度，推进企业统计信用信息和统计从业人员信用档案制度建设，完善各级统计数据质量监督管理工作机制，厘清统计数据质量监管责任；发挥网格化工作机制，制定《成华区企业名录“四本台账”共建共享工作机制实施方案》，通过建立企业名录“四本台账”构建企业梯度培育体系。

【统计数据联网直报】　区统计局加强对入库企业和项目的审核，执行网报企业入库标准和行业分类标准，严禁虚构企业和项目、代填代报，统计数据质量不断提高。制定《成华区2022年“四上”企业上规入库红黄牌预警及红旗激励规则》，加强“四上”企业清理入库，全年新增入库“四上”企业172家，入库投资项目151个、计划投资708亿元。截至年底，全区有联网直报单位987家，各专业科室密切监控数据异动情况，做到应统尽统。

【统计服务】　区统计局加强数据分析，密切关注宏观经济运行情况，掌握区域产业发展状况，加强与行业主管部门沟通联系，对重点领域、重点行业、重点企业统计监测预警，按月形成《全区经济运行分析调度及重点项目推进情况报告》，促进经济统计数据与经济管理工作相结合。区统计局加强统计数据分析研究，围绕重点产业加强专题分析研究，结合成华区“金色中环”重大任务，全面了解“金色中环”总体情况，形成《聚力打造金色中环，推动成华经济高质量发展》专题调研报告；结合成华产业发展现状，形成专题报告《人城产视角下成华区发展研究》，获得第十一届成都市统计科研优秀成果三等奖。区统计局全年撰写统计分析20篇，其中4篇获得区委、区政府主要领导批示，编印《统计月报》12期、2022年成都市成华区国民经济和社会发展统计公报、《成华统计年鉴（2022）》等基础统计资料，在成华区公众网发布主要经济指标完成情况11次。

【统计数据质量管理】　成华区将“依法统计”列入全区目标绩效考核，督促各部门、街道、管委会依法统计，将《中华人民共和国统计法》纳入干部教育培训，增强领导干部遵守统计法律法规的自觉性，防范和惩治统计造假、弄虚作假；组建专班，分专业对所有规模以上工业、限额以上批发和零售业、限额以上住宿和餐饮业、规模以上服务业、建筑业、房地产业及固定资产投资项目开展入库、退库专项检查，建立调查单位库，夯实统计基础。

（冯婧宇）

9月28日，成华区2022年住户调查大样本轮换工作会召开　　（区统计局供图）

【基本单位名录库建设】 区统计局为夯实第五次全国经济普查基础，深化名录库网格化管理，提升基本名录库数量和质量，以数据质量为核心、规范化建设为主线、现代信息技术为抓手，按照“一图、一库、展示+应用”的思路，构建名录库规范化、制度化、流程化和信息化的系统科学管理体系，为第五次全国经济普查打牢基础。

（董彬影）

【统计执法检查】 区统计局在全区范围开展统计执法检查，全年检查企业38家，推进包容审慎执法，对1家企业作出行政处罚决定并推送处罚信息，责令7家企业限期整改。区统计局联合区市场监管局开展联合“双随机、一公开”检查，全年检查企业9家，通过对统计台账的检查，了解企业统计工作情况，指导企业夯实统计基础。

（杨　静）

市场监督管理

【概况】 2022年，成华区市场监督管理局以深化国家食品安全示范城市建设为引领，开展食品安全放心工程攻坚行动，建立药品、医疗器械、化妆品监管电子档案，开展“双随机、一公开”监管，加强企业经营异常名录和严重违法失信企业名单管理，健全守信联合激励和失信联合惩戒机制；开展网络市场定向监测，利用大数据技术对网络交易违法行为进行动态监测、取证存证，推进放心舒心消费示范提质升级。成华区市场监督管理局被四川省市场监督管理局、四川省药品监督管理局表扬为“春雷行动2022”执法行动先进集体。

【企业年报】 区市场监管局依照《企业信息公示暂行条例》，通过“双随机、一公开”检查,清理吊销、经营异常名录等方式加强企业管理，全年开展“双随机、一公开”检查28项，涉及市场主体3995家，清理吊销长期停业未经营的企业3699家，列入经营异常名录2287家，移出经营异常名录5015条。2021年度，成华区应报年报13.13万家，实际年报12.16万家，年报率92.61%。

【国家食品安全示范城市创建】 成华区出台《成华区食品安全通报和约谈办法》，建立完善每月工作调度、每季度食品安全风险会商、半年考核以及问题责任约谈等制度，推动食品安全工作责任层层落实。细化《成华区建立健全分层分级精准防控压实食品安全责任实施方案》，对辖区食品生产经营单位层层签订责任书，明确区、街道、社区三级包保干部的范围和名单，开展食品安全“督察、督导”，确保两个责任落到实处。以“守底线、查隐患、保安全”行动为抓手，餐饮单位、食品经营单位、重点生产企业为重点，开展监督检查，全年抽检83批次均合格。全年对全区54家进口冷链食品经营单位检查2500次，整改各类问题165项。成华区与成都理工大学合作，向学生征集作品，共收到参赛作品136件，其中视频38件、音频11件、图片87件，根据相关作品主题，以一季度一主题的形式，在区级媒体、部门公众号推送，让高校成为“产、学、宣”三位一体的食品安全资料来源地和宣传地。区市场监管局畅通投诉渠道，完善举报奖励机制，全年受理食品类投诉举报9080件，处置率100%，发放举报奖励金69929元。

【食品药品安全领域专项治理】 成华区强化学校、养老机构、大型餐饮企业、乳制品生产企业等单位监督管理，督促落实食品安全主体责任，提升食品安全管理水平。全区重点餐饮服务单位实现“明厨亮灶”100%，公立学校食堂、私立学校及大专院校食堂纳入成都市食品流通溯源电子商务平台，实现全程追溯。区市场监管局对学校食堂和养老机构食堂开展专项

10月8日，区市场监管局检查成都市第二人民医院龙潭院区门诊药房　（区市场监管局供图）

整治3次，整改各类问题268项；开展隐患排查，坚持以“守底线、查隐患、保安全”行动为抓手，发挥“守查保”系统平台，将排查点位录入平台并跟踪整改，确保所有隐患整改到位；以风险指数防控为抓手，开展“铁拳”行动和各项专项整治，加大对非食品原料加工食品、婴幼儿配方乳粉、畜禽水产品、白酒、保健食品、食用油、肉制品、食用农产品、药品等监管检查力度，查处食品药品类案件220件，罚没金额132.13万元，依法移送公安机关食品安全违法案件立案4件。

【“双随机、一公开”监管】 区市场监管局将“双随机、一公开”监管与企业信用风险有机结合，科学运用监测预警信息、风险评价筛查结果、信用评价情况等实施分类抽查，完成省市“双随机、一公开”监管，对3995户企业进行抽查并向社会公示，完成成华区“双随机、一公开”监管。区市场监管局运用大数据监测开展触发式双随机监管，对277户高风险单位实施重点抽查并向社会公示。

【无证无照综合治理】 区市场监管局对无公共场所卫生许可证的254户经营单位检查指导，督促9户不具备办证条件的单位停业转向；开展涉气“散乱污”专项整治，拆除厂房退出动态监管48家，完成“两断三清”23家；清查文体旅行业无证无照经营场所7家，其中取缔无证印刷企业1家、互联网上网服务经营场所5家、歌舞娱乐场所1家。区市场监管局检查辖区检验检测机构和认证机构54家，未发现机构无证照经营行为；开展药品领域专项整治，未发现药店无证无照经营情况；摸排无证无照经营点位316个，引导办理相关手续，核发相关证照78个，关闭无证无照经营主体23家。

【网络交易市场监管】 区市场监管局做好线上线下网络交易一体化监管，配合开展长江禁捕、养老诈骗、铁拳行动、医疗美容等行业整治，指导网络交易平台合法合规经营，落实亮照亮标、信息公示、信息保存、制度建设等主体责任；依托互联网信息技术载体和手段，对网络交易经营者资格资质、商品服务相关页面实施动态监测和重点抽查，提高监管针对性和有效性。区市场监管局全年检查网站、网店5000家次，摸排涉嫌违法线索200条，责令整改网店200个，删除违法商品信息400条，立案34件，罚没金额54.78万元。

【标准化管理】 区市场监管局对全区130家生产企业在用标准进行调查，鼓励规模以上工业企业采用国际标准，辖区企业新增采用国际标准2项，有34家企业104项标准在国家标准委网站进行企业产品执行标准自我声明公开；开展强制性标准产品生产企业专项监督检查，重点对4家低压成套开关设备和控制设备、电线电缆等产品强制性标准企业进行清理和排查，做好成华区医养联合基本公共服务标准化专项试点项目组织协调。

【企业质量管理】 区市场监管局培育四川金域医学检验中心有限公司、成都卡诺普机器人技术股份有限公司、成都宏明电子有限责任公司、中国航天通信有限责任公司、西南油气田有限公司5家公司，采取“卓越绩效”等先进的企业管理制度，参加“四川天府质量奖”评选；组织专家对四川柯莱恩洗涤用品有限公司、四川金域医学检验中心有限公司、成都富森美家居有限公司开展质量提升帮扶行动，帮助企业提升产品质量。区市场监管局与174家燃气灶具销售门店签订质量承信诚诺书，发布消费提示4起，印制和张贴宣传画300张；组织质量强区各成员单位和区内部分重点企业撰写“我和质量故事”行文，收集征文16篇，中国建筑一局（集团）有限公司报送的“我与质量有个约定”征文获得成都市二等奖。

【计量管理】 区市场监管局加强集贸市场、医疗卫生服务中心、大型超市(商场)、餐饮业、眼镜配制店、加油站、高速路入口计量器具专项监督检查；对全区47家集贸市场4120台计量器进行2个周期免费检定、检定率100%，市场“公平秤”配备率100%；对全区38家基层医疗卫生机构检测计量器具4354台（件）进行免费检定，受检率100%；开展高速公路入口和普通公路固定治超检测站称重计量器具专项监督检查，检查在用治超检测站5家；开展“5.20世界计量日”宣传活动，检查农贸市场15家、餐饮企业4家、商场（超市）5家、宾馆4家、眼镜配制店14家，向市民发放计量常识手册2000册，全年调解处理计量举报投诉46件次。

【认证认可监管】 区市场监管局落实强制性认证长效监管制度，对12家生产强制性认证产品企业实施动态监管，逐一对企业进行登记，完善证后监管和日常监督检查，从源头上切实保障“3C”产品的使用安全，生产企业取证面100%；检查自愿性认证企业21家，认证现场评审执法跟踪检查33家；开展低速电动车生产和销售治理，严厉打击未取得3C认证的低速电动车违法行为，维护消费者合法权益与道路交通安全，巡查销售企业42家，取证率100%；开展家用燃气灶具专项整治，检查销售企业57家，检查家用燃气灶具2450台件，对3家违规企业进行立案调查。

【特种设备质量监管】 区市场监管局依托特种设备数据资源中心、“96933”系统以及“气瓶智慧监管系统”，通过线上状态监督和线下实地巡查相结合的方式开展监督检查，结合智慧韧性安全城市建设，对系统显示即将到期的设备做到第一时间提醒运行单位进行报检，全区1.8万台设备动态年检率95%；开展安全隐患集中排查整治，检查特种设备生产和使用单位372家次，建立隐患台账，通过通报会、约谈等方式提醒相关责任单位落实管理责任，加强特种设备安全管理，消除安全隐患166个；围绕重点场所530部电梯和150台压力容器开展专项安全抽查，对300家特种设备使用单位开展主体责任风险巡查，构建“监察、检验、执法”三位一体的电梯安全监管模式，推动电梯安全监管模式从“事后处罚”向“事前防控”转变，做到隐患早发现、早预警、早处置，化解安全隐患1200处。

【产品质量监管】 区市场监管局配合省、市市场监管局在成华区开展16类109个批次产品质量抽检，完成汽（柴）油等产品12类103个批次区级产品质量监督抽检，确保消防产品质量安全；开展燃气灶专项整治，摸清全区燃气灶具销售底数，消除燃气具质量安全隐患56个，下架质量违法燃气具263个，立案查处质量违法行为3起；开展涉农用品守护行动，检查电线电缆、涉水洁具、学生文具用品等产品1450

9月8日，区市场监管局执法人员检查永辉超市货源渠道 （区市场监管局供图）

件；开展塑料制品专项行动，检查塑料制品销售点位36家，抽检塑料袋8个批次。区市场监管局全年立案查处质量违法行为14起，其中燃气灶具案件3起、学生文具案件2起、塑料制品案件2起、纺织用品案件4起、建筑材料案件3起。

【食品经营监管】 区市场监管局与企业签订安全生产承诺书，指导企业开展食品安全风险自查，按照“一企一档”制定监督食品生产企业排查防控风险清单、整改措施清单和责任清单，按照“一品一策”建立乳制品重点食品风险清单、措施清单和责任清单。全年检查食品生产企业8家，发现问题25个，督促企业整改问题25个。区市场监管局落实进口冷链食品“三专、四责、五证、六要素”，全年对54家进口冷链食品经营单位检查2500次，整改各类进口冷链食品风险隐患165项；创新校园食品安全监管，开展“双随机”家长参与检查活动，加强学校食品安全监管；通过市场监管部门建立的各类微信群，联系食品管理员进行远程视频监管，指导食品经营单位上传经营环境、食品留样、菜谱等进行监管。

【化妆品监管】 成华区有化妆品经营企业609家，美容美发机构157家。区市场监管局抽查化妆品39批次，开展化妆品“线上净网、线下清源”专项行动，儿童化妆品专项检查，全年化妆品不良反应上报案件200例。

【药品流通环节监管】 区市场监管局全年检查医疗机构863家，区疾控中心1家；检查零售药店690家，对滥用阿片类物质成瘾者社区药物维持治疗点门诊每季度监督1次，开展药品不良反应监测，定期督促辖区内医疗机构按要求上报药品不良反应案例，全年上报药品不良反应1344例，完成药品抽样94批次。区市场监管局推广“互联网+智慧”电子监管平台，落实利用平台扫二维码实名购买感冒、止咳、退热、抗生素、抗病毒药品要求。

【医疗器械监管】 成华区有医疗器械生产企业12家，其中三类生产企业1家、二类生产企业5家、一类生产企业6家；医疗器械经营企业2828家，其中三类经营企业627家、二类经营企业2201家；有医疗机构863家。区市场监管局检查医疗器械生产企业14家次、三类医疗器械经营企业218家次、二级以上医疗机构31家次；完成三类经营企业许可证现场验收137家，其中新开办112家、延续13家、变更12家，完成医疗器械抽样7批次，未收到不合格报告。全区全年医疗器械不良事件上报504例，医疗器械不良事件监测二级以上医疗机构覆盖率100%。

【广告市场监管】 区市场监管局突出重点行业领域整治，聚焦天然水域实施全面禁捕、网络直播带货乱象、非法张贴小广告等，集中力量对关系人民群众身体健康和财产安全的重点领域进行整治；加强广告监测，发挥成都市市场管理融合平台等广告监测平台作用，发现并移交广告违法线索82件；开展“美丽护航”专项行动，构建省、市、区三级医疗美容主体清单，排查重点医疗美容机构及相关市场主体93家，创建三级重点线索台账，排查违法线索190条。

【公平竞争审查与反不正当竞争】 区市场监管局开展打击侵权假冒整治行动，以服装鞋帽、妇幼用品、老年用品、家用电器、数码产品、食品、化妆品等消费品为重点，严厉打击在线销售侵权假冒商品、虚假广告、虚假宣传、刷单炒信等违法行为，加强互联网侵权假冒治理；围绕食品、药品、防疫用品等重点产品，严厉查处生产经营添加非食用物质食品、不符合安全标准食品、未经检验检疫或检验检疫不合格肉类、“三无”食品、“山寨”食品、商标侵权食品、劣质食品、过期食品等违法行为，强化食品药品防疫物资侵权假冒治理；加大假冒伪劣产品的检查力度，推动商业企业提高依法保护知识产权的意识，就商业企业如何在经营中杜绝假冒、冒充专利商品提出指导性建议。区市场监管局全年查处侵权假冒案件30件，罚款18.95万元。11月16日，区市场监管局在成都富森美家居城北店举行中国首届公平竞争政策宣传周活动，解读《中华人民共和国反垄断法》《中华人民共和国反不正当竞争法》等相关法规。

【消费者权益保护】 区市场监管局营造放心舒心消费环境，围绕中消协消费维权年主题“共促消费公平”，推出“315”消费者权益日在线答题活动，利用成华市场监管微信公众号，发布消费提示32条。区市场监管局畅通消费投诉举报渠道，全年受理家居用品、计算机产品、家用电器、通信产品、交通工具、服装鞋帽等矛盾纠纷5.44万件，通过调解、政策解释等方式化解3.51万件，化解率64.52%，为消费者挽回经济损失1695.1万元。

（廖俊杰）

物价管理

【概况】 2022年，成华区发改局加强粮油肉蛋菜奶果等商品市场价格监测，维护市场价格秩序，居民消费价格保持平稳运行。区市场监管局做好放开商品价格监管，全年受理价格举报投诉41件、价格咨询320件，办理回复网上信访11件，组织价格纠纷投诉调解16次，备案公平竞争审查审批表5份。成华区发展和改革局被四川省发展和改革委员会表彰为2021—2022年全省价格监测工作表现突出集体。

（何　成　廖俊杰）

【价格监测】 区发改局落实国家和省、市价格监测制度，加强市场价格预测、预警，对主副食品、工业生产资料等4类97种重要民生商品价格进行监测，对劳动力、货运2类服务价格进行督促监测，全年向市发改局报送各类价格监测报表1042期，督促货运价格上报36次、劳动力价格上报12次，分析报告信息188份，通过成华区门户网站、成华发改局网站发布中心城区主副食品价格信息各52期，完成价格信息采集上报任务。

（何　成）

【成本监审】 区发改局规范全区物业服务收费管理，全年核定五级以上物业服务收费2家（格林柏悦云庭、深业泰蓉府），完成成都嘉祥外国语学校

9月3日，区市场监管局到建新农贸市场检查市场物价情况　（区市场监管局供图）

成华校区小学、初中学费和住宿费定价成本监审2项。

（刘　军）

【价格监督检查】　区市场监管局开展价格日常巡查，在元旦、春节、五一、国庆节等重大节日巡查大型商场（超市）189家、宾馆（酒店）51家、农贸市场57个、汽车站3个、旅游景点3个、主要街道经营商家811家，对明码标价不规范的商家责令限期整改58家，对4家不明码标价的经营商家立案查处；开展水、电、气收费价格检查，重点落实降低用电、用气价格政策，以及环保电价政策，加强对转供电主体收费监管，公布查处违规加价的典型案件，约谈商业转供电不合理加价违规企业11家；对7所学校、幼儿园开展联合检查，没有变相收费、高于政府定价收费价格违规行为；加强疫情用品及原辅材料和生活必需品价格监管，全年检查各类商超、农贸市场、药店、酒店（宾馆）等市场经营主体980家次。区市场监管局在“2022春雷行动”中，对涉嫌存在转供电不合理加价的7家单位立案查处、罚款54万元，为转供电终端用户挽回经济损失415万元。

（廖俊杰）

【涉案物品价格鉴定】　区价格认证中心规范涉案物品价格鉴定办理流程，为司法、行政执法部门涉案物品提供价格认定，对刑事、民事、经济、行政案件中各种扣押、追缴、没收及纠纷等资产进行价格认定，全年办理各类涉案财物价格认定案件679件，其中出具价格认定结论书386件、涉案金额589.32万元，出具价格认定不予受理通知书293件。

（李　智）

粮油监管

【概况】　2022年，成华区发展和改革局加强粮食购销领域专项巡察，聚焦粮食调控和应急能力提升，健全辖区粮食安全保障体系，铸牢辖区粮食安全底线，确保粮食市场价格稳定、供需保障良好。

【粮食流通监管】　区发改局重点对辖区海滨米业、华润五丰、红旗连锁超市、舞东风连锁超市等粮食经营企业，开展粮食监督检查和流通统计审核监管，维护辖区粮食流通秩序和粮食市场供应稳定；加强辖区市场粮油销售日常监督，检查粮食企业会计账、统计账、实物账，以及数量监测记录，全年开展粮食市场监督检查12次，确保全区粮食价格稳定、供应充足，粮食储存安全。

【区级储备粮】　区发改局协同承储企业所在地粮食管理部门及相关责任单位形成监督合力，督促承储企业强化责任意识、落实各项安全储粮措施，压紧压实粮食安全主体责任。区发改局结合全市粮食购销领域巡察专项行动，聚焦粮食收购、储存、销售、出入库等重点环节，瞄准粮食管理安全风险点，督促检查承储企业实行储备粮专仓储存、专人保管、专账记载，确保储备粮“账实相符、账账相符、账表相符”，安全储粮无事故，承储企业完成储备粮轮换任务。

【粮食应急保障】　成华区拓展粮食供给来源，结合辖区居民人口数量和分布情况，合理布局应急监测网点。区发改局与辖区粮食企业签订成华区粮油应急供应协议，加强粮食应急供应网点巡查，督促粮食企业依法、诚信、有序经营粮油商品，规范经营台账，按时上报相关数据和粮食流通统计报表；加强粮油价格巡查，掌握市场价格动态，规范价格监测点填报价格监测周报、大中城市大米市场监测旬报、流通月报、仓储调查表等。区发改局全年抽检大型商场（超市）、农贸市场粮食产品82次，抽查放心粮油店三批次，米、面、油质量均符合食品标准。

（刘彦兵）

8月24日，区发改局对成品粮大米进行扦样实物检查　（区发改局供图）

都市农业和工业

编辑　郑家红

都市农业和农村经济

【概况】　2022年，成华区基本农田保有量6076亩、耕地保有量12623亩，农作物以蔬菜、小麦和经济作物为主，全年实现第一产业增加值346万元、比上年增长11.6%，农业总产值579万元、比上年增长16.8%。

【城乡融合发展】　成华区推进城乡融合发展，深化涉农区域人居环境治理，打好基层治理“主动战”，提升涉农社区治理水平。成华区做深做细路网、教育、医疗等基础公服设施配套规划，建成丛树新型社区二期、一里塘新型社区、外环新型社区等项目5个，总建筑面积104.5万平方米，安置房8815套，惠及居民13220人；实施污水管网整治、河道改造、护坡绿化等环境整治类项目4个，促进环境治理提升；完善公建配套，加快推进北湖社区综合体建设，北湖中学、一里塘社区综合体竣工投用；加快推进双龙路道路二期、北湖下穿道路、龙石路等21条道路建设，新建湖山路等主干道路8公里，形成片区内畅外联交通。

【耕地保护】　区农业和水务局开展耕地撂荒风险摸排，组织作业单位、属地街道与市天府绿道公司和区平台公司，摸清全区耕地“撂荒”“非粮化”情况，有“撂荒”耕地26宗114.53亩、无“非粮化”耕地，对“撂荒”耕地进行复垦复种，完成环城生态区成华段农田整治5300亩。区农业和水务局加强耕地保护，建立耕地撂荒风险清单，对经营困难等可能存在撂荒风险的土地业主单位及时提醒，并指导其加强耕种，巩固撂荒耕地整治成果。

【农业产业化龙头企业培育】　成华区做好农业产业化龙头企业培育，对市级龙头企业实行运行监测，为成都光明乳业有限公司、成都益民供应链有限公司提供指导服务，申报市级扶持资金，新增四川九洲昌隆农业有限公司为市级龙头企业。区农业和水务局开展人才需求调查和企业发展需求调查，根据企业需求给予支持和帮助；组织5家企业参加2022第八届成都国际都市现代农业博览会，展示优质特色农产品及食品等，扩大企业销售，提升产品竞争力。

【农作物种植】　成华区革新技术夯实田地“农事”，利用机械化精量播种技术、滴灌套合微喷灌技术及增施有机肥，完成一次性开沟、覆土、浇灌、施肥等工作，解决人工效率低下、田地水肥不平衡等问题，完成采收向日葵、

龙潭街道龙驰社区“撂荒”耕地整治前后对比图　　（石胆 摄）

秋葵4万株。全年蔬菜播种面积695亩、比上年增加3亩，蔬菜产量1316吨、比上年增长11.5%；小麦种植5000亩、油料100亩；化肥施用量8吨、比上年下降20.0%。

（石　胆）

农业综合管理与服务

【概况】　2022年，成华区农业和水务局开展涉农社区集体经济专项治理，抓好农村集体“三资”规范化管理、食品暨农产品质量安全监管（种植业部分），加强农业实用技术培训和法律法规宣传工作，推进环城生态带建设，改善涉农区域人居环境。

【农村集体经济管理】　区农业和水务局加大农村集体经济指导和监督力度，推进农村集体“三资”规范化管理，组织涉农街道农村集体资产负责人、涉农社区书记和会计等50人，参加《四川省农村集体经济组织条例》专题培训会，提高管理人员的业务水平。区农业和水务局加强农村集体经济财务公开工作，运用农村集体“三资”监管系统平台开展日常监管检查，实时监控“三资”变化情况、公示情况，对出现预警提示信息及时通报处理；加强与基层公开服务平台对接，在固定公开栏进行财务公开，实现对农村集体“三资”管理情况的实时查询、分析、监管，推进农村集体“三资”管理常态化和规范化。区农业和水务局开展群众身边“可视”“有感”腐败和作风问题专项治理，整改农村集体资产管理漏洞270个，清退资金44.8万元。

【农资质量安全监管】　区农业和水务局组织开展以种子、农药、化肥质量安全为监管重点的农资日常监管检查，对全区21家农资经营门店每月检查1次，对26家兽药经营企业按照兽药GMP、GSP监管要求进行产品追溯，完成注册并上传数据，全年未发现有经营使用假冒伪劣、不合格兽药农资产品。10—11月，区农业和水务局联合市执法总队七支队、区市场监管局、区应急局开展2022年度“双随机、一公开”执法检查，通过“双随机、一公开”监管平台抽取农药经营单位1户、肥料经营单位1户、农作物种子经营单位1户、兽药经营单位4户、动物诊疗机构5户，对单位取得许可证情况、卫生情况、公示信息、安全生产等内容进行监督检查，责令限期整改检查中发现的问题。

11月8日，区农业和水务局检查农药和种子经营情况　（区农业和水务局供图）

【法律法规宣传】　区农业和水务局结合年度各项检查，向区内动物诊疗机构、兽药经营企业、农资经营单位等从业人员宣传《中华人民共和国动物防疫法》《动物诊疗机构管理办法》《执业兽医师管理办法》《兽药管理条例》等法律法规15次。

（石　胆）

都市工业发展

【概况】　2022年，成华区做优做强总部工业、楼宇工业、新型工业和数字通信产业集群、人工智能产业集群、工业互联网产业集群都市工业体系，优化都市工业顶层设计，实施制造强区战略，围绕人工智能、数字通信、工业互联网三大主导产业，聚焦补短板，促进产业补链延链；以龙潭工业机器人产业功能区为核心，建立以专业楼宇为点、特色街区为线、产业社区为面的都市工业承载体系，依托信产大厦、成华科技大厦等空间载体，打造“上下楼就是上下游，一栋楼就是一个产业链”的特色工业楼宇，推动工业企业加大数字化车间和智能工厂改造，建设千亿级都市工业园区，成都龙潭都市工业集中发展区入选2022年四川省近零碳排放园区。全区全年工业经济总体保持平稳

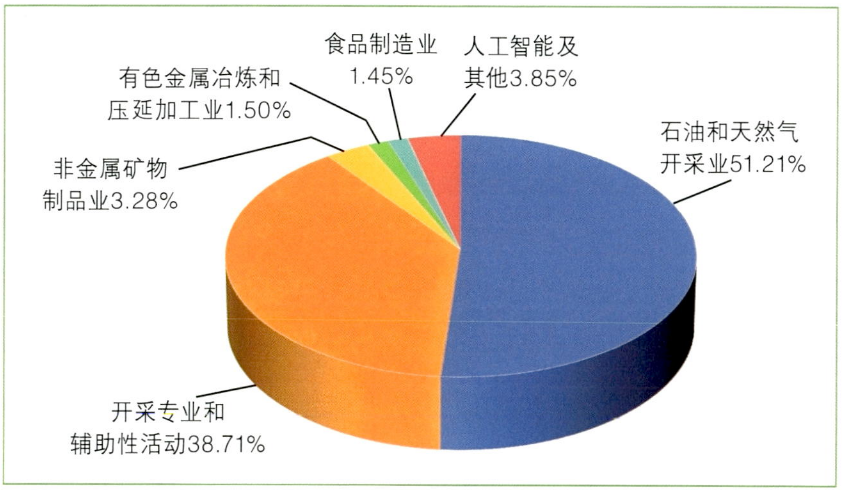

2022年成华区规模以上制造业主营业务收构成示意图

向上发展势头，规模以上工业总产值1009.2亿元、比上年增长11.7%，完成全口径工业增加值515.6亿元、比上年增长11.4%。全区工业增加值占地区生产总值37.9%，对经济增长贡献率68.2%。

【都市工业“十四五”高质量发展规划出台】 6月，成华区出台《成都市成华区都市工业“十四五”高质量发展规划》，由规划基础、面临环境、总体思路、构建“3+3”都市工业体系、布局“1+N”都市工业发展空间、重点任务、保障措施七个部分组成。规划明确到2025年，全区都市工业营业收入达1500亿元，全口径工业增加值超400亿元，工业投资达180亿元，有效高新技术企业数量达260家，引进培育高能级总部企业超20家、省级及以上“专精特新”企业10家以上、独角兽准独角兽企业20家以上，把龙潭工业机器人产业功能区打造为千亿级都市工业园区，建成投用100万平方米都市工业载体，培育特色鲜明的产业社区5个。成华区构建“3+3”都市工业体系，发展总部工业、楼宇工业、新型工业三大都市工业形态，做大做强以智能终端为主体的数字通信、以机器人为核心的人工智能、以云研发云设计云制造为突破的工业互联网三大主导产业，培育发展工业设计、检验检测生产性服务业；构筑以龙潭工业机器人产业功能区为支撑、N个产业社区及特色楼宇为补充的“1+N”都市工业空间发展布局。成华区强化引育并举、促进发展新增长，加强创新引领、培育发展新动力，拓展发展空间、提供发展新支撑，聚焦数字化转型、释放发展新势能，深化区域合作、聚力发展新协同，培育产业生态、营造发展新环境六大重点任务。制定组织建设、健全体制机制、优化统计体系、实施考核评价四大保障措施。

（刘振辉）

【招商引资强链补链】 成华区聚焦制造强区战略，狠抓产业强链补链、都市工业提能增效，紧盯人工智能、数字通信、工业互联网三大主导产业，以“链主聚链属，主链拓辅链”的招商思路，推行“链主企业、公共平台、中介机构、产投基金、领军人才”协同配合的招商模式，开展“链主企业”招引和先进制造业“建圈强链”百日攻坚行动，优化重点目标企业名录，引进投资50亿元以上的先进制造业重大产业化项目——科大讯飞成都智谷，埃斯顿、盛路通信、金域医学等投资30亿元~50亿元的先进制造业重大产业化项目4个，趣创、金灿光电投资10亿元~30亿元的高能级产业化项目2个。成华区围绕埃斯顿、卡诺普、盛路通信等链主企业的配套服务需求，举办先进制造业建圈强链重大项目暨金地威新人工智能创新基地项目集中开工仪式等重大投资促进活动5场，全年签约项目45个、总投资79.16亿元，开工建设金地威新人工智能基地等项目26个、投资总额222.5亿元。

（徐晨晨）

【工业重大产业化项目实施】 成华区推进工业重大项目建设，龙潭总部新城标准化厂房、东广人工智能谷二期、

12月30日，联东集团品牌体验馆开放暨成都新经济园集中签约仪式举行

（区新经济和科技局供图）

金地威新人工智能创新基地、卡诺普工业机器人核心技术及智能机器人、联东U谷成都新经济产业园5个项目被列入成都市2022年亿元以上工业和信息化重大项目。全区工业重大项目年度计划投资14.7亿元、实际完成投资22亿元，其中卡诺普工业机器人核心技术及智能机器人项目竣工投产、完成投资5.3亿元，东广人工智能谷二期、金地威新人工智能创新基地、联东U谷3个项目完成建设投资16.7亿元。全年完成工业投资42.5亿元、技改投资33.8亿元，实施重大工业项目15个，其中开工项目11个、加快建设项目3个、竣工投产项目1个。

【规模以上工业企业发展】 成华区有规模以上工业企业34家，新增森泉环境科技集团有限公司、四川智东化电器设备有限公司、成都新天宏精密机电制造有限公司、四川新先达测控技术有限公司4家。全年规模以上工业综合能耗246.02万吨标准煤、比上年增长3.02%，规模以上工业用电量140.2亿千瓦时、比上年增长38.4%，实现规模以上工业总产值1009.2亿元、比上年增长11.7%，规模以上工业企业产品销售收入1010.1亿元、比上年增长5.9%，规模以上工业企业利润总额133.2亿元、比上年增长36.4%，实现利税总额171.8亿元、比上年增长26.9%。

（刘振辉）

【企业营商环境提升】 成华区制定《成都市成华区大力实施建圈强链做优做强都市工业若干政策》等政策措施24条，支持优质企业落地、工业机器人和数字通信产业协同配套、企业上云上平台、行业品牌打造，全年兑付都市工业企业补贴金额542.13万元涉及企业45家。龙潭工业机器人产业功能区聚焦重点产业链发展要求和企业差异化发展需求，实施“企悦龙潭”创优营商环境行动，建立企业服务热线、在线服务微信号，推送优秀企业科技创新、市场开拓等成效，帮助企业扩大影响力和品牌力。功能区建成政务服务分中心，就近为企业提供高效、便捷的社保、医保、行政审批、法律援助等上百项“一站式”“一窗办”服务；夯实项目建设专班服务，规范入库项目促落地、促开工、促建设、促达产、优服务工作流程，为项目用地报批、土地供应、项目报建、竣工验收、不动产登记提供全流程帮办服务；创新推出“线上企业服务平台”“楼宇汇”应用程序，让资源要素可感知，为企业快速融入功能区提供便利。

【支持企业创新赋能】 成华区围绕产业链部署创新链，加速工业制造向工业智造转变，实施科技赋能产业发展、校地合作成果转化、双创生态提档升级“三大计划”，联合成都高新技术创业服务中心举办高新技术企业认定培训会2场，指导210家企业完成2022年高企申报。成华区打造创新联合体，培育领军型创新团队，创建成都理工大学防灾减灾技术创新平台、斯艾普微波射频领域中试服务平台，支持成焊宝玛等企业建设数字化车间和智能工厂，华灿工场获评国家级众创空间，完美文创和蜂巢金服获评省级众创空间，今日头条创作空间获评市级孵化器。成华区推进关键领域技术攻关突破，增强产业技术基础、核心基础零部件（元器件）、关键基础材料、先进基础工艺的源头性供给，鼓励企业加大研发投入，为29家企业兑现研发投入补贴153.6万元。

【企业培优育强】 区新经济和科技局围绕人工智能、数字通信、工业互联网重点产业链细分领域，实施本土企业孵化、梯度培育工程，建立健全“小升规”“新建新投产”工业企业培育库，上规入库工业企业34家；分层级给予企业全生命周期专项扶持政策，提升以人工智能、数字通信、工业互联网为核心的都市工业能级，斯艾普、四川航电微能等企业被确定为专精特新企业。全区有专精特新企业国家级4家、省级21家、四川省“瞪羚企业”3家，高新技术企业增至315家，卡诺普入选第三批中央财政重点支持专精特新“小巨人”企业名单、斯艾普获第十一届中国创新创业大赛“优秀企业”称号，四川千里倍益康医疗科技股份有限公司在北交所上市。

【“防疫泡泡”助企机制构建】 成华区加强新冠疫情防控，在全市率先推行工业企业闭环生产“防疫泡泡”模式，坚持疫情防控和安全生产“两手抓两不误”，及时跟进企业生产和诉

区新经济和科技局为企业筹集配送床垫实现闭环生产　（区新经济和科技局供图）

求，复核申报企业的物资储备、疫情防控举措，指导工业企业开展闭环生产，减少疫情对工业企业的影响。区新经济和科技局将112家工业企业纳入网格化管理，收集并解决企业诉求410个，采购入库物资126批1707.7万件，发放775批1505.6万件，协调全友家私向闭环生产企业赠送床垫1243张，为成都赛英科技有限公司、四川千里倍益康医疗科技股份有限公司等8家企业筹集床垫等物资，保障企业正常的生产经营，做到防疫生产两不误。

【先进制造业重大项目开工】 3月31日，成都市先进制造业建圈强链重大项目暨金地威新人工智能创新基地项目集中开工活动在龙潭工业机器人产业功能区金地威新项目建设现场举行。成华区金地威新人工智能创新基地、东广人工智能谷二期、亚光微波混合集成电路智能制造、航电微能源4个项目参与集中开工，总投资85亿元，占地289.7亩。

（刘振辉）

人工智能产业

【概况】 2022年，成华区机器人产业快速发展，产业领域涵盖部分核心零部件研发及系统集成，应用行业涉及汽车制造、电子信息、能源装备等，形成机器人产业生态链。成华区发挥成焊宝玛、卡诺普等龙头企业优势，引进埃斯顿工业机器人智能制造基地等项目，推动人工智能产业集群发展；加强产业创新平台建设，与电子科大国家大学科技园、成都市信息经济学会合作建立联合实验室，为产业发展提供创新策源动力和人才保障；举办产业论坛、推介会等活动，强化与重庆两江机器人产业园、成都现代工业港、天府智能制造产业园等区域深度合作，推进工业机器人产业向中高端迈进，打造成华产业品牌新高地；盘活存量用地，推动低效用地再开发，腾退原龙港钢材城等低效用地，优化调整工业用地1000亩。全区机器人产业规上重点企业有四川成焊宝玛焊接装备工程有限公司、成都卡诺普自动化控制技术有限公司2家。

四川成焊宝玛焊接装备工程有限公司工作间　　（龙潭工业机器人管委会供图）

【人工智能产业发展】 成华区壮大人工智能主导产业，以龙潭工业机器人产业功能区为承载地，围绕成焊宝玛（中国汽车行业优秀工业机器人集成品牌）、焊研科技（自动焊接装备品牌）、卡诺普（机器人控制系统品牌）等企业推进机器人系统集成，集聚人工智能产业生态链企业62家及工业机器人上下游企业53家，产业领域涵盖部分核心零部件研发及系统集成，应用行业涉及汽车制造、电子信息、能源装备等。成华区发挥卡诺普、成焊宝玛等链主企业优势，签约引进埃斯顿工业机器人智能制造基地，新开工建设智慧能源装备智能制造中心和金地威新人工智能创新基地，加快建设东广人工智能谷和联东U谷成都新经济园，实现卡诺普智能机器人基地建成试运行，促进链主龙头企业埃斯顿和卡诺普联手带动产业发展，推动工业机器人在焊接、搬运等方面实现规模化应用。

【产业基础创新能力提升】 成华区加快打造高水平创新联合体，与电子科技大学签订战略合作协议，共建“两中心两学院”，推进工业软件孵化中心大楼建设，推动电子科大、成都理工大学等高校院所与硕特科技、阿普奇等企业共建人才实训基地，为产业发展持续输出专业学科人才。成华区推动产业链上下游联动，促进高校院所科技创新与重点产业链发展需求相融共进，依托阿普奇—成都理工产学研联合实验室在人工智能产业上加强AI边缘计算等核心技术协同攻关。

【人工智能产业重大项目推进】 成华区引进讯飞智谷科技有限公司、成都盛路电子科技有限公司、四川蜀运通享汽车服务有限公司、中城新产业发展（成都）有限公司、埃斯顿自动化（成都）有限公司5家人工智能产业企业，推动金地威新人工智能创新基地、东广人工智能谷二期等重点项目开工建设，实现华灏鲲鹏产业基地、科大讯飞成都智谷等项目竣工投产，成都卡诺普智能机器人产业基地建成试运营。

【人工智能龙头企业及品牌培育】 成华区实施梯度培育计划，新增人工智能入库企业8家，引进国内工业机器人行业链主龙头企业——南京埃斯顿自动化股份有限公司，在龙潭工业机器人产业功能区建设埃斯顿工业机器人智能制造基地；加快建设金地威新人工智能创新基地，集聚人工智能链属企业52家，构建人工智能产业生态圈。成华区"一对一"重点联系、专业辅导，会同成都市中小企业协会开展专精特新"小巨人"梯度培育培训，助力卡诺普成为第三批中央财政重点支持专精特新"小巨人"企业。

（刘振辉）

数字通信产业

【概况】 2022年，成华区聚焦先进制造业中的"芯—屏—端—软—智—网"电子信息产业细分领域，以智能终端为突破口，做大做强数字通信产业链，强化企业与高校的协同创新，加强前沿新技术的研发和突破，加快推动5G垂直行业应用。全区全年有成都创新达微波电子有限公司、四川斯艾普电子科技有限公司、成都阿普奇科技股份有限公司、成都华普电器有限公司等数字通信规模以上工业企业10家，主营业务收入13.4亿元。

【数字通信产业生态链构建】 成华区围绕数字产业化重点领域，聚焦信息技术硬件、数字通信产业链供应链"薄弱缺"环节，动态调整完善"产业链全景图"，做优做强智能终端产业链、创新链，形成以航天通信、赛英科技、亚光电子等为代表的企业集群，涵盖关键元器件、通信设备等环节，

1月7日，成都万物互联国际物联网产业创新中心暨专精特新中小企业梯度培育平台启动
（区新经济和科技局供图）

并延伸发展通信软件、核心网设备、后市场等重点行业领域，引导上下游企业入驻，健全完善的数字通信产业生态链。全年建成四川华控—电子科技大学等产学研联合实验室8个，斯艾普微波射频领域中试服务平台、干城科创物联网和工业互联网安全测评省部级实验室和中心站点2个高能级创新平台。1月7日，成都万物互联国际物联网产业创新中心暨专精特新中小企业梯度培育平台启动，签约入驻海创汇科技创业发展有限公司、中设数字技术股份有限公司等15家企业。

【校企协同创新】 成华区依托斯艾普—成都理工大学产学研联合实验室在数字通信产业上加强电子元器件制造等核心技术协同攻关、陆迪盛华—电子科技大学实训基地在工业互联网产业上加强物联网技术研发等技术协同攻关，推动成都理工大学数理学院与阿普奇签约成立联合实验室，支持成焊宝玛等企业建设数字化车间和智能工厂，打造"基于物联网的智能视觉检测边缘计算生产场景""工业机器人智能焊接场景"等产业示范应用场景5个。

【5G行业运用推进】 成华区发挥基础设施、区位条件优势，面向医疗、教育、农业和商贸等行业，打造"5G+智慧医疗""5G+智慧教育""5G+智慧农业""5G+智慧商超"和"5G+智慧街区"等应用场景，搭建交流平台，帮助5G产业相关企业寻融资、拓市场、抢订单，推动5G产业稳步发展，成都网丁科技有限公司申报成都市2022年度5G产业产品推广应用补助。成华区加快5G基础设施建设，已建成5G基站3800个，基本实现全区热门景区、重要工业园区、党政军办公区域、机场、重要交通枢纽、高校及医院等重点区域全覆盖，5G网络结构基本形成，为助力数字经济、智能经济、绿色经济提供保障。

【领军企业和品牌培育】 成华区围绕重点产业链细分领域建立孵化培育体系，遴选100家重点优势企业实施"一企一策""一事一议"精准培育，指导高华电气、康迈微等企业上规入库，干城科创GC-Cloud工业设计仿真云入选成都市首批特色工业互联网平台入库培育项目，成都航天通信设备有限责任公司被认定为国家级专精特新小巨人企业。成华区开展"企业上市

倍增”行动，协调市级部门，为拟上市企业提供优质高效服务，有序推进硕特科技、康拓兴业等企业上市。

（林　超）

都市工业楼宇

【概况】　2022年，成华区围绕提升楼宇产业能级、培育优质企业，探索“新型产业用地（M0）”，推动“工业上楼”，建设工业上楼典型项目联东U谷·成都新经济园，开工建设工业楼宇金地威新·成华创新基地，建成东广人工智能谷一期，投用华灏鲲鹏西部产业基地、卡诺普智能机器人基地。截至年底，龙潭工业机器人产业功能区有数字钢联、呈祥国际大厦、中资国金大厦等工业产业载体（楼宇）46个，实现工业生产空间的集约高效利用。

【工业楼宇培育】　成华区提升打造都市工业楼宇载体，利用数字钢联、呈祥国际大厦等楼宇，实施微加工型都市工业上楼计划，推动产品设计、精加工制造、检验检测、售后服务等环节上楼，增强楼宇工业聚集度，签约火炬电子、中测标物、奥普乐科技集团、阿普奇科技等22家企业，打造具有充分活力、相对独立完整、配套齐全的都市工业楼宇。成华区提升楼宇经济载体能级，科学谋划专业性楼宇发展，支持斯艾普、卡诺普等企业实施“工业上楼”，加快建设东广人工智能谷、金地威新、联东U谷等都市工业产业载体，建成投用华灏鲲鹏标准厂房10.9万平方米，卡诺普智能机器人基地建成试运营。

（刘振辉）

【华灏鲲鹏西部产业基地】　华灏鲲鹏西部产业基地位于龙潭工业机器人产业功能区，企业将打造集研发办公、产品设计、生产销售于一体的以5G应用为重点的数字通信产业基地。基地整合发挥数字通信产业链链主企业作用，拓展信创产业，带动软件服务、人工智能、大数据等上下游企业集聚发展，强化关联配套企业落地，入驻模块化高频开关电源知名供应商华普电器、数字通信领域领先企业创新达、微波射频领域隐形冠军斯艾普、新能源充电桩行业柯恩斯集团、智能制造企业中创诚业、环保设备生产领军行业四川瞭望等产业链上下游关联企业，形成基本完整的产业链，支撑以服务器、存储、通信设备、智能终端研发生产为核心的华为生态体系。截至年底，建成以鲲鹏服务器、智能光传送平台等华为重量级产品为主导的研发生产基地，一期10.6万平方米标准化厂房建成投入使用，2条全球领先的SMT生产线进入量产；项目二期52亩产业用地由东广公司协助办理挂牌出让。

【卡诺普智能机器人基地】　卡诺普智能机器人基地位于成都市龙潭工业机器人产业功能区，打造集生产制造、研发设计、产品展示和生产配套功能于一体的产业中心，是卡诺普在西南地区的“国产机器人及核心零部件基地”。基地占地20亩，建筑面积3.47万平方米，其中研发办公用房1万平方米，辅助用房1000平方米，建有智能化、数字化、信息化机器人研发制造生产线，并采用智能信息系统、智能物流系统、智能化机器人装配线相结合的模式，实现批量化“机器人造机器人”的国际前沿智能制造模式。基地从功能、空间以及建筑形象等方面对产业用地进行“提质增效”，提供足够产业用房保障生产，增加高层研发楼与高层综合配套楼等功能空间，为卡诺普打造资源更聚集、功能更复合的产业生态。截至年底，成都卡诺普智能机器人产业基地建成并进入试运营。

【联东U谷·成都新经济园】　联东U谷·成都新经济园项目占地130亩，建筑面积31万平方米，分两期建设。一期展示中心规划面积1.2万平方米，是联东集团在西南打造的首个“沉浸式会客厅”，由市政景观、产业展示中心、招商中心三部分组成。项目依托联东千亿产业园专业运营商的强大资源，利用自身品牌带动效应、产业园区招商运营能力，建设高品质科创空间和现代都市工业载体平台，形成上下游高

华灏鲲鹏西部产业基地　　（龙潭机器人管委会供图）

3月31日，金地威新智能创新基地项目在龙潭工业机器人产业功能区开工（龙潭机器人管委会供图）

端产业集群。项目围绕工业互联网、数字通信、电子信息、智能装备、新能源装备、检验检测等新经济产业，已招引奥普乐科技集团、成都阿普奇科技股份有限公司、四川中测标物科技有限公司等知名企业13家，打造集生产制造、研发设计、中试成果转化、生产企业总部、产品展示和生产配套功能于一体的高品质产业空间。截至年底，项目主体建筑建设完成，进行内部二次结构施工。

【东广人工智能谷】 东广人工智能谷项目占地205亩，分两期建设，其中项目一期占地137亩，建筑面积26.7万平方米。项目联合国内一流专业机构深圳中城集团打造专业化产业服务体系，并配置中城智能硬件加速器，通过线上平台链接全产业链资源，为入驻企业提供市场、信息、人才、资金等资源共享平台，搭建最全供应链平台，助力企业高质量发展。项目围绕主导产业，重点招引机器人研发组装、芯片研发生产、智能传感器件、高端智能制造、智能行业应用等产业链上下游企业，已储备东方水利智能装备工程股份有限公司、四川凯路威科技有限公司等30家意向入驻企业，储备入驻面积10万平方米。截至年底，东广人工智能谷（一期）项目主体施工，二期项目加快建设。

【金地威新·成华创新基地】 金地威新·成华创新基地项目用地面积111.19亩，规划建筑面积22.24万平方米。项目是上海金地威新实业有限公司在龙潭工业机器人产业功能区内建设的高品质科创空间和现代都市工业载体，打造集总部运营、研发设计、生活服务等多功能于一体的创新型产业社区；同时紧扣工业机器人、工业互联网等功能区主导产业细分领域，导入金地威新在人工智能领域汇聚的优质资源，共同构建人工智能产业生态圈，并设立金地威新西南总部。3月31日，成都市2022年先进制造业建圈强链重大项目暨金地威新人工智能创新基地项目集中开工活动举行，项目正式开工建设，截至年底进行主体施工。

（邓晨媛）

总部工业

【概况】 成华区深耕中国电力工程顾问集团西南电力设计院、信息产业电子第十一设计研究院科技工程股份有限公司、成都建筑材料工业设计研究院有限公司、中国测试技术研究院、中国石油集团川庆钻探工程有限公司、中国石油天然气股份有限公司西南油气田分公司、雅砻江流域水电开发有限公司“四院三司”龙头总部企业，推进西南油气田总部基地项目、石油总部集群、电子总部集群，油服产业做大做强，发挥总部经济引领作用，持续壮大猛追湾“千亿总部集群”。

【中国电力工程顾问集团西南电力设计院】 位于成华区东风路18号，是世界五百强企业中国能源建设集团有限公司全资子公司，具有工程设计综合甲级、工程勘察综合甲级、工程咨询、环境影响评价等多门类资质的国家级高新技术企业，以能源电力规划研究、咨询、工程勘察设计、工程总承包、项目管理及专有技术产品开发、投资运营为主营业务。设计院服务于“一带一路”“长江大保护”“成渝双城经济圈”等国家级战略发展需求，聚焦“碳达峰、碳中和”目标，深耕电力、市政、环保、智慧能源和基础设施建设领域，面向国内外市场提供工程一体化解决方案和全生命周期管理服务；项目遍及全国34个省、直辖市、自治区，业务覆盖世界44个国家和地区。2022年，设计院获国家级优秀工程设计、工程勘测50个奖项、优秀工程咨询成果奖16个、中国电力优质工程奖5个等荣誉。实现产值收入53亿元、全口径税收9818万元。

【信息产业电子第十一设计研究院科技工程股份有限公司】 位于成华区双林路251号，是上市公司无锡市太极实业股份有限公司（股票编号：600667）的全资子公司，是一家专业从事工程咨询、工程设计和工程总承包业务的大型综合性工程技术服务公司。公司具有工程设计综合资质甲级、房屋建筑工程施工总承包资质壹级、机电安装工程施工总承包资质壹级等资质，承担咨询、设计、监理、总承包工程，工业气体系统，纯水系统，化学品系统，自动控制系统的工程设计与建造具有国内一流的技术和经验，为中芯国际、英特尔、西门子、大众汽车、三星、四川长虹、华为、普洛斯物流、成都生物所等国内外客户提供良好的工程服务，获得优秀设计、总承包、科技进步等各类奖项278项，其中国家级45项、部省级233项。2022年，研究院获2020—2021年度国家优质工程金奖CEC-咸阳第8.6代薄膜晶体管液晶显示器件（TFT-LCD）项目（设计）等国家级奖项十项，实现营业收入305.17亿元、全口径税收1.94亿元。

【成都建筑材料工业设计研究院】位于成华区新鸿路69号，是以提供全产业链集成、整体解决方案服务的国际综合型工程公司，具有建材及非金属矿工业工程设计、工程总承包、民用建筑工程设计甲级资质等，以其自身的技术优势、装备制造和成套能力、先进的项目管理体系，在中东、东南亚、南美、非洲、美洲、欧洲等10个国家，发展为集科研开发、工程设计、工程总承包、核心高端装备制造和成套、生产运营管理、投融资于一体的世界领先的EPC承包商和综合工程服务商。2022年，实现产值收入36.72亿元，全口径税收2516万元。

【中国测试技术研究院】 位于成华区玉双路10号，是集法定计量技术机构、第三方检测与校准机构、测试技术与标准研究机构三位一体的国家级综合性研究院，是国家法定计量技术机构、产品质量监督检验机构，专业从事测试与标准研究。研究院面向企事业单位提供计量检定校准、产品检验检测、工程测试与评价等技术服务，为企业提升产品质量和技术创新提供服务；受政府委托承担计量检定、计量比对、产品抽检、型式评价等法制计量工作，为政府履行市场监督职能，依法科学行政提供技术支撑。2022年，获得中国计量测试学会科技进步奖、中国商业联合会科学技术奖、中国技术市场协会金桥奖、省部级及行业协会科技成果奖等荣誉，获得发明专利6项，实现产值收入1.96亿元、全口径税收2235万元。

【中国石油天然气股份有限公司西南油气田公司】 位于成华区府青路一段3号，是西南地区最大的天然气生产和供应企业，主要负责四川盆地油气勘探开发、天然气输配、储气库以及川渝地区天然气销售和终端业务。公司拥有燃气管道7万千米，年综合输配能力440亿立方米，建有1座最大日调峰能力3100万立方米的相国寺储气库，区域管网通过中贵线和忠武线与中亚、中缅、西气东输等骨干管道连接，是中国能源通道的西南枢纽；天然气用户遍及川渝地区，有1000家大中型工业用户、1万家公用事业用户，2500万家居民用户。2022年，新增天然气地质储量万亿立方米；天然气产量383.4亿立方米，油气当量3061.8万吨，实现产值收入583.20亿元、全口径税收5.89亿元。

【中国石油集团川庆钻探工程有限公司】 位于成华区猛追湾6号，是国内油气工程技术领域业务链完整、一体化优势突出的综合服务商，主营钻井工程、地质研究、录井、固井、储层改造、试修井及油气合作开发等业务。公司创新形成复杂深井、致密油气、页岩气3大系列143项特色工程技术，主要服务西南油气田、长庆油田、塔里木油田，同时服务于壳牌、道达尔等国内反承包项目及地方页岩气公司，海外集中在土库曼斯坦、巴基斯坦、厄瓜多尔等国家。2022年，全口径税收-3588万元。

【雅砻江流域水电开发有限公司】 位于成华区双林路288号，原名为二滩水电开发公司，主要业务是水力发电和新能源发电，负责实施雅砻江流域水能资源开发，并以“流域化、集团化、科学化”的全新模式实施运营管理。公司推进雅砻江流域水风光互补绿色清洁可再生能源示范基地建设，打造雅砻江清洁能源品牌。2022年，公司牵头主编行业标准2项，参编行业标准3项，获省部级及以上科技奖项31项，授权专利35项，实现产值收入220亿、全口径税收2.13亿元。

（刘孝成）

工业企业选介

【成都卡诺普自动化控制技术有限公司】 成都卡诺普自动化控制技术有限公司位于成华区华月路188号，是专业从事智能工业机器人核心零部件及整机自主研发、制造、销售和服务的国家高新技术企业、国家专精特新“小巨人”企业、“科创中国”新锐企业、四川省“瞪羚”企业，连续两年入选四川企业技术创新发展能力100强企业，2022年被人力资源和社会保障部认定为国家技能根基工程培训基地。公司有专职研发人员160人，有效知识产权210项，拥有工业机器人全产业链，产品包括搬运机器人、弧焊机器人、点焊机器人、视觉传感器等，广泛用于机械、汽车整机/零部件、光伏、电子等生产

成都卡诺普机器人技术股份有限公司位于成华区龙潭工业机器人产业功能区的新基地

（区新经济和科技局供图）

制造领域，产品远销德国、斯洛伐克、越南、泰国等22个国家和地区，自主研发的“CRP-RH系列3D视觉智能焊接机器人”产品通过2022年度四川省重大技术装备首台套产品认定。2022年6月，位于龙潭工业机器人产业功能区的国产机器人及核心零部件生产基地建成投用，全年实现主营业务收入1.98亿元，全口径税收722.94万元。

【成都焊研科技股份有限公司】 成都焊研科技股份有限公司位于成华区航天路18号，是一家专业从事自动成套焊接设备，和具备智能制造系统集成焊接生产线的研发、设计、制造和服务的国家高新技术企业。公司在汽车尾气后处理器（SCR）全工艺链成套智能生产线、汽车油箱机器人智能生产线及数字化车间智能系统、电热水器全自动无人化智能生产线、天然气卡车LNG储罐智能制造生产线、汽车液力变矩器全自动无人化智能装备等细分领域及标准自动焊接机床位居国内一流产品技术档次，国内市场占有率70%；产品远销美国、日本、俄罗斯、印度、沙特等国家。截至年底，公司拥有6家控股子公司，先后获四川省企业技术中心、四川省著名商标、四川名牌、成都市智能制造系统解决方案供应商等称号。2022年，公司入围四川省2022年上市后备企业资源库，主营业务收入1.2亿元，实现全口径税收291万元。

【四川斯艾普电子科技有限公司】

四川斯艾普电子科技有限公司位于二环路东二段508号，是一家专注于射频微系统研究、开发、生产及销售的高科技民营企业，产品广泛应用于航天航空、武器装备、智能制造等行业。公司致力于研究高科技核心技术，在射频系统级芯片设计技术、三维异质集成技术、高功率微波辐射及防护技术、射频对消抗干扰技术及低温超导的量子捕获技术等方面处于国内领军地位。公司建有射频、天线、结构及工艺等方面先进的仿真中心和设计平台，并建有微组装、封装及总装调试生产线，拥有6000平方米科研和生产场地面积，有射频微系统6项关键技术、43项知识产权。2022年，公司完成自动化生产线的建设、搬迁，入选工信部第四批专精特新“小巨人”企业培育名单，主营业务收入1.36亿元，实现全口径税收958.37万元。

（刘振辉）

四川斯艾普电子科技有限公司

（龙潭工业机器人管委会供图）

建筑与房地产业

编辑　李锡清

建筑业

【概况】　2022年，成华区有建筑企业162家，其中特级资质企业1家、一级资质企业41家、二级资质企业74家、三级资质企业46家。全年建筑业实现增加值76.3亿元，比上年增长6.6%；建筑业竣工产值573.42亿元，比上年增长259.87%；房屋建筑施工面积2251.94万平方米，比上年增长9.35%；房屋建筑竣工面积477.89万平方米，比上年增长16.57%。

表42　　2022年成都市成华区建筑企业施工产值5亿元以上企业一览表

企业名称	资质等级	年产值（亿元）
四川省建筑机械化工程有限公司	施工总承包特级	75.2
成都建工第七建筑工程有限公司	施工总承包一级	75.4
四川石油天然气建设工程有限责任公司	施工总承包一级	35.6
四川省第三建筑工程有限公司	施工总承包一级	26.4
成都交投昆仑建设工程有限公司	施工总承包一级	24.9
中国电建集团四川工程有限公司	施工总承包一级	23.7
中建地下空间有限公司	施工总承包一级	20.0
国网四川电力送变电建设有限公司	施工总承包一级	15.2
四川招港建设有限公司	施工总承包一级	7.6
四川蜀能电力有限公司	施工总承包一级	5.3
四川蜀渝石油建筑安装工程有限责任公司	施工总承包一级	5.1
中铁二十四局集团西南建设有限公司	施工总承包一级	5.0

【建筑行业管理】　区住建交局加强建筑企业监管，规范建筑市场管理，压实各工地施工总包单位主体责任，做好建筑施工总承包企业和监理信用综合评价工作，推动建筑企业实名制管理，坚持现场管理人员每日打卡制度，实现远程监管考勤，维护系统建设，及时更新数据。区住建交局全年办理实名登记项目87个、人员解锁469个、企业基本信息审核241条，企业不良行为登记240件；落实区政府奖励扶持政策，奖励四川捷瑞建筑安装工程有限公司20万元，四川鑫顺实业有限公司、四川欧瑞建设集团有限公司2家企业16万元。

【绿色建筑施工】　成华区绿色建筑施工项目17个，建筑面积138.62万平方米，全年取得施工许可项目总面积448.1万平方米，其中装配式建筑面积395.7万平方米。成华区公共建筑能耗监测目标2个，完成白莲池街道一里塘社区小学及配套设施、国贸环球融创青云台配套幼儿园、五桂桥农贸市场及配套设施、广泽广场4个公共建筑接入成都市公共建筑能耗监测系统。

【建筑工程质量监管】　区住建交局监督在建建筑工程项目141个，建筑面积1113.44万平方米。全年办理建筑工程质量备案项目63个，建筑面积489.72万平方米，新备案建设工程项目签订建设单位、设计单位、地勘

表43　2022年成都市成华区建设工地标准化建设项目一览表

类别	项目名称
四川省安全生产文明施工标准化工地	鹤林社区工业用房及配套设施项目
成都市安全生产文明施工标准化工地	隆兴北四路西侧配套社区卫生服务中心工程项目、隆兴北四路西侧配套社区综合体工程项目、人民塘片区配套中学建设工程项目、东浦桥建设工程项目、华翰路西侧配套社区综合体及运动场项目、鹤林社区工业用房及配套设施项目、威灵社区工业用房及配套设施项目、成都市体育运动学校基础设施提升改造项目、东虹路社区住宅及商业配套设施项目、东林社区住宅及商业配套设施项目、成华区人民医院新址修建工程项目
成都市绿色标杆施工工地	隆兴北四路西侧配套社区卫生服务中心工程项目、隆兴北四路西侧配套社区综合体工程项目、成都市体育运动学校基础设施提升改造项目、东虹路社区住宅及商业配套设施项目、东林社区住宅及商业配套设施项目、成华区人民医院新址修建工程项目

单位、监理单位、施工单位五方责任主体法定代表人授权委托书及质量终身责任承诺书。全区全年建筑工程竣工验收监督备案项目49个，建筑面积349.7万平方米，监督覆盖率100%；市政工程竣工验收项目12个，工程总造价27547.5万元；报建工程质量监督覆盖率100%，区管建筑工地未发生重大建筑工程质量事故。区住建交局全年巡查项目1366个次，委托检测机构开展飞行检测监督抽查223个次，对监督过程中发现的工程质量问题督促建筑企业整改落实，全年受理质量投诉2949件，投诉处理回复率100%。

【建筑工程安全监管】　区住建交局开展建筑工程安全生产常态化监管和安全隐患专项检查，通过线上全面巡查、线下重点检查、日常随机抽查等方式，突出起重机械、高支模、深基坑等危大工程常态化安全管控，督促企业提高安全意识、强化安全措施、落实安全责任。区住建交局利用建设工地智慧平台，全年智慧平台线上巡查建筑工程安全检查1.04万个次，发现并整改问题951个；开展防高坠、活动板房消防安全、深基坑、防汛、地下管线保护、学校周边工地安全、噪声施工、夜间施工巡查等各类安全专项检查2305个次，整改各类隐患1106处，组织开展6次应急抢险，及时消除隐患。区住建交局加强建筑起重机械设备管理，全年办理起重机械设备产权备案(含注销)613台，安装手续409台；购买第三方专业机构服务，对全区建设工地附着式升降脚手架、塔吊、施工升降机、吊篮开展全覆盖专业检查，检查塔吊469台、施工升降机423台、附着式升降脚手架36栋、吊篮412台，整改隐患713处。区住建交局推动建设工地标准化建设，创建四川省安全生产文明施工标准化工地1个，成都市安全生产文明施工标准化工地11个，成都市绿色标杆施工工地6个。全年组织开展施工现场安全生产文明施工观摩会2次，开展施工现场应急救援演练项目56个，参加人员2000人次。

【建设消防工程验收备案】　区住建交局全年办理建设工程消防设计审查项目47个，特殊建设工程消防验收项目24个，其他建设工程消防验收备案92个，以及中海浣云居、成都卡诺普工业机器人核心技术及智能机器人基地、

深业华庭项目　（区住建交局供图）

表44　　2022年成都市成华区建筑工程竣工项目表

序号	项目名称	项目地址	建筑面积（万平方米）	建设单位
1	丛树新型社区集中居住区房屋建设工程项目（二期）	丛树社区2、3、4组，威灵社区6组	31.65	
2	丛树新型社区1、4、5号地块集中居住区房屋建设工程项目	丛森路	19.94	成都兴华生态公司
3	北湖片区配套中学建设工程项目	北湖片区	3.22	
4	保和天鹅安置房建设工程项目	天鹅路	21.53	成都新蓉华文旅发展投资有限公司
5	迎晖路南侧幼儿园、小学、中学建设工程项目	迎晖路南侧	6.05	
6	东林社区配套建设工程项目	东林社区3、4组	3.01	成华国投公司
7	蜀龙路西侧配套幼儿园建设工程项目	人民塘社区5组	0.66	
8	长林盘社区安置房项目	长林盘社区	6.80	
9	桃蹊路社区公共服务设施工程项目	府青路三段	0.45	
10	桃蹊路公共服务设施工程项目（派出所）	府青路三段	0.45	
11	驷马桥南片区社区综合体建设工程项目	高车三路	1.69	成华城投公司
12	二仙桥西片区配套中学（高中部）工程项目	二仙桥西片区	5.47	
13	二仙桥西片区配套小学工程项目	仙韵二路	2.78	
14	迎晖社区综合体工程项目	东虹路东侧	0.93	
15	“兴城嘉苑”（二期）A地块（1号）及C地块（4号）项目	斑竹社区	21.58	成华棚改公司
16	东桂社区农贸市场及配套设施项目	东桂社区6组	0.92	
17	向龙兴苑小区项目	向龙社区7、10组	15.41	成都东方广益公司
18	华翰路西侧配套社区综合体及运动场项目	鹤林社区2组	2.85	
19	中小学及配套设施工程项目	双桂路21号	2.97	区教育局
20	东虹路社区配套幼儿园项目	东虹路社区4、5组	0.70	
21	桂林片区公建配套工程项目	桂林社区8组	3.68	成都交投置业有限公司
22	东华社区公建配套（二期）工程项目	东华社区5、8组	1.55	
23	斑竹社区中学及配套设施工程项目	斑竹社区3组	3.29	
24	斑竹社区综合运动场及配套设施工程项目	斑竹社区9组	0.74	成都兴城投资集团有限公司
25	东林社区养老服务设施、社区用房、综合健身馆、环卫休息站、再生资源回收站及配套设施项目	东林社区2、4组	0.96	
26	首钢璟辰里花园住宅及配套设施项目	101仓库C地块	14.39	成都首钢房地产开发有限公司
27	人民塘片区配套中学建设工程项目	人民塘社区3、4、5、11组	9.75	成都新蓉华文旅发展投资有限公司
28	桂林片区中小学工程项目	桂林社区1组	4.28	成都城投土地整理开发有限公司
29	大陆潮里商业、住宅及配套设施项目	昭觉寺横路11号	11.75	四川省轩苑房地产开发有限公司
30	梧桐玖宸住宅及配套设施项目	向龙社区2、11、12组	18.98	成都城投皓诚置地有限公司

续表44

序号	项目名称	项目地址	建筑面积（万平方米）	建设单位
31	朗诗乐府住宅及配套设施项目	二仙桥西路B地块	12.41	成都朗韬房地产开发有限公司
32	中梁云玺台住宅及配套设施项目	东升社区1、8、9、10组	14.24	成都振梁置业有限公司
33	十里风和住宅、商业用房及配套设施项目	跳蹬河路9号	14.38	成都轨道交通集团有限公司
34	十里风和住宅、商业用房及配套设施项目（一期）	跳蹬河南路9号	8.67	
35	龙潭寺东站TOD综合开发项目（二期）	桂林社区3、5、7、8组	9.25	成华区同桂轨道城市发展有限公司
36	中海浣云居住宅及配套设施项目	东升社区2组，东虹路社区4、5组	8.52	中海嘉卓（成都）房地产开发有限公司
37	中海浣云居住宅及配套设施项目6号楼、7号楼	东升社区2组，东虹路社区4、5组	4.52	
38	奥园·云璟住宅及配套设施项目	海滨湾社区5、6组，新山社区4组	11.90	成都市奥誉置业有限公司
39	华影传媒大厦工业用房及配套设施项目	航天路35号	8.19	华影西南投资控股有限公司
40	锦樾府住宅及配套设施项目	昭觉寺南路139号	7.94	成都碧桦置业有限公司
41	中车珑苑住宅及配套设施项目	二仙桥北路31号	6.35	中车科技园（成都）有限公司
42	九林语项目（二期）	东桂社区2组，斑竹社区4组	5.69	成都人居成兴置业有限公司
43	万科锦园住宅及配套设施项目	同仁社区1、2、3组，院山社区5组	4.92	成都万华锦新置业有限公司
44	万科锦园住宅及配套设施项目（二期）	同仁社区1、2、3组，院山社区5组	5.23	
45	金绣铭座住宅及配套设施项目	秀苑东路	3.57	成华金座升置业有限公司
46	成都卡诺普工业机器人核心技术及智能机器人基地建设项目	高洪社区5、6、7组，威灵社区3、12组	3.55	成都卡诺普自动化控制技术有限公司
47	一里塘社区小学及配套设施工程项目	一里塘社区4、5组	1.60	成都文化旅游开发建设有限公司
48	东华社区幼儿园及配套设施项目	东华社区8组	0.60	四川隆和书香房地产开发有限公司
49	雅砻江流域办公配套设施项目（三期）	双林路288号	0.20	雅砻江流域水电开发有限公司

成都英才学校（高中部）等重大项目通过消防验收。

【建筑项目审批备案】 区行政审批局全年办理建筑项目审批事项2439件，其中核发房建施工许可65件，总建筑面积503.78万平方米，总投资164.2亿元；核发既有建筑改造（装饰装修）施工许可35件，装修面积23.27万平方米，总投资0.44亿元；核发房建、轨道夜间施工许可2313件；办理竣工验收备案26件，备案面积191.69万平方米。

【优质工程创建】 区住建交局指导辖区建筑施工企业提高建设工程质量，龙潭安置房五期住宅、商业及配套设施拆迁安置房，新华公园地下停车场、深业华庭住宅及配套设施3个项目获2022年度成都市建设质量优质工程“芙蓉杯”奖。雪松雅居乐住宅、商业及配套设施一期2号、3号楼，欧亚工业用房及配套设施项目2号工业用房、门卫室，成华区人民医院新址修建工程3个项目获评2022年度

表45　　2022年成华区获成都市建设质量优质工程“芙蓉杯”奖项目一览表

序号	项目名称	申报单位	建设单位	监理单位	项目经理
1	龙潭安置房五期住宅、商业及配套设施拆迁安置房2号、3号、5号、6号、9号、10号楼	成都建工第七建筑工程有限公司	成都东方广益投资有限公司	康立时代建设集团有限公司	陈占战
2	新华公园地下停车场建设项目	中国五冶集团有限公司	成都慧晟停车场建设开发有限公司	成都衡泰工程管理有限责任公司	刘陈勇
3	深业华庭住宅及配套设施	江苏省华建建设股份有限公司	成都市深业泰然华成房地产开发有限公司	成都市众恒建设工程监理有限责任公司	熊佳树

表46　　2022年成华区获四川省结构优质工程项目一览表

序号	项目名称	施工单位	项目经理	监理单位	项目总监	建设单位
1	雪松雅居乐住宅、商业及配套设施一期2号、3号楼	中国建筑一局（集团）有限公司	敬建鑫	四川省中冶建设工程监理有限责任公司	徐文波	成都雪瓴企业管理有限公司
2	欧亚工业用房及配套设施项目2号工业用房、门卫室	成都建工第六建筑有限公司	叶　鑫	四川康立项目管理有限责任公司	佘碧琴	四川欧亚实业集团有限公司
3	成华区人民医院新址修建工程项目	中建三局集团有限公司	贺　杰	成都衡泰工程管理有限责任公司	黄元祥	成都锦城华创置业有限责任公司

四川省结构优质工程项目。成都市第二人民医院龙潭医院建设项目获评第一批中国建设工程鲁班奖（国家优质工程）。

（林　静）

【建筑施工噪声污染防治】　区住建交局运用智慧工地平台开展建设施工噪声污染防治工地161个，智慧工地平台新增夜间施工预警、施工噪声超标预警，通过安装在施工现场的各类传感器设备实时判断工地施工噪声情况，对超过噪声标准的项目发送预警并进行整治，降低施工现场噪声对周围居民的影响。

（李创新）

【建筑施工扬尘污染防治】　成华区建筑施工扬尘污染防治实行网格化管理，以街道辖区为单元，对全区建设工地扬尘治理进行巡查，全年巡查470次，开展工地夜间巡查140次，移交曝光线索126个。全区智慧监管实现精准防治，安装扬尘监测设备131台，将工地扬尘监测、夜间施工等集于智慧平台，实时追踪扬尘是否超标。全区在建工地科创中心项目试点使用防尘天幕、高杆喷淋、多样化喷淋等科技手段，实现土方开挖及施工作业自动抑尘降尘，推动重点区域新建工地创建绿色标杆工地，加大施工环保新技术推广应用。

（戴洪涛）

房地产业

【概况】　2022年，成华区房地产新增固定资产99.8亿元，施工房屋面积1374.70万平方米，商品房实际销售面积174.08万平方米，商品房实际销售额310.81亿元。区住房建设和交通运输局办理商品房预售、现售项目36个（48批次），指导40个项目（65批次）签订预售资金监管协议，加强商品房住宅交付流程监管，建立商品房住宅交付管理台账，指导16个商品房项目交付。

【房地产开发项目】　成华区房地产开工项目有中旅启境花园、华建锦院、首开中环云樾名邸、恒景翰文府、首钢璟悦里花园等24个项目，建筑面积307.42万平方米。成华区房地产竣工项目有九林语一期、大陆潮里、金锈铭座、锦樾府、万科锦苑、龙潭寺东站TOD综合开发项目（二期）等15个，建筑面积147.01万平方米。

【房地产开发销售】　成华区全年商品房销售面积174.08万平方米，比上年下降7.12%；商品房销售额310.81亿元，比上年下降10.57%。

【安置房项目建设】　成华区全年实施拆迁安置房项目13个，建筑面积313.31万平方米，总投资132.98亿元。成华国投公司承建拆迁安置房项目6个，建筑面积148.5万平方米，住宅12078套，总投资62.61亿元。成华城投公司承建拆迁安置房项目3个，建筑面积50.8万平方米，住宅3937套，总投资23.43亿元。成都兴华生态公司承建拆迁安置房项目3个，建筑面积98.6万平方米，住宅7435套，总投资39.24亿元。成都东方广益公司承建拆迁安置房项目1个，建筑面积15.41万平方米，住宅1308套，总投资7.70亿元。

（祝　溢　李晓娇　杨　澜）

表47　　2022年成都市成华区房地产开工项目一览表

序号	项目名称	项目地址	建筑面积（万平方米）	建设单位
1	华侨城滨江壹号（四期）	迎晖路	49.99	信和置业（成都）有限公司
2	首开中环云樾名邸	新山社区1、2组	23.22	成都首开韶泰置业有限公司
3	深业泰蓉府	东林社区4、5组，西林社区11组	22.46	成都市深业泰然华成房地产开发有限公司
4	和成社区住宅及配套设施项目	和成社区6、7、8组	21.20	成都樾然置业有限公司
5	恒景翰文府	二仙桥片区6号地块	20.46	四川恒景房地产开发有限公司
6	白莲池、将军碑住宅、商业及配套设施项目	白莲池、将军碑（C宗地块）	18.34	成都奥腾置业有限公司
7	和成社区住宅及配套设施项目	和成社区1、5组	18.08	成都首开宜泰置业有限公司
8	华润置地中环天序	关家堰社区6、7组	16.13	华润置地（成都）成华有限公司
9	中旅启境花园	丛树社区12、13组	15.97	中旅城华（成都）置业有限公司
10	华建锦院	和泰东一路88号	14.10	成都华建益锦置业有限公司
11	斑竹社区住宅、商业及配套设施项目	斑竹社区4、5组	12.16	成都人居成兴置业有限公司
12	凯德玖悦华章	崔家店社区1、2组	10.99	成都凯盈置业有限责任公司
13	首钢璟悦里花园	崔家店社区2、4组，关家堰社区6、8组	8.49	成都首钢房地产开发有限公司
14	二环路东一段住宅及配套设施项目	二环路东一段30号	8.13	成都业瑞东二房地产开发有限公司
15	鹭鸣九章花园	双成五路	7.69	成都卓璞置业有限公司
16	二仙桥东路住宅、商业、办公及配套设施项目	二仙桥东路8、11、13号	6.73	四川省物流股份投资有限公司
17	天鹅社区住宅、商业及配套设施项目	天鹅社区4、13、14组	6.49	成都鑫统领文化旅游开发有限公司
18	西林社区商业及配套设施项目	西林社区3组	5.29	成都蓉华置业发展有限责任公司
19	天恒壹号北院	鹤林社区1组，向龙社区12组	4.45	成都恒成正华房地产开发有限公司
20	天恒壹号南院	鹤林社区1组，向龙社区12组	4.29	
21	格林柏悦云庭	二仙桥西一巷3号	4.17	成都市九寨房地产开发有限公司
22	将军碑社区住宅、商业、办公及配套设施项目	将军碑社区	3.30	成都蓉华置业发展有限责任公司
23	二仙桥北二路住宅及配套设施项目	二仙桥北二路13号	3.10	成都长隆银丰置业有限公司
24	天鹅社区住宅及配套设施项目	天鹅社区3、4组	2.19	成都京歌海置业有限公司

表48　　2022年成都市成华区房地产竣工项目一览表

序号	项目名称	项目地址	建筑面积（万平方米）	建设单位
1	梧桐玖宸	向龙社区2、11、12组	19.19	成都城投皓诚置地有限公司
2	首钢璟辰里花园	101仓库C地块	14.35	成都首钢房地产开发有限公司
3	中梁云玺庭	东升社区1、8、9、10组	14.24	成都振梁置业有限公司
4	朗诗乐府	二仙桥西路B地块	12.41	成都朗韬房地产开发有限公司
5	云璟庭	海滨湾社区5、6组，新山社区4组	11.90	成都市奥誉置业有限公司
6	大陆潮里	昭觉寺横路11号	11.75	四川省轩苑房地产开发有限公司
7	九林语（一期）	斑竹社区5、6组	10.71	成都人居成兴置业有限公司
8	九林语（二期）	东桂社区2组，斑竹社区4组	8.99	
9	龙潭寺东站TOD综合开发项目（二期）	桂林社区3、5、7、8组	9.25	成华区同桂轨道城市发展有限公司
10	锦樾府	昭觉寺南路139号	7.94	成都碧桦置业有限公司
11	府青路三段住宅、商业、酒店、办公及配套设施项目	府青路三段12号	6.88	成都海兴冷业贸易股份有限公司
12	中车共享城项目	二仙桥北路31号	6.35	中车科技园（成都）有限公司
13	万科锦苑	同仁社区1、2、3组，院山社区5组	5.23	成都万华锦新置业有限公司
14	中海浣云居	东升社区2组，东虹路社区4、5组	4.22	中海嘉卓（成都）房地产开发有限公司
15	金锈铭座	秀苑东路99号	3.60	成都市成华金座升置业有限公司

表49　　2022年成都市成华区房地产开发销售一览表

指标名称	单位	实绩	比上年增长
商品房销售面积	万平方米	174.1	-7.1%
住宅	万平方米	127.9	-5.4%
办公楼	万平方米	20.8	61.1%
商业营业用房	万平方米	7.8	-64.7%
其他	万平方米	17.6	2.5%
商品房销售额	亿元	310.8	-10.6%
住宅	亿元	272.7	-6.2%
办公楼	亿元	22.1	55.5%
商业营业用房	亿元	9.7	-70.8%
其他	亿元	6.3	-32.6%

表50　　2022年成都市成华区拆迁安置房建设情况表

序号	项目名称	建筑面积（万平方米）	住宅（套）	总投资（亿元）	施工进度	承建单位
1	白莲池、一里塘社区安置房	35.6	2890	16.00	结构施工	成华国投公司
2	石马保平片区安置房	26.8	2400	11.41	装饰施工	
3	瑞景新城安置房	25.2	2052	9.80	项目竣工	
4	天鹅安置房	23.0	1634	9.60	项目竣工	
5	将军碑安置房	12.9	1050	6.00	装饰施工	
6	瑞景新城安置房	25.0	2052	9.80	项目竣工	成华城投公司
7	“兴城·嘉苑”（二期）安置房	33.4	2476	15.10	项目竣工	
8	海滨湾2、4组安置房	11.5	932	5.23	项目竣工	
9	长林盘6、7组安置房	5.9	529	3.10	项目竣工	
10	外环新型社区（二期）安置房	21.6	1600	9.80	项目竣工	
11	丛树新型社区1、4、5号地块安置房	46.0	3644	17.94	项目竣工	成都兴华生态公司
12	丛树新型社区6号地块安置房	31.0	2191	11.50	项目竣工	
13	向龙兴苑安置房	15.41	1308	7.70	项目竣工	成都东方广益公司

建筑与房地产企业选介

【四川省建筑机械化工程有限公司】
四川省建筑机械化工程有限公司位于成华区二仙桥西一巷7号，系四川华西集团有限公司全资子公司，具有房屋建筑工程施工总承包特级、建筑行业设计甲级资质，以及其他总承包和专业承包资质20项，为建筑工程总承包、勘察设计、房地产开发和投资、建造、运营综合能力的国有企业，曾获中国建设工程“鲁班奖”、中国土木工程“詹天佑奖”、国家优质工程奖、中国建筑工程钢结构金奖等荣誉。公司全年在建项目116个，实现总产值75.2亿元。

【四川省第三建筑工程有限公司】　四川省第三建筑工程有限公司位于成华区建设北路一段3号，系四川华西集团有限公司全资子公司，具有房屋建筑施工总承包一级、地基基础、机电设备安装、建筑装饰施工、起重设备安装、消防设施工程、古建筑工程等专业承包一级资质，市政公用、钢结构工程、环保工程、公路工程施工总承包二级资质，工程质量检测、建筑机械制造（租赁）和房地产开发等专业资质，集工业与民用建筑施工、大型机电设备安装、道路施工、建筑装饰、园林绿化、水利水电和建筑机械制造于一体的大型综合性企业，曾获中国建筑工程“鲁班奖”6项、中国土木工程“詹天佑金奖”1项、国家优质工程银奖2项、全国施工企业综合实力100强、全国质量服务诚信AAA级企业、全国工程质量管理优秀企业等荣誉。公司全年在建项目84个，实现总产值26.4亿元。

【成都建工第七建筑工程有限公司】
成都建工第七建筑工程有限公司位于成华区双林路33号，隶属成都建工集团有限公司，具有房屋建筑、市政公用、机电安装施工总承包一级资质，以及各级专业资质20项，有新型装配式建筑工程、水环境综合治理工程施工专业技术，经营区域拓展至重庆、贵州、福建、湖南、湖北、江西、海南、云南、广西、广东、新疆等地，曾获全国优秀施工企业、中国建设系统企业信用AAA级单位、四川省五一劳动奖状等荣誉。公司全年在建项目129个，实现总产值75.4亿元，承建的龙潭安置房五期住宅、商业及配套设施获评2022年度成都市建设质量优质工程“芙蓉杯”奖。

【四川石油天然气建设工程有限责任公司】　四川石油天然气建设工程有限责任公司位于成华区华油路143号，具有国家石油化工工程施工总承包一级专业资质，石油化工工程采购、施工、设备制造、电气自动化及通讯安装、防腐保温、机械加工、工程技术开发于一体的综合性油气工程建设企业。公司全年在建项目708个，实现总产值35.5亿元。

【成都交投昆仑建设工程有限公司】 成都交投昆仑建设工程有限公司位于成华区二环路东二段23号，具有公路工程施工总承包一级、市政公用工程施工总承包一级资质，承接市政公用工程、公路工程、建筑工程等项目。公司全年在建项目苍巴高速公路、通用航空产业园项目2个，实现总产值24.9亿元。

（杨　沛）

房产管理

【概况】 2022年，成华区住建交局加强公房管理、房地产市场监管、房屋安全监管、老旧小区住宅电梯加装等工作，开展房地产市场专项整治，全年约谈相关开发企业73次，组织开发企业与业主代表协商沟通62次，化解商品房交付、销售合同纠纷。

【公房管理】 区住建交局依托成都市行政事业单位资产管理信息系统、成华区房地产服务中心直管公房收费管理系统，完善国有直管公房基础信息、租赁信息等，实现国有资产保值增值，全年上缴房屋租金收入1080.67万元。区住建交局全年维修双桥路249号8栋2单元21号、新鸿南路77号1单元17号、玉赛路32号3栋1单元9号等住宅46处，建筑面积0.24万平方米，投入资金35.93万元。

【房地产市场监管】 区住建交局办理24个项目（39批次）商品房预售、现售，指导24个商品房项目（39批次）签订预售资金监管协议；加强商品房住宅交付流程监管，建立商品房住宅交付管理台账，指导10个商品房项目开展交付；开展房地产市场专项整治，检查商品房销售项目52个，督促相关企业及时整改有关问题。区住建交局全年办理房屋租赁登记备案2.22万件，为房地产经纪机构办理备案、续期、变更手续222家，住房租赁企业办理开业报告19家，检查房地产经纪机构163家、租赁企业38家，通报1家房地产经纪机构违规行为，移交区市场监管局依法查处。

【房屋安全监管】 区住建交局全年受理各类房屋安全投诉798件，检查点位450个，发现房屋结构安全隐患点位68个，依法移送区综合执法局调查处理39个，受理居民房屋结构安全咨询900人次。区住建交局组织开展全区城镇房屋自然灾害普查，排查房屋建筑2.87万栋，建筑面积8560万平方米，经房屋安全鉴定机构鉴定新增C、D级危房7处，下达消除房屋安全隐患告知函17份、危险房屋通知书8份，完成3栋城镇D级危房治理；组织开展自建房安全隐患排查整治，排查自建房2561栋、面积102.33万平方米，发现安全隐患经营性自建房308栋，截至年底全部完成整治销号。

【二手房交易】 成华区全年成交二手房1.6万套，建筑面积121.54万平方米，其中二手房住宅成交1.4万套，建筑面积110.77万平方米。

【老旧小区电梯加装】 成华区推进既有住宅电梯加装，全年电梯加装开工建设141台，投入使用24台，支付56台电梯加装财政补助资金1120万元。

（李　蹇　温建焜）

物业管理

【概况】 2022年，成华区有物业服务企业376家，物业管理小区598个，环境和物业管理委员会81个。区住建交局以“暖心物管，安全为基”为主题，引导物业服务机构强化服务意识、优化服务方式、提升服务品质，为广大业主创造良好的生活空间。美立方小区获评成都党建引领社区共建榜样物业，致尚物业、人居智慧科技、东兴物业、环城物业获评成都市“蓉城先锋·暖心物管”示范企业，兴城嘉苑（一期）、锦华苑、上行东方、成电新华物业项目部、鲁能城（一期）获评成都市“蓉城先锋·暖心物管”示范项目。

【物业服务管理】 区住建交局完成建筑区划区分33个，物业服务招标、中标备案22个，物业服务合同备案5份，物业小区设施设备交付使用备案7个。全年受理调处各类物业管理纠纷7800件，约谈信访矛盾突出物业企业130次，参与各街道重点突出矛盾纠纷调处50次，妥善化解优品尚东、东林城市花园等小区业主委员会矛盾纠纷。新冠疫情防控期间，下发近期疫情防控通知、疫情防控社区明白卡、严格落实物业管理区域疫情防控各项措施的紧急通知等文件，组织46名专家对全区物业管理区域进行拉网式督查和复查，确保疫情防控工作落实全方位、无死角。区住建交局组织街道、社区、物业服务人员物业管理法规专题培训2次985人参加。

【智慧物业管理】 区住建交局指导开发企业及物业服务企业通过住建蓉

E系统办理线上业务，全年现场指导企业操作39次，电话指导128次；审核建筑区划划分新业务47个，建筑区划关联从业主体业务147个，物业服务招标备案业务19个，物业服务中标备案业务18个，物业服务合同备案业务57个。

（邓　静）

【“红色物业·先锋管家”行动】　成华区组织开展党建引领“红色物业·先锋管家”行动，全区建立物业党组织75个，组建“党员先锋队”“志愿服务队”“红色雷锋服务岗”等队伍，形成以点带面的引领示范效应；筑牢“物业防线”，以提升物业服务品质为保证，共建、共融、共创、共享、共兴为路径，发挥党员先锋模范作用，全区359家物业服务企业、300名党员、1.4万名从业人员，参与598个小区（院落）疫情防控，服务居民102万人次，为复工复产贡献“物业力量”。中共中电建五兴物业管理有限公司总支部委员会、中共招商雍华府物业服务中心支部委员会、中共华润置地物业成都公司总支部委员会、中共保利康桥物业服务中心支部委员会、中共中铁建物业管理有限公司成都中心城市公司支部委员会被评为优秀物业党组织，刘希和、王自波、张学军、张建、邓怀君被评为优秀物业党员。

【“蓉城先锋·暖心物管”示范企业（项目）创建】　成华区以“蓉城先锋·暖心物管”品牌建设为主线，以创建美好和谐小区为抓手，组织开展“蓉城先锋·暖心物管”培训两期，从党建引领好、参与治理好、实景呈现好、群众评价好“四好”标准，以及组织建设好、运营管理好、服务品质好、社会形象好、参与协作好“五好”标准，推进物业服务管理行业党建示范建设。成都人居智慧科技服务有限公司、四川致尚物业管理有限公司、成都市东兴物业管理有限公司、四川环诚物业管理有限公司被评为2022年度成都市“蓉城先锋·暖心物管”示范企业，兴城嘉苑（一期）、鲁能城（一期）、锦华苑、上行东方、成电新华物业项目部、民兴人家被评为2022年度成都市“蓉城先锋·暖心物管”示范项目。

（赵利萍）

住房保障

【概况】　2022年，成华区建立多主体供给、多渠道保障、租购并举的住房保障制度，构建公租房、租赁补贴、保障性租赁住房、人才公寓等多层次住房保障体系，解决中低收入家庭、新市民、青年人、高端人才等群体的住房。

【公共租赁住房资格审核】　区住建交局全年为城镇中低收入家庭审核、确认公共租赁住房资格5319户，其中取得租住廉租租金标准家庭2954户、取得租住公共租赁住房资格家庭2365户，向1719户家庭发放公共租赁住房租赁补贴1182万元。

【保障性租赁住房】　区住建交局会同区级相关部门、区属国有企业，梳理存量住房、非居住存量房屋等资产，多渠道筹集保障性租赁住房房源供给。区住建交局全年出具保障性租赁住房项目认定书14个，通过集中新建筹集保障性租赁住房房源9343套（间），其中成华国投公司人民塘3号地块和昭觉寺南侧集装箱地块提供房源2996套、成都东方广益公司龙潭总部新城标准化厂房（二期）提供房源302套、市级国有企业在成华区建设提供房源5843套、居民自愿将自有住房用于保障性租赁住房房源202套。

【人才公寓供给】　成华区推进人才安居建设，新增翰文府、首钢璟悦里花园配建人才公寓项目两个，房源172套。区住建交局全年办理36名人才购房，确认643名人才安居资格，向15名考评合格人才发放人才公寓租金补贴7.4万元；组织翰文府、首开中环云樾名邸、华建锦院、首钢璟悦里花园4个配建人才公寓项目销售选房，有281名人才选到房源。

（彭永红）

8月28日，华建锦院配建人才公寓开始销售选房　（区住建交局供图）

服务业

编辑　李锡清

综　　述

【概况】　2022年，成华区抢抓成渝地区双城经济圈机遇，构建现代商贸、文化创意、都市旅游、枢纽服务、医疗健康、新兴金融“3+3”服务业体系，做优二环路、中环路、成华大道“三个发展轴”，打造成都东客站、蓉北、猛追湾建设路、万象城、东郊记忆、昭觉寺、驷马桥、熊猫基地北湖商圈八大示范商圈。全年现代产业化项目新开工13个、完成投资18.7亿元，现代产业化竣工项目17个、完成投资12.5亿元，续建项目27个、年度完成投资108.5亿元。成华区培育万象城商业步行街、望平坊、成都大熊猫繁育研究基地等6个市级示范消费场景，以及四川椰子网络科技有限公司、四川贝瑞德进出口报关服务有限公司等4家跨境电商企业。全区全年实现社会消费品零售总额604.52亿元，比上年下降3.0%；外贸进出口总额198565万美元，比上年增长11.3%。

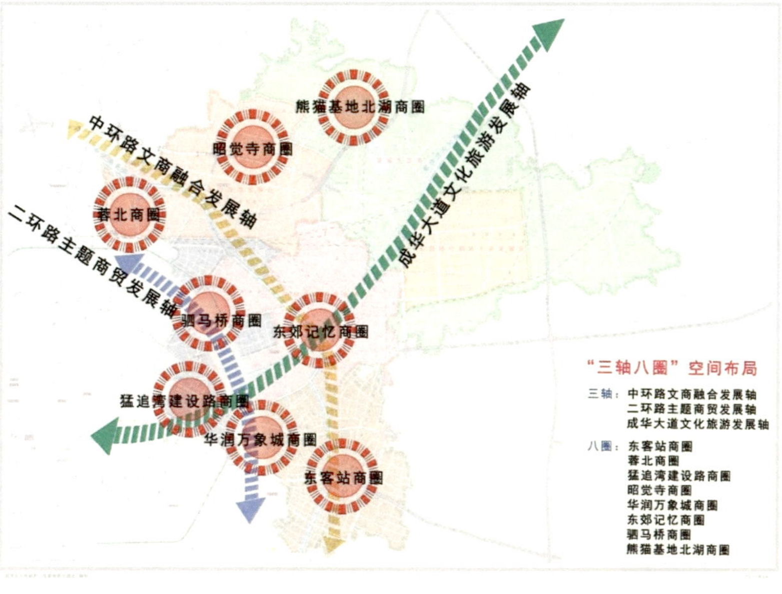

成华区服务业发展空间布局示意图　　（区商务局供图）

【成华区服务业“十四五”规划】　12月，成华区服务业“十四五”规划（2021—2025年）出台，由规划基础、总体思路、构建“3+3”服务业产业体系、布局“三轴八圈”产业发展空间、重点任务、保障措施六个部分组成。规划提升成华服务业产业能级，打响成华服务品牌，培育旗舰引领企业，到2025年服务业增加值突破1200亿元，完成服务业固定资产投资2000亿元，外贸进出口总额突破200亿元，培育1个具有全国影响力的城市级商圈，2条具有全国影响力的商业街区，10个省级服务业重点品牌。构建“3+3”服务业体系，构筑现代商贸、文化创意、都市旅游传统优势产业新高地，瞄准新兴领域，培育枢纽服务、医疗健康、新兴金融产业转型升级新动能；融入成都建设国际消费中心城市建设，通过发展以特色美食、家居展销、新零售为核心的现代商贸产业，提升成华区现代商贸产业的全球影响力，打造立足“中优”、辐射“东进”区域的现代商贸中心；布局“三轴八圈”产业发展空间，做优二环路商贸发展轴、中环路文商融合发展轴、成华大道文化旅游发展轴三大高端产业轴线，培育打造东客站、蓉北两个“门户枢纽商圈”和六个“百亿商圈”（猛追湾建设路商圈、昭觉寺商圈、华润万象城商圈、东郊记忆商圈、驷马桥商圈、熊猫基地北湖商圈）。实施特色消费场景营造、文商旅融合共促、美好幸福生活建设、生产性服务业提质、数字经济赋能增效、对外开放合作提能六大计划，完善服务业统筹推进体制机制、提升要素保障、优化营商环境、推进服务集聚区等载体建设，加快服务业创新发展，全面促进经济社会可持续发展。

【二环路商贸发展轴】 二环路商贸发展轴以成都万象城、建设路商圈为引领，提升二环路、建设路沿街风貌，沿线以商业综合体为亮点，周边街区发展老城新潮、悦动身心和校园潮流三类后街。老城新潮后街主要布局双林社区，融合成都万象城时尚消费商圈，结合双林社区老旧院落改造，发展老旧院落时尚新业态，建立“藏在社区中的特色小店”，拓展成都万象城街区现代时尚消费类型。悦动身心主要布局二环路两侧和周边沙河沿线绿道空间，扩展运动健身的内涵，吸引共享体育工作室、24小时智能健身房等新模式，提供体育用品体验零售、室内冲浪、跑酷、运动理疗等，沿沙河搭配健康餐饮、体育娱乐等功能，提升沿线锻炼安全性、趣味性。校园潮流主要布局踏水桥街区，发展个性购物、个性定制、改制商店、潮牌设计师店、时尚买手店、中古店，网红餐饮、高颜值餐厅、人气小食等，提升潮流生活配套、造型设计、趣味融合业态、社区新零售、高端生活服务。

【中环路文旅融合发展轴】 中环路文旅融合发展轴以东客站商圈、东郊记忆商圈、驷马桥商圈为引领，推进文商旅业态融合发展，围绕大熊猫文化、工业文明、市井文化、文化创意探寻和体验，以休闲、游乐、特色IP消费等业态，打造中铁建广场、龙腾广场等30家龙头企业。中环轴发挥成都龙之梦大酒店集群引领优势，以成都龙之梦大酒店会议中心为链主型载体，培育“微会展”新兴业态，通过招引品牌首店，助力时尚消费引领，引进不荒书屋、寿司郎等首店品牌29个；依托成都鹏瑞利国际医疗健康中心，以新华健康、顾连康复、上海联影为链主企业，形成医疗、养老、健康产业等医疗康养产业。东客站商圈发展首店经济，突出国际化、多元化特征，提升品牌首入度、增加国际品牌，形成具有成华区鲜明记忆的文商旅融合集中区。

【成华大道文化旅游发展轴】 成华大道文化旅游发展轴串联天府熊猫塔、新华公园、杉板桥公园、东郊记忆、圣灯公园、成都自然博物馆、北湖生态公园、熊猫基地等文旅资源，打造集“时尚文化、夜间文化、工业文化、生态文化、熊猫文化”五大经典场景旅游发展轴，形成文化、科普、创意、旅游于一体的特色文旅产业带，与全市旅游资源联动融合发展。11月23日，成都自然博物馆（成都理工大学博物馆）正式对社会公众开放，截至年底共接待游客11.56万人次。

【商圈建设】 成华区秉持“梯度化、特色化、景区化”发展思路，推进商圈载体建设提档升级，引入新理念、新技术、新业态、新模式，加强商圈与周边旅游景点、文化场所、商务楼宇资源互动，促进商圈公共服务资源衔接；打造猛追湾建设路、东郊记忆、蓉北等8个商圈，建成商业面积640.6万平方米，有商业综合体27个，鹏瑞利国际医疗健康中心、中铁建广场等集中式商业（购物中心）8个，蓝润东悦荟、时光荟大厦等写字楼5个，富森美家居、宜家家居成华商场、蓝光金悦国际家居城家居市场3个。建设成都万象城时尚潮购商圈、杉板桥文创体验商圈、驷马桥文娱潮玩商圈3个百亿商圈，推进猛追湾建设路都市生活商圈、东客站乐购枢纽商圈、昭觉寺休闲畅游商圈、蓉北升仙湖国际门户商圈、熊猫基地北湖未来沉浸商圈5个主题商圈建设，“八大商圈”空间架构初步形成。猛追湾建设路商圈以零售购物、特色餐饮、夜间消

11月22日，成都自然博物馆（成都理工大学博物馆）举行开馆试运行启动暨媒体开放日
（成都理工大学博物馆供图）

费为特色，成都万象城商圈依托万象城商业街区、华润大厦等发展首店经济、夜间经济、楼宇经济新消费业态，东郊记忆商圈以文创休闲、展演服务为特色，东客站商圈以酒店住宿、医疗健康为特色，昭觉寺商圈以商贸、都市文旅、文创、动漫为特色，驷马桥商圈形成商务、商业等多功能为一体的城市级商业核心，蓉北商圈以门户经济新高地、家需求产业集群为特色，熊猫基地北湖商圈以成都大熊猫繁育研究基地和北湖生态公园资源优势，打造世界级休闲旅游胜地。

【楼宇经济】 成华区有华润大厦超甲级楼宇1座，十一科技大厦、万科文创大厦、成华科技大厦、世茂大厦、多弗国际中心、中铁建广场、成华发展大厦、高地中心甲级楼宇8座，专业特色楼宇29座。成华区推进西希中环国际、佳年华广场等17个楼宇二次招商，组织区内楼宇企业参加2022中国楼宇经济全球合作大会，推介成华区投资环境、投资机会，发布产业项目投资机会清单32个，重大产业化项目签约6个，总投资25亿元。出台《成华区关于加快培育市场主体促进经济高质量发展的若干政策》《成华区促进商贸商务发展十一条》等政策措施，从鼓励楼宇自持、提高税收贡献、属地注册率等给予楼宇专项支持，全区楼宇入驻企业属地注册率由上年的56%提升到73.6%，楼宇入驻率由上年的75%提高到84.5%。成华发展大厦被评为甲级写字楼，数字钢联大厦、万象星座、东广科创、万科天荟、泰业·北城广场、CEC784·万谷智慧产业园红创电商直播楼6座楼宇被评为专业特色楼宇，有西南油气田总部、电子十一科技成都总部高新技术中心、浦发银行总部等12座亿元税收楼宇。

（杨　光）

【夜间经济】 成华区以锦江夜消费商圈为核心，以天府熊猫塔和东郊记忆为城市地标，以339时尚夜消费、香香巷、熊猫文旅美食广场为指引，打造成都万象城、万科天荟、望平坊、新华坊、永立·星城都（王府井购物中心）等新兴夜经济消费场景。锦江夜消费商圈有望平坊有笨酒店、几何书屋、笨菜等，香香巷有望平二七火锅、耍酒馆、梅花剧社等，天府熊猫塔有喜狮·东南亚主题餐厅、贰麻酒馆、COMMUNE、339旋转餐厅等，339时尚夜消费有辰色酒馆、Uday2077赛博酒馆、别院里酒馆等，成都万象城有teastone、太食獸泰式茶餐厅、南堂含翠等，东郊记忆有龙湖滨江天街、万科天荟等，熊猫文旅美食广场有熊猫时空馆、川禧集、熊猫美食汇等，新华坊有殷火锅·城市秘境、花漾美学馆、不荒书屋等，永立·星城都（王府井购物中心）有麦德龙、印象李庄·品质川菜等，成为中心城区夜消费的区域。

（王　杰）

表51　2022年成都市成华区主要商业综合体一览表

序号	综合体名称	地址	商业面积（万平方米）
1	成都万象城	双庆路8号	38.6
2	富森美家居国际家居MALL	蓉都大道68号	36.2
3	龙湖滨江天街	杉板桥路266号	35.0
4	华宇旭辉锦绣广场	龙潭寺西路	27.6
5	招商中央华城	杉板桥路669	18.4
6	成都成华SM广场	二环路东二段29号	16.7
7	成都鹏瑞利国际医疗健康中心	锦绣大道5333号	10.4
8	蓝润东悦荟	青衣江路	9.7
9	通威DMC梦魔方	白龙江路	9.0
10	王府井Discovery	二环路北四段33号	8.0
11	星悦广场	龙潭路33号	8.0
12	339欢乐颂	猛追湾街118号	7.5
13	凯德广场·魅力城	万科路9号	7.5
14	朗朗天地	建和路4号	7.5
15	财富又一城	府青路二段2号	7.0
16	永立·星成都	高车三路69号	7.0
17	龙湖三千集天街	建设北路三段2号	5.8

续表51

序号	综合体名称	地址	商业面积（万平方米）
18	蓝光金悦家具城	熊猫大道40号	5.0
19	未来中心	东风路26号	4.0
20	宜家家居成华商场	蓉都大道将军碑路9号	3.7
21	北京华联	经华北路2号	3.6
22	伊藤洋华堂建设路店	建设路1号	3.2
23	万科天荟广场	杉板桥路369号	3.2

表52　2022年成都市成华区等级楼宇情况表

序号	楼宇名称	评定等级	建筑面积（万平方米）	地址
1	华润大厦	超甲级	7.37	双庆路10号
2	成华科技大厦	甲级	5.74	建设北路25号
3	高地中心	甲级	3.80	建设路9号附1号
4	世茂大厦	甲级	4.60	猛追湾街99号
5	十一科技大厦	甲级	7.63	双林路251号
6	中铁建广场1号楼	甲级	3.94	东华二路38号
7	多弗国际中心	甲级	4.30	杉板桥路1号
8	万科文创大厦	甲级	6.00	建设南支路4号
9	成华发展大厦	甲级	3.90	双成二路98号

表53　2022年成都市成华区专业特色楼宇情况表

序号	楼宇名称	建筑面积（万平方米）	产业分类	序号	楼宇名称	建筑面积（万平方米）	产业分类
1	电子信息产业大厦	1.6	电子信息类	16	凯龙财富大厦	2.3	商贸服务类
2	CEC784·万谷智慧产业园	1.2		17	成华科技大厦	5.8	
3	国机西南大厦	9.1	高新技术类	18	招港青龙广场	2.1	
4	航天通信大厦	2.3		19	龙港数字钢联大厦	8.1	
5	万基新能源大厦	4.6		20	东郊记忆	12.6	文化创意类
6	华晟钢铁领域	6.8		21	万科文创大厦	6.1	
7	世茂大厦	4.6		22	红仓·完美文创公园	1.3	
8	香木林大楼	1.1		23	CEC784·万谷智慧产业园E字楼	2.6	
9	利星行广场	4.1		24	天荟万科大厦1号楼	7.1	
10	汇润国际	3.7		25	中铁建广场1号楼	3.9	建筑地产类
11	东广科创中心	3.5		26	成都鹏瑞利国际医疗健康中心	20.5	健康医养类
12	成华发展大厦A座	7.4	现代金融服务类	27	四川检验检测创新科技园	3.7	咨询服务类
13	高地中心	2.3		28	万象星座	1.6	
14	多弗国际中心	4.5	商贸服务类	29	泰业·北城广场	5.1	
15	招商东城国际	2.3					

表54　　2022年成都市成华区亿元税收楼宇情况表

序号	楼宇名称	全口径税收（亿元）	所属街道（功能区）	序号	楼宇名称	全口径税收（亿元）	所属街道（功能区）
1	西南油气田总部	19.21	猛追湾街道	7	华润大厦	1.99	万年场街道
2	电子十一科技成都总部高新技术中心	2.69		8	多弗国际中心	5.91	跳蹬河街道
3	浦发银行总部	2.27		9	龙港数字钢联大厦	2.51	龙潭工业机器人产业功能区
4	雅砻江集控大楼（一期）	2.13		10	四川国莎实业有限公司	1.78	
5	首创S68	1.04		11	国机西南大厦	1.70	
6	成华发展大厦	8.31	万年场街道	12	富森美家居国际家居MALL	1.56	白莲池街道

批发零售业

【概况】　2022年，成华区有中海石油销售四川有限公司、明日控股（成都）有限公司、成都锐兆科技有限公司等限额以上批发企业164家，全年实现销售额1143.2亿元、比上年下降12.7%，限额以上批发业实现销售额325.9亿元、比上年下降30.6%，四川中航物资贸易有限公司等10家批发企业被评为成华区批发业前十名企业。成华区有限额以上零售企业143家，实现销售额159.7亿元、比上年增长1.5%，其中33家限额以上企业汽车零售额89.4亿元、增长9.9%，110家零售企业零售额70.3亿元、下降6.2%，限额以上企业通过互联网实现商品零售额8.3亿元、比上年增长23.0%，全年实现社会消费品零售总额604.52亿元、比上年下降3.0%。成都市乾元新景新能源汽车服务有限公司、成都长征长宝汽车销售服务有限公司、成都仁孚南星汽车服务有限公司等10家零售企业被评为成华区零售业前十名企业。

（习　壤）

【对外贸易】　成华区引进四川浩秉和机械设备有限公司、四川维同萨贸易有限公司、四川顺捷品进出口贸易有限公司3家进出口国际供应链链主企业，安能集（成都）新能源有限公司、成都邦新供应链管理有限公司、四川省冰峰国际贸易有限公司、四川欧威尔赛思科技有限公司、成都三兔共耳国际贸易有限公司、成都寿司郎餐饮有限公司、成都瑞能智云科技有限公司等15家国

表55　　2022年成都市成华区批发业前十名企业一览表

序号	企业名称	批发类别
1	中海油销售四川有限公司	成品油
2	明日控股（成都）有限公司	化工原料
3	成都锐兆科技有限公司	化工产品
4	成都大汉天成供应链管理有限公司	钢材
5	四川中航物资贸易有限公司	金属材料
6	成都成实冶金有限责任公司	钢材
7	四川蓝漂日用品有限公司	日用品
8	成都市荣贸食品有限公司	牛奶制品
9	成都欣华欣物流有限公司	化工产品、成品油
10	四川福和月贸易有限公司	钢材

表56　　2022年成都市成华区零售业前十名企业一览表

序号	企业名称
1	成都市乾元新景新能源汽车服务有限公司
2	成都长征长宝汽车销售服务有限公司
3	成都仁孚南星汽车服务有限公司
4	中海油销售四川有限公司
5	成都华星名仕汽车销售服务有限公司
6	华润万家商业（四川）有限公司
7	中海油销售四川有限公司
8	成都市成华区红旗连锁有限公司
9	四川步步高商业有限责任公司
10	成都金菱凯迪汽车销售服务有限公司

际贸易企业，四川椰子网络科技有限公司、四川贝瑞德进出口报关服务有限公司、四川博信国际货运代理有限公司、成都天辰物流有限公司4家进出口跨境电商企业。全区有外贸出口额100万美元以上企业73家、进口额100万美元以上企业13家，全年实现外贸进出口总额198565万美元，比上年增长11.3%，其中出口总额193318万美元、比上年增长13.%，进口总额5247万美元、比上年下降28.9%。

（张　洁）

表57　2022年成都市成华区外贸出口额100万美元以上企业一览表

序号	企业名称	出口额（万美元）	序号	企业名称	出口额（万美元）
1	四川省谦恒裕贸易有限公司	16426	35	四川亿康启成贸易有限公司	1731
2	四川申承凯机械设备有限公司	16326	36	成都维特丝贸易有限公司	1688
3	成都建筑材料工业设计研究院有限公司	9888	37	信息产业电子第十一设计研究院有限公司	1663
4	四川浩秉和机械设备有限公司	7339	38	成都卓越星进出口贸易有限公司	1629
5	四川维同萨贸易有限公司	7281	39	成都德铭恒贸易有限公司	1546
6	成都航蜀进出口贸易有限公司	7276	40	成都伊斯特贸易有限公司	1541
7	四川顺捷品进出口贸易有限公司	7256	41	四川彤博成康贸易有限公司	1501
8	中国石油集团川庆钻探工程有限公司	5170	42	成都千道流进出口贸易有限公司	1492
9	四川泽企源电子商务有限公司	4906	43	成都斯特丝货运代理有限公司	1355
10	四川巴昌裕机械设备有限公司	4886	44	成都宏瞬供应链管理有限公司	1340
11	四川顺申鸣国际贸易有限公司	4740	45	成都海辉辰贸易有限公司	1060
12	四川吉道盛机械设备有限公司	4740	46	成都洛来斯特商贸有限公司	978
13	四川衡轩畅贸易有限公司	4636	47	成都悦来宏贸易有限公司	962
14	四川省艺跃丰电子商务有限公司	4623	48	成都玺名科技有限公司	952
15	四川省捷衡跃电子商务有限公司	4466	49	成都鸿启顺贸易有限公司	937
16	四川省玖建瑞贸易有限公司	4314	50	成都盛世金贸易有限公司	928
17	成都呈道电子商务有限公司	4307	51	成都隆祥润贸易有限公司	926
18	四川省迦贸昭机械设备有限公司	3750	52	成都兴耀源贸易有限公司	923
19	国机重装成都重型机械有限公司	3736	53	成都安程通科技有限公司	538
20	四川省工艺品进出口有限责任公司	3726	54	成都蓉达川货运代理有限公司	475
21	四川加辰里贸易有限公司	3696	55	成都市蜀达蓉通商贸有限公司	408
22	四川省坤浩华国际贸易有限公司	3644	56	成都万意达货运代理有限公司	308
23	四川合益润进出口贸易有限公司	3504	57	四川麦孚科技有限公司	288
24	成都市森悦安商贸有限公司	2649	58	成都卡诺普自动化控制技术有限公司	269
25	四川坤晟华机械设备有限公司	2613	59	成都浦创科技有限公司	237
26	成都市嘉格轩商贸有限公司	2490	60	四川成焊宝焊接装备工程有限公司	228
27	成都宏嘉供应链管理有限公司	2357	61	成都卫理斯国际贸易有限公司	225
28	四川迪达太贸易有限公司	2096	62	成都美创电子科技有限公司	204
29	成都华颖来商贸有限公司	2067	63	成都泽天化工有限公司	203
30	四川诚展航贸易有限公司	2055	64	成都利仁电气有限责任公司	170
31	成都宏创未来供应链管理有限公司	2019	65	成都和祥浩旭贸易有限公司	157
32	四川禾韦鑫贸易有限公司	1997	66	成都飓风汽车零配件有限公司	152
33	成都源康泰贸易有限公司	1885	67	成都市君志鞋业有限公司	143
34	成都点都旺进出口贸易有限公司	1789	68	成都斯沃德进出口贸易有限公司	140

续表57

序号	企业名称	出口额（万美元）	序号	企业名称	出口额（万美元）
69	成都中辛达货运代理有限公司	139	72	成都迈顺达货运代理有限公司	103
70	成都标定科技有限责任公司	126	73	成都泽西化工有限责任公司	101
71	四川凯迪机电技术开发有限公司	108			

表58　2022年成都市成华区外贸进口额100万美元以上企业一览表

序号	企业名称	出口额（万美元）	序号	企业名称	出口额（万美元）
1	四川中航物资贸易有限公司	880	8	四川世德华行进出口贸易有限公司	183
2	四川世纪海科贸易有限公司	651	9	成都华川伟业进出口有限公司	176
3	成都建筑材料工业设计研究院有限公司	622	10	成都泓怡进出口贸易有限公司	173
5	国机重装成都重型机械有限公司	502	11	王氏港建科技设备（成都）有限公司	128
5	四川省工艺品进出口有限责任公司	392	12	成都睿哲商贸有限公司	127
6	成都市思锐得贸易有限公司	389	13	成都灼岩科技有限公司	125
7	成都绿征科技有限公司	339			

【商业零售】　成华区商业以零售购物、生活服务、餐饮服务、医疗健康服务、文体休闲服务、住宿服务为主，零售购物服务占35%、生活服务占29%、餐饮服务占19%、医疗健康服务占9%、文体休闲服务占6%、住宿服务占2%。16大类限额以上企业商品零售额中，5个大类实现正增长，其中中西医品类增长18.7%、通信器材类增长12.2%、石油及制品类增长7.9%、汽车类增长7.8%、其他类零售额增长26.4%，日用品类下降3.2%，食品、饮料、烟酒类下降6.8%，服装、鞋帽、针纺织品类下降14.6%。区内有成都万象城、成华SM广场、伊腾洋华堂建设路店、龙湖滨江天街等大型商业综合体，有沃尔玛购物广场、麦德龙、华润万家等大型超市，全年实现商品零售额516.88亿元，比上年下降1.5%。成都万象城、万科天荟广场等商业综合体，全年引进石头、奥迪之城、M.E.D.M、科大讯飞、肉屋高山、太食獣、祖母的厨房、仲仙居、一直娱、不荒书屋等知名首店48家，其中全国首店3家、西部首店1家、西南首店21家、成都首店23家。

成都万象城　（区融媒体中心供图）

表59　2022年成都市成华区部分大型超市一览表

序号	超市名称	地址	序号	超市名称	地址
1	万象城ole超市	双庆路8号	6	华润万家超市	荆竹中路
2	沃尔玛购物广场	二环路东二段29号	7	盒马钻石广场	建设路10号
3	伊藤洋华堂建设路店	二环路东二段426号	8	四季隆	成康路36号
4	麦德龙	二环路北四段31号	9	龙湖滨江天街永辉超市	成华大道266号
5	中营购物广场	双荆路111号	10	招商花园城永辉超市	杉板桥路669号

续表59

序号	超市名称	地址	序号	超市名称	地址
11	青龙广场永辉超市	龙绵街1666号	13	上古天地永辉超市	龙潭路33号
12	欢乐送永辉超市	猛追湾街94号	14	凯德广场魅力城永辉超市	万科路9号

表60　　2022年成都市成华区新开首店情况表

序号	首店名称	品牌属地	地址	类型	类别
1	凯乐石KAILAS	中国	成都万象城	服装	全国首店
2	石头	中国	成都万象城	家用	
3	泸州老窖“百调酒馆”	中国	成都新华公园	餐饮	
4	奥迪之城	德国	成都万象城	汽车	西部首店
5	M.E.D.M	中国	万科天荟广场	潮牌+咖啡	西南首店
6	STEEPC	中国	万科天荟广场	服饰	
7	LIGHT MARK	中国	成都万象城	配饰	
8	科大讯飞	中国	成都万象城	家用	
9	肉屋高山	中国	成都万象城	日料	
10	泱茶YOUNGCAA	中国	泛悦城市广场	茶饮	
11	NAMA COCOA	中国	成都万象城	餐饮	
12	安踏旗舰店	中国	成都万象城	服装	
13	太食獸	中国	成都万象城	东南亚菜	
14	ICICLE	中国	成都万象城	服装	
15	喜茶pink店	中国	成都万象城	餐饮	
16	迪桑特西南首家DKL动力实验室	日本	成都万象城	服饰	
17	蓬马	中国	成都万象城	服饰	
18	PYE派	中国香港	成都万象城A馆	服装	成都首店
19	祖母的厨房	中国	成都万象城C馆	西餐	
20	禾初	中国	成都万象城	服装	
21	仲仙居	中国	财富又一城	餐饮	
22	TEASTONE	中国	成都万象城	餐饮	
23	一直娱	中国	龙湖滨江天街	零售	
24	義公子冰煮羊火锅	中国	天荟万科广场	羊肉火锅	
25	MINI ONE	日本	成都万象城	烘焙	
26	不荒书屋	中国	成都新华公园	书店	
27	花漾美学馆	中国	成都新华公园	空间	
28	合吞烧之鸟	中国	成都印象城	日料	
29	CRISSREX STORE	中国	万科天荟广场	服装	
30	MR.ENJOY DA MONEY	中国	万科天荟广场	服装	
31	茗點小叙茶餐厅	中国	泛悦城市广场	餐饮	
32	心鲔寿司	中国	伊藤洋华堂建设店	日料	
33	程碟衣火锅馆	中国	万科魅力之城	餐饮	

续表60

序号	首店名称	品牌属地	地址	类型	类别
34	盒马生鲜奥莱	中国	玉双路	生鲜	
35	LK BENNETT	英国	成都万象城	服装	
36	TATA	中国	成都万象城	皮具	
37	M_MIX电音烤吧	中国	昭觉寺横路	烧烤	
38	KUMOKUMO	中国	成都万象城A馆	甜品	
39	西塔老太太泥炉烤肉	中国	成都万象城	餐饮	
40	九号院老火锅	中国	双店路66号	火锅	
41	叨叨火锅	中国	三友路139号	火锅	成都首店
42	茅台冰淇淋	中国	成都万象城	甜品	
43	7號胡畔生态火锅	中国	环湖路99号	火锅	
44	WHOOSIS	中国	天荟万科广场	服装	
45	CIM	中国	天荟万科广场	服装	
46	PEET'SCoffee 皮爷咖啡	美国	成都万象城	咖啡	
47	廣蓮申·點心便利	中国	成都万象城	餐饮	
48	接力公益&善淘慈善商店	中国	邻里月台	慈善商店	

【中德盛夏集市暨德国葡萄酒节】 6月23—26日，成华区人民政府、中国德国商会联合主办2022年中德盛夏集市暨德国葡萄酒节在望平滨河路举办，集市线上线下双重联动，16个展位展示德国文化、商贸元素，多维度展示德国品牌、产品、旅游以及娱乐等资源；推出音乐演奏、葡萄酒品鉴、足球体验等玩乐项目，推介百年饼干商百乐顺、厨具头部品牌双立人、工业传奇企业澳帕曼等49个德国优质品牌，在淘宝直播间同步直播，为市民及游客提供德国文化及商贸元素吃喝玩乐一站式消费体验服务。

6月23日，2022中德盛夏集市暨德国葡萄酒节在望平滨河路举办　　（区融媒体中心供图）

【消夏爽购月】 7月1日，成都消夏爽购月在成都万象城广场举行启动仪式，活动现场主题视频“消夏爽购月·优惠大集结”将成都夏季亮点消费活动呈现，联合微信小程序“成都云逛街”，线上线下集纳成都消费商家优惠活动，围绕餐饮美食、连锁零售、汽车消费、家居家电、运动健康五大主题，推出“野外的大餐”美食主题汇、“潮人的盛典”潮购主题汇、“自由的飞驰”汽车主题汇、“智能的生活”家居家电主题汇、“公园的撒欢”运动主题汇五大多元消费·主题汇活动，联动企业商家推出福利优惠。7月9—10日，成都消夏露营汽车生活节在北湖生态公园举办，活动邀请宝马、上汽奥迪、凯迪拉克、上汽大众、东风标致等26个汽车品牌参加，50款车型参展。

【成华潮玩促消费活动】 11月4—6日，“秋日畅耍·花漾成华”2022成华潮玩夜市促消费活动在北湖生态公园举办，聚焦露营、花卉、集市、美食、文创、汽车等主题，展示成华美景、美物、美食。活动现场联合成华各限额

11月4日，2022成华潮玩夜市促消费活动在北湖生态公园举办　　（区商务局供图）

以上零售企业、限额以上餐饮企业、商超企业、夜间娱乐产业等发布成华夜间经济系列促消费活动，推出2022成华潮玩夜市七大主题促消费活动。11月11日，成华大型商超开启十一狂欢购物月。11月11—14日，成华艺术·万市Once Market在成都万象城举办，释放成华夜间生活活力。11月16日，成华音·LIVEHOUSE直播专场联合潮玩聚集地339酒吧文化，展现新青年新玩法。11月17日，直播成华味蕾、美好食光博主探店，介绍色香味俱全的大餐。11月19—29日，在成华SM广场举办“成华夜市·好市花生”集市活动，引领品质生活、时尚消费。11月20日，举办国之瑰宝和熊猫联盟品牌专场文创直播活动。11月23—24日，在猛追湾市民休闲区举办传递成华潮人生活方式。

【成华数字消费节】　12月14日，2022成华数字消费节在成都万象城举办，以直播互动的方式，向市民、消费者展示成华数字消费节各类活动，打造成华数字消费节。区商务局联合成都万象城通过成都广播电视台旗下看度App平台、微赞平台发布数字成华·邂逅绮遇、数字成华·食在成华、数字成华·智享居家、数字成华·智能出行、数字成华·5G生活、数字成华·礼赠全城、数字消费·嗨购成华七大成华数字消费节系列促消费活动，活动当天在线浏览人数30.1万人次。

（彭雪瑶）

12月14日，2022成华数字消费节在成都万象城举办　　（区商务局供图）

住宿餐饮业

【概况】　2022年，成华区有住宿企业1130家，其中宾馆（酒店）336家、民宿794家，有四川康成酒店管理有限公司、四川雅悦蓝天酒店有限公司、成都高逸投资管理有限公司等44家限额以上住宿企业，全年住宿业实现营业额5.91亿元，比上年增长26.3%，其中限额以上住宿企业实现营业额2.85亿元，比上年增长28.0%，成都怡东酒店有限公司等10家住宿企业被评为成华区住宿业前十名企业。成华区引育国内外美食，签约引进肉屋高山、心鮨寿司等国内外知名餐饮品牌，举办成华区金秋美食节系列餐饮节会。全年实现餐饮收入87.64亿元，比上年下降11.0%。全区有限额以上餐饮企业38家，限额以上餐饮企业收入5.87亿元、比上年下降13.3%，限额以上企业通过互联网实现餐饮收入0.3亿元、比上年下降1.9%。成都印象川之味餐饮有限公司、四川呈祥东馆酒店有限公司、吉野家（四川）餐饮管理有限公司等10家餐饮企业被评为成华区餐饮业前十名企业。成华区组织参加“味美四川川派餐饮”美食评选活动，入选成都名店7家、名厨2名。成华区被四川省商务厅认定为2022年川派餐饮创新发展先行区。

（李金陵　彭雪瑶）

表61　　2022年成都市成华区住宿业前十名企业一览表

序号	企业名称	序号	企业名称
1	四川康成酒店管理有限公司	6	四川四季康成酒店有限公司
2	四川雅悦蓝天酒店有限公司	7	四川慕名假日酒店管理有限公司
3	成都高逸投资管理有限公司	8	成都纪氏兄弟酒店管理有限公司
4	成都怡东酒店有限公司	9	四川尚锦翡翠酒店管理有限公司
5	四川省奥利弗酒店管理有限公司	10	四川省香澜坊德林酒店管理有限公司

表62　　2022年成都市成华区餐饮业前十名企业一览表

序号	企业名称	序号	企业名称
1	成都印象川之味餐饮有限公司	6	成都市成华区温鸭子餐厅
2	四川呈祥东馆酒店有限公司	7	成都吉珍餐饮管理有限公司
3	吉野家（四川）餐饮管理有限公司	8	成都市卞氏菜根香二十四城餐饮有限责任公司
4	成都红杏明珠餐饮有限责任公司	9	成都正宇四方阁餐饮管理有限公司
5	成都沙河大蓉和餐饮有限公司	10	成华区四方阁酒楼

表63　　2022年成都市成华区限额以上餐饮企业一览表

序号	企业名称	地址	序号	企业名称	地址
1	成都市钟氏妈妈传炖品有限公司	双桥子街道	20	四川启明大鸭梨餐饮服务有限责任公司	
2	成都市成华区四方阁酒楼		21	成都葛澜特贝餐饮管理有限公司	
3	吉野家（四川）餐饮管理有限公司		22	益聚餐饮（成都）有限公司	跳蹬河街道
4	成都事和顺餐饮管理有限公司		23	成都西西弗餐饮管理有限公司	
5	成都泽润餐饮管理有限公司	猛追湾街道	24	四川大院美境餐饮服务有限公司	
6	成都三缺一小吃小喝餐饮有限公司		25	成都映象小场合餐饮有限公司	
7	成都动感一下餐饮有限公司		26	成都市卞氏菜根香二十四城餐饮有限责任公司	
8	成都市九辰仁和餐饮有限公司		27	成都得仁爱餐饮有限公司	
9	成都印象川之味餐饮有限公司		28	成都悦喜餐饮管理有限公司	万年场街道
10	成都市盐府人家餐饮管理有限公司	府青路街道	29	柴门饭儿成都餐饮管理有限责任公司	
11	成都市锦燕方亭餐饮管理有限公司		30	成都吉珍餐饮管理有限公司	
12	成都红杏明珠餐饮有限责任公司		31	成都市牛掂餐饮服务有限公司	
13	成都泰一品牌管理有限公司成华分公司	二仙侨街道	32	成都柿椒树餐饮有限公司	
14	成都天荟瓦库餐饮管理有限公司		33	成都麻辣绿源餐饮有限公司	保和街道
15	成都永众新山餐饮管理有限公司		34	四川四通香源餐饮管理有限公司	
16	成都蓉锦一号餐饮有限公司	跳蹬河街道	35	成都市川粤成餐饮管理有限责任公司	双水碾街道
17	成都沙河大蓉和餐饮有限公司		36	成都成华区万记餐饮有限公司	
18	四川呈祥东馆酒店有限公司		37	成都正宇四方阁餐饮管理有限公司	青龙街道
19	成都别致食画餐饮有限公司		38	成都市成华区温鸭子餐厅	

【酒店（民宿）】　成华区有成都龙之梦大酒店集群1家，成都协信中心希尔顿酒店、世茂成都茂御酒店、呈祥东馆酒店等酒店（宾馆）336家，民宿（网约房）794家。成都龙之梦大酒店集群由瑞峰国际酒店、雅仕商务酒店、瑞峰公寓酒店组成，有客房及套房3240间，其中公寓酒店1159间、三星级酒店644间、四星级酒店652间、五星级酒店785

表64　2022年成都市成华区部分酒店情况表

序号	酒店名称	地址	序号	酒店名称	地址
1	成都龙之梦大酒店	嘉陵江路8号	18	四川慕名假日酒店	二环路北四段9号
2	成都龙之梦瑞峰国际酒店	嘉陵江路8号	19	太极商务宾馆	建设路52号
3	成都龙之梦雅仕商务酒店	嘉陵江路8号	20	尚锦翡翠酒店	府青路二段24号
4	成都龙之梦瑞峰公寓酒店	嘉陵江路8号	21	尚锦品酒店	天祥街22号
5	成都协信中心希尔顿酒店	踏水桥西街99号	22	成都筝酒店	望平滨河路6号
6	成都滨江希尔顿逸林酒店	杉板桥路266号	23	清居酒店	望平街74号
7	成都成华希尔顿欢朋酒店	杉板桥路1号	24	宜必思酒店SM广场店	建兴路76号
8	世茂成都茂御酒店	建设北路一段58号	25	成都雅悦蓝天酒店	白龙江路6号
9	成都金玉阳光酒店	双林路88号	26	ISEYA浮云·幻影酒店(未来中心店)	东风路26号B塔13楼
10	成都高逸酒店	双林路31号	27	艾悦莱loft天幕公寓	东风路26号A塔16楼
11	成都怡东国际酒店	二仙桥东三路1号	28	CelestialBodies·创布酒店	东风路26号A塔6楼
12	成都瑞升芭富丽大酒店	玉双路7号	29	熊猫假日酒店	二仙桥西路398号
13	呈祥东馆酒店	华彩路99号	30	亚朵酒店	望平滨河路8号
14	四川康成酒店	望平滨河路8号	31	成都第一江南温泉酒店	昭觉寺横路40号
15	四川雅悦蓝天酒店	白龙江路6号	32	成都埃德蒙顿服务公寓	双建路7号
16	四川省奥利弗酒店	杉板桥路1号	33	Nine House思想公寓(万象城店)	御风一路19号
17	四川四季康成酒店	望平滨河路6号	34	顺洁快捷酒店	二环路东三段39号

间，可同时容纳5000人。世茂成都茂御酒店有客房294间，房型7种，5个多功能会议室。呈祥东馆酒店有客房155间，构建一脸一码一卡的管理模式。筝酒店有客房110间，以独立IP为创意核心，以国际艺术家作品为美学单元。瑞升芭富丽大酒店有客房171间，2个大型会议厅，以及大中小规格的多功能会议厅。尚锦品酒店有客房147间，会议室2个，酒店形成尚锦“5W”精细化管理体系，创建为智慧旅游酒店。

（安　媛）

【住宿业管理】　成华区加强住宿业管理，区内住宿业与辖区派出所签订旅馆业治安管理责任书，各旅馆落实入住人员信息登记上传制度。区公安分局加大旅馆从业人员培训，提高守法经营意识；规范民宿（网约房）治安管理，全区民宿（网约房）全部安装使用“川e宿”小程序并及时录入房源信息，落实实名信息登记制度。

（谢　毅）

【餐饮服务】　成华区打造川派餐饮新地标，50家名店、首店餐饮企业入驻成都万象城、万科天荟、永立·星城都等美食集聚区，锦绣广场、星悦美食广场等美食集聚发展，客家饮食文化融入新派川菜。举办第五届龙潭乌米粿客家文化节，推出客家姜汁鸡、客家鲊肥肠等“潮派川菜”，全年新增限额以上餐饮企业15家。区内有呈祥东馆（建设南路店）、红杏酒家（明珠店）、大蓉和（沙河店）、妈妈传炖品（双林店）、盐府人家、温鸭子（青龙场总店）等特色餐饮名店。

（彭雪瑶）

呈祥东馆（建设南路店）　位于建设南路1号，特色菜有至尊一品冰镇鲍、酸辣牛百叶、泡豇豆味白江团、石烹大连鲍、鲜蘑AAAAA牛肉、古法青瓜爽，经典菜有老成都拌土鸡、御品黄金甲、鲍汁亚东木耳、罐焖辽参、越南金丝虾、老豆腐烧驴肉、翡翠鹅肝粒、凉面白肉卷、热拌夫妻肺片、香油青笋片、酥皮咸猪手、九江肥肠血、回锅肉等菜品。

（江晓童）

红杏酒家（明珠店）　位于建设北路三段7号，招牌菜有红杏鸡、红杏全家福，特色菜有红杏牛肉、红杏鳝段粉丝、精品鸡片、红扒牛掌、糖醋脆皮鱼、豆瓣鱼、红杏蒜香虾、台式掌中宝、红忆毛血旺、酱焖蛋豆腐、金牌乳鸽等菜品。

（吴万蓉）

大蓉和（沙河店）　位于红光路68号，招牌菜有蓉和酱猪手、蓉和葱椒鸡、蓉和酥皮鸭，特色菜有蕨粉乌鱼片、

台式掌中宝　　（红杏酒家明珠店供图）

茄汁松鼠鱼　　（妈妈传炖品双林店供图）

温鸭子（温鸭子青龙场总店供图）

清蒸鲈鱼、黄焖鲜鲍鱼、粉丝捞鹅掌、香辣鸡脆骨、铁板豆腐、深井烧鹅、糯米蒸排骨、石锅三角峰、芙蓉龙虾仔、醋椒蹄花、烧牛肉、三文鱼等菜品。

（彭雪瑶）

妈妈传炖品（双林店）　位于双林路45号，招牌菜有白果炖鸡、茄汁松鼠鱼，特色菜有妈妈秘制蛋豆腐、竹笋烧牛肉、葱香牛柳、老妈三鲜、家常豆瓣鱼、糖醋里脊、砂锅豌豆肥肠、生焗蒜笋虾、口味兔、兔肚爆鱿鱼、炝锅腰花、烤鸭、夫妻肺片、拌土鸡等菜品。

（杨　菊）

温鸭子（青龙场总店）　位于昭觉寺横路112号，招牌菜有温鸭子、红烧什锦、糖醋脆皮鱼，特色菜有海味什锦、水煮肉片、仔姜牛蛙、双椒掌中宝、盐都生焖兔、粉蒸牛肉、凉拌鸡片等菜品。全年销售温鸭子5.2万只，承接疫情防控盒饭10.7万盒。

（蒋　频）

盐府人家　位于一环路北四段前锋街1号附1号，招牌菜有自贡鲜锅兔、韩式锅贴虾，特色菜有自贡跳水鱼、乌鱼片、仔姜美蛙、跳水蛙鲢、铁板仔骨、盐商酥皮肘、盐菜香猪肉、鸡汁豆花、红烧蹄花、酱鸭等菜品。

（胡忠剑）

四方阁酒楼（圣灯店）　位于地堪路4号，招牌菜有四方田园鸡、四方烤鸭，特色菜有四方口口脆、四方酥排、四坊香辣蟹、砂锅焖鹅、黑椒牛仔骨、黄焖鲜元鲍、捞拌脆京蛰、干拌牛肉、烤味牛扇肉、甲鱼笋子鸡、鱼香霸王肘、清蒸鲈鱼、藿香裸斑鱼等菜品。

（胡　艳）

龙潭喜客　位于成康路东区83号附9号，招牌菜有客家鲊肥肠、客家姜汁鸡，特色菜有盐焗鸭、客家大麻鱼、酸菜炒脆肠、客家豆腐、客家金佛猪手、客家土鸡汤、松茸土鸡汤等菜品。

（张开兵）

龙潭李鸭子同乐饭店　位于隆兴路208号附1号，招牌菜有烟熏卤鸭，特色菜有乌鱼片、锅巴肉片、红烧鳝鱼、红烧什锦、火爆腰花、孜然牛肉、回锅鱼片等菜品。

（李雪燕）

合口味餐厅　位于二环路东三段37号，招牌菜有香酥鸡、松鼠鱼，特色菜有家常鱿鱼、脆皮鱼、泡椒牛蛙、锅巴肉片、干锅牛肉、肝腰和炒、爽口腰花、金沙玉米等菜品。

（石荣蓉）

客家鲊肥肠　　（龙潭喜客供图）

海底捞火锅（龙湖三千集店）　位于建设北路三段2号龙湖三千集3F，招牌菜有捞派滑牛肉、捞派毛肚、招牌虾滑，特色菜有捞派澳洲肥牛、香辣牛肉、千丝黄喉、巴沙鱼片、千丝嫩腰、鳝鱼、鹅肠、耗儿鱼等菜品。

（张齐艳）

巴蜀大宅门火锅（新华公园店）　位于新鸿南路75号，招牌菜有千层肚、嫩牛肉，特色菜有麻辣牛肉、毛肚、鲜猪黄喉、鲜牛肝、挂面鸭肠、鳝鱼、肥牛、耗儿鱼、酥肉、虾滑等菜品。

（贾　锐）

钢管厂五区小郡肝串串香（新华公园总店）　位于双林北支路335号，招牌菜有九秒毛肚、麻辣牛肉，特色菜有泡椒牛肉、香菜牛肉、黄喉、牛肚、特色小郡肝等菜品。

（陈　军）

【美食街区】　成华区以建设巷、香香巷、万象润街、东郊记忆、龙湖滨江天街、永立星城都等美食街区为牵引，推动市井文化与潮味烟火气衔接，集聚重庆老外婆耗儿鱼、双流老妈兔头、西昌火盆烧烤、万州烤鱼、北京烤鸭、蜀票子麻辣串、巴国布衣、山城风串串、手撕大排骨、撑头火锅、孙婆婆美蛙兔火锅、彭祖长寿野菌砂锅等特色美食。

建设巷美食街区　位于建设路

建设巷，各味俱全的小吃店铺汇聚成十字形美食街区，有叶婆婆钵钵鸡、徐亮烤蹄、周签签锅巴土豆、锅巴虾滑、好又来酸辣粉、无双苕皮、幸福铁板烧、烤米卷、乐山豆腐脑、傅强排骨、山城风串串、重庆苕皮豆干、油条包麻糍、高姐锡纸烤脑花、尝相思臭豆腐等美食店铺76家。

（彭雪瑶）

香香巷美食街区　位于望平坊，有渝都老火锅、重庆老外婆耗儿鱼、阿洛伊东南亚餐厅、泰式大排档、花玖酒馆、耍酒馆、浪起把把烧、双流老妈兔头、醉美西域、隐九家、竹涟烧肉、渔米香、郑红玉串串香、王牌老冰粉等美食店铺47家。

（刘笑臣）

万象润街美食街区　位于双福一路，有铁妹把把烧、探香烧烤、万两烤肉、老成都川菜、老成都街头烧烤、韩饭馆、一口关东煮、外婆桥菌炖、捞大王海鲜、裕熙小火锅、黄焖鸡米饭、重庆万州烤鱼、八味北京烤鸭、手撕大排骨、味滋绝、正宗简阳石桥羊肉汤等美食店铺78家。

（张良丹）

东郊记忆美食街区　位于东郊记忆路，有回望炊烟、大鸭梨烤梨、油花炭火烧肉、马交哥茶档餐厅、火爆大师、箐叶越式料理、大海湾、候鸟等风来、三山两田新疆餐厅、南蜀小香猪、孙婆婆美蛙兔火锅、幸福小串等美食店铺52家。

龙湖滨江天街美食街区　位于杉板桥路，有云起食、泡菜哥泡菜鱼火锅、潮味猪杂汤粉世家、攒劲吃鲜兔火锅、蜀票子麻辣串、禾木云南厨房、小飞雷纸上烤鱼、捞堂卤糯鸡爪、神鲜市井肥肠鸡芋儿鸡火锅、普叽普叽泰式茶餐厅等美食店铺73家。

（胡婷舒）

永立星城都·肆坊美食街区　位于二环路北四段四坊街，有西昌火盆烧烤、东北小院、向天柴火鸡、蜀九香火锅、灶堂原味老火锅、火奋奋全新概念西餐、麦当劳、洞岛主烧肉居酒屋、何师烧烤、巴国布衣、曹鸭子等美食店铺32家。

（刘　格）

双林北支路美食街区　双林北支路有殷火锅城市秘境、撑头火锅、翼上湖景餐厅、食惠坊北京烤鸭、朱红英川菜小食堂、鑫家家福家宴、彭祖长寿野菌砂锅店、沙胆彪炭炉牛杂煲、乐山跷脚牛肉、伍妹烤鸭、嘎嘎鸭脑壳、懒汉肥肠鱼稻田蛙、杨记水饺、叶记凉粉、泸州小笼包、面爸爸豆瓣抄手、云南过桥米线、庆云面等美食店铺67家。

（杨宗学）

【天府名店（天府名厨）评选】　12月，成华区组织20家餐饮企业参加“天府名店”“天府名厨”评选，成都盐府人家、成都市钟氏妈妈传炖品有限公司、成都市卞氏菜根香二十四城餐饮有限责任公司等7家餐饮企业入选市级“天府名店”，成都大千河畔餐饮有限公司朱建中入选省级“天府名厨”和市级“天府名厨”，成都盐府人家王建国入选市级“天府名厨”。

（彭雪瑶）

【成华金秋美食节】　9月30日，2022成华金秋美食嘉年华在财富又一城举办，活动以“美食”“美食+”、成华名菜、品牌餐饮、美食促消费为主题，特展东馆泡豇豆白江团、盐菜回锅肉、妈妈传炖品秘制蛋豆腐、青龙场温鸭子、龙潭喜客客家姜汁鸡、宏兔泡椒兔等20道“成华名菜”。启动“成华寻食记”美食地图打卡促消费活动，发布呈祥东馆、卞氏菜根香、大蓉和、红杏、温鸭子、四方阁、妈妈传等餐饮企业美食，财富又一城、成华SM广场、成都万象城、龙湖滨江天街、王府井Discovery、万科天荟、红旗连锁、步步高、优客城市奥莱等零售商超金秋十月各大优惠活动。

【成华暖冬美食荟】　12月7日，“魅力成华·美味尽享”2022成华暖冬美食

建设巷美食街区　（建设路商务中心供图）

香香巷美食街区　（区商务局供图）

表65　2022年成都市成华区入选市级“天府名店”一览表

序号	餐饮企业名称	地址
1	成都盐府人家	一环路北四段前锋路1号
2	成都市钟氏妈妈传炖品有限公司	双林路45号
3	成都市卞氏菜根香二十四城餐饮有限责任公司	双福二路39 号
4	成都三缺一小吃小喝有限公司	望平滨河路6号
5	笨菜菜	望平滨河路6号笨酒店
6	龙潭喜客	成康路83号附9号
7	温鸭子（青龙场总店）	昭觉横路112号

荟以直播互动的形式，通过网络直播向市民、消费者展示成华区美食行业各促销活动及成华美食文化，让市民足不出户就能了解到最经济实惠、最具有特色的成华美食攻略。12月8—11日，通过线上直播向市民推广品味成华、寻味成华、限食成华三大板块八大主题系列活动，推广成华美食及福利。品味成华联动成华限上餐饮企业开展品味成华·川菜故事云分享、品味成华·足够味、品味成华·暖冬食光三大主题推广活动。寻味成华在区内全网进行成华名店、名厨、拾好吃三大主题征集，推举最具代表性的成华美食，通过图文、视频宣传方式，宣传成华美食技艺文化。限食成华联合建设银行推出“限食成华·成华消费券”，携手各大商圈主力商家，打造数字人民币消费新场景。

（彭雪瑶）

9月30日，2022成华金秋美食嘉年华在财富又一城举办　（区商务局供图）

交通运输服务业

【概况】　2022年，成华区有火车站1座、长途汽车客运站3个、公交车线路195路、公共汽车营运车辆1520辆、出租汽车595辆、网约车1100辆。

【公路运输】　成华区有道路运输企业320家，其中运输企业134家、汽车维修企业180家、网约车企业5家、客车租赁企业1家，驾培企业6家，全年公路货运量372.1万吨。区内有成都汽车总站、成都东站汽车客运站、成都昭觉寺客运站3个长途客运站，全年公路客运总量195.01万人次。区住建交局加强公路运输管理，督促公路运输企业落实安全生产主体责任，全年无重大安全事故发生。

城市公交优化发展　成华区新开公交线路2条（K7路、33路），优化调整站点200个，优化调整线路54条。全区主要道路300米范围公交站点和线网设置覆盖率85%，500米满覆盖，实现公交与地铁运营线路有效接驳。

定制公交运营　成华区内有定制公交线路3条，熊猫快线5号线区间（地铁熊猫大道站D口—熊猫基地）、漫花庄园假日旅游公交线（动物园公交站—漫花庄园）、天府机场专线2号线（天府国际机场—成都东客站）。

社区巴士运营　成华区内有社区巴士19条，分别为1001路、1005路、1009路、1010路、1012路、1013路、1021路、1035路、1040路、1047路、1048路、1054路、1060路、1063路、1121路、1122路、1133路、1160路、1161路。

（唐　涵）

成都汽车总站　位于迎晖路194号，是一座功能齐全、设施配套，集吃、住、行、旅游于一体一级开放型车站，设发车位24个，停车场车位300个，主要开行重庆、内江、宜宾、泸州、自贡、资中、资阳、安岳、乐至、简阳等45条客运线路，采用“滚动发班”和定时发班两种发班方式，全年发运班车2.32万班，运送旅客26.56万人次。

成都东站汽车客运站　位于成都东站东广场南侧，是成都东站综合客运枢纽重要配套汽车客运站，主要承担铁路到发旅客中转接驳和快速疏散功能，与铁路、公交、地铁、出租车和社会车辆等交通方式紧密衔接，实现多种交通方式互通互换，设长途发车位80个、停车泊位215个，开行班线有成都市及周边区县，达州、广安、南充、泸州、自贡、绵阳、内江、宜宾、资阳、乐山、眉山、德阳、凉山州、甘孜州、阿坝州及部分区间，成都周边区县县际班线25条（停班9条）、跨省及超长班线33条（停班13条）、各地市州市际班线145条（停班29条）、客运班线203条（停班51条），全年发运班车9.41万班，运送旅客116.95万人次。

成都昭觉寺汽车站 成都昭觉寺汽车站位于昭青横路88号，与成绵高速公路配套的交通枢纽车站，是成都市十大客运枢纽汽车站，成都向北出川的一级客运站，集长短途客运、市内公交于一体，主要开往广元、绵阳、德阳、广汉、旺苍、青川、平武、江油、射洪等客运线路，全年发运班车3.6万班，运送旅客51.5万人次。

（林恩西）

网约车 成华区有首汽、神州、战狼、欧亚、网路5家网约车平台企业，全区上线营运车辆1100辆。区住建交局每月全覆盖现场检查1次，重点对经营管理、运营服务、数据管理、教育培训、安全维稳五个方面进行检查，全年现场检查50次，发现问题30个，下达隐患整改通知书8份。区住建交局通过市长热线转办单和检查企业后台乘客评价系统，发现绕路、辱骂等行为，责令平台第一时间封禁驾驶员并召回学习，涉及线下交易、甩客等违规行为，抄送交通行政综合执法总队一支队三大队处理，全年抄送8次。区住建交局全年接到省、市、区各渠道信访投诉1100件，投诉内容主要涉及运价制定、平台处罚、绕路辱骂等，投诉处理率100%，满意率81%。

（徐文烨）

【公路交通运输管理】 区住建交局加强道路运输管理，督促道路运输企业落实安全生产主体责任，指导成都运气来公司、四川洁能运输有限公司、四川学良物流有限公司3家危化品道路运输企业，加强安全生产标准化和风险预防控制体系建设。区住建交局加强重点货运车辆动态监管，推进半挂牵引车及重中型载货汽车卫星定位系统安装，对区域内3900台重型货运车辆开展动态监管，将GPS监控设备安全入网作为车辆年度审验的程序，车辆技术状况纳入道路运输车辆年度审验，督促企业和驾驶员提高安全意识、文明驾驶；会同市交通局执法总队直属一支队、市交警五分局、区综合执法局等部门开展货运联合整治38次，督促企业整改安全生产隐患19个。区住建交局全年开展道路运输行业检查484次，其中开展维修专项检查273次、货运安全检查181次、网约车安全检查24次、驾培安全检查4次，客车租赁巡查2次；组织道路运输企业签订安全生产承诺书，道路运输企业主要负责人和安全生产管理人员进行“两员”安全考核，强化企业安全责任意识，全年有906人通过考核；督促全区道路运输企业开展安全隐患排查，及时整治安全隐患，组织企业主要负责人集中观看警示教育片，与交警部门联合对风险隐患企业开展约谈，全年约谈企业28家，对20名违规驾驶员实施记分145分。区住建交局全年对区内道路运输企业进行检查385次，下达交通安全生产隐患整改通知书67份，相关企业按照整改内容全部整改完毕。

（邓　玲）

【铁路运输】 成华区内有宝成、成渝、成昆、达成、成雅等铁路，地处辖区的成都东站集铁路、轨道、客运、公交等多种交通方式于一体，是西南地区最大的综合交通枢纽。成都东站办理全国314个铁路车站（北京西、郑州东、昆明南、沈阳北、秦皇岛、福州南、威海、长沙南、重庆北等）旅客列车终点业务；办理全国312个铁路车站（北京西、郑州东、濮阳东、重庆西、秦皇岛、杭州东等）旅客列车始发业务；办理全国180个铁路车站（重

10月11日，成都东站始发C3342次列车到雅安　（成都东站供图）

庆西、重庆北、徐州东、西安北、南宁东、南京南、青岛等）旅客列车经停业务。成都东站优化CR200J型动车组、提升达成方向运力，优化泸州方向列车开行方案、满足泸州方向客流增量，依托郑渝高铁全线开通、实现成都地区与郑万区段高铁交互，开辟北京、青岛、武汉、上海等方向新线路。10月11日，成都东站始发C3342次列车，终点站为雅安，途经温江、邛崃和蒲江，该次列车为成都铁路集团公司首次开行成都市城际环线列车。成都东站全年发送旅客2883.7万人次，日均客流量7.9万人次。

【铁路旅客运输服务】 成都东站综合交通枢纽位于成华区邛崃山路333号，，下穿出站口接驳地铁2号线、7号线、市内公交换乘站15条，地下设出租车专用通道，机场大巴位于成都东站西广场出站层，为经成都东站中转双流国际机场、天府国际机场出行的旅客提供航班值机、机场专线接驳及相关航空业务咨询等服务。东广场南侧成都东站汽车客运站开行省内19个地市州，以及重庆、云南、山东、福建等跨省班线30条，实现旅客无缝对接。成都东站依托“游佳服务岗、张允先锋岗、戚军导购台”等服务，为旅客提供乘车咨询、旅客出行帮扶和失物招领等便民服务，做好人工服务窗口兜底保障服务，保留实名验证和进出站检票通道老年优先功能。疫情期间，配合防疫部门落实进站测体温及出站“入川即检”，通过广播、显示屏及人员引导等方式加强疫情防控宣传，利用微博、车站显示大屏等做好车次、时刻等信息发布。成都东站全年服务重点旅客2.31万人次，保管遗失物品1.47万件。

（邓唯思）

邮政和物流服务业

【概况】 中国邮政集团有限公司成都市成华区分公司位于双林路346号，下辖12个邮政支局、4个邮政所、13个投递部，设市场营销部、集邮与文化传媒部、渠道平台部、金融业务部、运控部。2022年，成华区邮政分公司实现收入8263.67万元，其中代理金融业务收入1440.42万元、寄递业务收入4714.93万元、集邮与文化传媒业务收入1600.65万元、电商分销业务收入297.31万元，其他收入210.36万元。成华区邮政分公司CRM系统开展营销活动执行率，邮客行APP使用率，BSC注册、转发、销售等工作任务全面达标。

【邮政服务】 成华区邮政分公司保障中央巡视督导专用邮政信箱寄递渠道畅通，设立A405、A412、A413、A423、A424、A426六个专用信箱，实现专人、专车作业，保障巡视专用信箱邮件迅速、准确、安全投递；落实普遍服务和特殊服务，确保党报党刊及时投递，实现当日见报率100%。成华区邮政分公司代理金融业务全年总收入1440.42万元，比上年增长14.77%；做好成华区法院文书一站式集约化送达，结合客户时效需求，将特快专递及快递包裹均衡运用，全年总收入4714.93万元，比上年增长4.86%，其中特快专递收入1916.11万元、增长17.87%，快递包裹收入2798.82万元、增长6.45%；各类客户纪念、营销等需求，通过爆品销售、项目开发，全年总收入1600.65万元，比上年增长18.1%；抓好重要节日、社区团购、邮乐平台、日常销售，全年总收入297.31万元，比上年增长99.84%。疫情防控期间，成华区邮政分公司党支部在小区集中密度较大的区域建立5个临时保供服务点、46个小区流动保供服务点，保障邮件正常投递；承担社会快递公司邮件转投，确保社会保供保通畅服务及企业经营生产正常运行。7月，成华区邮政分公司确定专人投递高考录取通知书邮件，保障2022年高考录取通知书投递。

（牟妍妮）

11月21日，成华区邮政分公司投递人员上门投递邮件　（成华区邮政分公司供图）

7月25日，区住建交局对香楠半岛小区菜鸟驿站进行安全检查　　（区住建交局供图）

【寄递物流管理】　成华区内有京东、顺丰、中通、圆通、申通、韵达、极兔、德邦、丹鸟、菜鸟驿站等寄递物流网点，成华区邮政分公司有13个邮政普邮投递网点，全区共有453个分支机构和末端网点。区住建交局按照寄递物流领域属地管理责任要求，牵头龙潭工业机器人产业功能区管委会、各街道对辖区寄递网点加强安全管理，建立健全寄递物流领域属地管理机制，推进寄递物流安全网格化管理，以寄递物流领域禁毒、反恐防暴、扫黄打非、疫情防控等安全工作为重点，加强辖区寄递物流网点检查，辨识管控重大风险、排查治理隐患，区内寄递网点无违规违法行为。

（孙红生）

表66　　2022年成华区邮政营业网点一览表

序号	机构名称	网点地址	网点属性
1	成都市猛追湾邮政支局	双林路338号	自有邮务类网点
2	成都市建设路邮政支局	建设路53号附3号	
3	成都市双桥子邮政支局	水碾河路19号附7号	
4	成都市桃蹊路邮政支局	桃蹊路70号附6号	
5	成都市仁义路邮政支局	仁义路49号	
6	成都市长秀路邮政支局	长秀路110号	
7	成都市火神庙邮政支局	火神庙路19号	
8	成都市熊猫基地邮政所	熊猫大道1688号	
9	成都市竞成路邮政支局	竞成路1号	自有综合类网点
10	成都市华林三路邮政支局	华林三路65号	
11	成都市龙潭寺邮政支局	成宏路2号附2号	
12	成都市府青路邮政支局	府青东街1号	
13	成都市荆翠中路邮政支局	荆翠中路345号	
14	成都市杉板桥邮政所	杉板桥路42号	代办邮务类网点
15	成都市机车厂邮政所	建设北路三段265号附4号	
16	成都市致顺路邮政所	致顺路104号	

表67　　2022年成华区邮政普邮投递网点一览表

序号	机构名称	网点地址
1	双林路一揽投部	双林路332号
2	双林路二揽投部	双林路342号
3	水碾河路揽投部	水碾河路21号
4	东华三路揽投部	龙树西二路1号附1号
5	华甸路揽投部	华甸路6号
6	建设路揽投部	建设路53号
7	桃蹊路揽投部	桃蹊路70号
8	西林四街揽投部	西林四街232号
9	龙绵街揽投部	青龙场路651号
10	长秀路揽投部	东虹路99号
11	火神庙路揽投部	火神庙路19号
12	荆竹中路揽投部	仁义路49号
13	长融街揽投部	长融街28号

信息传输服务业

【概况】　2022年，成华区内有中国电信股份有限公司成都分公司、中国电信股份有限公司成华区分公司、中国移动通信集团四川有限公司成华分公司、中国联合网络通信有限公司成都市成华区分公司4家通信枢纽服务企业，依托物联网、云计算、大数据、人工智能、5G等技术，打造“全光化、全云化、全物联网化、全整合化、全实景化”多元化应用场景，助推百行千业数字化转型，推动企业“上云、用数、赋智”，参与“智慧蓉城”建设，全力保障通信畅通。区网信办完善区级部门通报共享机制，建立突发重大网络安全事件应急处置机制。

【电信传输服务】 中国电信成都分公司 中国电信成都分公司联合电子科技大学成立联合研究院，在6G移动通信、工业互联网、大视频等领域开展联合创新，推动西部创新产业园项目和西部国家一体化大数据中心算力枢纽项目（云锦天府）建设；投资3.6亿元推进5G基站建设，建成基站1.97万座；投资2亿元深化千兆网络覆盖，全市覆盖率95%，三千兆用户80.1万户；围绕政府中心工作，参与“智慧蓉城”建设，对全市1265个重点污染源远程监控，为8000家中小企业提供宽带提速服务，减免经营困难企业通信服务费1000万元、房租540万元；为抗疫志愿者赠送免费流量、语音，免费为31.6万用户宽带提速，在IPTV上线8000部免费影片。

（苟存江）

中国电信成华区分公司 中国电信成华区分公司推进千兆光网建设、无线网络及云网融合新型基础设施建设，全年完成5G基站建设1200个，千兆覆盖率100%；发挥综合智能信息化优势，助推“智慧蓉城”数字基座建设，打造智慧街道、智慧小区点位798个；协助区公安分局、区综合执法局等，打造标杆性场景及点位。成华分公司发挥中国电信物联网感知平台、AI视联网平台和天翼国家云三大自研核心能力，共同打造“物联网+双创”智慧产业基地，孵化出孪生城市、智慧社区、智慧楼宇、智慧园区、智慧教育、智慧医疗等成果，助力成华区经济社会发展。

（莫文双）

中国移动成华分公司 中国移动成华分公司全年新增5G基站300个，实现城区5G网络全覆盖；改造升级光纤网络，承10GPON网建设，实现全光网覆盖，千兆覆盖率100%；利用5G、大数据、云计算等信息，满足成华区防汛抢险、疫情防控等需要；协同成华区智慧治理中心做好AI热线话务保障，确保热线平稳运行。成华分公司通过智能连接与智能算力有机结合，助力成华区政府打造一体化、智能化、集约化“智慧蓉城”数字基座，赋能区域内百业千行，支撑成都新华医院、成都地铁运营公司、攀成钢医院等单位“上云用数赋智”，运用大数据、云计算、区块链、人工智能等技术，推动城市管理模式、管理理念创新；以“智慧蓉城”建设为牵引，推动城市经济、生活、治理数字化转型，为“智慧蓉城”智慧公安、智慧社区、智慧水务等应用场景建设近千个感知源，通过大数据融合、AI智能，提升系统整合、数据共享、协同联动和服务，推动城市运行管理科学化、精细化、智慧化，助力提升城市治理现代化水平。

（吴蓉沙）

中国联通成华区分公司 中国联通成华区分公司提升基础网络能力，完成共享电信5G小区1360个，共享电信4G小区823个，高频网基站建设69个，地停建设59个，L900基站7个；改善千兆宽带精品网，完成7.02万线端口建设，覆盖小区315个，公众H端口累计21.71万线，覆盖小区941个，城市住宅覆盖率98%。成华区分公司通过异网挖掘、异地引进和政策牵引，新建渠道15家，其中政企渠道7家、公众行销渠道3家、线上商家3家、宽带商家2家。

（赵 静）

中国电信成都分公司服务大厅 （中国电信成都分公司供图）

【广播电视传输服务】 中国广电四川网络股份有限公司成华区分公司 成华区分公司有网络用户54.43万户，加强安全播出隐患排查和整治，对安全播出重要环节、重点线路做好广播电视设施安全保护，实施专业化技术保障措施，实时监控网络运行情况，确保网络运行安全，完成党代会、冬奥会、冬残奥会、党的二十大、省委十二届二次全会、国庆、春节等重要保障期安全播出。

（肖 洁）

成华有线电视台 成华有线电视台设新闻类栏目《成华新闻》、服务类栏目《欢娱城东》、影视文艺类栏目《新东方剧场》《金熊猫剧场》《收视指南》、科普类栏目《科学生活》6个栏目，每天播出17小时，全年广播电视安全播出6205小时，其中《成华新闻》522小时、《欢娱城东》16小时、科普362小时、电视剧2700小时、公益广告385小时，完成全国两会、春节、冬残奥会、党的二十大以及省市各级重要安播任务

76次，重要保障期播出时长1824小时；转播中央电视台《新闻联播》、成都电视台《成视新闻》396小时。

（黄　璐）

【互联网信息服务】　成华区网信办完善区级部门通报共享机制，建立突发重大网络安全事件应急处置机制，明确处置应对责任机构、指挥机制、响应流程、临机处置权限等内容，组织开展网页篡改和钓鱼邮件攻击模拟场景网络安全应急演练和培训，提高各单位网络安全应急事件处置能力。区网信办联合区公安分局、区综合执法局、区卫健局，开展LED大屏和系统安全专项行动、涉防疫信息系统网络安全和数据安全检查行动。区网信办对全区关键基础设施进行渗透漏洞检查，发现安全漏洞45个已及时整改。

（刘　瑾）

表68　2022年中国广电四川网络股份有限公司成华区分公司网点情况表

序号	机构名称	地址
1	成华区分公司	新风路199号附1号
2	府青营业厅	府青路二段181号附101号
3	小龙桥营业厅	小龙桥东巷20号
4	二仙桥营业厅	建设北路三段32号附14号
5	青龙营业厅	致强环街13号
6	保和营业厅	建材路219号
7	建设营业厅	新鸿路297号
8	龙潭营业厅	丛桂一巷5号

商务服务业

【概况】　2022年，成华区培育市级示范消费场景6个，开展第九届中国西部中小企业发展论坛等26个线上线下重大会展活动，培育电商重点企业6家，搭建政府与企业互动平台，推动企业响应“一带一路”倡议。成华区有律师事务所56家，执业律师818人，全年调解民事、经济等矛盾纠纷2600件；成华公证处全年办理各类公证事项4421件，案件合格率100%。

【消费场景打造】　成华区打造成都万象城、望平坊、成都大熊猫繁育研究基地、成都味道·339时尚夜消费、成都拾野自然博物馆、地勘路咖啡产业特色街6个市级示范消费场景，通过打造示范消费场景，营造友好消费环境，引领成渝地区时尚消费新窗口和体验消费的打卡地。成都万象城新注册企业130家、品牌200个，举办独展、特展等品牌活动54场次，成为城市夜晚新地标、活力运动聚集地、全球美食聚集地、社交生活目的地四大消费标签，全年客流量3100万人次，销售额54亿元，位居成都市商业综合体业绩排行榜第三，成都万象城“地标商圈潮购场景”入选成都市特色消费场景。

【节会会展】　成华区完成天街庙会“国潮当燃·字在有范er”、2022富森美·万人家博会、2022追湾芳草集·花重锦官城系列活动、荷荷市市·天府文创大市集、2022数字文创嘉年华·黑与白——熊猫艺术创意展、抖inCity城市生活节、2022骁龙嘉年华、成华艺术·万市Once Market、第九届中国西部中小企业发展论坛等26个线上线下重大会展活动。熊猫国际旅游度假区、龙潭工业机器人产业功能区、东郊记忆艺术区、东客站枢纽经济发展区、新北天地商贸旅游发展区、建设路金融商务总部发展区六大产业功能区，结合主导产业方向策划培育专业展会活动各1个，展出总面积14万平方米，会展总收入16.05亿元，签约中体网德瑞克滑板公园、融创成华冰雪、金茂新山城3个项目，引进会展企业四川诚语文化传播有限公司1家。

【电子商务发展】　成华区推进直播电商产业多点布局，在全国直播电商

7月8日，2022天府文创大集市在东郊记忆·成都舞台举行　（区商务局供图）

5月25日，省委网信办、市委组织部领导调研东郊记忆抖音电商基地　（东郊记忆艺术区供图）

百强地区位列第99位，有华星总部产业园、万谷智慧产业园、完美文创产业园、107文创产业园4个直播电商重点园区，培育四川今日头条科技有限公司、成都华星璀璨娱乐有限公司、记忆跳动（成都）数字科技有限公司、哆哆喵选文化传媒（成都）有限公司、成都蓝眼电子商务有限公司、四川蓝漂日用品有限公司6家电商重点企业。东郊记忆艺术区有直播间400间，主营业务涵盖直播电商平台企业、MCN机构50家，员工4100人，签约及合作主播达人12.1万人，直播带货涵盖食品、服装、农特产品、化妆品、酒类等，观看人数14.2亿人次。

【电商基地建设】　成华区有西南地区第一家共享电商全品类供应链基地——哆哆喵选，西南地区第一家全产业链直播基地——抖音平台直播电商基地，西南地区第一家全网跨境直播基地——闪亮星空等企业落地运营。成华区借助中国四川首届国际直播电商节流量，利用“双百家企业矩阵带货”“网红主播+产品专家组合带货”引力，发挥东郊记忆城市级商圈，CEC784·万谷智慧产业园、萌想星球107文创园“两大商圈”“十大特色园区”载体优势，构筑直播电商聚集“超级磁场”。东郊记忆艺术区入驻直播电商企业20家，直播电商顶级头部机构聚集成势，“数字快车”驶入正轨，腰部和中小机构快速成长，通过重点指导、全程帮办、跟踪服务等方式，激活直播电商上下游产业链直播电商基地、直播平台、MCN机构、专业服务机构等各个市场主体活力，培育直播电商新型生态圈。东郊记忆艺术区直播电商类上中下游企业比上年增长150%，全年直播电商类企业营业收入1.22亿元，税收353万元。

【创新型电商企业培育】　成华区加强对创新型电商企业培育，组织企业参加百强电商评选活动、国家全民数字素养与技能培训基地申报等，四美子、老酒网等企业入选成都电商企业；组织企业参加2022中国（成都）移动电子商务年会暨乡村直播电商节，瘾食文化获得年度行业创新奖，四美子、倍益康获得年度新锐品牌奖，促使“大凉山艾”新媒体品牌运营项目、四美子国风品牌项目签约，投资金额5000万元。

（王　杰）

【服务外包产业发展】　成华区做好信息产业电子第十一设计研究院、成都建筑材料工业设计研究院、中国电力工程顾问集团西南电力设计院等贸易重点企业服务，搭建政府与企业互动平台，推动企业响应“一带一路”倡议。成都建筑材料工业设计研究院、中国电力工程顾问集团西南电力设计院对外贸易业务进入巴基斯坦、约旦、埃及、格鲁吉亚等“一带一路”国家，带动成华区服务贸易增长。成都建筑材料工业设计研究院承建埃及国防部卡夫拉谢赫住房建设工程总承包项目、巴基斯坦Maple Leaf 7000tpd熟料水泥生产线等项目，涉及巴基斯坦、埃及、乌兹别克斯坦、沙特阿拉伯、摩洛哥等国家，全年完成离岸执行金额14939万美元，在岸执行金额3184万美元，服务贸易进出口额14943万元。中国电力工程顾问集团西南电力设计院在印度尼西亚印尼交通大学校园光伏项目、柬埔寨暹粒60号公路商业一体化一期高棉城市花园奥特莱斯项目，全年完成离岸执行金额145万美元，在岸执行金额10138万美元。

（张　洁）

【法律服务】　律师服务　成华区有律师事务所56家、执业律师818人，基层法律服务所5家、基层法律服务工作者21人。区司法局创新“红色律所”示范建设，突出“政治为魂、以党建带所建铸忠诚”“执业为民、以服务惠民生践初心”行业导向，打造四川瀛领禾石律师事务所、四川善嘉律师事务所等红色律师事务所品牌，推行党员律师亮身份、亮承诺、亮标准、亮实效“四亮”行动，多维融入律所党建惠营商、企业法治体检、法律服务进万家等工作。8个律师事务所党组织与区内产业功能区、重点商务楼宇结对共建，全年为区内企事业单位提供法律咨询6100次，参与重大项目研判297次，调处矛盾纠纷2600件。

公证服务　四川省成都市成华公证处开展“互联网+公证”“继承+不动产转移登记”等新领域公证服务，利用区块链技术，提升公证服务效能，把公证案卷质量放在首位，案卷合格率100%，无错证、假证，通过四川省标准化公证处验收。成华公证处全年办理各类公证事项4421件，公证服务费收入445万元，为特殊人群提供上门服务261件，为困难人群减免公证费用26件，办理公益性公证案件37件，减免公证费7.93万元。

（王　雪）

8月9日，成华区北湖生态公园　（区融媒体中心供图）

旅游服务业

【概况】　2022年，成华区推进国家全域旅游示范区创建工作，望平坊创建国家级休闲旅游街区，成都自然博物馆建成开放，促进文商旅产业融合发展，提升天府旅游名县“金字招牌”，全年推进重点文旅项目54个，年度完成投资102亿元。区内有成都大熊猫繁育研究基地、东郊记忆、天府熊猫塔、成都自然博物馆、成华区北湖生态公园等旅游景区（景点）35个，旅行社17个。全年接待游客2316.7万人次，其中海外游客1.2万人次、国内游客2315.5万人次，旅游收入总额322.03亿元。成华区获评全国市辖区旅游综合实力百强区，成都大熊猫繁育研究基地“熊猫野趣度假场景”入选成都市示范消费场景。

【国家全域旅游示范区创建】　成华区围绕创建国家旅游示范区，按照“全景化建设、全时化消费、全要素融合、全民化共享”的要求，健全旅游体制机制，加快旅游规划编制，完善旅游基础设施，提升旅游公共服务水平，创新旅游产品体系，加强旅游宣传营销，强化旅游行业监管，推动旅游共建共享，推进全域旅游融合发展；打造轴线+熊猫之都、东郊文创、夜游锦江三大品牌，开通轴线直通车等旅游专线4条，投用猛追湾望平坊滨河路商业街“夜游锦江”、繁星戏剧村“东郊文创”、熊猫广场“熊猫之都”；建成12类周末精品旅游场景（点位）14个，推广以大熊猫、工业文明、绿道主题旅游体验线路3条，推动熊猫基地和东郊记忆2个景区环境品质提升。成都熊猫国际旅游度假区集成打造大熊猫保护示范地、文化策源地、国际旅游度假区。东郊记忆艺术区打造特色文创线上体验消费场景，办好东郊国际戏剧节等活动，建设“时尚创意高地”。东客站枢纽经济发展区推动成都鹏瑞利国际医疗健康中心，拓展“健康+旅游”产业链，构建人城产一体化TOD新城。建设路金融商务总部发展区推动功夫熊猫西南总部等项目落地，建设路大街市井烟火特色街区、猛追湾天祥滨河路时尚潮流消费特色街区建设。新北天地商贸旅游发展区促进天府国际动漫城、泛悦城市广场等项目落地运营，形成城市级商旅中心。熊猫国际旅游度假区依托成都大熊猫繁育研究基地和北湖生态公园两大核心载体，推行“公园+”“绿道+”，布局城市微度假游首选地，拓宽“熊猫+”新业态，呈现熊猫野趣度假、公园生态游憩、文艺风尚品鉴等体验消费场景。

（安　媛）

【望平坊国家级休闲旅游街区创建】　望平坊旅游休闲街区引进文创、轻餐等知名品牌40家，塑造通美大厦成华之窗、摩天轮锦江之眼、339梦想之塔、东风桥头记忆之门等旅游地标，拥有“亲水型”文创体验、“最成都”市井休闲、“后现代”潮流娱乐、“夜经济”特色消费等新场景，形成天府熊猫塔、339综合体为潮流打卡地标；以香香巷、祥和里、望平街为特色市井体验走廊，展示皮影戏、川剧、熊猫采耳、蜀锦、蜀绣5个国家级非物质文化遗产，设猛追湾故事馆、成都拾野自然博物馆、成都市川剧院、梅花剧社、天府四川金融博物馆等文化体验点。望平坊时空走廊以工业文明为基，以文化为魂，由时空虫洞、剧场空间、纺织印象之廊、望平坊牌坊、信笺庭院、纸片雕

11月29日，望平坊梅花剧社　　（猛追湾街道供图）

塑等空间构成，成为工业文化地标、老成都回味地标、全国文化和旅游消费工作会现场示范点位，创建为省级休闲旅游街区，获2022年中国西部城市更新示范项目、2022年四川外事参访重点单位、2022年成都市市级文创特色街区、2022“大国消费　金长城奖”经营模式创新奖。全年接待游客902万人次，旅游综合收入18.6亿元。

（刘笑臣）

【旅游新业态打造】　成华区推动工业遗产保护性再造，挖掘东郊工业文明基因，探索工业遗产科学保护和有效利用新路径，促进红仓·101文创产业园区、中演华天演艺中心、天府国际动漫城、禾创文创产业园区建设，形成分布有序、彼此关联、文商兼容的十大特色文创产业园。成华区推动工业遗产产业化改造，加快工业遗产保护利用与文化传承创新、产业提质发展和城市功能提升协同互进，推动工业遗产景区化营造，按照“工业遗存+特色旅游”联动开发理念，以工业文化体验为核心，聚焦音乐艺术、数字文创等产业，吸引两醒集团、雷神科技等链属企业聚集，打造“创、展、演、秀”体验项目，串联103仓库、109仓库、石油总机厂等工业遗址点位，植入沉浸式体验消费、一站式文旅服务

表69　　2022年成都市成华区旅游景区（景点）一览表

序号	公园名称	地址	占地面积（亩）	序号	公园名称	地址	占地面积（亩）
1	成都大熊猫繁育研究基地	熊猫大道1375号	3570	19	多宝寺公园	多宝寺路	126
2	天府熊猫塔	猛追湾街168号	10	20	东客站绿轴公园	成都东站	125
3	东郊记忆	建设南支路1号	282	21	圣灯公园	新成华大道三段	123
4	成都自然博物馆	十里店路88号	52	22	风求凰公园	荆翠西路	123
5	成都昭觉寺	昭青路333号	128	23	龙潭新区公园	成宏路72号	115
6	成都动物园	昭觉寺南路234号	260	24	杉板桥公园	杉板桥路	98
7	北湖生态公园	龙青路	1198	25	三洞古桥公园	泰兴路66号	80
8	新绿水碾公园	双沙路东北侧	866	26	万象公园	双庆路8号	60
9	高铁城市公园	槐柳四路	578	27	科技秀苑	秀苑路	57
10	麻石烟云公园	二环路东二段	357	28	保和公园	长融东二路60号	41
11	二仙桥公园	二仙桥西路	300	29	天鹅公园	蜀都大道保华路	40
12	城东体育公园	长林盘社区5组	268	30	和美公园	万科路115号	36
13	海滨公园	荆竹东路264号	221	31	羊子山公园	羊子山路东侧	34
14	沙河城市公园	杉板桥路	181	32	双桂公园	双桂路31号	24
15	熊猫体育公园	同乐社区6组	169	33	成华园	八里庄路50号	18
16	新华公园	双林路87号	150	34	香木林公园	香木林路3号	15
17	成华公园	猛追湾街22号	158	35	红豆古树公园	绿竹巷菁华翠庭D区	8
18	驷马桥公园	新怡路47号	130				

表70　　2022年成都市成华区旅行社情况表

序号	旅行社名称	地址	序号	旅行社名称	地址
1	四川省中国青年旅行社有限公司	建材路37号	10	成都中港国际旅行社有限公司	航天路5号
2	四川足博仕国际旅行社有限公司	建设路10号	11	成都中港国际旅行社有限公司	东风路26号
3	四川松果旅行社有限公司	杉板桥路199号	12	成都中国旅行社有限公司	崔家店路75号
4	四川私嘉国际旅行社有限公司	建材路11号	13	成都环球国际旅行社有限公司	泰兴路36号
5	四川西柚旅行社有限公司	熊猫大道1248号	14	大连福慧国际旅行社有限公司	二环路东二段6号
6	成都彤馨国际旅行社有限责任公司	建兴路76号	15	中游国际旅行社（成都）有限公司	荆翠西路2号
7	成都中国旅行社有限公司	建材路39号	16	成都中港国际旅行社有限公司	建材路39号
8	成都糖粉国际旅行社有限责任公司	杉板桥南五路366号	17	重庆青柠檬国际旅行社有限公司	万科路5号
9	成都青满官城旅行社有限公司	致强路266号附615号			

新场景，争创国家级文旅产业融合发展示范区。成华区规范望平街、东郊记忆等旅游标识1000个，提档升级旅游厕所15个，熊猫基地新博物馆厕所、二仙桥公园A厕所、107仓库厕所被评为AAA级旅游厕所，亚朵酒店厕所被评为AA级旅游厕所。

（安　媛）

【旅游产业重大项目】　成华区瞄准都市旅游细分领域头部企业，开展招商引智攻坚专项行动，举办推介活动9场，招引上海锦江集团、福建龙川集团、砂之船集团、中国国信、祥源文化、红星美凯龙链主企业6家，签约成都熊猫海洋世界链主企业项目。全年推进重点文旅项目54个，年度完成投资102亿元，投运成都自然博物馆、城东体育公园综合运动场馆等项目19个，续建禾创文创产业园、天府国际动漫城等项目24个，提升改造建设东郊记忆、熊猫主题舞剧等项目11个。

（陈　新）

【精品旅游线路】　成华区优化旅游线路，推出工业文明之旅（中车共享城—红仓文化产业园—建设路—东郊记忆—望平坊）、大熊猫文化之旅（成都大熊猫繁育研究基地—大熊猫博物馆—天鹅湖—北湖生态公园）、绿道体验之旅（多宝寺—沙河城市公园—万科天荟—麻石烟云—339天府熊猫塔）3条精品旅游线路，推出成华旅游精品专线（成都大熊猫繁育研究基地—东郊记忆—天府熊猫塔—望平坊—筚酒店）、成华欢乐亲子游（成都大熊猫繁育研究基地—成都自然博物馆—成都拾野自然博物馆—天府熊猫塔—望平坊—筚酒店）2条特色旅游线路。

【旅游营销】　成华区运用网络等方式进行品牌宣传营销，全年开展“街头音乐秀”20场，推出《对戏——浮世若花当代艺术展》《“好设计·智创生活”2022当代好设计奖获奖作品精选展》等10个精品艺术展，打造“工业风、文创范”点位30处，《熊猫》舞剧在成都大熊猫繁育研究基地熊猫剧场开演，推出《Hello Hello》《悠哉PANDA》等5首“熊猫之歌”系列原创歌曲，推动大熊猫文化传播，促进大熊猫旅游发展。

【节庆旅游】　成华区做好节庆旅游各项服务保障，确保游客安全，元旦、春节、国庆节等6个节假日期间共接待游客589.09万人次，实现旅游收入68.84亿元。其中，元旦节接待游客65.56万人次、实现旅游收入6.81亿元，春节接待游客149.97万人次、实现旅游收入20.48亿元，清明节接待游客41.2万人次、实现旅游收入5.27亿元，五一劳动节接待游客123.2万人次、实现旅游收入14.10亿元，端午节接待游客77.28万人次、实现旅游收入8.40亿元，国庆节接待游客131.88万人次、实现旅游收入13.78亿元。

（安　媛）

【旅游市场监管】　区文体旅局加强大型旅游活动安全保卫，防范和化解旅游风险，提升旅游安全保障。全年检查各类旅游经营主体1290家次，发现不规范经营行为760起，整改率100%；受理旅游市场投诉2960件，办结率100%。

（李金陵）

【中国旅游日主题活动】　5月19日，区文体旅局在望平坊街区举行“都市看熊猫　安逸要成华”2022年中国旅游日主题活动，向游客推介成华丰富的旅游资源，活动现场“熊猫爱旅游”主题形象亮相，游客跟随可爱的“大熊猫”

5月19日，区文体旅局在望平坊街区举行2022年中国旅游日主题活动　　（区文体旅局供图）

漫步锦江畔，感受成华区别样的旅游文化魅力。

（安　媛）

金融业

【概况】　2022年，成华区推进私募投资基金服务平台"君华私募基金汇"建设，推广"小微科创贷"和"信抵贷"创新融资工具，落实"蓉易贷"普惠信贷工程，缓解中小微企业融资难，推动成都兴创和医疗美容产业投资基金、东北证券四川第二分公司、成都沛坤春华投资高端人才硬科技创投管理平台项目注册落地。成华区"服贷投"联动投融资服务模式入选四川省要素市场化配置改革试点。区内有上市企业3家、各类银行分支机构成华支行21家、保险机构51家、证券分公司（营业部）17家。

【新兴金融攻坚行动】　区国资和金融局培育"君华汇"上海红林私募基金管理有限公司成都分公司、成都旷景私募基金管理有限公司、宜璟（成都）私募基金管理有限公司3家私募基金机构，引进成都兴创和医疗美容产业投资合伙企业（有限合伙），培育成都支付通、蜂巢金服和享宇科技；打造资本财富科学分配、并购要素协同耦合两大新兴金融集聚高地，聚焦财富管理、金融科技、并购产业三大主攻方向，集政产学研用投于一体的特色金融产业聚集区，提升金融服务实体能效。成华区财富管理产业成势，打造"君华汇"私募基金孵化和服务金融品牌，入驻私募机构254家，培育成都支付通、蜂巢金服和享宇科技等核心企业，并购产业基础完善，亚太并购大厦投入运营，引进并购公会四川分会、并购交易师培训与认证中心，举办首届天府四川并购年会。

【经济证券化工程实施】　区国资和金融局引导区内优质企业登陆资本市场，联合天府股交中心及中介机构，推动企业登陆四板市场，鼓励企业在天府股交中心发行融资产品。四川千里倍益康医疗科技股份有限公司于12月1日在北京证券交易所上市，四川君安康爱尚健康科技有限公司处于上市冲刺阶段，成都宏明电子股份有限公司、成都焊研科技股份有限公司、成都卡诺普机器人技术股份有限公司作为成华区重点拟上市企业进入上市辅导期，成都阿普奇科技股份有限公司、四川海力智能科技股份有限公司2家企业挂牌新三板，四川巨象科技有限责任公司、成都蜂巢创服企业管理有限公司、成都文景智旅旅行社有限公司、四川省德合置生环境艺术工程有限公司、四川一斗粮科技有限公司、成都立腾实业有限公司、成都诺比亚科技有限公司、成都叁无康乐电子商务有限公司等119家双创科技类企业登陆四板市场。

【地方金融组织发展】　成华区内有小额贷款公司5家，成都亚联财小额贷款有限公司为港澳台法人独资，其他4家小贷公司为民营企业，注册资本12.3亿元，全年小额贷款额19.23亿元，年末贷款余额6.98亿元，上缴税金1056.4万元。全区有融资性担保公司2家，成都普惠融资担保有限责任公司为国有融资担保公司，成都民信融资性担保有限公司为民营企业，注册资本8.0亿元，全年担保发生额2.5亿元，年末在保余额6.17亿元，上缴税金122.57万元。区内有典当行4家，为民营企业，注册资本0.7亿元，全年典当发生额2.77亿元，年末典当余额2581.1万元，上缴税金4.17万元。

【地方金融组织监管】　区国资和金融局依托四川省小额贷款监管预警平台、四川省融资担保监管预警平台、成都市金融风险监测大脑，对辖区内融资担保、小额贷款、典当行3类11家企业进行监督。区国资和金融局全年结案非法集资存量案件8件，开展以"守住钱袋子·护好幸福家"为主题防范非法集资宣传活动，采取现场采访跟拍、张贴海报标语、发放宣传资料、普及金融知识、提供法律咨询等形式，举办防范非法集资宣传进社区、进楼宇、进高校等宣传活动40场次，引导群众注册"蓉城反诈小卫

表71　　2022年成都市成华区小额贷款公司情况表

序号	公司名称	地址	小额贷款额（亿元）
1	成都市亚联财小额贷款有限公司	府青路二段25号	1.51
2	成都市成华区欧亚信业小额贷款有限公司	成济路5号	2.57
3	成都成华富森美小额贷款有限公司	蓉都大道将军路68号	15.15
4	成都市成华区中瑞成小额贷款有限责任公司	府青路二段1号	0.51
5	成都市成华区民信小额贷款股份有限公司	建设路9号	0

表72　　2022年成都市成华区融资担保公司情况表

序号	公司名称	地址	融资担保额（亿元）
1	成都市普惠融资担保有限责任公司	国机西南大厦	2.5
2	成都民信融资性担保有限公司	建设路9号	0

表73　　2022年成都市成华区典当行情况表

序号	公司名称	地址	典当发生额（亿元）
1	四川中安信邦有限公司	双福一路66号附35号	2.16
2	四川美誉典当有限责任公司	航天路57号	0
3	成都市锦安典当有限责任公司	望平街18号	0.08
4	四川大财典当有限公司	建设北路一段91号	0.53

士”小程序、关注“熊猫反诈”官方政务号，发放宣传资料及物品4万件；开展“防范非法集资团队争霸赛”，拍摄“与民同心，为您守护”防范非法集资公益宣传短视频。

【基金引导效应】　成华区提升投资基金规模和专业化管理水平，发挥基金在推动城市建设、产业发展和民生改善中的作用，强化基金招商功能。全区设立投资基金10支，其中母基金1支（振成兴华基金）、母基金下设子基金4支（成都锦成音乐科技产业股权投资合伙企业、四川文化产业投资基金合伙企业、成都兴创和医疗美容产业投资合伙企业、成都华腾壹号创业股权投资基金合伙企业），参与设立投资基金5支（成都市重大产业化项目股权投资基金有限公司、成都市天府壹号文创产业发展股权投资基金合伙企业、成都沛坤菁蓉创业投资合伙企业、成都万成电科创业投资中心、成都东广智优股权投资基金有限公司）。成华区全年对外投资项目53个，投资金额76.88亿元，为文化创意、智能制造、大健康等产业发展注入动能。

【私募孵化金融品牌打造】　区国资和金融局强化“君华汇”私募孵化与服务功能，提升风险防范水平，做好存量机构服务，提升私募金融品牌影响力、吸引力，发挥其财富管理增值作用。全年平台入驻私募基金机构254家，注册资本金68.79亿元，管理规模30.11亿元，通过中基协备案76家，备案机构证券类私募产品在国泰君安证券四川分公司托管规模32亿元。

【企业融资服务创新】　区国资和金融局推进“服贷投”联动投融资模式，通过创新金融服务体制和机制，为区内中小微企业提供融资，为110家企业提供融资2.1亿元；推广天府小微科创债、小微科创贷、信抵贷等创新融资工具，通过风险分担的模式，引导金融机构服务中小微企业，“1债2贷”帮助50家企业获得融资9000万元。

（陈秀熙）

【上市企业】　区国资和金融局加大协调服务力度，建立“后备企业—辅导企业—审核企业—上市企业”梯度培育机制，提供覆盖企业上市全周期的专员、

6月15日，区国资和金融局在财富又一城举办防范非法集资宣传活动　（区国资和金融局供图）

7月4日，成华区举办政企银座谈交流会暨金融综合服务沙龙活动　（区国资和金融局供图）

专班、专资、专策“上市四专”服务；会同专业机构，开展企业上市融资培训、宣讲活动，帮助拟上市企业了解多层次资本市场，解决上市募股过程中困难，引培优质拟上市企业。12月1日，四川千里倍益康医疗科技股份有限公司在北京证券交易所上市，成为成华区第三家上市企业。

富森美　富森美（002818）2022年实现营业收入14.82亿元，比上年下降3.52%；归属上市公司股东净利润7.83亿元，比上年下降14.72%；归属上市公司股东扣除非经常性损益净利润7.62亿元，比上年下降4.64%；基本每股收益1.05元。公司经营业绩主要由卖场租赁和服务收入、装饰装修工程收入、金融与投资收入等共同构成。公司不断优化品类和品牌结构，在业态创新、数字化运营以及新零售等方面发力，装饰装修业务依托公司在家居建材产业链上的资源、资金优势，以及富森美建南装饰装修设计、管理和施工能力，拓展商品房精装修业务及各类工装、整装和房地产精装修业务。公司金融与投资业务依托现有平台资源和资金优势，通过商业保理、小额贷款、对外投资等业务，提高资金使用效率。

德龙汇能　德龙汇能（000593）2022年实现营业收入14.69亿元，比上年下降2.55%；归属上市公司股东净利润4828万元，比上年下降4.37%；归属上市公司股东扣除非经常性损益净利润4564万元，比上年增长2.10%；基本每股收益0.14元。公司以天然气清洁能源为主的综合能源供应商，主要从事天然气能源为主的清洁能源供应业务，包括天然气运输、各类燃气管网建设与管理、城市燃气经营与销售、车用加气站投资与运营、CNG/LNG供应、能源综合利用项目开发与建设。公司气源来源广泛，与国内外多家气源供应方建立长期合作关系，通过自有管道、槽车形成完善的燃气供应途径，满足下游用户的各类需求。公司全年燃气销售气量38015.17万立方米，实现燃气供应及其相关收入137425.60万元，安装民用户45883户、非居民用户462户，管道安装206.69千米，比上年增长183.78%。

千里倍益康　千里倍益康（870199）2022年实现营业收入3.91亿元，比上年增长18.91%；归属挂牌公司股东净利润7045万元，比上年下降11.72%；归属上市公司股东扣除非经常性损益净利润6499万元，比上年下降16.71%；基本每股收益1.84元。公司从事智能康复设备研发、生产和销售，立足境内外市场双向发展，境外市场主要采用ODM模式，境内市场通过多元化渠道完成销售，包括自有品牌经销、线上直销、线下直销及ODM模式，重点关注力疗产品市场，密切关注前沿技术风向，及时跟进技术迭代升级，把握项目关键节点，将最新技术运用于产品开发和升级，加快在研产品布局，提升产品丰富度，研发并投产各种系列力疗产品。

（黄　凯）

【银行】　成华区内有各类银行机构21家，其中总部型银行机构2家（浦发银行成都分行、四川银行成都分行），有中国农业银行股份有限公司成都成华支行、中国工商银行股份有限公司成都沙河支行等成华支行19家。

上海浦发银行成都分行　2022年末存款余额479.57亿元，比年初净增99.74亿元、增长26.26%，其中对

12月1日，四川千里倍益康医疗科技股份有限公司在北京证券交易所上市

（区国资和金融局供图）

公存款余额326.46亿元、比年初增加73.35亿元，储蓄存款余额153.11亿元、比年初增加26.39亿元。年末各项贷款余额853.94亿元，比年初增加77.17亿元。全年实现营业收入32.93亿元，全口径税收21571.17万元，区级税收3201.52万元。

四川银行成都分行　2022年末存款余额374.55亿元，比年初净增145.2亿元、增长63.31%，其中对公存款余额257.31亿元、比年初增加103.23亿元，储蓄存款余额117.24亿元、比年初增加21.97亿元。年末各项贷款余额481.52亿元，比年初增加253.51亿元。全年实现营业收入10.02亿元，全口径税收4523.00万元，区级税收572.72万元。

（黄　凯）

表74　　2022年成都市成华区内银行机构税收情况表

序号	机构名称	全口径税收（万元）	区级税收（万元）
1	上海浦东发展银行股份有限公司成都分行	21571.17	3201.52
2	四川银行股份有限公司成都分行	4523.00	572.72
3	中国农业银行股份有限公司成都成华支行	7893.68	1221.43
4	中国工商银行股份有限公司成都沙河支行	7216.53	1135.36
5	成都银行股份有限公司成华支行	5508.22	846.31
6	中国银行股份有限公司成都成华支行	4767.86	721.55
7	中国邮政储蓄银行股份有限公司成都市猛追湾支行	4494.44	677.18
8	成都农村商业银行股份有限公司成华支行	2069.97	321.31
9	交通银行股份有限公司成都成华支行	1677.61	254.19
10	中国光大银行股份有限公司成都玉双路支行	1613.61	244.70
11	兴业银行股份有限公司成都成华支行	1418.66	216.33
12	成都农村商业银行股份有限公司青龙支行	1229.67	191.63
13	四川银行股份有限公司成都成华支行	759.20	114.84
14	四川天府银行股份有限公司成都成华支行	731.47	112.62
15	中国民生银行股份有限公司成都建设路支行	315.54	47.18
16	哈尔滨银行股份有限公司成都成华支行	220.44	32.96
17	徽商银行股份有限公司成都成华支行	190.12	28.43
18	恒丰银行股份有限公司成都成华支行	172.56	25.8
19	贵阳银行股份有限公司成都成华支行	124.69	23.69
20	浙商银行股份有限公司成都成华支行	112.62	16.88
21	浙江民泰商业银行股份有限公司成都成华支行	87.90	13.23

【保险】　成华区内有各类保险机构51家，其中省级分支机构3家（中国人民人寿保险股份有限公司四川省分公司、中意财产保险有限公司四川分公司、中煤财产保险股份有限公司四川分公司），有财产保险公司11家，其中人寿保险公司7家、商业养老保险公司4家。有保险经纪15家、保险代理15家、保险公估4家、保险销售2家、保险咨询1家。中国人民人寿保险股份有限公司四川省分公司全年保费收入89.40亿元、比上年增长4.59%，实现全口径税收2258万元。中意财产保险有限公司四川省分公司，全年保费收入1.24亿元、比上年增长17.44%，实现全口径税收500.41万元。中煤财产保险股份有限公司四川分公司，全年保费收入1.02亿元、比上年增长19.18%，实现全口径税收126.52万元。

【证券】　成华区内有各类证券分公司（营业部）17家，其中省级分支机构5家、营业部12家。国泰君安证券股份有限公司四川分公司、中国银河证券股份有限公司四川分公司、华林证券股份有限公司四川分公司、大通证券股份有限公司四川分公司、东北证券股份有限公司四川第二分公司为省级分支机构，有东方证券股份有限公司成都建设路证券营业部、华西证券股份有限公司成都建设北路证券营业部、国泰君安证券股份有限公司成都双庆路证券营业部、中国银河证券股份有限公司成都建设路证券营业部、财通证券股份有限公司成都府青路证券营业部、华林证券股份有限公司成都东二环路证券营业部、华龙证券股份有限公司成都东二环路证券营业部、宏信证券有限责任公司成都滨河路证券营业部、南京证券股份有限公司成都建功路证券营业部、天风证券股份有限公司成都槐树店一路证券营业部、中信建投证券股份有限公司成都双成三路证券营业部、英大证券有限责任公司成都水碾河路证券营业部12家证券营业部。国泰君安证券股份有限公司四川分公司全年证券交易额2678.16亿元、比年增长55.84%，营业收入3.12亿元、比上年下降10.29%，实现全口径税收2150万元。中国银河证券股份有限公司四川分公司全年证券交易额1883.69亿元、比上年下降2.40%，营业收入0.50亿元、比上年下降18.79%，实现全口径税收125.46万元。

（李　玉）

产业功能区发展

编辑　杨为桥

成都熊猫国际旅游度假区

【概况】　成都熊猫国际旅游度假区位于成都市中心城区北部，是成都市66个市级产业功能区之一，规划总面积35.36平方千米，其中成华区面积11.02平方千米，东至成绵高速、南至三环路、西至川陕路、北至绕城高速，涉及白莲池、龙潭两个街道，有成都大熊猫繁育研究基地和北湖生态公园两大旅游资源。熊猫度假区立足"国宝乐园·文旅乐土"主题定位，布局熊猫基地文旅度假、北湖商务会展、一里塘数字文创等产业业态，建设大熊猫文旅品牌核心承载地和世界旅游名城首选目的地。2022年，熊猫度假区围绕文旅消费、科研科普、商务会展、数字文创四大产业，引进重大项目和高能级项目3个，实际到位内资7.03亿元，外商投资实际到位0.95亿元；加快文商融合发展、文创策源孵化、文旅场景营建、大熊猫IP塑造、公服配套提质五大项目集群建设，入选成都市"三个做优做强"首批重点片区。全年实施经济社会发展项目46个，总投资93.93亿元，固定资产投资56.89亿元，文化创意产业增加值7.71亿元，新经济营业收入比上年增长25.19%，社会消费品零售总额比上年增长21.00%。

【度假区规划体系编制】　熊猫度假区构建"全域规划战略统揽、产业策划前瞻突破、片区设计精准落地"规划策划体系。《熊猫国际旅游度假区总体城市设计》重塑空间新格局，推进集产业联动、区域形象展示和交通便捷为一体的中心功能环线建设，依托熊猫基地文旅度假核、北湖商务会展核、一里塘数字文创核布局产业业态；利用东风渠生态轴、蜀龙路联动轴、农耕体验轴引流聚势，组团"白莲社区、梁胜社区、香城湿地、二台子、银杏园、大湾社区"六大区域再造高品质生活场景。熊猫基地文旅度假核、北湖文商消费核、一里塘文创策源核城市设计优化三个极核城市用地性质、容积率、建筑高度等控规指标，做细路网、教育医疗等基础公服设施配套规划。

【项目引进与建设】　熊猫度假区实施链主企业招引攻坚行动，制定成都熊猫国际旅游度假区产业落地计划和招商名单，举办"共建经济圈　共享新机遇成都熊猫国际旅游度假区2022熊猫文旅产业交流会"，签约砂之船集团成都超级奥莱、红星美凯龙、泰祖数科成都区块链科技服务中心等项目7个，落地成都熊猫海洋世界、艺融文创数字博物馆、珊瑚医生总部等高能级项目3个和启迪物联网设备研发制造"专精特新"项目1个，引进福建龙川集团、开元酒店集团等链主企业6家。熊猫度假区聚焦项目促建，新开工泛娱乐滨水商业街、电建北湖配套社区综合体等项目17个，年内投资20.32亿元；续建奥

表75　　2022年成都熊猫国际旅游度假区重点产业化项目建设情况表

序号	项目名称	占地面积（公顷）	总投资（亿元）	年度投资（亿元）	建设进度
1	正通广泽广场	1.80	5.00	0.50	竣工投产
2	泛娱乐滨水商业街A地块	4.02	11.93	3.20	基础施工
3	泛娱乐滨水商业街B地块	4.39	13.99	3.30	基础施工

音乐剧《熊猫》首演　　（熊猫度假区管委会供图）

园·锦官芳华、人居懿林语、龙潭九章苑等项目9个，年内投资40.4亿元；竣工投产正通广泽广场、北湖片区配套中学等项目20个，年度投资33.21亿元。

【熊猫IP提升工程】　熊猫度假区实施大熊猫IP提升“五个一”工程——省级旅游度假区创建、音乐剧《熊猫》演出、科普电影《大熊猫》引进、熊猫IP音乐孵化计划、舞剧《大熊猫》演出。熊猫度假区创建省级旅游度假区于10月21日通过省级专家组初评检查；8月18日，音乐剧《熊猫》在熊猫剧场首演，入选四川省重点文艺作品扶持项目；纪录片《大熊猫》完成进口手续及公映许可办理，IMAX影院加快建设；邀请四川省音乐家协会主席林戈尔等25名知名音乐人，创编度假区熊猫主题歌曲，加快形成熊猫IP音乐生态；11月1日，联合成都艺术剧院启动主题舞剧《大熊猫》排练，被中国人民对外友好协会列为重点关注项目。

【熊猫基地国家AAAAA级旅游景区创建】　成华区编制《成都大熊猫繁育研究基地创建国家AAAAA级旅游景区提升方案及策划》，熊猫基地对标国家AAAAA级旅游景区标准加快熊猫基地旅游服务品质提升、标识系统提升、硬件提升、风貌提升以及智慧化建设工程，升级西大门、南大门游客中心，改造大熊猫活动场、各景观节点和竹品种景观（200个）等场景，完成国家AAAAA级旅游景区Ⅰ类厕所改造，景区内二级道路、参观道人车分流及观光车站点改扩建竣工，全园电子游览地图配置，完善观光车自助购票机等智慧系统。

【北湖生态公园场景提升】　北湖生态公园按照“可进入、可参与、景观化、景区化”的设计理念，新建和改造场景23.6万平方米。公园新建熊猫景观廊道和绿道6千米、湖畔红心驿站及配套设施用房3处、广场1.63万平方米，增设体育长廊，包含篮球、羽毛球、十米气步枪训练等运动休闲场所；改造投用望湖楼餐饮综合体，完善芙蓉园、露营地、房车驿站、儿童天地、小吃一条街等游乐休憩区。

【新型社区安置房建设】　熊猫度假区推进环城生态区民生实事工程，实施新型社区安置房建设项目5个，分布在丛树、外环、同乐3个片区，实现投资8.93亿元，新建住房10419套、建筑面积140.5万平方米。其中外环新型社区（光明）新增地块、同乐新型社区（西区）建设项目完成投资6.5亿元，新建住房3396套建筑面积41万平方米；丛树新型社区1号、4号、5号、6号地块和外环新型社区二期项目完成投资2.43亿元，新建住房7023套建筑面积99.5万平方米，丛树1、6号地块新型社区建成进入交房分房阶段。

【配套设施建设】　熊猫国际旅游度假区开展基础先行与公共服务提质攻坚行动，实施配套设施建设项目14个，年度投资11.78亿元。其中，新开工北湖社区综合体、秀水小学建设项目完

北湖生态公园　　（兴华生态公司供图）

丛树新型社区1号、6号地块建成后鸟瞰　　（兴华生态公司供图）

成投资2.5亿元，湖山路西段（二期）、龙石路建设等5个项目续建投资4.6亿元，风情小镇配套道路、一里塘社区综合体、北湖中学等7个项目竣工投资4.68亿元。

【企业服务】　熊猫度假区推行“专班+专员”企业服务制度，优化营商环境，联合龙潭街道、白莲池街道构建“管委会—街道—企业”联络互动平台，完善清单式走访和“一对一”服务机制；落实减税降费、金融向实体经济让利等政策，帮助95家企业获得奖励补贴和政策性退税3680万元，兑现助企纾困扶持奖励700万元。全年新登记市场主体4603户，其中注册资本1000万元以上企业56户。

【融资渠道拓展】　成都兴华生态建设开发有限公司通过流动资金贷款、固定资产贷款、信托产品及融资租赁，全年为熊猫度假区筹集资金50.34亿元，分别为政府一般债1.44亿元、公司间借款17.5亿元、项目融资31.4亿元。其中兴华生态公司为主体融资项目10个、融资12.16亿元，子公司北湖旅游公司为主体融资项目13个、融资19.24亿元。

（杨　洋　胡　伟）

成都龙潭工业机器人产业功能区

【概况】　成都龙潭工业机器人产业功能区位于成华区东部，是四川省省级开发区、成都市66个市级产业功能区之一，规划面积11平方千米，东至绕城高速、南至沪蓉高速、西至三环路、北至成渝铁路，涉及龙潭街道。龙潭工业机器人产业功能区聚焦以工业机器人为核心的人工智能、以5G应用为主体的数字通信、以云研发云设计云制造为突破的工业互联网三大主导产业，做强都市工业支撑功能，培育千亿级产业集群，致力建设“新经济·生态城”。2022年，龙潭工业机器人产业功能区围绕建圈强链，引进重大项目和高能级项目7个，实际到位内资18.70亿元，外商投资实际到位0.95亿元；着力核心功能提升，夯实产业链载体支撑，实施经济社会发展项目18个，总投资28.78亿元，固定资产投资46.06亿元，工业投资34.46亿元；健全线下线上企业服务机制，实施企业后备培育工程，营造宜居宜业营商环境，新登记市场主体6940户，规模以上工业总产值54.66亿元，货物进出口总额10.74亿元，全口径税收22.30亿元，新经济营业收入比上年增长28.75%，社会消费品零售总额比上年增长2.60%。成都龙潭都市工业集中发展区被纳入四川省首批近零碳排放试点园区。

【人工智能产业生态圈构建】　龙潭工业机器人产业功能区以工业机器人为核心，构建人工智能产业生态圈，梳理形成《成都市工业机器人应用场景机会清单》，推动机器人产业向服务机器人、特种机器人领域拓展；完善工业机器人产业生态，成立“国家电焊机质量检验检测中心”并挂牌“国家机器人检验检测中心与评定中心（成都）”。截至年底，功能区聚集人工智能产业生态链企业62家，入驻埃斯顿成都公司、成都卡诺普公司等工业机器人链主企业9家，聚

龙潭工业机器人产业功能区　　（龙潭工业机器人管委会供图）

集成都阿普奇科技、四川成焊宝玛、成都微精电机等工业机器人上下游企业53家，拥有机器人控制系统品牌“卡诺普”、自动焊接装备品牌“焊研科技”、汽车行业工业机器人集成品牌“成焊宝玛”等知名品牌3个。

【产业载体建设】　龙潭工业机器人产业功能区推进高品质科创空间和都市工业产业载体建设项目23个，新开工金地威新人工智能创新基地、长征新能源汽车智能终端产业园一期、世永信息技术研发管理中心二期等项目10个，续建联东U谷·成都新经济园一期、芯片银行基地、成华科创中心等项目3个，成都卡诺普智能机器人产业基地、多元总部国际二期、汇力达标准厂房等项目10个竣工投用。金地威新人工智能创新基地建设以人工智能为主导的产业基地，3月开工建设，年内实现4、5号楼主体结构封顶。联东U谷·成都新经济产业园建设高品质科创空间和现代都市工业载体平台，12月30日联东集团品牌体验馆开馆，项目一期厂房主体结构年底封顶。东广人工智能谷建设集标准化厂房、现代化科研中心、总部办公大楼及高品质配套设施为一体的综合产业载体，年内完成项目一期内外装饰施工，项目二期启动建设。成都卡诺普智能机器人基地6月建成投用，具备年产机器人3万台产能。截至年底，数字钢联大厦、呈祥国际大厦和中资国金大厦等产业载体46个投入营运。

东广人工智能谷一期　　（东方广益公司供图）

【重大产业化项目引进】　龙潭工业机器人产业功能区优化重点目标企业名录，通过以商招商、叩门招商、会展招商，招引产业链龙头企业和薄弱环节关键企业，签约盛路通讯、埃斯顿工业机器人等重大产业化项目13个，其中投资30亿元以上项目3个、5亿~30亿元投资项目7个，引进成都创新达微波电子、矽瞻科技等强链补链项目18个。截至年底，功能区聚集重点工业企业377家，其中人工智能产业62家、数字通信产业269家、工业互联网产业46家。

【低效用地项目腾退】　龙潭工业机器人产业功能区加快低效用地项目腾退，为产业培育、形态重塑、功能再造腾挪空间。龙潭寺火车货站片区、中小企业园片区共计22个项目58.67万平方米完成腾退签约，其中龙港钢材城等16个项目33.34万平方米全部拆除，埃斯顿、康拓兴业等16宗33.33公顷工业用地上市有序推进。

【配套设施建设】　龙潭工业机器人产业功能区统筹推进城市功能提升，实施配套设施建设项目7个竣工，年度投资2.91亿元。其中，成宏路东段南侧配套街头绿地、华英路（南段）道排及附属工程、院山片区规划道路工程3个基础设施类项目完成投资0.4亿元，隆兴北四路西侧配套社区综合体、隆兴北四路西侧配套社区卫生服务中心、华翰路西侧配套社区综合体及运动场、电子科大附属实验小学华翰校区改造4个公共设施类项目完成投资2.51亿元。

【企业服务】　龙潭工业机器人产业功能区建立重点企业“一对一”服务专员制度和企业“五个办”（诉求接办、流转交办、分级会办、跟踪催办、反馈督办）闭环服务流程，推出线上企业服

四川成焊宝玛焊接装备工程有限公司　　（龙潭工业机器人管委会供图）

表76　2022年成都龙潭工业机器人产业功能区重点产业化项目建设情况表

序号	项目名称	占地面积（公顷）	总投资（亿元）	年度投资（亿元）	建设进度
1	联东U谷·成都新经济园一期	8.67	12.30	4.50	主体封顶
2	金地威新人工智能创新基地	7.40	50.00	9.00	基础施工
3	东广人工智能谷一期	9.13	17.50	6.00	装饰施工
4	东广人工智能谷二期	4.67	10.50	2.30	基础施工
5	成华新经济产业服务中心一期	2.67	12.39	3.30	工程竣工
6	成华科创中心	1.40	9.30	2.30	基础施工
7	世永信息技术研发管理中心二期	3.00	5.60	1.50	基础施工
8	成都卡诺普智能机器人产业基地	1.33	1.20	0.70	竣工投产
9	多元总部国际1号二期	3.84	2.58	1.58	竣工投产
10	芯片银行基地	2.85	20.00	0.10	基础施工

务平台、人才工作站和企业微课堂，为中建西勘院、四川中测标物科技等165家企业争取融资15.38亿元，为成都卡诺普、四川斯艾普电子科技等137家企业争取扶持资金8900万元，助力四川千里倍益康医疗科技登录北京证券交易所，为28名东骄华章人才争取人才扶持资金160万元，储备天府峨眉计划人才4名、蓉漂计划人才5名、东骄华章计划人才60名。功能区实施企业后备培育工程，梯次培育专精特新“小巨人”、专精特新中小企业和创新型中小企业，协助中小企业难题处理和项目申报，新增四川航电微能源、四川斯艾普电子科技、成都航天通信3家国家级专精特新“小巨人”企业，成都创新达微波电子、成都赛英科技等15家省级“专精特新”企业，四川省川流天下物流、四川海力智能科技、四川省天泽贵金属等33家省级创新型中小企业，培育成都航天通信创国家级企业技术中心，四川千里倍益康医疗科技、中建地下空间2家省级技术中心，成都康拓兴业科技、成都创新达微波电子、中铁二十四局西南公司3家市级技术中心，成都康迈微科技、四川菲罗米特仪表等41家高新技术企业。功能区全年融资45.43亿元，其中发行债券16.8亿元、银行贷款26.6亿元、政府专项债券2.03亿元，助力企业发展。

（邓晨媛　伍　瑶　彭春梅）

东郊记忆艺术区

【概况】　成都东郊记忆艺术区位于成华区中部，是成都市66个市级产业功能区之一，规划面积21.85平方千米，东至成致路、南至二环路、西至驷马桥路、北至成绵高速，涉及二仙桥、府青路、跳蹬河3个街道，有工业文化遗址16处。东郊记忆艺术区坚持“文创+、园区+”发展思路，推进创意设计、科创、商贸、旅游等产业融合发展，培育新经济、新消费场景，致力建设世界文化名城“创业留客厅”。2022年，东郊记忆艺术区聚焦“音乐艺术、数字文创”两大主导产业，抢占数字音乐、时尚设计、电子竞技、直播电商四大新赛道，构建高质量产业体系，引进重大项目和高能级项目3个，实际到位内资6.21亿元，外商投资实际到位0.95亿元；围绕数字智慧、时尚潮玩、生态优美、优质公共服务、便捷出行五重配套，打造高水平幸福生活，重点推进“金色中环”与杉板桥、驷马桥两个商圈建设，增强时尚消费引领，构建覆盖全域创新企业服务网络，促进文商旅融合发展，着力建设文创先行区。全年举办会展活动50场，新登记市场主体15658户，实施经济社会发展项目121个，总投资176.05亿元，固定资产投资104.66亿元，文化创意产业增加值28.20亿元，新经济营业收入比上年增长24.57%。东郊记忆艺术区获评四川省现代服务业集聚区。

【功能区规划编制】　东郊记忆艺术区编制《东郊记忆艺术区总体规划修编及高品质科创空间概念策划》，明确以中环文商旅融合发展轴为牵引，联动成华大道音乐艺术活力带、蜀龙路数字文创动力带，推动东郊文旅艺术空间、东郊数字创意中心两大科创空间建设，塑造高颜值城市形态。艺术区完善“十四五”建设发展规划编制，做强现代服务发展、文化传承创新、时尚消费引领等核心功能，聚焦“东郊文创”品牌塑造，遵循“人城产”逻辑，做优产业细分领域，提升城市功能品质，营造宜居宜游环境，致力建设具有世界影响力的文商主题西部艺术城区。

【产业化项目引进与建设】　东郊记忆艺术区围绕音乐艺术、数字文创两大主导产业，梳理四大细分领域目标企业228家，精编全产业链图谱，实施靶向招商，签约中国核工业二三建设有限公司、华人文化责任有限公司等项目11个，注册深圳亿幕信息科技公司、四川时代光影文化传媒公司等1000万以上企业47家。中国南山西南总部、DMV国际音乐产业集群、华谊兄弟实景消费基地3个30亿元以上项目列入成都市重大项目，香港微橙总部、中国国信供应链总部、紫金矿业西南地质勘查分公司、时代光影西南总部、CD Home影业5个项目被认定为市级高能级产业化项目。艺术区加快产业化项目建设，新开工石油总机厂文创产业园、华创星空城等项目13个，完成投资28.80亿元；禾创文创产业园、合信K101等25个续建项目完成投资105.27亿元；东郊记忆·东山Re° est、龙光世纪中心等项目12个竣工，年度投资7.79亿元。东郊记忆·东山Re° est获成都“2022年商业新锐项目奖”。

表77　2022年成都市成华区东郊记忆艺术区重点产业化项目建设情况表

序号	项目名称	占地面积（公顷）	总投资（亿元）	年度投资（亿元）	建设进度
1	永立大厦	2.12	10.50	0.70	主体施工
2	万科天荟	19.80	33.00	3.90	一期完工
3	中车产业城	28.13	55.00	8.50	装饰装修
4	合信K101	9.47	29.20	5.20	基础施工
5	龙光世纪中心	3.18	18.58	2.04	工程竣工
6	101研发总部	2.20	10.62	2.35	基坑施工
7	101文创产业园	3.17	5.45	1.60	基坑施工
8	禾创文创产业园	4.05	14.00	1.30	结构施工

【特色文创产业园建设】　东郊记忆艺术区依托原红光电子管厂（东郊记忆）、原禾创药业仓库（完美文创公园）、原109仓库等16处工业文化遗址，塑造“工业遗存+文创园区”独特品牌。东郊记忆“时尚+商业”提档升级，12月30日东山Re° est正式开街；完美文创公园“数字+文创”融合提升，4月29日入驻ICCA国际会议研究及培训中心。天府设计产业园位于完美文创公园A区，建筑面积1.36万平方米，保留原有苏式建筑的基础上优化内部空间，建设天府设计展览馆、天府设计学院等多个功能空间，于10月开工建设，进行钢架结构和室内改造施工。量子界数字文化双创产业园位于二仙桥北路31号，建筑面积3.79万平方米，保留原成都机车车辆厂柴油拆解机车间整体结构，融入现代简约建筑风格，建设2个大型综合性电竞直播场馆及产业孵化平台，6月建成首馆电竞直播场，成为国内首个基于远程制作为核心的电竞赛事中心，7月成功承办2022年TGA（腾讯电竞运动会）夏季总决赛和2022年腾讯PEL主播赛。完美文创公园获评2022年度四川省省级众创空间，东郊记忆·成都国际时尚产业园、完美文创公园、萌想星球107文创园、CEC784·万谷智慧产业园入选成都市市级文创产业园区。

【“金色中环”东郊记忆段建设】　东郊记忆艺术区中环路段由八里庄路、二仙桥西路、二仙桥东路、崔家店路（部分）构成，全长5.4千米，连通府青路—成都城北出口高速公路、建设北路—蜀龙路、成华大道等城市干道，接驳3、7、8、17号地铁线，两侧有商业载体220万平方米和可供开发土地93.33公顷。东郊记忆艺术区聚焦中环核心功能提升，对接重点招商引资意向企业41家，在谈重点项目24个，成都楠瓜供应链管理有限公司、成都精易优品科技有限公司、四川至贤诚信息科技有限公司等9家企业注册并选址中环区域；实施中环建设项目50个，新开工华建锦院、机车厂职工会议中心提升改造等项目11个，续建禾创文创产业园二期、成华区妇幼保健院等项目19个，竣工ICCA国际会议研究及培训中心、首钢璟辰里等项目20个。

【商圈建设】　杉板桥商圈　东至中环路、南至崔家店横三街、西至沙河、北至建设南路，有东郊记忆·成都国际时尚产业园、东郊记忆艺术特色文旅街、招商中央华城、成华万科文创大厦、杉板桥公园、沙河城市公园和地铁8号线东郊记忆站，以及万科天荟商业街、龙湖滨江天街等商业载体，在建万科天荟二期，引进创意餐饮瓦库、东NO.42法

禾创文创产业园二期　　（东郊艺术区管委会供图）

餐、耍雪王国、MAO Livehouse、ALIVE壹现场Live House等餐饮娱乐新场景和Lady Myron、泽汐TZESHI、ADHD等文创产品旗舰店，初步形成以杉板桥路为轴线的文商旅融合发展商圈。

驷马桥商圈　东至府青路、南至二环路、西至高车二路、北至驷马桥路，建设集商务、办公、居住、购物、餐饮、娱乐、文化、教育等多功能为一体的城市区域中心，建成朗诗上林熙华府、合能·铂悦府等商住楼和成都市石室小学育贤分校，以及王府井Discovery特色街和写字楼，在建华创星空城、512商业广场、通瑞A、通瑞D商业商务楼宇4处，投运麦德龙、中影晴瑞CGS影城西南旗舰店和肆坊美食街，多种消费场景生活商圈初现雏形。

【功能区城市有机更新】　东郊记忆艺术区推进八里庄片区、下涧槽片区、崔家店东西片区城市有机更新，八里庄工业遗址片区、下涧槽片区被列入成都市城市更新试点项目。艺术区编制《崔家店东片区城市更新项目实施规划方案》，设计103仓库、109仓库、石油总机厂厂房施工图及初设概算；出让灯泡厂B1地块、崔家店1号地块、二仙桥公园北侧1号地块、人民塘15号地块，合计土地面积15.9公顷；新开工机车厂职工会议中心改造加固、天府设计产业园工程，续建机车厂收储区办公楼维修改造工程、下涧槽片区城市有机更新项目（二期），竣工成都陶玻酒店用品城、地勘院办公楼等改造项目。

【配套设施建设】　东郊记忆艺术区提升城市功能品质，实施配套设施建设项目65个，完成年度投资31.77亿元。其中，新开工高车三路康养中心、人民塘3号地块保障租赁性住房建设等项目

4月12日，成都勾勾文化传媒有限公司入驻东郊记忆·成都国际时尚产业园
（东郊艺术区管委会供图）

16个，年度投资12.88亿元；四川省第一中医院、华西妇女儿童医院成华分院、驷马桥南片区配套中学建设等18个续建项目，完成投资11.53亿元；建设路小学建功校区、二仙桥片区配套小学、城东体育公园综合运动场等31个项目竣工，完成投资7.36亿元。

【企业服务】　东郊记忆艺术区发挥杉板桥社区党群服务中心、万科·城市生长馆、东郊创艺Labs·产业驱动中心三处创新服务载体作用，构建覆盖全域创新服务网络；开展“一对一”走访服务，收集华星璀璨、合纵时代、繁星戏剧村等企业意见和诉求15条，解决实际困难25件，协助企业获得产业扶持政策补贴280万元。

【记忆跳动抖音平台建设】　记忆跳动抖音平台直播电商基地位于东郊记忆园区32号楼，营运总面积1万平方米，设置品牌直播间、培训办公区等功能空间，业务涵盖IP孵化、数字内容输出、互联网数据服务等领域。4月基地建成投运，年内入驻成都勾勾互娱文化传媒有限公司、成都乐华时代文化传媒有限公司等企业94家。

【会展活动】　东郊记忆艺术区“以会为媒，以展为窗，以演为桥”，开展会议和展演活动50场，举办“建圈强链·招商引智”“助企纾困·企话东郊”“侨连五洲·筑梦成华”产业推荐会3场，打造产业链会展品牌；举办第十八届中国游戏行业年会、四川省第二届文创大会、2022数字文创嘉年华峰会等节会节展15场，形成“以产兴会、以会促产、产会一体”的良好互动格局。全年举办2022熊猫艺术创意展、2022天府文创大集市启幕场、2022星愿共创·东郊记忆创星艺术区展等文化艺术展32场，带动文化市场繁荣与消费方式升级。

【繁星戏剧村】　繁星戏剧村位于东郊记忆·成都国际时尚产业园中央大道旁，建筑面积5万平方米，运营炉、来、童三大剧场和星·LIVE音乐空间，集戏剧创作、剧场运营、驻场演出、文创空间、音乐现场为一体，形成跨界文化体验型剧场聚落。戏剧村全年开展舞台剧《我是余欢水》主创访谈、话剧《说走就走的旅行》演出10周年纪念、“云剧场”直播首秀、“浮世若花”当代艺术展和第三届成都东郊

繁星戏剧村　（东郊艺术区管委会供图）

表78　2022年成都市成华区东郊记忆艺术区重要会展活动一览表

序号	名称	时间	地点
1	天府设计展览馆开馆	1月5日	东郊记忆
2	成都社区艺术年货市集	1月26—28日	东郊记忆
3	2022星愿共创·东郊记忆创星艺术区展	1月29日至2月28日	东郊记忆
4	“建圈强链·招商引智”产业推介会	4月29日	ICCA国际会议中心
5	“助企纾困 企话东郊”产业投资推介	5月18日	产业驱动中心
6	“侨智精英”颁奖音乐会	6月27日	万科文创大厦
7	2022天府文创大集市启幕场	7月8—10日	东郊记忆
8	2022熊猫艺术创意展	7月8—29日	东郊记忆
9	艺术区企业融资扶持政策解读会	10月13日	产业驱动中心
10	川渝首届露营产业发展峰会	10月28日	完美文创公园
11	“侨连五洲·筑梦成华”产业推介会	11月2日	二仙桥灯光球场
12	“创业中华·海归蓉漂”智慧蓉城创新荟	11月4日	产业驱动中心
13	2022数字文创嘉年华峰会	11月9日	东郊记忆
14	第十八届中国游戏行业年会	11月16—17日	协信希尔顿酒店
15	四川省第二届文创大会	12月10—12日	东郊记忆

戏剧展演季等大型活动5场，演出《天鹅之歌》《画皮2677》《长恨歌》等戏剧287场。

（黄　苇）

成都东客站枢纽经济发展区

【概况】　成都东客站枢纽经济发展区位于成华区南部，规划面积18平方千米，东至洪河北路、南至驿都大道、西至二环路、北至成南高速，涉及万年场、保和两个街道，有中西部最大综合交通枢纽——成都东站。东客站枢纽经济发展区以“商旅门户枢纽，TOD产业新城”为定位，聚焦“枢纽+城际商旅”“枢纽+时尚消费”“枢纽+健康服务”三大主导产业，致力建设全国领先、中西部一流的枢纽经济集聚区。2022年，东客站枢纽经济发展区围绕建圈强链，引进重大项目和高能级项目2个，产业化实际到位内资3.02亿元，外商投资实际到位2.58亿元；以城市级TOD综合开发为支撑，编制《成都东站TOD站城一体化控规调整方案》，重点推进“金色中环”与万象城商圈建设，新登记市场主体6487户，文创产业增加值23.9亿元，新经济营业收入比上年增长24.05%。全年实施经济社会发展项目76个，总投资85.08亿元，固定资产投资68.87亿元。

东客站枢纽经济发展区　（东客站新城办供图）

表79　2022年成都东客站枢纽经济发展区重点产业化项目建设情况表

序号	项目名称	占地面积（公顷）	总投资（亿元）	年度投资（亿元）	建设进度
1	兴光大厦	0.83	2.60	1.55	主体施工
2	丝路大厦	1.46	5.00	0.80	主体封顶
3	龙之梦鹏瑞利新城D1地块	2.27	8.00	1.10	基坑作业
4	雪松西南总部	12.47	60.00	9.00	部分主体封顶

成都华润万象城　（东客站新城办供图）

【产业化项目引进与建设】　东客站枢纽经济发展区聚焦产业建圈强链，签约普瑞未来西部示范教育基地、成华医疗健康产业集群、中科大脑西南总部项目，入驻新华健康、索思医疗、碧然康养等医疗健康企业9家，引进比亚迪西南体验及交付中心、T3出行西南线下运营中心、肖传国医院等项目6个。发展区推进产业化项目建设，新开工华侨城滨江壹号四期、和悦广场等项目，年度投资1.24亿元；兴光大厦、丝路大厦、泊里中心等6个项目续建完成投资16.25亿元；弘士·方寸华庭、华侨城滨江壹号三期项目竣工完成投资1.44亿元。

【万象城商圈建设】　万象城商圈整体规划面积12.8平方千米，其中核心引擎区2.2平方千米，依托华润万象城、华润大厦、华润“润街”等重要节点，发展首店经济、夜间经济、后街经济等新消费业态，建设百亿级时尚型消费商圈。商圈在建新希望锦麟壹品院、兴之光兴光大厦、万象城广场更新改造等项目9个，华润二十四城九期项目竣工。截至年底，商圈有木棉花、斯维登、ZMAX、全季等高端及精品酒店52家，华为智慧生活馆、APPLE直营店、迪奥精品店等西南首店45家，以及百老汇影院、运动主题乐园Sports Planet等成都首店42家。万象城商圈规模最大商业综合体——成都华润万象城，全年客流量3100万人次，零售额54亿元，位居2022年成都市商业综合体业绩排行榜第三名。

【“金色中环”东客站段建设】　东客站枢纽经济发展区中环路段由双店路、建材路、锦绣大道（成华段）构成，全长5.2千米。东客站枢纽经济发展区依托成都东客站综合交通枢纽和轨道交通TOD站点开发优势，组团东客站门户枢纽商圈、中轴公园活力带、崔家店文商融合区、槐树店文化创意区、斑竹和美幸福区等特色功能区，聚焦总部商务、酒店会展、时尚消费、医疗健康等业态，协同推进“金色中环”引领发展轴建设，在建雪松西南总部、丝路大厦、龙之梦鹏瑞利新城D1地块、槐庭路居民运动场等项目11个，兴城嘉园二期等3个项目竣工。丝路大厦、龙之梦鹏

成都高铁城市公园二期　（区融媒体中心供图）

瑞利新城D1地块进入"金色中环"项目集群清单。

【功能区城市有机更新】 东客站枢纽经济发展区推进城市有机更新，崔家店南路中烟（一期）特色街区项目完成油漆化工总厂宿舍搬迁，启动"中环四苑"连片改造，槐树店玻璃厂片区完成玻璃厂二、三片区搬迁；铁塔厂市民特色街区项目完成评估报告和工商银行贷款申请，迎晖路片区、万年特色老街完成区域评估报告；出让地块11.65公顷，其中住宅地块10.25公顷、商住地块1.4公顷，出让金额34.42亿元。

【配套设施建设】 东客站枢纽经济发展区推进城市空间品质提升，实施配套设施建设项目22个，年度投资10.07亿元。其中，新开工双成五路城市空间品质提升、槐庭路居民运动场、高铁城市公园三期等项目5个，年度投资2.36亿元；续建区七医院（新址）修建、槐庭路社区综合体等项目2个，年度投资1.4亿元；竣工高铁城市公园二期、杨柳小学改造、四川银行成都分行营业部改造等项目15个，年度投资6.31亿元。

【企业服务】 东客站TOD新城建设办公室创新政企联动新机制，牵头成立以"利企惠企助企强企"为宗旨的东客站枢纽经济发展区企业联盟，发放政策宣传资料5000份，走访重点企业98家，组织召开服务业及限上企业座谈会2次；为成都瑞峰商业管理有限公司、成都顾连锦宸康复医院有限公司等企业解决困难问题105个，协助四川银行成都分行、鹏瑞利医疗健康中心等24家重点企业获得扶持奖励资金3207万元。

【医疗健康企业论坛】 12月9日，"医疗健康企业论坛暨成都东客站枢纽经济发展区推介会"在成都鹏瑞利国际名医馆疤康会议中心举行，新华健康、上海联影、韩妃集团等24家医疗机构和四川省大健康产业协会参会。论坛围绕发展区功能定位、产业发展、空间布局、载体资源等情况，分析医疗健康综合体发展趋势，现场为成都冬雷脑科医院、成都碧然医疗护理中心、慧择一要互联网医院、杉旺堂中医馆等8个入驻鹏瑞利国际医疗健康中心项目举行启动仪式。

（朱　艳）

新北天地商贸旅游发展区

【概况】 成都市成华区新北天地商贸旅游发展区位于成华区西北部，规划面积20平方千米，东至致平三路、南至成渝铁路、西至赛云台北支路、北至东风渠，涉及青龙、双水碾、白莲池三个街道，有沙河生态走廊、升仙湖、昭觉寺、羊子山祈福台遗址等自然和历史文化资源。新北天地商贸旅游发展区立足"古蜀门户、新北天地"城市定位，布局"蓉都大道现代服务业发展轴""金色中环（新北段）商旅产业发展轴"和"天府大道北延线商务总部发展轴"为骨架的城市产业空间格局，致力建设特色鲜明、辐射能力强的城市级商业中心。2022年，新北天地商贸旅游发展区聚焦"蓉欧+家需求""枢纽+门户经济""商旅+体验消费"产业发展定位，引进重大项目和高能级项目2个，产业化实际到位内资3.36亿元，外商投资实际到位0.48亿元；构建产业生态圈，重点推进"金色中环"建设和城市品质提升，实施经济社会发展项目50个，总投资85.75亿元，固定资产投资46亿元；开展精准服务和多方联动助力企业发展，做优城市营商环境，上市土地9.75公顷，新登记市场主体7627户，文化创意产业增加值6.77亿元，新经济营业收入比上年增长24.85%，社会消费品零售总额比上年下降3.60%。

【蓉北商圈成华片区规划编制】 新北天地商贸旅游发展区按照"三个做优做强"重点片区决策部署，抢抓成渝地区双城经济圈建设、成渝中线落子成都站的重大机遇，编制《蓉北商圈成华片区产业策划》《蓉北商圈成华片区城市设计》《蓉北商圈成华片区交通路网体系优化方案》《蓉北商圈生态景观提升概念策划方案》《蓉北商圈"留改建"方案》，明确以"综合枢纽、门户口岸、商务极核"为城市功能定位，聚焦"枢纽+总部经济、+商务会展、+商旅消费"主导产业方向，以"一轴一环双核多组团"为产业空间布局，遵循"聚人、兴业、建城"发展逻辑，致力片区实现从形象、品质、价值洼地向人气、产业、生活高地的转变蝶变，建设成渝相向发展发展新门户。

表80　2022年成都市成华区新北天地商贸旅游发展区重点产业化项目建设情况表

序号	项目名称	占地面积（公顷）	总投资（亿元）	年度投资（亿元）	建设进度
1	天府国际动漫城	5.69	19.50	8.00	主体封顶
2	金地·新北108	7.21	40.00	12.50	住宅部分完工
3	大陆·潮里	2.77	18.00	3.00	住宅部分完工

6月29日，新北天地商贸旅游发展区举办2022年产业建圈强链暨投资价值推介会

（新北天地商旅中心供图）

【产业化项目引进与建设】 新北天地商贸旅游发展区聚焦产业链构建，签约颐高集团数字文创产业中心、合生创展集团成华合生汇、碧桂园文商旅集团碧乐系3个项目，落地深业泰然成都泛娱乐文创街区等8个产业化项目。发展区推进产业化项目建设，新开工大陆8.08亩、深业·泰蓉府2个项目、完成投资5.2亿元，天府国际动漫城、金地·新北108、大陆·潮里3个续建项目完成投资23.5亿元。

【“金色中环”新北段建设】 新北天地商贸旅游发展区中环路段由双荆路、昭觉寺横路构成，全长4.23千米，有成都动物园、升仙湖公园、沙河生态走廊，以及羊子山祈福台遗址和昭觉寺等历史文化资源。新北天地商贸旅游发展区结合成华区《“金色中环”策划规划一体化深化整合方案》，推进中环路双荆路段空间腾退改造，搬迁双水碾村住户55户，拆除房屋建筑面积1.85万平方米，腾出净地面积13.33公顷；在建天府国际动漫城、金地·新北108、轨道交通27号线一期双水碾站、“昭觉里”特色街区、华润置地静安府等项目9个，竣工天福缘老旧院落改造、110千伏昭三线电力迁改、昭觉寺南侧租赁性住房建设等项目7个。天府国际动漫城项目打造集产业城、娱乐城、生活城于一体的全国首创动漫主题产商旅无界融合中心，包含专业电竞场馆、动漫商业步行街、漫展与演唱会场馆、COSPLAY表演秀场、动漫主题酒店、IP主题乐园等业态，12月15日主体结构封顶，年内招商储备客户资源350家，其中龙头企业40家、主力店30家，签订战略协议38家。“昭觉里”特色街区建设工程依托昭觉寺历史文化资源，建设以动漫、禅茶文化为主题的文商旅有机融合新消费场景，对昭觉寺大门至城北高架桥区域的沿街商铺、金角银边、U型空间、公共设施等进行景观化设计和特色提升，12月启动建设。

【配套设施建设】 新北天地商贸旅游发展区提升城市品质，实施配套设施建设项目35个，年度投资21.17亿元。其中，新开工将军碑安置房周边配套道路、新山2组配套小学等项目13个，年度投资15.15亿元；续建成华区人民医院、海滨配套综合体等项目3个，年度投资2.95亿元；竣工东林4组配套小学、龙厢街道路建设工程等项目19个，年度投资3.07亿元。

【企业服务】 新北天地商旅中心开展精准企业服务，走访四川飞鸿建筑工程有限公司、万记餐饮有限公司、四川第一江南酒店管理有限公司等企业122家，收集人才短缺、融资困难、就业结构性矛盾等问题18个，收集惠企纾困、完善配套设施、提供多渠道融资平台等建议7条，解决项目融资、配套建设等问题25个。新北天地商旅中心建立多方联动机制，会同职能部门、街道、社区，召开专题会、现场协调会12次，依托富森美家居新零售自营店焦糖盒子，打造留学报国教育基地、留学人员双创基地、海归人才服务基地和交流文化中心，与电子科技大学、成都大学等高校建立常态化联

9月2日，升仙湖 （新北天地商旅中心供图）

6月29日，新北天地商贸旅游发展区举办产业建圈强链暨投资价值推介会

（新北天地商旅中心供图）

系服务机制，组织院校、协会、企业等单位参加交流活动5次，助推企业人才引进和发展。

【产业建圈强链暨投资价值推介会】 6月29日，“共筑新格局 共建经济区——2022年新北天地商贸旅游发展区产业建圈强链暨投资价值推介会”在台州商人大厦举办，深圳前海分贝文化发展有限公司、上海红星云计算科技有限公司等行业龙头企业70家参会，线上同步收看1万人，现场签约颐高集团成华数字产业园、元公社数智孵化中心、川旅投大熊猫商旅中心、深圳前海分贝音乐产业基地、红星智慧社区5个重大项目，注册落地川旅投大熊猫商旅中心，注册资本5000万元。

（杜 倩）

建设路金融商务总部发展区

【概况】 成都市成华区建设路金融商务总部发展区位于成华区西南部，规划面积7.2平方千米，东至二环路、南至蜀都大道、西至锦江（府河）、北至府青路，涉及双桥子、猛追湾两个街道，有成都地标性建筑天府熊猫塔。建设路金融商务总部发展区定位总部经济为引领，协同新兴金融、商务商贸发展，建设以能源产业为特色的多元总部集聚区，以“天府四川金融博物馆+亚太并购大厦+电子科大”为核心的新兴金融产业集聚区，以“猛追湾市民休闲区——建设路”为轴线的生活体验型都市商圈，致力打造总部经济新高地和生活体验型都市商圈新典范。2022年，建设路金融商务总部发展区聚焦低碳能源、数字科创、新兴金融、绿色消费四大产业链，引进重大项目和高能级项目2个，产业化项目到位内资3.01亿元，外商投资实际到位0.48亿元，加快以智慧能源产业为主导的现代服务业发展，重点推进特色楼宇与建设路商圈建设，实施经济社会发展项目31个，总投资32.49亿元，固定资产投资28.28亿元，文化创意产业增加值70.58亿元，新经济营业收入比上年增长25.04%。

【重大产业化项目引进】 建设路金融商务总部发展区围绕建圈强链，加快引育链主企业，依托成都智慧油服产业基地等产业载体，签约四川威克特瑞能源发展有限公司、海马油气科技（北京）有限公司等高能级企业9家，注册中能建西南投资有限公司、四川基时氢能源发展集团有限公司等总部企业2家，引进中石油四川销售公司、油气钻采技术研发中心、油气田智能装备采购制造产业基地等产业化项目13个。

【现代服务业发展】 建设路金融商务总部发展区推进现代服务业发展，投运成都智慧油服产业基地，为入驻企业提供油服装备、油服技术、油服服务、油服科技等一站式服务，做强智慧能源产业；启动海创汇全球物联网创业者加速器、工业设计产业育成中心、工业设计仿真软件云化服务等服务平台3个，发展以工业软件、工业设计等为特色的数字科创产业；依托天府金融博物馆、亚太并购大厦等载体，壮大以四川享宇科技有限公司等为代表的金融科技企业和以华林证券股份有限公司四川分公司等为代表的金融服务业。十一科技获得“中国十大光伏设计院品牌”奖，四川斯艾普电子科技有限公司、四川华控图形科技有限公司入选第四批国家级专精特新“小巨人”企业培育名单，四川享宇科技有限公司入选

表81 2022年成都市成华区建设路金融商务总部发展区重点产业化项目建设情况表

序号	项目名称	占地面积（公顷）	总投资（亿元）	年度投资（亿元）	建设进度
1	信远·太阳公元	2.43	5.79	0.50	工程竣工
2	新鸿之心	0.70	3.60	0.60	内外装修
3	深业泰樾府	2.28	20.00	7.11	正负零施工

2月9日，建设路商圈夜景　（建设路商务中心供图）

2022年第十二批国家级科技型中小企业名单，成都陆迪盛华有限公司、电子科大科园股份有限公司、成都吉纬科技有限公司通过四川省2022年第一批高新技术企业认定。

【智慧能源产业生态圈构建】　建设路金融商务总部发展区编制《建设路金融商务总部发展区智慧能源产业规划研究》，立足区域产业基础和资源禀赋，推进以低碳能源为主导的产业发展，通过“头部引领、集群支撑、链式互补”方式，构建智慧能源产业生态圈。6月15日成都智慧油服产业基地投运，采用“互联网+产业基地”模式搭建一体化融合创新的智慧油服系统，推动油气产业集群发展，年内入驻四川威克特瑞能源、成都益林源启能源、鼎固智能装备等企业51家。截至年底，建设路金融商务总部发展区依托中石油西南公司、川庆钻探、雅砻江水电、西南电力设计院等龙头企业，聚集北方石油、贝肯能源、油服网等能源类上下游企业125家，涵盖能源勘探开发、能源新技术研发和环保设备技术研发等相关产业，智慧能源产业生态圈初具规模。

【建设路商圈建设】　建设路商圈规划面积5平方千米，包括建设路、猛追湾、一环路、二环路、成华大道等现代服务业重点发展区域，有伊藤洋华堂、优客城市广场、印力·印象城、SM广场等购物中心13家，有高地中心、世茂大厦、华茂广场等商业楼宇29座，以及天府熊猫塔，形成以零售购物、特色餐饮、夜间消费为主的都市生活商圈。太阳公元城市商业综合体项目位于一环路东一段63号，占地面积2.46公顷，总建筑面积21.45万平方米，由3幢主楼和5层商业裙楼组成，建设大型超市、大型影院、时尚品牌主力店、休闲餐饮等多种业态聚集地，6月底竣工引进国内最大台球俱乐部——王者金刚台球俱乐部。建设路大街整体提升项目涵盖沿街整体风貌提升、建筑更新升级，以及人行步道、光彩照明、绿化景观升级焕新等内容，植入工业文化元素，打造寻梦夜市、蒸汽时代广场等景观节点8处，12月底基本完工。建设巷特色街区改建项目续建展示中心、接待中心和建设巷步行街，建设巷、建设支巷8栋建筑立面综合整治、129家商户门面优化改造、131个特色店招打造和导视系统设置。

【特色楼宇发展】　建设路金融商务总部发展区做优产业载体支撑，推进特色楼宇经济发展。成华科技大厦位于二环路东二段508号，建筑面积5.74万平方米，为科技产业专业特色楼宇，1月4日精装标准提升改造工程竣工投用，年内入驻干城科创、油服网、名冠天下等企业60家。成都世贸大厦位于猛追湾横街99号，建筑面积4.63万平方米，打造以能源企业为主的专业特色楼宇，6月15日投运成都智慧油服产

2月2日，成华科技大厦　（区投促局供图）

业基地，年内入驻洲际海峡能源科技有限公司、成都宝石花置业有限公司等企业107家。亚太并购大厦位于建设北路一段76号，建筑面积2.3万平方米，打造以金融服务为主的专业特色楼宇，重点引进管理咨询、并购操作、资产评估、法律、财务、融资等专业服务机构，年内入驻四川润步顶火电子商务有限公司、成都大未来集团有限公司等企业13家。成都高地中心位于建设路9号附1号，建筑面积3.8万平方米，打造以金融服务为主的专业特色楼宇，年内入驻四川金家倍厨房设备有限公司、成都新生蕊俪贸易有限公司等企业13家。电子信息产业大厦位于一环路东一段159号，建筑面积1.6万平方米，打造以电子信息产业为主的专业特色楼宇，年内入驻四川芯显科技发展有限公司、成都卫信导通通信技术有限公司等企业20家。

【配套设施建设】 建设路金融商务总部发展区提升城市空间品质，实施配套设施建设项目14个，年度投资5.48亿元。其中，新开工电子科技大学附属实验小学（沙河校区）改扩建、石室初中培华校区提升打造等项目5个，年度投资0.86亿元；续建双林小学南校区和北校区维修改造、成都列五联合中学改扩建等项目3个，年度投资0.58亿元；竣工猛追湾街道老旧小区（12个小区）、双桥子街道老旧小区（9个小区）、电子科大东二院、建设路大街市井烟火特色街区、成华大道（猛追湾街至二环路段）金角银边改造等项目7个，年度投资4.04亿元。电子科大东二院老旧小区改造项目获得成都市2022年“最佳老旧院落改造”示范奖。

1月7日，成都万物互联国际物联网产业创新中心启动仪式在成都世茂大厦举行 （胡斌 摄）

【企业服务】 建设路商务中心塑造“三全”（全流程、全方位、全覆盖）企业服务品牌，优化营商环境，深化从企业登记落地到后期发展全流程服务，健全资源要素保障机制，新登记市场主体7410户，投运成都智慧油服产业基地、成华万物互联网创新中心等服务平台2个；提供发展指导和政策扶持等全方位企业服务，建立企业问题台账，走访企业300家，发放政策明白卡1500张，协调解决四川享宇科技有限公司等企业发展难题55个，为企业争取扶持资金100万元；实行“抓大，扶中，助小”全覆盖企业服务，依托总部企业带动聚集效应，扶持培育中小型企业，四川斯艾普电子科技有限公司、四川华控图形科技有限公司入选第四批国家级专精特新“小巨人”培育企业，四川享宇科技有限公司入选2022年第十二批国家级科技型中小企业名单。

【成都万物互联国际物联网产业创新中心投用】 成都万物互联国际物联网产业创新中心暨海尔海创汇西南区域总部，位于成华科技大厦11~12楼，由干城科技创新有限公司和海尔海创汇共同建设，推进物联网产业创新，1月7日正式投运，入驻海创汇科技创业发展有限公司、中设数字技术股份有限公司、川投君融创新投资管理有限公司等企业15家。4月25日，成都万物互联联合场景实验室在创新中心揭牌，借助智慧家庭、智慧城市以及智慧能源三大物联网应用场景，引导中小企业融入海尔物联网生态体系。10月26日，创新中心AC—Cloud工业设计仿真云基于干城科创云计算+大数据技术，入选成都市首批特色工业互联网平台入库培育项目。截至年底，创新中心入驻中设数字、并行科技、龙思云、谦勤工业、医标智联、格麟倍、云世纪、锘崴科技、米琏数字科技、昕尧软件等企业37家。

（张 念）

教　　育

编辑　李锡清

综　　述

【概况】　2022年，成华区推动学前教育优质普惠、义务教育优质均衡、高中教育优质特色、职业教育优质创新发展，全区有各类中小学校和幼儿园201所，其中幼儿园146所、小学28所、初中6所、高中7所、九年一贯制10所、十二年一贯制2所、职业学校1所、特殊教育学校1所。全年教育事业投入19.22亿元，全区优质教育资源总量扩大，新投用中小学(幼儿园)9所，新增学位1.2万个，优质教育资源覆盖率85%；中考、高考质量在原有基础上取得新的进步，中小学教育整体质量跻身全市一流方阵，“双减”工作经验在全市交流推广。成都市实验中学、成都市第三十八中学通过四川省二级示范性普通高中验收，全区有省级示范性普通高中6所。成都市双林小学、成都市成华小学、电子科技大学附属实验小学被认定为四川省义务教育优质发展共同体领航学校，四川省成都列五中学被确定为成都市普通高中新课程新教材实施引领学校，成都市成华区嘉祥外国语高级中学被确定为成都市普通高中新课程新教材实施学科实验基地。成都市石室小学、成都理工大学附属小学、成都市龙成小学通过成都市新优质学校评估验收，全区有新优质学校22所。成华区创建“全国县域学前教育普及普惠发展区”和“全国义务教育优质均衡发展区”通过省级评估。

【全国智慧教育示范区建设】　成华区采取“区校一体、整体推进，点面结合、全维应用”的模式，汇集优质教育资源，形成智慧教育数字生态体系，让全区学校教师和学生享受更优质、更具特色的智慧教育，全国智慧教育示范区建设取得新成效，入选中央电教馆第二批智能研修平台应用试点工作实验区和第一批人工智能课程规模化应用试点区。成都英才学校、四川省成都华西中学、四川省成都市第四十九中学、成都市双林小学、成都市成华实验小学、成都市海滨小学、成都市建设路小学、成都市熊猫路小学等21所学校入选第一批人工智能课程规模化应用试点校，成都市成华小学、成都石室中学初中学校(青龙校区)、成都市树德小学、电子科技大学附属实验小学4所学校获评教育部“网络学习空间应用普及活动优秀学校”。

(代　楠)

表82　　2022年成都市成华区学校情况表

单位：所

学段	总数	公办	民办
幼儿园	146	71	75
小学	28	28	—
初中	6	6	—
高中	7	6	1
九年一贯制	10	7	3
十二年一贯制	2	—	2
职业学校	1	1	—
特殊教育学校	1	1	—

【校长负责制改革试点】 区委组织部、区教育局党组联合印发《贯彻落实〈关于建立中小学校党组织领导的校长负责制的意见（试行）工作方案》，明确区级部门九大板块20项具体任务清单，细化教育系统基层党组织19项任务清单，选取成都市成华小学、成都市海滨小学、电子科技大学附属实验小学、成都职业技术学校4所学校试点，四川省成都列五中学、四川省成都市第四十中学、成都市实验中学、成都双语实验学校、成都市双林小学等26所中小学开展第一批改革，坚持试点与研究“双轮驱动”推进，实现党组织领导与校长负责两个优势深度融合，有效凝练中小学校党组织领导的校长负责制。区教育局提拔11名党性强、懂教育、会管理、有威信、善于做思想政治工作的优秀党员担任党组织书记，提拔5名政治过硬、品德高尚、业务精湛、治校有方的校长。

（张玉雯）

【教师队伍建设】 成华区教育系统引进省市特级学科带头人和中小学高层次教育人才11名，直招应届国家“公费师范生”和普通高等院校硕士研究生及以上学历毕业生145名，招聘员额教师540名，建设专业化创新型教师队伍。区教育系统实施领航校长“213”培育计划，培育领航校（园）长20名、后备校（园）长100名、后备校（园）级班子成员300名，名优校长培养机制、干部梯队培养体系更加健全；培育卓越教师“823”计划，培育省市特级教师、市区学科带头人800名，中青年骨干教师2000名，各级各类优秀教师3000名，教师队伍综合素质和专业化水平显著提升，教学名师和学科领军人才初具规模，卓越教师培养机制基本健全，新增正高级教师7名。组建成华区名校长工作室5个、名师工作室45个，培养省市区级优模教师550名，新增市区两级优秀班主任、优秀德育工作者277名，研究生学历教师862名，谭开科、蔡欣2名教师被评为成都市优秀班主任标兵，韩林风等23名教师被评为成都市优秀班主任，戚丽英等8名教师被评为成都市德育工作者，冯静兴等3名教师被评为成都市优秀青年教师，安慧等4名教师被评为成都市教坛新秀，梁东宁等3名教师被评为成都市优秀支教教师，冯寿超被评为成都市师德标兵。

（朱　江）

表83　2022年成都市成华区名校长和名师工作室一览表

类别	工作室名称
名校长工作室	唐文勇名校长工作室、李春歌名校长工作室、程郑名校长工作室、宿强名校长工作室、曾蓉名校长工作室
名师工作室	周步骏名师工作室、江玲名师工作室、何青松名师工作室、张冬梅名师工作室、刘波名师工作室、杨永俊名师工作室、朱海燕名师工作室、邓敏鸿名师工作室、余波名师工作室、胡晓名师工作室、付波名师工作室、彭晓琦名师工作室、李蓓名师工作室、邹昌淑名师工作室、茹敏名师工作室、王维令名师工作室、李建荣名师工作室、庄昭燕名师工作室、钱中华名师工作室、赖宁名师工作室、孙祥辉名师工作室、李雪梅名师工作室、李娟名师工作室、董慧名师工作室、陈丽萍名师工作室、杨书虎名师工作室、唐皓名师工作室、朱昌渝名师工作室、李岚名师工作室、尹玉华名师工作室、朱建行名师工作室、石晓波名师工作室、胥超名师工作室、兰天名师工作室、孙泽名师工作室、李嵘名师工作室、胡琳名师工作室、张家明名师工作室、张笔春名师工作室、陈林名师工作室、左贤春名师工作室、代楠名师工作室、刘小龙名师工作室、高霞名师工作室、克惹慧心名师工作室

表84　2022年成都市成华区入选成都市优秀教师一览表

获奖类别	获奖教师姓名
成都市优秀班主任标兵	谭开科、蔡欣
成都市优秀班主任	韩林风、谭开科、车静、冯蔚、蔡瑞、张杨、唐佳、陈薇、张治泽、曾小英、赵蕾、曾欢、姜琳、毛娜、陈显莉、付裕、谌丽媛、魏俨、李琨、林敏、马梦、刘静、蔡欣
成都市优秀德育工作者	戚丽英、王舒琳、罗晓翔、冯艳霞、覃佳利、李涛、谷萌、张艳
成都市优秀青年教师	冯静兴、杨杰、梁荷
成都市教坛新秀	安慧、杨雪、程琳、谢虎
成都市优秀支教教师	梁东宁、冯静兴、傅代彬
成都市师德标兵	冯寿超

【教育对外交流】　成华区教育系统新增四川省成都华西中学与泰国攀县中学，成都市成华小学、成都市成华实验小学与新西兰凯韬学校缔结为友好学校。教育部中外人文交流中心子课题“基于互联网+中外友好学校人文交流课程开发与实践研究”开题，组建区域首批国际理解教育种子教师团队，加大国际汉语教师人才储备，开展成华区首届国际理解教育课堂研讨活动。成华区3所学校与国（境）外友好学校联合开发《丝路环游记》《建小娃娃看世界》《熊猫带我游四川》《熊猫带我探险》等国际理解教育学本。成都市培华小学与西班牙马拉加中文学校、西班牙塔拉戈纳中文学校完成“Panda成都·华教云课堂”活动，得到国务院侨务办公室、中国侨网报道。成都市熊猫路学校与日本日置中学开展线上交流，得到教育部中外人文交流中心官网报道。四川省成都列五中学集体舞蹈《格桑朵朵向阳开》获得教育部中外人文交流中心主办的“第二届中外人文交流小使者”活动全国一等奖。电子科技大学附属实验小学6幅书画作品获得“共迎未来中外青少年人文交流活动”全国总展示一等奖。成都市海滨小学、成都职业技术学校等6所学校受邀参加北美地区青少年艺术赛事——加拿大国际音乐节，获得2金3银1铜。成都市成华小学参加第七届“紫荆杯”两岸暨港澳青少年书画大赛获得西画小学组金奖。成华区教育研究院附属小学、成都市成华实验小学获得“2022年首届中小学国际理解教育优课评选活动”市级一等奖。成都市成华小学、成都市树德小学获得“2022年度成都市中小学中外人文交流特色项目研究论文评选”市级一等奖。11月9日至12月2日，2022成都—渥太华中加人文交流月暨成华区第五届“教育共享·创见未来”中加教育文化交流活动在成华区举行，活动设中加教师云论坛之全球教师胜任力培养、2022年中加青少年全球视野项目比赛获奖学生交流、中加友好学校文艺汇演等，中加师生围绕三大主题进行深入探讨，活动提升双方师生全球视野和宏大视角。

（周　琪）

1月24日，四川省成都列五中学《格桑朵朵向阳开》获得“第二届中外人文交流小使者”活动全国一等奖　（区教育局供图）

【成渝“两地三区”智慧教育协同发展】　4月26日，举办成渝“两地三区”智慧教育协同发展共同体第二届“智慧教育”在线研讨会，会议主题为“智慧课堂创新与实践”，设成都市双林小学、重庆市璧山区文星实验小学、铜梁区教育技术装备中心3个分会场。中国教育科学研究院国际与比较教育研究所所长王素作《技术如何赋能新课标的教学与评价》专题讲座，成华区教育科学研究院副院长唐皓、铜梁区教育技术装备中心党支部书记杨玲、璧山区教师进修校副校长刘志成分别以《研培改一体化实施推进智慧课堂建设》《技术赋能课堂智慧引领变革》《智慧教学助力提质增效》为题就各区智慧教育工作作交流发言。研讨会上展示成都市双林小学陈娜娜、铜梁区巴川初

4月26日，成都市双林小学陈娜娜执教音乐课《波斯市场》　（区教育局供图）

级中学张珂源、璧山区永嘉实验小学赵雨执教的三堂智慧教育课例。

（代　楠）

【教师信息技术应用能力提升工程“2.0”建设】　成华区教师信息技术应用能力提升工程2.0第二批培训，全区中小学校和幼儿园2375人参加，培训合格率100%，优秀率10.2%。成都市龙城小学运用国家云平台进行跨学科活动设计。区教育技术装备管理服务中心的《基于智慧教育示范区创建背景“30+1”微能力点的设计与实践创新》、成都市双林小学的《在“整校推进”总机制下协作成长能力提升工程2.0机制建设案例》分别获评全国中小学教师信息技术应用能力提升工程2.0区级、校级教师典型案例。区教育技术装备管理服务中心的《聚焦提升工程2.0评价体系构建，提升区域校本应用考核实效》、成都市海滨小学的《优化选点策略，助推应用落地》、成都市熊猫路小学的《整校推进“四部曲”，奏响信息2.0华章》、四川省成都华西中学的《丹巴成华班“双师教学”团队研修实践》获评四川省典型案例。成都市双水小学的《信息化技术支持下项目式学习全学科推进》、成都市树德小学的《聚焦2.0微能力点，促进信息化课堂教学创新案例》获评四川省优秀案例。成都市成华小学的《小学体育学科学生评价数据伴随性采集》、成都市熊猫路小学的《熊猫路小学云雀中队暑假小组学习活动与管理》、成都市杨柳小学的《搭配中的学问》、四川省成都市第四十九中学的《等高线地形图》等13个案例获评成都市实践成果优秀案例。《成都市教育装备与管理》杂志设立“成华研训提升工程2.0专栏”，发表成华区教师培训案例文章26篇。

（杨庆九）

【中小学校心理健康教育】　成华区出台《加强未成年人心理健康工作十条措施》，全区6.5万名中小学生开展心理健康测评并实施建档动态管理。各学校开展心理健康教育课，全区中小学心理辅导室实现全覆盖。成华区加强学校家庭社会协同共育，家长学校建设率100%，举行“成华区10万家长共上一堂课”活动两期、在线观看人数36.1万人次，提升家长亲子沟通、心理关护等能力。

（应春燕）

【劳动教育推进】　区教育局与成都理工大学、成都大熊猫繁育研究基地、龙潭街道龙祥社区等签订合作协议，共建劳动教育实践基地，形成有推广价值的教育案例和劳动课题研究成果。成都市站东小学的案例《站东小镇因“劳”而美》、成都市海滨小学的案例《构建“三个四”模式推动劳动教育落地生根》、成都市成华小学的案例《“尚美劳动”的成华教育实践》、成都市双庆小学的案例《小手添绿劳润心田》、成都双语实验学校的案例《回眸劳动教育收获满满成长》获评2022年成都市中小学劳动教育典型案例。

（冯秋华）

【青少年近视眼防控推进】　成华区教育系统坚持以校为本、多方联动、预防为主、综合防控，统筹整合“双减”“五项管理”等工作，深入开展阳光体育活动，推进每天一节体育课，增加学生户外活动时间；加强宣传教育和引导，开展“眼健康科普讲堂”及相关活动590场次，指导老师、家长、学生做好爱眼护眼工作。全区健全完善学校健康副校长长效机制，利用100名健康副校长专业知识，加大对学校健康教育、近视防控专业队伍建设，坚持整体设计、分步推进，深入开展区域“儿童青少年近视防控试点校”建设，电子科技大学附属实验小学、成都市熊猫路小学、成都市双庆中学、成都市第十三幼儿园、成都市第十四幼儿园、成都市第三十幼儿园获评市级近视防控试点校园。全区建成区级近视试点校园学校16所、眼健康科普基地17个、样板班级300个，2022年青少年近视率比上年下降0.5%。

（段　廉）

学校建设

【概况】　2022年，成华区推进“教育强区幸福工程”，新建续建中小学（幼儿园）22所，教育供给能力增强。成都石实小学等3所学校创建为成都市“新优质学校”，四川省成都列五中学被列为成都市领航高中项目学校，成都理工大学附属小学等4所学校创建为成都市艺术教育特色学校。

【中小学（幼儿园）建设】　成华区规划新建（扩建）中小学和幼儿园10所，其中中学3所、小学5所、幼儿园2所，续建中小学和幼儿园12所，新投用成都职业技术学校、成都英才学校（高中部）、成都市成华区华青学校、成都理工大学附属小学格物校区、成都市熊猫路小学竹韵分校、成都市十二幼双城幼儿园、成都市第十三幼枫叶分园等9所中小学校和幼儿园，新增学位1.2万个，全区优质教育资源供给不断扩大。

（张　钰）

【新优质学校建设】　成华区开展义务教育阶段“新优质学校”培育，推动义务教育均衡优质发展。成都市石室小学、成都市龙成小学、成都理工大

表85　　2022年成都市成华区中小学（幼儿园）新投用学校情况表

序号	类别	学校名称	地址	占地面积（万平方米）	教学班（个）	学位（个）
1	中学	成都职业技术学校	民旺一路88号	9.67	60	3000
2	中学	成都英才学校（高中部）	民兴一路500号	5.10	30	1500
3	中学	成都市成华区华青学校	桂林西路89号	3.95	42	2100
4	中学	北湖片区配套中学	湖滨二路9号	3.22	48	2400
5	小学	成都理工大学附属小学格物校区	民兴南二路286号	1.55	24	1080
6	小学	成都市熊猫路小学竹韵分校	一里塘路98号	1.50	24	1080
7	幼儿园	成都市十二幼双成幼儿园	双城二路41号	0.85	9	270
8	幼儿园	成都市第十三幼枫叶分园	白龙江路316号	0.70	12	270
9	幼儿园	成都市和韵幼儿园馨韵分园	民兴南二路288号	1.55	24	270

学附属小学3所学校通过成都市义务教育阶段“新优质学校”评估验收。截至年底，成华区有成都市“新优质学校”22所。

（李晓静）

【中加合作共建项目学校建设】　成华区教育局与加拿大渥太华卡尔顿公立教育局开展合作共建，推动建设集幼儿园、小学、初中于一体的基础教育公办高品质学校。成都英华学校占地面积80亩，小学部位于白龙江路326号、设计教学班30个，中学部位于峨眉山路1000号，设计教学班42个，中小学从办学顶层设计、学术指导委员会筹建、教师队伍组建、办学条件完善等方面开展筹备，成立成都—渥太华青少年人文交流中心，通过课程共建、资源共享的方式，开展世界优秀文化艺术互鉴、科技教育互动、体育赛事互派等活动，开设小语种兴趣班和中国外交官云端课程等，共同打造人文交流特色学校和中外人文交流与合作新高地，塑造中加基础教育合作典范。

【领航特色高中项目建设】　成华区推进领航高中和特色高中建设，区域高中教育呈现多样化、特色化发展。四川省成都列五中学是成都市领航高中项目学校，四川省成都列五中学、四川省成都华西中学、成都大学附属中学是成都市特色高中项目学校。四川省成都列五中学推进教育教学方式变革与创新，在拔尖创新人才早期培养、教师专业提升培训、课题研究、高考改革研究实践等方面取得较好成效。成都大学附属中学在凸显美德特色、优化校本资源、开展美德活动、浸润师生品格等方面形成符合新时代的美德元素。成都市第三十八中学打造客家展陈列馆、翰墨斋、烙艺坊，弘扬客家优秀品质、建成学校特色德育。成都市实验中学以外语特色教育、艺体特色建设为抓手，为建设“特色学校”奠定坚实基础。

（郭红彬）

【新时代学生体质健康促进】　区教育局对中考体考场地、器材进行改扩建，完成初三中考体育测试得到市教育局、市考试院认可，并在全市做交流。举办2022年成华区青少年（学生）运动会，网球、篮球、排球、羽毛球、游泳、棋类等比赛及区级代表队选拔赛，参赛学生6360人次；组队参加成都市青少年（学生）运动会各项比赛，成华区篮球、足球、游泳、田径等项目代表成都市参加四川省第十四届运动会青少年组比赛，获得金牌30块、银牌6块、铜牌8块；开展成华区第十一届体育教师技能大赛，参加成都市第十一届体育教师技能大

成都英才学校（高中部）　（区教育局供图）

5月22日，2022年成华区青少年（学生）运动会游泳比赛　（区教育局供图）

赛，获得全市一等奖第一名；坚持每周常态化开展体育教师教研培训，组织校园足球、校园篮球、教练员赛课活动，增强教师课堂、训练能力水平；开展全区学校体质健康监测，完成国家学生体质健康测试。

（贺　屯）

【美育教育特色学校创建】　成华区推进艺教融合改革，深化美育特色学校建设，与四川交响乐团合作，打造成华区青少年交响乐团。成华区与四川音乐学院合作共建社区美育中心试点项目，在四川省成都市第四十九中学、成都大学附属中学、成都职业技术学校3所学校试点，实施数字绘画工作坊、彩墨画工作坊、即兴戏剧工作坊3个“特色工作坊进校园”和“成华区教师合唱团提升打造”项目，通过以点带面的培训，带动各学校美术、戏剧、合唱，提升师生美育素养，孵化学校美育特色，打造区域美育品牌。成都理工大学附属小学、成都市站东小学、成都市锦官城小学、成都市蓉城小学4所学校创建为“成都市艺术教育特色学校”。成都市成华小学美术工作坊在全国第七届中小学生艺术展演活动获得一等奖，四川省成都列五中学舞蹈《格桑朵朵向阳开》在四川省中小学艺术节获得一等奖、成都市成华实验小学管乐《TicoTico》《Harry Potter》获得二等奖。

（张　熙）

【全国青少年校园足球优秀试点区创建】　成华区推进校园足球试点区建设，组织开展成华2022年“满天星”训练营选拔赛；组队参加国家和省市校园足球最佳阵容选拔，成华区有25人入选全省最佳阵容；打造成华区“幼儿足球嘉年华、女子足球节、升降级联赛”三大赛事品牌。全区有11所区级女子足球特色学校，加强全国校园足球、篮球特色、全国足球特色幼儿园的培育力度，开展足球、篮球精英运动员培训。

（贺　屯）

【中加青少年全球视野项目实施】　2月12日，中国驻加拿大大使馆公使衔参赞于长学先生应邀在线出席电子科技大学附属实验小学、成都市树德小学、成都市熊猫路小学与渥太华诺克戴尔小学、半月湾小学共同开展“中加青少年全球视野项目”特别课堂，活动得到中国驻加拿大大使馆官网报道。4月20日，区教育局和加拿大渥太华卡尔顿公立教育局启动“首届中加青少年全球视野项目学生比赛”，双方学生聚焦联合国可持续发展目标、健康生活方式与大数据等话题讨论。9月29日，成华区“中加青少年全球视野项目”学校获得中国驻加拿大大使馆邀请，参加“我和中国驻加拿大大使馆的故事”征集，11月28日收到中国驻加拿大大使馆写给区教育局的感谢信。12月10日，首届青少年全球视野学生比赛评委会特别奖选手、加拿大ICP联合国可持续发展目标学生使者及中加特邀师生汇聚云端，就联合国可持续发展目标开展交流探讨，中国驻加拿大大使馆官员实时在线参加。

（周　琪）

成都市成华小学“彝风彝情原板版画工作坊”华宇门　（区教育局供图）

基础教育

【概况】　2022年，成华区有幼儿园146所，在园幼儿3.71万人，教职工6276人；小学28所，在校学生6.91万人，教职工3553人；普通中学25所，在校学生3.14万人，教职工3550人；特殊教育学校1所，在校学生133人，教职工32人。全区学龄儿童入学率100%。成华区加快学前教育优质普惠，推进义务教育均衡发展，扩大优质教育规模，全区教育资源供给能力不断提高。

（李　伟）

【学前教育】　成华区新增成都市第十二幼双城幼儿园、成都市第十三幼枫叶分园、成都市和韵幼儿园馨韵分园3所幼儿园，新增学位810个。全区有幼儿园146所，其中公办幼儿园71所、民办幼儿园75所，新认定成都市成华区八二幼儿园、成都市成华区印象幼儿园、成都市成华区诚实幼儿园、成都市成华区火车头幼儿园、成都市成华区尽心上蒙特梭利幼儿园、成都市成华区培华幼儿园6所幼儿园为普惠性民办幼儿园，新增学位1620个。全区学前三年毛入园率100%、普惠性幼儿园覆盖率82.23%、公办幼儿园在园幼儿占53.64%，优质学前教育资源覆盖率87.19%。

（刘　星）

10月26日，成都市成华区华青学校揭牌仪式　（区教育局供图）

【义务教育】　成华区加大新优质学校和成都市公办初中强校工程实验校培育力度，通过实施“小学教育强基、初中教育强校”等专项计划，2022年中考成绩主要指标持续提升，新增成都市石室小学、成都理工大学附属小学、成都市龙成小学等各类特色学校10所，全区优质教育资源覆盖率95%。2022年，成华区义务教育阶段有公办小学28所、九年一贯制公办学校7所、九年一贯制民办学校3所、九年一贯制公办特殊教育学校1所、公办初中学校6所；小学招生1.32万人，小学毕业生0.89万人；初中招生1.17万人，初中毕业生0.88万人；户籍残疾儿童少年义务教育阶段入学率100%，成华区义务教育质量处于全市一流方阵。

（曾莉宗　郭红彬）

成都市第十三幼枫叶分园　（区教育局供图）

【普通高中教育】　成华区有普通高中学校7所，其中公办6所、民办1所。四川省成都列五中学、四川省成都华西中学为省一级示范性普通高中，四川省成都市第四十九中学、成都大学附属中学为省二级示范性普通高中，成都市实验中学、成都市第三十八中学校创建省二级示范性普通高中通过市级评估。成华区实施普通高中“扩容提质、品牌创建、教学改革”三大行动，系统推进“领航高中建设、特色高中建设、普职融通教育、三新教育改革”四大项目，全区高中教育呈现多样化、有特色、高质量发展。2022年，普通高中招生3311人，毕业人数1287人，高考一本人数、一本率、本科人数、本科率实现连续增长，保持全市领先地位，四川省成都列五中学2名学生考入清华大学。

（郭红彬）

【民办教育】 成华区有各类民办教育机构133所，其中民办幼儿园75所、九年一贯制民办学校3所、十二年一贯制民办学校2所、非学历校外培训机构53所。区教育局严格落实民办学校年报年检和“双随机、一公开”等工作，规范各级各类民办学校办学行为，加强全区53所学科类校外培训机构日常检查督查力度，对区域内校外培训机构实行网格化管理。区教育局会同相关职能部门对各类隐形变异培训行为进行严厉打击，运用“互联网+教育”监管手段，落实学科类校外培训机构网上全流程监管。全区学科类校外培训机构率先在五城区100%完成平台审核、账户开设、支付开通、上架课程、平台售课五项重要指标，全面落实网上全流程监管，有效防范培训机构预收费资金风险。

（尚　丽）

【特殊教育】 成华区有特殊教育学校1所，在校学生133人，教职工32人。区教育局整合区域特教资源，组建覆盖全域的五个融合教育工作坊，深度开展融合教育探索实践，探索融合教育发展新路径，确立“让生活走进课堂·让学生走向社会”的核心教育理念，深入开展智障青年转衔教育。成华区融入成渝双城经济圈建设，推动区域特殊教育发展，为全国特殊教育发展提供生动的区域实践样本。

（李晓静）

【德育工作】 成华区深入实施五育并举德育工作，促进学生全面发展，各学校制定“一校一案”校本德育工作规划，“一校一特（多特）”推进学校德育特色项目建设，形成校校有特色的格局。全区《实施“4C家长制度”构建优化家庭教育长效机制》，作为成都市首批教育典型案例推广；深入实施成华区中小学兼职法治副校长和法治辅导员制度，全区中小学各校点法治副校长（辅导员）配备率100%。

（应春燕）

表86　　2022年成都市成华区幼儿园基本情况表

序号	幼儿园名称	地址	类别	幼儿园等级	幼儿人数（人）	教职工数（人）
1	成都市第十三幼儿园	双林中横路8号	公办	省级示范园	270	50
2	成都市第十四幼儿园	建设南新路59号	公办	省级示范园	216	39
3	成都市第十二幼儿园	水碾河北三街6号	公办	一级园	160	26
4	成都市第十二幼儿园蓝光分园	府华二路120号	公办	一级园	392	57
5	成都市第十二幼儿园北新分园	东紫路560号	公办	一级园	329	52
6	成都市第十二幼儿园蜀都分园	水碾河路23号	公办	一级园	175	25
7	成都市第十三幼儿园悦水分园	荆顺路118号	公办	一级园	254	39
8	成都市第十三幼儿园荆翠分园	东荆路960号	公办	一级园	238	39
9	成都市第十三幼儿园花城分园	荆翠南三街1号	公办	一级园	333	58
10	成都市第十四幼儿园和悦分园	和韵路216号	公办	一级园	351	54
11	成都市第二十四幼儿园	致强环街33号	公办	一级园	323	60
12	成都市第二十五幼儿园	成康路61号	公办	一级园	263	39
13	成都市第二十六幼儿园	建华北巷3号	公办	一级园	271	42
14	成都市第二十七幼儿园	致力二路77号	公办	一级园	360	57
15	成都市第二十七幼儿园光合分园	东丽街92号附2号	公办	一级园	336	53
16	成都市第二十八幼儿园	荆竹南街230号	公办	一级园	268	45
17	成都市第三十幼儿园	西林路155号	公办	一级园	349	63
18	成华区沙河阳光幼儿园	红光路1号	公办	一级园	383	66
19	成都市成华区格林春天幼儿园	新怡路28号	民办	一级园	264	68
20	成都市成华区金起点东篱幼儿园	建兴路16号附1号	民办	一级园	161	51
21	成都市成华区金苹果万科魅力之城幼儿园	万科南街9号	民办	一级园	211	61
22	成都市成华区电子科技大学沙河校区幼儿园	建设北路二段5号	民办	一级园	320	59

续表86

序号	幼儿园名称	地址	类别	幼儿园等级	幼儿人数（人）	教职工数（人）
23	成都市成华区稚爱幼儿园	东虹路59号	民办	一级园	177	50
24	成都市成华区金苹果博文幼儿园	双福二路33号	民办	一级园	403	84
25	成都市成华区棒娃娃艺美幼儿园	双桥路南二街11号	民办	一级园	183	41
26	成都市成华区麦豆豆三千城幼儿园	建祥路60号	民办	一级园	149	59
27	成都市成华区新启蒙幼儿园	熊猫大道1103号	民办	一级园	606	79
28	成都市第十三幼儿园华韵分园	仙韵二路310号	公办	二级园	348	50
29	成都市第十三幼儿园华悦分园	双荆北路70号	公办	二级园	330	49
30	成都市第十四幼儿园和煦分园	成东林三路366号	公办	二级园	318	49
31	成都市第十四幼儿园和鸣分园	华林一路303号	公办	二级园	254	38
32	成都市第二十四幼儿园溢彩分园	人民塘东一路165号	公办	二级园	336	49
33	成都市第二十五幼儿园动车分园	民旺一路60号	公办	二级园	254	39
34	成都市第二十五幼儿园爱博分园	双院支巷10号	公办	二级园	155	26
35	成都市第二十五幼儿园爱乐分园	龙港二路8号	公办	二级园	356	51
36	成都市第二十六幼儿园明星分园	向龙2路61号	公办	二级园	270	41
37	成都市第二十六幼儿园龙树分园	龙树路10号	公办	二级园	361	50
38	成都市第二十九幼儿园	杉板桥路239号	公办	二级园	245	39
39	成都市成华区天府熊猫幼儿园	斧头山四巷22号	公办	二级园	246	42
40	成都市成华区锦绣青城幼儿园	青城山路102号	公办	二级园	270	44
41	成都市成华区锦绣青城幼儿园斑竹分园	大渡河路556号	公办	二级园	282	37
42	成都大学附属第一幼儿园	长融东二路109号	公办	二级园	360	52
43	成都市成华区和韵幼儿园	华林二路47号	公办	二级园	359	54
44	成都市成华区和雅幼儿园	槐庭路60号	公办	二级园	483	77
45	成华区双桥幼儿园	双林北横路32号	公办	二级园	229	36
46	成华区致顺幼儿园	致顺路501号	公办	二级园	298	47
47	成华区双瑞幼儿园	双耀二路11号附179号	公办	二级园	330	49
48	成华区东秀幼儿园	东秀二路196号	公办	二级园	500	60
49	成华区李家沱幼儿园	平安正街24号	公办	二级园	233	42
50	成华区万兴幼儿园	万兴街4号	公办	二级园	280	40
51	成华区东篱幼儿园	东篱路92号	公办	二级园	504	74
52	成华区文德幼儿园	师友路2号	公办	二级园	266	38
53	成华区双庆幼儿园	竞成路2号	公办	二级园	320	47
54	成都理工大学后勤服务集团幼儿园	二仙桥东三路1号	公办	二级园	232	35
55	成都市成华区培华幼儿园	培华西路2号	民办	二级园	261	44
56	成都市成华区海蓝天幼儿园	桂林东路2号附1号	民办	二级园	390	44
57	成都市成华区爱尚白莲幼儿园	致和路90号	民办	二级园	722	86
58	成都市成华区加林幼儿园	东虹路60号	民办	二级园	238	43
59	成都市成华区蓉铁花园幼儿园	荆竹西路159号	民办	二级园	386	55

续表86

序号	幼儿园名称	地址	类别	幼儿园等级	幼儿人数（人）	教职工数（人）
60	成都市成华区职工幼儿园	双林路44号	民办	二级园	306	42
61	成都市成华区蓝天多元智能幼儿园	成美路16号附1号	民办	二级园	391	45
62	成都市成华区金世纪东区幼儿园	建设巷14号	民办	二级园	231	33
63	成都市成华区金笛幼儿园	二仙桥北路31号附218号	民办	二级园	292	47
64	成都市成华区百越锦程幼儿园	二仙桥北路28号	民办	二级园	424	49
65	成都市成华区热电幼儿园	跳蹬河北路2号附43号	民办	二级园	428	52
66	成都送变电建设公司幼儿园	崔家店北一路6号	民办	二级园	161	27
67	成都市成华区金起点智能幼儿园	香木林路102号	民办	二级园	95	25
68	成都市成华区爱倍儿智能幼儿园	崔家店路237号附1号	民办	二级园	260	27
69	成都市成华区成焊幼儿园	二环路东一段29号	民办	二级园	206	32
70	成都市成华区金贝幼儿园	双荆路8号附105号	民办	二级园	395	52
71	成都市成华区贝可为幼儿园	湖山路33号	民办	二级园	164	24
72	成都市成华区艾贝菈幼儿园	一环路东三段3号	民办	二级园	196	32
73	成都市成华区八二幼儿园	建设路43号	民办	二级园	318	47
74	成都市成华区双林幼儿园	双桥路223号	民办	二级园	282	43
75	成都市成华区春蕾幼儿园	新鸿路342号	民办	二级园	89	16
76	成都市成华区火车头幼儿园	站北东横街83号	民办	二级园	198	35
77	成都市成华区爱思威幼儿园	和顺西三路100号	民办	二级园	264	44
78	成都市成华区诚实幼儿园	二环路北四段5号	民办	二级园	205	34
79	成都市成华区千里马大地幼儿园	石油路15号	民办	二级园	210	44
80	成都市成华区天健艾米利亚幼儿园	荆竹东路695号	民办	二级园	121	39
81	成都市成华区新美美幼儿园	和美东路248号	民办	二级园	188	40
82	成都成华区翰森贝迪幼儿园	华彩路4号	民办	二级园	168	42
83	成都市成华区爱贝水岸幼儿园	东浦路3号	民办	二级园	147	38
84	成都市成华区博雅贝格幼儿园	文德路62号	民办	二级园	183	46
85	成都市优优西蒙幼儿园	怡福巷104号	民办	二级园	144	46
86	成都市成华区福莱尔幼儿园	民兴路1059号	民办	二级园	133	32
87	成都市成华区跳蹬河街办妈妈爱幼儿园	圣灯路88号	民办	二级园	228	47
88	成都成华区蒙特利幼儿园	成美路10号附1号	民办	二级园	197	33
89	成都市成华区嘉业幼儿园	双福一路68号	民办	二级园	358	79
90	成都市成华区金苹果蒙特梭利幼儿园	双店西四路13号	民办	二级园	247	77
91	成都市成华区龙潭启航萃岛幼儿园	桂林东路18号	民办	二级园	307	53
92	成都市成华区东辰培文幼儿园	民兴路999号	民办	二级园	102	42
93	成都市成华区贝格花园幼儿园	双林北支路222号	民办	二级园	130	38
94	成都市成华区站东快乐幼儿园	花径路123号附1号	民办	二级园	333	47
95	成都市纽诗顿幼儿园	双成五路66号附10号	民办	二级园	165	37
96	成都市成华区奇乐睿幼儿园	新鸿南支路1号附3号	民办	二级园	354	53

续表86

序号	幼儿园名称	地址	类别	幼儿园等级	幼儿人数（人）	教职工数（人）
97	成都市成华区阳光田园幼儿园	同乐巷777号	民办	二级园	242	43
98	成都市成华区嘉祥英卓恩幼儿园	一里塘路69号	民办	二级园	237	53
99	成都市第十二幼儿园府青东区	驷马桥一路155号	公办	预评二级	280	47
100	成都市第十二幼儿园府青西区	高车三路135号	公办	预评二级	277	38
101	成都市第十二幼儿园枫林分园	枫林南路25号	公办	预评二级	287	45
102	成都市第十二幼儿园兴城嘉苑幼儿园	安宁河路550号	公办	预评二级	195	33
103	成都市第十二幼儿园双城幼儿园	双成二路41号	公办	预评二级	77	15
104	成都市第十三幼儿园枫叶分园	白龙江路316号	公办	预评二级	102	18
105	成都市第二十四幼儿园汇彩分园	湖秀三路1号	公办	预评二级	264	39
106	成都市第二十四幼儿园润彩分园	一里塘路169号	公办	预评二级	235	34
107	成都市第二十四幼儿园秀水分园	湖景五路100号	公办	预评二级	351	44
108	成都市第二十四幼儿园楠竹分园	楠竹巷40号	公办	预评二级	241	38
109	成都市第二十五幼儿园爱苗分园	丛桂路51号	公办	预评二级	101	17
110	成都市第二十六幼儿园龙悦分园	隆兴北四路56号	公办	预评二级	270	41
111	成都市第二十六幼儿园青秀分园	仙韵一路633号	公办	预评二级	360	51
112	成都市第二十六幼儿园天鹅分园	天鹅一路110号	公办	预评二级	272	40
113	成都市第二十七幼儿园新山分园	东林路401号	公办	预评二级	354	52
114	成都市第二十七幼儿园新城分园	金马河路16号	公办	预评二级	255	42
115	成都市第二十七幼儿园新旭园区	青龙路315号	公办	预评二级	159	28
116	成都市第二十八幼儿园慧润分园	成康路6号	公办	预评二级	388	52
117	成都市第二十八幼儿园翔润分园	东瑞二路3号	公办	预评二级	165	26
118	成都市第二十八幼儿园朗润分园	东林路800号	公办	预评二级	200	33
119	成都市第三十幼儿园童欣分园	桂香三路71号	公办	预评二级	164	24
120	成都市第三十幼儿园童睿分园	桂香二路29号	公办	预评二级	330	49
121	成都市成华区和韵幼儿园民兴分园	人民塘东二路30号	公办	预评二级	249	36
122	成都市少年儿童业余体育学校附属幼儿园	五桂路169号	公办	预评二级	274	40
123	成都市成华区和韵幼儿园馨韵分园	民兴南二路288号	公办	预评二级	106	17
124	成都市成华区加联多恩幼儿园	建设支巷16号	民办	预评二级	206	43
125	成都市第二十四幼儿园东林分园	东晖路200号	公办	三级园	304	40
126	成都市成华区西林贝蕾幼儿园	西林街989号	民办	三级园	237	29
127	成都市成华区泰来幼儿园	八里桥路231号	民办	三级园	332	48
128	成都市成华区崔家幼儿园	二仙桥东二路99号	民办	三级园	157	23
129	成都市成华区金宝宝幼儿园	新鸿路130号	民办	三级园	210	31
130	成都市成华区白莲幼儿园	白莲池社区2组	民办	三级园	111	19
131	成都市成华区青龙中心幼儿园	昭青路24号	民办	三级园	361	48
132	成都市成华区金橄榄幼儿园	东虹路97号附1号	民办	三级园	129	18

续表86

序号	幼儿园名称	地址	类别	幼儿园等级	幼儿人数（人）	教职工数（人）
133	成都市成华区桃蹊幼儿园	新风路208号	民办	三级园	115	20
134	成都市成华区站北启航幼儿园	站北东横街40号	民办	三级园	366	54
135	成都市成华区龙潭启航中心幼儿园	宝耳路9号	民办	三级园	402	62
136	成都市成华区尽心上蒙特梭利幼儿园	崔家店路162号	民办	三级园	169	32
137	成都市成华区金苗幼儿园	二仙桥东路15号附66号	民办	三级园	429	56
138	成都市成华区东升幼儿园	槐树店路号35号附16号	民办	三级园	150	18
139	成都市成华区印象幼儿园	北湖印象1号	民办	预评三级	186	34
140	成都市成华区加联锦成幼儿园	荆竹中路199号	民办	无等级	135	35
141	成都市成华区尔雅幼儿园	建设北路一段64号	民办	无等级	90	30
142	成都市成华区需予幼儿园	民兴北二路111号	民办	无等级	117	37
143	成都市成华区六一瑞景幼儿园	华林一路150号	民办	无等级	112	36
144	成都市成华区畔谷幼儿园	成宏路16号	民办	无等级	29	25
145	成都市成华区嘉祥英卓恩东园幼儿园	建设巷11号	民办	无等级	151	45
146	成都市成华区慧礼伊文幼儿园	和美西路1号	民办	无等级	92	21

表87　　2022年成都市成华区小学及九年一贯制学校情况表

序号	学校名称	占地面积（万平方米）	地址	类别	班级数（个）	在校学生数（人）	教职工数（人）
1	成都市建设路小学	4.26	建设中街15号	公办	107	4447	254
2	电子科技大学附属实验小学	4.35	府青东街61号	公办	85	4300	265
3	成都市成华小学校	5.64	新鸿南路77号	公办	101	4321	278
4	成都市海滨小学校	3.45	新山路100号	公办	69	3435	205
5	成都市树德小学	3.40	万科北街9号	公办	74	3353	195
6	成都市成华实验小学	3.60	文德路42号	公办	55	2571	152
7	成都市成华区教育科学研究院附属小学	3.40	致力二路107号	公办	53	2532	143
8	电子科技大学附属实验小学龙潭分校	2.81	成泰路8号	公办	50	2499	145
9	成都市双林小学	2.35	双林中横路8号	公办	53	2485	146
10	成都市龙潭小学	2.12	龙树东一路9号	公办	47	2416	136
11	成都市双水小学	2.37	荆竹坝东街42号	公办	52	2344	135
12	成都市石室小学	3.62	双福三路62号	公办	53	2247	142
13	成都市北新实验小学	2.15	东紫路585号	公办	51	2144	132
14	成都市锦官城小学	1.90	羊子山西路123号	公办	44	2090	124
15	成都市熊猫路小学	3.21	熊猫大道1233号	公办	37	1767	113
16	成都市站东小学	1.69	站北中街16号	公办	39	1747	107
17	成都市双庆小学	1.88	长天路20号	公办	37	1635	100
18	成都理工大学附属小学	2.87	民旺一路69号	公办	37	1507	109
19	成都市蓉城小学	2.38	邛崃山路115号	公办	32	1372	84

续表87

序号	学校名称	占地面积（万平方米）	地址	类别	班级数（个）	在校学生数（人）	教职工数（人）
20	成都大学附属实验小学	3.70	丛桂二巷3号	公办	28	1270	77
21	四川交响乐团附属小学	2.27	杉板桥南五路133号	公办	29	1233	79
22	成都市李家沱实验小学	1.27	平安正街45号	公办	27	1222	79
23	成都市培华小学校	1.20	培华西路4号	公办	24	1153	70
24	成都市列五书池学校	1.02	水碾河路北三街19号	公办	24	1122	66
25	成都市双林小学御风分校	1.53	槐庭路110号	公办	22	911	65
26	成都市杨柳小学	2.59	槐柳四路19号	公办	19	896	54
27	成都市锦汇东城小学	1.64	槐树店一路345号	公办	18	726	46
28	成都市龙成小学	0.95	建设巷15号	公办	17	666	52
29	成都双语实验学校和悦分校	4.02	和安一路89号	公办（九年一贯制）	47	2196	135
30	成都市二仙桥学校	2.46	二仙桥北路31号附288号	公办（九年一贯制）	40	1722	123
31	成都双语实验学校	1.71	双林路189号	公办（九年一贯制）	37	1569	124
32	成都市成华区南华实验学校	1.91	崔家店路162号	民办（九年一贯制）	36	1429	106
33	成都万汇学校	2.53	华林一路41号	公办（九年一贯制）	32	1177	81
34	成都市成华区华青学校	3.95	桂林西路89号	公办（九年一贯制）	26	1161	79
35	成都蜀辉实验学校	1.48	二仙桥西路5号	民办（九年一贯制）	25	1133	83
36	成都市成华区才艺学校	1.23	二仙桥北路31号附16号	民办（九年一贯制）	20	758	63
37	成都市熊猫路学校	3.23	斧头山一巷25号	公办（九年一贯制）	17	640	60
38	成都市华建学校	1.27	槐树店路25号附1号	公办（九年一贯制）	12	443	57
39	成都市成华区特殊教育学校	0.26	东风路北一巷3号附16号	公办（九年一贯制）	9	133	30

表88　2022年成都市成华区初中学校情况表

序号	学校名称	占地面积（万平方米）	地址	类别	班级数（个）	在校学生数（人）	教职工数（人）
1	成都石室中学初中学校青龙校区	2.46	致强环街303号	公办	35	1686	127
2	成都石室中学初中学校培华校区	1.78	培华西路3号	公办	36	1682	153
3	成都市第四十中学	1.85	西林二街220号	公办	29	1352	117
4	成都市双庆中学	1.43	长天路9号	公办	25	1160	105
5	成都市双庆中学龙潭分校	1.52	成康路55号	公办	19	828	74
6	成都列五联合中学	1.33	双桥路248号	公办	7	298	92

表89　2022年成都市成华区高中学校情况表

序号	学校名称	占地面积（万平方米）	地址	类别	班级数（个）	在校学生数（人）	教职工数（人）
1	四川省成都列五中学	5.23	双园巷9号	公办	72	3500	296
2	四川省成都华西中学	8.19	双建南巷1号	公办	63	3015	262
3	四川省成都市第四十九中学	7.83	圣灯路39号	公办	100	4895	360

续表89

序号	学校名称	占地面积（万平方米）	地址	类别	班级数（个）	在校学生数（人）	教职工数（人）
4	成都大学附属中学	1.28	三友路135号	公办	37	1763	149
5	成都市实验中学	5.49	青龙路781号	公办	44	2092	175
6	成都市第三十八中学	3.59	隆兴路8号	公办	43	1930	167
7	成都市成华区嘉祥外国语高级中学	0.70	双石路56号	民办	9	390	48

表90　2022年成都市成华区十二年一贯制学校情况表

序号	学校名称	占地面积（万平方米）	地址	类别	班级数（个）	在校学生数（人）	教职工数（人）
1	成都嘉祥外国语学校成华校区	7.08	二仙桥北路3号	民办	81	3633	376
2	成都英才学校	6.61	民旺一路69号	民办	37	1621	138

职业教育

【概况】　2022年3月22日，成都市教育局批复，同意成都市建筑职业中专校、成都市蜀兴职业中学合并，更名为成都职业技术学校，被认定为成都市教师发展基地，设建筑工程施工、建筑工程造价、建筑装饰技术、电子商务、直播电商服务、计算机平面设计、旅游服务与管理、计算机应用等13个教学专业，年度在校学生3812人，教职工253人。

【职业教育教学】　成都职业技术学校秋季高一招生1657人，建筑工程测量、建筑装饰施工技术2门在线课程被四川省教育厅推荐参加国家级在线精品课程申报，《新媒体运营》《装饰装修工程施工》《咖啡技艺》3门教材被成都市推荐参加四川省“十四五”规划教材立项申报，“1+X”证书制度背景下中职校岗课赛证一体化人才培养模式研究项目评为成都市职业教育人才培养和改革重大项目，在中加社区教育论坛以题为《没有围墙的学校》作主题发言，在华西精神论坛以题为《紧扣“核心”，培育工匠》作分享交流。

【德育工作模式创新】　成都职业技术学校职业教育坚持“文化立校、文化育人、育人先育心”的办学思想，关注中职学生的心理健康教育，建设成都市“心理健康教育特色学校”教育品牌，着眼学生未来人生建设；构建德育“心模式”，以心理健康教育、生命教育、生态教育为三驾马车，设置学生干部培训、校内课堂学习、企业实践、艺体活动、社团活动、研学与社会实践、家庭生活、志愿者服务“八大场景”，着力德艺体卫心理一体化活动精品化提升工程、中外人文交流特色亮点工程，开展德育科研水平提升工程建设。

11月17日，成都职业技术学校举行“红十字救护员”培训活动　（区教育局供图）

【成都市职业技术学校】　成都职业技术学校于2022年9月投入使用，位于成华区民旺一路88号，占地面积91.14亩，建筑面积9.75万平方米，总投资5.6亿元。学校以培养学生技能、技术掌握能力为核心，构建专业课程教学体系；专业课突出“针对性、实用性、技能性”，注重与专业相关的素质教育，培养德智体美发展的实用型中高级技能技术人才。学校课题成果《统筹联动、中高贯通：区域职业院校创新创业育人体系的探索与实践》获国

10月18日，成都职业技术学校生态教育课　（区教育局供图）

家级教学成果奖，《情景·体验·分享·教育——戏剧在中职公共基础课教学中的运用》《基于"VR+"的心理健康教育模式创新与实践》《基于双元五融的中职技术技能人才创新素养培育体系探索与实践》3项教学成果获四川省教学成果二等奖，师生参加全国职业院校技能大赛（中职组）建筑装饰技能赛、四川省中等职业学校学生技能大赛、成都市中等职业学校学生技能大赛等，59人次获奖，《基于校企协同的中职智慧课堂构建研究》《1+X背景下中职校建筑类专业项目课程构建的研究》《以电子商务专业为平台的中职专业集群建设的实践研究》《基于企业文化的中职专业实训装备建设与实践》等课题成果、论文50篇次获奖。

（廖远林）

表91　成都职业技术学校教学专业情况表

序号	专业类别	学生人数（人）
1	建筑工程施工	796
2	建筑工程造价	480
3	建筑装饰技术	444
4	建筑水电设备安装与运维	193
5	电子商务	336
6	直播电商服务	189
7	软件与信息服务	198
8	计算机平面设计	238
9	物联网技术应用	227
10	高速铁路乘务	190
11	旅游服务与管理	165
12	计算机应用	316
13	通信运营服务	40

社区教育

【概况】　2022年，成华区社区教育工作坚持以课程建设为主阵地，以师资培训为主抓手，以活动开展为主载体，服务居民全生命周期教育，着力构建具有成华特色的终身教育体系。全区有社区教育学院1所、街道社区教育学校11所、社区教育工作站82个；有成都老年开放大学成华分部、市级街道老年教育学校8个，有国家级优秀课程8门、市级优秀课程8门。成华区以开展成都市"能者为师"赛课活动为契机，通过街道初赛、区级复赛，以赛促建，提升教师志愿者的服务水平，发挥名师示范和引领作用，培养师德高尚、业务精湛的社区教育教师。成华区"社区家庭教育家长学堂"被教育部列为社区教育"能者为师"实践创新首批启动项目。

【社区教学课程培训】　成华区开设"最成都　市民课堂"。3—4月，开设摄影、英语、摄影后期制作、英语新概念、成都旅游英语100句、书法等6门课程，"优教成华　邻里学堂"线上教学课程，培训学员1.02万人次。5—6月，开设桌上冰壶、曲艺、民乐等226门课程，培训学员5.2万人次。10—12月，开设川剧、时装、太极等223门课程，培训学员5.1万人次。成华区借助"成都市民终身学习平台""成都社区教育"微信，以及"成华社区教育网"等网络平台开展市民线上学习，全年培训学员10.3万人次。区社区教育学院统筹协调区级相关部门、街道社区教育学校，开展从业人员继续教育培训，全区从业人员继续教育参培率78%。

【市级街道老年教育学校创建】　成华区社区教育学院指导府青路、万年场、双水碾、跳蹬河4个街道，做好市级街道老年教育学校创建工作，完善街道老年教育服务体系。府青路街道推进民族国乐进社区，让更多的居民爱上民族器乐，推动传统文化继承发展。万年场街道开设"爱成都·迎大运"社区英语课，丰富市民的精神文化生活，成为街道老年教育特色亮点。双水碾街道开设以羊子祈福台为切入点的传统文化、文物课堂，让博物历史走进社区，提升居民的文化素养。跳蹬河街道锦绣社区蒋姐姐公益助老服务队，开展形式多样的助老服务活动，关爱空巢独居老人，慰问抗美援朝老兵，在小区开展大型文艺汇演等，受到辖区广大居民的好评。12月7日，成都市老年教育学校评估第三专家组对成华区创建2022年街道老年教育学校工作进行

3月28日，王玉四川曲艺名师工作室挂牌成立　（区教育局供图）

线上评估验收，区教育局作创建街道老年教育学校工作汇报，府青路街道、万年场街道、双水碾街道、跳蹬河街道分别汇报创建情况。评估验收组对照创建标准，就组织管理、条件保障、教育培训等进行评估，认为成华区创建老年教育学校基础工作扎实，老年教育课程丰富，特色亮点鲜明，项目推进有力，工作成效突出，接地气聚人气，能很好地满足老年群体学习需求。12月21日，府青路、万年场、双水碾、跳蹬河4个街道老年教育学校被确定为成都市2022年度街道老年教育学校。

【"纸绘时光"特色品牌打造】　成华区打造"纸绘时光"终身学习品牌，助力社区发展治理。"纸绘时光"项目秉承服务大众，奉献爱心、服务社会的初衷，全年开展公益课程100次，开课400节，服务群众6000人次，丰富学员的业余生活，提升生活乐趣。"纸绘时光"衍纸桃花书笺被评为成都市2022年终身学习品牌项目。

【社区教育活动】　成华区开展社区教育系列主题活动，在11个街道推进"爱成都·迎大运"社区英语课，全年开展培训、讲座活动96场次，培训学员2200人次；引进专业公益社会机构，以送课的形式，在11个街道和部分中小学开展"成华区家庭教育家长课堂进社区"活动；组织专题讲座30场次，参与家长4700人，受益群众9000人次。各街道开展"社区雏鹰——青少年暑期托管服务"，解决学生暑期"看护难"；组织学员参加"我运动·我健康·我快乐"市民摄影大赛，开展以"绿色低碳生态环保"为主题的系列宣传教育活动20学次，提高市民环保意识；围绕成渝双城经济圈建设，开展社区教育游学项目共建活动，策划打造龙潭客家游学项目。

（帅建东）

6月15日，"纸绘时光"衍纸桃花书笺被评为成都市2022年终身学习品牌项目　（区教育局供图）

教育惠民

【概况】　2022年，成华区落实国家教育惠民各项扶贫资助政策，强抓各项资助项目应助尽助。春季和秋季学期在中职国助金、中职免学费、中职免住宿费、中职国家奖学金、普高国助金、普高免学费、帮困助学、义务教育阶段非寄宿生生活补助、义务教育阶段家庭经济困难寄宿生生活补助、宏志助学金、鸡蛋牛奶工程、三儿资助12个资助项目，全年资助学生1.79万人次，资助金额1903.4万元。

【教育扶贫"两免一补"政策落实】　成华区深入贯彻教育优先发展战略，促进义务教育均衡发展。义务教育落实"两免一补"政策，免除学杂费、免费提供教科书，对家庭经济困难寄宿学生给予生活费补助，寄宿生生活补助标准，小学生每人每期补助500元，初中生每人每期补助625元。全年寄宿生生活补助资助216人次，资助金额13.5万元。

【对丹巴县教育帮扶】 成华区深化"共建+"教育帮扶模式，对丹巴县进行精准援助，推动两地教育融合发展。通过支教挂职、接收跟岗等人员互派方式，促进干部教师队伍专业成长；加强"校对校"建设，深化23对中小学和幼儿园结对帮扶，采取"线上+线下"的方式，开展送教送培、专题研讨、师徒结对、学生联谊、物资援助等帮扶；设立丹巴高中成华班3个，覆盖丹巴高中三个年级。2022年7月，第一届"丹巴高中成华班"学生顺利毕业。

（陈潇潇）

【教育资助】 成华区教育系统营造公平优质教育三级"菜单"资助模式，获得第六届（2022）成都教育EPC年度盛典十大民生实事案例。全区幼教段享受三儿保教2550人次、资助金额147.01万元，义务教育段资助家庭经济困难学生享受宏志助学金443人次、金额24.23万元，享受寄宿生生活补助学生216人次、发放资助金13.5万元，享受非寄宿生生活补助学生910人次、发放资助金24.46万元，享受资助鸡蛋牛奶工程261人次、金额10.44万元。中职段享受国家助学金1173人次、资助金额117.21万元，中职家庭困难免住宿费1637人次、资助金额42.74万元，中职免学费6040人次、资助金额569.15万元，奖学金5人、资助金额3万元。高中段享受国家助学金960人次、资助金额96万元，普高困难家庭免学费960人次、资助金额39.41万元，帮困助学学生165人次、资助金额12.57万元，滋蕙计划资助大学新生8人、资助金额0.5万元，为487名大学生办理生源地信用助学贷款、贷款金额522.5万元。成华区爱心教育基金会资助学生85人、教师312人，学校建设项目7项，资助金额131.2万元。

（梁 婷）

高等教育

【概况】 成华辖区有电子科技大学、成都理工大学、西南财经大学天府学院、成都开放大学4所高等院校，电子科技大学、成都理工大学为"双一流"大学。2022年，高等院校有教职工8914人，在校大学生17.7万人，其中硕士研究生1.97万人、博士研究生0.41万人。

【电子科技大学】 电子科技大学分设清水河、沙河、九里堤3个校区，以电子信息科学技术为核心，以工为主，理工渗透，理、工、管、文、医协调发展，被确定为"211工程"、"985工程"、"双一流"建设高校。2022年，电子科技大学在读本科生、硕士研究生、博士研究生4.22万人，其中本科生2.02万人、硕士研究生1.86万人、博士研究生0.34万人；录取本科生5195人、硕士研究生6201人、博士研究生856人，应届毕业本科生4563人、硕士研究生5001人、博士研究生425人，教职工3763人；有中国科学院院士、中国工程院院士等高层次人才302人。电子科技大学科技创新成果不断涌现，2022年获得四川省科学技术奖一等奖4项，教育部一等奖2项，科学探索奖2项，协会（学会）科技奖励一等奖6项。

学科和专业建设 电子科技大学有教学科研单位25个、本科专业65个，其中有通信工程等国家级特色专业13个，电子信息工程等32个专业入选国家级一流本科专业建设点，有一级学科博士学位授权点19个、一级学科硕士学位授权点31个、设博士后流动站15个，计算机科学与技术、机械设计制造及其自动化2个专业通过教育部工程教育专业认证。电子科技大学在软科世界一流学科排名中，学校3个学科跻身全球前20位，6个学科跻身全球前50位，10个学科跻身全球百强，其中通信工程、计算机科学与工程分别位列世界第10位和第12位；软

5月19日，成都市海滨小学教师龙亭东到丹巴县杨柳坪双语寄宿制学校送教上课 （区教育局供图）

科中国最好学科排名中，学校9个学科位列全国前10位，其中电子科学与技术、信息与通信工程、网络空间安全排名全国第2名；在US News世界学科排名中，学校10个学科跻身全球前50位，11个学科跻身全球百强，其中电气与电子工程、计算机科学分别位列全球第6位和第16位。电子科技大学在软科世界大学学术排名中保持全球前200位（连续4年），在US News世界大学排名中从全球第272位上升至全球第231位。

6月14日，成华区人民政府、电子科技大学签订战略合作协议　　（电子科技大学供图）

教育教学　电子科技大学实施“新生新工程教育计划”，举办新工科教育课外创新实践学生成果展，展示新工科建设成果与学习成效；建设优质挑战性研究型课程，形成教学方法与考核方式改革示范课等五类研究型示范课160门，入选电磁场课程虚拟教研室等4个教育部虚拟教研室建设项目。电子科技大学首批130门课程上线国家高等教育智慧教育平台，13门虚拟仿真实验课程上线国家虚拟仿真实验教学共享平台，第二届全国教师教学创新大赛国赛获二等奖2项、三等奖2项，入选15项“校企合作·双百计划”优秀案例，全国高校并列第一。电子科技大学推进研究生课程教学模式改革、课程教材双百计划，建设132门核心课程和22本教材，新增中国船舶集团有限公司系统工程研究院等5个研究生联合培养基地、新一代信息通信技术等4个领域国家急需高层次人才培养专项、半导体等8个领域国家工程硕士博士培养专项，产教融合案例入选《中国研究生》“研究生教育这十年”专刊，启动博士生学术领军、工程领军人才专项计划。

表92　　2022年电子科技大学获奖情况表

获奖类别	获奖项目及个人
四川省科学技术奖一等奖	弗洛奎周期边界电磁表面波与电子流动态互作用机理与调控方法
	太赫兹高性能单片射频器件及集成应用技术
	面向行业应用的宽带无线专网关键技术及应用
	基于多场感知与自主阻燃的锂电池安全管控关键技术及应用
科学探索奖	信息电子——申恒涛
	先进制造——程玉华
协会（学会）科技奖励一等奖	uDAS分布式光纤传感地震仪及应用
	并行软件系统与应用
	因在网络信息挖掘方面做出的开创性贡献奖
	复杂装备结构疲劳寿命预测及测试技术与应用
	流体传动系统智能化监测、故障诊断与鲁棒自适应抗扰控制技术
	智能频谱数据分布式态势感知与轻量化应用技术

表93　　第二届全国高校教师教学创新大赛获奖情况表

获奖类别	获奖项目	获奖等级
部属高校（含部省合建高校）正高职称组	“进阶式挑战性综合项目I/II/III”课程	二等奖
	“物理光学”课程	
部属高校（含部省合建高校）副高职称组	“嵌入式系统设计”课程	三等奖
部属高校（含部省合建高校）中级及以下职称组	“软体飞行器制作与挑战”课程	

教育交流与合作　电子科技大学格拉斯哥海南学院获教育部批准，首届本科生于9月正式入学，12月师生正式入驻海南陵水黎安国际教育创新试验区。格拉斯哥学院当选为全国中外合作办学机构联席会第三届主席单位，全年与国（境）外13个国家22所高校、研究机构建立合作关系，全校学生参与国际交流2073人次，总体规模比上年增长17.6%。2022届本科毕业生在校期间有出国学习经历（含毕业出国深造）达33.7%，1人获四川省“天府友谊奖”。

（肖　鹏）

【成都理工大学】　成都理工大学为“双一流”大学，分设成都、宜宾两个校区。2022年，成都理工大学在校学生3.86万人，其中本科生3.04万人、硕士研究生0.11万人、博士研究生0.71万人，教职工3608人；录取本科生7656人、硕士研究生2546人、博士研究生236人，应届本科毕业生7330人、硕士研究生1570人、博士研究生101人。成都理工大学被教育部批准设立中外合作办学机构牛津布鲁克斯学院，被认定为国家级创新创业教育实践基地、四川省大众创业万众创新示范基地。学校在一流学科建设、科研创新、师资建设、合作交流、治理体系与治理能力现代化建设等方面取得显著成效，获得四川省教学成果特等奖3项、一等奖6项。成都理工大学地质灾害防治与地质环境保护国家重点实验室副主任范宣梅获得2022年科学探索奖“天文和地学”类奖项。

学科和专业建设　成都理工大学设本科专业75个，其中国家级一流专业23个、国家级特色专业8个，通过工程教育认证专业10个，有各类国家级一流课程11门，各类省级一流本科课程192门。成都理工大学应用化学、材料科学与工程、电子商务、英语、市场营销、会计学、表演、信息工程8个学科获批国家级一流本科专业建设点，工程力学、空间科学与技术、电气工程及其自动化、广播电视编导、播音与主持艺术、网络空间安全、应用物理学、工业设计、电子信息工程9个获批省级一流本科专业建设点，石油工程、勘查技术与工程2个专业通过工程教育专业认证，软件工程、机械工程、地下水科学与工程、测控技术与仪器4个专业认证申请获得受理，有8个一级学科博士学位授权点、22个一级学科硕士学位授权点，学科专业涵盖理、工、文、管、经、法、教、艺八大学科门类。成都理工大学“地质资源与地质工程”入选国家第二轮“双一流”建设学科，“环境科学”“生态学”“化学”跻身ESI全球排名前1%，学科国际影响力显著提升；召开五轮“三高”学科体系研讨会和一流学科培育评审会，建立分层分类投入机制和学科队伍带头人机制，“对标竞进·争创一流”活动获得四川省教育厅通报表扬。

教育教学　成都理工大学获批四川省高等教育人才培养质量和教学改革项目104项，其中省级重点项目16项，分别为基于OBE理念的“三位一体”专业评估体系研究、行业特色高校创新人才培养的机制与路径研究、行业特色高校工程类博士专业学位研究生培养模式探索与实践、国家级一流课程工程地质分析原理野外考察路线全景数字系统构建、新工科背景下新能源领域产教融合协同育人模式探索与创新、新文科背景下经管类复合型人才培养模式改革与创新研究等；获批省级一流本科课程43门，开展课程教学改革试点307门，获批教育部产学合作协同育人项目88项，四川省第二批产教融合示范项目1项。成都理工大学申报国家级教学成果奖6项，其中本科教育4项、研究生教育2项，本科教育为科教融合、两重两强、地质工程人才培养体系的创新与实践，“填实地拟人合”地勘资环类虚拟仿真实验教学平台构建与实践，“登攀铸魂、实践强能、多元协同”新时代西部地学创新人才培养的改革与实践，“多校共建、多方共享、多维融通”的地学实践育人新模式4项，研究生教育创新产教融合范式，构建与实践“三专”地学类专硕培养体系2项；沉积地质学研究生系列教材建设与应用，获第二届全国高校教师教学创新大赛二等奖1项、三等奖1项，获全国高校混合式教学设计大赛优胜奖3项，获第二届四川省普通本科高校教师教学创新大赛一等奖2项、二等奖1项、三等奖1项，获第六届四川省高校青年教师教学竞赛一等奖1项、二等奖2项、三等奖1项，获四川省师生信息素养提升实践活动一等奖3项、三等奖1项，获首届川渝青年教师风采大赛三等奖1项，教学竞赛国家奖和省级一等奖实现双突破；新增天齐锂业股份有限公司、四川和芯微电子股份有限公司、四川省林业科学研究院、四川省艺术研究院、成都多普勒科技有限

表94　　2022年成都理工大学获四川省教学成果一览表

获奖类别	获奖项目
四川省教学成果特等奖	科教融合、两重两强，地质工程人才培养体系的创新与实践
	填实·地拟·人合地矿资环类虚拟仿真实验教学平台的构建与实践
	“登攀铸魂、实践培能、多元协同”新时期地学创新人才培养的探索与实践
四川省教学成果一等奖	面向沉积地质学特色创新人才培养的研究生系列教材建设（教材）
	旅游管理类本科专业金课建设创新与实践
	走进田野的高校思想政治理论课实践教学改革与创新
	多校共建、多方共享、多维融通的大地学实践教学平台构建与应用
	文传为本、艺习为体、科创为用——西部理工类大学艺术传媒人才培养模式创新
	适应西部行业发展需求的地学类全日制专硕培养体系构建与实践

公司5个省级大学生校外实践教育基地。成都理工大学推进新一轮本科教育教学审核评估部省协同试点工作，实施研究生“拔尖创新人才培育”计划，建设天府兴隆湖实验室等研究生联合培养基地300个；“创新创业教育”被认定为省级创新创业类混合式一流课程，获批闪光职荐书、沙袋沙障自动铺装机、掌上智慧社区等152项国家级、省级“大创计划”，获第九届“创青春”中国青年创新创业大赛（乡村振兴专项）全国金奖；“挑战杯”四川省大学生创业计划竞赛金奖5项、银奖7项、铜奖5项，四川省第八届“互联网+”大赛金奖18项、银奖33项、铜奖46项，晋级省赛项目数、获奖项目数为全省第一。

教育交流与合作　成都理工大学“国际型地质工程创新研究人才培养”项目获得国家留学基金委支持，“强震地质灾害风险评价研究”“可再生能源综合开发与碳中和评价方法研究”获国家外国专家局高端外国专家引进项目，聘请外籍专家获“四川省国际科技合作奖”；加入“中巴经济走廊高校联盟”，推进“一带一路”地学成理行动计划，推动“中国—东盟地学学院”合作建设，与德国德累斯顿工业大学、泰国清迈大学、比利时根特大学、西班牙马德里康普顿斯大学、英国卡迪夫大学、加拿大里贾纳大学、韩国国民大学体育学院等国（境）外高校进行合作，签署系列合作备忘录或正式合作协议。成都理工大学举办首届中外人文学术交流活动、2022年第五届模式识别与人工智能国际会议等重大国际会议赛事、第七届iRALL School国际博士培训班，邀请外国专家线上开设多门国际化专业课程；完善中外合作办学管理机制，优化高层次来华留学生招生培养全过程管理体系；与四川省委外事办共建四川省海外领事保护宣传教育基地，获批成都市首批青少年领事保护教育基地；分层分类推进校地企务实合作，与凉山州、雅安市、紫金矿业、中海油等签订重大合作协议。宜宾校区通过四川省教育厅高校异地校区考察评议，联合宜宾市人民政府实施“百人百企”行动计划，构建多元紧密协同可示范推广的产教融合模式，获评“宜宾市教育系统先进集体”。

（应　杰）

7月14日，省委常委、省纪委书记、省监委主任廖建宇（中）到成都理工大学调研

（成都理工大学供图）

【西南财经大学天府学院】　西南财经大学天府学院分设成都校区（东区）和成都校区（西区）、绵阳、德阳4个校区。2022年，在校学生3.1万人，教职工1297人。西南财经大学天府学院成都校区（东区）为艺术设计学院、康养护理学院、国际教育学院，西区为应届毕业生实习实训基地。学院录取本科生8680人、专科生2326人，应届毕业生7352人。

学科和专业建设　西南财经大学天府学院设置专业70个，其中本科专业40个、专科专业30个，涵盖经济学、管理学、工学、文学、艺术学、法学、医学、教育学8个学科门类，下设会计、智能金融、智能科技、艺术设计、康养护理、建筑与工程、现代服务管理、文化与教育、国际教育9个二级学院和马克思主义、数学、体育3个公共课教学单位，会计学、环境设计、社会工作、计算机科学与技术4个专业为省级一流本科专业建设点，会计学、环境设计、计算机科学与技术、工程造价、社会工作5个专业为省级应用型示范专业，会计学、艺术设计、计算机科学与技术、老年服务与管理4个专业被纳入四川省民办高校重点特色专业质量提升计划建设项目，会计学和视觉传达设计专业被列为四川省“课程思政”示范专业，艺术设计类课程教学团队、财务决策与决策支持类课程教学团队和思政课程教学团队被列为四川省“课程思政”示范教学团队。学院有会计实验教学中心、现代企业管理实验教学中心、康养专业集群实验教学中心3个省级实验教学示范中心，财务共享与智能财务虚拟仿真实验教学中心为省级虚拟仿真实验教学中心。学院打造各类精品示范课程，有财务报表分析、Excel在财务中的应用、包装设计、面向对象程序设计与实践、思想道德修养与法律基础、英语阅读II、投资价值分析与评估、住宅小区规划等16门省级一流本科课程，财务报表分析、Excel在财务中的应用、包装设计、形势与政策III、房屋建筑学、面向对象程序设计与实践等10门省级“课程思政”示范课程，投资学、面向对象程序设计与实践、财务报表分析、住宅小区规划、安装工程造价、生死学等11门省级应用型示范课程，书籍装帧设计、创业与创新教育2门省级创新创业教育示范课程。

11月2日，成华区侨联与西南财经大学天府学院侨联签订友好合作协议（西南财经大学天府学院供图）

教育教学 西南财经大学天府学院深化教育教学改革，推进内涵式发展，探索应用型办学特色的“天府模式”，应用型高校人才培养质量保障体系建设与实践、基于应用型人才培养的创新创业理论与实践教学改革研究、课程改革引领“纵横贯通”的新财经人才培养体系创新与实践、基于“四维融合”的环境设计实践课程建设研究与探索、产教融合促进金融学专业创新创业教育的研究与实践、基于专创融合的计算机类应用创新型人才培养路径研究6项获批四川省高等教育人才培养质量和教学改革项目。四川省新文科研究与改革实践项目成果以“会计+”和“新技术+”为思路构建新财经人才培养新生态的探索实践、新文科背景下环境设计专业适老化空间设计课程体系建设研究2项获四川省教学成果奖二等奖1项、三等奖1项。学院推行以云教学、案例式、体验式、项目驱动式等雅典式课堂教学改革，着力培养学生的实际动手能力和创新能力；加强与美国甲骨文（Oracle）公司、世界上最大的第三方物流公司马士基物流等世界500强企业合作，建立Oracle电子商务应用系统、IBM电子商务系统、财务共享中心，设立由中国物流条码推进工程办公室、中国物品编码中心授予的条码实验室等电子商务应用实验室，将应用系统融入课堂教学。学院管理学/Foundations of Management双语课程被教育部、财政部批准为全国首批双语教学示范课程。

教育交流与合作 11月2日，“奋进新征程·建功新时代”2022年成华区“侨连五洲·筑梦成华”产业推介会暨金秋联谊会活动在二仙桥街道文化活动中心灯光球场举行，活动通过召开产业推介会、发布校地企园合作推介清单、“弘扬中华文化·讲好成都故事”主题分享、项目合作签约和联谊交流活动等形式，共叙校园企地共建佳话，共商互通互联互进大计，共谋创新发展时代新篇。成华区侨联与西南财经大学天府学院侨联签订友好合作协议，实现多领域、多层次、全方位战略合作，双方发挥各自的能力、资源，实现优势互补、协同发展。

（李 璐）

【成都开放大学】 成都开放大学设建设路、天府2个校区。2022年，在校学生6.52万人，教职工246人；招录新生2.28万人，其中本科生0.74万人、专科生1.54万人，本科毕业生0.59万人、专科毕业生1.93万人。成都开放大学打造“成开大讲堂——思政系列讲座”品牌，完成天府校区“红色文化长廊”及双流学院、崇州学院、邛崃学院、蒲江学院、直属学院5个思想政治教育学习营地建设，优化特色专业教学管理，建立课程思政建设体系、核心团队—实施团队—辅导教师教学团队建设体系、混合式教学模式线上线下教学标准体系。

学科和专业建设 成都开放大学设学科专业58个，其中本科专业23个、专科专业32个、一村一专科专业2个、助力计划专业1个，探索特色专业人才培养模式改革，构建“技能+学历”特色专业人才培养模式；完成58个专科专业规则修订、58个专业实施人才培养方案制定，116门课程实践教学资源平台，开展社会工作、法学专业、学前教育专业毕业设计改革，推进“技能+学历”人才培养模式，建立特色专业人才培养机制；探索技能提升+学历提高人才培养模式，并联式（社工）、串联式（学前）、“螺旋式”（眼视光），推进“学历+技能人才培养”模式改革，实施微观层面课程层面改革，探索中观层面专业层面改革，规划宏观层面办学层面改革，引入“双证制”实行学历证书与职业技能证书并重的教育制度；实施“学分制”，建立课程类型模块化与自由选课、自主学习兼顾的约束机制，构建“课堂教学、网上学习、校政合作”的“教学做合一”的培养机制；创新专业设计，把学员社会能力需求与学校专业培养目标紧密结合，开展社会工作演讲比赛、学前教育专业首届学生技能（说课）比赛、眼视光验光员职业技能竞赛等大型专业建设活动，推进专业建设发展；完成眼视光“常见眼病诊断预处理”10门校级精品课程建设、共享专业眼视光专业必修课程文字资源，形成考核册、微课件、视频资源、题库、试卷等资源建设。

7月4日，2022年成都开放大学迎评促建暨办学能力提升专题培训班在重庆开放大学举办（成都开放大学供图）

教育教学　成都开放大学以搭建开放教育关键环节质量标准为目标、完善人才培养方案为基础、创新教学团队为动力、丰富资源建设为保障，实施混合式教学模式改革；加强专业建设，聚焦“金课”建设，推进开放教育发展，组织教师参加课程思政教学设计和技能大赛，教学部教师获国家开放大学教育管理专业课程思政优秀教学设计方案一等奖1名、二等奖1名、三等奖1名，获国家开放大学首届工学科类专业教师教学技能大赛三等奖1名；开展网上互动式教学、混合式教学、实践性教学、课程思政建设、社会工作、学前、眼视光特色专业建设，完成社工专业、眼视光、学前教育3个特色专业培育，加入国开73个核心团队，建成89个省级开放大学实施团队、1300个辅导教师团队，发挥“成渝地区双城经济圈开放大学教学联盟”在师资共享、协同育人方面的优势，推进成渝地区开放大学教学团队共建共享。

教育交流与合作　成都开放大学主动融入“双循环”，唱好“双城记”，服务“一带一路”，做好海外学习中心建设，新建华侨学院西班牙巴塞罗那、意大利利沃诺2个学习中心；与泰国、西班牙学习中心合作推进双师协同模式探索、本土教师培训等项目，与韩国大邱、南非开普敦、美国芝加哥等华校筹建学习中心，加强与侨联系统和海外涉侨组织的联动，建设成都市侨联线上线下“侨胞之家”。成都开放大学承办成德眉资侨联学习宣传党的二十大书画展暨“侨胞之家”建设现场会、2022成都市侨联海归菁英新侨培训等活动，与遂宁市侨联、侨办签署“校地合作”协议，共推共建宣传与交流平台，与绵阳市侨联、乐山市侨联、广汉市侨联、郫都区侨联等合作共建天府文化主题课程资源，加强学院专家库、师资库建设，新聘北京师范大学、暨南大学、四川大学、四川师范大学、成都中医药大学等高校客座教授及行业专家20人；完成成都市智慧“侨胞之家”建设，打造集展陈、学习、体验、教学等一体化功能的为侨服务新阵地；与世界中餐业联合会和成都中医药大学合作，组织开展2022海外华侨华人二十四节气养生药膳与导引培训，服务20个国家1000名海外华侨华人；承办教育部语合中心“汉语桥”之“云游天府感知中华”冬令营，服务泰国、越南、美国、秘鲁、比利时等10个国家600名营员；与重庆开放大学合作共建“开放大学国际中文教育云平台重庆子平台”，成都重庆“双城”携手服务“一带一路”沿线国家和地区的华文教育；加强与农职院合作，重点面向东盟及RCEP国家，合建“中文+农业技能+农耕文化”的“开放大学云平台天府农耕文化子平台”及“游天府　学汉语”视频微课系列；与暨南大学华文学院合作推进华文水平测试与海外本土教师培训，与四川师范大学签署合作协议，在人才培养、师资共享、项目共建及对外交流等方面开展合作。

（张绮蓝）

科　技

编辑　李锡清

综　述

【概况】　2022年，成华区全力实施科技协同创新工程，建立创新科技服务、优质企业梯度培育、科技成果转化、双招双引等“科服管家”一站式平台，提供科技金融、创业孵化、科技咨询、知识产权等全生命周期服务，补强科技企业在资金投入、成果转化等方面短板，延长创新链，推进国家技术转移西南中心成华工作站落地，助力区域企业梯度培育及产业提档升级，推动高校及科研院所技术转移和成果转化。全区有国家高新技术企业480家，全年立项省级科技计划项目18项、市级科技计划项目48项；建成5G基站595个，累计建成5G基站3800个，5G网络区域全覆盖。

（刘　虹）

表95　　2022年成都市成华区省级科技计划立项项目表

序号	项目名称	项目承担单位	计划类别
1	深层页岩气长水平井钻井关键技术开发及应用	成都高普石油工程技术有限公司	重点研发计划
2	基于FPGA云平台的远距离隐蔽通信技术	成都航天通信设备有限责任公司	
3	基于柔性面阵传感的油气井口装置腐蚀在线监测与安全评估	中国石油集团川庆钻探工程有限公司	
4	基于人工智能的脊柱侧弯（AIS）智能诊断系统的应用研究	成都成电金盘健康数据技术有限公司	
5	瞪羚企业	四川航电微能源有限公司	
6	瞪羚企业	四川升华电源科技有限公司	
7	瞪羚企业	成都市鼎诚泰信科技有限公司	
8	协同推进成渝地区双城经济圈绿色发展研究	四川创新区域经济研究院	
9	基于人工智能技术的红层软岩智慧勘察系统研发与应用	中国建筑西南勘察设计研究院有限公司	科技创新基地
10	脐膏对脑瘫共患营养不良患儿肠道菌群的影响研究	核工业四一六医院	四川省自然科学基金
11	N-亚油酰酪氨酸通过脂肪酰胺水解酶在非小细胞肺癌的作用研究	核工业四一六医院	
12	FAM83D激活Wnt/β-catenin信号驱动肿瘤干细胞样表型转化介导宫颈癌耐药的机制及干预措施	核工业四一六医院	
13	X/Ka双波段固态发射机产业化及应用推广项目	四川斯艾普电子科技有限公司	科技成果转移转化
14	科技服务业发展专项产业示范	成都硕特科技股份有限公司	科技服务业发展专项
15	科技服务业发展专项产业示范	鑫辉智云集团有限公司	

续表95

序号	项目名称	项目承担单位	计划类别
16	科技服务业发展专项产业示范	四川华控图形科技有限公司	科技服务业发展专项
17	科技服务业发展专项产业示范	中慧长源工程设计集团有限公司	
18	科技服务平台建设	成都电子科大创业孵化服务有限公司	

表96　　2022年成都市成华区市级科技计划立项项目表

序号	项目名称	项目承担单位	计划类别
1	高校院所科技人才创新服务项目	成都晟明科技有限公司	科技人才创新创业资助
2	高校院所科技人才创新服务项目	万基泰科工集团（四川）有限公司	
3	高校院所科技人才创新服务项目	四川新兰石机电设备有限责任公司	
4	研发准备金制度财政奖补资金项目	四川千里倍益康医疗科技股份有限公司	
5	研发准备金制度财政奖补资金项目	成理智源科技（成都）有限公司	
6	精准投喂技术及设备研发	成都通威水产科技有限公司	
7	输血传播病毒性肝炎转化医学及精准治疗策略研究	中国医学科学院输血研究所	
8	放射治疗用自动扫描水模体系统	四川中测辐射科技有限公司	
9	基于工业以太网的分布式多轴运动控制系统研发及产业化	成都炎兴自动化工程有限公司	
10	精准投喂技术及设备研发	成都通威水产科技有限公司	
11	精准化池塘养殖设施与品质提升模式构建	成都通威水产科技有限公司	
12	基于无人机遥感监测平台的智慧农业	成都理工大学	
13	高通量一体化猪病检测筛查分析系统	成都罗宁生物科技有限公司	
14	城市生活污泥和厨余垃圾协同蚯蚓堆肥工艺研究	成都理工大学	
15	面向城市地下综合管廊的分布式光纤温度在线感知系统研制	成都理工大学	重点产业研发支撑计划
16	山地轨道非饱和磁化损伤检测关键技术研究	成都理工大学	
17	基于数字孪生的成都典型川西林盘虚拟档案构建	成都理工大学	
18	工业防护涂料中成膜物质的零VOCs含量原料替代关键技术研发	成都理工大学	
19	垃圾渗滤液全量处理工艺技术及装备的工程化应用	成都硕特科技股份有限公司	
20	燃料电池汽车用氢气燃料质量检测量值溯源关键计量测试技术研究及应用示范	中国测试技术研究院化学研究所	
21	钇[90Y]治疗肝癌的辐射生物效应研究	核工业四一六医院	
22	阳离子修饰载siRNA-CYP11B2靶向超声微泡的制备及体外寻靶治疗醛固酮增多症的实验研究	核工业四一六医院	
23	独一味提取物抗辐射效应机制及转化研究	核工业四一六医院	
24	APL220系列高功率因数AC-DC转换模块	四川升华电源科技有限公司	
25	航空伺服用小型化大行程高精度位移传感器（WDJ15）	成都宏明电子股份有限公司	
26	治疗咽喉炎的石榴微乳喷雾剂的研发	中国医药集团总公司四川抗菌素工业研究所	
27	成都理工大学博物馆	成都理工大学	创新环境提升计划
28	提高成都全社会研发投入难点及对策研究	成都理工大学	

续表96

序号	项目名称	项目承担单位	计划类别
29	天府实验室运营管理体制创新研究——以成都碳中和实验室组建模式及运营机制为例	成都理工大学	
30	成都战略性新兴产业发展策略研究-成都高端工业软件产业发展策略	成都理工大学	
31	成渝地区高效协同创新对策研究	成都理工大学	
32	“双循环”下的成都现代物流业与先进制造业融合创新发展机制研究	成都理工大学	
33	基于“创新链驱动”的军民科技中介组织发展模式与作用研究	成都理工大学	
34	科技创新赋能地质灾害监测预警产业生态圈研究	成都理工大学	
35	成德眉资区域协同创新中心建设研究	成都理工大学	创新环境提升计划
36	成渝地区双城经济圈空间优化布局及成都发展对策研究	四川创新区域经济研究院	
37	成渝地区双城经济圈空间优化布局及成都发展对策研究	成都理工大学	
38	成都市成华区拾野自然博物馆	成都市成华区拾野自然博物馆	
39	成都理工大学博物馆系列科普剧传播	成都理工大学	
40	成都理工大学地震科普基地	成都理工大学	
41	今日头条创作空间	四川今日头条科技有限公司	
42	电子科大电子信息产业孵化器(国家级孵化器)	成都电子科大创业孵化服务有限公司	
43	北京理工大学校友创新创业服务中心(成都)	成都北理同创孵化器管理有限公司	
44	蜂巢创新空间	成都蜂巢创服企业管理有限公司	成果转化引导计划
45	北京理工大学校友创新创业服务中心(成都)	成都北理同创孵化器管理有限公司	
46	北方石油-西南石油大学产学研联合实验室	成都北方石油勘探开发技术有限公司	
47	地质灾害监测预警大数据智能云平台	成理智源科技(成都)有限公司(欧鸥)	基础能力建设计划
48	成都高可靠阻容元器件工程技术研究中心	成都宏明电子股份有限公司	

【科技人才引进】　成华区引进潘亮、白赛、陈国川、黄明、张新军、钱浩等高层次人才团队6个，培育技术经纪人38人，引进科研助理岗位高校毕业生114人。

【科技成果转化实施】　成华区优化科技成果转化布局，着力在优化科创空间、深化校园企地战略合作、完善创新孵化服务体系等方面进行谋划。区新经济和科技局深入电子科技大学、成都理工大学调研，形成《成华区校地协同科创载体发展专项规划》；与电子科技大学共建国家特色示范软件学院，打造环电子科大工业软件产业集群；成都理工大学开展四川省职务科技成果转化改革试点，创建国家级大学科技园，招引500强企业紫金矿业，拓展成华区采矿业产业链；探索建设微波射频领域中试服务平台，为产业链上下游企业提供新产品开发和验证等服务，带动微波产业聚集发展。高校院所与成华区主导产业链关键企业共建各类创新、攻关平台，建成联合实验室8个、省市级工程技术研究中心7个、市级以上企业技术中心39个，全年科技成果转化10项。

【校地联动合作】　6月14日，成华区人民政府与电子科技大学签订战略合作协议，共建工业软件孵化中心、工业软件创新中心、国家级特色化示范性软件学院。成华区支持成都理工大学油气藏地质及开发工程、地质灾害防治与地质环境保护2个国家重点实验室重组，力促紫金矿业引领新能源产业聚集，成都理工大学玄武岩纤维等新材料研究成果落地。成华区以国家大学科技园为引领，完善科技创业孵化服务体系，提升电子科技大学沙河科技园、蜂巢创新空间、今日头条创作空间、北理同创孵化器、成都理工大学科技园、华灿工场6家孵化器服务能力和产出。全年举办电子科技大学沙河科技园法律讲座、产品工业设计和供应链服务“云”交流等校企双进活动12场次。

（刘　虹）

表97　2022年成都市成华区科技成果转化一览表

序号	科技成果名称	转化企业
1	地质灾害监测预警智能云平台	成理智源科技（成都）有限公司
2	基于机器视觉的工业自动化智能监测与评价系统	成都众智泰科技有限公司
3	地质环境脆弱区生态修复技术与推广	四川省时变环保工程有限责任公司
4	射频识别预制构件溯源系统	成都科灵光电科技有限公司
5	以高铁酸盐混凝原位耦合作用为核心的短流程超滤净水技术研究	四川国曜生态环境科技有限公司
6	再生水补给型城市公园湿地温室气体排放特征及减排策略研究	成都山涧花落园林景观设计有限公司
7	燃料电池汽车用氢气燃料质量检测值溯源关键计量测试技术研究及应用示范	四川省产品质量监督检验检测院
8	基于实时宏基因组与微生物培养组的血小板病原体快速检测方法开发	成都市血液中心
9	预衍射X荧光仪	四川新先达测控技术有限公司
10	医学数字影像工程技术	成都成电金盘健康数据技术有限公司

【高新技术企业认定】　区新经济和科技局指导198家企业提交认定申报资料，组织区内高新技术企业按时填报年度成都市创新创业统计监测系统季报及科技部火炬统计调查，完成“创新驱动目标”考核相关数据填报。全年新认定四川凌耘建科技有限公司、四川省华电成套设备有限公司、成都市屹华建筑工程公司、成都建元通信技术服务有限公司、成都建工第七建筑工程有限公司、四川弘建电力工程有限公司、四川省冶勘设计集团生态环境工程有限公司、成都米井文化传媒有限公司等高新技术企业165家。截至年底，成华区有高新技术企业480家。

（刘　虹）

【“周周菁蓉汇”品牌效应发挥】　成华区发挥“周周菁蓉汇”品牌效应，围绕创新创业、新经济、军民融合、校院企深度合作等领域，以“青春”“创客”“蓉漂”“金融”等为主题，开展第九届中国西部中小企业发展论坛、银企融资对接会、成华区新经济企业创新加速营智能制造主题日、第九届成华区青年创业大赛、高工机器人西部峰会暨龙潭工业机器人产业功能区推介会、成华区新经济企业创新加速营、专精特新“小巨人”企业政策宣讲会、高新技术企业认定培训会等双创活动50场次。

（罗　豪）

5月25日，2022高工机器人西部峰会暨龙潭工业机器人产业功能区推介会举行

（区新经济和科技局供图）

科技创新

【概况】　2022年，成华区深入实施创新引领工程，把提高企业自主创新能力作为调整产业结构、转变经济发展方式的重要举措，全年科学技术投入5495万元，有国家和省市级双创载体6个，入库科技型中小企业268家，高新技术产业营业收入787亿元。成华区加大科研经费投入，“四上”企业研发投入24.6亿元，获得省级、市级各类奖补资金1773.92万元。电子科技大学沙河科技园小企业创业基地被认定为四川省小型微型企业科创示范基地。

【创新驱动发展战略实施】　成华区以成渝地区双城经济圈建设为抓手，

6月10日，成都卡诺普机器人技术股份有限公司研发人员测试设备（区新经济和科技局供图）

深入实施创新驱动发展战略，推进创新链、产业链、人才链深度融合，对接成渝地区创新源头，完善校院企地协同创新机制，创建科技创新平台，激活创新创业活力，集聚创新主体，以科技创新赋能产业发展，助力打造“金色中环”策源地，构建成华竞争新优势、转型发展新动能。千城科创建设“物联网和工业互联网安全测评”省部级实验室，加速打造西部地区物联网产业极核创新基地建设，助推区域经济发展再上新台阶。科技型企业联合高校院所共建省市级工程技术研究中心、产学研联合实验室等创新平台，截至年底，培育成都三合力通科技有限公司、成都卡诺普自动化控制技术有限公司、四川斯艾普电子科技有限公司、成都硕特环保科技有限公司、成都市鼎诚泰信科技有限公司、四川升华电源科技有限公司、四川航电微能源有限公司、四川金誉科技有限公司8家瞪羚企业，建成产学研联合实验室8个，省市级工程技术研究中心8个，国家和省级工程研究中心6个，国家和省市级企业技术中心38个，各级各类创新平台60个。

（刘　虹）

【国家和省市双创载体打造】　成华区鼓励双创载体提档升级，组织企业申报市级、省级、国家级载体，华灿工场双创平台被科技部备案为“国家备案众创空间”，完美文创公园、蜂巢创新空间通过省级众创空间备案，今日头条创作空间被认定为市级孵化器。截至年底，成华区有电子科技大学沙河科技园、WE创空间和蓝色工坊、华灿工场3家国家级双创载体，完美文创公园、蜂巢创新空间2家省级众创空间，今日头条创作空间、北理同创孵化器、凯龙财富大厦创新创业孵化加速基地、东梦工厂、智能焊接技术专业孵化器、CEC784·万谷智慧产业园6家市级双创载体。

（罗　豪）

【企业技术中心培育】　成华区鼓励企业设立创新研发机构，搭建优质企业梯度培育平台，推动科技企业梯度

表98　　2022年成都市成华区国家和省市级企业技术中心情况表

类别	企业名称
国家级企业技术中心	成都宏明电子股份有限公司
省级企业技术中心	四川柯世达汽车制动系统集团有限公司、四川成焊宝玛焊接装备工程有限公司、四川省第三建筑工程有限公司、四川省建筑机械化工程公司、四川文轩教育科技有限公司、四川金域医学检验中心有限公司、四川华西绿舍建材有限公司、四川海力智能科技股份有限公司、成都建筑材料工业设计研究院有限公司、成都焊研科技有限责任公司、成都航天通信设备有限责任公司中建商品混凝土成都有限公司、雅砻江流域水电开发有限公司、成都康赛信息技术有限公司、成都建工第七建筑工程有限公司、成都北方石油勘探开发技术有限公司、中国建筑西南勘察设计研究院有限公司、四川升华电源科技有限公司、成都卡诺普自动化控制技术有限公司、成都微精电机股份公司、四川斯艾普电子科技有限公司、四川千里倍益康医疗科技股份有限公司、五冶集团装饰工程有限公司、中国电建集团四川工程有限公司
市级企业技术中心	四川施克塞斯科技有限公司、成都恩承科技股份有限公司、成都福立盟科技有限公司、成都鑫豪斯电子探测技术有限公司、成都赛英科技有限公司、航天科工通信技术研究院有限责任公司、成都成电金盘健康数据技术有限公司、鑫辉智云集团有限公司、成都克伏特航空设备有限公司、成都阿普奇科技股份有限公司、五冶集团装饰工程有限公司、四川瑞都石油工程技术服务有限公司、中国电建集团四川工程有限公司、四川千里倍益康医疗科技股份有限公司、成都硕特科技股份有限公司、中铁二十四局集团西南建设有限公司、成都康拓兴业科技有限责任公司、成都创新达微波电子有限公司、神光光学集团有限公司

培育。全年新增四川千里倍益康医疗科技股份有限公司、五冶集团装饰工程有限公司、中国电建集团四川工程有限公司3家省级企业技术中心；新增中铁二十四局集团西南建设有限公司、成都康拓兴业科技有限责任公司、成都创新达微波电子有限公司、神光光学集团有限公司4家市级企业技术中心。截至年底，成华区有国家级企业技术中心1家、省级企业技术中心23家、市级企业技术中心19家。

（李正乐）

科技普及

【概况】 2022年，成华区科普工作形成政府主导、部门协作、社会参与的良好格局。全区建立科普志愿服务队128支，有科技志愿者1670人，科普中国信息员6941人，科创工作室143家。

【《全民科学素质行动规划纲要》贯彻落实】 成华区深入贯彻《全民科学素质行动计划纲要》，发挥科普教育基地在开展科普宣传教育中的重要作用，不断完善科普基础设施，提高科普服务能力，开展公益科普服务活动，提高全区公民科学文化素质。区科协举办第二十六届“科技之春”科普活动月线上主题活动、成华区科普迎大运活动、成华区青少年科技创新大赛，激发广大青少年科学兴趣，提升青少年科学素养。举办“全国科技工作者日”主题活动、全国科普日线上主题活动、全国科普日系列活动。成华区开展最美科技工作者评选，成都理工大学研究员王虹等10名科技工作者被评为2022年成华区最美科技工作者。12月14日，成华区组队参加“学习贯彻党的二十大精神——科耀蓉城”2022年成都市全民科学素质大赛，成华区代表队获得大赛一等奖。

【科普服务体系建设】 成华区加强科普服务体系建设，增强科普公共服务能力，推进科普中国App应用，将科普中国App融入区融媒体中心建设，传播宣传科普中国App，强化科普中国信息员队伍建设，全区有科普中国信息员6941人。成华区加大天府科技云优质资源供给，引导用户注册科技云、发布科技（科普）供需信息，开通科创工作室143家，为天府科技云输送优质科普资源50条，共建优质科普基地11个，让青少年和社区居民可以更加便捷地上天府科技云，打造惠民共享平台，实现科普资源点面结合、云端共享，为人民群众提供普惠、便捷、高效的科普服务，发布135条科普动态至科创中国科普苑，完成949条保姆单。

【“科技之春”科普月活动】 3月25日，成华区以科普迎大运为主题，开展2022年成都市第二十六届“科技之春”科普月成华区科普迎大运活动，通过绿道科普跑步+梦想涂鸦DIY自制风筝活动的形式，普及科学知识，增强社区居民健康运动意识。4月8—12日，举办迎大运、幸福城建设、2022年成华区第二十六届“科技之春”科普活动月主题线上活动，报道成华区“科技之春”科普活动月线下活动风采，制作线上游览、助力点亮、知识竞答等趣味关卡，为网友带来多样的科普互动体验，活动得到20家主流媒体报道，阅读量14.59万人次，活动点击量2.01万人次，有1.84万名玩家助力点亮绿色生活，成为环保志愿者。

【“全国科技工作者日”主题活动】 5月30日，成华区以“创新争先、自立自强——致敬最美科技工作者”为主题，开展2022年“全国科技工作者日”系列主题活动，发布致成华科技工作者一封信、科技工作者祝福短视频接力、科普大V面对面——“科普成华”视频号直播首秀、成华区最美科技工作者风采展，普及科学知识、弘扬科学精神、传播科学思想、倡导科学方法，促进公民科学素质提升。

【“全国科普日”主题活动】 9月30日，成华区启动“喜迎二十大，科普

12月14日，成华区代表队参加2022年成都市全民科学素质大赛获得一等奖　（区科协供图）

9月30日，2022年成华区“全国科普日”线上主题活动　（区科协供图）

向未来·共建文明之城·创响科幻之都”云上科普日——2022年成华区“全国科普日”线上主题活动，由线上“云启动”仪式和主会场“五百双千通·科普行动”网络点赞活动、“众心向党·自立自强”喜迎二十大科学精神VR展、“党旗领航·科创有我”科创中国·天府科技云线上推广宣传活动、“科学特派团”进校园活动、“创响科幻之都”科幻画征集评选活动、“中国科幻城·成都进行时”接力竞答活动六大活动构成，以“科普+互联网”的形式开展，激发全民参与科普的积极性，活动得到中央和省市区级29家媒体报道36篇，宣传覆盖290万人次。在科普中国2022年全国科普日活动总榜单排名中，“云上科普日”——2022年成都市成华区全国科普日线上主题活动以1796.32万人次阅读量，663.98万个点赞，1.66万次转发位列全国第一。区科协在线下同步开展2022年成华区“全国科普日”社区系列活动，以“喜迎二十大·科普向未来——创新发展·全民参与”为主题，以弘扬科学精神、聚焦重点领域、深化文明实践、立足群众所需等为主题，在猛追湾街道、跳蹬河街道、保和街道、青龙街道、白莲池街道社区绿道、公园、博物馆，开展“小而美·小而精”的科普活动，为全面建设践行新发展理念的公园城市示范区和做强成都全省主干极核奠定坚实的科学素质基础。

（谢　立）

信息化建设

【概况】　2022年，成华区全力推动5G网络基础设施建设，提升网络供给能力，增强5G服务水平，全年建成5G基站595个。区新经济和科技局统筹通信运营商及各方力量，全力提供网络、技术等资源，为全区疫情防控、重大活动保驾护航；开展通信设施整治等民生工程，为居民提供网络、通信便利。

【通信保障服务】　区新经济和科技局全面统筹协调通信保障，为全区重大活动网络与信息安全保驾护航，确保市级、区级重大活动顺利开展；统筹协调中国电信成华区分公司、中国移动成华分公司、中国联通成华区分公司三大运营商提供技术、人力等资源，确保第二届四川省文创大会、第九届中国西部中小企业发展论坛、中高考等国家和省、市、区级10场重大活动顺利举行。

【5G基站建设】　成华区加快5G基础设施建设，全年建成5G基站595个，累计建成5G基站3800个，实现景区、工业园区、党政军办公区、重要交通枢纽、高校及医院等重点区域全覆盖，5G网络结构基本形成，为助力数字经济、智能经济、绿色经济提供保障，为服务民生提供有力支撑。

（陈子云）

知识产权保护

【概况】　2022年，成华区市场监督管理局加强知识产权全链条保护，推动专利、商标创造；探索知识产权保护新模式，把服务企业发展融入各项工作。全区14个知识产权维权工作站（点）与8个知识产权纠纷人民调解委员会，共同开展知识产权咨询、服务、维权援助、非诉纠纷调解等工作，为市场主体获取知识产权、保护知识产权和实现知识产权价值提供指导。全年专利申请数2838件，发明专利申请量990项，发明专利授权量561项。

【知识产权公共服务平台】　成华区健全知识产权公共服务工作制度，丰富知识产权公共服务内容，创新知识产权公共服务产品，提升知识产权公共服务效能，为创新创业主体和社会公众提供免费或低成本维权咨询、公益培训、政策宣传等知识产权公共服务。

全区有成都行之智信知识产权代理有限公司、成都行之专利代理事务所、成都九鼎天元知识产权代理有限公司、成都睿道专利代理事务所、成都希盛知识产权代理有限公司、四川鼎韬律师事务所、四川纵目律师事务所、四川明炬律师事务所、四川行之智汇知识产权运营有限公司、四川西部知识产权鉴定评估公司、中知(北京)认证有限公司四川分公司11家知识产权公共服务机构平台。

4月26日，成华区“4·26”世界知识产权日宣传活动在龙潭工业机器人产业功能区举办
（区市场监管局供图）

【知识产权贯标服务】 区市场监管局按照知识产权成长型、优势型、引领型三级由低到高逐级培育，加强对入库企业知识产权全链条保护，形成一批拥有知识产权优势、具有市场竞争力的知识产权企业。区市场监管全年办理投诉举报件497件，接受咨询350人次，收到企业、群众感谢锦旗5面；开展打击侵犯知名酒企、版权等知识产权联合执法，以及重点领域、专利代理执法，依法严厉打击各种知识产权侵权违法犯罪行为，保护权利人合法权益，维护市场经济秩序。区市场监管局与区检察院、区公安分局开展知识产权联合执法，查办侵犯“国窖1573”“剑南春”“小郎酒”“竹叶青”等注册商标专用权案件21件，涉案金额20万元。

【专利资助】 区市场监管局着力促进全区企业知识产权能力和水平整体提升，拨付省级知识产权专项资金170万元、第一批市级知识产权发展和保护专项资金100万元、第二批市级知识产权发展和保护专项资金87.42万元；拨付成都理工大学、成都宏明电子股份有限公司、成都卡诺普机器人技术股份有限公司、成都康拓兴业科技有限责任公司、成都纽曼和瑞微波技术有限公司、四川凌耘建科技有限公司、成都赛英科技有限公司7家企业发明授权专利资助6.18万元。

【专利质押融资】 区市场监管局完善“服贷投”联动投融资服务中心功能，将业务范围从科技、新经济领域拓展至文创领域，为更多双创人才创业提供资金支持，“服贷投”投融资服务中心帮助114家中小微企业融资2.12亿元；推广“一债二贷”创新金融产品，丰富中小微企业融资路径，帮助54家企业获得信贷资金8947万元；组织融资对接和培训活动，为企业、创业者搭建发展和服务平台；举办成华区政企银座谈交流会暨金融综合服务沙龙活动，四川银行成都分行、成都普惠融资担保公司、蜂巢金服3家金融服务机构，搭建银企互动交流平台，促进银企对接，助力全区中小微企业纾困解难。

【知识产权宣传】 区知识产权局以“创造、运用、保护”为主题，紧扣“全面开启知识产权强国建设新征程”世界知识产权宣传周主题，组织4名专家对四川成焊宝玛焊接装备工程有限公司、成都阿普奇科技股份有限公司，开展“一对一”知识产权公益诊断服务，在成都理工大学开展高校知识产权运用和转化调研座谈会；邀请成都宏明电子股份有限公司、成都金域医学检验中心有限公司等11家市场主体开展“智荟沙河畔”知识产权座谈会，组织知识产权专家在成都市双庆中学（龙潭校区）开展知识产权“进学校”宣传活动。4月26日，区知识产权局联合区公安分局、区检察院和龙潭工业机器人产业功能区等8个知识产权领导小组成员单位，以及14个维权工作站（点）在全区开展“4·26”世界知识产权日宣传活动，传播以“尊重知识，崇尚创新，诚信守法，公平竞争”为核心理念的知识产权意识，引导公众严格保护、合理运用知识产权。

（廖俊杰）

文　化

编辑　李金洁

综　述

【概况】　2022年，成华区编制出台《成华区“十四五”世界文创名城建设规划》，推进《成华区建设世界文创名城行动计划（2021—2025年）》，重点发展影视音乐、电竞文化、直播电商等产业，引进国内影视选角行业CD HOME、时代光影等品牌文化企业，落地西部影视产业园、“拍在四川”一站式服务平台等项目，打造天府文创时尚设计新区、数字娱乐高地、影视音乐百老汇和动漫电竞新潮地。成华区率先在全市开展社区艺术创享计划，推进“最可爱”熊猫文化、“最时尚”工业文明、“最神秘”古蜀文明、“最成都”市井文化等特色文化IP营建工程，举办2022天府文创大集市、黑与白熊猫艺术创意展、川渝首届露营产业发展峰会，协办成都数字文创产业峰会等美食、文创及文旅产业消费体验集市活动。全年建成开放成都自然博物馆、天府设计展览馆，建成万年仓COOL文创园区、东郊记忆·东山Re° est等，开展群众文化惠民活动3914场次。朗fun商业街、望平坊、地勘路咖啡文化特色产业街区3个街区获评市级文创特色街区。

【“十四五”世界文创名城建设规划】　区委宣传部编制《成华区“十四五”世界文创名城建设规划》，以强化数字文创引领、深化产城融合驱动、实化绿色双碳举措为方向，重点发展创意设计、都市旅游、音乐艺术、影视传媒、数字娱乐等产业，实施天府文化引领、核心载体建设、公共文化服务提升、文创市场主体培育、文创生态涵养建设、文化消费潜力激发、文商旅体融合发展、文化赋能城市提升八大工程，打响旅游名区、文创名区、消费名区“三大名区”，擦亮文商旅融合品牌。到2025年，成华区跻身成都建设全国文创中心的核心功能板块，在成都建设世界文化名城中走在前列，基本建成践行新发展理念的公园城市示范城区；到2035年，成华区基本建成具有全球影响力的世界文创名城。

【公共数字文化工程融合创新发展】　成华区做好14.9平方千米工业遗存连片区域城市设计，对20处62万平方米保留工业建筑进行保护性开发，引进成都勾勾互娱文化传媒有限公司、成都乐华时代文化传媒有限公司等企业，加强东郊记忆、CEC784·万谷智慧产业园等直播电商基地建设。区文体旅局建强成华区都市旅游微信公众号、成华区文化馆微信公众号、成华区图书馆微信公众号等公共文化云平台，创新熊猫企业微课堂，推出“聚智熊猫，创想未来”系列分享课程，推进公共数字文化工程融合创新发展。

【“大熊猫+”文化品牌】　成华区挖掘熊猫基地、北湖生态公园两大特色资源，实施熊猫IP提升工程，推进熊猫度假区创建省级旅游度假区，引入Club Med熊猫主题酒店、龙川成都熊猫极地海洋世界等文联项目，策划打造大熊猫露营公园，推出以大熊猫文化为核心的“四季都市”等10条精品主题线路。成华区推出全球首部熊猫主题驻场音乐剧《熊猫》和舞剧《大熊猫》，联合pandapia熊猫乌托邦拍摄制作3D纪录电影《熊猫　熊猫》，邀请中国音乐家协会副主席廖昌永发起“熊猫IP音乐孵化计划”，发布《熊猫之家》《做你的熊猫》等宣传歌曲5首。

12月10日，第二届四川省文创大会在东郊记忆举行文创集市等活动　（区融媒体中心供图）

【"月月有赛事、周周有活动"文化活动】　成华区坚持活动营城，筹办2022年全国"村晚"示范展示第五届天府院坝群众春晚、中国家庭自行车健康营等国际国内重大文体活动6场，依托省市文旅协会平台，举办中国游戏行业年会、IGS中国（成都）国际数字娱乐博览会、第二届四川省文创大会等重大赛事节会活动，举办"黑与白熊猫艺术创意展"、天府设计展览馆开馆暨红点设计概念大奖获奖作品展、成都东郊戏剧节等系列活动，举办成华熊猫城市定向赛、第六届天府银杏文化艺术周等本土活动。全年开展"走基层"等区域特色活动和惠民活动3914场。

（周晓娅　陈　新　黄　静）

文化设施

【概况】　2022年，成华区加快建设"六馆四中心"，推进中演华天艺术中心建设，建成投用成都自然博物馆、天府设计展览馆，实施毛边书局·桃蹊书院、多宝寺壹号艺术中心（四川福宝美术馆）、成都繁星戏剧村等文化阵地提档升级，新建培华路社区等社区微方志馆7个。截至年底，全区有区图书馆1个、图书分馆13个，区文化馆1个、文化分馆18个，街道综合文化活动中心11个、社区活动室83个，社区微方志馆24个，社区美学空间11个，基本公共文化设施面积10.54万平方米，形成以区文化馆、区图书馆为龙头，街道、社区综合文化服务中心为支撑，社会化分馆为延伸的四级公共文化设施网络。

表99　2022年成都市成华区公共文化服务阵地分布情况表

序号	类别	分布情况
1	图书馆	成华区有区图书馆1个，有13个图书馆分馆，为双桥子街道分馆、猛追湾街道分馆、跳蹬河街道分馆、二仙桥街道分馆、龙潭街道分馆、青龙街道分馆、白莲池街道分馆、双水碾街道分馆、府青路街道分馆（桃蹊书院）、保和街道分馆（和美社区图书馆）、杉板桥社区分馆（品读学院）、成华区总工会分馆、二仙桥邻里月台分馆
2	文化馆	成华区有区文化馆1个，有18个文化馆分馆，为双桥子街道分馆、猛追湾街道分馆、二仙桥街道分馆、府青路街道分馆、白莲池街道分馆、万年场街道分馆、双水碾街道分馆、跳蹬河街道分馆、青龙街道分馆、龙潭街道分馆、保和街道和美分馆、建设路街道分馆、福宝书画展览分馆、望平坊分馆、石室初中分馆、二仙非遗分馆、桃蹊书院分馆、岩彩画分馆
3	街道综合文化活动中心	成华区有11个街道综合文化活动中心，为双桥子街道综合文化活动中心、猛追湾街道综合文化活动中心、府青路街道综合文化活动中心、万年场街道综合文化活动中心、双水碾街道综合文化活动中心、跳蹬河街道综合文化活动中心、二仙桥街道综合文化活动中心、保和街道综合文化活动中心、青龙街道综合文化活动中心、龙潭街道综合文化活动中心、白莲池街道综合文化活动中心，83个社区（村）均建有社区活动室
4	特色文化阵地	成华区特色文化阵地有成都拾野自然博物馆、天府四川金融博物馆（猛追湾街道），成都自然博物馆、成都李彬报纸博物馆（二仙桥街道），客家乡愁记忆馆、熊猫剧场（白莲池街道），多宝寺壹号艺术中心（万年场街道）、毛边书局·桃蹊书院（府青路街道）等，有社区美学空间11个、社区微方志馆24个、特色书店8家

【成华区文化馆】 成华区文化馆位于建设北路一段66号，建筑面积4000平方米，为国家一级文化馆、四川省全民艺术普及示范基地。馆内音乐、舞蹈、器乐、绘画、书法等文化活动室免费向社区群众开放，每天开放11.5小时，入驻有文体团队42支。区文化馆开展市民文化艺术学校春季班和秋季班线下培训，设二胡、拉丁、民族舞、瑜伽、书画、声乐、太极7个艺术门类公益课程，年内组织公益培训班66班次、职工文艺培训班4班次，完成培训1584课时，培训市民2000人次。2022年，区文化馆开展成华区“村晚·民俗闹春”非遗民俗精品节目集中展演活动、“我心中的金色中环”成华区少儿绘画大赛、“翰墨天府”成都书法大讲堂、“百米百图庆百年”华熔摄影作品展等文化活动172场，利用微信公众号、数字化服务平台开展线上活动270场，推出线上文艺慕课120期，接待群众5.2万人次，获评第五次全国文化馆评估定级“国家一级馆”。

【成华区图书馆】 成华区图书馆位于建设北路一段66号，建筑面积3500平方米，为国家一级图书馆，总藏书量55.88万册，有超星讲座视频数据库及图书报刊数字资源设备6台，提供线上讲座视频2.5万集、电子图书68万册，开通社保卡免注册借阅服务功能，实现全市公共图书馆通借通还和数字资源共享。2022年，区图书馆采购上架新书2.4万册，订购报刊940种，为各分馆配送报刊680种，流转图书2.5万册；接待读者23万人次，外借图书18万册次，其中少儿图书6.8万册次。区图书馆联合毛边书局·桃蹊书院开展《方寸之间 舆图万象——地图里的成都》展览、“诗意成华”研讨论坛等活动，开展“熊猫·云书房”网借服务，开展阅读推广活动102场次、展览17期、全民阅读宣传展览活动5场。全区13个分馆全年接待读者6万人次，外借图书2.4万册次，开展阅读推广进社区等

表100 2022年成都市成华区社区美学空间一览表

序号	点位	特色
1	猛追湾街道望平社区猛追湾故事馆	以故事情感贯穿主线，突出猛追湾特色，运用情景再现、数字技术和3D投影等科技手段，增添游览的趣味性
2	白莲池街道狮子社区客家乡愁记忆馆	以客家乡愁记忆馆为平台，打造熊猫有戏、“大熊猫+客家”文创社区营造等活动，构建易进入、易参与、易共享、可持续的乡愁馆·邻里荟，融入客家舞台、客家文化茶室、客家艺术工作坊、客家手工制作等功能
3	保和街道和美社区生活美学馆	依托社区生活美学馆，优化整合目前已有的“美学课堂”“社区艺术走廊”“最美川剧”“共享办公空间”“社区文化集市”等品牌，挖掘辖区历史文化和资源特色，收集社区故事和艺术作品，定期举行居民艺术展览、艺术课程培训等
4	龙潭街道院山社区客家清风馆	展示客家家训及先贤赤诚报国、行廉志洁光辉事迹，涵盖客家历史、艺术和文化等内容
5	双水碾街道横桥社区党群服务中心	集合文化创意、便捷生活服务、社区青年共享办公、社区居民议事、社区公益活动、社区教育、社区组织和志愿者培育等功能，打造便捷高效的综合型社区美学生活场馆
6	N次坊——昭青路社区美学馆	通过街区节点打造，以街区老旧场所再利用为基础，在场景中体现历史人文价值，实现社区人文环境更新
7	双桥子街道三街坊社区420美学馆	记忆馆以时间脉络为主轴线，通过文字、图片、展板、短片等形式，讲述420人生根、发芽、发展、转型、梦想等故事及三供一业的改造，开展技能培训、公益活动、志愿者培训等活动
8	府青路街道怡福社区毛边书局·桃蹊书院	集社区图书、电子阅览室于一体的街道文化交流活动中心，为成都社区公共文化的创新坐标，开展丰富特色的文化活动
9	万年场街道槐树店社区多宝寺壹号艺术中心	设有艺术展厅、天府文化美术馆、天府名家工作室、天府文化研究传承中心等功能区，配有图书室、会议室、咖啡厅、多功能厅、茶室、文物修复室等配套设施，满足文化交流、培训、文化消费等不同场景需求
10	跳蹬河街道杉板桥社区新山書屋	以小阁楼设置为主，上下楼以旧木楼梯相连，放置1.3万个品类6万册（本）图书、400张经典唱片，打造多元主体参与、各类文化共存的社区生活共同体
11	二仙桥街道仙韵社区中车共享城	原始工业空间中植入新时代艺术的生命力，承载机车厂厚重历史，打造时尚工业风打卡地标

活动40场，参与市民8210人次。区图书馆获2022年四川省“金熊猫”先进集体奖。

11月11日，毛边书局·桃蹊书院举办寻根蜀味之源川菜龙门阵主题活动

（毛边文化艺术活动中心供图）

【毛边书局·桃蹊书院】　毛边书局·桃蹊书院位于怡福路300号，建筑面积1600平方米，由府青路街道办事处与国内古旧书籍名店“毛边书局”联合创建，藏有古旧书籍10万册、巴蜀文化类图书2万册、图书种类4万种，挂牌四川方志文化宣传基地、成都方志文化（府青路街道）宣传基地，构建品质阅读场景、美育场景、传统文化传承场景等多功能空间。书院一楼为公共阅读空间，藏有通借通还图书1.3万册，提供图书阅览座位80个、电子阅览座位20个；二楼设桃蹊画院、国学讲习所、大师工作室、书画展厅等文化活动空间；三楼陈列历史、书法、音乐、舞蹈、烹饪、地方志书等古旧书籍。2022年，毛边书局·桃蹊书院新采购书籍3500册，编印《东郊的故事·“家年话”——东郊的故事》等图书，举办《百年影像里的成都胜迹》《赤水河记事》等新书分享会，举办初夏回眸·成长摄影记、游支健摄影展等展出活动，举办家风家训分享会、“全家总动员”亲子集市等亲子家庭教育活动，开展川西建筑与城市更新城市论坛、寻根蜀味之源川菜龙门阵等人文活动，全年举办各类文化艺术活动161场次，惠及群众2.3万人次。书院获评长三角及全国部分城市最美公共文化空间大赛公共阅读空间奖。

【成都拾野自然博物馆】　成都拾野自然博物馆位于成都339购物中心A栋4层，建筑面积7000平方米，设野兽部落、物种天堂、爬虫秘境、动物剧场、中国双宝、贪吃小屋六大展示服务区，陈列自然艺术标本等野生自然展品1200种8000件，是全国野生动物保护科普教育基地、四川省中小学生研学实践教育基地、四川省自然教育基地。2022年，成都拾野自然博物馆开展博物馆奇妙夜、动物明星见面会等活动180场次，接待参观游客13万人次。

天府四川金融博物馆　（区融媒体中心供图）

【天府四川金融博物馆】　天府四川金融博物馆位于游乐园滨河路8号，建筑面积7600平方米，通过声、光、电、影、物等形式，介绍全球货币发展历程、中外主要金融事件和金融代表人物，展示交子、茶马古道等大西南商业金融发展历史性标志，设“货币的演变”“大西南金融史”“伟大的金融创新——四川交子”“防范金融诈骗与打击非法集资”“金融科技展”等展陈内容。2022年，天府四川金融博物馆举办博物馆下午茶、博物馆金融大讲堂、“金融科技与数字货币”特展、“数字经济与并购新机遇”博物馆年会等大型活动12场。

【成都李彬报纸博物馆】　成都李彬报纸博物馆位于东华二路39号，占地面积410平方米，展厅面积100平方米，馆藏自清代以来国内外各类报纸1.5万种、5万份，包括清代报、民国报、试创刊号报、“中国”字头报、“号外”报、党报、晚报及“港、澳回归”“北约轰炸中国使馆”等专题报，是成都市报纸收藏博览社科普及基地、成华区报纸文化社科普及基地、成华区青少年法治教育基地。2022年，成都李彬报纸博物馆举办“《人民日报》里的成都”线上展览11场，举办“成都学术沙龙”老成都民俗趣谈活动、报纸文化与收藏讲座、古代成都家谱中的家风家训沙龙及“迎新春送春联”等文化活动，线上线下接待国内外观众12.19万人次。

9月29日，“喜迎二十大·典藏颂国庆”四川省收藏家协会红色藏品主题展在四川福宝美术馆举行
（多宝寺壹号艺术中心供图）

【多宝寺壹号艺术中心】　多宝寺壹号艺术中心（四川福宝美术馆）位于槐树店路333号，占地面积1.07万平方米，展厅面积2300平方米，场馆设艺术展厅、天府文化美术馆、天府名家工作室、天府文化研究传承中心等功能区，是设施完备和功能完善的综合艺术文创中心。中心入驻郭汝愚、何应辉、李兵等国家级艺术家，为四川省文学艺术界联合会教学培训创作基地、四川省人民政府文史研究馆创研展示基地、成都市文学艺术界联合会教学培训创作基地。2022年，中心开展“羊子山杯”成华区第一届青少年书法大赛、喜庆二十大书写新辉煌中国书画艺术进校园、“幸福万年　墨韵槐香”写春联等文化惠民活动，开展“书法家自我风格探索和完善”等公益艺术培训，举办成都市首届篆刻篆隶书法作品展、粮票上的党史红色主题展、福宝·石壶画会名家邀请展、红色藏品主题展、雏凤声清河北美术学院十八人书法提名展等展览13场，推出2022抗震抗疫主题海报公益网络展、成都文艺志愿者“书写党的二十大报告金句”等网络展览11期。

西西弗书店万象城店　（区融媒体中心供图）

【客家乡愁记忆馆】　客家乡愁记忆馆位于白莲池街道一里塘社区，建筑面积330平方米，为融合“客家文化与大熊猫文化”的社区文化展示厅和会客厅。场馆分为客家文化展示区、客家舞龙文化区、熊猫文创展示区、客家工作坊以及社区小舞台，通过文字、图片、老物件等形式记录客家人迁徙历史及衣食住行等客家文化，融入客家文化茶室、客家艺术工作坊、客家手工制作等功能。2022年，客家乡愁记忆馆开展客家老人生日会、客家老人开课、客在熊猫村儿童舞台剧等活动111场，线下线上服务居民7172人次。

【特色书店】　成华区有实体书店72家，网络书店35家，有几何书店、新山书屋、西西弗书店、文轩BOOKS、轩客会等特色书店8家。几何书店（猛追湾店）联合四川省慈善总会等机构举办

2022年度“善宝杯”文创设计大赛、少年儿童短诗创作大赛、frist电影节等特色文化活动45场。新山书屋（天荟万科店）入选成都市“2022年示范社区美空间”。文轩BOOKS（成华店）获评第二届全民阅读大会2022年度“最美书店”。轩客会（SM广场店）获评2022年成都市“最美书店”。

【熊猫剧场】 熊猫剧场位于成都大熊猫繁育研究基地扩建区山丘多功能中心A栋，建筑面积3608平方米，其中一层面积1055平方米、二层面积1654平方米、负一层面积899平方米，有剧场座位428个。剧场一、二层用于舞台音乐剧演出，主要为演出大厅、排练室、道具化妆间、演员更衣室等，负一层主要功能为剧场综合服务中心，包括售票厅、观众候影区、科普教室、衍生品售卖区等配套服务设施。4月，熊猫剧场建成投用，全年上演音乐剧《熊猫》38场次。

（周晓娅）

【社区微方志馆】 成华区利用社区公共空间新设培华路社区、杉板桥社区、北湖生态公园湖畔红心驿站等社区微方志馆7个，社区微方志馆加强对社区历史溯源、建制沿革、民俗风情、乡规民约等地方历史文化的挖掘展示，开展地情资料收集和地情文化宣传推广服务。截至年底，成华区有社区微方志馆24个，上架《成华区志》《成华年鉴》《方志成华》等地方志文化书籍3210本，举办老物品老照片展览、社区文化宣传、客家故事会等特色活动。

（王　翠）

【“熊猫·云书房”线上借阅服务】 成华区图书馆推出“熊猫·云书房”线上借阅服务，市民通过微信小程序进行图书查阅、下单、借阅、归还，实现图书借阅“外卖式”新模式。“熊猫·云书房”网借中心有少儿图书1.02万册，涵

表101　　2022年成都市成华区特色书店情况表

序号	名称	特色	营业面积（平方米）	地址
1	文轩 BOOKS（成华店）	综合性、全品类书店	10000	杉板桥路龙湖滨江天街4L20–21号
2	新山书屋（天荟万科店）	采用全钢结构与原木结构，构建生活美学复合式空间和城市文化现场	1000	杉板桥路天荟·万科城市广场1F
3	几何书店（猛追湾店）	以复合书店为空间载体，构建多元文化交融平台	1899	望平滨河路2号
4	几何书店（印象城店）	建有几何小剧场、共享自习空间，年轻化的文化交流空间	1100	建设北路二段107号印象城L6
5	轩客会（SM广场店）	聚焦家庭、儿童，主打亲子、趣味生活	2000	二环路东二段29号SM广场3楼
6	轩客会（鹏瑞利东站店）	优美、安静的城市文化阅读空间	600	锦绣大道5333号鹏瑞利东站广场2楼
7	西西弗书店（万象城店）	欧式橱窗美感空间设计，主打人文艺术，自营特色阅读空间矢量咖啡	700	双庆路8号万象城L4层412
8	毛边书局·桃蹊书院	藏有丰富古旧书籍，构建阅读、美育、传统文化传承多功能空间	1600	府青路街道怡福路300号

表102　　2022年成都市成华区社区微方志馆情况表

序号	社区	所属街道	地址	序号	社区	所属街道	地址
1	双桥路北社区	双桥子街道	双桥路223号85栋	4	萩香里社区	双桥子街道	萩香里二巷20号
2	新鸿社区		新鸿南路86号25栋	5	三街坊社区		双桥路南二街76苑旁
3	双林社区		双林路44号29栋	6	万晟社区		小龙桥新街88号

续表102

序号	社区	所属街道	地址	序号	社区	所属街道	地址
7	水碾河路北社区	双桥子街道	水碾河北三街4号	16	斑竹社区	保和街道	安宁河路544号
8	新华社区		双林北横路76号2栋	17	天鹅社区		天鹅社区居委会
9	致强社区	青龙街道	致强环街519号	18	培华社区	猛追湾街道	建设南街23号
10	和欣社区	保和街道	槐柳二路35号	19	二仙桥文化活动中心	二仙桥街道	下涧槽路275号
11	胜利社区		杨柳南路9号	20	杉板桥社区	跳蹬河街道	成华大道杉板桥路177号
12	和顺社区		长融东三路86号	21	院山社区	龙潭街道	成美路14号
13	和美社区		和丽路8号	22	一里塘社区	白莲池街道	成华区熊猫大道1028号
14	杨柳社区		槐荫路199号	23	东郊创艺Labs·产业驱动中心	东郊记忆艺术区	万科文创大厦二层
15	迎晖社区		东虹路58号附24号	24	北湖生态公园湖畔红心驿站	北湖生态公园	北湖生态公园“湖畔红心驿站”

盖文学艺术、历史地理、自然科技、社会科学等类别，推出“熊猫有礼　书香惠民”网借包邮等惠民服务，全年网借少儿图书2415册次。

（周晓娅）

文创产业

【概况】　2022年，成华区编制《成华区文化创意产业发展报告（2022）》，制定加快培育市场主体促进文旅产业融合发展的扶持政策，建设数字音乐原创生产地、版权交易地、直播电商基地、数字电竞开发地等核心产业集群，影视音乐、直播电商、电竞文化等数字娱乐产业发展迅速，东郊记忆等特色文化产业园区聚集效应加速形成。全年举办“共建经济圈、共享新机遇”文旅产业专场投资推介会等推介活动9次，引进福建龙川集团等企业，签约赛博城CyberPark影视产业文旅综合体、艺融数字文创元宇宙博物馆等项目，兑现文旅产业扶持资金800万元、惠及企业（项目）36个。截至年底，成华区聚集繁星戏剧村、ICCA、完美院线等文创企业859家，实现文创产业增加值141.77亿元，比上年增长15%。

【影视音乐产业发展】　成华区围绕音乐艺术、数字文创等主导产业构建影音产业体系，落实《成华区促进影视音乐产业发展的专项扶持政策》，从引育龙头、鼓励研发、增强集聚和服务配套4个方面完善扶持奖励措施，引进北京文化传媒企业时代光影，落地“拍在四川”一站式影视服务平台，签约麦哲维山影像科技西南研发中心、熙成影视孵化发展中心、帝视特数字艺术馆中国首店等项目。全年建成投运特色演艺空间30个，拍摄制作《宇宙护卫队》《第五名发家》2部电影，有LiveHouse、专业录音棚等高品质展演空间8个，新增万声音乐、百声文化等音乐企业11家，聚集阿里巴巴、完美世界、合纵音乐、安德音乐等规模企业，形成全市数字音乐产业聚集高地。

【直播电商产业发展】　成华区加强直播电商基地建设，落实《成华区促进直播电商发展的十四条政策措施》，加大企业扶持力度，推动MCN机构聚集，建成东郊记忆、CEC784·万谷智慧产业园直播基地2万平方米，推进华星璀璨、记忆跳动、瘾食文化、睿道科技等行业龙头扩量增容，吸引直播企业落户成华50家，形成前端供应链、艺人（网红）培育、电商带货全产业要素聚集发展态势。东郊记忆园区网络直播基地入选2022年度四川省数字经济典型应用场景，获评2022年四川省“直播天府”网络直播示范基地。

表103　2022年成都市成华区部分直播电商龙头企业情况表

序号	企业名称	所属产业园区	简介
1	成都华星璀璨娱乐有限公司	东郊记忆·成都国际时尚产业园	全国直播行业头部公司，MCN短视频行业头部公司，签约网红艺人1万人，粉丝数5亿，2022年营业收入2.4亿元
2	成都米井文化传媒有限公司	萌想星球107文创产业园	国内头部内容电商一站式服务平台，主营业务包括全域整合营销、品牌直播代运营、明星红人直播带货等，服务品牌客户1700家，获评2021—2022年度四川电子商务百强企业
3	成都瘾食文化传媒有限公司	CEC784万谷智慧产业园	旗下全职主播达人110位，全网粉丝量2亿人，旗下专注传播川菜美食文化品牌“密子君”粉丝数4000万人。2022年帮助蒲江销售农产品价值8亿元，获评2022成都电商企业年度行业创新奖
4	成都四美子服饰有限公司	CEC784万谷智慧产业园	主打旗袍品类，2022年销售旗袍60万件，复购率30%，获评2022成都电商企业年度新锐品牌

【电竞文化产业发展】　成华区实施电竞产业建圈强链战略，获得腾讯全国游戏节点授权，利用成都机车车辆厂厂房，构筑国内首个电竞赛事远程制作中心，建设国家A级电竞场馆，推进4.26万平方米量子电竞园区建设，在东郊记忆艺术区多点布局240家电竞体验馆、电竞酒店、电竞主题餐厅，形成“一街、三园、六馆”电竞产业群落。年内签约VSPN西南总部、腾讯PEL职业联赛等5个重大产业化项目，与中国文化娱乐行业协会、成都娱乐行业协会、成都电商协会等9个平台达成合作，推动虎牙直播与天府国际动漫城达成意向入驻协议，引入腾讯职业联赛大联盟等21个职业俱乐部，承办中国游戏行业年会，举办2022TGA（腾讯电竞运动会）夏季总决赛、腾讯PEL春季联赛、2022年主播赛、全明星赛等大型电竞赛事活动。

【文创产业领军人才培育】　成华区与中鼎汇智、北京新旅界、中国文旅产业创新服务平台、文旅投资商俱乐部“青城会”等建立合作，分层分类建立龙头企业示范库、培育库、候选库，靶向引育文创产业创新人才，打造文艺名家工作室2处，推荐评选天府旅游名导1人、金芙蓉名牌名师3人。全区有熊猫科研科普类领军人才7人，包括四川省学术技术带头人2人、四川省学术技术带头人后备人选2人、享受国务院政府特殊津贴3人，有主题演艺类领军人才4人。

11月17日，2022中国游戏行业年会在成华区协信中心希尔顿酒店召开　（区融媒体中心供图）

【文化创意产业发展区打造】　成华区实施“工业遗产、文创园区、文旅地标”三位一体推进战略，以工业遗产为特色品牌和载体，吸引影视音乐、数字娱乐产业等行业领军品牌企业入驻，推动东郊记忆·成都国际时尚产业园“时尚+商业”提档升级，完美文创产业园“数字+文创”融合提升，107文创园区“文创+商业”持续优化，109仓库、103仓库、101文化综合体加速空间改造和产业植入，天府设计产业园、量子界数字文化双创产业园、中车·共享城加快场馆建设。东郊记忆·成都国际时尚产业园、完美文创公园、CEC784·万谷智慧产业园、萌想星球107文创园4个园区获评市级特色文创产业园区。

CEC784万谷智慧产业园　位于建设北路三段168号，占地5.2万平方米，建筑面积5.4万平方米。园区依托原国营锦江电器厂厂区及工业保护建筑，以“文创+、园区+”与“科创+”相结合发展思路，聚焦“数字新媒体（TMT）+文创”组合产业，规划布局文化产业创新加速区、TMT创新孵化区、产业服务特区、研发区、创意街区、配套服务区六大功能板块，建设西南文创产业加速与科技创新融合示范区，新建万谷直播电商红创基地。截至年

万年仓COOL文创园区 （万年场街道供图）

底，园区入驻企业158家、上市公司6家，注册资本总金额30亿元，空间入住率98.64%。

萌想星球107文创产业园　位于建设北路三段132号，占地2.2万平方米。园区依托原107仓库等建筑，以“文创+、园区+”与“旅游产业”相结合发展思路，聚集与旅游产业相关的文创产业，规划布局景观功能区、S2B文旅产业平台区、生活空间三大功能板块，构建包括文创商务、文创商业、文化活动等为一体的综合性文创园区。全年举办首届成渝城市更新建筑设计展等大型活动8场次。截至年底，园区入驻企业57家，包括文创类企业40家、头部文创企业7家，空间入驻率99%。

万年仓COOL文创园区　位于崔家店南路3号，前身为成都化工原料有限公司仓库，占地面积2.05万平方米，层高3~7米，于7月19日建成投用。园区活化利用原有载体（苏式仓库、水塔等），打造独立院落绿化空间、双层立体式绿色花园，设共享办公区、创意休闲区、总部加速区及轻仓会客办公区四大功能区，聚焦文创、科技两大产业，提供产业政策咨询、数字转型、金融和商机共享服务，建设低密园林式文化创意产业空间。截至年底，园区引进艺术展陈、共享办公、演艺娱乐、独立工作室等新生代文创企业14家。

量子界数字文化双创产业园　位于二仙桥北路31号，由成都量子界文化传播有限公司利用原中车工业建筑进行打造，占地面积2.27万平方米，建筑面积2.8万平方米。园区坚持“工业遗存+产业园区+旅游景区+消费街区”四位一体理念，建成可容纳1500人的现代化大型综合性电竞直播场馆，引入数字娱乐、文化艺术及科技创新等产业，引进全国电竞职业联赛及全国固定品牌数字娱乐类节展，成为以电竞为主导产业的专业特色示范园区。6月，园区国内首个基于远程制作为核心的电竞赛事中心——大师讲堂电竞赛事场馆竣工。年内引入VSPO西南制作中心、荣耀互娱游戏研发基地等行业龙头，举办和平精英职业联赛等电竞赛事活动。

（陈　新　黄　苇）

【天府国际动漫城】　位于昭青路333号，建筑面积12.6万平方米，建设集产业城、娱乐城、生活城于一体的动漫主题产商旅无界融合中心，包括造梦空间、初心乐园、国潮国风城、漫迷中心、未来科幻不夜城等业态。截至年底，天府国际动漫城建设完成主体封顶，招商储备客户资源350家，其中主力店30家、龙头企业40家、签订战略协议38家。天府国际动漫城项目获评新华网“2022文化和旅游新发展典型案例”。

【东郊记忆音乐众创空间】　位于东郊记忆·演艺中心二、三层，聚焦音乐原创内容创排制作、数娱版权宣发交易、音乐演艺经纪策划等产业，入驻音乐企业、音乐人、艺术家工作室，助推东郊记忆音乐产业规模化、集群式、互动型发展。6月29日，“东郊记忆音乐众创空间签约暨授牌仪式”在东郊记忆·演艺中心举行。截至年底，空间入驻沐微影视、圆周率室内乐团、拾伍良造、缔壹娱乐、四川省音乐产业协会、泽然影业6家企业。

【东郊记忆·东山Re° est】　位于东郊记忆园区东南角，占地面积1.5万平方米，以“东山”为设计灵感进行区域焕新，运用科技手段营造“山脊、山谷、山巅、山崖、山麓、山外”六大主题场景，融入公共艺术空间、新媒体地标、下沉剧场式广场等生活消费场景，建设开放展览社交空间、新型生活方式集合地和艺术商业复合体，6月正式对外开放。截至年底，聚集Oldspeak Factory咖啡厅、SOARIN复古生态馆、FAKE VINTAGE等国内复古潮流头部品牌，成都本土潮牌“47”、国潮BLACK8MOB等青年文化品牌。东郊记忆·东山Re° est获第十一届成都商业年度总评榜“2022年商业新锐项目奖”。

【天府文创大集市】 7月8—10日，以“荷荷市市”为主题的2022天府文创大集市在东郊记忆·成都舞台开幕。集市以“荷”为符号，设“荷田田”“尖尖角”“聚成星”等7个板块创意分区，打造成都首个以露营、骑行、飞盘、滑板、乒乓等户外生活方式为亮点的文创集市。现场聚集成都文博“博物的事”、杜甫草堂博物馆诗词胶囊、成都漆器厂漆珠、蜀江锦院领带丝巾等70个宝藏文创品牌，涵盖现代时尚、音乐艺术、创意设计、居家生活、手作共造、轻食餐饮、大熊猫特色文创及数字藏品等文创消费场景。10月27—30日，2022天府文创大集市·成华集在北湖生态公园启动，通过非遗文创区将“传统慢文化”和“现代快生活”链接，采用“露营”方式呈现，融入非遗文化、音乐文创、户外运动等内容，展示大熊猫文创、非遗手作、文化旅游衍生品、特色动漫原创IP等文创产品，举办十二月市·锦华初上·非遗露营集、音乐主题夜、文化沙龙夜、巧手手工坊之夜等主题活动。

（陈　新）

11月1日，舞剧《大熊猫》在成都艺术剧院开始排练　（熊猫度假区管委会供图）

文艺创作

【概况】 2022年，成华区按照鼓励本土原创、引进精品原则，开展文学、音乐、舞蹈、美术、书法、摄影、戏剧等领域文艺创作，推出音乐剧《熊猫》、舞剧《大熊猫》、水墨长卷《新成华锦绣图》等作品，创作《生命至上·人民至上》《以艺抗疫·共克时艰》等抗疫主题作品402件，在国家省市区各平台获奖、入选、入展文艺作品112件。音乐剧《熊猫》、动画影片《第五名发家》入选2022年度四川省重大文艺扶持项目，川剧折子戏《目连子母·寻子·开荤》被评为2022年度四川省文艺精品奖励作品。

【群众文艺创作】 区文体旅局组织文艺爱好者创作“献礼党的二十大”主题文艺作品42件，围绕乡村振兴、文明城市创建、新冠疫情防控、成渝地区双城经济圈建设等工作开展主题文艺创作获奖98件次，参加国家级平台发表4件次、参加省级平台发表8件次、参加市级平台发表93件次。牛角琴弹唱《弦子的传说》获成都市“非遗在社区”新春晚会三等奖，四川车灯《永远跟党走》获优秀展演奖。区文化馆演唱作品《十送红军》《奉献》获2022“成都文化四季风·欢歌庆秋”群众合唱比赛总决赛一等奖。

【音乐舞蹈创作】 成华区参加第三届“成渝地·巴蜀情”“成渝德眉资”文旅交流联动暨2022“成都文化四季风·音乐消夏”少儿才艺大赛五城市总决赛，获团体体育舞蹈一等奖。街舞作品《国潮少年心向党》获2022“成都文化四季风·劲舞暖冬”街舞齐舞大赛总决赛三等奖。音乐作品琵琶演奏《春雨》《天鹅》、京胡《大保国》节选、民乐团《马刀舞曲》入围“云享国乐风华”2022年全国群众性民族器乐交流展示活动全国总评选复赛。

【美术书法创作】 区文联组织成华区美术家协会、成华区书法家协会开展2022“沙河流韵”等写生采风活动，全区文艺爱好者创作40件书画作品入选“喜迎二十大　携手双城记”成华—九龙坡优秀美术书法作品线上展，1件国画作品入选成都市政协2022喜迎中共二十大书画作品展，50件书法国画作品入选“沙河流韵”成都市成华区文艺名家作品展。8件山水小品入选成华区政协书画院“胜景别裁”山水小品四人展，6件山水小品入选第三大街社区美术馆“艺术超市季”活动，5件山水小品入选庆祝成华区美协成立10周年系列活动绘画小品展，1件山水小品入选“诗情画意看成都——2022中国画邀请展”。4件书法、国画作品入选成都第31届世界大学生夏季运动会艺术展陈“一场三馆”作品，1件国画作品获“喜迎二十大，奋进新征程”暨“成渝地·巴蜀情”2022成渝德眉资美术书法摄影优秀作品展优秀奖。

【摄影创作】 区摄影家协会举办“夏至荷塘采风”等活动，拍摄《静默中的成华》《雨中的志愿者》等新冠疫情防控实录照片、微视频1512件，被“你好成都”声音日历采用传播。区摄协顾问王琦摄影作品《呻吟的冰川》《水源》

入选2022年度四川省重大文艺扶持项目和文艺精品奖励作品，获中国艺术摄影学会金路奖。

【文学创作】　区文化馆出版文学季刊《沙河风》4期，刊发原创文章65篇、书画作品8件、主题插图40幅，开展沙河风文学沙龙2期。区作家协会创作《成华区"我为群众办实事"优秀案例纪实汇编》，创作《"静默"中的访客》《那抹鲜艳的志愿红》等文学作品20篇，获《文学川军》刊发4篇，获"成都文学网"发表6篇。中国作协会员、成华区作协常务副主席曹蓉散文集《那边的香巴拉》获第四届"四川散文奖"。

11月25日，第四届"四川散文奖"获奖作品《那边的香巴拉》亮相天府书展　（区文联供图）

【影视艺术创作】　区文化馆组织创作视频作品《四川评书》《锔瓷技艺》，分别获得2022年度成都非遗抖音作品征集评选推广活动最佳创作奖、优胜奖。原创戏剧作品《过去的背影》《爇魂》分获"文艺繁星计划"成都市2022年度小戏、小品剧本征集比赛三等奖、优秀奖。国家一级演员陈巧茹入选四川省戏曲名家工作室。

【音乐剧《熊猫》】　成华区联合音乐剧制作人、编剧导演、作曲家，以"爱、成长、和谐共生"为创作主题，创作中国首部熊猫主题音乐剧，讲述熊猫部落五位勇士与少年龙共同守护家园的故事。作品采用布偶戏、竹编

表104　2022年成都市成华区文艺创作部分获奖作品情况表

获奖时间	获奖作品	获奖情况	获奖者	颁奖单位
7月28日	戏剧作品（小品《过去的背影》、音乐剧本《爇魂》、小品《时光的礼物》）	"文艺繁星计划"成都市2022年度小戏、小品剧本征集比赛三等奖、优秀奖、入围奖	杨向东、周明生、唐雅晴	成都市文化广电旅游局
8月1日	少儿团体体育舞蹈	第三届"成渝地·巴蜀情"——"成渝德眉资"文旅交流联动暨2022"成都文化四季风·音乐消夏"少儿才艺大赛五城市总决赛一等奖	成华区文化馆、袁辰月、米多多、李知阳、赵苡秀、巩璐祎	四川省文化馆、重庆市群众艺术馆、成都市文化广电旅游局、德阳市文化广播电视和旅游局、眉山市文化广播电视和旅游局、资阳市文化广播电视和旅游局
8月10日	视频作品《四川评书》《锔瓷技艺》	2022年度成都非遗抖音作品征集评选推广活动最佳创作奖、优胜奖	成华区文化馆	成都市文化广电旅游局
10月10日	音乐作品（琵琶演奏《春雨》《天鹅》、京胡《大保国》节选、民乐团《马刀舞曲》）	入围"云享国乐风华"2022年全国群众性民族器乐交流展示活动全国总评选复赛	周小仪、杨若水、张煜欣、巢和新声室内乐团	中央民族乐团、文化和旅游部全国公共文化发展中心
12月7日	车灯《永远跟党走》	2022成都市"非遗在社区"春晚优秀展演奖	成华区文化馆	成都市文化馆
12月26日	街舞《国潮少年心向党》	2022"成都文化四季风·劲舞暖冬"街舞齐舞大赛总决赛三等奖	成华区文化馆	成都市文化广电旅游局
12月27日	合唱《十送红军》《奉献》	2022"成都文化四季风·欢歌庆秋"群众合唱比赛总决赛一等奖	成华区文化馆	成都市文化广电旅游局

10月11日，成华区艺术家联合完成"献礼二十大"书画长卷《新成华锦绣图》（区文化馆供图）

技艺、自贡彩灯、白马藏族祭祀舞、武术和太极等中国传统文化元素，使用藏羌音乐元素进行音乐创作，融合川剧、川味嘻哈和川派杂耍等四川特色表演元素。8月18日，《熊猫》在成都熊猫国际旅游度假区·熊猫剧院首演，获《人民日报》、新华网、光明网等媒体报道。每周二至周日，音乐剧在熊猫剧院进行驻场演出，全年演出38场次，接待观众1748人次，在抖音平台话题讨论3000万人次、微博话题阅读2900万人次。

【《新成华锦绣图》绘制】 8月5日至10月11日，区文化馆组织成华艺术家创作全景式展示城市建设风貌的书画长卷《新成华锦绣图》，献礼党的二十大，展示成华繁荣景象。作品画心长20米，高0.5米，依照从东向西、从北向南、由内而外的逻辑架构，展示成都大熊猫繁育研究基地、成都动物园、火车北站、东郊记忆、成都理工大学、成都自然博物馆、电子科技大学、天府熊猫塔、万象城、成都东客站成华区十大文旅特色资源，将公园城市理念、建筑元素融入传统山水画，形成枯润浓淡同多重视角相结合、公园绿地与城市建筑相结合、时尚气息与历史遗产相结合的水墨淡彩长卷。

【音乐人才成长训练营】 3月30日，"听见梦想的声音"大运音乐人才成长计划青年音乐训练营在成华区CEC784·万谷智慧产业园开营。训练营由成都专业音乐人才孵化及培养公司ETM活力时代承办，以创作成都第31届世界大学生夏季运动会音乐专辑为目标，联动中国演出行业协会及各高校、音乐机构、音乐平台推荐学员，邀约专业音乐机构音乐人担任老师，采用"集中创作+采风实践"模式分阶段进行，推出实践采风、大运音乐人才展演和音乐微纪录片等训练营活动。截至年底，训练营创作《喝彩未来》《哎呀蓉宝》《初衷》《Light up》大运主题音乐作品4首。

（蒋松谷　黎文怡）

文化活动

【概况】 2022年，成华区紧扣学习贯彻党的二十大精神和喜迎大运会等主题，开展第五届天府银杏文化艺术季、第五届龙潭乌米粿客家文化节、第三届东郊记忆戏剧节等文化品牌活动，举办"沙河流域"剧院精品活动14场，举办交响音乐会等高雅艺术"三进"活动5场，开展"我们的节日""文化四季风"等"走基层"文化惠民活动40场，全年开展各类群众文化惠民活动3914场次，惠及群众28.1万人次。

【第五届天府银杏文化艺术季】 1月24日至2月14日，成华区第五届天府银杏文化艺术季在北湖生态公园、猛追湾市民休闲区、望平坊、建设路、几

1月25日，成华区第五届天府银杏文化艺术季国潮秀场在北湖生态公园举行　（区文体旅局供图）

何书店等成华特色文旅点位举行，开展音乐、舞蹈、戏剧等7大项目文化活动。设置银杏雅集、潮玩Battle等潮玩新趣打卡互动长廊，推出融合传统与现代戏剧的川剧展演3场，策划国潮秀场和静享成华·国风体验公益课，举办民乐展演、本土脱口秀、街头音乐秀、戏剧街头展演秀、舞潮成华等特色文化活动24场次，市民现场观看5.3万人次。

【第三届东郊记忆戏剧节】 10月22日至12月31日，第三届东郊记忆戏剧节在成都繁星戏剧村举行，以“万物生长”为基调，用植物学术语命名，推出“特邀·无限花序”“人艺·合轴分枝”“繁星·单叶互生”“童梦·居间生长”4个单元戏剧作品22部。设In戏剧单元、OFF戏剧单元等4个活动单元，推出《对戏——浮世若花当代艺术展》等艺术展览，设计巡游快闪、主题促销、公共空间表演秀等嘉年华活动，上映“盲盒”式戏剧《BLANK》、德国“浮士德奖”获奖编剧代表作《偶然的必然事件》、繁星经典剧目《我是余欢水》等戏剧作品70场次。

【第五届天府院坝群众春晚】 1月28日，“欢乐过大年·喜迎冬奥会——我们的美好生活”2022年全国“村晚”示范展示“成都文化四季风·民俗闹春”市级示范活动暨第五届天府院坝群众春晚在二仙桥街道文化活动中心灯光球场举行。活动围绕“欢乐过大年·喜迎冬奥会——我们的美好生活”主题，策划《麻辣“年”味》《幸福“家”情》《奋斗“新”志》3个篇章，推出锯瓷技艺、成都面人、温鸭子制作、茶艺、蛋雕、全形拓技艺等非遗展示体验，群众自编自演戏曲舞蹈《天府成都》、曲艺琵琶弹唱《锦城》、情景舞蹈《火锅》、

1月28日，第五届天府院坝群众春晚在二仙桥街道文化活动中心灯光球场举行

（区文体旅局供图）

藏族牛角琴《家乡》、合唱《党啊，我想对你说》等节目，全区各街道、社区群众代表650人现场观看演出。

【走基层文化惠民活动】 5月31日，“我们的节日·端午”名家进社区活动在跳蹬河街道文化活动中心举行，邀请书画名家为成华区书画爱好者进行现场作品评析、指导，开展书画艺术交流互动。9—12月，成华区整合“我们的节日”“文化四季风”等文化活动，开展“走基层”文化惠民，围绕党的二十大召开、中国梦、幸福美好生活十大工程、金色中环打造等主题，开展本土节目选拔，汇聚优质创演资源，策划组织和编创舞蹈、合唱、杂技、戏曲等多形式文艺节目，搭建名家编导、骨干辅导、群众参与社区舞台。22支文艺队深入社区院落、学校、部队、企业、特色街区等场所开展文化惠民活动40场，包括城市户外音乐歌会5场、交响音乐会5场、剧院精品展演1场、川剧专场演出3场、综艺演出7场，群众参与2万人次。11月5日，2022“成都文化四季风·欢歌庆秋·劲舞暖冬”成华区集中示范活动在双水碾街道青年广场举行，来自各街道推荐的群众代表24支队伍600人参加表演，白莲池街道《十送红军》获群众合唱比赛一等奖，二仙桥街道《长津湖》、白莲池街道《希望与我同在》获群众舞蹈比赛一等奖。

【世界读书日活动】 4月23日，成华区启动“书香成华　阅读之美”世界读书日系列活动。区委宣传部、区新闻出版局（版权局）、中国邮政集团成华分公司举办“书香成华　阅读之美”惠民书展，轩客会书店开展“少年讲书人有奖征集”读书日活动，几何书店开展“交换一场精神食粮”图书漂流活动，文轩BOOKS开展“阅读，我触摸”主题图书体验活动，毛边书局·桃蹊书院开展“疫情期间让我感到温暖的一本书”直播活动，承办第三届全民阅读研究年会。全区开展“书香成华·十二月市桃蹊书荟”“书院阅享圈”“打开绘本看世界”“书香润心灵·阅读助成长”亲子读书会等各类全民阅读活动510次，少儿、家长等市民群众参与20.5万人次。

【红点设计概念大奖获奖作品展】 1月5日，位于东郊记忆·成都国际时尚产业

园的天府设计展览馆开馆，举办首场国际性展览红点设计概念大奖获奖作品展。展览持续至3月20日，以“回到未来”为主题，围绕“时空折叠”“延展生命”“新常态”“智造未来”“创想的价值”设置五大展区，展出全球54个国家最新设计概念获奖作品及历年获奖实物，展出图像作品、多媒体影像作品及实物作品共319件。

【文化主题活动】 7月8—29日，黑与白——2022熊猫艺术创意展在东郊记忆国际艺术展览中心向公众开放。展览展出面积2500平方米，设置大师级艺术区、前言展墙区、油画作品展示区、书画艺术长廊、熊猫潮玩展示区等展区，展出谢纲骅“青花瓷·大型猫系列油画”等8位国家级奖项艺术家经典作品，展陈以大熊猫为创作元素的书画、摄影、非遗等传统艺术作品及雕塑、潮玩、手办、NFT等现代艺术作品600件。10月22日至12月31日，“诗意成华——像成都人那样生活”主题活动在区文化馆桃蹊书院分馆举办。活动组织各界人士以府河、沙河和现代立交桥三条线为中心，对成华历史上的桥及生活中的桥进行打卡体验，探寻桥的旧风貌和历史意义，感受沿线成华城市发展及绿道串联的生态美景。活动邀请巴蜀文化研究名家，四川大学、成都理工大学有关专家学者及本土历史人文作家等代表，围绕桥的功能、路线、观赏性等内容举行学术交流讲座。主题活动打卡古三洞桥、二仙桥、麻石桥、杉板桥、跳蹬河桥等点位15个，吸引群众参与310人次。

（周晓娅）

文化遗产保护

【概况】 2022年，成华区完成“东林古井”迁移保护项目、范云程夫妇古墓茔墙增高工程项目、范家祠成华区文物库房建设项目等重点工程，完善孟知祥墓保护件设施设计方案，出版《孟知祥墓与后蜀》。全年开展文物勘探项目41个、考古发掘项目12个，发掘文物3000件。截至年底，全区登记各类不可移动文物39处，其中文物保护单位14处（全国重点文物保护单位1处、省级文物保护单位3处、市级文物保护单位1处、区级文物保护单位9处）、一般不可移动保护文物25处。

【文物保护管理】 区文体旅局完成发掘遗址“东林古井”保护性设施建设与展示、成华区文管所文物库房建设、“二·一六”革命烈士墓修缮等5个文物保护工程项目，审核通过《昭觉寺藏经楼两侧院落保护维修方案设计》《成都机车车辆厂厂部大楼修缮工程勘察设计方案》等文物保护方案，完成44件出土文物修复、10处文物保护单位倾斜/贴近摄影测量三维建模等2个科研项目。

【文物勘探】 区文体旅局开展文物勘探项目41个，面积1387.56亩，包括龙潭街道秀水社区、保平社区5组项目等上市地块18个，青龙片区配套小学项目等重点项目12个，赖家坡五路市政道路工程项目等市政项目11个。

【考古发掘】 区文体旅局开展青龙街道区政府配置地17号上市地块项目等12个考古发掘项目，墓葬年代横跨战国秦汉至明清时期，秦汉、唐宋时期墓葬占总数70%，考古发掘铜器、铁器、陶器、瓷器、铜钱等文物3000件。

（庞智彬）

【非遗传承保护】 区文体旅局申报“锔瓷技艺”为第六批省级非遗代表性项目，升级改造“锔瓷技艺”展示体验场馆110平方米，完成省级项目“成都面人”传承人熊家全年度评估，全年开展成华区“非遗在社区”展示体验系列活动12场。成华区有非物质文化遗产代表性项目9个，其中四川省非物质文化遗产代表性项目2个、成都市非物质文化遗产代表性项目7个，有非遗传承人3人。

（蒋松谷）

7月8日，“黑与白”——2022熊猫艺术创意展在东郊记忆国际艺术展览中心开展

（区融媒体中心供图）

表105　　2022年成都市成华区文物保护单位一览表

类别	名称	级别	时代	地址
古墓葬	孟知祥墓	国家级	五代	白莲池街道石岭社区磨盘山南麓天岭路东
近现代重要史迹及代表性建筑	成都机车车辆厂厂部大楼	省　级	1952年	二仙桥北路31号机车车辆厂内
	成都量具刃具厂大楼	省　级	1958年	府青路街道怡福社区刃具立交桥北
	“二·一六”革命烈士墓	省　级	1982年	蜀陵路737号磨盘山公墓内
	东郊记忆文物建筑群	市　级	1958年	建设南支路4号
	孙家祠堂	区　级	1926年	保和街道原东升社区9组213号
	院山坡殉国烈士墓	区　级	1950年	龙潭寺东路201号院山公墓内
古建筑	昭觉寺	区　级	唐	昭青路333号
	上三洞桥	区　级	清	二环路北四段内侧
	范家祠	区　级	清	龙潭街道威灵社区6组
	龙潭寺	区　级	清	火神庙路108号
	客家碉楼	区　级	清	二仙桥街道东华社区6组
古墓葬	东林汉墓	区　级	汉	西林二街220号成都市第四十中学校园内
	石岭墓	区　级	明	蜀陵路898号石岭公墓内

表106　　2022年成都市成华区一般不可移动保护文物一览表

保护文物类别	文物名称	年代	地址
古建筑	黄家井	清	龙潭街道原光明社区9组
	廖家桥	清	龙潭街道原光明社区9组
	范家井	清	龙潭街道威灵社区6组
	八角井	清	龙潭街道原光明社区2组
古墓葬	圆悟禅师墓	南宋绍兴五年（1135）	昭觉寺南路234号成都动物园内
	范云程夫妇墓	清	龙潭街道高洪社区7组
	丈雪和尚墓	清	青龙街道昭青路社区
	守仁、道魁祖师合葬墓	清	青龙街道东林社区2组
	严济裔墓	清	二仙桥街道原崔家店社区
近现代重要史迹及代表性建筑	成都理工大学文物建筑群	1956年	二仙桥东三路1号成都理工大学内
	电子科技大学办公楼	1956年	建设北路二段4号电子科技大学沙河校区内
	贺炳炎墓	1960年	蜀陵路737号磨盘山公墓内
	陈豹隐墓	1961年	蜀陵路737号磨盘山公墓内
	李劼人墓	1962年	蜀陵路737号磨盘山公墓内
	邓锡侯墓	1964年	蜀陵路737号磨盘山公墓内
	王右瑜墓	1965年	蜀陵路737号磨盘山公墓内
	但懋辛墓	1965年	蜀陵路737号磨盘山公墓内
	四川广播电视塔	1992年	猛追湾新华桥头
	戴季陶墓	中华民国	昭青路333号成都昭觉寺内
	东风渠（成华段）	中华人民共和国	流经二仙桥街道原崔家店社区，青龙街道新山社区，白莲池街道白莲社区、龙潭街道向龙社区、保和街道原东升社区

续表106

保护文物类别	文物名称	年代	地址
近现代重要史迹及代表性建筑	建设者雕像	中华人民共和国	二环路东二段麻石烟云广场
	明达玻璃厂厂区铁路桥	中华人民共和国	万年场街道长天路社区
	三砖厂防空洞	中华人民共和国	槐树店路12号
	三五信箱钢架桥	中华人民共和国	双桥子街道万晟社区
	汪家院门	中华人民共和国	龙潭街道原建设社区5组

成都面人　成都面人于2011年6月入选四川省非物质文化遗产代表性项目，第三传承人熊家全。2022年，成都市青少年宫“非遗小传人”项目，邀请熊家全每个周末开设面塑课程教学，帮助青少年了解优秀传统文化，学习非遗技艺。6月4日，在天府人文艺术图书馆开展“掌上非遗”——成都面人专场活动，向观众讲解如何制作面人。全年参加成华区非遗在社区展示体验活动6场次。

（熊家全）

四川评书　四川评书于2014年6月入选四川省非物质文化遗产代表性项目，第四代传承人吴穹。2022年，吴穹开展长篇评书《张小乙下南京》《夜雨秋灯路之一尺巷》、中篇评书《桃花女破周公》“传统曲艺书场·四川评书赏析”活动12场次，在中小学校表演“传统戏曲·曲艺进校园”活动12场次，参加成华区“成都文化四季风·民俗闹春”活动，展演四川评书《春节的传说》等。

（吴　穹）

裘衣制作技艺　裘衣制作技艺于2008年12月入选成都市非物质文化遗产代表性项目，第四代传承人陈朝明。2022年，裘衣制品有裘皮大衣、裘皮背心、裘皮被褥、裘皮围脖等，年销售额20.6万元。

（陈朝明）

“温鸭子”技艺　“温鸭子”技艺始创于清光绪三十一（1905年），第一代传承人温茂森，第二代传承人温福昌、温荣昌，第三代传承人温小金，“温鸭子”技艺于2016年12月入选成都市非物质文化遗产代表性项目。“温鸭子”选用当地土仔鸭，把土鸭用食盐、香料等工艺制作成腌熏鸭子，色泽红亮，咸鲜香浓，皮脆肉嫩，属天然绿色食品。2022年，“温鸭子”青龙场总店销售温鸭子5.2万只。

（温小金）

杨氏太极推手功法　杨氏太极推手功法于2019年4月入选成都市非物质文化遗产代表性项目，第七代传人尹书刚。2022年，成都市人民政府侨务办公室、中国驻西班牙大使馆、中国驻巴塞罗那总领馆，授权使用杨氏太极推手功法的视频及课件，通过云端向西班牙学生讲解杨氏太极推手功法，让海外华裔青少年了解中国太极文化。

（尹书刚）

赵门武术　赵门武术于2019年4月入选成都市非物质文化遗产代表性项目，第六代传承人肖清黄。2022年，赵门武术参加金牛区荷花池街道举办的庆七一红歌会，到金牛区迎宾小学、金牛区成外附小西宸学校参加小学生赵门武术过级考试。

（肖清黄）

锔瓷技艺　锔瓷技艺于2020年12月入选成都市非物质文化遗产代表性项目，第三代传承人王培波。2022年，王培波锔瓷艺术工作室设在二仙桥街道文化活动中心，授徒19人，修复锔瓷技艺制品260件，配合社区做公益活动5次，王培波被评为成都市非物质文化遗产优秀传承人。

（王培波）

吴氏小儿正畸手法　吴氏小儿正畸手法于2020年12月入选成都市非物

王培波锔瓷艺术工作室　（王培波供图）

质文化遗产代表性项目，第四代传承人吴俊辉。2022年，吴氏中医骨科采用独特疗效的中医骨科治疗方式，帮助患儿恢复健康2880人次。

（吴俊辉）

牙牙饭　牙牙饭始创于1911年，第四代传承人杨超，牙牙饭于2020年12月入选成都市非物质文化遗产代表性项目。2022年，位于新风路2号牙牙饭非遗体验馆四川总号销售牙牙饭3.92万份。

（杨　超）

【“东林古井”迁移保护项目】　东林古井遗迹在开展成华区政府青龙街道配置地9号上市地块项目考古发掘中发现，整体呈圆形直筒状，深6.5米，井壁用青砖错缝平砌而成，距今约1000年，为揭示唐宋时期社会发展状况提供重要研究参考依据。12月3日，区文体旅局采用整体异地迁移方式，将“东林古井”从考古发掘现场搬迁至北湖生态公园；完成配套保护性设施搭建、绿化造景、石碑对外展示等附属工程，丰富成华文化遗产类型。

牙牙饭（牙牙饭非遗体验馆四川总号供图）

北湖生态公园“东林古井”景点　（区文体旅局供图）

【博物馆建设与服务】　区文体旅局结合成华数字化文物工程，打造文物保护数字博物馆，与文勘系统链接，形成“一网多用”线上云旅游平台。全年对辖区内成都自然博物馆、成都拾野自然博物馆、成都李彬报纸博物馆3家博物馆进行防疫宣传、安全检查4次，完成成都拾野自然博物馆、成都李彬报纸博物馆2家博物馆资金补助申报。

【文物建筑保护】　区文体旅局梳理全区革命文物资源，形成成华区红色资源清单，完成成华区红色资源数字化建设；划拨市级文物维修保护资金35万元，用于东郊记忆文物建筑群文物保护规划项目编制；划拨区级文物保护经费2万元，用于区级文物保护单位龙潭寺微型消防站配备物资；向成都市烈士纪念设施保护中心划拨文物保护经费10万元，完成省级文物保护单位“二·一六”革命烈士墓的修缮方案设计、施工，完成院山坡殉国烈士墓修缮与展示工程。

（庞智彬）

文化市场管理

【概况】　2022年，成华区内有网吧147家、歌舞娱乐场所59家、游艺娱乐场所10家，各类演出场所7家。区文体旅局完善安全生产隐患排查追踪机制，加强“双随机、一公开”监管，落实新冠疫情防控措施，开展文化市场常态化监管，全年出动112个检查组1680人次，检查各类文化旅游经营场所及单位2130家次，整改安全隐患74项，确保全区文化市场安全生产形势稳定。

【文化市场监管】　区文体旅局利用全国文化市场技术监管与服务平台构建“双随机、一公开”监管机制，完善经营单位安全生产隐患排查追踪机制，开展隐患问题回头看，建立安全生产隐患台账116处。区文体旅局落实新冠疫情防控常态化监管，会同区公安分局、街道、社区组建疫情防控督查组6个，制发《文化体育旅游行业常态化疫情防控工作方案》《关于严格落实常态化疫情防控措施的工作提示》，按片区对酒店宾馆和民宿（网约房）落实疫情防控主体责任情况进行督查检查，建立文体旅市场从业人员基本信息台账，全年整改问题552项。

【文化市场专项整治】 区文体旅局结合“防风险·保安全·迎二十大”专项行动、安全生产月等开展文化市场专项整治联合执法行动20次，出动安全执法人员1680人次，检查网吧、歌舞娱乐场所、印刷企业、旅行社等各类文化旅游经营场所、单位2130家次，下发安全生产责令整改通知书16份。区文体旅局接收四川省文化和旅游厅、省市“扫黄打非”办等上级部门交办及举报投诉的案件线索20条，立案14起，回复人民网投诉22件，受理举报电话、网络问政、市（区）长信箱等2188件，办结2188件，办结率100%。

【文化企业安全生产管理】 区文体旅局组织开展全区文化市场经营业主安全生产会议9次，发放《中华人民共和国安全生产法》《安全生产法律法规选编》等安全生产宣传资料3900份，培训单位755家、人员1620人次，实现文化市场经营单位安全生产教育培训全覆盖。区文体旅局推动文化市场安全生产规范化建设，与辖区内文化市场经营业主签订文明经营承诺书、安全生产责任书1455份，制发《安全培训检查记录册》230册，制作张贴安全生产规范化规章制度宣传板1340张。

（李金陵　邹　伟）

新闻出版和版权管理

【概况】 2022年，成华区新闻出版局（版权局）加强新闻出版、版权服务、全民阅读、印刷企业管理、书店管理等工作，持续提升新闻传播能力，全年版权登记量9015件，版权转化率30%。截至年底，成华区有四川工人日报社、电子科技大学出版社2家出版社，有印刷企业8家、出版物发行单位135家。

【新闻出版行业管理】 区新闻出版局（版权局）统筹产业发展和意识形态安全，强化行业准入管理，完成印刷企业、出版物发行单位年审年检，联合区卫健局、区应急局等部门开展新冠疫情防控知识宣传培训和督查。全年开展各项检查50次，检查企业610家次，配发防疫物资送至书店、印刷企业。

【版权服务创新】 区新闻出版局（版权局）抓好全区软件正版化工作，开展软件正版化工作摸底调查，组织工作人员对区行政审批局、东方广益公司、成都市成华实验小学校等40家单位开展实地抽查，全区党政机关、卫健系统直属单位及医院、教育系统直属单位、国有企业完成2022年软件正版化目标。

【“扫黄打非”工作】 区新闻出版局（版权局）召开“扫黄打非”联席会议4次，组织专项整治活动20次，检查区内文化市场单位600家次，全年办结刑事案件1件，立案刑事案件2件，办结行政案件2件，调查终结行政案件1件，立案调查中行政案件3件。区新闻出版局（版权局）建“扫黄打非”站点94个，指导万年场街道双福路社区做好全国“扫黄打非”进基层示范创建工作，全区获市级“扫黄打非”先进集体2个、先进个人3名、优秀网格员6名。区委宣传部获评四川省“扫黄打非”工作先进集体。

【全民阅读活动】 成华区出台《成华区社区书屋深化改革创新提升服务效能工作方案》，承办第三届全民阅读研究年会、2022全民阅读盛典等活动，办好成华赛区“强国复兴有我”成都红色经典诵读活动。全年新建示范书屋5个、阅读美空间3个、微阅读空间6个，猛追湾街道培华路社区、保和街道和顺社区、府青路街道桃源社区、青龙街道东林社区获评市级“书香社区”。

（邱莎惠）

8月13日，市民在新山书屋阅读图书　（区委宣传部供图）

融媒体

【概况】　2022年，成华区融媒体中心围绕全区中心工作，策划推出“金色中环”“企业至上　企业家C位”等报道30个，策划“成华丹巴十年之约”等报道37个，播发新冠疫情防控稿件705条、短视频50部。全年“成华发布”微信公众号及客户端、成华有线电视频道、《新成华》报等区级媒体平台推出新闻报道1.5万篇，全网阅读量1.5亿人次。《市井一环烟火味　璀璨光影迎新年》等29件新闻作品获四川新闻奖等省市级奖项。

（李　梅）

【融媒体中心提质增效】　区融媒体中心组织干部职工参加全国融媒体新闻采编播直播培训6期、全省县级融媒体中心从业人员专业能力培训3期、全市媒体一线采编人员分类专题培训7期，全年外派参训25人次，获国家新闻出版署颁发记者证3人。区融媒体中心聚焦经济发展、生态文明、科技创新、共同富裕、乡村振兴、社会治理、疫情防控等方面，推出新闻报道1.5万篇、短视频300部，全网阅读量1.5亿人次。33篇稿件阅读量实现超10万，29件新闻作品获四川新闻奖等省市级奖项，233篇原创报道被中央、省、市媒体采用。“金色中环”等专报工作获区委主要领导肯定性批示。区融媒体中心宣传报道获新华社2022年“全国县融中心主题报道优秀案例”。

【宣传策划】　区融媒体中心聚焦党的二十大、习近平总书记来川视察、省第十二次党代会、市第十四次党代会、党史学习教育等重大会议精神和部署要求，策划推出“成华丹巴十年之约”“非凡十年·成华实践”“主播带你看项目”“我为院落代言”“民心答卷——我家门前”等系列报道37个；围绕区委区政府中心工作，策划“金色中环”、“企业至上　企业家C位”、建圈强链、法治政府建设、华仔科普大运会小课堂、幸福生活“巷”往时光等系列报道30个；围绕城市营销和形象塑造，策划《袁庭栋成华寻“宝”记》、2022天府熊猫塔元宵线上AR秀视频等作品。“企业至上　企业家C位”系列报道推出10期，总阅读量5.85万次，收到网友互动留言93条，其中建设性意见建议5条。“金色中环”系列报道推出《我家在中环》《无限美好　就在中环》《创业在中环》3期，全网阅读量32.3万，转发2328次。区融媒体中心聚焦新冠疫情防控工作，播发稿件705条、短视频50部，编发《记者见闻》8期，总阅读量2586万次，稿件被“成都发布”转发7篇，获区委主要领导肯定性批示。《你为什么入党　这是老兵的回答》获评四川市县优秀网络传播案例。

（杨　松）

【政务新媒体】　区融媒体中心加强对“人民号”、“央视新闻+”、“央视频”、“新华社·新华云”、“看度号”、今日头条号、企鹅号等16个政务新媒体账号管理，全年发布微博9281条、粉丝数45.29万人，发布今日头条号文章2764条、粉丝数6700人，发布“看度号”文章数612条，“视频号”发布短视频191个。

（姚　瑶　王　婷）

【“成华发布”运行】　“成华发布”采编新冠疫情相关稿件340篇，最高阅读量单篇400万次播放，《今日七夕，来感受抗疫“夫妻档”的甜蜜》《今天，这条推送专属于他们》《收藏！疫情防控期间政务服务可以这样办》《“菜篮子”够不够？看完这些你就明白了……》《“想妈妈了，我就站到她身边去”》等推文被人民网、成都日报锦观新闻、“成都发布”等媒体转发。10月，“成华发布”首次开通视频号直播，开展“礼赞新时代　奋进新征程——成都市喜迎党的二十大群众文艺会演”“丹巴县甲居藏寨景区开园”“文旅新地标　成都自然博物馆正式开馆”互动直播3场。“成华发布”矩阵平台全年发布推文7316篇，全网总阅读量3230.6万次，粉丝28.4万人，获评四川省十佳区县政务新媒体。

（姚　瑶）

区融媒体中心演播室录制成华新闻现场（摄于3月6日）　（区融媒体中心供图）

《新成华》报

【概况】 2022年,《新成华》报出版91期,同步推出《新成华》手机报91期,推出《新成华·沙河流韵》文艺副刊40期,日常发行量1.6万份,文艺评论类作品《高蹈的向度和漫不经心的“顽皮”——喻言其人其诗》获得2022年度四川省新闻报纸副刊作品奖一等奖,《成都自然博物馆通过竣工验收》《守初心做秀活 传承技艺创新生》等4件作品获得三等奖。

【时政新闻报道】 《新成华》报聚焦幸福美好生活十大工程、六个现代化新成华、“631”重点工程、创建全国文明城市、社区发展综合治理、成华对口支援丹巴10周年等主题,围绕企业签约落户、产业转型升级、外出招商引资、创新创业创造等重点领域作相关报道;固定“镜头·视点”专栏,用镜头和文字记录成华建设进程中细微时刻,推出社会治理创新、社区发展治理、公共配套完善、红色先锋和成华榜样评选表彰、教育及卫生、公园城市建设等重点领域专题报道,全面报道成华区在改革创新、美丽宜居、民生福祉、城市治理、党风政风等方面成效。

【副刊采编刊发】 《新成华》报加强副刊图文编排,聚焦母亲节、端午节、中秋节、十二节气等主题,推出《新成华·沙河流韵》文艺副刊40期,发布诗歌、散文、游记、随笔、文艺评论等作品340件。

【报纸出版发行】 区融媒体中心完成《新成华》报编辑、校对、印刷和出版工作,改进免费赠阅发行工作,与专业投递公司合作投放,对重点企业、党代表、人大代表、政协委员、离退休老干部等采取邮寄方式赠阅,对报纸投放精准、准时情况开展调查走访,确保报纸第一时间送达读者,全年日常发行量1.6万份。

（戴长伸）

7月5日,《新成华》报记者在丹巴县采访大棚蔬菜种植基地　　（《新成华》报供图）

广播影视

【概况】 2022年,成华有线电视频道设6个栏目,分别为新闻类栏目《成华新闻》、服务类栏目《欢娱城东》、影视文艺类栏目《新东方剧场》《金熊猫剧场》《收视指南》、科普类栏目《科学·生活》,成华有线电视频道每天播出17小时。成华区有万达、太平洋、保利万和、中影星美、百老汇等院线影院26家,剧场16个。

【电视频道栏目采编播放】 成华有线电视新闻类栏目《成华新闻》星期一至星期五每天采编播出1期,每期9~20分钟,总计249期,全年播报新闻3000条。服务类栏目《欢娱城东》每周采编播1期,每期时长10分钟,全年播出48期。影视文艺类栏目《新东方剧场》《金熊猫剧场》周一、周三至周天播出电视连续剧10集,周二播出4集,全年播出3310集。《收视指南》栏目全年制作播出51期。科普类栏目《科学·生活》每日编播2期,时长30分钟,全年播出724期。成华有线电视频道全年新增公益广告82条。

【电视频道管理】 成华有线电视频道按照“三审”机制严把宣传质量关,落实《成华区融媒体中心宣传报题选题流程》《成华区融媒体中心刊播内容审核及责任追究制度》,通过每周编前会、重大报道专题方案、专项业务培训会等内部机制对报道内容与质量严格把关。全年制编短视频82条,其中《早安成华·二十四节气》系列短视频观看量112.5万次,《这里是成华》地标系列短视频观看量86.3万次,《疫情防控》《文明城市创建》系列短视频观看量84.3万次。

【新闻和专题宣传报道】 成华有线电视频道通过《成华新闻》《欢娱城

东》等栏目，聚焦喜迎二十大·奋进新征程、传达学习贯彻“两会”精神、党史学习教育、爱成都·迎大运、创建全国文明城市等主题，策划筑牢疫情防控防线、助企纾困·成华在行动、重点项目建设巡礼、新学期看成华新学校、全区优秀青年创业故事展播、文商旅融合发展、建圈强链等主题报道，记录全区推动经济社会发展驶入“快车道”、加快公园城市建设、百姓安居乐业等年度实况。

【广播电视安全播出】　区融媒体中心全年实现安全播出6205小时，其中《成华新闻》249期522小时、《欢娱城东》48期16小时、科普724期362小时、电视剧集3310集（部）2700小时、公益广告385小时；完成全国两会、春节、冬残奥会、党的二十大以及省市各级重要安播任务76次，重要保障期播出时长1824小时；安全转播中央电视台《新闻联播》、成都电视台《成视新闻》396小时。

（黄　璐　邱　林）

【公益电影放映】　区新闻出版局（区版权局）制定《成华区影院疫情防控积分管理办法实施方案（试行）》，向30家次企业拨付市级扶持资金84.13万元，开展“公益电影进基层”“公益电影进影院”等活动，加大国产优秀影片投放，做好进口影片的引进支持以及传统优秀电影的宣传。全年放映公益电影1200场，惠及群众40万人次。

（邱莎惠）

表107　　2022年成都市成华区电影院一览表

序号	点位名称	经营地址
1	万达影城（SM广场店）	二环路东二段29号SM广场4层
2	万达影城（财富又一城店）	府青路二段2号财富又一城1栋5层501
3	博纳国际影城（滨江天街店）	成华大道杉板桥266号龙湖滨江天街1栋5层
4	339影城	猛追湾街94号成都339欢乐颂3层
5	卢米埃影城（凯德广场魅力城店）	万科路9号凯德广场4层
6	成都影立方773IMAX影城（东郊记忆店）	建设南支路东郊记忆2楼
7	UME影城	建设北路三段2号5楼
8	中影UL城市影院	洪山路28号1栋1单元401~408号
9	中影嘉莱国际影城（青龙广场店）	龙绵街1666号青龙广场1栋7单元4层
10	中影晴瑞影城CGS（永立星城都店）	二环路北四段33号附325号
11	中影南方国际影城	龙潭路9号华宇旭辉锦绣广场1栋5层5015号
12	中影南方国际影城（理工店）	崔家店路731号3栋1单元3楼附301号（新华创客居三楼）
13	中影100都市影城（八里庄店）	八里庄路168号碧桂园中环荟2栋负一层
14	大地影院（上古天地店）	龙潭路33号星悦广场4楼
15	成都中视国际影城（铁建店）	东华二路38号中国铁建广场4号楼4层409号
16	成都中视国际影城（雍华府店）	双荆路2号负二层108-110号
17	PIX像素电影城	建设路10号1栋1单元4楼1~14、30~33号
18	百老汇影城	双庆路8号万象城L4层
19	百老汇影城（万象城2期imax店）	双成二路38号万象城二期B-401
20	保利万和国际影城成都花园城店	杉板桥路669号招商花园城6楼
21	保利万和国际影城（奥园广场店）	双店路66号成华奥园广场三期6-1栋233、234号
22	Coca'Cola沙河电影院	建设路26号4栋4层
23	完美世界影城	印象城国光路1号1栋5层22~30号
24	太平洋影城	荆翠西路2号1栋负1层139号
25	太平洋影城东站中环壹号店	迎晖路99号中环壹号4楼
26	幸福蓝海国际影城（泛悦城市广场LUXE店）	泛悦城市广场5层

社会科学

【概况】 2022年，成华区社会科学界联合会营造宣传氛围，打造社科阵地成华品牌，“成华社科”公众号推出“党的二十大特别报道”“二十大金句海报”“一图读懂二十大”“数读二十大”，向群众推送党的二十大精神，开展“喜迎二十大 奋进新征程”社科知识有奖竞答线上主题活动，组织开展社会科学优秀成果推荐评奖。选送成果《华城记：历史记忆中的千年成华》（专著）获得成都市第十五次哲学社会科学优秀成果二等奖，《新时代“新街坊守望家空间”智慧社区理论与实践研究——成都市探索应用社区公共服务大数据驱动社会治理现代化建设》（专著）获得成都市第十五次哲学社会科学优秀成果三等奖。

【社科课题研究】 区社科联配合做好《公园城市发展报告（2022）》专题调研，围绕城市和谐共融场景营造，对二仙桥公园城市打造案例进行推广运用。成华区社科联围绕成都融入“双循环”、唱好“双城记”的理论和政策支撑，研究成华融入成渝双城经济圈路径，体现先进性和科学性；拓展实践研究服务理论运用，甄选区委中心组成员和各单位理论研究成果。区社科联汇编《成华区哲学社会科学优秀课题文集》，涵盖经济发展、社会治理、改革创新、文化服务、法治建设、党的建设、廉政建设、疫情防控、就业扶贫九大领域，展示成华经济社会发展中取得的成绩。

【社科知识普及】 区社科联组织各科普基地开展“网上科普”“基地科普”“媒体科普”“科普五进”“科普讲堂”等社科普及面对面活动，全年通过“成华社科”微信公众平台发布文章192篇，阅读2.16万人次。成华区举办“人民日报里的成都”专题社科展览，从历年来2000份《人民日报》（1946年—2022年）精选223份报纸，打造《人民日报》里的成都故事，集中展示70年来成都的发展和变迁。区社科联协同毛边书局·桃蹊书院开展“诗意成华——像成都人那样生活”研讨会、蜀道系列讲座、云说川菜等活动，会同成都理工大学博物馆开展“喜迎二十大科普向未来”知识竞答。

7月6日，成华区社科普及基地座谈会在毛边书局·桃蹊书院召开　（区社科联供图）

【社科基地建设】 成华区发挥东郊工业文明社科普及基地资源优势，策划红色东郊系列活动，用好东郊红色文化资源，聚焦老东郊经历的迅速工业化、逐步城市化、迈向现代化三个重要时期，打造“红色”阵地、开发“红色”课程、搭建“红色”平台，紧扣“从辉煌发展到转型崛起”城市奋进主线，传承艰苦奋斗、无私奉献、创新创造的东郊红色基因，把红色基因传承贯穿于党史学习教育全过程。区社科联联合“学习强国”主题街区举办“强国学堂”，开展家庭家风开学第一课活动，探讨家庭家风教育新路径，用“学习+”模式开展社科普及活动，将党史学习教育向基层纵深推进。毛边书局·桃蹊书院社科普及基地开展“党史我来讲——青少年演讲比赛”“红歌中的党史”“党史文献展览——《共产党宣言》”等学习教育活动。

【社科人才队伍建设】 成华区聚集社科力量，培养社科人才，提高社会科学研究和服务经济社会建设能力，有效发挥人才聚集作用，组建由电子科技大学、重庆大学、西南财经大学、西南交通大学、成都职业技术学院、四川创新社会发展与管理研究院等高校专家教授30人的专业社科研究人才队伍，为成华区社科事业献智出力。

【社科活动】 区社科联深化“沙河风”理论宣讲品牌活动，形成金沙讲坛成华分坛、社科名家讲坛等理论宣讲品牌矩阵，发挥社区、企业、学校宣讲阵地聚合效应，推进中国特色社会主义事业和中国特色的哲学社会科学事业相适应，全年开展社科活动86场次。

（赵　锐）

卫　生

编辑　李锡清

综　述

【概况】　2022年，成华区以全民健康幸福工程为抓手，统筹抓好卫生健康和新冠疫情防控工作，全力提升卫生载体建设和健康服务能力，提高基层医疗卫生机构常见病、多发病诊治能力，各社区卫生服务中心建成基层临床特色科室，全年医疗卫生投入12.28亿元。成华区深化"华西—成华城市区域医疗服务联盟""华西妇儿专科联盟"合作，依托区中医院建成成都中医药大学国医馆成华分馆，打造现代康复中心、中医治未病中心等特色科室。全区有医疗卫生机构863个，其中医院52个、社区卫生服务机构15个、诊所和门诊部796个，医疗卫生机构病床7761张，卫生技术人员12431人，其中执业医师（助理医师）4724人、注册护士5812人、药剂人员493人、检验人员787人、其他人员61人。全区有省级医学重点学（专）科6个、市级医学重点学（专）科26个、市级临床重点专科2个、县级临床重点专科2个，区级医疗质量控制中心28个，家庭医生团队124个，医疗机构建立健康档案132.5万份。

表108　　2022年成都市成华区医疗机构基本情况表

序号	机构名称	地址	机构等级	类别
1	核工业四一六医院	二环路北四段4号	三级甲等	综合医院
2	成都市第二人民医院龙潭院区	华泰路2号	三级甲等	综合医院
3	成都市第六人民医院沙河院区	建设南街16号	三级甲等	综合医院
4	成都市第六人民医院成华院区	东虹路39号	三级甲等	综合医院
5	成都新华医院	双桥路180号	三级乙等	综合医院
6	成都东区爱尔眼科医院	双林路388号	三级乙等	眼科医院
7	成都顾连锦宸康复医院	锦绣大道5333号	三级	康复医院
8	成都新视界眼科医院	经华北路8号	三级	眼科医院
9	成都东篱医院	杉板桥南一路219号	三级	综合医院
10	成华区妇幼保健院	成华大道新鸿路2号	二级甲等	妇幼保健院
11	攀钢集团成都医院	双华南路12号	二级甲等	综合医院
12	成都誉美医院	下涧槽路11号	二级甲等	综合医院
13	成华区第三人民医院	青龙场致强环街277号	二级乙等	综合医院
14	成华区第六人民医院	槐柳四路11号	二级乙等	专科医院

续表108

序号	机构名称	地址	机构等级	类别
15	成都五块石医院	站北路1号	二级乙等	综合医院
16	成都鹰阁医院	锦绣大道5333号A2座	二级	综合医院
17	成华区第七人民医院	龙潭火神庙西街68号	二级	精神病医院
18	成都中德肾病医院	二环路东三段14号	二级	专科医院
19	成都长生肾病医院	玉双路9号	二级	专科医院
20	成都成华龙港医院	华泰路28号	一级甲等	综合医院
21	电子科技大学医院	建设北路二段4号	未定级	综合医院
22	成都理工大学医院	二仙桥东三路1号	未定级	综合医院
23	前锋医院	一环路北四段一号附28号	未定级	综合医院
24	成都宏明电子股份有限公司医院	一环路东二段238号	未定级	综合医院
25	成都市交通医院	驷马桥路7号	未定级	综合医院
26	成都国光电气股份有限公司医院	建设路48号	未定级	综合医院
27	成都成华北区医院	圣灯路159号附1号	未定级	综合医院
28	成都儿童专科医院城北分院	双荆路2号	未定级	儿童医院
29	成华区中医医院	成华大道新鸿路8号	未定级	中医综合医院
30	四川地质医院	蜀陵路367号	未定级	综合医院
31	成都锦欣藏医医院	光明滨河路60号	未定级	藏医院
32	成都成华脑康医院	八里桥路149号	未定级	精神病医院
33	成都成实医院	二环路北四段3号	未定级	综合医院
34	成都成华双水医院	站北北街1号	未定级	综合医院
35	成都军建医院	成华大道新鸿路268号	未定级	综合医院
36	成都成华成量医院	新怡路22号附1号	未定级	综合医院
37	成都韩博士中西医结合医院	槐树店路40号	未定级	中西医结合医院
38	成都成华南光医院	双桥路25号	未定级	综合医院
39	成都成华三松医院	东紫路499号	未定级	综合医院
40	华川医院	跳蹬河北路185号	未定级	综合医院
41	成都成华时友东区医院	二仙桥西路5号	未定级	综合医院
42	成都八里医院	文德巷1号	未定级	综合医院
43	成都成华泰兴医院	泰安街77号	未定级	综合医院
44	成华东区医院	玉双路6号	未定级	综合医院
45	成都东升医院	和友路357号	未定级	综合医院
46	成都成华城东医院	双林路122号	未定级	综合医院
47	成都成华珍君仁济医院	龙港路210号附10号	未定级	综合医院
48	成都新生堂妇女儿童医院	和顺路198号	未定级	妇产科医院
49	成都美绽美整形美容医院	杉板桥南二路38号	未定级	美容医院
50	成都小青草眼科医院	锦绣大道5333号A2座	未定级	眼科医院
51	成都宝石花医院	石油路19号	未定级	综合医院
52	成都圣丹福整形美容医院	锦绣大道5333号	未定级	美容医院

表109　　2022年成都市成华区社区卫生服务中心情况表

序号	机构名称	地址	服务电话
1	成都市成华区双桥子社区卫生服务中心	建设南新路5号	028-84126655
2	成都市成华区猛追湾社区卫生服务中心	石油路19号	028-86012049
3	成都市成华区猛追湾建设路社区卫生服务中心	建设南新路80号	028-84394772
4	成都市成华区府青路社区卫生服务中心	华油路8号	028-89895297
5	成都市成华区二仙桥社区卫生服务中心	二仙桥北路14号	028-84120186
6	成都市成华区跳蹬河社区卫生服务中心	崔家店路45号	028-84113050
7	成都市成华区万年场社区卫生服务中心	长融街29号	028-84085187
8	成都市成华区保和社区卫生服务中心	东虹路60号附101号	028-84712123
9	成都市成华区双水碾社区卫生服务中心	八里桥路443，445，447号	028-83398211
10	成都市成华区青龙社区卫生服务中心	致强环街525号	028-69283238
11	成都市成华区龙潭社区卫生服务中心	龙潭寺火神庙路19号	028-84207551

【成华区“十四五”卫生健康发展规划】　5月，成华区出台《成华区“十四五”卫生健康发展规划（2021—2025年）》。规划由“十四五”规划背景、发展目标、主要任务与重大举措、保障措施四个部分组成，到2025年，全面提升卫生健康治理体系和治理能力现代化水平，实现全区卫生健康服务体系更加完善，卫生健康服务质量和水平大幅提高，覆盖全区居民的基本医疗卫生体系更加健全，优质医疗资源供给更加充足，公共卫生保障能力显著增强；深化医药卫生体制改革成效更加显著，“健康成华”行动全面推进，健康环境大幅改善，卫生健康领域科技创新能力明显增强，居民健康素养明显提高，居民健康水平达到国内一流水平，卫生健康事业达到中西部一流水平。全面推进健康成华建设、深化医药卫生体制改革、提高医疗服务水平和质量、加强公共卫生服务建设、推动中医药事业发展、建设优质高效的人才队伍、深入开展爱国卫生运动、促进生育和托育服务发展、保障居民全生命周期健康、加强卫生健康信息化建设、完善卫生健康监督执法体系、推动医疗健康服务业全面发展、推进卫生健康开放创新发展13项主要任务。加强组织领导、狠抓政策落实、注重宣传引导、强化监测评估4项保障措施。

【基本公共卫生服务】　成华区卫生机构为居民提供健康档案管理、健康教育、预防接种、0～6岁儿童健康管理、孕产妇健康管理、老年人健康管理、慢性病患者健康管理、严重精神障碍患者管理、肺结核患者健康管理、中医药健康管理、传染病和突发公卫事件报告和处理、卫生计生监督12类基本公共卫生服务。全区医疗机构建立电子健康档案132.5万份，0～6岁儿童健康管理7.28万人，高血压患者管理8.54万人，糖尿病患者管理3.26万人。推广“一医一助”家庭医生团队一站式服务，创新家庭医生签约服务模式，组建家庭医生团队124个，为辖区签约居民提供基本医疗、基本公共卫生和约定的健康管理服务。

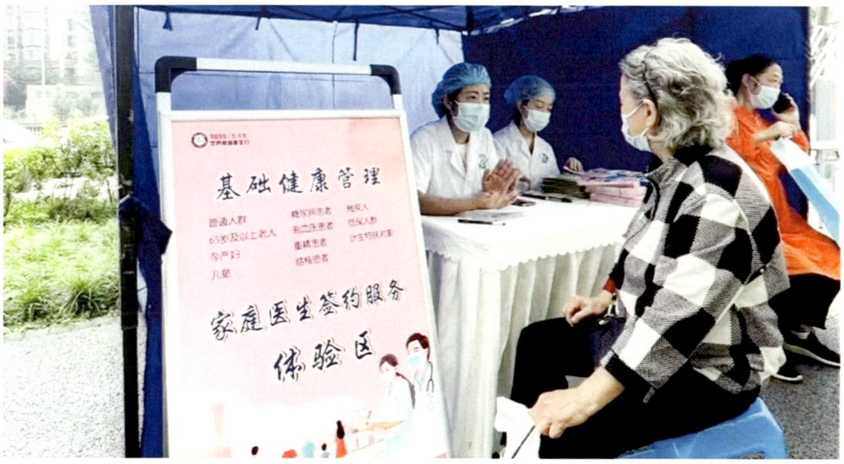

5月19日，成华区青龙社区卫生服务中心设立基础健康管理家庭医生签约服务体验区
（区卫健局供图）

【医疗卫生服务】 成华区设立区级医疗质量控制中心28个，质控小组19个，各医疗质量控制中心加强质控体系建设、培训和督导，实现全区医疗质量、技术操作同质化、规范化；依托辖区三级医院和专科医院组建48个区级医疗质量控制分中心，定期开展医疗质量检查，促进医疗质量和医疗安全水平提升，组织行业专家对医院开展医疗质量检查，对医院医疗质量管理进行指导；组织抗菌药物规范化管理培训300人，麻醉药品和第一类精神药品使用知识和规范化管理知识培训200人。协调辖区各支援单位选派懂管理、精业务的技术骨干19人，组建成华区对口支援队伍，入驻丹巴开展1年对口支援；各支援单位采取理论讲座、诊疗示范、手术示教、教学查房、案例分析等措施，重点培养“师带徒”对象常见病多发病诊疗、危急症识别转诊、传染病监测处置等能力，辖区各支援机构签订“师带徒”协议30份，参与丹巴诊疗活动8000人次，手术示范150台次，学术讲座、业务培训60次，教学查房204次、会诊及疑难病例讨论475次、新技术（项目）20项次、巡回医疗和健康义诊诊疗7000人次。区妇幼保健院派驻人员参与丹巴县妇幼保健计划生育服务中心等级复评16人次。

【中医药服务】 成华区中医医院开展基本医疗、预防保健、养生康复等一体化中医药服务，接入四川省基层医疗卫生机构中医诊疗健康信息平台，提升中医诊疗服务能力。成华区中医医院与成都中医药大学国医馆联合建立“成都中医药大学国医馆成华分馆”，建立潘畅、黄映君2个省级名中医工作室，李齐煜市级名中医工作室。区中医医院赵波参加成德眉资基层中医药技能比赛获得推拿技术组一等奖。

（罗　岚　蒋　楠）

医院建设

【概况】 2022年，成华区优化区域医疗资源布局，推进四川省第一中医医院、3个区属公立医院、7个社区卫生服务中心建设，织密卫生服务网底。全区有医疗卫生机构52个，其中三级医院9个、二级医院10个、一级甲等医院1个、未定级医院32个。核工业四一六医院、成都市第六人民医院通过三级甲等综合医院复审，成都东区爱尔眼科医院通过三级乙等眼科医院评审。

【医院和社区卫生服务中心建设】 2月14日，三级甲等综合中医医院——四川省第一中医医院开工建设，项目东至华林一路，南至普洛斯A线，西至民兴苑，北至民兴西苑，建筑面积19.3万平方米，设置床位1500张。5月9日，区属三级医院成华区中医医院（成华区康穗养老中心）投入运营。区卫健局推进成华区人民医院、成华区妇幼保健院、成华区第七人民医院升级改造建设，万年槐庭路、龙潭隆兴北四路、猛追湾太阳公元、双水荆竹西路、龙潭湖秀二路、龙潭华翰路、青龙海滨7个配套社区卫生服务中心开工建设，改造提升白莲池一里塘社区、青龙新山社区配套社区卫生服务中心，构建“15分钟健康服务圈”。成华区青龙社区卫生服务中心东紫路分中心、成华区保和社区卫生服务分中心兴城嘉苑分中心建成，实现政府投入社区卫生服务中心全覆盖。

【医联体建设】 成华区人民政府与成都市第六人民医院签约组建区域网格化城市医联体，探索中医、口腔、精神卫生等专科联盟建设。区卫健局深化“华西—成华城市区域医疗服务联盟”“华西妇儿专科联盟”合作，推进优质资源下沉、基层能力提升，医联体全年上转病人2225例、下转病人1830例，上级专家下沉817人次、开展培训11期，新增“华西妇儿联盟”儿科认证医生1名、“妇儿联盟儿科诊室”1家。依托家庭医生团队，探索线上健康管理模式，增强“华西妇儿专科联盟”辐射效应，加强区域产科、妇科等重点学科建设，实现与华西第二医院检验检查结果互认。

【近视防控适宜技术试点建设】 成华区实现“学生健康体检+学生视力专项

3月17日，成华区网格化医联体启动仪式在成都市第六人民医院沙河院区举行　（区卫健局供图）

筛查+近视及其他重点常见病监测”视力筛查2.97万人，开展学生视力不良影响因素调查，动态掌握学生视力变化，形成学生视力健康动态档案1.87万份；构建“学校—家庭—医疗机构一体”复合干预体系，组建成华区青少年视力低下防治工作专家委员会，建立由校医、班主任、科任教师、学生视保员“四结合”的群防群治队伍，提升全区学生近视防控能力。

【儿童口腔健康科普基地建设】　成华区巩固儿童口腔健康科普基地成果，探索疾控中心—学校—社区卫生服务中心共同参与的“疾控中心提供技术支持+中心协助学校日常管理”的可持续发展管理模式。区卫健局与区教育局联合在成都市熊猫路小学创新打造互动体验、知识传播、技能教学、行为改变于一体化的成华区儿童口腔健康科普基地，设口腔科普图书角、口腔模型展示区、口腔实验区、科学刷牙区、口腔健康教育成果展示区5个功能区，实现一站式口腔卫生健康宣传教育；采用线上直播形式，通过健康口腔推广大使开展线上口腔卫生宣传直播活动，普及儿童常见口腔疾病相关知识，宣传成华区儿童口腔疾病综合干预项目。

【医学重点学（专）科】　成华区有省级医学重点学（专）科6个，核工业四一六医院3个、成都市第六人民医院3个；市级医学重点学（专）科27个，核工业四一六医院14个、成都市第六人民医院13个；市级临床重点专科2个，核工业四一六医院和成都市第六人民医院各1个；县级临床重点专科2个，均在核工业四一六医院。区卫健局组织专家对麻醉科、中医康复科、老年病科、内分泌科、肛肠科、中西医结合科、骨科、普外科、肝胆科9个区级重点专科进行评估验收，均达到合格标准。

（罗　岚　蒋　楠）

疾病预防控制

【概况】　2022年，成华区推进国家慢性病综合防控示范区建设，携手四川大学华西公共卫生学院，在公共卫生领域开展院地合作，拓展职业卫生、水质、食品安全等检测能力。成华区疾病预防控制中心做好传染病、艾滋病、结核病、地方病等疾病预防与控制，健康危害因素监测与干预，健康教育与健康促进等工作。成华区疾病预防控制中心获评2021—2022年度中国居民心脑血管事件监测项目先进单位。

【传染病防治】　区疾控中心加强传染病监测与报告管理，及时进行风险评估和预测预警，制定传染病防控应急预案。全区全年无甲类传染病报告，乙类传染病报告11种2887例，报告发病率206.71/10万；丙类传染病报告5种3504例，报告发病率250.88/10万。区疾控中心全年处置各类疾病预警信息2062起、处置率100%，处置聚集性传染病疫情200起、处置率100%，全区无突发公共卫生事件报告。

【艾滋病防治】　区疾控中心全年完成艾滋病检测62.02万人次，覆盖常住人口的44.87%，艾滋病病毒感染者、病人随访检测比例96.27%。区疾控中心探索男性性行为人群综合防控工作模式，建成宣传咨询、检测干预、治疗转介、随访关怀一站式服务平台。

【结核病防治】　成华区巩固省级结核病示范区成果，规范结核病人随访，全年肺结核患者报告和疑似肺结核患者管理率97.3%，病原学检查阳性肺结核患者密切接触者筛查率100%，肺结核患者病原学阳性率

表110　　2022年成都市成华区医疗机构重点学（专）科情况表

类别	医院名称	医学重点学（专）科
省级医学重点学（专）科	核工业四一六医院	医学科、皮肤科、泌尿外科
	成都市第六人民医院	肝胆外科、神经内科、检验科
市级医学重点学（专）科	核工业四一六医院	普外科、心内科、肾内科、整形外科、消化内科、呼吸内科、神经内科、康复医学科、妇产科、肿瘤科、麻醉科、骨科、医学影像科、护理学
	成都市第六人民医院	心血管内科、肾病内科、呼吸内科、肿瘤科、消化内科、急诊科、骨科、肛肠科、神经外科、耳鼻咽喉科、全科医学科、护理学
市级临床重点专科	核工业四一六医院	泌尿外科
	成都市第六人民医院	普外科
县级临床重点专科	核工业四一六医院	康复医学科、肾内科

3月12日，区疾控中心联合成都市结防办在天府熊猫塔开展共享健康终结结核病宣传活动
（区卫健局供图）

70.8%，肺结核高危人群耐药筛查率100%，肺结核患者治疗率99.3%，基层医疗卫生机构肺结核患者规范管理率99.3%，艾滋病病毒感染者结核病检查率95.9%，公众结核病防治知晓率87.6%。区疾控中心调查处置学校散发结核病疫情24起，控制疫情蔓延，无结核病暴发疫情发生；开展“五个一”宣传，通过开展“一次大型宣传”、开发“一批宣传材料”、打造“一支优秀志愿者团队”、举办“一场公益电影”、推送“一条温馨短信”等健康教育活动，广泛宣传结核病防治知识。成华区有国家级优秀志愿者团队1个（成华区建设路阳光志愿者团队），省级优秀志愿者团队1个（成华区双桥子晨曦志愿者团队）。

【慢病防治及健康教育】　成华区推进国家级慢病示范区和健康促进区建设，提升死因监测和肿瘤登记随访质量，依托国家心血管病高危筛查、国家基本公共卫生服务、国家城市癌症早诊早治、成都市窝沟封闭项目等重点项目提升全区慢病防控能力。全年户籍人口死亡率834.08/10万、肿瘤发病率308.12/10万、心脑血管事件发病率523.33/10万、儿童伤害事件发生率149.06/10万。成华区开展健康点位打造，建成健康街道1个（猛追湾街道），健康社区1个（八里庄社区），健康单位3个（区司法局、杉板桥社区党群服务中心、龙潭工业机器人产业功能区管委会），健康家庭210个。全年开展各类卫生主题宣传活动13次，覆盖群众20.1万人次。“萤火虫健康科普”获四川省案例征集活动视频类和图片类二等奖，成华区控烟行动案例入围健康中国行动控烟优秀案例，《控烟行动全区总动员、成人吸烟率24.17%降至21.21%》《以推动“三化”服务为切入点、创建全国智慧健康养老示范基地》2篇案例入围《成都市2022年健康城市建设实践十佳案例》。成华区获评全国第七届“万步有约”职业人群健走激励大奖赛、全国优秀健走示范区、全国优秀健走组织单位。

【地方病防治】　区疾控中心开展血吸虫病查螺面积17.85万平方米，未发现钉螺；完成血吸虫病询检302人，血检302人；开展疟疾疫情监测，发热病人血检420人，全年无疟疾病例报告。区疾控中心开展碘缺乏病监测，检测碘盐300份，碘盐合格率97.99%；检测尿碘300份，处于适宜水平。

【职业卫生监测】　区疾控中心加强职业卫生监测，全年完成工业企业职业病危害因素监测17家，开展职业病危害调查17家、尘肺病人随访16人、重点职业病个案2.1万例。区疾控中心采取电话询问和问卷调查等方式，开展医用辐射及放射性疾病调查97家，非医用辐射19家，医疗机构放射工作人员个人剂量监测率100%，职业健康检查545人。全年处理疑似急性一氧化碳中毒事件1起，中国石油集团川庆钻探工程有限公司井下作业公司获评成都市健康企业。

【职业病防治宣传】　成华区通过微信公众号、宣传进企业等方式开展职业病防治宣传，开展线上线下相结合的《中华人民共和国职业病防治法》宣传活动。区疾控中心开展职业病防治知识线上有奖竞答活动，区卫健局制作发布熊猫系列职业病防治宣传、受限空间作业职业病防治宣传视频。4月25日至5月1日，第20个全国职业病防治宣传周活动期间，区疾控中心发放宣传海报、折页等宣传资料4500份，宣传品2000份。

【精神卫生防治】　区疾控中心开展精神卫生防治，全年精神科门诊6984人次，住院病人778人次；落实严重精神障碍患者救助关爱政策，开展住院患者“阳光救助”，免费救治患者172人，救助金额270万元；实施门诊患者救助300人次，救助金额21万元。新冠疫情防控期间，为出行困难的精神障碍患者上门送药、送防护物资，服务300人次。区疾控中心落实严重精神障碍管理治疗工作规范，报告患病率3.19‰，年管理率98.46%、年面访率96.44%。

【免疫规划】　成华区开设预防接种门诊13家、产科接种单位6家，完成国家免疫规划疫苗20.51万剂次，国家免疫规划疫苗接种率95.1%，接种非免疫规划疫苗49.31万剂次。区疾控中心组织开展免疫规划相关疾病、疑似预防接种异常反应，全年报告疑似麻疹风疹病例39例、AFP病例3例、AEFI病例757例，报告及时率、完整率、覆盖率及规范处置率100%，无国家免疫规划疫苗传染病暴发疫情发生，完成13~14岁HPV项目疫苗接种任务。

【预防接种宣传月活动】　4月25日至5月24日，区卫健局组织开展以“及时接种疫苗，保障生命健康”为主题的预防接种宣传月活动。区疾控中心制作、发放各类宣传资料和物品1.07万份，各预防接种单位依托线上家长课堂平台、“健康成华”及“成华疾控”等公众号，开展专题系列宣传活动。

（罗　岚　蒋　楠）

医政管理

【概况】　2022年，成华区各医疗卫生机构实施国家基本药物制度，各社区卫生服务中心实行基本药物网上公开采购及零差率销售，全年社区卫生服务中心为就诊群众节约费用1339万元。成华区加强抗菌药物管理，全年受理抗菌药物处方权328人、抗菌药物调剂资格43人，医疗投诉信访211件。区卫健局组织开展各类专项检查、监督检查和“非法行医”集中整治，全年检查医疗卫生机构857个、美容场所15个、养生场所10个，查处无证行医点3个、非法行医点3个、非法行医案件5件，罚没金额1.17万元，确保全区医疗卫生事业健康发展。

【医疗卫生监督检查】　区卫生执法监督大队加强对辖区863个医疗机构、183个放射诊疗单位、3个消毒产品生产企业的监督，全年监督检查1840个次，立案查处违反相关法律法规的医疗机构95人次，罚没金额16.77万元；吊销《医疗机构执业许可证》1个，对60个医疗机构给予不良执行行为记分；处理投诉举报纠纷171起，回复率100%。

【“非法行医”专项整治】　区卫生执法监督大队对辖区医疗机构使用非卫生技术人员从事诊疗活动、超范围行医以及非医疗机构开展诊疗活动的行为进行整治，监督检查医疗机构执业行为187个，对1个诊所使用非卫生技术人员从事医疗卫生技术违法行为罚款1700元，对1个门诊部使用非卫生技术人员从事医疗卫生技术违法行为罚款1600元，对1个诊所使用2名非卫生技术人员从事医疗卫生技术违法行为罚款5000元，并吊销医疗机构执业许可证，对2个诊所未进行医学影像科登记开展放射违法行为分别给予警告和罚款1700元。区卫生执法监督大队开展学校周边非法行医整治，严厉打击坑害未成年人权益的游医、假医、巫医等，全年接到无证行医举报27起，调查处理率100%。

（罗　岚　蒋　楠）

妇幼保健

【概况】　2022年，成华区做好妇幼健康服务，推进各社区卫生服务中心妇女保健、儿童保健规范化门诊建设，加强出生缺陷综合防治规范管理，提升妇幼健康管理水平。成华区妇幼保健院通过二级甲等妇幼保健院复审，被确定为省级儿童早期综合发展示范基地。

【妇幼健康服务】　区妇幼保健院推进全区产科、儿科建设，强化产科质控和指导，提高高危孕产妇管理和新生儿急救能力，落实母婴安全五项制度；开展产科儿科急救演练、知识技能培训和管理能力提升培训，强化高危孕产妇管理，规范危重孕产妇转诊、会诊流

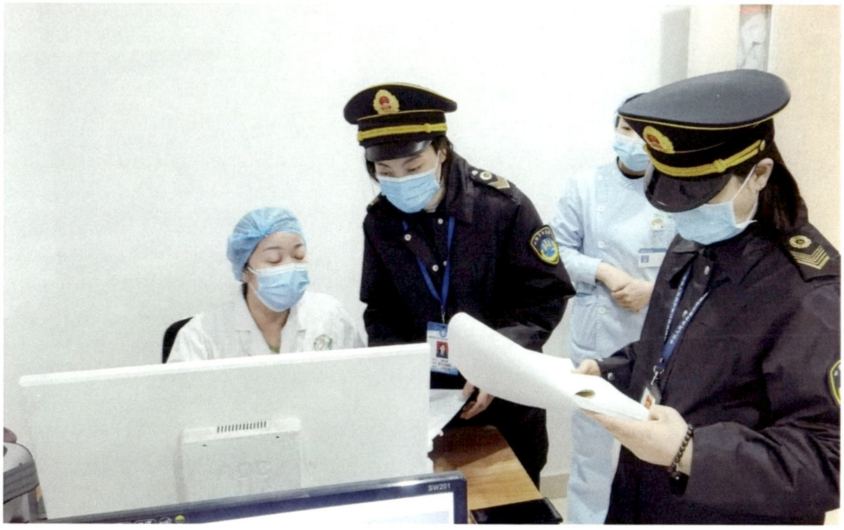

3月3日，区卫生执法监督大队检查成都成华三松医院实施国家基本药物情况　（区卫健局供图）

程，保障母婴安全。区妇幼保健院全年组织召开孕产妇危重症评审、围产儿死亡评审5次，全区孕产妇死亡为零，新生儿死亡率1.07‰，婴儿死亡率1.5‰，5岁以下儿童死亡率2.14‰，孕产妇及儿童系统管理率90%，住院分娩率100%，高危孕产妇管理率100%。

【妇幼健康教育】 区妇幼保健院筑牢妇幼健康服务基础，开展妇幼健康教育线上线下宣传培训、义诊咨询，利用三八妇女节、六一儿童节、母乳喂养周等主题宣传日，开展妇幼健康教育宣传活动。全年发放母子健康手册5570份、妇幼健康各类宣传折页10万份，制作科普展板66块，组织开展孕妇学校112场次，参与人数1.97万人次。

【规范化妇幼门诊建设】 区卫健局推进各社区卫生服务中心妇女保健、儿童保健规范化门诊建设，与家庭医生签约服务有机结合，定期开展业务培训、督导、在线抽查，提升各社区卫生服务中心妇幼保健技术人员业务素质和技术水平。全区建成AAAA级妇女保健规范化门诊1家（龙潭社区卫生服务中心）、AAA级妇女保健规范化门诊2家（府青路社区卫生服务中心、青龙社区卫生服务中心）、A级妇女保健规范化门诊6家（保和社区卫生服务中心、双水碾社区卫生服务中心、双桥子社区卫生服务中心、二仙桥社区卫生服务中心、跳蹬河社区卫生服务中心、建设路社区卫生服务中心），AAA级儿童保健规范化门诊1家（龙潭社区卫生服务中心）。

【出生缺陷防治】 成华区加强出生缺陷综合防治体系建设，通过主题讲座、孕妇学校、义诊活动、主题宣传日等活动，结合孕前、孕期、儿童保健等开展出生缺陷防治综合宣传，提升群众对出生缺陷综合防治知识的知晓率和普及率。区妇幼保健院加强出生缺陷综合防治规范管理，组织全区妇幼人员进行妇幼重大公共卫生项目培训，定期开展妇幼健康工作质量监督；实施妇女增补叶酸预防神经管缺陷项目、新生儿耳聋基因筛查及疾病免费筛查项目等出生缺陷防治，促进出生缺陷早诊早治。全区新生儿疾病代谢病筛查率99.74%、新生儿先天性心脏病筛查率99.23%、耳聋筛查率94.81%、免费婚检率88.20%、免费孕检率155.04%。

10月12日，成华区母婴保健技术评审会召开 （区卫健局供图）

【母婴保健专项服务评审】 区卫健局规范全区母婴保健专项技术服务，加强母婴保健机构管理和督导，定期开展母婴保健机构质量控制，促进医疗保健技术水平和服务能力提升，对核工业四一六医院、成都市第六人民医院、成都新华医院、成都新生堂妇女儿童医院、成华区妇幼保健院5家母婴保健专项服务资格进行评审，对攀钢集团成都医院、成都誉美医院、成都东篱医院、四川地质医院、成都龙港医院、成华区第三人民医院、成华区第七人民医院7家计划生育机构进行效验评审。

（罗　岚　蒋　楠）

计生服务

【概况】 2022年，成华区出生人口11296人，人口出生率13.51‰，比上年增加1.75个千分点，符合政策生育率99.97%，人口自然增长率-2.41‰。成华区完成计划生育奖励扶助、特别扶助和独生子女父母奖励对象资格确认和资金发放，为符合计划生育奖励扶助条件的2320名对象发放扶助金222.72万元，为符合计划生育特别扶助条件的2641名对象发放扶助金2679.66万元，为符合计划生育独生子女父母奖励条件的4093名对象发放奖励金24.56万元。

【优化生育政策实施】 成华区贯彻落实中共中央、国务院关于优化生育政策促进人口长期均衡发展的决定，落实三孩生育政策，取消社会抚养费等制约处罚措施；通过保障孕产妇和儿童健康，以及综合防治出生缺陷等措施提高优生优育服务水平，促进3岁以下婴幼儿照护服务健康发展，全区新备案托育机构14家，有托位3971个，每千人托位数2.84个。成华区建立健全计划生育特殊家庭全方位帮扶保障制度，实行特别扶助金动态调整，加大对计划生育特殊家庭“双岗”联系制度落实力度，扎牢织密帮扶安全网；落实生育休假和育儿假制度、生育保险制度，加强婴幼儿养护指导；开展人口统计数据监测，及时掌握出生人口动态数据，为上级决策提供依据；落实生育登记服务网上办理制度，全年办理生育登记5327人。

【计划生育宣传教育】　区卫健局组织各街道、区属医院和社区卫生服务中心，为辖区居民提供生殖健康、三孩政策、流动人口服务管理、落实扶助政策和免费孕前优生健康检查等宣传教育活动，通过主题宣传、错时宣传、上门宣传、定点宣传、网络宣传等方式提高宣传教育覆盖面，推进流动人口基本公共服务全覆盖。全区全年开展计划生育宣传活动122场次，发放宣传资料14.2万份。

【计划生育扶助关怀】　区卫健局组织开展计划生育特殊家庭扶助关怀服务活动，慰问计划生育特别扶助对象1.32万人次，发放节日和生日慰问金264.1万元，为1029名扶助对象提供健康体检服务41.16万元，为96名扶助对象购买养老保险60.5万元；探视生病住院扶助对象536人，发放慰问金21.06万元；将1933名60周岁以上扶助对象纳入居家养老服务，为370人次扶助对象提供生病住院护理保险理赔服务61.01万元，为2623名扶助对象建立基础健康档案。

【成华区计划生育协会】　成华区计划生育协会引导市民树立科学、文明、进步的生育观念，加大对计划生育特殊家庭扶助关怀力度，重点解决扶助对象在生活、养老、医疗、安居等方面的困难，推动各项扶助关怀政策落地落实，促进社会和谐稳定。万年场街道新建计生特殊家庭“暖心家园”，开展精神慰藉服务。依托成都市第四人民医院和成华区第四人民医院的专家团队，为计划生育特殊家庭扶助对象提供心理疏导和医务服务，全年为103人次提供优质的服务。依托“生命绿岛”开展青春健康活动，推进“青春健康——进社区、进企业、进学校”等活动，开展科普宣传、性健康教育、专题讲座、专家咨询等活动，培养青少年良好品德情操、心理素质、行为习惯和社会适应能力，帮助青少年解除青春期成长困惑，应对自身生理和心理变化，适应社会竞争，更快乐、更有效率地学习，更健康地成长。

（罗　岚　蒋　楠）

3月2日，万年场街道槐树店社区开展关爱特扶家庭、落实扶助政策宣传活动　（区卫健局供图）

健康促进

【概况】　2022年，成华区以全国医养联合基本公共服务标准化专项试点为目标，开展新冠肺炎、重点慢病、传染病防控等宣传，创建健康街道、社区、单位，加强学校卫生、食品及饮用水安全卫生监测，开展“文明健康始于心”主题科普活动，完成病媒生物防制示范点创建。

【全国医养联合基本公共服务标准化专项试点】　成华区以提升医养领域基本公共服务能力为目标，聚焦医养联合“病有所医、老有所养、医养结合”任务，推动均等化、普惠化、便捷化医养基本公共服务向基层延伸，形成全区医养结合机构及医疗服务老有所养、病有所医、医养结合等服务标准251项，杉板桥社区养老服务综合体、新鸿社区养老服务综合体建成投运。全区有养老机构30个，日间照料中心105个，老年助餐服务点48个，顾连医疗、华润熙悦里、龙湖椿山万树、上海爱照护等医养服务企业入驻，构建成华区医养基本公共服务标准化、供给多元化新格局，形成“15分钟医养基本公共服务圈”。

【医疗健康产业构建】　成都鹏瑞利国际医疗健康中心入驻医疗机构15家，有

成都顾连康复医院 （区卫健局供图）

成都顾连康复医院、成都韩妃整形美容医院等专科医院，以及新华健康体检中心、慧择互联网医院、成都影和医学影像诊断中心等特色医疗健康机构。龙潭工业机器人产业功能区聚集5家健康医疗企业，中国医学科学院输血研究所、中国医药集团总公司四川抗菌素工业研究所、四川千里倍益康医疗股份有限公司为医药、生物制品研发企业，四川金域医学检验中心有限公司为第三方医学检验服务企业，四川华安堂科技开发有限公司为大健康数据中心企业。

【全民健康促进工程实施】 区卫健局组织开展世界无烟日、全国爱眼日、全民健康生活方式日、减盐宣传周、全国爱牙日、全国高血压日、世界艾滋病日等主题宣传活动，覆盖群众19.7万人次；邀请省、市专家以“线上+线下”形式在川庆钻探工程公司井下作业公司、跳蹬河街道杉板桥社区、双水碾街道等单位开展“讲遍蓉城”健康素养主题讲座6场次。区疾控中心以新冠疫情防控、慢性病、常见传染病防控等开展健康生活方式宣传，在“成华疾控”微信公众号刊登健康宣传推文27篇，全年发送健康短信24期、信息14.1万条。

【健康成华建设】 区疾控中心编印《健康成华》《四季养生》《成华红丝带》《熊猫系列绘本》6000份，印发健骨操手册、健康细胞工作手册、三减三健和健康素养系列三折页等健康教育宣传资料18万份。区疾控中心和社区卫生服务中心指导健康点位，创建健康街道1个（猛追湾街道）、健康社区1个（八里庄社区）、健康单位4个（区司法局、双水碾街道综合便民服务中心、沙板桥社区党群服务中心、龙潭工业机器人产业功能区管委会）。二仙街道仙韵社区、万年场街道联合社区、电子科技大学附属实验小学、成都市站东小学校4个单位创建为“省级卫生单位”。全区控烟行动成人吸烟率由24.17%降至21.21%，保和街道杨柳社区、成华区第七人民医院2个单位创建为“省级无烟单位”。

【医疗健康服务业发展】 成华区建立健全“1个发展规划、1张产业图谱、1套专项政策、1个创新平台、1份企业名录、1个品牌会展”的“6个1”工作机制。区卫健局走访新希望集团、复星集团等链主企业25家，签约新希望集团、四川大学华西口腔医院2家链主企业。6月，成都锦官儿童口腔医院开业投运、华西口腔东区门诊提质扩容工程建设启动。6月29日，成华区人民政府与四川大学华西口腔医院签署战略合作协议，推动优质医疗资源下沉，发展口腔医疗家庭医生模式，提升基层口腔医疗服务水平。9月，四川金域医学检验中心西南总部签约落地，成都冬雷脑科医院、成都肖传国医院开工建设。

【学校卫生监测】 成华区推进学校卫生监测，全年开展儿童青少年视力监测2977名，对2231名学生开展近视、肥胖、脊柱弯曲异常等健康影响因素监测问卷调查，对学生健康体检进行技术培训和质量控制，全年中小学生体检9.83万人。

【食品及饮用水安全卫生监测】 成华区推进食品安全、饮用水卫生、公共场所监测及国民营养监测，完善区—街道—社区一体化食品风险监测安全预警平台，全区22家二级以上医疗机构和社区卫生服务中心纳入国网监测系统，全年上报食源性疾病病例信息2545例、病原学检测信息505例。区疾控中心完成食品污染物及有毒有害因素样品检测279件，科学规范处置疑似食源性疾病事件27起；每季度开展“水十条”采样、检测，定期将结果向社会公示；在丰水期、枯水期对各监测点二次供水、自建设施供水及小型集中式供水进行采样检测，监测水样72件；开展公共场所危害因素监测，对酒店、商场、美发、候车室、游泳场馆、健身房6类重点公共场所进行监测。

【爱国卫生运动】 成华区各机关、企事业单位、街道、社区组织辖区各商超、餐饮、宾馆、农贸市场等商家和群众参加“卫生大扫除”活动，聚焦卫生死角、盲点，参加整治活动9800人次，清运垃圾102吨，消杀环卫公厕、垃圾收集等重点点位334处。全区开展“文明健康始于心”主题科普活动，发放成华区健康教育壁报、爱卫月宣传海报、爱国卫生运动70周年海报等健康教育宣传材料9900份。区爱国卫生运动委员会办公室免费向各街道配送鼠药4700千克、毒饵盒6960个、灭蟑毒饵12350包；组织各部门、街道开展病媒生物防治，四害密度控制水平通过市级评估，青龙街道翠林华庭、东林景忆等6个单位完成病媒生物防制示范点创建工作。

【无偿献血】 区卫健局、区红十字会、11个街道全年组织无偿献活动30次，参加人数6740人次，献血量234.85万毫升，成华区完成献血目标任务。

【健康义诊活动】 9月，区卫健局组织医疗机构开展“2022服务百姓健康行动”义诊活动，各医院针对常见病、慢性病、医学常识和健康知识，向群众宣传和解答医学知识，为就诊咨询者测量血压、讲解病情，宣传健康知识和提供健康指导，全区医疗机构派出医务人员170人次，为6000人次进行义诊。

（罗 岚 蒋 楠）

医院选介

【成都医学院第二附属医院·核工业四一六医院】 成都医学院第二附属医院·核工业四一六医院位于二环路北四段4号，集医疗、教学、科研、预防保健于一体的三级甲等综合医院，为国家核应急医疗救援分队、国家核应急医学救援西南分中心基地，成华区、金牛区、武侯区艾滋病定点救治医疗机构，成华区病历、护理、影像及康复医学质控中心，成都中医药大学、成都医学院、遵义医学院、川北医学院等教学医院，四川师范大学教育科学院实习基地。医院设预防保健科、内科、外科、妇产科、儿科、眼科、耳鼻喉科、口腔科、皮肤科、康复科、中医科、医疗美容科等26个一级诊疗科目，呼吸内科、心血管内科、核医学等71个二级诊疗科目，医学科、皮肤科、泌尿外科为省级重点学（专）科，普外科、心内科、肾内科、消化内科、呼吸内科、神经内科、整形外科、康复医学科、妇产科、肿瘤科、麻醉科、骨科、医学影像科、护理学为市级重点学（专）科，有临床科室29个，医技辅助科室11个，病区25个，病床1030张，专业技术人员1300人。医院全年门诊量68.21万人次，健康体检5.03万人次，住院病人3.62万人次，开展手术11781台次。

3月29日，双桥子街道新华社区组织无偿献血活动 （区卫健局供图）

【成都市第二人民医院龙潭院区】 成都市第二人民医院龙潭院区位于华泰路2号，集医疗、教学、科研、预防、保健、康复于一体的三级甲等综合医院，设内科、外科、儿科、消化科、内分泌科、神经外科、普外（肝胆胰）科、呼吸与危重症医学科、耳鼻喉头颈外科、眼科、整形外科等科室35个，有病床1200张，专业技术人员1165人。龙潭院区在基础医疗全覆盖的基础上，增设体检中心、医疗美容科、特需门诊、国际医疗部等。医院全年门诊量73.21万人次，健康体检3.81万人次，住院病人4.03万人次，开展手术16360台次。

【成都市第六人民医院】 成都市第六人民医院沙河院区位于建设南街16号、成华院区位于东虹路39号，集医疗、科研、教学、急救、保健、康复于一体的三级甲等综合医院，为西南医科大学、遵义医学院、川北医学院、成都医学院等教学基地。医院肝胆外科、神经内科、检验科为省级重点学（专）科，心血管内科、肾病内科、呼吸内科、肿瘤科、消化内科、急诊科、骨科、肛肠科、神经外科、耳鼻咽喉科、全科医学科、护理学为市级重点学（专）科，普外科为市级临床重点专科，市、区级质量控制中心15个，有病床1855张，专业技术人员1443人。医院全年门诊量69.32万人次，健康体检5.51万人次，住院病人3.54万人次，开展手术13884台次。

【成都新华医院】　成都新华医院位于双桥路180号，是川北医学院在成都建立的直管医院，西南地区ERCP培训中心，四川省首批脑卒中地图医院、四川省首批老年友善医疗机构，集医疗、教学、科研、预防、保健于一体的三级乙等综合医院。医院设门诊部、住院部、急诊部、健康管理中心、发热门诊和发热留观室6个主体单元，临床科室31个、医技科室8个，创建ERCP专家工作室、呼吸与危重症诊治中心、消化疾病诊治中心、创伤骨科中心、康复医学中心、胸痛中心、妇儿中心、区域临床病检中心1个工作室和7个医学中心，有病床585张，卫生技术人员582人。医院全年门诊量28.12万人次，健康体检4.03万人次，住院病人1.62万人次，开展手术5108台次。

【成都新生堂妇女儿童医院】　成都新生堂妇女儿童医院位于和顺路198号，是一家提供高端服务的国际化妇女儿童医院。医院以“快乐孕育，享受顺产”为目标，以“妈妈幸福，宝宝健康”为服务宗旨，开展国际先进自然分娩和无创助产术，为母婴安全提供保障，设产科、妇科、新生儿科、儿科等科室，以及特需专属门诊、手术室、利普刀和DR房、瑜伽室、水疗室、产后恢复室，有病床99张，卫生技术人员216人。医院全年门诊量4.96万人次，住院病人1570人次，开展手术324台次。

【成华区妇幼保健院】　成华区妇幼保健院位于成华大道新鸿路2号，是世界卫生组织和联合国儿童基金会命名的“爱婴医院”，二级甲等妇幼保健院。医院承担成华区妇幼保健管理和产科急救指导，为妇女儿童提供保健及医疗服务，以妇产科、中医科为重点特色专科，开展分娩镇痛、优生咨询、高危妊娠、孕期营养、助产士、产后康复等特色服务；推动中医药妇幼保健，开展中药浴足、小儿推拿、人流术后中医药保健和耳穴压豆治疗小儿近视等项目，为妇女和儿童提供优质中医药服务，有病床118张，卫生技术人员324人。医院全年门诊量21.95万人次，健康体检3.75万人次，住院病人3133人次，开展手术2424台次。

12月14日，成都新生堂妇女儿童医院举办新生儿保健公益课堂　（区卫健局供图）

【成华区中医医院（成华区康穗养老中心）】　成华区中医医院（成华区康穗养老中心）位于长秀路133号，5月11日正式开诊，设置中（西）内科、儿科、外科、妇科、耳鼻喉科、眼科、皮肤科、口腔科、骨质疏松科、营养科等科室，以及慢性病特殊门诊，有医疗床位318张、养老床位256张。引进成都中医药大学省市名中医开设名医工作室，提供中医内科、中医外科、儿科、妇科、中医康复科等中医诊疗项目，构建分级医疗、畅通双向转诊的诊疗模式。医院配备自助服务设备、认知障碍康复评估机器人、室内无感智能看护系统、全自动无障碍洗澡机、移动助浴洗澡机等智慧化适老设施，为辖区失能和半失能老人，患有慢病需要长期医疗监护的病人，急性期治疗完成需要后期康复的病人提供更加便捷、优质的医疗、康复、照护、护理服务。医院全年门诊量130万人次，住院病人2028人次，入托老人125人。

（罗　岚　蒋　楠）

5月11日，成华区中医医院正式开诊　（区卫健局供图）

体　育

编辑　李金洁

综　述

【概况】　2022年，成华区按照“集成配套、提档升级、功能完善”要求，实施“公共配套品质提升”工程，新增体育场地256个，室内运动场地个数比上年增长23.02%，室外运动场地个数比上年增长26.86%，人均体育场地面积2.42平方米、比上年增长0.05%，全区共有各类型体育场地3296个、体育场馆12个。成华区围绕“爱成都·迎大运”主题，组织“大运有我”市民推广大使评选，开展“我是蓉宝·大运有我”大讨论、“迎大运·游四川”体育主题摄影展等活动，全年举办体育赛事活动29场次，开展“大运有我”“快乐体育·健康成华”等全民健身活动567场次，组织成华熊猫城市定向赛、第四届熊猫太极健康大会等特色体育活动。成华区文化体育和旅游局获评四川省体育系统先进集体、第56届世界乒乓球团体锦标赛（决赛）筹备举办工作表现优秀集体。

表111　　2022年成都市成华区主要体育场地情况表

序号	场地名称	数量（个/条）	场地面积（万平方米）
1	步行道	288	88.63
2	小运动场	287	64.79
3	篮球场	431	24.96
4	自行车骑行道	31	21.16
5	田径场	14	20.39
6	健身房	171	12.00
7	五人制足球场	95	8.38
8	乒乓球场	1025	7.78
9	游泳池	96	5.38
10	篮球馆	73	5.31
11	网球场	71	4.05
12	全民健身路径	1116	4.04
13	三人制篮球场	144	3.82
14	游泳馆	44	3.65
15	羽毛球场	206	2.99
16	排球场	73	2.29
17	艺术体操馆	69	2.13
18	社区健身中心	40	2.02
19	体能训练馆	30	0.90
20	滑冰馆	2	0.33

【全民健身公共服务体系完善】　成华区结合城市规划，利用景区、公园绿地、广场及城市空置场所建设休闲健身场地设施，推动基本公共体育服务均衡发展，满足群众多样化健身需求。全年新增及更换全民健身路径50条，包括智能化全民健身路径3条，打造社区运动角5个、天府绿道健身新空间10

表112　　2022年成都市成华区新增及更换全民健身路径一览表

序号	地址	类型	所属社区	序号	地址	类型	所属社区
1	朗诗乐府广场	全民智能健身路径	仙韵社区	26	云龙路129号	全民健身路径	昭青路社区
2	鲁能广场健身区域	全民智能健身路径	槐树店社区	27	日月苑广场	全民健身路径	昭青路社区
3	建设南街23号	全民智能健身路径	培华路社区	28	青龙乾院A区	全民健身路径	昭青路社区
4	培华西路1号107南苑	全民健身路径	培华路社区	29	圣灯路62号	全民健身路径	杉板桥社区
5	建设路54号12栋、13栋	全民健身路径	石油社区	30	鼎城上都	全民健身路径	杉板桥社区
6	建设北路二段5号附1号	全民健身路径	踏水社区	31	云水苑	全民健身路径	跳蹬河社区
7	刃具厂宿舍14栋、15栋	全民健身路径	踏水社区	32	建设北路三段10号附1号	全民健身路径	建兴路社区
8	望平街118号	全民健身路径	望平社区	33	东秀二路122号	全民健身路径	锦绣社区
9	阳光100米娅中心一期	全民健身路径	和欣社区	34	锦绣东方	全民健身路径	锦绣社区
10	锦绣嘉园小区	全民健身路径	斑竹社区	35	跳蹬河北路185号	全民健身路径	锦绣社区
11	尚东美林2期	全民健身路径	迎晖社区	36	万年路269号	全民健身路径	万年路社区
12	东虹路33号院	全民健身路径	迎晖社区	37	新山复郡内	全民健身路径	新山社区
13	东虹路54号院	全民健身路径	迎晖社区	38	新山复郡外	全民健身路径	新山社区
14	东虹路63号院	全民健身路径	迎晖社区	39	建材路18号	全民健身路径	槐树店社区
15	荆翠西路39号、348号	全民健身路径	荆竹社区	40	虹波路	全民健身路径	李家沱社区
16	八里桥沙河公园	全民健身路径	升仙湖社区	41	怡福路266号	全民健身路径	怡福社区
17	双水康城D区	全民健身路径	双水碾村	42	丛树家园小区	全民健身路径	丛树社区
18	丽水澜庭	全民健身路径	双水碾村	43	华冠路4号	全民健身路径	华冠社区
19	荆翠南三街	全民健身路径	双水碾村	44	居家福地小区	全民健身路径	华泰社区
20	站北东街123号附1号	全民健身路径	站北路社区	45	东方丽苑小区	全民健身路径	华泰社区
21	双荆北路小游园	全民健身路径	荆竹社区	46	成美路6号	全民健身路径	院山社区
22	民兴路770号	全民健身路径	长林盘社区	47	上东国际	全民健身路径	隆兴路社区
23	关家大院	全民健身路径	圣灯社区	48	龙岗二路5号	全民健身路径	隆兴路社区
24	二仙桥北路31号机车馨苑	全民健身路径	仙韵社区	49	民兴人家	全民健身路径	桂林社区
25	东林小区	全民健身路径	昭觉社区	50	桂林萃岛南区	全民健身路径	桂林社区

表113　　2022年成都市成华区新建“社区运动角”情况表

序号	项目名称	所属社区	项目建设内容	场地面积（平方米）
1	双城二路小游园	万年场街道双福路社区	建设全龄智能运动公共空间，包含智能足球场、篮球场、阳光大草坪、沙坑滑筒、鸟巢秋千等20个特色区域和创意设施	15419
2	T立方·双桥子篮球公园	双桥子街道三街坊社区	建设篮球主题体育运动公园，植入儿童体适能、运动轻食、体育装备、篮球教育培训等商业消费场景	1800
3	东林社区青悦街角运动场	青龙街道东林社区	依托社区空间完善足球场、羽毛球场、乒乓球场等场地设施，增设健身器材	1340

续表113

序号	项目名称	所属社区	项目建设内容	场地面积（平方米）
4	培华路社区法制广场	猛追湾街道培华路社区	新增街头半场篮球场1处、乒乓球桌2张、二代智能健身路径器材20件	1200
5	一里塘社区怡里馨居运动空间	白莲池街道一里塘社区	新增运动器械，建成篮球场、乒乓球场、羽毛球场	630

个。截至年底，成华区有全民健身路径1116条、五人制足球场95个、篮球场431个、乒乓球场1025个、羽毛球场206个、游泳池96个、小运动场287个、步行道288条、健身房171个。

【体育基础设施建设】　成华区实施体育设施营建工程，推进成都市田径网球运动训练中心配套工程、城东体育公园二期建设，T立方·双桥子篮球公园、“青悦街角”运动场建成开放，隆兴北四路和高车三路社区综合体、华翰路综合运动场、邛崃山路东公共配套设施基本建成，二仙桥东路13号、荆竹西路、海滨社区、湖秀二路社区综合体主体完工，梵锦108、金绣铭座文体活动中心、岷山路东综合健身馆竣工。

4月28日，成华区举行“我是蓉宝·大运有我”大讨论活动半决赛　（赵霞　摄）

【国民体质监测】　6月9日，区文体旅局启动2022年成华区国民体质监测，监测形态、机能和素质三个方面，监测对象分为幼儿3～6周岁、成年人20～59周岁、老年人60～69周岁三个年龄段，在海滨公园、新华公园、成都市建设路小学等公园、绿道及学校开展监测。12月20日，区文体旅局完成3～69岁5250人体质抽样监测，其中3～6岁幼儿698人、20～69岁成年人和老年人4552人，固定样本量2800人，总体达标率94.65%。

6月23日，区文体旅局在成都热电厂生活区幼儿园组织幼儿开展国民体质监测　（区文体旅局供图）

【“爱成都·迎大运”成华行动】　成华区推进大运会筹备工作，改造电子科技大学沙河校区排球训练场馆，优化“15分钟品质健身圈”建设，提档升级体育场馆、社区运动角、室外智能健身房等全民健身运动空间，组织开展“我是蓉宝·大运有我”大讨论和“大运有我”市民推广大使评选，举办“市民体育嘉年华”、“让世界听见大运”、“迎大运·游四川”体育主题摄影展、“大运生活美学”体验、大运主题音乐作品创作等活动，营造“全民参与”“全民运动”的“共迎大运”氛围。

“我是蓉宝·大运有我”大讨论

3月11日至10月31日，成华区开展“我是蓉宝·大运有我”大讨论活动，全区各单位围绕营造成都大运会氛围、宣传推介成华、挖掘“蓉宝”文化内涵等方面开展讨论活动554场，参与人数1.5万人次。

“大运有我”市民推广大使评选　3月，成都大运会执委会联合市委社治委等市级部门、各区（市）县在全市范围内开展“大运有我”市民推广大使评选活动，成华区从区“十佳”系列人物、最美社区导游、优秀社区工作者等人中推选，推选陈岚、王玉、王靖怡3人为“市民推广大使”，成华社区代表83人入选最美大运推广人。

“迎大运·游四川”体育主题摄影展　3月15日至4月28日，区文化馆、区文化志愿者协会在线上开展成华区“迎大运·游四川”体育主题摄影展，聚焦在成都举办的国际性体育赛事，展出国际体育舞蹈、现代五项（马术、击剑、射击、游泳、跑步）、极限运动等竞技体育摄影作品100幅，吸引市民点击观看4120次。

（王文安）

体育场馆

【概况】　2022年，成华区有12个体育场馆，包括成华区体育中心、成华区城东体育公园2个大型体育场馆，电子科技大学沙河校区、成都理工大学2个大学综合型体育馆，成华区嘉祥外国语高级中学游泳馆、成都双语实验学校和悦分校篮球馆、成都市体育运动学校体育馆等8个学校体育场馆。建有成华府青运动空间、T立方·双桥子篮球公园、二仙桥灯光球场、“青悦街角”运动场等特色运动空间。

【成华区城东体育公园】　成华区城东体育公园位于二仙桥街道长林盘路，

成华区城东体育公园运动场馆　（区文体旅局供图）

占地面积17.87万平方米，是以足球、乒乓球主题为特色的综合运动公园。城东体育公园一期设十一人制足球场2个、八人制足球场1个、五人制足球场1个及专业培训中心，全年承接2022成都足协T联赛、2022成都城市超级联赛、中国银行首届“东郊记忆杯”足球盛典等赛事活动13场，承接成都市三级裁判培训班、成都市足协五人制初级裁判员培训班、成都市足协E级教练员培训等培训选拔活动16场。城东体育公园二期6月竣工，占地面积1.35万平方

表114　2022年成都市成华区体育场馆一览表

序号	体育场馆名称	地址	场馆面积（平方米）
1	成华区城东体育公园	二仙桥街道长林盘路	178667
2	成华区体育中心（成华区熊猫体育公园）	龙潭街道龙青路	112973
3	电子科技大学沙河校区体育馆	猛追湾街道一环路东一段4号	7430
4	成都理工大学体育馆	二仙桥街道二仙桥东三路1号	6354
5	成都市成华区嘉祥外国语高级中学游泳馆	白莲池街道一里塘北巷33号	2900
6	成都双语实验学校和悦分校篮球馆	保和街道和安一路89号	2800
7	成都市实验中学篮球馆	青龙街道东林路300号	2000
8	成都市双庆中学龙潭校区篮球馆	龙潭街道成康路77号	2000
9	成都市第四十九中学综合馆	跳蹬河街道圣灯路39号	1680
10	成都市体育运动学校体育馆	保和街道御风二路16号	15707
11	成都石室初中青龙校区体育场	青龙街道致强环街303号	1400
12	成都列五中学体育馆	双桥子街道双园巷9号	1000

米，建有综合球类比赛场地、训练场馆、地下停车场及配套设施，能容纳观众1600人，可承接国际和国内乒乓球比赛等赛事活动，委托四川省乒乓球协会运营管理。

【成华区体育中心】　成华区体育中心（成华区熊猫体育公园）位于龙潭街道同乐社区龙青路，占地面积11.30万平方米。体育中心有综合馆、田径场、室外游泳池及室外网球场6个、中型风雨棚网球场4个、室外标准篮球场2个、非标准半场篮球场6个、健身房1个，对外开放足球、篮球、网球、羽毛球、乒乓球、健身、游泳、田径等场地。2022年未对外开放。

【电子科技大学体育馆】　电子科技大学沙河校区体育馆位于一环路东一段4号，建筑面积7430平方米，可容纳观众2400人，被确定为成都大运会排球训练场馆，按照多功能Ⅱ型场地设置完成改造。2022年推进场馆临建设施建设、污水处理系统优化、消防整改，开展质量安全鉴定及消防现场评定；完成场馆竞赛训练专用器材安装和运动员通用物资入库，完善力量训练房、更衣间等赛事功能用房配套设施；设置熊猫造型倒计时牌、标语、展板等进行氛围营造，布置运动员流线、运行人员流线及媒体流线等装饰标识；开展竞赛指挥系统（SCC）调试，做好志愿者上岗演练协调对接，完成“网络联调预演”“竞赛指挥运行演练”等实战演练，以“演”竞技、以“练”备战，做好迎接大运会准备。

【成都理工大学体育馆】　成都理工大学体育馆位于二仙桥东三路1号，建筑面积6354平方米，设田径场、篮球场、羽毛球场、网球场、攀岩场等场馆。课余时间和节假日免费开放篮球场、排球场、田径场、室外乒乓球场，每天18：00—21：00开放羽毛球馆、乒乓球馆、网球场。全年承接2022年四川省大学生武术比赛、“成理杯”2022年大学生篮球比赛、2022年“成理杯”羽毛球团体赛等高校及群众体育活动。

【成都市体育运动学校体育馆】　成都市体育运动学校体育馆位于御风二路16号，占地面积1.57万平方米，设网球运动中心、田径运动场、多功能训练馆和室外篮球场。网球运动中心建有硬地网球场18个，包括室内馆场地10个、风雨棚场地3个、室外场地5个。田径运动场建有400米标准跑道，周一至周六6：00—8：30、18：00—21：30，周日6：00—21：00向市民开放。成都市体育运动学校体育场馆全年对外开放服务3.04万人次。

【府青运动空间】　成华府青运动空间位于成绵高速出入城高架桥下，起于二环路刃具立交，止于中环青龙场立交，全长1000米，总面积1.8万平方米，发掘高架桥下“剩余空间”潜力，打造全年龄段多功能公共运动空间。运动空间设置篮球场5个、足球场2个、乒乓球场3个、羽毛球场2个，滑板区1个、极限自行车滑板区1个、街舞轮滑区1个，儿童游乐区2个，构建时空走廊、彩虹乐园、摩登花街、光影舞动、萌童乐园、电音滑板、时尚球场等9大主题片区，2022年植入熊猫元素，新增主题设施、绿化景观、安全栏杆和标志标牌。府青运动空间获评2022年成都市“最美金角银边”。

【二仙桥灯光球场】　二仙桥街道灯光球场位于下涧槽路275号街道文化活动中心内，占地面积1500平方米，原为1979年成都机车车辆厂职工自筹自建的职工文化娱乐活动场地，2017年入围成都第九批历史建筑保护名录，经过提档升级、更新改造，集合歌舞、声乐、太极、排练演出等文化体育赛事功能。2022年承办成华区第四届熊猫太极健康大会暨2022全民健康太极公开赛、2022年成华区体育进社区健身主题活动等群众性体育活动。

【T立方·双桥子篮球公园】　T立方·双桥子篮球公园位于二环高架双

电子科技大学沙河校区体育馆　　（张旭东　摄）

5月10日，T立方·双桥子篮球公园建成开放　　（区文体旅局供图）

桥子立交桥下，总面积1800平方米，原为桥下废弃空间，成都体投集团通过“小更新”“微改造”打造成篮球主题体育运动公园，于2022年5月10日向市民开放。公园设置绿色开放篮球场，植入儿童体适能、运动轻食、体育装备、篮球教育培训、能量饮品等商业消费场景，打造城市高密度空间和公共交通枢纽的运动休闲缓冲区，全年公益开放时间服务社区居民1.24万人次。

【“青悦街角”运动场】　“青悦街角”运动场位于青龙街道东林社区东林景忆安置小区内，占地面积1340平方米，原为街边临时运动场地，东林社区组织众创组收集居民意见，争取中国青少年发展基金会资金支持后实施改造，于2022年5月5日正式向市民开放。运动场设羽毛球场、足球场、乒乓球场、儿童游乐场所及居民服务点，建环形休憩健体区、儿童游乐和斜坡攀岩滑梯乐园等功能区，为周边社区居民提供开放式运动休闲场所。青悦街角运动场被确定为成华区足球协会青少年训练基地、成华区乒乓球协会青少年训练基地。

【室外智能健身房建设】　成华区新增猛追湾街道培华路社区法制广场、二仙桥街道仙韵路朗诗乐府广场、万年场街道鲁能广场3个室外智能化健身设施示范项目，安装轨道式象棋桌、双位太空漫步机、双位揉推器、双位健身车、上肢牵引器、双位腹肌板等智能化健身设备25件，配备蓝牙音箱、彩屏，市民通过手机连接设备可播放音乐，查看锻炼次数、锻炼时间、热量消耗等运动数据，免费向市民开放。

（吴　熹）

竞技体育

【概况】　2022年，成华区坚持“高端赛事+自主赛事IP”协同推进，筹办“李宁·红双喜杯”全国乒乓球业余锦标赛、中国·成都第二届中国绿道运动生活嘉年华“公园城市杯”飞盘公开赛等品牌赛事，组织2022年成华区“熊猫杯”乒乓球赛、2022成华区“网协杯”网球精英赛等自有赛事，通过重大赛事引领、文化地标办赛等方式引导群众参与体育事业。全年举办体育赛事活动29场次，参与人数12.3万人次。

5月5日，“青悦街角”运动场建成开放　　（区文体旅局供图）

【首届“川渝”业余羽毛球精英赛】

6月14—15日，“大运有我”“快乐体育·健康成华”——首届“川渝”业余羽毛球精英赛（成华站）在成都羽冠天羽毛球俱乐部（奥园店）举行。比赛由成华区人民政府主办，成华区文体旅局承办，成华区体育中心协办。比赛设置2个年龄组，设男单、女单、男双、女双、混双5个单项，参赛选手270人。比赛决出王洪林、罗欣分别获男子单打A组、B组冠军，马佳洁、高瑜蓉分别获女子单打A组、B组冠军，卢勇、袁帅、李晓媛、王婷等12人分别获男子双打、女子双打、混合双打冠军。

6月14日，首届“川渝”业余羽毛球精英赛（成华站）在成都羽冠天羽毛球俱乐部开赛

（区文体旅局供图）

【红双喜杯全国乒乓球业余锦标赛】

7月8日，2022“李宁·红双喜杯”全国乒乓球业余锦标赛启动，比赛由中国乒乓球协会主办，四川省乒乓球协会、成华区文体旅局承办，四川乒盟体育发展有限公司、成都市乒乓球协会协办。比赛分为公务员组、公开组2个组别，分为30～39岁、40～49岁、50～59岁、60～69岁、70岁及以上5个年龄组别，全国28个省、直辖市、自治区537名乒乓球爱好者参与竞技。决赛在成华区城东体育公园综合运动馆举行，河北省乒乓球协会获得30～39岁男子组团体冠军，广东省乒乓球协会获得40～49岁、50～59岁男子组团体冠军，上海市乒乓球协会获得60～69岁男子组团体冠军，四川省乒乓球协会获得70岁以上男子组团体冠军；山东省乒乓球运动协会获得30～39岁、60～69岁女子组团体冠军，广东省乒乓球协会获得40～49岁女子组团体冠军，湖南省乒乓球协会获得50～59岁女子组团体冠军，黑龙江省乒乓球协会获得70岁以上女子组团体冠军；北京乒乓球协会获得特邀嘉宾组冠军。

【公园城市杯飞盘公开赛】　11月5—6日，2022中国·成都第二届中国绿道运动生活嘉年华“公园城市杯”飞盘公开赛在成华区城东体育公园足球场举行，比赛由成都市体育局、成华区人民政府主办，成都市赛事运营中心、成华区文体旅局承办。竞赛项目为七人制混合团体赛，采用单循环赛赛制，引入裁判员（观察员）体系，参考世界飞盘联合会竞赛规则，成都精英飞盘队等11支队伍258人参赛，成都大学Forange获得冠军，成都飞盘大队获得亚军，成都大学Orange获得季军。活动现场设置成都马拉松熊猫文创、花椒冰淇淋、咖啡特饮等后备箱集市，打造mini乒乓、桌上冰壶球等特色运动嘉年华活动。

【“熊猫杯”乒乓球赛】　11月5—6日，2022年成华区“熊猫杯”乒乓球赛在奥瑞斯乒乓球俱乐部举行，比赛由成华区人民政府主办，成华区文体旅局承办，青龙街道办事处、成都北辰

11月5日，第二届中国绿道运动生活嘉年华公园城市杯飞盘公开赛在城东体育公园足球场开赛

（区文体旅局供图）

11月6日，成华区“熊猫杯”乒乓球赛在奥瑞斯乒乓球俱乐部举行　　（区文体旅局供图）

星拱青创园协办。比赛采用小组循环赛和淘汰赛制，设置青少年组、成人组、老年组3个组别，设置男子单打、女子单打、男子双打、女子双打等单项，郑忱镒获得青少年组男子单打冠军，蒋逸晨获得青少年组女子单打冠军，朱宣松、郑忱镒获得青少年组男子双打冠军，蒋逸晨、杨雅惠获得青少年组女子双打冠军；方天昊获得成人组男子单打冠军，蒲玲获得成人组女子单打冠军，陈实、胡阶波获得成人组男子双打冠军，丁锦渝、付晓丽获得成人组女子双打冠军；祝培钢、李勤获得老年组男子双打冠军，王元、毛秀群获得老年组女子双打冠军。

【成华区“网协杯”网球精英赛】　11月12—13日，2022成华区“网协杯”网球精英赛在成都市体育运动学校举行，比赛由成华区文体旅局主办，成华区网球协会承办。比赛分为公开组和群众组，吸引专业+业余选手100人参赛。蔡照、彭长玮获得公开组冠军，王道睿、郭懿凛获得公开组亚军，黄灵、周勋前获得群众组冠军，余洪、胡明获得群众组亚军。

（吴　熹）

学校体育

【概况】　2022年，成华区开展阳光体育活动，推进校园足球“满天星”训练，组织参加奔跑吧·少年“北斗杯”全国青少年体育大赛，开展体育教师技能大赛，举办2022年成华区青少年（学生）运动会，组织青少年（学生）运动员参加网球、篮球、排球、羽毛球、棋类等比赛6360人次。成都华西中学满天星足球场通过国际足联（FIFA）足球场地认证检测。成华区代表队获得成都市第十一届体育教师技能大赛一等奖、2022年成都市青少年（学生）运动会网球比赛团体一等奖及四川省第十四届运动会39枚金牌、10枚银牌、12枚铜牌的成绩。

【校园足球“满天星”训练】　区教育局完善《成华区校园足球“满天星”训练营建设方案》，组织开展2022“满天星”训练营选拔赛，组建小学、初中、高中12个组别校级代表队，建立6个片区级训练营，吸纳队员参训600人，坚持校队平常练、片队周末练、区队假期集中练。区教育局开展校园足球课堂教学专题赛课活动，推行体育家庭作业制度，按照“主教练+助理教练+体能教练+守门员教练”标准配备教练团队，全区中小学足球教练员持上岗证100%。4月，成都华西中学满天星足球场通过国际足联

10月25日，成华区小学女子足球代表队参加成都市青少年（学生）运动会足球比赛
（区教育局供图）

（FIFA）足球场地认证检测，为成都中小学首块获FIFA认证证书的足球场。

【成华区青少年（学生）运动会】

篮球比赛　6月18—21日，成华区2022年青少年（学生）运动会篮球比赛在成都市实验中学、成都嘉祥外国语学校成华校区举行，分高中男子组、高中女子组、初中男子组、初中女子组、小学男子甲组、小学男子乙组、小学女子甲组、小学女子乙组8个组别，全区中小学校121支队伍1700名运动员参赛。成都大学附属中学获得高中男子组冠军、成都市实验中学获得高中女子组冠军，成都嘉祥外国语学校成华校区获得初中男子组冠军、成都市二仙桥学校获得初中女子组冠军，成都市海滨小学获得小学男子甲组冠军、成都市成华区教育科学研究院附属小学获得小学女子甲组冠军，电子科技大学附属实验小学龙潭校区获得小学男子乙组冠军、成都嘉祥外国语学校成华校区获得小学女子乙组冠军。

羽毛球比赛　5月21—28日，成华区2022年青少年（学生）运动会羽毛球比赛在成都羽冠天羽毛球俱乐部（奥园店）举行，分小学甲组、小学乙组、初中组、高中组4个组别，全区36所学校358名运动员参赛。电子科技大学附属实验小学获得小学男子甲组冠军、成都市建设路小学获得小学女子甲组冠军，电子科技大学附属实验小学获得小学男子乙组冠军、成都市树德小学获得小学女子乙组冠军，成都石室中学初中学校培华校区获得初中男子组冠军、成都七中英才学校获得初中女子组冠军，成都市第四十九中学校获得高中男子组冠军、成都市第三十八中学校获得高中女子组冠军。

网球比赛　5月8日，成华区2022年青少年（学生）运动会网球比赛在浅水湾国际体育公园网球中心举行，分1~2年级组、3~4年级组、5~6年级组3个组别，全区14所学校76名运动员参赛。成都市建设路小学、电子科技大学附属实验小学等4所学校获得一等奖，成都市双林小学、成都市李家沱实验小学等6所学校获得二等奖，成都市成华小学、成都市海滨小学等5所学校获得三等奖。

6月3日，成华区2022年青少年（学生）运动会棋类比赛在成都市七中英才学校体育馆举行

（区文体旅局供图）

排球（气排球）比赛　6月11—12日，成华区2022年青少年（学生）运动会排球（气排球）比赛在成都嘉祥外国语学校成华校区举行，分排球初中男子组、初中女子组、小学男子甲组、小学女子甲组和气排球小组男子乙组、小学女子乙组、小学男子丙组、小学女子丙组8个组别，全区43所学校1200名运动员参赛。成都嘉祥外国语学校成华校区获得排球初中男子组、女子组冠军，成都市双林小学御风分校获得小学男子甲组冠军，四川交响乐团附属小学获得小学女子甲组冠军；成都嘉祥外国语学校成华校区获得气排球小学男子乙组冠军，成都市双林小学御风分校获得气排球小学女子乙组冠军，成都市桂林小学获得气排球男子丙组冠军，成都市双林小学御风分校获得气排球小学女子丙组冠军。

棋类比赛　6月3—4日，成华区2022年青少年（学生）运动会棋类比赛在成都七中英才学校体育馆举行，比赛设国际跳棋、国际象棋、五子棋、中国象棋、围棋5个类别，分小学男子甲组、小学女子甲组、小学男子乙组、小学女子乙组和初中男子组、初中女子组6个组别，全区35所学校420名运动员参赛。电子科技大学附属实验小学获得小学围棋甲组冠军、成都市建设路小学获得乙组冠军，电子科技大学附属实验小学获得小学国际象棋甲组冠军、成都市建设路小学获得乙组冠军，成都市成华实验小学获得小学中国象棋甲组、乙组冠军，成都市桂林小学获得国际跳棋小学甲组冠军、成都市北新实验小学获得乙组冠军，成都市建设路小学获得五子棋小学甲组冠军、成都理工大学附属小学获得乙组冠军。成都市第四十九中学校获得围棋、国际象棋、中国象棋、国际跳棋初中组冠军，成都七中英才学校获得五子棋初中组冠军。

（邱　俊　贺　电）

【全国青少年体育大赛（成都站）】

4月28日，“全民大运·幸福乐跑”活动暨2022年奔跑吧·少年“北斗杯”全国

5月22日，成华区冰球队成立仪式在万象城滑冰场举行　　（区文体旅局供图）

青少年体育大赛（成都站）启动，成华区在北湖生态公园、新华公园、沙河城市公园、成都理工大学等11个点位设赛道，采取“线上定位跑+线下分散跑”形式，利用北斗时空科技与社区、公园、景区、绿道等空间场景结合，形成“随时参与，就近就便”数字化运动场景。二仙桥街道在成都理工大学举办“北斗杯”乐跑比赛12场，社区居民代表、成都理工大学学生代表870人次参加。

【成华区冰球队成立】　5月22日，“欢乐冰雪　相约成华”——“冰纷10刻”成华区冰纷万象10周年庆冰上表演活动暨成华区冰球队成立仪式在万象城滑冰场举行。冰纷万象滑冰场被成都市花样滑冰协会评为“成都市青少年花样滑冰训练基地”，接受成华区少年儿童业余体校授予的“成华区冰球队”旗帜，向冰纷万象U6、U8组别冰球队员颁发入队奖杯。

（邱　俊）

群众体育

【概况】　2022年，成华区围绕“迎大运”“快乐体育·健康成华”“全民健身”等主题，开展全民健身绿道运动、职工运动会、PEAK+U六公里熊猫欢乐跑及健身指导服务等各类全民健身活动567场次，组队参加成都市第九届健身运动会（老年组）、成都市第二届老年人社区运动会等520人次，形成“一社区一品牌”“周周有活动”全民健身氛围。

【老年体育】　成华区围绕“我们的节日”“全民健身”等主题，组织第四

表115　　2022年成都市成华区开展全民健身活动情况表

序号	时间	活动名称
1	2月2—13日	“熊猫太极云健身·陪您健康过新年”主题活动
2	4月1日至11月30日	成华区“爱成都·迎大运”“快乐体育·健康成华”“体育进社区”太极培训及趣味跳绳等科学健身
3	5月26日	“爱成都·迎大运”“运动成都”成都市第九届全民健身运动会（老年组）健身球操片区赛
4	5月25—26日	成都市第二届老年人社区运动会老年健身项目（健身球操）进社区培训活动
5	6月15日	2022年成华区绿道健身系列活动之儿童平衡车交流展示活动
6	6月20日	2022中国·成都天府绿道国际自行车车迷健身节（温江站）成华分会场骑行活动
7	6月21日至10月13日	2022年成华区第二届职工运动会
8	6月25日	“快乐体育·健康成华”成华区社区运动节绿道全民健身系列活动PEAK+U六公里熊猫欢乐跑
9	7月2日	“大运有我”“快乐体育·健康成华”2022年成华区社区运动节启动仪式
10	8月5日	成都市第九届全民健身运动会暨成都市第二届社区运动会广场健身操（舞）总决赛
11	8月8日	“8.8全民健身日”成华体育进社区健身专题活动
12	11月12日	2022成华熊猫城市定向赛
13	11月12日	成都市第二届老年人社区运动会成华区健身秧歌比赛
14	12月12日	成都市第九届健身运动会健身秧歌成华分站赛
15	12月27日	成华区第四届熊猫太极健康大会暨2022全民健康太极公开赛

11月22日，区文体旅局在龙潭街道组织开展柔力球科学健身指导培训　（区文体旅局供图）

届熊猫太极健康大会、老年人社区运动会、体育进社区等老年人体育活动，开展健身球操、太极、空竹、柔力球、体育舞蹈等各类项目培训1350人次；邀请运动医生专家开展老年人运动创伤及防护等讲座；组队参加成都市第九届健身运动会（老年组）、成都市第二届老年人社区运动会乒乓球、桌上冰壶球、门球、柔力球、健身球操、太极拳剑、健身秧歌等比赛，参与群众1120人次。成华区代表队获得成都市第九届全民健身运动会（老年组）门球锦标赛冠军、广场健身操（舞）三等奖及成都市第二届老年人社区运动会乒乓球一等奖。

【业余体育】　成华区组织“快乐体育·健康成华”、绿道健身、2022年成华区社区运动节、成华区第二届职工运动会等各类全民健身活动，吸引市民参与25.3万人次。区文体旅局加强科学健身指导服务，8月9日通过抖音平台开展成华区趣味跳绳科学健身指导线上直播活动。6月29日至11月18日，成华区体育舞蹈协会在11个街道开展成华区体育舞蹈科学健身指导培训活动。12月8—9日，成华区开展2022年三级体育指导员培训班，全区体育组织负责人、各街道文体干事等300人参加培训。成华区武术协会获得第二届成渝社会体育指导员健身技能比赛集体二等奖、优秀组织奖。

【成华区第二届职工运动会】　6月21日，成华区第二届职工运动会在成华区德瑞克篮球公园开赛。运动会为期2个月，设乒乓球、羽毛球、篮球3个大项、18个单项，全区61家单位职工运动爱好者937人次参加。乒乓球比赛代亚星获得男子单打青年组冠军、王丽娟获得女子单打青年组冠军，万建聪获得男子单打中年组冠军、赖蓉获得女子单打中年组冠军；唐军、代亚星获得男子双打冠军，张意、张素芳获得女子双打冠军，丁锦渝、聂刚获得混合双打冠军。羽毛球比赛钟泽林获得男子单打青年组冠军、童妮获得女子单打青年组冠军，王禹权获得男子单打中年组冠军、刘朝霞获得女子单打中年组冠；林珑、袁彦获得男子双打冠军，张丽、胡惠蓉获得女子双打冠军；王康宁、龚娉雯获得青年组混合双打冠军，魏俊、黄异获得中年组混合双打冠军。篮球比赛成都建工七建获得第一名、府青路街道获得第二名、区教育局获得第三名。

【PEAK+U六公里熊猫欢乐跑】　6月25日，成华区全民绿道健身系列活动——PEAK+U六公里熊猫欢乐跑在北湖生态公园举行。活动由成华区人民政府主办，成华区文体旅局承办，成都兴华生态建设开发有限公司等协办。欢乐

6月25日，PEAK+U六公里熊猫欢乐跑在北湖生态公园举行　（区文体旅局供图）

11月12日，2022年成华熊猫城市定向赛在完美文创公园举行　　（区文体旅局供图）

跑采取非竞赛形式，在起点处设置绿色无污染彩色粉末喷洒环节和盲盒趣味道具礼包抽取环节，设置互动游戏区、主题欢乐摸高墙、火线冲击挑战区、海洋泡泡球休闲区、熊猫主题绘画DIY等趣味点位，将健康与趣味有机结合，吸引市民参与活动424人。

【社区运动节暨趣味体育比赛】　7月2日，2022年成华区社区运动节启动仪式暨趣味体育比赛在海滨公园举行。活动设置抢凳子、快乐呼啦圈、趣味保龄球等比赛项目6个，提供立定跳远、跳绳、跳方格等传统体育体验项目，及快乐套圈、快乐摸高跳等趣味体验项目；现场开展变脸、剪纸、吹糖人等非遗文化活动展演，开展“跳蚤”市场、创意动漫画等文化活动。2022年成华区围绕“爱成都·迎大运”主题，深入街道社区开展柔力球、武术、健身秧歌、绿道健身、趣味跳绳等社区运动节活动127场次，吸引社区居民参与8230人次。

【成华熊猫城市定向赛】　11月12日，2022年成华熊猫城市定向赛在完美文创公园开赛。比赛由成华区人民政府主办，成华区文体旅局承办，成都兴华生态建设开发有限公司和各街道办事处协办。比赛分为趣阅成华区、欢乐亲子组2个组别，以成华城市道路为赛道，包括城市记忆、历史人文、美食文化、多元体育等要素，设置红仓·完美世界、城东体育公园、二仙桥灯光球场、北湖生态公园、望平滨河街几何书店、四川福宝美术馆、毛边书局·桃蹊书院、成都大熊猫繁育研究基地等22个任务点，设置速度与激情、阅读的痕迹、熊猫爱运动、熊猫华华跑丢了、人生几何的故事等趣味游戏任务，吸引参赛选手412人在成华街巷过关斩将、体验城市魅力。

【第四届熊猫太极健康大会】　12月27日，成华区第四届熊猫太极健康大会暨2022全民健康太极公开赛在二仙桥灯光球场举行。活动以“我运动，我健康，我快乐”为主题，开展太极公开赛、团体表演赛，邀请太极名家进行专题讲座和论坛交流。全区各街道11个太极爱好者代表团队200名选手参加比赛，二仙桥街道获得团体A组第一名，府青街道获得团体B组第一名，双桥子街道获得团体C组第一名。

【“熊猫太极云健身”主题活动】　2月2—13日，“熊猫太极云健身·陪您健康过新年”主题活动在成华区三势太极直播间举行，邀请王明山、李在锋等太极名家在网络平台开展授课、展演及互动交流，帮助市民居家进行太极锻炼，吸引群众线上体验学习21.3万人次。

（吴　熹）

12月27日，成华区第四届熊猫太极健康大会暨2022全民健康太极公开赛在二仙桥灯光球场举行
（区文体旅局供图）

社会·民生

编辑　李锡清

城镇居民生活

【概况】　2022年，成华区城镇居民工资性收入、经营净收入、财产净收入、转移性净收入四大收入稳步增长，全区城镇居民人均可支配收入57563元、比上年增加2214元，城镇居民人均消费支出33748元、比上年增加532元。

【城镇居民收入】　成华区全年城镇居民人均可支配收入57563元，比上年增长4.0%。其中，城镇居民人均工资性收入33081元，比上年增长3.2%，对人均可支配收入的贡献率45.7%；城镇居民人均经营净收入5762元，比上年增长6.0%，对居民收入增长的贡献率14.7%；城镇居民人均财产净收入5002元，比上年增长5.4%，对居民收入增长的贡献率11.6%；城镇居民人均转移性净收入13718元，比上年增长4.7%，对居民收入增长的贡献率28.0%。

【城镇居民支出】　成华区全年城镇居民人均消费支出33748元，比上年增长1.6%。其中，城镇居民人均食品烟酒支出11048元，比上年增长1.1%；城镇居民人均衣着消费支出2726元，比上年增长0.5%；城镇居民居住人均支出8638元，比上年增长3.8%，其中水电燃料及其他支出998元；城镇居民生活用品及服务人均支出1612元，比上年下降1.9%，其中家用器具支出133元；城镇居民人均交通支出3115元，比上年下降2.5%，其中交通通信支出1061元；城镇居民人均教育文化娱乐消费支出3043元，比上年下降0.2%，其中教育支出1408元、文化娱乐支出1635元；城镇居民人均医疗保健支出2320元，比上年增长5.6%；城镇居民人均其他生活用品和服务支出1246

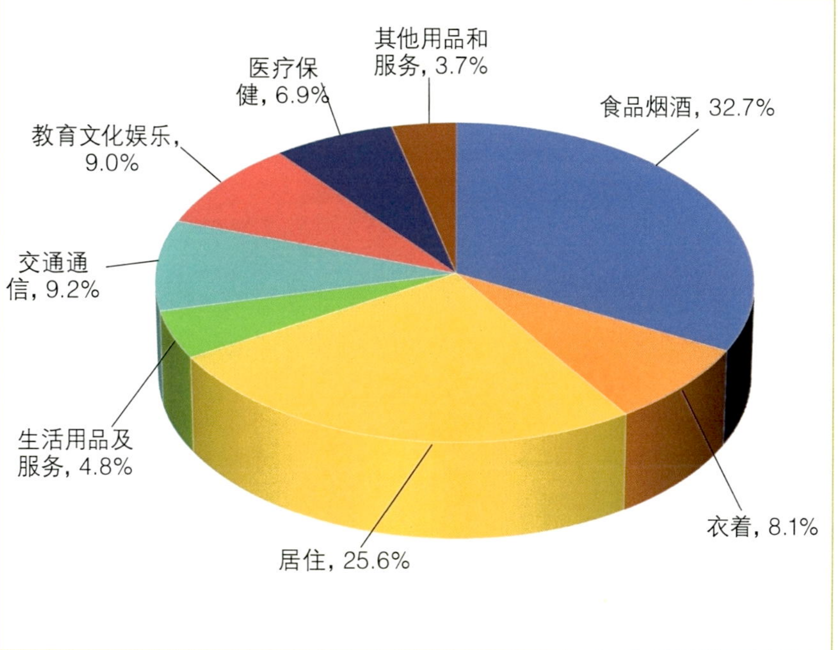

2022年成都市成华区城镇居民人均生活消费支出结构示意图

表116　　2022年成都市成华区城镇居民耐用消费品拥有量情况表

序号	指标名称	计量单位	2022年
1	家用汽车	辆/百户	52.5
2	洗衣机	台/百户	100.5
3	电冰箱（柜）	台/百户	98
4	彩色电视机	台/百户	110
5	计算机	台/百户	68.5
6	微波炉	台/百户	78.5
7	热水器	台/百户	102
8	空调	台/百户	198.5
9	固定电话	部/百户	11
10	移动电话	部/百户	240

元，比上年增长6.5%，其中首饰及手表支出387元。

（董彬影）

民生实事

【概况】　2022年，成华区民生实事目标146项，其中省级民生实事目标21项、市级民生实事目标85项、区级民生实事目标40项，计划投入财政资金7.17亿元，实际投入财政资金8.82亿元。区绩效考评中心将省、市、区民生实事目标按照职责分工，细化分解至26个牵头部门，按季度节点细分为584个阶段性具体指标，完善搞建设、抓项目、强服务的“路线图”和“任务书”，完成省、市、区146项民生实事目标任务。

【省级民生实事目标】　成华区省级民生实事目标21项，投入财政资金2.56亿元，涵盖减免非民族自治地区幼儿保教费、为义务教育阶段家庭困难学生提供生活补助、支持进城务工人员随迁子女就近入学、提高城乡居民基本医疗保障水平、适度提高城乡困难群众基本生活保障水平、为0～6岁残疾儿童提供康复救助等实事。

【市级民生实事目标】　成华区市级民生实事目标85项，投入财政资金5.76亿元，涵盖交通出行、市容环境、就业创业、扶贫解困、教育助学、医疗养老、食药安全、文体惠民、住房保障、便民服务十大领域，包括推进城市轨道交通加速成网、城郊接合部连片整治、特色街区、棚户区改造、大学生就业创业、“回家的路”社区绿道、城乡居民基本医疗保险参保覆盖率、新增试点药店、发放公租房租赁补贴、既有住宅自主增设电梯、打造一刻钟便民生活圈等实事。

【区级民生实事目标】　成华区区级民生实事目标40项，投入财政资金5000万元，涵盖开展司法救助、未成年人法治宣传服务、建成投用天府社创中心、新增消费投诉维权服务站、开展新市民素质提升培训、青年创业就业社交活动、打造儿童友好型社区示范点、为残疾人提供托养服务等实事。

（杜如豪）

9月26日，成都理工大学南苑既有住宅加装电梯投入使用　　（区绩效考评中心供图）

表117　　2022年成都市成华区省级民生实事项目完成情况表

序号	目标内容	牵头单位	完成情况
1	减免非民族自治地区1183名幼儿保教费	区教育局	春季学期对1275名家庭经济困难幼儿减免保教费75.89万元，秋季学期对1275名家庭经济困难幼儿减免保教费71.12万元

续表117

序号	目标内容	牵头单位	完成情况
2	为800名义务教育阶段家庭经济困难学生提供生活费补助	区教育局	春季学期对807名家庭经济困难义务教育学生提供生活补助31.54万元，秋季学期对762名家庭经济困难义务教育学生提供生活补助30.64万元
3	向471名家庭经济困难的普通高中学生发放助学金	区教育局	春季学期对452名家庭经济困难的普通高中学生发放助学金45.2万元，秋季学期对508名家庭经济困难的普通高中学生发放助学金50.8万元
4	支持2.4万名进城务工人员随迁子女就近入学	区教育局	接收进城务工随迁子女2.85万名，其中小学接收1.99万名、初中接收0.86万名
5	城镇新增就业1.29万名	区人社局	截至12月底，城镇新增就业1.41万名
6	城镇失业人员再就业4506人	区人社局	截至12月底，城镇失业人员再就业5534人
7	就业困难人员就业953人	区人社局	截至12月底，就业困难人员就业995人
8	城镇登记失业率≤4%	区人社局	截至12月底，城镇登记失业率控制在4%以内
9	推广应用首批“川字号”特色劳务品牌1个	区人社局	推广应用浣花女首批“川字号”特色劳务品牌1个
10	提高6.41万名企业养老人员，4900名机关养老人员，6980名城乡居民养老人员水平	区人社局	截至12月底，提高6.84万名企业养老人员，5560名机关养老人员，7230名城乡居民养老人员水平
11	为1850名低保对象、特困人员、返贫致贫人口等困难群体代缴城乡居民基本养老保险个人缴费部分	区人社局	完成符合条件的2552名困难人员城乡居民代缴养老保险
12	提高24.96万名城乡居民基本医疗保障	区医保局	完成25.04万名城乡居民基本医疗保障
13	为全区137.08万名居民免费提供12项国家基本公共卫生服务	区卫健局	为全区137.08万居民免费提供健康教育、预防接种、老年人体检、慢病患者健康管理等12项基本公共卫生服务
14	为470名适龄妇女免费提供“两癌”筛查服务	区卫健局	完成470名适龄妇女免费“两癌”筛查服务
15	建设2个社区养老服务综合体	区民政局	完成保和街道和顺社区、府青路街道八里庄社区2个社区养老服务综合体建设
16	适度提高城乡困难群众基本生活保障水平	区民政局	从2022年1月1日起，成华区最低生活保障标准由原850元上调至870元
17	为1592名困难残疾人发放生活补贴	区民政局	截至12月底，为1606名困难残疾人发放生活补贴
18	推进实施绿色惠民殡葬政策	区民政局	为3530名办丧群众发放殡葬服务补贴295.45万元，为253名选择节地生态安葬办丧群众发放节地生态奖补金58.45万元
19	为75名0～6岁残疾儿童提供康复救助	区残联	为203名0～6岁残疾儿童提供康复救助，使用资金293.8万元
20	支持既有住宅增设电梯165台	区住建交局	既有住宅安装电梯竣工13台，在建152台

续表117

序号	目标内容	牵头单位	完成情况
21	实施公共图书馆1个、文化馆1个文化站11个向社会免费开放	区文体旅局	区文化馆、图书馆，11个文化站全面实施对外免费开放。区图书馆接待读者24.22万人次，外借图书15.3万册次，开展阅读活动90场，阅读活动进社区29场。区文化馆提供品牌服务项目5个，接待群众5万余人次，接待驻场群众文化活动团队42支，开展社区欢乐大舞台、群众文艺讲座，“非遗在社区”展示体验活动等群众文化艺术活动142场

表118　2022年成都市成华区市级民生实事项目完成情况表

序号	目标内容	牵头单位	完成情况
1	推进城市轨道交通加速成网，续建地铁8号线二期、17号线二期、27号线一期等9个项目	区住建交局	区内地铁8号线二期、17号线二期、27号线一期3个地铁项目加快推进，16个地铁站点主体结构施工，其中龙潭寺站、高洪站、机车厂站、人民塘站、圣灯公园站、双水碾站等10个站点实现主体结构封顶，其他站点建设加速推进
2	打通区域“断头路”2条	区住建交局	华林一路、新怡路竣工通车
3	治理常态性交通堵点3处	区公安分局	整治槐树店路与和悦路口、昭觉寺南路与昭觉寺横路口、一环路新鸿路口3处常态性堵点
4	打造停车治理示范片区1个	区公安分局	完成双店西四路停车治理示范片区打造
5	完成城市道路井盖病害治理1500座	区综合执法局	完成1500座井盖病害治理
6	完成城郊接合部连片整治项目1个	区综合执法局	完成桂林片区桂叶路等市政道路及附属工程城郊接合合部连片合部整治，人行道修复、铺设及行道树栽种
7	打造背街小巷环境品质提升示范街1条	区综合执法局	完成华甸路背街小巷示范街环境品质提升
8	打造特色街区2条	区城市更新局	完成建设巷项目展示中心及接待中心建设，双成五路城市空间品质提升项目
9	完成既有建筑风貌提升片区1个	区住建交局	完成建设路片区建筑外立面改造、光彩改造风貌提升
10	建成天府绿道30千米	区城市更新局	完成长林盘绿道、向龙二路绿道、民兴路万科项目配套绿道、猫耳洞绿道等33.8千米
11	“回家的路”社区绿道50条	区城市更新局	完成高铁城市公园二期绿道、保华路游园绿道、万象公园绿道、华润九期绿道、蓉府尚座游园绿道、成宏路东段南侧街头绿道等50条“回家的路”社区绿道建设
12	新增天府绿道健身新空间10处	区城市更新局	完成熊猫大道奥园配套绿地一期、保华路小游园项目、万象公园、龙潭立交外侧客家生活广场、丛荟路游园运动空间、205绿化项目健身空间、百分百篮球羽毛球综合馆、新华公园、青鸟广场运动空间、风车游园运动空间10处
13	完成街道行道树提质增量30条	区城市更新局	完成新鸿南路、沙板桥路、邛崃山路、万宇路、和丽路、洪山北路、羊子山西路等31条街道行道树提质增量25.6千米

续表118

序号	目标内容	牵头单位	完成情况
14	打造“金角银边”示范场景15处	区城市更新局	完成四新桥头、双林南支路、机车厂宿舍、合信万象城配套绿地、华润二十四城九期游园、双庆路公交场站绿地、成华大道理工大学大门两侧、东虹路幼稚园绿地、万科天荟景观天桥、龙绵街游园、保华路游园等15处“金角银边”点位建设
15	免费向全区在校小学生发放“成都市生态环境教育系列读本（小学版）”读本3000册	区生态环境局	对接市生态环境局领取3000册书籍并发放
16	加强工地扬尘科学化管理，符合条件的建设工地全覆盖安装扬尘在线监测设备	区住建交局	全区121个工地安装扬尘在线设备并接入市住建局智慧工地平台
17	新增城镇就业1.29万人	区人社局	截至12月底，新增城镇就业1.41万人
18	吸纳大学生就业创业4200人	区人社局	截至12月底，吸纳大学生就业创业4530人
19	城镇就业困难人员再就业953人	区人社局	截至12月底，实现城镇就业困难人员再就业995人
20	劳务品牌培训100人	区人社局	开展劳务品牌培训500人
21	建设退役军人创业园（孵化基地）1个	区退役军人局	完成退役军人就业创业孵化基地建设，基地位于成华区东三环路二段宝耳路2号
22	举办退役军人专场招聘会3场	区退役军人局	2月14日、3月11日、10月29日举办退役军人专场招聘会3场
23	为退役军人提供就业岗位5000个	区退役军人局	3场退役军人专场招聘会为退役军人提供就业岗位6400个
24	为退役军人提供免费技能培训35名	区退役军人局	为38名退役军人提供免费技能培训
25	符合代缴条件的低保对象、特困人员、返贫致贫人口、重度残疾人等缴费困难群体，实现城乡居民基本养老保险政府代缴率100%	区人社局	完成符合条件的2552名困难人员2022年度城乡居民养老保险代缴工作，代缴率100%
26	建成劳动纠纷“一站式”多元化解联动处置中心	区人社局	成华区劳动纠纷“一站式”联处中心建成
27	为符合条件的优抚对象购买城镇职工医疗保险及城乡居民医疗保险	区退役军人局	为符合条件的一级至六级残疾退役军人购买2022年度城镇职工医疗保险，为符合条件的优抚对象购买2022年度城乡居民医疗保险
28	为60岁以上独居老人安装独立式烟感报警器335户	区应急局	为372户60岁以上独居老人安装独立式烟感报警器
29	建立89个微型消防站	区应急局	在83个社区建立89个微型消防站
30	新增特种消防车2辆	区应急局	推进相关采购流程，由省消防救援总队统一采购
31	为符合条件的建档困难职工开展生活、医疗、助学救助	区总工会	截至12月底，区总工会无建档困难职工
32	为600名环卫工人免费健康体检	区总工会	完成602名环卫工人健康体检
33	有意愿且符合条件的特困人员集中供养率100%	区民政局	截至12月底，将8名有集中供养意愿的散居特困人员送至市级福利机构集中供养

续表118

序号	目标内容	牵头单位	完成情况
34	打造市级未成年人保护示范街道1个	区民政局	保和街道整合社工站、社区儿童之家，开展未成年人保护阵地氛围营造
35	建设慈善示范社区2个	区民政局	青龙街道致强社区、双桥子街道新华社区创建为市级慈善示范社区
36	免费救助严重精神障碍患者，做到应救尽救，社区管理率85%。	区卫健局	截至12月底，免费救助严重精神障碍患者，做到应救尽救，社区管理率95.58%
37	新（改、扩）建中小学、幼儿园7所	区教育局	北湖片区配套中学、龙潭同乐片区配套中学、人民塘片区配套中学、成都英才学校（高中部）、一里塘文旅集团配置地配套小学、朱家岭二路北侧配套小学、朱家岭二路北侧配套幼儿园7所学校建成投用
38	增加学位1.14万个	区教育局	北湖片区配套中学、龙潭同乐片区配套中学、人民塘片区配套中学、成都英才学校（高中部）、一里塘文旅集团配置地配套小学、朱家岭二路北侧配套小学、朱家岭二路北侧配套幼儿园7所学校新增学位1.14万个
39	培育义务教育新优质学校3所	区教育局	成都市石室小学、成都理工大学附属小学、成都市龙成小学创建为“成都市新优质学校”
40	新增普高（公办）学位400个	区教育局	全区新增普高学位1279个，其中公办学校新增学位1061个
41	确保公办幼儿园在园幼儿占比不低于≥51%	区教育局	全区公办幼儿园在园幼儿1.99万人，占比53.64%
42	普惠性幼儿园覆盖率不低于≥82%	区教育局	全区公办幼儿园71所，普惠性幼儿园覆盖率82.23%
43	对义务教育阶段公办学校城乡低保家庭学生及特困供养人员中的优秀非住宿学生给予助学补助，补助标准为小学每生每年1000元，初中每生每年1250元	区教育局	春季学期对221名家庭经济困难义务教育学生提供生活补助12.06万元，秋季学期对222名家庭经济困难义务教育学生提供生活补助12.16万元
44	对公办中职学校成都籍学生及非成都籍但家庭经济困难学生免除住宿费，对民办中职学校符合免费条件的学生给予住宿费补助	区教育局	春季学期对613名学生给予住宿费补助12.26万元，秋季学期对981名学生给予住宿费补助29.43万元
45	完成教学场室光环境改造1776间	区教育局	完成2424间教室及功能室光环境改造
46	提升学校心理健康服务水平，心理健康教育课每两周1课时，中小学校心理辅导室配备率100%	区教育局	中小学校心理健康课程每两周1课时，中小学心理辅导室配备率100%
47	新增备案托育机构5家	区卫健局	截至12月底，新增备案托育机构9家
48	新生儿疾病免费筛查率98%	区卫健局	截至12月底，新生儿疾病免费筛查率99.8%
49	新设心理援助热线1条	区卫健局	开通心理援助热线1条
50	城乡居民基本医疗保险参保登记率98%	区医保局	截至12月底，城乡居民基本医疗保险参保登记率100.33%
51	建成社区养老服务综合体2个	区民政局	完成保和街道和顺社区、府青路街道八里庄社区2个社区养老服务综合体建设

续表118

序号	目标内容	牵头单位	完成情况
52	为经济困难老年人家庭提供照护床位260张	区民政局	截至12月底，为经济困难老年人家庭提供照护床位260张
53	城乡居民基本养老保险参保覆盖率92%	区人社局	截至12月底，城乡居民基本养老保险参保覆盖率95.65%
54	全区新增试点药店100家	区市场监管局	完成新增试点药店100家
55	全年开展科普体验活动9场	区市场监管局	完成食品药品科普宣传活动9场
56	打造基层综合性文化服务中心示范点2个	区文体旅局	保和街道文化活动中心装修方案优化调整、二仙桥街道完成设备采购流程
57	开展“文化四季风”品牌群众文化活动4场	区文体旅局	开展“文化四季风”品牌文化活动“民俗闹春”“音乐消夏”“欢歌庆秋”“劲舞暖冬”线下活动9场
58	开展非遗进社区活动12场次	区文体旅局	完成非遗进社区系列活动18场次
59	开展公益文化艺术培训450班次	区文体旅局	开展公益文化艺术培训450班次
60	建设10个成都市运动促进健康服务站点	区文体旅局	完成和美社区、东林社区等10个“成都市运动促进健康服务站点”点位建设
61	打造3个社区级智能化室外健身设施示范项目	区文体旅局	打造培华社区法制广场、仙韵路朗诗乐府广场、鲁能广场健身设施示范项目3个点位
62	公共体育场馆免费（低收费）开放12万人次	区文体旅局	截至12月底，区公共体育场馆熊猫体育公园被征用为气模试验室，未对外开放，无公共体育场馆免费（低收费）开放人次
63	开展“爱成都 迎大运”全民健身活动280场次	区文体旅局	开展各类全民健身赛事活动573场次，参与人数12.37万人
64	国民体质监测人数5220人	区文体旅局	完成国民体质监测5250人
65	培训社会体育指导员200名	区文体旅局	培训社会体育指导员200名
66	完成老旧小区改造38个	区城市更新局	4个小区竣工验收（跳蹬河街道二环路东三段12号、双水碾街道“天福缘”、府青路街道“成都农商银行宿舍”、猛追湾街道“电子科大东四院”），34个小区进场施工
67	实施城镇棚户区改造1000户	区城市更新局	小龙桥片区针织厂A地块完成签约710户，崔家店东片区完成签约90户
68	既有住宅自主增设电梯165台	区住建交局	截至12月底，竣工13台，在建152台
69	居民小区建设电动汽车充电桩390个	区住建交局	完成新能源充电桩安装493个
70	筹集建设保障性租赁住房3500套（间）	区住建交局	人民塘3号地块、昭觉寺南侧集装箱地块通过集中新建保障性租赁住房筹集房源2998套，东方广益公司人工智能谷租赁住房二期筹集房源302套
71	发放公租房租赁补贴1156户	区住建交局	公租房租赁补贴发放1718户
72	天府市民云特色门户新增3项特色服务	区委社治委	区司法局、区行政审批局在天府市民云上线法律在线、办公服务点位查询、企业服务指南3项服务

续表118

序号	目标内容	牵头单位	完成情况
73	“社智在线”社区综合信息平台街道和社区应用全覆盖	区委社治委	完成街道、社区综合信息平台应用全覆盖
74	打造3个智慧社区示范应用场景	区委社治委	完成东方新城二期网约房治理、杉板桥数字孪生社区、龙潭街道向龙社区“绿码通”3个应用场景
75	建设10个幸福美好公园社区	区委社治委	完成萩香里、踏水、仙韵、东华、文德、联合、跳蹬、和欣、东林、同乐10个幸福美好公园社区建设
76	实施社区微更新项目15个	区委社治委	实施社区微更新项目15个
77	新建示范调解室1个	区司法局	二仙桥街道新建“舒心姐妹”示范调解室
78	新建法治文化设施1个	区司法局	新建青龙街道致强社区法治文化设施广场主题牌
79	为群众提供法律援助咨询服务4500人次	区司法局	区法律援助中心提供法律咨询服务5108人次
80	办理法律援助案件570件	区司法局	区法律援助中心办理法律援助案件1009件
81	打造一刻钟便民生活圈2个	区商务局	和美社区建设社区邻里中心1座，完成生活圈商业网点建设787个。杉板桥社区建设社区商业中心、邻里中心，完成生活圈商业网点建设406个，完成全国一刻钟便民生活圈试点建设
82	开展消防安全宣传教育、隐患排查、技能指导活动336场次	区应急局	开展消防安全教育活动341次
83	新建电动自行车停放充电示范场所26处	区应急局	新建电动自行车停放充电示范场所26处
84	新建应急救援尖刀队1支	区应急局	新建成华区应急救援尖刀队1支
85	建设基本公共服务设施10个	区住建交局	完成隆兴北四路配套文化活动中心、农贸市场等10个公服设施项目建设

表119　　2022年成都市成华区区级民生实事项目完成情况表

序号	目标内容	牵头单位	完成情况
1	开展司法救助3人	区法院	区法院审结司法救助案件5件6人，救助金额27.3万元
2	开展司法救助5人	区检察院	全年开展司法救助20人
3	开展未成年人法治宣传服务20次、困境儿童综合保护服务5人次	区检察院	完成未成年人法治宣传服务20次、困境儿童综合保护服务5人次
4	建成投用天府社创中心项目	区委社治委	创新“场地换服务”运营管理模式，完成主体建筑施工、项目软装设计制作及氛围营造，开展试运营
5	在双桥子、龙潭、青龙街道便民服务中心各增设1台自助办税设备	区税务局	完成双桥子、龙潭、青龙街道便民服务中心各增设1台自助办税设备
6	举办退役军人就业创业税费政策辅导3场	区税务局	退役军人就业创业数据可视化项目模块开发完成并上线，实现退役军人基础数据展示，通过“线上+线下”模式开展退役军人就业创业税费政策辅导3场
7	打造慈善场景1处	区民政局	完成成都熊猫慈善文化广场场景营建服务项目（二期）
8	为符合条件的散居特困、低保及低保边缘、空巢独居等特殊困难老年人，实施家庭设施适老化改造200户	区民政局	完成200户家庭设施适老化改造

续表119

序号	目标内容	牵头单位	完成情况
9	加强“公调、交调、医调”等行业、专业人民调解组织建设，人民调解成功率98%	区司法局	截至12月底，全区各级各类调解组织调处各类矛盾纠纷1636件，提供咨询3272件，涉及人数6544人，涉及金额11244.26万元，群众满意率99.7%
10	推进智慧公共法律服务建设，街道公共法律服务工作站引入公共法律服务终端设备覆盖率50%	区司法局	完成6个街道智慧公共法律服务终端覆盖，覆盖率55%
11	建成投用成都市就业技能训练院	区人社局	成都市就业创业训练院建成投用
12	举办春风行动、就业巡回服务、直播带岗等招聘活动30场	区人社局	举办春风行动、就业巡回服务、直播带岗等招聘活动144场
13	建成龙厢街、人民塘西一路2条道路	区住建交局	龙厢街、人民塘西一路道路竣工
14	建成向龙兴苑安置房、丛树片区新型社区安置房	区住建交局	完成向龙兴苑、丛树片区新型社区安置房项目建设
15	建成投用枫林路小桥项目	区住建交局	枫林路小桥项目建成投用
16	优化调整公交线路10条	区住建交局	新开公交线路K7路，优化调整6路、8路、33路、60路、94路、122路、200路、G99路、1108路10条公交线路
17	开展“走基层”文化惠民演出18场，举办“沙河流域”剧院精品活动2场、“我们的节日”系列文化活动2场	区文体旅局	开展“走基层”文化惠民活动18场，举办“沙河流韵”剧院精品活动4场、“我们的节日”系列活动50场
18	建成城东体育公园综合运动场馆	区文体旅局	城东体育公园综合运动场馆项目竣工
19	打造健康街道1个、健康社区1个、健康单位4家	区卫健局	打造猛追湾街道为健康街道，八里庄社区为健康社区，区司法局、双水碾街道综合便民服务中心、沙板桥社区党群服务中心、龙潭工业机器人产业功能区管委会为健康单位
20	区中医院香山长岛医养结合点位年内开业运营	区卫健局	5月，区中医院香山长岛医养结合点位正式投运
21	为9056名计划生育奖励金对象发放奖励金2727.318万元	区卫健局	为9056名计划生育奖励金对象发放奖励金2926.938万元
22	完成青龙东紫路配套社区卫生服务中心、保和兴城嘉苑二期配套社区卫生服务中心改造	区卫健局	完成青龙东紫路配套社区卫生服务中心、保和兴城嘉苑二期配套社区卫生服务中心改造，移交给青龙和保和社区卫生服务中心
23	培训物业安全管理人员4000人	区应急局	对全区小区（院落）安全管理人员开展培训，采取“分街道、分批次、点对点”的方式，组织3批次41场次，参训人员5400人
24	在朱家岭公园内建成一类应急避难场所1个，在跳蹬河街道杉板桥社区创建全国综合减灾示范社区	区应急局	成华区一类应急避难场所由市交投置业统筹实施，与成华区朱家岭公园同步建设。全国综合减灾示范社区由跳蹬河街道负责实施，完成杉板桥防灾减灾综合示范社区申报工作
25	对100部使用10年以上老旧电梯进行安全评估	区市场监管局	完成兴元华盛、浅水半岛、云景豪庭等22个住宅小区100台使用年限15年以上老旧电梯安全评估
26	新增消费投诉维权服务站2个	区市场监管局	新增王府井商场、印象城商场2个消费投诉维权服务站

续表119

序号	目标内容	牵头单位	完成情况
27	实现20个高频许可事项当日办理	区行政审批局	上线网约车现勘、教师资格证认定等30项高频许可事项
28	免费为600名环卫职工健康体检	区总工会	免费为602名环卫职工健康体检
29	开展送清凉活动1万人次	区总工会	完成送清凉慰问活动，慰问人数1万人次
30	开展新市民素质、职工素质提升培训2500人次，职工技能比赛10项	区总工会	开展新市民培训2513人次、职工素质提升培训420人，举办成华区餐厅服务员比赛、茶艺比赛、维修电工技能比赛、红十字应急救护技能比赛、汽车钣金工比赛、汽车喷涂工比赛、汽车维修工比赛、妇幼健康技能比赛、中医药技能比赛、基层卫生护理技能竞赛10项比赛
31	新建设职工书屋3家	区总工会	建成萩香里社区圆梦坊、跳蹬河街道、七八四互联网营销师之家、青龙街道文化活动中心4家职工书屋
32	运营成华区青年人才之家1个	团区委	运营成华区青年人才之家，为青年提供文化学习、体育健身、休闲娱乐、婚恋交友、志愿公益、创业就业等各类服务
33	开展青年创业就业社交活动100场	团区委	开展集城市融入、就业创业、公益志愿、婚恋交友、文化教育、思想引领等青年赋能、青年导航系列活动100场，服务青年3000人次
34	运营成华区青年人才驿站，服务“蓉漂”青年人才800人次	团区委	运营成华区青年人才驿站，为外地本科及以上应届毕业生来蓉应聘提供7天以内的免费住宿服务，全年接待“蓉漂”青年人才821人次
35	运营成华区青年（大学生）创业园，新增入驻青年（大学生）创业项目20个	团区委	运营成华区青年（大学生）创业园，新增入驻青年（大学生）创业项目20个
36	为400名残疾人提供辅具适配服务	区残联	为642名残疾人提供辅具适配服务
37	为1000名残疾人提供托养服务	区残联	为1517名残疾人提供托养服务，使用资金340.64万元
38	在白莲池街道一里塘社区、龙潭街道院山社区打造2个儿童友好型社区示范点	区妇联	完成一里塘、院山社区2个儿童友好型社区示范点建设
39	开展“救”在身边群众性应急救护知识普及和AED使用培训1.5万人次	区红十字会	开展“救”在身边群众性应急救护知识普及和AED使用培训233期，培训2.75万人次
40	建立1支景区医疗保障志愿者服务队，全年参与重大节假日景区医疗急救保障3次，开展应急演练1次、红十字宣传活动4次	区红十字会	在成都大熊猫繁育研究基地景区建立医疗保障志愿服务队1支，组织志愿者服务队参与元旦、五一、国庆假期景区医疗急救保障3次，开展应急演练1次、红十字宣传活动4次

特殊群体权益保护

【概况】 成华区加强妇女儿童、未成年人、老年人、残疾人、农民工特殊群体权益保护，全区11个街道设立未成年人保护工作站，区妇联开展“家家安康”家事调解案件280件，街道和部门设立老年维权示范岗59个，为符合条件的残疾人发放居家安养护理补贴每人每月100元，全区农民工子女入学登记5774人。龙潭街道华泰社区建立“农民工综合服务站”，为有需求的农民工提供就业、创业和托老、托幼帮扶。

【妇女儿童】 成华区贯彻落实妇女儿童维权发现报告、联防联动、关爱服务、舆情应对、工作监督“五项”机制，做好反家暴、防性侵、未成年人保护等妇女儿童维权工作，全年开展民法典、反家暴、防诈骗、禁毒防艾、未成年人保护等法治宣传活动80场次。区妇联开展“家家安康”家事调解服务，做好家事诉讼案件诉前调解、涉案妇女儿童心理辅导、权益维护等工作，派遣调解员、心理咨询师等专业人员在区法院家事调解中心，参与家事案件诉前诉中调解，全年调解280件，服务儿童个案、家暴关爱援助59人次；组织基层妇女干部维权培训15场次，在“成华姐妹”微信公众号开通华华姐维权“微”课堂系列专栏，连载妇女儿童维权知识等推文80篇。

（任雪莲）

【未成年人】　成华区加强未成年人保护体系建设，在11个街道设立未成年人保护工作站。区教育系统构建教育局—学校—年级—班级未成年人心理健康工作“四方四级”责任体系，推行学校心理健康工作“局领导包片、科室包校、干部包点”三包机制，学校实施“校领导+中层干部+班主任+心理老师”分级负责制，各年级实行“蹲点行政+年级组长+班主任”工作制，各班级实行“班主任+科任老师+学生干部”工作制，全区校园心理危机发现、预警及干预网络基本形成。区法院联合区妇联、团区委成立“豌豆荚未成年人保护法官工作室”，开展送法进校园活动，加强未成年学生法治教育和安全教育。团区委围绕增强青少年法治意识和自我保护意识，开展“法治大讲堂”“你好，邻居”公益行动、预防侵害知识宣讲等青少年赋能活动59场次，服务青少年9230人次。区法院全年审理涉及老年人赡养、抚恤、医疗、财产等纠纷案件60件。区检察院从严打击性侵等严重侵害未成年人犯罪，全年提起侵害未成年人公诉22件28人，对涉案未成年人“一对一”帮教，协同有关部门做好跟踪监护，在全区中小学校设置检察信箱67个。

（应春燕　韩彦龙　董力华　邹小康）

【老年人】　区司法局指导街道和部门设立老年维权示范岗59个、老年优待服务窗口89个，为老年人提供法律服务。区法院、区公安分局、区司法局等部门开展“老年人防止电信诈骗”宣传活动，为老年人提供法律援助，严厉打击侵害老年人人身、财产安全违法犯罪行为。区司法局在成华公园、新华公园、339天府熊猫塔广场、钻石广场组织法律援助中心、居家养老服务中心，围绕老年人赡养纠纷、住房财产纠纷、社会保障，开展法律咨询服务，受理老年人法律咨询490人次。

（李原松）

【残疾人】　成华区有二级以上重度残疾人5179人、三四级残疾人6312人，共有持第二代残疾人证残疾人11491人，其中视力残疾1674人、听力残疾1007人、言语残疾75人、肢体残疾5240人、智力残疾1097人、精神残疾1838人、多重残疾560人。成华区提供残疾人基本托养服务，低保和低保边缘残疾人补贴标准提高到1200元/人·月、其他残疾人500元/人·月；链接社会资源开展居家安养服务，为符合条件的残疾人发放居家安养护理补贴每人每月100元，发放临时困难救助补贴137人51.02万元，资助7名60岁及以上残疾人参加城乡居民基本养老保险21.44万元、480名重度残疾人参加企业职工基本养老保险270.76万元，为2971名残疾人购买城乡居民基本医疗保险及大病医疗互助保险226.79万元，资助1.16万名残疾人购买意外人身伤害保险52.29万元，为560名符合条件的0～15岁残疾儿童提供抢救性康复救助、投用资金1236.85万元。区残联审核按比例安置残疾人企业440家，认定1389人残疾人就业，为512人次开展“订单、定岗、定向”技能培训和就业指导，为252户残疾人家庭改造无障碍设施，为1.94万人次困难残疾人发放生活补贴406.1万元，为6.15万人次重度残疾人发放护理补贴545.87万元。

（黄小芳）

【农民工】　成华区依托街道建立“灵活从业人员关爱驿站”10个，全区农民工子女入学登记5774人。组建由区人社局、区住建交局、各街道组成的根治欠薪专项行动专班，从源头治理、实名制管理等方面保障农民工权益。区住建交局将建筑企业落实农民工工资纳入建筑行业监管，全年协

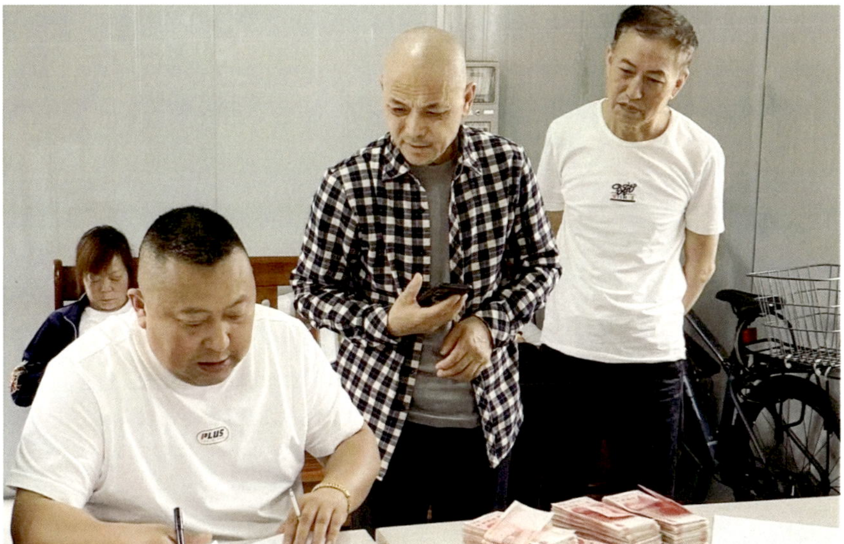

4月20日，区住建交局督促建筑企业发放拖欠农民工工资　（区住建交局供图）

调解决拖欠农民工工资2324件，涉及农民工4100人、工资4.2亿元，警示约谈项目企业31批次，给予企业信用扣分240次。

（胡清杰　李创新）

就业促进

【概况】　2022年，成华区建好“社区就业创业指导中心”，发挥成华区青年筑梦空间等社区就业创业指导中心示范带动和延伸服务，开展就业创业技能培训、主题沙龙、政策宣讲等活动；围绕“就业增收幸福工程”抓好就业创业工作，全年新增城镇就业1.42万人，就业困难人员再就业995人，城镇失业人员再就业5112人，动态消除“零就业家庭”；新增大学生就业创业4680人，实现稳就业和稳增长互促共进。成华区打造2.0版就业创业训练院创新做法入选“2022年中国就业十件大事及地方就业创新事件”。

【就业创业服务体系建设】　区人社局依托社区就业创业指导中心，开展高校毕业生、困难人员一对一服务，构建生涯规划、需求收集、就业创业培训、职业指导、创业辅导、就业推荐、创业扶持全链条就业创业服务体系，为各类企业和城乡劳动者提供就业创业服务3.1万人次，开展就业创业指导活动70场次、就业援助活动50场次。

【就业创业载体建设】　成华区构建“圆梦坊”青年筑梦空间、成都理工大学双创俱乐部2个就业创业载体，依托圆梦坊——成华区青年筑梦空间、双创俱乐部——成都理工大学双创俱乐部、青创园——成华区青年（大学生）创业园、实训营——成都市就业技能训练院、文创馆——名堂文化社区、赤子馆——海外人才工作站、巧手馆——阿妹家编织工作室、微创家园——升仙湖就业创业特色街区8个社区就业创业指导中心，开展就业培训、创业指导、职业体验等各类活动72场次，吸引1668人参与，助力995名困难人员实现就业。成华区圆梦坊青年筑梦空间、成都理工大学双创俱乐部通过市级创业孵化示范基地复评，成华区圆梦坊青年筑梦空间被评为市级社区创业指导服务中心。

【公共就业服务】　区人社局开发新职业岗位5000个，推行“直播带岗”模式，开展“就业援助月”“春风行动”“民营企业招聘周”“蓉漂人才荟”“就业巡回服务”等系列活动156场次，组织3692家企业，发布岗位15.1万个，达成就业意向1.22万人。成华区举办第九届青年就业创业大赛，吸引323个项目参赛，40名创业青年获得大赛奖金和创业扶持，推选32个优秀创业项目参加第五届“中国创翼”创业创新大赛四川赛区和成都赛区比赛，四川赛区比赛获得三等奖1个、优秀奖1个，成都赛区获得二等奖2个、三等奖1个、优秀奖1个。7月15日，区人社局组织企业赴遂宁射洪市开展“成华—射洪”百日万企招聘会，提供300个岗位。11月3日，区人社局组织成都盒马鲜生网络科技有限公司、四方阁酒楼等企业，筹集150个岗位参加省人社厅在泸州古蔺县金兰街道王堂村聚居点举办的“易地搬迁幸福路，就业增收促共富——易地搬迁集中安置点就业帮扶”专项巡回活动。

【援企稳岗服务】　成华区实施“降缓返补”政策免申即享、即申即享、直补快办，让政策红利直达企业，帮助企业降低用工成本、稳定就业岗位。区人社局落实降费减负政策，为3.4万户企业降减社保费1.34亿元，为463家参保企业缓缴社保费5185.81万元，为2.36万户企业发放稳岗返还补贴5138.12万元，惠及职工33.79万人，向8824家企业发放困难行业稳岗补贴2050万元，发放就业创业补助资金及培训补贴3360万元，为22家中小微企业发放创业担保贷款5306.1万元，拨付贴息资金34.97万元。

【就业创业培训】　区人社局以成都市就业创业技能训练院为基础，实现就业创业培训全覆盖，培育成华播客、智控工匠、蓉城轨道先锋、长技汽服、川美匠人等8个特色技能品牌；组织成都华亚科技有限公司、成都印合信置业有限公司、成都卓达数控科技有限公司、成都鸿源蒙牛乳业有限公司等20家企业职工、3000人次，在成都职业培训网络学院参加岗前课程培训；对4家企业进行订制班培训1600人，文旅行业重点班培训360人。区人社局推广应用省级“川字号”劳务品牌“浣花女”，培训50名高端浣花女家政服务员；打造市级“蓉字号”劳务品牌“芙蓉康养”，培训育婴师、保健按摩师100人。

【“技能成华”建设】　成华区推进技能大师工作室建设，全区有技能大师工作室22个，新建王海兵维修电工技能大师工作室、祝蓉帆结绳技能大师工作室、吴丽霞互联网营销师技能大师工作室、王国庆电机嵌线工技能大师工作室、张瑞海机器人仿真调试技能大师工作室、魏朝辉公共营养师技能大师工作室、潘畅保健按摩师技能大师工作室7个技能大师工作室，全年培养技能人才9400人。

【重点群体就业】 成华区保障重点群体就业，实施高校毕业生就业创业促进计划，新增成都柒八肆文化传媒有限公司、成都亚光电子股份有限公司等6家见习基地，发布见习岗位633个，区人社局为2261名应届高校毕业生发放求职创业补贴339.15万元。成华区健全就业帮扶长效机制，依托成都高华电气有限公司、成都居易达商贸有限公司、四川民盛机电工程有限责任公司、成都市永龙实业有限公司、成都市圣灯环卫有限责任公司，成都市运总集装箱运输有限公司、成都市成华区长天社区物业服务中心7家援助基地储备公益性岗位100个，开发“未成年人保护专员”等社区公益性岗位100个。全区就业困难人员就业率94.02%，高校毕业生就业率99.47%。

【大学生创业促进】 成华区全年新增大学生就业创业4680人，扶持高校毕业生创业67人，发放高校毕业生创业补贴67万元。成华区依托成都理工大学共建高校创业指导服务站，联动打造“攀登者”高校创业帮扶体系，支持大学生创业项目。成都理工大学“万牛引力”项目获得第五届“中国创翼”创业创新大赛四川赛区决赛三等奖。

2月16日，成华区2022年春风行动招聘会在天府熊猫塔广场举行　　（区人社局供图）

【“成华人社”两微一网建设】 区人社局推动“成华人社”两微一网政务新媒体建设，利用“成华人社”微信、微博及新闻客户端讲好人社故事，传递人社正能量，全年微信、微博平台发布各类信息2.01万条，关注人数12.5万人次。

（胡清杰）

表120　　2022年成都市成华区技能大师工作室情况表

序号	工作室名称	地址
1	成华区赵刚维修电工技能大师工作室	成济路3号
2	成华区苏鹏权电子计算机（微机）调试工技能大师工作室	航天路12号
3	成华区曹军维修电工技能大师工作室	航天路12号
4	成华区蒲晓秋美容师技能大师工作室	猛追湾街153号
5	成华区张志金土方机械修理技能大师工作室	成致路24号附8号
6	成华区刘继成电动列车司机技能大师工作室	成都地铁红花堰车辆段
7	成华区吴量工艺画技能大师工作室	龙绵街1666号
8	成华区李祖军公共营养师技能大师工作室	成宏路18号
9	成华区肖英全汽车维修工技能大师工作室	航天路2号
10	成华区谢宗宝输气工技能大师工作室	府青路一段3号
11	成华区李茂森钻井液技能大师工作室	猛追湾街26号
12	成华区王立云电机装配工技能大师工作室	航天路12号
13	成华区陈华茶艺师技能大师工作室	民旺一路88号

续表120

序号	工作室名称	地址
14	成华区林贵苗汽车修理工技能大师工作室	崔家店北二路1号附1号
15	成华区李永松中式烹调师技能大师工作室	地勘路4号
16	成华区王海兵维修电工技能大师工作室	双林路33号
17	成华区祝蓉帆结绳技能大师工作室	东风路北一巷3号附16号
18	成华区吴丽霞互联网营销师技能大师工作室	府青路二段67号
19	成华区王国庆电机嵌线工技能大师工作室	航天路12号
20	成华区张瑞海机器人仿真调试技能大师工作室	成致路15号
21	成华区魏朝辉公共营养师技能大师工作室	航天路2号
22	成华区潘畅保健按摩师技能大师工作室	长秀路133号

劳动保障

【概况】 2022年，成华区建立“区+街道+社区”三级劳动纠纷“一站式”调处网络，构建部门联合调处和谐劳动关系；优化劳资纠纷处置流程，创新仲裁庭审数量、办案力量、工作经费、办公设备和缩减结案周期“四增一减”工作法化解仲裁积案824件。成都市龙潭工业机器人产业功能区等7个单位被评为AAAAA级成都市模范劳动关系和谐单位。

【劳动关系协调】 区人社局开展《中华人民共和国劳动合同法》《中华人民共和国保障农民工工资支付条例》等法律法规宣传，为企业员工、经营者和农民工群体解答用工和维权1970人次，增强企业和劳动者的法律意识和自我保护意识，依托“12333”热线电话解答群众疑问9.74万人次。区人社局全年办理各类信访件1.16万件、办结率100%，受理仲裁案件5496件、审结5372件，按期结案率97.7%。

【劳动保障权益维护】 成华区以企业职工协商协调行动、社会协同协商协调行动、政府主导协商协调行动、和谐劳动关系创建行动、劳动关系法律服务行动、劳动保障权益维护行动六大行动为抓手，创新劳动关系基层治理模式和治理方式，解决新就业形态劳动者权益保障，推动劳动纠纷协商自主、权利义务协商自治、和谐关系协调自为的劳企共同体建设，构建以企业和职工为主体，以调解、协商、培育为主要内容的和谐劳动关系，推动劳动纠纷不出“厂区、园区、社区”。和欣社区、斑竹社区、长天路社区、踏水社区、培华路社区被评为AA级成都市模范劳动关系和谐单位，杨柳社区、迎晖社区被评为AAA级成都市模范劳动关系和谐单位，保和街道、站北路社区被评为AAAA级成都市模范劳动关系和谐单位，成都市龙潭工业机器人产业功能区、成都富森美家居股份有限公司、成都建工第七建筑工程公司、成都光明乳业有限公司、成都温鸭子食品有限公司、胜利社区、将军碑社区被评为AAAAA级成都市模范劳动关系和谐单位。

【企业工资集体协商】 区人社局开展企业薪酬调查146家，涉及制造业、批发和零售业、房地产业、居民服务和其他服务业，依托协调劳动关系三方机制，指导企业与员工建立劳动关系协商机制，重点指导货运司机、网约配送员、快递员等新就业形态劳动者开展协商。区人社局全年审核企业工资集体协议322份、区域性工资集体协议12份。

【劳动能力鉴定】 区人社局按照成都市劳动能力等级鉴定标准，审核劳动能力鉴定申请材料，核对工伤认定书原件和医院病历，确保申请人提交的工伤认定书和医院病历真实有效；不定期抽查劳动能力鉴定受理情况，压实经办责任，防范违规违纪事件发生，督促用人单位和职工按时间节点进行劳动能力鉴定。区人社局全年办理认定工伤1104件，不予认定工伤45件，劳动能力鉴定950件。

【劳动保障监察】 区人社局劳动监察执法大队落实全国根治欠薪线索反映平台、市长公开电话和网络理政平台各类投诉案件办理，全年受理劳动纠纷投诉697件、涉及925人，金额289.96万元；根治欠薪线索平台3501件、涉及509人，金额314.11万元；市长

3月12日，成华区构建和谐劳动关系宣传活动在天府熊猫塔广场举办　　（区人社局供图）

公开电话网络理政平台9029件、涉及9029人，金额623.85万元，各类案件按期结案率100%。区人社局劳动监察执法大队以涉嫌拒不支付劳动报酬罪向成华公安分局移交3件、涉及196人，金额490.5万元，违规使用童工行政处罚2件。

【劳动纠纷"一站式"联处中心建设】　区人社局将劳动人事争议案件调处融入"大联动"社会治理体系，以1张调处网络、1个网络平台、1套联动机制、1支调解队伍"4个1"建设为抓手，推动劳动纠纷"一站式"联处中心建设，构建"区+街道+社区"三级劳动纠纷调处网络，提高案件调解成功率。区劳动纠纷"一站式"联处中心全年登记劳动人事争议案件5856件，接受调解2659件、调解成功868件、调解成功率32.64%，调解总金额845.22万元。

（丁冬　张洁　贾宁　林江）

社会保障

【概况】　2022年，成华区人力资源和社会保障局优化社保公共服务供给，实现"老有所养、伤有所保"，社保公共服务一网办、一窗办、规范办；推进企业职工基本养老保险全国统筹，补申报企业信息96条，补录人员信息153条；规范社保基金管理，核查部级下发疑点数据126条，追回社保基金2.07万元，核查省级下发疑点数据61条，追回社保基金51.23万元。

【社会保障扩面提标】　区人社局开展参保政策宣传，促进就业形态灵活就业人员参保，巩固法定人群参保全覆盖成果；加强全民参保数据筛查清理、动态管理和比对分析，调查未参保人员具体信息及未参保原因；做好贫困人员养老保险代缴及重残人员参加养老保险资助工作，确保建档立卡困难群体"老有所养"，为符合代缴条件的缴费困难人员2582人，代缴城乡居民基本养老保险费用238.18万元。

【社保系统信息化建设】　区人社局推进全省社会保险信息系统（共建版）切换上线，建立联动机制，与区委政法委、区委宣传部、区税务局、区医保局等部门及各街道办事处协调沟通，做好政策解释、信息推送和舆论引导。区人社局组织开展分层级业务培训200人次，完成4.97万条数据清理；指导参保单位开通网上经办，拓展社保业务网上经办服务范围、优化经办流程，实现从"最多跑一次"向"不跑也能办"，参保单位社保业务网上经办覆盖率99.7%。

【社保惠企政策落实】　成华区采取"免申即享"经办模式，为用人单位和个人缴纳失业保险费（费率分别按0.6%、0.4%执行），工伤保险费率在现行基准费率和浮动费率政策规定基础上下调50%，全年为3.4万家企业减免社保费1.34亿元。区人社局指导相关企业通过多渠道办理缓缴申请，规范填写缓缴申报信息，在业务系统进行缓缴置标，缓缴期间免收滞纳金、职工社保待遇不受影响，全年为468家企业办理缓缴社保费5185.81万元。

【社保基金风险防控】　区人社局开展社会保险基金管理专项整治，完善社保政策、经办、信息、监督"四位一体"风险防控体系，强化人防、制防、技防、群防"四防"协同，开展社保基金管理提升年专项行动，完善《成华区社会保险基金行政监督办法》《成华区人社局内部审计工作方案》《成华区社会保险基金管理提升年行动实施方案》三项规章制度，健全机制体制，守好护好老百姓的"养老钱""保命钱"。

【退休人员管理】　区人社局做好提前退休人员审批工作，全年审批提前退休人员59人，其中特殊工种提前退休45人、企业职工因病或非因公致残丧失劳动能力提前退休14人。区人社局按时足额为全区养老金领取人员发放待遇，全年为79.01万人次发放城镇职工养老保险退休待遇19.8亿元，为8.59万人次发放城乡居民养老保险退休待遇4103.87万元；做好退休人员养老金增发工作，为6.98万名

10月9日，成华区工伤预防培训学员与专家交流　（区人社局供图）

企业和机关事业单位退休人员调整基本养老金，增发养老金4821.67万元。

【养老保险】　成华区全年城镇职工基本养老保险参保人数57.18万人，其中在职50.29万人、退休6.89万人；城乡居民基本养老保险参保人数1.82万人，参保覆盖率92%。区人社局按照"即征即保、分类施保"原则，协同相关部门建立全流程参与被征地农民养老保障工作机制，完成845名被征地农民社保，征收养老保险补偿费2.25亿元。

【失业保险】　成华区全年失业保险参保人数29.75万人，全年为6.58万人次发放失业保险金10684.10万元，为失业保险人员代缴医保3237.44万元，为5263人次发放失业补助金105.26万元，为2.46万人次发放失业人员价格临时补贴242.63万元。

【工伤保险】　成华区推进工伤保险征缴扩面，联合部门、街道、企业、社区、职工共同参与，用人单位依法参加工伤保险，保障工伤职工合法权益；开展建筑企业工伤保险参保专项行动，全区新开工项目参保率91.67%，区内8家尘肺病重点企业132名职工参加工伤保险，确保重点行业人员"伤有所保"。全年工伤保险参保人数34.55万人，比上年增长17.1%。

【工伤预防宣传】　区人社局以工伤安全LOGO为设计元素，结合相关法律法规，制作宣传折页、海报、宣传马甲等1.5万份，宣传工伤保险相关知识。区人社局组织开展工伤预防宣传培训，促进用人单位落实安全生产管理和职业病防治措施，增强职工安全生产和职业卫生保护意识，邀请相关行业领域专家开展工伤预防宣传讲座，培训重点企业35家，参培人员3190人。

（许　洲　胡清杰　任泽兰）

医疗保障

【概况】　2022年，成华区医疗保障局加大医疗保险政策宣传力度，提高群众参保意识，全区城乡居民参保率98%。区医保局做好医保公共服务下沉街道便民服务中心，完善"15分钟医保公共服务圈"，开启医保定点医疗机构网上签约，让数据"多跑路"，机构"零跑路"，实现风险管控能力、便民服务能力、经办服务效率提档升级，追回违规使用医保基金327.4万元，受理欺诈骗保举报线索2起。成华区医保局被评为成都市城镇职工医疗（生育）保险参保征缴工作先进单位。

【医疗保险】　成华区全年城镇职工基本医疗保险参保人数44.65万人，城乡居民基本医疗保险参保人数25.12万人。全年基本医疗保险统筹基金支付103146.96万元，大病医疗互助补充保险基金支付5401.79万元，个人账户支付70954.53万元。

【生育保险】　成华区全年生育保险参保人数28.94万人，结算5218人次，基金支付7565.11万元。

9月27日，区医保局到成都福寿康健康管理有限公司开展调研指导　（区医保局供图）

【医疗救助】 区医保局全年为3364名特困人员和低保对象门诊救助88.32万元，资助1414名困难群众参加城乡居民基本医疗保险支出资金49.88万元，对6421人次困难群众发放住院救助金163.38万元。全年医疗救助1.12万人次，支出资金306.37万元；补充医疗救助38人，支付资金23.57万元。

【长期照护保险】 成华区全年享受长期照护保险3563人，全区有协议长期照护机构24家，其中医疗机构11家、养老机构6家、上门机构7家；启动重度失能人员上门服务1893人次，开展城乡居民中度失能人员上门服务和"一对一"定制化上门服务167人次。

【医保基金监管】 区医保局会同区级相关部门建立打击欺诈骗取医疗保障基金联席会议制度，重点打击欺诈骗取医疗保障基金行为，全年查处违规定点医药机构371家，终止医药机构医保服务协议35家，追回违规使用医保基金327.4万元，支付违约金262.75万元。区医保局组织开展"春风行动""利剑行动"医保领域系统治理等专项行动，75家医药机构退回违规使用基金131.24万元；受理欺诈骗保举报线索2起，其中行政处罚1起、移交成华公安分局1起。

【医保服务工作站建设】 成华区打造"下沉式"医保服务工作站，在11个街道便民服务中心建立医保专网，统一窗口标识、服务事项、工作职责、制度流程，实现无缝切换，全区有医保服务工作站4个、医保服务工作点17个。区医保局做优"双下沉"，有序下放参保登记、信息变更、异地就医备案、医疗费用报销、医保电子凭证申领等32项医保服务事项，落实"一次告知""限时办结"等制度，做优医保业务、服务双下沉工作。

（魏东升）

表121　　2022年成都市成华区长期照护医疗机构情况表

类别	机构名称	地址	服务电话
医疗机构	成都新华医院	双桥路180号	028-60212300
	成都誉美医院	下涧槽路11号	028-86328517
	四川地质医院	蜀陵路367号	028-83512322
	成都长生肾病医院	玉双路9号	028-83106215
	成都珍君医院	龙岗路210号附10号	028-84328366
	成都成华东升医院	和友路357号	028-84720516
	成都八里医院	文德巷1号	028-84342628
	成都城东康复医院	双林路122号	028-84375689
	成都成华泰兴医院	泰安街77号附7号	028-68967062
	成都市华川医院	跳蹬河北路185号	028-84300559
	成都成华三松医院	东紫路499号	028-84115111-8067
养老机构	成都颐心源健康管理有限公司	建祥路6号	028-83530043
	成都泽安养老服务有限公司	致强环街505号	028-83526318
	成都市成华区和生祥和长者康护中心	祥和里26号	028-83528681
	成都宏明怡倍康养老服务有限公司	建设路43号	028-60613382
	成华区第六人民医院康穗养老中心	长秀路133号	028-60828019
	四川润地盛梓养老服务有限公司	跳蹬河南路140号	028-84390220
上门机构	成都成华顾连护理站有限公司	和丽路11号	028-84739408
	成都福寿康健康管理有限公司成华护理站	新风巷1号附25号	028-83521706
	成都宏明怡倍康养老服务有限公司	建设路43号	028-60613382
	成都倍乐康健康养老服务有限公司成华护理站	双店西五路112号附4号	028-84734959
	成都成华祥瑞通护理站有限公司	新鸿南路86号	028-81305986
	成都佳护康养老服务有限公司	一环路东三段165号	028-81267971
	四川力太优护养老服务有限公司	仁爱路166号	028-81146180

表122　2022年成都市成华区医保服务工作站（点）情况表

类别	机构名称	地址
医保服务工作站	成华区猛追湾建设路社区卫生服务中心	建设南新路80号
	成都东篱医院	杉板桥南一路219号
	成都成华龙港医院	华泰路28号
	成都成华双水医院	站北北街1号
医保服务工作点	四川省百欣堂药业连锁有限公司成华区成康路药店	成康路36号附1号
	四川省百欣堂药业连锁有限公司成华区双建路药店	双建路229号
	四川省百欣堂药业连锁有限公司成华区高车一路药店	高车一路13号附20号
	四川省百欣堂药业连锁有限公司成华区圣灯路药店	圣灯路126号
	四川省百欣堂药业连锁有限公司成华区天鹅一路药店	天鹅一路33号附13号
	四川一心堂医药连锁有限公司成华区致顺路药店	致顺路87号
	四川一心堂医药连锁有限公司成华区双荆路药店	双荆路6号附27号
	四川同善堂药业连锁有限公司成华区槐树店路药店	槐树店路40号
	四川海王星辰健康药房连锁有限公司成华区二仙桥北路药店	二仙桥北路31号附54号
	四川海王星辰健康药房连锁有限公司成华区双城三路药店	双城三路16号附11号
	四川海王星辰健康药房连锁有限公司成华区和美西路药店	和美西路8号附18号
	中国银行成都成华支行	双林中横路6号附1号
	成都银行成华支行	玉双路2号
	成都农商银行保和支行	双林路1号
	成都农商银行桃蹊分理处	桃蹊路80号
	成都农商银行青龙支行	昭觉横路20号
	成都农商银行隆兴分理处	隆兴路37号

社会工作管理

【概况】　2022年，成华区民政局加强社会组织管理、社会工作专业人才管理、社会工作服务体系建设、地名命名和管理等工作，依托“区—街道—社区”三级社会组织孵化平台，发挥社会组织综合党委引领作用，促进社会组织规范化运行，实现数据、运行、服务三个“标准化”。

【社会组织管理】　区委组织部加强社会组织综合党委建设，社会组织综合党委下设党支部13个。全区有社会组织309家，区民政局推进社会组织标准化建设，规范社会组织党的建设、内部治理、财务管理等工作，全年走访社会组织1100家次；组织开展社会组织等级评估，全年评估社会组织21家，评出等级社会组织6家，成华区友善社会工作服务中心评为AAAAA级，成华区爱芽妇女儿童社会服务中心、成华区慈善会评为AAAA级，成华区火车头幼儿园、成华区弘德社会工作服务中心、成华区大英商会评为AAA级。

【社会工作专业人才管理】　区民政局加强社会工作专业人才管理，开展社工首次登记、再登记，社工考试报名、考前培训、社区细分领域培育等工作，壮大社工人才队伍，提升社工人才素质。全区各社区、各行业、各领域从事社会工作人员302人，开展社工初级、中级培训，参加成都市社工评定考试62人、全国社会工作职业水平考试182人。成华区儿童社会工作实务实训

11月10日，成华区社会工作服务体系建设工作部署会召开　　（区民政局供图）

人才培育基地，为40名学员开展赋能培训。截至年底，全区有持证社工1043人，其中中级社工183人、初级社工651人、员级社工209人。

【社会工作服务体系建设】　成华区推进社工站提能增效，完善服务管理流程，建成“功能齐全、运行规范、服务专业”的社会工作服务体系，建成区级社工总站1个、街道社工站11个、社区（村）社工室83个；构建四级社工服务网络，建立三级联动机制、考核机制、信息报送机制、督导机制，每月开展实地督导考核，定期开展项目拉练；建立“零距社工”微信公众号，每周发布三级体系各类信息，每月制作三级体系月刊。

【社会组织孵化园建设】　成华区社会组织孵化园面向11个街道社工站，通过“线上+线下”的方式加强社会组织管理，围绕社会组织登记管理制度、社会组织年检制度、社会组织换届选举制度、社会组织信用体系建设、社会组织规范收费、社会组织等级评估、社会组织参与政府购买服务等开展线上培训11次，提高全区社会组织党建、财务、内部管理、资源链接、项目磋商、案例撰写等能力。

【地名命名和管理】　区民政局加强地名命名和管理，命名慈竹巷、文竹巷、东虹里3条道路。全年审批楠盛宝樾花园、九林语凌云阁、成都万科华茂广场、保利中环广场、中环壹零壹广场、大陆潮里等建筑物名称备案项目35个。

（滕　强）

表123　　2022年成都市成华区命名道路情况表

序号	道路名称	所属街道	宽度（米）	长度（米）	起止点
1	慈竹巷	白莲池街道	10	530	北起龙青路，南止文竹巷
2	文竹巷	白莲池街道	10	600	西起蜀龙路，东止规划绿地
3	东虹里	保和街道	10	310	北起东虹西二路，南止东虹西三路

表124　　2022年成都市成华区建筑物名称备案项目表

序号	建筑物名称	建筑物地址	申报单位
1	楠盛宝樾花园	天鹅社区	成都京歌海置业有限公司
2	锦绣安里	双水碾村6组	成都市住房保障中心
3	锦东河韵东庭	斑竹社区2、3、4、5、6组	成华旧改公司
4	锦东河韵北庭	斑竹社区2、3、4、5、6组	成华旧改公司
5	领峰花园	和锦路	成都鑫统领文化旅游开发有限公司
6	中环天序小区	二仙桥公园北侧1号地块	华润置地（成都）成华有限公司
7	大陆璞府	二仙桥北二路13号	成都长隆银丰置业有限公司
8	向龙兴苑	民兴北二路366号	成都东方广益投资有限公司
9	九林语凌云阁	斑竹社区4、5组	成都人居成兴置业有限公司

续表124

序号	建筑物名称	建筑物地址	申报单位
10	成都万科华茂广场	国光路1号	成都华茂兴蓉置业有限公司
11	玖悦华章花园	崔家店社区1、2组	成都凯盈置业有限责任公司
12	深业泰蓉府	东林社区4、5组，西林社区	成都市深业泰然华成房地产开发有限公司
13	鹭鸣九章花园	双成五路	成都卓璞置业有限公司
14	上东里	槐树店路26号	成都东方希望天玺实业有限公司
15	天恒壹号北院	鹤林社区1组，向龙社区12组	成都恒成正华房地产开发有限公司
16	天恒壹号南院	鹤林社区1组，向龙社区12组	成都恒成正华房地产开发有限公司
17	德泰创新大厦	成致路2号	四川福德伟业科技有限公司
18	华侨城滨江壹号	御风二路	信和置业（成都）有限公司
19	首钢·悦里花园	关家堰社区6、8组	成都首钢房地产开发有限公司
20	西林豫府	致顺路500号	成都市睿华建设投资有限责任公司
21	翰文府	二仙桥片区6号地块	四川恒景房地产开发有限公司
22	首开中环云樾名邸	新山社区1、2组	成都首开韶泰置业有限公司
23	保利中环广场	二仙桥东路8、11、13号	四川省物流股份投资有限公司
24	中旅启境花园	丛树社区12、13组	中旅城华（成都）置业有限公司
25	鹭鸣北湖名邸	和成社区1、5、7、8组	成都首开宜泰置业有限公司
26	九林语瀚岳阁	斑竹社区8、9组	成都人居兴耀置业有限公司
27	九林语叠溪阁	斑竹社区8、9组	成都人居兴耀置业有限公司
28	中环壹零壹广场	民兴二路	成都知德置业有限公司
29	电建德商泷悦天玺玺园	长林盘社区7、8组	成都德川嘉悦置业有限公司
30	电建德商泷悦天玺泷院	长林盘社区7、8组	成都德川成悦置业有限公司
31	越盛能源大厦	华泰路42号	四川越盛能源集团有限公司
32	华建锦院	崔家店社区4、5组，长春社区2组	成都华建益锦置业有限公司
33	北湖揽樾	和成社区1、6、7、8组	成都樾然置业有限公司
34	成都龙之梦大酒店	东虹社区8、9、10组	成都晓峰商业置业有限公司
35	大陆潮里	昭觉寺横路	四川省轩苑房地产开发有限公司

社会服务

【概况】 2022年，成华区落实社会救助应保尽保、应助尽助、应享尽享，健全多层次的社会救助兜底保障体系，提高救助保障标准，扩大兜底保障覆盖面，建立梯度式临时救助金发放制度。区民政局做好社会救助、社区康复服务、慈善援助、婚姻管理、殡葬管理、公益慈善等社会服务工作。

【社会救助】 成华区实施社会关爱政府购买服务投入291.2万元，引入社会力量参与社会救助，链接爱心企业122家，募集社会资金20.66万元、爱心物资价值149.91万元；建立困难群众基础数据库3324人，为335人建立困难帮扶档案，管理急重难个案99个，帮扶困难群众1130人次。全区有城镇居民最低生活保障户3321户、保障人数39166人次，发放低保金3454万元，月人均补助880.66元，为556人次困难群众发放临时救助金113.7万元。区民政局通过社区快速救助方式为376户困难群众发放救助金18.59万元，街道通过使用备用金实施“先行救助”，为31户困难群众发放临时救助金38.45万元，为特困保障人员856人次发放供养金109.41万元，为精减退职职工77人发放生活补助3.08万元，为低保对象、特困对象、孤儿3328人次发放一次性价格补贴57.91万元。全区有分散养育孤儿10人，事实无人抚养儿童25人，困境儿童11人，全年为分散养育孤儿发放基本生活费14.45万元，为事实无人抚养儿童发放基本生活费34.42万元，为困境儿童发放生活补助5.51万元。

（谭何军）

【社区康复服务】 区民政局开展精神障碍社区康复服务，完成区级指导中心和猛追湾、二仙桥、双桥子、府青路、万年场、跳蹬河、双水碾7个街道精神障碍社区康复站建设，形成“一中心七站点”的社区康复服务格局。区民政局全年开展精神障碍康复活动16次，为有康复服务意愿的精神障碍患者提供康复服务330人次。

（滕 强）

【社会公益】 成华区慈善会全年接收捐赠资金87.31万元，其中“慈善一日捐”活动募集慈善资金68.13万元、社会捐赠慈善资金19.18万元。区慈善会实施“阳光圆梦”助学工程、支出慈善资金2.9万元，实施大病医疗援助项目、支出慈善资金7.37万元；组织开展慰问活动6次，服务困难群众6616人次，支出慈善资金6.95万元；购买慰问品及防疫物资3万件，慰问医务人员、志愿者、社区工作人员、政府兜底保障服务对象6000人次，支出慈善资金33.16万元，捐赠资金结余36.93万元。成华区拓宽捐赠渠道、优化慈善项目、促进资源共享，发动社会力量共同参与民生保障、社会治理、疫情防控等慈善事业，全年帮扶困难群众6616人次；打造熊猫慈善文化广场，创意设计慈善IP“暖宝”，以慈善文化为阵地，开展“慈善+”活动，引导慈善力量参与慈善援助。2023年3月6日，成都市成华区“慈善之音 尚善成华”慈善音乐年会在北湖生态公园熊猫慈善文化广场举行，表扬2022年度慈善社区6个、慈善企业9个、慈善先进单位6个、慈善合作伙伴4个、慈善爱心个人3人。

（刘国文）

2023年3月6日，成都市成华区慈善音乐年会在北湖生态公园举行，表扬2022年度慈善先进单位及先进个人

（区民政局供图）

【婚姻登记管理】 成华区设区民政局婚姻登记点、二仙桥公园婚姻登记点2个婚姻登记办理点，全年办理结婚登记7121对、离婚登记2842对，补发结婚登记961对、离婚登记522对，婚姻登记合格率100%。

【殡葬管理】 区民政局加大惠民殡葬政策宣传力度，全年为4741名办丧群众发放基本殡葬服务补贴385.19万元，为281名选择节地和生态安葬的办丧群众发放生态奖补金64.6万元，其中节地安葬130人19.5万元、生态安葬151人45.1万元。区民政局以“文明祭扫、平

表125　　2022年成都市成华区公益慈善获奖单位及个人一览表

类别	获奖单位及个人
爱心社区	双桥子街道新华社区、猛追湾街道建华社区、府青路街道桃源社区、保和街道和顺社区、青龙街道致强社区、龙潭街道华泰社区
爱心企业	成都富森美家居股份有限公司、四川乡村基餐饮有限公司、成都扬凌文化传播有限公司、全友家私有限公司、成都市众屹实业有限公司、昆仑山矿泉水有限公司、四川祥福通大健康产业有限公司、成都市荣贸食品有限公司、成都兴华生态建设开发有限公司
慈善先进单位	成华区税务局、成华旧城改造投资有限责任公司、成都列五中学、成华发展集团有限责任公司、二仙桥街道办事处、成都市海滨小学
慈善合作伙伴	成华区明德社工服务中心、成都市爱有戏社区发展中心、成都锦城悦文化传媒有限公司、成都市同行社会工作服务中心
慈善爱心个人	林应昭、雷婧、徐风翔

安清明”为主题，指导石岭公墓、院山公墓做好清明期间群众安全祭扫和疫情防控，清明祭扫活动安全有序。

（滕　强）

【第八届公益创投大赛】　9月29日，成华区第八届公益创投大赛暨第六届“成华群英荟”社会创新服务公益创投大赛在成华区社会组织孵化园举行。大赛聚焦“一老一小”和特殊困难群体，覆盖社工服务、社区治理、养老服务、人才培育、乡村振兴、关爱帮扶、红十字救护、文化服务、社会企业培育九大项。经过角逐，“成华益路，牵手童行”困境未成年人关爱服务项目、成华区婚姻家庭矛盾调处与关爱援助服务项目等44个项目获得立项，项目资金485万元。

（刘国文）

养老服务

【概况】　2022年，成华区推进社区养老服务综合体建设，完善以社区养老服务综合体为枢纽、一院一中心多站点为支撑的社区养老服务网络，建成保和街道和顺社区、府青路街道八里庄社区2个社区养老服务综合体。全区户籍人口中有60岁及以上老年人18.89万人，其中100岁及以上老年人67人，有养老机构28个、床位3489张，日间照料中心104个，老年助餐服务点48个。成华区落实高龄津贴、特殊困难老年人购买居家养老服务等各项老年福利政策，区民政局通过“一卡通”向3.32万人次发放高龄津贴3303.15万元。龙潭街道华泰社区、二仙桥街道下涧槽社区创建为全国示范性老年友好型社区。

【养老服务体系建设】　成华区围绕老有所养、老有所医、老有所教、老有所学、老有所乐、老有所为目标，实施全龄友好包容社会营建工程、颐养康乐幸福工程，构建以社区养老服务综合体为枢纽、养老机构、社区卫生服务中心为支撑的社区养老服务体系，打造“15分钟养老服务圈”。成华区推进一里塘社区、八里庄社区、东林社区、驷马桥南片区4个养老服务综合体建设，以及中车养老院、高车三路康养中心2个公共配套养老设施建设。全区实施居家和社区基本养老服务提升行动，通过政府引导、社会参与、市场运作等方式，建立家庭养老专业化照护服务体系，提升居家和社区基本养老服务能力，全年建成家庭照护床位260张，保障特殊困难居家养老上门服务对象400人。

（游　勇）

【医养联合专项试点】　成华区开展国家基本公共服务标准化医养联合专项试点，通过“列清单、明责任、建体系、定标准、促改进、提质量”等标准化措施，推进基本医疗卫生与养老服务资源有效衔接，联动各类医疗、医养、养老基本公共服务机构，构建“病有良医、老有颐养、医养结合”基本公共服务标准体系，实现“服务标准规范化、服务模式统一化、服务内容一体化”，让老年人享受优质、便捷、高效的医养服务。成华区引入医养结合定点服务机构24个，65岁以上老年人医养结合服务率100%，老年人关爱巡访12.37万人次。全区有家庭医生团队115个，家庭医生签约人数57.07万人，居民电子健康档案建档率95.96%。5月11日，成华区中医医院（成华区康穗养老中心）投入使用，形成以区中医院为平台，社区卫生服务中心为支撑的医养结合体系。区中医医院建立医养结合培训（示训）基地，组织全区医疗（养老）护理员和从事医养结合工作人员培训2期95人参加。

【老龄健康服务】　成华区构建医养基本公共服务标准化、供给多元化老龄健康服务体系，形成“15分钟医养基本公共服务圈”，成华区肾病医院列为全市安宁疗护试点单位，招引华润熙悦里、龙湖椿山万树、上海爱照护、顾连医疗等医养服务企业入驻，为全区2484名失能、失智老年人健康服务。区内各医疗机构全年为3.89万名老年人提供健康评估和医养服务，全区11个社区卫生服务中心与12.14万名65岁以上老年人签约，开展居家上门服务。

（蒋　楠）

6月9日，成华区医养联合基本公共服务标准化专项试点中期评估会举行　（区卫健局供图）

表126　　2022年成都市成华区百岁老人情况表

序号	姓名	性别	年龄（岁）	所属社区
1	陈国志	男	100	双桥子街道
2	仉锦堂	男	102	
3	代时英	男	100	
4	韩宗义	男	100	
5	张文群	女	101	
6	陈国林	男	102	
7	王官珍	女	100	
8	罗礼嘉	男	100	
9	王兰英	女	100	
10	陈素清	女	101	
11	杨淑华	女	100	
12	王　兰	女	100	
13	林桂华	女	102	
14	孙　惠	女	101	
15	赵永琼	女	100	
16	金绪楷	女	100	猛追湾街道
17	郭全芳	女	104	
18	黄晨湘	男	101	
19	景志良	女	101	
20	顾学忠	女	105	
21	姚耀先	男	100	
22	蔡炳连	男	102	
23	吴羽俊	男	100	
24	曾瑞容	女	101	
25	亢碧林	女	100	府青路街道
26	陈淑芬	女	108	
27	郭淑荣	女	100	
28	罗少全	男	103	
29	张素清	女	110	
30	门学荣	女	100	
31	李锦如	女	102	
32	胡廷华	女	100	
33	徐肇祯	男	102	二仙桥街道
34	张孝惇	女	100	

续表126

序号	姓名	性别	年龄（岁）	所属社区
35	王翠芳	女	102	二仙桥街道
36	朱龙昌	男	106	
37	李华清	女	101	
38	陈仕基	男	100	
39	范素清	女	102	跳蹬河街道
40	张素华	女	107	
41	张凤英	女	101	
42	黎光惠	女	100	
43	周仲芳	女	101	
44	黄建明	男	105	万年场街道
45	曾子山	男	100	
46	黄亭秀	女	106	
47	陈光麟	女	100	
48	吕正廷	男	106	
49	赖素芬	女	100	
50	马宝云	女	104	
51	易　梁	男	102	保和街道
52	谢素贞	女	101	
53	罗正品	男	105	
54	江松如	女	100	
55	郭素清	女	111	
56	苏兰芳	女	100	双水碾街道
57	方同江	男	101	
58	黄世美	女	105	
59	刘兴碧	女	100	
60	朱志辉	女	101	青龙街道
61	龚振良	男	101	
62	张素和	女	100	
63	邓培华	女	104	
64	田雪如	女	102	龙潭街道
65	余贞有	女	102	
66	赖静芬	女	101	
67	张素清	女	102	

表127　　2022年成都市成华区养老机构情况表

序号	机构名称	地址	建筑面积（平方米）	床位（张）	服务电话
1	成都市园缘老年公寓	槐柳四路9号	21600	426	028-84713992
2	成都椿萱茂养老服务有限公司	双荆路1号	14700	398	028-60227707
3	成都椿山万树梵城养老服务有限公司	杉板桥路266号5栋	43449	326	028-62156222
4	成都遐龄居颐养生态园	熊猫大道1333号	10560	302	028-83522558
5	成都昡成养老服务有限公司	新鸿北支路4号	15162	256	028-62121718
6	成华区康穗养老中心	长秀路137号	28000	200	028-60828019
7	成华区同乐敬老院	同乐社区	6035	200	028-84253989
8	成都宏明怡倍康养老服务中心	建设路43号	4700	150	028-60163382
9	成都护润德养老有限公司	双荆路6号	4200	140	028-83115311
10	成都正黄养老服务有限公司	东秀一路219号	4224	139	028-62070723
11	四川润地盛桦养老服务有限公司	跳蹬河南路140号	4495	100	028-84390220
12	成都期颐花养老服务有限公司	东虹路48号	4114	100	028-84720828
13	成都蓉逸好邻新安居社区康养中心	龙潭寺火神庙路86号	3306	94	028-83137338
14	成都圣约瑟康复中心	建兴路107号	2300	79	028-61538987
15	成都恩田长者养护中心	民兴北二路158号	2400	78	17311097165
16	成都市逸家乐养老服务有限公司	槐柳四路9号	3860	66	028-84713993
17	成都颐心源养老院	建祥路6号	1968	65	028-83530043
18	成都泽安养老服务有限公司	致强环街505号	1893	63	028-83526318
19	成都长生肾病医院有限公司	玉双路9号	8458	43	028-83106215
20	成都地家康养中心	蜀陵路367号	1231	40	028-83552987
21	成都椿山万树社区养老服务有限公司	杉板桥路266号4栋	3050	35	028-62156222
22	成都康逸乐养老服务有限公司	一环路北四段1号	930	31	028-61389115
23	成都和生祥和长者康护中心	祥和里26号	920	30	028-83528681
24	成都五一二养老服务有限公司	二环路北四段3号	920	30	17323038891
25	成华区安康年养老服务中心	双林路44号附1号	800	30	028-86919626
26	成都爱照护养老服务有限公司	小龙桥新街88号	1000	30	13641705665
27	成都泽安桃蹊养老服务有限公司	怡福路104号附1号	260	23	028-83269775
28	成华区爱心老人家养老服务中心	驷马桥路23号附1号	196	15	028-84735528

表128　　2022年成都市成华区社区日间照料中心情况表

序号	机构名称	地址	建筑面积（平方米）	所属街道
1	成华区万晟社区爱照护长者照护之家	小龙桥新街88号	1000	双桥子街道
2	成华区安康年养老服务中心	双林路44号附1号	520	
3	成都新华医院日间照料中心	双桥路180号	150	
4	成华区新华社区朗力日间照料中心	双林北支路76号	150	
5	成华区双桥子社区卫生服务中心	建设南新路5号	150	

续表128

序号	机构名称	地址	建筑面积（平方米）	所属街道
6	成都军建医院日间照料中心	一环路东三段215号	150	双桥子街道
7	成华区双桥路北社区日间照料中心	双桥路249号	150	
8	成都成华蓝光医院	双桥路25号	150	
9	成华区萩香里日间照料中心	萩香里1号	150	
10	成都城东医院日间照料中心	双林路122号	150	
11	成都五冶医院日间照料中心	双华路3号附23号	150	猛追湾街道
12	成都祥和日间照料中心	祥和里26号	930	
13	成华区东街社区朗力日间照料中心	猛追湾东街6号	210	
14	成华区新兴社区日间照料中心	建设路54号	160	
15	成华区石油社区祥和日间照料中心	府青路一段3号附22号	200	
16	成华区东街社区祥和日间照料中心	一环路东二段140号	100	
17	成华区东街社区宏明日间照料中心	建设路71号	120	
18	成华区祥和里福瑞日间照料中心	祥和里5号	240	
19	成华区建设路卫生服务中心日间照料中心	建设南新路80号	150	
20	成华区培华路日间照料中心	培华东路1号	180	
21	成华区红光苑日间照料中心	培华东路8号	150	
22	成华区培华东路日间照料中心	培华东路11号	150	
23	成华区踏水社区日间照料中心	府青东街15号	102	府青路街道
24	成华区爱心老人家养老服务中心	驷马桥路23号附1号	150	
25	成华区华油路日间照料中心	华油路95号附1号	150	
26	成都颐佳养老日间照料中心	二环路北四段22号	150	
27	成都成实养老日间照料中心	二环路北四段3号	150	
28	成都五一二养老日间照料中心	二环路北四段2号	150	
29	成都康逸乐养老日间照料中心	一环路北四段1号	150	
30	成华区怡福路322号院日间照料中心	怡福路322号	150	
31	成华区怡福路208号院日间照料中心	怡福路208号	150	
32	成华区怡福社区日间照料中心	怡福路118号	150	
33	成华区浅水半岛日间照料中心	新怡路22号附1号	150	
34	成华区桃源社区康馨老年日间照料中心	文德巷5号	150	
35	成华区金利霞日间照料中心	二仙桥西路5号	150	
36	成华区明珠路日间照料中心	明珠路35号	150	
37	成华区桃蹊路89号院日间照料中心	桃蹊路89号院	150	
38	成华区东路社区日间照料中心	崔家店路237号	150	二仙桥街道
39	成华区东路社区蜀通日间照料中心	二仙桥东三路5号	100	
40	成华区东路社区汇融云庭日间照料中心	二仙桥北二路8号	150	

续表128

序号	机构名称	地址	建筑面积（平方米）	所属街道
41	成华区泰博理想城日间照料中心	仙韵二路33号	200	二仙桥街道
42	成都誉美医院日间照料中心	下涧槽路11号	900	
43	成华区华林社区日间照料中心	华林二路	150	
44	成华区华林社区日间照料中心	东华三路58号	150	
45	成华区关家社区日间照料中心	崔家店北一路88号	100	
46	成华区二仙桥街道日间照料中心	崔家店北一路88号	100	
47	成华区华林社区日间照料中心	华林西苑14栋	150	
48	成华区华林社区日间照料中心	华林西苑15栋	150	
49	成华区圣灯社区日间照料中心	圣灯路26号	150	跳蹬河街道
50	成华区彩虹日间照料中心	万年路269号	150	
51	成华区孝德东篱日间照料中心	万年路17号	150	
52	成华区东篱路社区养老日间照料中心	东篱路12号	150	
53	成华区锦绣社区日间照料中心	跳蹬河北路185号	150	
54	成都北区医院日间照料中心	圣灯路159号附1号	150	
55	成华区红枫岭日间照料中心	建设南路160号	150	
56	成华区跳蹬河社区日照中心	杉板桥南五路340号附201号	150	
57	成华区建兴路社区日间照料中心	建设路8号	210	
58	成都颐心源长者日间照料中心	建祥路26号	150	
59	成华区建兴路社区日间照料中心	建兴路6号	150	
60	成华区联合社区日间照料中心	双庆路30号	200	万年场街道
61	成华区双庆路社区日间照料中心	万兴街3号	100	
62	成华区长天路社区日间照料中心	五桂桥北路附1号	121	
63	成华区联合社区日间照料中心	东浦路5号	150	
64	成华区双福社区日间照料中心	双成三路18号	130	
65	成华区槐树店社区日间照料中心	建材路66号	130	
66	成华区长天路日间照料中心	长天路32号	110	
67	成华区汇爱养老院日间照料中心	长融街40号	500	
68	成华区槐树店邻里互助日间照料中心	槐树店一路333号	300	
69	成华区红桥社区日间照料中心	跳蹬河南路140号	300	保和街道
70	成都舜和家园日间照料中心	和友路368号	280	
71	成华区和顺社区城投东庐日间照料中心	和润路77号	150	
72	成都市逸家乐养老服务中心	槐柳4路9号	2250	
73	成都市期颐花养老服务中心	东虹路48号	300	
74	成华区和美社区巴蜀德善助老服务中心	万科南街13号	600	
75	成华区和顺社区养老服务中心	长融东三路84号	200	

续表128

序号	机构名称	地址	建筑面积（平方米）	所属街道
76	成华区迎晖路日间照料中心	槐柳四路11号	150	保和街道
77	成华区和美社区日间照料中心	和美东路8号	355	
78	成华区荆竹社区日间照料中心	荆竹社区8号院	150	双水碾街道
79	成华区云锦社区日间照料中心	双荆路6号	50	
80	成华区东沙社区日间照料中心	东沙街50号	245	
81	成华区花径路社区馨碧苑日间照料中心	八里桥路245号	300	
82	成华区云锦社区护润德日间照料中心	双荆路6号	500	
83	成华区园艺社区日间照料中心	双水康城A区	190	
84	成华区花径路社区护润德日间照料中心	福康街25号	260	
85	成华区第三人民医院日间照料中心	致强环街277号	150	青龙街道
86	成华区金色晚年日间照料中心	致顺南一路18号	200	
87	成华区康乐日间照料中心	致强环街238号	150	
88	成华区昭觉社区日间照料中心	荆竹中路40号	150	
89	成华区东林社区日间照料中心	荆泰二路40号	120	
90	成华区致强社区日间照料中心	致强环街523号	150	
91	成华区仁义路社区日间照料中心	西林四街29号附2号	153	
92	成华区同乐社区日间照料中心	北湖印象小区同乐北二巷	800	龙潭街道
93	成华区正街社区日间照料中心	火神庙路63号	300	
94	成华区秀林社区日间照料中心	华冠路4号秀	200	
95	成华区龙锦社区日间照料中心	成康路40号	180	
96	成华区桂林社区日间照料中心	桂林萃岛北区12栋	100	
97	成华区向龙社区日间照料中心	宝耳路3号	150	
98	成华区向龙社区龙华居日间照料中心	华甸路6号	200	
99	成华区白莲社区日间照料中心	熊猫大道11号	150	白莲池街道
100	成华区白莲池城北日间照料中心	蜀陵路367号	150	
101	成华区遐龄居日间照料中心	熊猫大道1333号	150	
102	成华区白莲地家日间照料中心	蜀陵路367号	900	
103	成华区一里塘新型社区日间照料中心	斧头山四巷20号D区	150	
104	成华区石岭社区日间照料中心	蜀陵路888号	150	

【全国示范性老年友好型社区建设】成华区龙潭街道华泰社区、二仙桥街道下涧槽社区创建为全国示范性老年友好型社区。华泰社区对接西南财经大学天府学院，引入健康养老智慧设备，为老年人提供智慧健康养老服务；与成都爱相伴家庭服务有限公司签订居家养老服务协议，每月定期上门为行动不便的老年人开展居家养老服务；社区老年大学设老年活动室、心理咨询室、健康馆、图书阅览室等，推出合唱、舞蹈、书法等系列课程；设立养老服务咨询点，开展多样化的服务，保障老年人生活、健康、养老等。下涧槽社区以辖区老年人需求为导向，通过政府资助等方式为6户老年人家庭实施住房适老化改造，对26个楼栋1楼加装扶手，32处空间进行适老化改造，运用专业医护、社工、保健指导，为老年人提供日间照料、助餐、居家生活照料、慢病检测与防治、康养保健、紧急救援与帮助，

打造社区嵌入式养老服务网络；为5户低保、残疾或孤寡老人安装智能监测系统，开展线上线下服务；联动邻里小站、家庭、老人，通过线上智能管理系统实时监测老人在家身体状况，通过呼叫平台提供专业上门服务。

（方文杰　裴　蓓）

【踏水社区嵌入式养老服务站建设】踏水社区嵌入式养老服务站位于府青东街7号，建筑面积300平方米，覆盖电子科大东苑、府青惠园等小区老年人900人，提供医养康复理疗、照护、助医、助餐、精神慰藉、休闲娱乐等为老服务，全年开展康复义诊活动5次、老年文娱活动14次、老年健康教育5次。

保和街道和美社区颐佳养老老年助餐服务点　　（区民政局供图）

【智慧养老服务】成华区民政事务大厅整合养老机构、社区机构、养老服务设施资源和生活服务资源，实现“市级—区级—街道—社区”四级数据互联互通；围绕老年群体服务、养老机构管理、养老资金监管等领域，升级成华区智慧养老服务平台功能，开发智慧养老服务小程序、老年群体服务客户端；打造居家养老服务场景、养老补贴发放场景、巡访关爱场景、养老机构视频监管场景、居家安全场景、智慧家庭照护床位场景6个基本养老服务场景。

【养老服务适老化改造】成华区对独居、空巢老人等人群，安装烟雾传感器、可燃气体传感器、关闭门传感器、红外生命体征传感器等智能设备373个，覆盖老人109人，实现设备状态监测、异常情况预警、报警信息发送、告警信息处理等功能，为老人提供24小时居家安全守护。

【老年助餐服务点建设】成华区打造“岁月厨香”老年人助餐服务品牌，新增建兴社区、华冠社区2个老年助餐服务点，全区有老年助餐服务点48个，为有需求的老年人提供就近、便捷的助餐服务。

（游　勇）

表129　　2022年成都市成华区老年助餐服务点情况表

序号	点位名称	地址	运营方	所属街道
1	菽香小厨新鸿社区老年助餐服务点	新鸿南路342号	成华区菽香老年服务中心	
2	菽香里社区老年助餐服务点	双桥路223号	成华区菽香老年服务中心	
3	菽香小厨菽香里社区休闲助老餐厅	菽香里2号	成华区菽香老年服务中心	
4	三街坊社区老年助餐服务点	双桥路77号	成华区菽香老年服务中心	双桥子街道
5	双林中横路社区老年助餐服务点	双林路44号附1号	成华区安康年养老服务中心	
6	万晟社区老年助餐服务点	小龙桥新街88号	成都爱照护养老服务有限公司	
7	新鸿社区长寿食堂	新鸿南路86号	四川祥瑞通养老服务有限公司	
8	踏水社区老年助餐服务点	府青东街15号	成华区宏明怡倍康养老服务中心	
9	建华社区老年助餐服务点	一环路东二段82号附17号	成华区宏明怡倍康养老服务中心	
10	培华路社区老年助餐服务点	建设路43号	成华区宏明怡倍康养老服务中心	猛追湾街道
11	培华路社区老年助餐服务点	建设南街12号	成都颐心源健康管理有限公司	
12	祥和里社区老年助餐服务点	祥和里26号	成华区和生祥和长者康复中心	

续表129

序号	点位名称	地址	运营方	所属街道
13	文德社区老年助餐服务点	文德路44号	青羊区睿道之心社会工作服务中心	府青路街道
14	桃蹊社区老年助餐服务点	明珠路35号	青羊区睿道之心社会工作服务中心	
15	怡福社区老年助餐服务点	怡福路118号	成都泽安养老服务有限公司	
16	李家沱社区老年助餐服务点	华油路6号附10号	成华区敬老爱老志愿者协会	
17	八里庄社区老年助餐服务点	二环路北四段49号附3号	成华区敬老爱老志愿者协会	
18	理工东苑老年助餐服务点	理工东苑	成都理工大学资产管理有限公司	二仙桥街道
19	理工大学老年助餐服务点	理工大学宾馆	成都理工大学资产管理有限公司	
20	下涧槽社区老年助餐服务点	下涧槽路11号	成都颐佳康蓉养老服务有限公司	
21	东华社区老年助餐服务点	民兴北二路	四川黄金年华养老服务有限公司	
22	泰博理想城老年助餐服务点	仙韵二路78号附90号	成都康和敏盛有限公司	
23	仙韵社区老年助餐服务点	仙韵社区	成都康和敏盛有限公司	
24	杉板桥社区老年助餐服务点	杉板桥路266号	成都椿山万树梵城养老服务有限公司	跳蹬河街道
25	锦绣社区老年助餐服务点	东秀二路227号	大荣和（沙河店）	
26	建兴社区老年助餐服务点	建祥路6号	成都颐心源健康管理有限公司	
27	建兴社区老年助餐服务点	杉板桥路南二段77号	成都正黄养老服务有限公司	
28	长天路社区老年助餐服务点	长天路11号	成都颐佳康蓉养老服务有限公司	万年场街道
29	联合社区老年助餐服务点	双庆路99号附211号	成都颐佳康蓉养老服务有限公司	
30	红桥社区老年助餐服务点	跳蹬河南路140号	四川润地盛榉养老服务有限公司	
31	和顺社区老年助餐服务点	和润路59号	成都颐佳养老产业发展有限公司	保和街道
32	和美社区颐佳老年助餐服务点	和美东路8号	成都颐佳养老产业发展有限公司	
33	和美社区老年助餐服务点	和丽路68号	全季酒店	
34	东沙路社区老年助餐服务点	东沙街50号院	成华区自在城老年服务中心	双水碾街道
35	花径路社区老年助餐服务点	福康街25号	成华区护润德康复医院有限公司	
36	云锦社区老年助餐服务点	双荆路6号	成华区护润德康复医院有限公司	
37	横桥社区老年助餐服务点	羊子山路3号附22号	成华区护润德康复医院有限公司	
38	致强社区老年助餐服务点	致强环街523号	成都泽安养老服务有限公司	青龙街道
39	东林社区老年助餐服务点	荆泰二路40号	成都泽安养老服务有限公司	
40	仁义路社区老年助餐服务点	西林四街29号附2号	成华区仁义路社区岁月厨香餐饮店	
41	成都市第六人民医院青龙场院区老年助餐服务点	致强路247号	医院食堂	
42	正街社区老年助餐服务点	火神庙路63号	成都市五行八方社区服务有限公司	龙潭街道
43	华泰社区老年助餐服务点	华泰路3号	成都颐佳康蓉养老服务有限公司	
44	华冠社区老年助餐服务点	成康路40号	成都颐佳康蓉养老服务有限公司	
45	正街社区老年助餐服务点	火神庙路86号	蓉逸好邻·新安居社区康养中心	

续表129

序号	点位名称	地址	运营方	所属街道
46	将军碑社区老年人助餐服务点	熊猫大道11号	阳光家园	白莲池街道
47	成都地家养老院老年助餐服务点	蜀陵路367号	成都地家养老服务有限公司	
48	狮子社区老年助餐服务点	熊猫大道1333号	成都市遐龄居养老生态园	

基层社会治理

【概况】 2022年，成华区有81个社区、2个村委会，推进社区（村）党务、居（村）务、财务公开，促进社区自治组织规范管理；在3个街道、5个社区开展城乡社区治理试点，实现基层党建与社区治理有机融合。成华区开展示范社区（小区）、智慧社区（小区）建设，推进10个市级党建引领社区发展治理示范社区建设，打造10个市级幸福美好公园社区。跳蹬河街道杉板桥社区被民政部表彰为“全国先进基层群众性自治组织先进单位”。

【社区自治组织建设】 成华区建立“区—街道—社区”三级联动工作机制，完善社区（村）居民议事会、社区（村）居民监督委员会“一肩挑”监督运行机制，83个社区（村）制定居民公约、村规民约，依法推进社区（村）党务、居（村）务、财务公开，完善公开目录，规范公开形式，构建科学运行机制和督察机制，促进社区自治组织规范管理，保障基层群众知情权、决策权、监督权。

【四川省第二批城乡社区治理试点】 成华区3个街道、5个社区承担城乡社区治理试点任务。青龙街道承担“三社联动机制创新”试点，建立社工、志愿者对接机制，创新“三社联动”机制，实现社区、社会组织、社工人才共同发展。双桥子街道承担“社区服务项目化”试点，以社区党建为引领，以社工为支撑、社会组织为触手、志愿者为先锋的多元共治模式，将社区治理重心下沉到院落。二仙桥街道承担“社区服务项目化”试点，聚焦一老一小和特殊困境，打造3个本地特色服务品牌，以项目化方式推动全龄友好社区建设。新鸿社区承担“智慧科技型”试点，通过整合“守望新鸿”智慧平台，形成以智慧自治、智慧服务、智慧治理的社区服务信息化治理体系。致强社区承担“智慧科技型”试点，依托“新街口绿漫致强”平台，形成社区智慧安防、智慧共治、智慧生活、智慧物业等一站式社区服务智能化场景。下涧槽社区承担“便民服务型”试点，依托社区公共空间和治理平台（邻里月台）形成五社联动模式。杉板桥社区承担“其他特色型”试点，探索民事民议、民事民办、民事民管基层群众自治路径，实现需求与供给循环。望平社区承担“其他特色型”试点，探索“社区+街区+小区”融合发展新模式，形成老城新生、老街新貌、老巷新态的新形态、新业态、新文态、新场景。成华区通过3个街道、5个社区省级城乡社区治理全域试点，总结提炼出以党建引领凝聚社区合力、以五社联动完善治理机制、以内生生长激活治理动能、以场景营造塑造治理空间、以技术赋能提升治理品质五大类可推广的城乡社区发展治理“成华经验”。双桥子街道、二仙桥街道被评为全省基层治理示范街道，新鸿社区、下涧槽社区、杉板桥社区、致强社区、望平社区被评为全省基层治理示范社区。

（蒋　魏　王　勇）

【示范社区（小区）建设】 成华区推进党建引领社区发展治理示范社区建设，分类实施打造“双示范”点位，蔡香里、踏水、仙韵、东华、文德、联合、跳蹬河、和欣、东林、同乐10个社区被确定为2022年度成都市党建引领社区发展治理示范社区，东林、蔡香里、仙韵、踏水4个社区被命名为2022年度成都市百佳示范社区，九龙仓御园、电子科大东二院、关家苑、石油苑、东方新城（二期）被命名为成都市百佳示范小区。成华区打造蔡香里、东华、文德、联合、跳蹬河、和欣、东林、同乐8个市级示范城镇社区，踏水、仙韵2个市级示范产业社区，水碾河路北、八里庄、升仙湖、横桥、斑竹、昭青路、白莲池7个区级示范城镇社区，双福路为区级产业社区。

【幸福美好公园社区建设】 成华区挖掘社区特色亮点，打造蔡香里、踏水、仙韵、东华、文德、联合、跳蹬河、和欣、东林、同乐10个幸福美好公园社区。蔡香里社区聚焦一老一小，以“迪马常青社”养老服务中心、萌芽托幼中心为抓手，打造综合服务示范社区。踏水社区建强党建联盟，完善“一核多元”治理机制，依托电子科大资源，打造“人才+智慧”双引擎未来都市社区。仙韵社区构建大健康产业链、文创产业链，推进"文创+""园区+"的产业型社区建设。东华社区推进综合体建设，为全龄段的人群提供更专业、更高质量的一站式服务。文德社区聚焦打造智慧老年社区，探索智慧治理平台为支撑、预约派单为主要方式的"线上+线下"老年服务机制。联合社区以党群服务中心提档升级为抓手，探索"四联四合"新型社区"融洽"品牌。跳蹬河社区构建"五彩缤纷，活力跳蹬"生动多样的党建广场，通过景观改造、改善闲置空间绿地。和欣社区将社区党群服务中心与杨柳公园有机结合，打造绿色生态、空间美学和人文生活交互场景。东林社区采用五社联动工作模式，六益全龄友好服务更新改造社区综合服务中心。同乐社区依托本地资源培育一站式就业创业服务平台，推进便民生活驿站建设。

【智慧社区（小区）建设】 成华区按照智慧社区完善1个社区主题数据库，搭建1个智慧社区综合信息平台要求，围绕社区治理、社区服务、社区安全、社区发展、社区党建五大板块，完成"区—街道—社区"三级智慧社区平台建设；推进14个智慧社区、12个智慧小区试点，呈现望平智慧社区、白莲一里人家、向龙小区"绿码通"数字门岗等社区智慧应用场景。双桥子街道构建智慧小区高空抛物识别溯源预警系统，探索拓展智慧安防建设，实现信息互联互通和交换共享，为居民提供更好的服务。东方新城（二期）网约房治理、杉板桥数字孪生社区在全市率先接入市级智慧社区平台，受到市委主要领导调研肯定。杉板桥数字孪生社区获评2022年度成都建设践行新发展理念的公园城市示范区改革创新十大最佳实践案例。

【社区规划师制度建设】 成华区以社区规划为牵引，以共治项目为载体，完善社区规划师制度，提升社区众创能力，将社区规划延展到"人文地产景"等不同维度，成华社区规划师做法写入市级指导文件并在全市推广。成华区发挥三级社区规划师优势，举办第三届成华区"城视·成画"社区规划设计节暨品质提升项目评审活动，评选优秀社区规划项目24个，其中一等奖项目2个、二等奖项目4个、三等奖项目8个、优秀奖项目10个，评选优秀众创组11个、优秀规划师11人，以赛促练推进社区场景营造。天祥滨河路微更新项目获评2022年成都市"幸福生活　美好社区"社区微更新项目一等奖，书香东院银华有为东院微更新项目获评优秀奖。

5月5日，省委常委、市委书记施小琳（左二）调研东方新城（二期）网约房治理情况
（区委社治委供图）

【社区美空间打造】 成华区以社区规划项目为牵引，以空间营造为媒介，建立美空间点位资源库，通过挖掘一批、打造一批、提升一批，构建美空间项目库，打造体现人文价值、美学体验的社区美空间，各街道结合示范建设、社区商业等主题推进社区美空间建设。成华区推动社区公共空间成为集生活美学、公共功能、特色文化为一体的复合载体，开展"大运有我　最美阳台"评选活动，双桥子二环高架最美阳台、首创S68最美阳台、豫府新街坊露台评选为全市"最美阳台"，天府社创中心评选为2022年度全市"十佳社区美空间"，双桥子街道T立方搏风双桥子篮球公园、龙潭街道湖畔红心驿站评选为全市"社区美空间"。

【社区商业消费场景培育】 成华区做优社区商业供给，打造"全龄全时全新"的多元社区商业业态，围绕"15分钟便民服务圈"建设，依托社区综合体、特色街区、TOD、社区绿道等载体，培育发展社区商业场景。成华区新时代下"书茶花朋伴　光阴弹指间"、蓉城社区淘社区好物展销平台、邻里小站、T立方搏风双桥子篮球公园、社区"五爱"助老中心、"解忧杂货铺"家门口的慈善商店、和顺社区宜家ICenter儿童服务7个项目被评选为市级社区商业好项目。

【天府社创中心建设】 天府社创中心位于建设南路3号，建筑面积6800平方米，项目将原成都市群团组织社会服务中心通过空间重置、功能优化、运营升级等方式打造天府社创中心，研发社区

表130　　2022年成都市成华区智慧社区建设试点社区一览表

序号	街道名称	社区名称	地址
1	双桥子街道	水碾河路北社区	水碾河路35号
2	猛追湾街道	踏水社区	府青东街130号
3	猛追湾街道	望平社区	一环路东三段26号
4	二仙桥街道	枫景社区	圣灯东二路95号
5	府青路街道	文德社区	新风路199号
6	跳蹬河街道	锦绣社区	东秀二路122号
7	跳蹬河街道	杉板桥社区	杉板桥路335号
8	万年场街道	双福路社区	双成三路17号
9	保和街道	斑竹社区	安宁河路544号
10	双水碾街道	横桥社区	荆竹南街266号
11	青龙街道	致强社区	致强环街519号
12	青龙街道	昭青路社区	云龙路2号附1号
13	龙潭街道	向龙社区	龙港路30号附188号
14	白莲池街道	一里塘社区	熊猫大道1028号

表131　　2022年成都市成华区智慧小区建设试点小区一览表

序号	所属街道	小区名称	地址
1	双桥子街道新鸿社区	新鸿南路86号小区	新鸿南路86号
2	猛追湾街道踏水社区	首创天禧68	踏水桥北街60号
3	府青路街道文德社区	东部时空	新风路189号
4	二仙桥街道枫景社区	东城映象A区	圣灯东2路
5	万年场街道长天路社区	紫东芯座	双庆路16号
6	跳蹬河街道杉板桥社区	红枫岭二期	圣灯路111号
7	保和街道胜利社区	东方新城二期	邛崃山路68号
8	双水碾街道横桥社区	仙湖公馆	洪山北路99号
9	青龙街道致强社区	青秀城	致顺路555号
10	龙潭街道向龙社区	向龙小区	宝耳路3号
11	龙潭街道向龙社区	龙华居小区	华甸路6号
12	白莲池街道一里塘社区	怡里馨居	湖山路139号

表132　　2022年成都市成华区优秀社区规划众创组和优秀社区规划师一览表

序号	优秀规划众创组	优秀规划师	所属街道
1	双林社区规划众创组	张　波	双桥子街道
2	望平社区规划众创组	任　刚	猛追湾街道
3	怡福社区规划众创组	唐　毅	府青路街道
4	仙韵社区规划众创组	凌　岚	二仙桥街道
5	锦绣社区规划众创组	周玉麒	跳蹬河街道

续表132

序号	优秀规划众创组	优秀规划师	所属街道
6	槐树店社区规划众创组	彭怡馨	万年场街道
7	和美社区规划众创组	杨　娜	保和街道
8	横桥社区规划众创组	邓　萍	双水碾街道
9	东林社区规划众创组	袁　阳	青龙街道
10	向龙社区规划众创组	刘虹敏	龙潭街道
11	将军碑社区规划众创组	王景文	白莲池街道

发展治理项目、开展社区场景体验，打造为立足成都、服务全川、领先全国的社会创新要素集散地、社会服务产品研发地、社会创新品牌聚集地和公园社区生活场景体验地。中心链接社会机构和企业402家，通过联合策展、教育活动、沙龙论坛、创新市集等方式举办活动196场次，5200人次参与。成华区承接天府社创中心建设运管工作被评为2022年度成都市城乡社区发展治理重大贡献工作。

【小区信义治理探索】　成华区探索小区信义治理，开展信托制物业服务导入试点，制定《成华区信托制物业服务模式导入指导手册》。区委社治委指导十里翠苑、保和小区（二期）、万兴街3号院、兴元华盛（二期）、金城商住楼、蜜城33号院、四川检验检测创新科技园6个小区，推行信托制物业服务模式试点，提升小区管理服务。保和小区（二期）信托制物业试点做法“聚焦信义治理　建设和谐家园”入选成都市小区信义治理优秀案例。

【党建引领社区“微网实格”治理】　成华区创新党建引领社区“微网实格”治理，坚持党建引领，强化四级联动，采取单建、转建、联建等方式，建立一般网格党组织934个、微网格党小组2125个，形成“总网格—一般网格—微网格—党员联系户”四级网格组织体系，全区构建83个总网格、961个一般网格、6316个微网格的网格治理架构，将原158个专属网格细化为486个，最大微网格559户，最小微网格29户，配备总网格长83名、一般网格长961名、微网格员18948名、专属网格员486名。成华区依托区域化大党建，整合多元力量“入网”共建共治，435家驻区企事业单位参与社区网格活动，签订共建协议500份、认领项目600个，发挥“社商居”联盟作用，构建“社区+社会资源”共治体系；聚焦“一老一小”等特殊群体，为2800人次特殊群体提供服务，发现各类隐患799个，全部整改到位。

（魏　科）

退役军人事务

【概况】　2022年，成华区退役军人事务局健全退役军人服务保障体系，推进思想政治、安置就业、褒奖纪念、权益维护等工作，打造成华区退役军人“戎才工匠”职业技能培训特色品牌，推进退役军人“服务超市”扩容，构建退役军人“战旗红”志愿服务体系。成华区被评为成都市退役军人服务保障体系建设先进区（市）县。

（代莹莹）

【退役军人服务保障体系建设】　区退役军人局对照全国示范型退役军人服务中心（站）建设标准，指导督促基层退役军人服务站完成对标自查、硬件完善和资料梳理等工作，全区11个街道、55个社区退役军人服务站创建为全国示范型退役军人服务站，双水碾街道退役军人服务站被评为全省“百家优秀退役军人服务站”。区退役军人局助推“金色中环”建设，在双水碾街道双水碾村、青龙街道致强社区挖掘沿线历史文化，打造集退役军人志愿服务、就业创业、红色引领、国防教育等功能于一体的精品退役军人服务站，推动中环片区公共服务功能提升。

（范晓云）

【退役军人移交安置】　区退役军人局健全退役军人考核评价体系，提高退役军人岗位安置匹配度，完成转业军官、退役士兵、军休人员、自主就业退役士兵接收安置工作，被市退役军人局评为2022年度成都市转业军官移交安置工作先进单位。区退役军人局完成自主择业干部登记、退役士兵基本养老保险和医疗保险补缴收尾工作。

【退役军人就业创业】　区退役军人局做好退役军人就业创业服务，举办退役军人专场招聘会3场，提供就业岗位6400个；开展“促就业”双访活动，与成都市翼虎守护押运有限责任公司、中融安保集团有限责任公司成华分公司、中房集团成都物业有限公司等20家重点企业签订就业合作协议。举办“首届四川省退役军人职业技能大赛成华区选拔赛”活动，组织退役军人参加免费职业技能培训，开展自主就业退役士兵适应性培训，全年举办培训班次3个。区退役军人局举办“戎才工匠”创业沙龙，打造成华区退役军人“戎才工匠”职业技能培训特色品牌，在双桥子街道圆梦坊打造退役军人及军属就业创业集市示范点，在成华区宝耳路2号建立区级退役军人就业创业孵化基地，带动广大退役军人及军属充分就业。

（康　涛）

【退役军人权益维护】　区退役军人局采取制作发放联系卡、张贴公告等方式，向退役军人宣传各类线下线上诉求反映渠道，落实带班接访制度，全年接待来访来电1156人次，网络理政693件，其中“12345”平台641件、领导信箱41件、问政四川11件，办结退役军人信访件108件、网信件562件，重复信访件结案11件。区退役军人局发挥省市区3支“退役军人关爱援助基金”作用，发动社会力量关爱退役军人，动员辖区23家爱心企业捐款62.96万元；开展“老兵心愿·实物银行”系列活动，投入25万元为8名功臣模范、参战老兵、伤残军人进行居家适老化改造。区退役军人局被市退役军人局评为成都市开展退役军人重复信访集中治理、信访积案化解专项工作突出单位。

（金煜夔）

【退役军人优待抚恤】　区退役军人局按照优待抚恤资金自然增长机制，落实财政配套资金，及时足额发放优抚对象抚恤和生活补助，全年向重点优抚对象发放各类抚恤补助资金；办理优抚对象医疗补助申报1294人次136万元，为符合条件的一级至六级残疾退役军人购买2022年度城镇职工医疗保险，为符合条件的优抚对象购买2023年度城乡居民医疗保险；及时发放企业军转干部生活补助，办理企业军转干部医疗补助申报，为自主择业军转干部缴纳医保费用。

（王卫兵）

【退役军人“服务超市”】　区退役军人局按照“一个街道军服站至少签约7家企业”标准，与辖区企业对接联动，新增86家企业入驻共建共享退役军人“服务超市”，全区签约企业222家，提供专属优惠服务412项。6月14日，成华区退役军人优待证首发仪式暨成华区退役军人事务局与四川银行成都分行营业部战略合作和共建共享退役军人“服务超市”扩容签约仪式举行，现场与四川银行成都分行签约，开展以“拥军尊崇卡”为载体的拥军优属系列活动，为退役军人及家属就业创业提供支持。与成都市翼虎守护押运有限责任公司、乐活养老综合服务中心、成都市成华区木子庆教育培训学校有限公司3家企业代表签约，政企社联动开发惠军服务项目。

（范晓云）

【退役军人“战旗红”志愿服务体系构建】　区退役军人局动员辖区退役军人加入“战旗红”志愿服务队，完成区、街道、社区（村）“文明兴蓉”退役军人“战旗红”志愿服务及志愿者注册和文明实践站点创建，健全退役军人志愿服务组织体系和管理体系。全区1364名志愿者开展志愿服务，全年服务总时长1.8万小时。区退役军人局被评为成都市退役军人战旗红志愿服务队优秀组织单位。

（张薛斌）

【军队离退休干部服务管理】　区退役军人局落实军休干部政治待遇和生活待遇“两个待遇”，按时发放军休人员离退休费，定期开展军休人员组织生活、文化活动、体检和疗养活动，在春节、“中国人民志愿军抗美援朝出国作战72周年纪念日”等节点开展走访慰问，组织“喜迎二十大　永远跟党走　军休展风采”“夕阳亦将山映红　公园竞走我当锋——公园城市我体验”“热血青春献军营，青春无悔”主题宣讲活动，丰富军休服务内容。

（王活跃）

11月2日，成华区2022年退役军人“戎才工匠”—电气自动化职业技能培训开班仪式举行

（区退役军人局供图）

社会·民生

【“三美一好”评选活动】 成华区挖掘拥军崇军先进典型，开展2022年度“最美退役军人”“最美拥军人物”“最美军嫂”“情系国防好家庭”三美一好评选活动。5月，成华区发布评选活动实施方案，成立评审小组，通过宣传发动、推荐申报、综合评定程序，马苗、陈勇军、冯宗杰、刘朝军、李建、邵新、张韬、赵晓玲、钟培文、晏永康10人评为成华区“最美退役军人”，陈莉华、邓刚、石晓凤、杜于斌、何进、汪蕾、张玉雯、张新华、唐忠伟、蒋文10人评为成华区“最美拥军人物”，马小红、王思凌、刘凌燕、闫红娟、陈菲菲、陈倩、吴芝平、罗一乐、周莹、曾小英10人评为成华区“最美军嫂”，李欣莹、李媛媛、肖夕、严正、张少曼、张雨晴、罗茜、岳屹、杨紫瑶、曾欢10个家庭评为成华区“情系国防好家庭”。万洁、赵光耀、易功志3人评为成都市“最美退役军人”，蒋文、陈莉华、杜于斌3人评为成都市“最美拥军人物“，陈菲菲、符鑫森、王思凌3人评为成都市“最美军嫂”，王卫苹、曾欢2个家庭评为成都市“情系国防好家庭”。

（王卫兵）

精神文明建设

【概况】 2022年，成华区做好全国文明城市创建工作，打造北湖生态公园“湖畔红心驿站”、学习强国主题街区2个社会主义核心价值观特色点位，安装社会主义核心价值观景观小品30处，用好“学习强国”学习平台线上和线下“一街百站”资源，通过学习体验、主题宣讲、先锋模范学习宣传、网上主题教育活动等形式，开展“强国复兴有我”群众性主题宣传教育活动112场次；推进文明实践阵地、社区邻里中心等一体化标准化建设，构建社区文明实践综合体；开展“成华榜样·最美人物”评选，评出成华发展中各行各业涌现出的先进人物171人。

【全国文明城市创建】 4月22日，成华区召开创建全国文明城市工作会议，贯彻落实成都市创建全国文明城市会议精神，调整区指挥部组织架构和责任分工，成立六大专项攻坚行动组，推进创建全国文明城市各领域工作。指挥部召开专题会议14次，集中研判各单位提出的需要协调事项36项，议定事项126项，整理形成工作提示印发各部门、各街道，通过项目化、网格化推动城市品质提升；组织相关单位编制文明城市项目228个，采取平台公司包片的方式推进问题攻坚；组建督查工作专班，开展5轮国测点位全覆盖测评、1轮重点点位专项督查，邀请省市专家对全区20个点位实地培训，采取“实战+观摩”方式，在120个点位实地测评演练、67个点位实地辅导，现场指导整改问题10.4万个。全区组建200支文明劝导志愿服务队下沉院落，开展“每天节约一度电，我为创文做贡献”等主题活动397场次，入户模拟测评3轮、发放《致市场商家一封信》《致学生家长一封信》《致小区居民一封信》《文明倡议书》等19.5万份。开展创建全国文明城市系列活动9场次，社会爱心企业、公益大使为3000名志愿者发放爱心礼包。

【新时代文明实践中心建设】 成华区推进新时代文明实践中心阵地规范化建设，在11个街道建立新时代文明实践所、83个社区建立新时代文明实践站，新增北湖生态公园、二仙桥公园、成都自然博物馆等8个区级文明实践基地，全区有新时代文明实践点（基地）497个。成华区组建小区院落文明劝导队伍200支，网格员志愿服务队80支，构建“一街百站千景万家”文明实践生态体系。成华区依托线上“文明兴蓉”平台和线下新时代文明实践阵地，结合春节、学雷锋日、全民阅读周、世界地球日、爱国卫生月等重要时间节点，开展应急知识培训、环境保护、关爱儿童等各类志愿服务活动3980场次，参与志愿者2.98万人次。一里塘社区、杉板桥社区、横桥社区、东林社区新时代文明实践站被评为市级新时代文明实践示范点位。

7月27日，踏水桥社区新时代文明实践站举办垃圾分类政策宣讲活动 （区文明办供图）

【公民思想道德建设】 成华区推进社会公德、职业道德、家庭美德、个人品德建设"四大行动"，提升市民文明素养，承办讲文明、树新风等大型主题宣传活动9场次。区文明办组织参加全市公益短视频大赛等征集评选展播活动，东客站新城办作品《微笑》获得成都公益短视频大赛二等奖；开展四川好人、成都好人和道德模范评选，杨科、杨晓明、龚露明、陈乐为、刘思敏、王亚敏、符杰、田伟、周盛书9人获评"成都好人"，吕明亮获评"四川好人"，曾和蓉家庭获评2022年"全国最美家庭"，李在荣家庭获评2022年度"四川省最美家庭"。区文明办组织参加"新时代好少年"学习宣传、"传承红色基因"教育活动301场次，开展"成都少年迎大运"十大志愿服务行动102场次、"阳光成长"心理健康教育230场次，组织未成年人参加主题征文、演讲、"节日小报"、经典诵写等系列创评活动，125部作品获奖，其中特等奖1名、一等奖13名。

【志愿服务活动】 区文明办指导11个街道、83个社区（村）开展志愿服务活动，聚焦文化服务、教育服务、科技科普、卫生健康、便民服务等领域，形成12张月度志愿服务活动清单。全年组织开展志愿服务能力提升培训4场次，培训骨干志愿者400人次，开展志愿服务活动1996场次。区文明办联合各街道、区级有关部门，开展"成华榜样"最美志愿者评选活动，评选鲁宗平、罗秀花、宁忠美、江玲玲、陈桃、王鹭宁、赵寨峰、高天义、李文搏、谌辉10人为成华区2022年度"成华榜样"最美志愿者；组织参加省市四个十佳志愿服务评选，成华区"灯塔"下的夜行者——下班后社区综合治理志愿服务行动项目被评为2022年度"成都市十佳志愿服务项目"。

【"成华榜样·最美人物"评选】 4月，区委宣传部牵头在全区开展十七类"成华榜样·最美人物"评选，展现成华发展中各行各业涌现出的先进人物形象，弘扬向上向善正能量。截至12月，全区共评选出"成华榜样·最美人物"171人，其中最美纪检监察干部10人、最美警察10人、最美政法工作者10人、最美法治人物10人、最美教师10人、最美青年工作者15人、最美科技工作者10人、最美社区工作者11人、最美退役军人10人、最美拥军人物10人、最美医生10人、最美护士10人、最美职工10人、最美自强模范5人、最美救护员10人、最美志愿者10人、最美环卫工人10人。

（周晓冬 封 荣）

表133 2022年成都市成华区"成华榜样·最美人物"获奖人员一览表

序号	获奖类别	获奖人员
1	最美纪检监察干部	朱春波、卞雁苓、袁静、苏军、李俊青、张平利、李江、张明、李俊明、张薇
2	最美警察	周翔、颜思远、周亚琦、成江琳、王可、曾江峰、徐闯、马苗、周小坤、王艳雷
3	最美政法工作者	李剑、张红、董力华、梁航、朱书、张勇、余大志、赵紫君、易立新、郭浩
4	最美法治人物	尹福凤、冯莉霞、张红、陈丽、陈萍、肖斌、罗翼、党丽敏、黄通治、熊卫星
5	最美教师	谢成枫、彭建中、白梅、丁洁钰、丁艳琼、黄小星、李露、涂雅雯、王娟、杨莉佳
6	最美青年工作者	沈奕希、胡少兵、蒲李虹、黄玲姣、何旺、李建、邱莎惠、陈玉婷、宋陶然、曾飞、刘思含、党丽敏、杜柠君、赵欣、胡善苗
7	最美科技工作者	王虹、付强、朱品朝、李强、李彦超、杨尽、邹灏、赵星、胡维昊、贺秋云
8	最美社区工作者	周思佳、尹新梅、张燕、王舒琪、何红飙、张静、张冬梅、张仁祥、温仁锐、罗玲、谢世安
9	最美退役军人	马苗、冯宗杰、刘朝军、陈勇军、李建、邵新、张韬、赵晓玲、钟培文、晏永康
10	最美拥军人物	邓刚、石晓凤、陈莉华、杜于斌、何进、汪蕾、张玉雯、张新华、唐忠伟、蒋文
11	最美医生	门娅玲、王萍、叶芸伶、冉国文、吕娟、伍燕君、冈建军、张同彬、桂洪、卿倩
12	最美护士	王静、甘霖、苏小涵、邹名会、宋倩、张红云、张霞、钟海燕、钟燕、曾兴玲
13	最美职工	王海兵、邓群英、付春伍、李祥、何冬梅、张俊、姜荣雪、聂高、徐晓敏、温茜
14	最美自强模范	李伟、黄佑祥、严德新、张聃、张聃
15	最美救护员	仲建、严大亮、李静纹、罗居鹏、金欣宇、赵培培、姜岚、洪霞、舒瑶、漆旸
16	最美志愿者	鲁宗平、罗秀花、宁忠美、江玲玲、陈桃、王鹭宁、赵寨峰、高天义、李文博、谌辉
17	最美环卫工人	周彩华、王军、杨琼、钟波、胡琼珍、罗永珍、黄之良、李菊花、赵志容、李秀英

民族宗教事务

【概况】 2022年，成华区做实做细民族宗教领域工作，构建“四位一体”宗教治理工作格局，推进社区民族宗教工作任务清单化、运行平台化；广泛开展“中华民族一家亲，同心共筑中国梦”主题宣传活动，做好少数民族流动人口服务管理，完善民族宗教领域重大风险隐患防范工作机制，推进成都昭觉寺、龙潭寺宗教活动场所建设。区内有藏族、彝族、羌族、满族、回族、土家族、苗族、蒙古族、壮族、哈萨克族等46个少数民族，全区有常住少数民族人口3.02万人，其中少数民族户籍人口1.2万人、少数民族流动人口1.82万人。

【民族团结进步创建活动】 区民宗局推动各民族在经济、文化、社会等方面融合，提档升级院山社区民族广场、“竹韵客心”客家文化馆、“竹乐相望”民族之家、“竹梦魔方”青年社群交友空间等点位，开展“民族寻根·童梦发芽”民族团结示范实践基地建设及铸牢中华民族共同体意识宣传教育活动，院山社区被命名为四川省民族团结示范社区、成都市铸牢中华民族共同体意识宣传教育基地，成都市成华小学、成都职业技术学校被命名为成都市民族团结示范单位。

【民族工作示范引领】 区民宗局结合对口援藏、平安创建、禁毒宣传、扫黄打非、预防艾滋病等工作，开展民族团结进步宣传教育，加强少数民族政策法规宣传，依法妥善处理影响民族团结的矛盾纠纷，反对民族歧视和变相歧视行为，营造中华民族一家亲社会氛围。区民宗局组织开展“喜迎二十大 蓉城一家亲 讲好民族团结成都故事”主题短视频征集活动，《中华民族一家亲 同筑少年足球梦》《以美育人 以美彝情》《民族之花沁芬芳》3个作品分别获评一等奖、二等奖和优秀奖；开展民族团结交往交流交融故事征集活动，《我和远方的她十年之约》《我的彝族姐姐》《踏变化之浪 与时代俱兴》《我们是一家人》4篇征文被四川省民宗委刊用。区民宗局协调市级有关部门把清真餐饮企业列为全市保供白名单，解决疫情隔离场所清真餐供应需求。区委党校将党的民族政策列入局级领导干部党的理论和党性修养班、科级干部能力提升培训班培训内容。

7月8日，院山社区开展“民族寻根·童梦发芽”民族团结示范实践基地建设及铸牢中华民族共同体意识宣传教育活动 （区民宗局供图）

【宗教事务管理】 区民宗局组织宗教场所学习贯彻《宗教事务条例》《四川省宗教事务条例》等法规，向宗教场所信教人员宣讲《成都市宗教活动场所管理规定》《宗教教职人员管理办法》，规范宗教教职人员管理。区民宗局修订完善《成华区宗教活动场所应急预案》《成华区宗教场所疫情防控方案》等应急预案，提高应急处置能力，与宗教场所签订安全承诺书，建立宗教场所安全管理台账。

【宗教活动场所建设】 成华区推进成都昭觉寺佛教文化陈列馆、碧岩陈列馆和绿化园林“两馆一园”建设，做好宗教活动场所房屋建筑、消防、燃气、地下管网等安全隐患整治，确保宗教场所安全。区民宗局会同区级相关部门在成都昭觉寺、龙潭寺组织应急疏散演练和消防演练4次，提高防火、灭火能力。

【宗教界人士学习活动】 区民宗局组织宗教界人士学习贯彻党的二十大、二十届一中全会精神，引导宗教界深刻领悟“两个确立”的决定性意义，增强“四个意识”，坚定“四个自信”，做到“两个维护”；开展“学党史爱党爱国爱社会主义”主题教育和“崇俭戒奢”教育，引导宗教界听党话、感党恩、跟党走；开展宗教场所国旗国歌、宪法和法律法规、社会主义核心价值观、中华优秀文化、科普知识“五进”活动。

（蒋兆龙 刘 彬）

生态环境

编辑　李锡清

国土自然资源保护

【概况】　2022年，成华区狠抓耕地保护，严守耕地保护红线，落实耕地保护及永久基本农田保护政策，提高国土自然资源保护利用水平。全年开展耕地动态监测图斑核实8批次，集体土地所有权确权登记，保障地块上市和重点公建配套项目建设，通过招拍挂成交土地23宗。

【耕地保护和土地整理】　区规划和自然资源局落实耕地保护制度，细化耕地保护责任，完成城镇空间、农业空间、生态空间，城镇开发边界、永久基本农田、生态保护红线“三区三线”耕地和永久基本农田控制线划定，全区耕地保有量12623亩，永久基本农田保护6076亩。区规划和自然资源局开展耕地保护专项整治行动，严格管控耕地“非粮化”，开展耕地资源质量分类年度更新与监测、耕地保护田长制工作，完成环城生态公园土地综合整治项目设计方案评审，指导做好环城生态区土地综合整治。

【政府国土信息公开】　区规划和自然资源局全年受理政府国土信息公开申请216件，其中国土类98件、规划类118件。国土类政府信息公开，区规划和自然资源局47件、市规划和自然资源局转办34件、区政府办转办17件。规划类政府信息公开，区规划和自然资源局84件、市规划和自然资源局转办29件、区政府办转办5件。

【地籍地政管理】　成华区完成第三次全国国土调查成果第二次市级验收和省级验收，开展2021年度土地变更调查，形成年度变更调查数据库成果上报市、省、国家核查。区规划和自然资源局全年完成耕地动态监测图斑核实8批次共350个图斑2475亩，完成全区地下管线普查更新成果核验、质量检验、成果资料汇交，开展集体土地所有权确权登记成果更新并逐级向上汇交至自然资源部；完成地籍调查、整合建库，对原登记入库的221本更新17本，注销18本。

【土地上市与土地利用管理】　区规划和自然资源局配合市规划和自然资源局行政审批业务下放，完成划拨、协议出让新供地21件，在成都市工程建设项目审批管理平台发布；推动建设项目行政并联审批，完成东城映像安置房（二

5月5日，成华区耕地保护工作会议召开　（区规划和自然资源局供图）

期）、北湖生态公园建设工程等92个项目审批。成华区全年通过招拍挂成交土地23宗，面积921.71亩，成交总金额156亿元。

【土地征收监管】　成华区征地拆迁扫尾涉及28个项目，根据上市计划和重点公建配套建设用地情况，征地拆迁涉及龙潭街道同乐社区2组等9个项目，全年完成农户拆迁44户，企业拆迁43家，腾出土地400亩，确保地块上市和重点公建配套项目建设。

【土地执法监察】　区规划和自然资源局开展动态巡查和卫片执法监察，全年开展动态巡查115次，完成图斑核查1049个，其中卫片及其他图斑800个、农村乱占耕地建房图斑249个，土地面积9936.26亩。其中耕地面积4252.34亩；涉及全区2021年耕地保护督察反馈问题和成都大熊猫繁育研究基地扩建项目，涉及图斑7个，土地面积5181.06亩，其中耕地面积568.94亩。区规划和自然资源局核查举报线索点位136个、土地面积3390.71亩，对线索图斑核实结果进行分类，并制定分类处置措施。

【全国土地日宣传活动】　6月25日，成华区规划和自然资源局在华泰路设立宣传点，以“节约集约用地　严守耕地红线”为宣传主题，设置宣传咨询台、摆放知识展板、发放宣传资料500份，开展全国土地日宣传活动，增强广大群众保护耕地、节约集约用地、依法依规用地意识，营造共同保护耕地和节约集约用地的氛围。

（李本鳌）

表134　2022年成都市成华区土地上市成交结果情况表（住宅、商业）

序号	土地位置	土地面积（亩）	用途	成交价（元/平方米）	竞得人	成交时间
1	二仙桥街道崔家店社区1、2组	44.07	二类住宅	16100	昆山昆安置业有限公司	3月31日
2	龙潭街道秀水社区1、2组，秀水社区集体，和成社区8组，同乐社区集体	60.29	住兼商	9100	成都兴城人居地产投资集团股份有限公司	
3	龙潭街道秀水社区1、2组，秀水社区集体	65.83	住兼商	9100		
4	南至迎晖路，东至五桂桥北路，北至云祥公寓，西至双成五路地块	44.40	二类住宅	18900	重庆中交西北置业有限公司	4月1日
5	昭觉寺南路139号B宗地块	49.62	二类住宅	12100	成都华创星空城建筑工程有限公司	
6	青龙街道海滨湾社区5组，新山社区4组	48.70	二类住宅	12400	成都城投皓诚置地有限公司	
7	科仪厂地块	22.54	住宅	14600	成都华天文化旅游开发有限责任公司	
8	二仙桥街道关家堰社区6组	18.74	商兼住	9800		
9	保和街道天鹅社区4、13、14组	21.09	住兼商	12100	湖北鑫统领文化旅游开发有限公司	7月12日
10	保和街道天鹅社区3、4组	10.97	住宅	12900	浙江楠溪江房地产开发有限公司	
11	二仙桥公园北侧1号地块、二仙桥街道关家堰社区6、7组	96.30	住宅	14900	华润置地（成都）成华有限公司	
12	龙潭街道院山社区4、6组，院山社区集体，高洪社区8、9组，高洪社区集体	58.43	住宅	9600	成都蓉华置业发展有限责任公司	7月13日
13	龙潭街道保平社区6组	31.22	住宅	10800	成都华创星空城建筑工程有限公司	
14	跳蹬河南路9号	47.13	住宅	15500	成都辰琨置业有限公司	10月26日

续表134

序号	土地位置	土地面积（亩）	用途	成交价（元/平方米）	竞得人	成交时间
15	龙潭街道桂林社区8组	34.18	住宅	9200	成都华天文化旅游开发有限责任公司	10月26日
16	青龙街道东林社区2、3组	48.61	住兼商	11600	成都蓉华置业发展有限责任公司	
17	二仙桥街道人民塘社区5、11组，东华社区1组	79.21	住宅	13500	成都华创星空城建筑工程有限公司	10月27日
18	槐树店路28号，跳蹬河南路9号附5号，保和街道长春社区8组	44.18	住宅	15400	成都邦泰跃尚置业有限公司	12月13日
19	跳蹬河南路9号	8.78	住宅	14100	中铁房地产集团西南有限公司	

表135　　2022年成都市成华区土地上市成交结果情况表（工业）

序号	土地位置	土地面积（亩）	用途	成交价（亩/万元）	竞得人	成交时间
1	龙潭街道高洪社区5、6组	30.00	工业	60	埃斯顿自动化（成都）有限公司	7月15日
2	龙潭街道同仁社区12组	11.32	工业	60	成都康拓兴业科技有限责任公司	
3	龙潭街道办高洪社区5、6组，高洪社区集体	30.07	工业	60	成都中电卓景智能科技有限公司	12月12日
4	龙潭街道威灵社区7组	16.03	工业	60	四川兴君科技有限公司	12月28日

林业资源保护

【概况】　2022年，成华区加强林业资源保护，保障林业生态安全，稳定生态存量，推动能源绿色低碳发展。全区绿地面积1538.79万平方米，完成林业有害生物成灾率3‰以下的林业管控工作目标。

【林木资源管理】　区城市更新局加强检疫员管理和培训，做好植物检疫证书领取、管理和签发工作，严格执行检疫要求书制度，开展现场检疫执法宣传2次。区城市更新局履行木材经营加工许可、省内木材运输许可、林木种子经营许可检疫审批和监管等行政许可审批职能，在成都富森美家居管理中心设立省内木材运输检疫许可证办理点，全年办理植物检疫证书302件。5月19日，区城市更新局在成都富森美家居城北店，向板材经营主体开展松材线虫病传播途径及危害宣传，提高企业依法经营意识。

5月19日，区城市更新局现场指导林木资源运输检疫　　（区城市更新局供图）

【林业有害生物防控】 成华区林业有害生物防控坚持“预防为主，科学治理，依法监管，强化责任”方针，加强监测预警，做好防灾减灾，强化检疫监管，落实防治措施，保障全区林业资源和生态安全。区城市更新局做好突发重大植物疫情应急管理，制定《成华区植物疫情应急预案（试行）》，加大巡查力度，利用绿化管护公司，做好绿化日常管护，加强包段林业病虫害监测和防治。各街道办事处、社区院落按照谁受益谁负责的原则，加强林业有害生物防治。

（龙小莉）

动植物资源保护

【概况】 2022年，成华区加强野生动物保护和救助，开展大熊猫保护、动物免疫、天然水域禁渔禁捕和古树名木保护，成都大熊猫繁育研究基地繁殖成活大熊猫15只、小熊猫26只。区内有黄葛树、银杏、香樟、楠木、红豆木等古树名木59株。

【野生动物保护宣传】 区城市更新局在成都动物园、天府熊猫塔广场、和美公园、东站绿轴公园、二仙桥公园、东华社区、荆竹社区，开展爱鸟护鸟周、世界野生动植物日、文化和自然遗产日等宣传活动，全年组织野生动物保护宣传活动11次，受教育群众9980人次。区城市更新局联合成都拾野野生动物临时救助中心，对涉危野生保护动物做到及时救助，全年救助放归野生动物116只；对辖区野生动物展演场所安全、疫情防控监管、消杀消毒、人流量限制等进行业务指导，配合区市场监管局对农贸市场经营野生动物及其制品商家进行监督管理，宣传野生动物保护的法律法规。

（龙小莉）

【大熊猫保护】 成都大熊猫繁育研究基地有大熊猫237只、小熊猫169只，是全球最大的大熊猫人工繁育迁地保护种群、小熊猫人工圈养种群，有27只大熊猫在日本、法国、德国、美国、丹麦、西班牙6个国家参与国际长期繁育合作项目，56只大熊猫在国内16个省、直辖市、自治区参与科普展。基地加强大熊猫繁育研究、饲养管理、环境丰容、行为训练、体检、驱虫、疫苗接种等工作，保护大熊猫生活条件，以造园手法模拟大熊猫野外生态环境，分布大熊猫产房、熊猫饲养区、科研实验室、熊猫医院，若干处还原野外生境的仿自然熊猫“别墅”散落于山林之中，不同年龄段的大熊猫在这里繁衍生息。基地建有四川省濒危野生动物保护生物学重点实验室、博士后科研工作站、院士工作站，全年发表论文68篇，自立科研项目课题18项，获得国家发明专利12项；大熊猫自然交配产仔率、大熊猫新生幼仔成活率100%；将大熊猫遗传技术推广应用于小熊猫、丹顶鹤、绿尾虹雉、金丝猴等物种，小熊猫“义母”培养、内窥镜技术、中西医结合疗法、CT及DR检查等技术取得自我突破。成都大熊猫繁育研究基地被中国科协命名为2021—2025年全国科普教育基地，获评四川省科技创新工作先进园区、大熊猫国家公园（四川）熊猫大讲堂、成渝地区科普研学基地、全国学雷锋志愿服务“四个100”先进典型最佳志愿服务组织等荣誉16项。

（李　谦）

【动物免疫】 成华区采取集中免疫与日常预防的综合防控措施，全年免疫犬1.8万只，区域内未发生狂犬病疫情，完成市农业农村局下达的动物疫病防控工作目标任务。

【天然水域禁渔禁捕】 成华区成立天然水域禁捕工作领导小组，将长江流域禁捕纳入专项目标考核，督促区级相关部门、街道办事处落实监管责

9月28日，成都大熊猫繁育研究基地2022级新生大熊猫在太阳产房集体亮相

（成都大熊猫繁育研究基地供图）

表136　　2022年成都市成华区三级古树名木情况表

序号	古树名木名称	树龄（年）	地址	序号	古树名木名称	树龄（年）	地址
1	无患子	100		31	银杏树	150	
2	无患子	100		32	皂　荚	160	
3	银　木	110		33	皂　荚	200	成都新华公园
4	银　杏	100		34	红豆树	140	
5	银　杏	100		35	红豆树	140	
6	无患子	100		36	红豆树	130	
7	银　木	100		37	皂　荚	100	
8	银　木	100		38	榆　树	100	滨河路
9	银　木	100	成都动物园	39	黄葛树	100	
10	黄葛树	110		40	苏　铁	130	
11	青　冈	100		41	苏　铁	130	成华公园
12	流苏树	100		42	银　杏	100	
13	刺　槐	100		43	秋　枫	120	
14	枫　杨	110		44	秋　枫	110	火神庙路
15	银　木	100		45	秋　枫	150	
16	楠　木	100		46	麻　栎	100	成都理工大学
17	楠　木	110		47	红豆树	100	
18	楠　木	100		48	银　木	150	市绿化工程队
19	银　木	110		49	皂　荚	150	
20	银　杏	120		50	银　杏	100	孙家祠堂
21	黄葛树	160		51	银　杏	100	
22	银　杏	100		52	银　杏	100	建设路第五大道
23	银　杏	110		53	皂　荚	110	成都大熊猫繁育研究基地
24	银　杏	100	成都昭觉寺	54	黄葛树	100	猛追湾路
25	银　杏	100		55	皂　荚	280	跳蹬河北路
26	银　杏	100		56	紫　薇	150	双林路
27	银　杏	100		57	皂　荚	100	前锋路
28	银　杏	100		58	皂　荚	150	红花堰社区
29	银　杏	100		59	皂　荚	100	龙青路湖心岛
30	银　杏	110					

任；通过建立完善制度机制，加强日常巡护和渔政亮剑、长江流域重点水域禁渔专项行动、渔业安全百日攻坚等专项行动，强化禁捕宣传。全区全年出动检查人员8500人次，巡查河岸里程4000千米，发放宣传资料2.1万份，张贴禁渔公告、标识540处。

（魏　杰）

【古树名木保护】　成华区内有黄葛树、银杏、香樟、楠木、红豆木、皂荚等古树名木59株，分别位于成都动物园、成都昭觉寺、成都新华公园、成华公园、成都理工大学等地。区城市更新局加强古树名木保护宣传，利用林长制巡查对古树名木进行专项巡查，掌握古树名木的生长情况，区林长办公室督促管护责任单位及责任人加强保护管理。

（邱甲勇）

【爱鸟周活动】 4月6日，区城市更新局在东篱居花鸟市场开展以“守护蓝天精灵·共享美好家园”为主题爱鸟护鸟活动，印制爱鸟周主题宣传环保袋、折叠手册、海报及宣传横幅，在辖区广场、公园、小游园、花鸟市场等地宣传，推进爱鸟宣传进基层、进社区，提升全民爱鸟护鸟的氛围。

（龙小莉）

水资源保护

【概况】 成华区河道分属长江流域岷江、沱江水系，以东风渠总干渠为界，以北为沱江水系、以南为岷江水系。成华区地处都江堰自流灌区，地表水及地下水资源丰富，区域过境主干流有锦江、沙河、东风渠，有众多溪沟，辖区无径流站，全区年均总径流量4712立方米。区内浅层地下水为两类——白垩系灌口组（K2g）溶孔溶隙裂隙潜水和白垩系砂岩裂隙孔隙层间水，前者分布在保和、青龙、龙潭、白莲池街道等地的泥岩风化带中，后者分布在龙潭街道灌口组地层下伏的白垩系关组砂岩中，两类水均属中等富水地段，浅层地下水天然补给量占主导地位。2022年，成华区内有锦江、沙河、东风渠、方家河、十陵河、大头河、凤凰河、长椿沟等河道30条，总长度131千米，全区河道水体优良率100%。

（杨忠旭）

表137　　2022年成都市成华区主要河道情况表

序号	河道名称	起止点	长度（米）	宽度（米）
1	锦江	红星桥至东风大桥	2400	50~70
2	沙河	刘家碾至五桂桥	14600	30~50
3	东风渠	石岭社区至和欣社区	12100	35
4	马鞍山排洪河	二道闸至平丰社区	9320	3~8
5	方家河	白莲池社区至跳蹬河社区	9300	4.6
6	黉门堰	成华金牛分界点至建设南路沙河口	6700	2.4
7	右分九渠	院山社区至新民社区	6500	2~4
8	下涧漕排洪河	熊猫大道至跳蹬河社区	6250	4~10
9	十陵河	保平社区至成华龙泉驿区界	6110	4~5
10	大头河	天鹅社区5组至石洴渠入口	5800	4~8
11	南支一	皮毛厂东风渠取水口至威灵社区	5600	5
12	东风渠北干渠	南北闸至狮子社区	5500	12
13	凤凰河	空军医院宿舍至铁路疗养院	5500	3.4
14	南支三渠	十陵立交至斑竹社区秀水河	4960	5
15	羊叉河	院山社区至威灵社区	4560	3~6
16	猫儿洞排洪河	西林社区至府青沙河	3650	4
17	同乐主排渠	龙青路至马鞍山排洪河	3600	3~6
18	马家堰	龙青路至马鞍山排洪河	2650	2~5
19	规划排洪河	东风渠北干至北湖	1873	5
20	石拜渠	杉板桥至跳蹬南路入沙河	1800	15~17
21	长椿沟	和顺社区至大头河入口	1750	2.4
22	秀水河	斑竹社区至蓉东变电站	1710	10

续表137

序号	河道名称	起止点	长度（米）	宽度（米）
23	沙河排洪河	成都市自来水五厂至成渝铁路	1500	16
24	二十八支渠	东风渠取水口至三环路	1350	2~3
25	砖头堰	成都市自来水五厂至沙河排洪河	1276	3.5
26	桂花苑支流	双水碾村1组至沙河交会处	1260	3
27	凤凰河二沟	成华金牛交界处至沙河交会处	1100	6~12
28	排洪河甲	狮子社区5组至成绵高速	791	3
29	北湖排洪渠	北湖大坝至马鞍山排洪河	765	7
30	排洪河乙	东风渠北干至成绵高速	733	4

【水务管理体制】 成华区水务管理体制实施分级管理，在锦江、沙河排洪河等市管河道取水，其取水许可在市水务局办理，取用水日常监管由市水务局负责；在东风渠及北干渠等省管河道取水，其取水许可在省水利厅办理，取用水日常监管委托成华区管理。区内生产建设项目水土保持审批根据项目立项备案层级确定，在省级备案的生产建设项目，由省水利厅负责审批，区级水行政主管部门协助开展日常监管；在市级立项备案的生产建设项目，由市水务局负责审批，区级水行政主管部门配合市水务局开展日常监管；区级审批由区行政审批局负责，区水行政主管部门配合，负责事中事后监管。

【水资源管理】 成华区严格水资源管理制度，贯彻落实《地下水管理条例》《四川省水资源条例》，强化水资源保护；严格用水定额管理，按照定额标准核定自备水源用户的年度用水量，及时下达20户固定用水户年度用水计划；加强用水户取水日常监管，规范取水行为，全区规模取水户4户，计量设施在线监测率100%。区农业和水务局落实用水统计调查制度，完成取水户各季度取水水量核定及水资源税征收信息推送任务，保障下涧槽排洪河、方家河、马鞍山排洪河及十陵河等河道生态用水流量。全区全年农业灌溉用水360万立方米，取用地下水1830万立方米，其中建设项目疏干排水1800万立方米、生产生活用水30万立方米，河道生态补水2300万立方米。区农业和水务局全年审批生产建设项目水土保持方案65个，征收水土保持补偿费240万元。

【节约用水】 成华区加强公民节约用水行为规范宣传，通过节水宣传“进机关、进社区、进企业、进学校、进医院、进商场”等活动，营造节约用水的浓厚氛围。成华区推进节水型载体建设，全年创建节水型载体35个，其中省级节水型载体1个、市级节水型载体9个、区级节水型载体25个。区农业和水务局联合区教育局，组织成都市锦城北湖小学开展节水主题绘画比赛宣传活动，在2022“节水中国　你我同行”联合行动宣传活动中被评为全国节水优秀活动。

（幸兆云）

表138　　2022年成都市成华区节水型载体情况表

序号	载体名称	地址	节水载体
1	高地小区	建设路9号	省级节水型小区
2	成都市第二人民医院（龙潭院区）	华泰路2号	
3	明信鹭湾	御风一路6号	
4	恒大豪庭	双林北支路1号	
5	青秀名邸	八里庄路61号	
6	青秀名邸B	二仙桥西北二路10号	市级节水型小区
7	玉锦湾	猛追湾横街188号	
8	兴城嘉苑一期	云顶山路501号	
9	正成东区一号	民兴北一路66号	
10	招商雍华府	昭觉寺双荆路2号	
11	华润二十四城紫云府	双成三路17号	区级节水型小区

【水域基础设施配套建设】 区农业和水务局结合“宜居水岸”水系连通改造，推动宜居水生态工程建设，完成长椿沟、大头河、石湃渠等5条河渠5.8千米水生态修复和水景观提升；推动十陵河、秀水河、黉门堰、凤凰河4条河渠6千米“天府蓝网”建设，改善滨河滨湖景观。

【水环境长效管理】 成华区以改善锦江、沱江流域水环境质量为核心，开展15条河渠入河排污口排查溯源和“一口一策”整治，按照清理河湖垃圾、清理河道淤泥、清理行洪阻碍、清理不规范施工、清理违法采砂倒土、清理违规占用滩涂岸线“六清”治理目标，加强水域环境卫生整治，维护河渠水环境整洁优美。区级财政安排368万元专项资金保证水环境日常管护，完善区—街道—社区三级网格化管理体系；河渠水环境日常监管及考核制度，提升全区水环境长效管理水平，沙河刘家碾饮用水水源保护区水质达标率100%。区农业和水务局结合河道防汛、岁修等整治，完成河道汛前清淤、清障，水面漂浮物打捞及两岸保洁等工作，全年清除河道淤积物3.04万吨，打捞水面漂浮物234吨，清运河道两岸垃圾及杂物172吨。

【河长制管理】 成华区严格河长制管理，加强对基层河长督导督查，确保全区水环境管理问题发现及时、处置及时，全年各级河长巡河1.02万人次，解决问题511件，问题解决率98.8%。全区23个社区建立基层河湖管护体系，利用“七进”“河长说河”等专题活动，在新华网、《中国水利报》等国家级主流媒体宣传报道成华区河长制工作3次，省市媒体报道10次，区级宣传报道20次。成华区、龙泉驿区、金牛区、锦江区四区建立联防联控机制和共建互助机

续表138

序号	载体名称	地址	节水载体
12	成都市锦官城小学	羊子山西路123号	区级节水型小区
13	成都市培华小学校	培华西路4号	
14	成都市站东小学校	站北中街16号	
15	成都市第十二幼儿园	水碾河路北三街6号	
16	成都市第十二幼儿园府青东区	驷马桥路155号	
17	成都市第十二幼儿园府青西区	高车三路135号	
18	成都市第十二幼儿园枫林园区	枫林南路25号	
19	成都市第十二幼儿园北新分园	东紫路560号	
20	成都市第十二幼儿园蜀都分园	水碾河路23号	
21	成都市第十三幼儿园	双林中横路8号	
22	成都市第十三幼儿园华韵分园	民兴三路	
23	成都市第十三幼儿园悦水分园	荆顺路129号	
24	成都市第十三幼儿园花城分园	荆翠南三街1号	
25	成都市第十三幼儿园华悦分园	荆顺路129号	
26	成都市第十三幼儿园荆翠分园	荆翠南三街6号	
27	成都市第十四幼儿园	新鸿南路86号	
28	成都市第十四幼儿园和鸣分园	华林一路	
29	成都市第十四幼儿园和悦分园	和韵路216号	
30	成都市第十四幼儿园和煦分园	东林三路366号	
31	成都市第二十八幼儿园翔润园	东瑞二路3号	
32	成都市第二十八幼儿园朗润园	东林路800号	
33	成都市第二十九幼儿园	杉板桥路239号	
34	成都市成华区天府熊猫幼儿园	斧头山四巷	
35	成华区和雅幼儿园	槐庭路60号	

11月3日，成都市成华区第五届民间河长聘任仪式举行 （区农业和水务局供图）

制，开展联合巡查、跨界河湖协同治理6次，处理下河口排污9个。全区聘请民间河长15名，定期巡检河道并形成巡查台账；聘请专家河长3名，对河道治理及管护提出意见。

【河渠污染治理】 成华区坚持治污先溯源，找准问题靶向施策，完成河渠入河排口排查溯源，采取无人机航测、人工徒步排查、专家质控核查三级排查方式，对锦江、沱江等流域30条河渠沿线131千米区域，进行“排水户—入河排口—环境水体”全覆盖排查，全年排查入河排口1702个，完成排口分类、编码、命名，实现“有口皆查、应查尽查”。区农业和水务局坚持排查、整治、规范化管理，统筹部门联动、街道联控、社区联防三级治水合力，落实区级专业、街道日常、民间业余三支巡河队伍，开展常态化巡查检查；建立污水入河动态台账，下达整改通知37份，治理整改污染源288个，责任单位查明问题原因、制定治理整改措施，各级协同现场核查整改效果；推进排水户内部管网雨污分流、涉农拆迁区域生活污水集中处理、市政排水管网建设和重大病害治理，完成石洪渠水质“消Ⅴ”攻坚行动。成华区省市考核断面东风渠十陵、沙河杆塔厂水质均为Ⅱ类，锦江二级支流凤凰河水质Ⅱ类，秀水河水质Ⅲ类，石洪渠水质由劣Ⅴ类提升为Ⅳ类，全区河道水体优良率100%。

（廖永高）

【排水管网病害治理】 成华区加强排水户排水管网病害治理，全年投资4亿元，实施1550户排水户排水管网病害治理，由区农业和水务局牵头，成华国投公司、成华城投公司、成华棚改公司、成华旧改公司、成都东方广益公司、成都兴华生态公司6家区属国有公司具体

7月4日，区领导督导石洪渠流域“消V”提升推进情况　　（区融媒体中心供图）

实施，对1179户住宅（含区属机关企事业单位）排水户排水管网病害进行治理。各街道（产业功能区管委会）对371户住宅排水户排水管网重大病害进行整治。截至年底，全区完成1043户住宅排水户治理、413户非住宅排水户治理，通过排水户治理，水污染源得到有效改善，治水末端屏障筑牢，长椿沟、大头河、石洪渠等河渠水质明显改善。

（张佩琪）

【“世界水日”活动】 3月22日，区农业和水务局组织开展“世界水日”“中国水周”主题宣传活动，全区各相关单位举办宣传活动26场次，发放宣传资料1万份。区内17家商场显示屏滚动播放节约用水宣传片，引导群众树立惜水、节水、爱水、护水意识。

（幸兆云）

生态保护

【概况】 2022年，成华区落实生态环境保护“党政同责、一岗双责”政治责任，运用“红旗激励+黄牌预警”，完善生态环境保护目标考核，推进区域污染防治攻坚和生态环境保护，提升生态环境质量，全区饮用水资源保护区水质达标率100%，土壤安全利用率100%，全年空气质量优良天数303天。

【省级生态县创建】 成华区筑牢绿色生态本底，统筹生产、生活、生态三大布局，落实“三线一单”管控要求，塑造疏密有度、错落有致、蓝绿交织、显山露水的城市风貌，助力经济低碳社会方式不断发展；打好蓝天保卫战、碧水保卫战，实施水污染防治“626”工程，水环境质量改善明显，沙河、东风渠水质分别提升至地表水Ⅲ类、Ⅱ类标准；打好净土保卫战，实施土壤污染防治“620”工程，完成29个地块初步调查、8个地块详细性调查，全区污染地块安全利用率100%；推动交通畅行工程，构建“轨道+交通+慢行”三网融合的城市绿色交通体系，形成“7环13射”骨架路网、“两纵两横一环”的区域轨道交通网和纵横交错、无缝衔接“15分钟公共交通圈”。成华区对照《四川省省级生态县管理规程》《四川省省级生态县建设指标》要求，12项基础申报条件全部合格，生态文明建设规划指标

体系35项指标全部达标。11月29日，成华区被四川省人民政府命名为四川省第二批省级生态县。

【“碧水蓝天净土”工程实施】 成华区以改善锦江、沱江流域水环境质量为核心，开展入河排污口排查溯源和“一口一策”整治，完成石洪渠水质“消Ⅴ”攻坚行动，做好饮用水水源保护，东风渠十陵断面、沙河杆塔厂断面水质达Ⅱ类标准，饮用水水源保护区水质达标率100%；推进大气污染防治，依托大气污染防治联合攻坚中心，推进区域内扬尘、氮氧化物、挥发性有机物等污染物减排，推动大气环境质量改善；抓实土壤污染防治，加强重点土壤名录管控，有效识别疑似污染土地，推动污染地块“动态清零”。区生态环境局做好保利中环广场F地块、锦韵幼儿园建设工程地块、成都理工大学附属学校建设工程地块等61个变更为“一住两公”用途地块土壤污染调查，全区土壤安全利用率100%。

（江　莎）

【河流沟渠生态环境综合治理】 成华区加大水环境治理力度，推动锦江、沱江两大流域水生态综合治理示范工程，落实“蓉水、蓉岸、蓉城”三大核心策略，通过控源截污、河道引水、生态修复、信息化管理、陆生生态环境提升、河道防洪提升、污染整治等综合整治，改善全区水生态环境品质；完成沱江流域（成都段）水污染治理和生态修复，长椿沟、石洪渠河道改造（宜居水岸）工程；实施十陵河、秀水河、凤凰河3个综合整治工程，开展大头河、凤凰河、方家河等重点河流“劣Ⅴ”类水体专项整治，水环境监测和日常管理监控，改善水环境质量；推进黑臭水体治理和生态修复工程，强化长效管护措施，大头河黑臭水体已消除。

（廖永高）

【秸秆禁烧和综合利用】 成华区建立健全秸秆禁烧制度，通过悬挂横幅标语、发放宣传资料等方式广泛开展宣传，张贴秸秆禁烧公告500张，悬挂宣传横幅标语及警示牌100个，发放宣传资料1300份。全区出动巡查人员1200人次，未发现露天焚烧农作物秸秆以及将农作物秸秆弃入河道沟渠等现象，确保“不见烟雾、不见火光、不见黑斑”，为防治大气污染，改善空气质量，保护生态环境起到促进作用。

（魏　杰）

成华区方家河河渠　　（区融媒体中心供图）

环境保护

【概况】 2022年，成华区紧盯年度大气目标，打好蓝天保卫战，深度实施颗粒物与臭氧协同管控，严格落实“一源一策”，以科技治气为支撑，提升工地污染防治水平；打好碧水保卫战，落实河道“一口一策”措施，找准治污发力点，推进入河排口规范化建设，确保水质改善提升；打好净土保卫战，推动污染土壤“动态清零”。全区全年空气质量优良天数303天，综合指数4.19，改善幅度5.4%。

【污染防治】 成华区开展扬尘及挥发性有机物污染防控，加强工地、汽修、印刷等企业涉挥发性有机物排放监管，建立疑似污染地块台账，完成土壤污染普查和29块疑似污染地块初查，开展三木化工、团结电力、天鹅电镀厂3个疑似污染地块详细调查和风险评估，以及61个变更为“一住两公”用途地块土壤污染调查；修复团结电力、天鹅电镀厂2个污染地块，推动污染土壤“动态清零”，全区土壤安全利用率100%。

【污染物总量减排】 成华区强化涉挥发性有机物排放企事业单位专项检查，督促企业及时更换活性炭等废气治理设施耗材，建立设施维护和运行台账，严格控制该类型企业各环节挥发性有机物排放。成华生态环境局开展加油站油气回收系统检测，检测企业66家、加油站43家，实施加油站油气回收改造工程，完成加油站油气回收改造26座，有机物减排量22.3吨；专项检查汽车维修行业，指导企业规范安装、正确使用污染治理设施；专项检查在建工地，重点检查工地环保措施落实、是否存在露天喷漆、使用非道路移动机械未备案等情况，督促施工单位做好非道路移动机械环保备案和台账登记，确保非道路移动机械使用符合环保要求，全年检查机械489台次，发现超标非道路移动机械5台。

7月12日，成华生态环境局开展挥发性有机物污染防治专项检查　（成华生态环境局供图）

【大气污染治理】　成华区开展大气污染防治攻坚行动，完善区、街道、社区三级监管体系，组建6个巡查小组开展巡查，辖区污染源实现3天一次全覆盖监管，确保“底数清、情况明、管得住”。成华生态环境局厘清涉气污染源监管责任，将400个施工工地、140个钣喷汽修、60家工业企业、43个加油站等共3000个污染源监管任务，按职能、领域、行业划分到职能部门、属地街道、国有平台公司，编制形成污染源监管工作责任清单，实现专人专盯，按月动态更新，全年更新12版；开展道路机动车尾气抽检，重型柴油货车尾气监测371台次；组建驻点专家团队，运用积尘走航、组分分析、激光雷达、气象预报等技术手段，每日开展研判会商，精准预测走势，实时进行调度，完成省、市下达的攻坚目标。

【水环境保护】　成华区在15条河渠入河排污口排查溯源和“一口一策”整治，开展“清河”“护岸”专项行动，以及排水户排水管网病害治理，全区重点排水户235户治理完成率70%。成华区加强饮用水水源保护，开展下河口巡查，强化日巡查、月监测、年评估，全年解决水环境事项380件，完成石湃渠水质“消V”攻坚行动，市级考核断面东风渠、沙河水质均达Ⅱ类标准，优于考核目标Ⅲ类，沙河刘家碾饮用水水源保护区水质达标率100%。

【固体废弃物污染防治】　成华区开展固体废物申报登记及危险废物管理计划备案，全区397家企事业单位开展危险废物转移，办结危险废物转移联单2423单，转移危险废物2972.92吨。成华生态环境局组织实施危险废物规范化环境管理评估、废弃危险化品等危险废物风险集中治理、废铅蓄电池全过程环境安全隐患排查专项整治，全区建立危险废物安全生产突出问题及重点隐患清单、整改措施清单，立行立改完成整治。新冠疫情防控期间，严格落实国家和省、市有关医疗机构和隔离场所医疗废物管理各项规定，医疗废物贮存、转移、处置科学规范，全区1055家医疗机构（含涉疫产废点），通过“医废通”开展医疗废物转移，办结医疗废物转移联单9676单，转移医疗废物3954.34吨，保障全区危险废物（医疗废物）环境安全。

【噪声污染治理】　成华生态环境局开展噪声污染专项整治行动，确保重点时段声环境质量得到有效保障。区域声功能区昼间达标率85%，夜间达标率35%，其中1类区（成都理工大学）昼间达标率100%，夜间达标率25%；2类区（香木林小区）昼间达标率75%，夜间达标率50%；3类区（航天路6号）昼间达标率100%，夜间均未达标；4a类区（成华区人民政府）昼间达标率50%，夜间均未达标；4b类区（成都东客站）昼间和夜间达标率100%。城区道路交通噪声昼间平均等效声级69.1分贝，道路交通声环境质量处于“较好”等级。

【环境监测】　成华生态环境局完成地表水、饮用水源保护区、湖库、黑臭水体、黄龙溪断面水质达标攻坚等30个水质断面监测，现场监测477次，取得监测数据2268个；完成17家重点排污单位执法监测、监测率100%，完成8家涉挥发性有机物企业排查监测、监测率100%，17家重点排污单位执法监测、监测率100%。区域声环境质量17个网格点位监测结果显示，成华区昼间区域环境噪声平均等效声级51.9分贝，比上年下降1.8分贝，区域声环境质量处于“较好”水平。

【环境应急处置】 成华生态环境局做好环境污染应急防范与处置，完成应急救援力量调查，牵头开展突发环境事件应急处置工作；针对东风渠白莲池段发现油污，启动应急预案，组织监测站开展应急监测、执法支队进行调查，将处置情况上报；对群众投诉大气、水、噪声环境，组织相关单位开展调查处理。成都焊研科技股份有限公司、成都光明乳业有限公司、四川省天泽贵金属有限责任公司、成都市第六人民医院等24家单位，完成环境风险为一般的企业突发环境事件应急预案备案。成都市第四再生水厂、成都市第六再生水厂、国网成都供电公司、四川国莎实业有限公司、成都光明乳业有限公司、成都航天通信设备有限责任公司、四川省天泽贵金属有限责任公司7个单位，各开展1次突发环境事件应急演练。

【环境监管执法】 成都市生态环境保护综合行政执法总队成华支队，加强大气、水、土壤污染防治监管执法检查，全年检查企业999家，双随机抽查企业109家，测管协同监测79家，作出处罚55家，罚款243.72万元。

【建设项目环评审批】 成华生态环境局创新环评管理方式，落实环评审批正面清单，实行豁免管理一批、告知承诺一批、加快推进一批"三个一批"，简化小微企业项目环评管理，全面实施环境影响报告表项目进入成都环评审批信息系统处理，做到不见面审批；落实"三个抽查"，对登记表备案项目、建设项目"三同时"落实情况、自主验收情况进行抽查，对存在问题限期整改；打击和遏制环评弄虚作假、不落实环评要求等违法行为，提升审查审批与环境执法监管合力，做好省、市、区重点工程项目相关保障工作。成华生态环境局全年完成环境影响报告表审批项目23个，其中承诺制项目审批5个、总投资3.16亿元，登记表备案213件、总投资210.46亿元。

【环保信息平台建设】 成华生态环境局完善大气污染源精细化管控平台，接入"国—省—市—小—微"五级共142个空气质量监测站点实时数据，录入巡查人员采集污染源信息871个；整合各类大气环境观测数据、大气污染源排放数据、水环境数据、噪声数据、危废数据、环保督察等数据进入平台，电子地图全方位、多角度展示网格区域内监测站点的分布情况，针对各站点污染因子浓度数据，全区工业企业、大型餐饮、加油站、入河排污口等固定点源进行标注和关联信息调阅，综合分析定位污染排放源头，为科学决策提供数据支撑。

【环保宣传】 3月26日，成华生态环境局联合SM广场举办"地球一小时"节能减碳宣传活动，通过生态环境知识互动问答、抖音达人主题音乐会、大学生环保主题舞蹈快闪等活动，传达环境保护从小事做起、全民助力"双碳"推进的理念,活动现场吸引500名市民参与，网络参与观众12.5万人。6月3—5日，"6·5"世界环境日环保宣传活动采取"线上+线下"方式，发布"人与自然和谐共生"主题微信公众号文章，邀请读者评论分享生活中的环保小妙招及自己的环保感悟，读者积极回应，踊跃留言，文章吸引2000人阅读；线下紧贴主题开展大讲堂和生态环境保护实践活动，传播生态环境理念，增强儿童以及青少年的生态环境保护意识，助推绿色生活方式形成。成华生态环境局获评《中国环境报》宣传工作先进单位。

【环保投诉案件办理】 成华区制定省环保督察、中央环保督察案件办理、审核、报送流程，对案件办理时间、办理质量和办结标准等进行完善，畅通群众投诉渠道，推进环保投诉办理。成华生态环境局全年收到环境投诉案件424件、办结率100%，其中市长公开电话277件、市长信箱52件、人民网网民留言6件、应急与信访处转30件、市环保网33件、其他方式举报26件，反映水污染1件、大气污染52件、噪声污染276件、其他污染95件。成华区完成第二轮省环保督察投诉举报112件，整改率100%；第二轮中央环保督察投诉举报247件，完成整改242件，剩余5件（重复3件）已按要求推进整改。

（江　莎）

3月26日，成华生态环境局联合SM广场举办"地球一小时"节能减碳宣传活动

（成华生态环境局供图）

环境整治

【概况】 2022年，成华区抓好城市景观照明氛围营造，提升城市环境品质，完成5.1千米二环路（成华段）景观照明氛围营造，亮化建筑景观31处；以“融合、发展、提升”为设计理念，完成2.7千米府青路（成华段）景观照明氛围营造，亮化建筑景观23处；突出“夜间活力”，完成2.2千米新成华大道新鸿路段景观照明氛围营造，亮化建筑景观17处；以呈现“实景体验式市井生活”为主题，完成1.3千米建设路大街景观照明氛围营造，亮化建筑景观12处；秉持“蜀光新夜画”设计理念，提升17.15千米三环路（成华段）景观照明氛围营造，亮化景观35处和178栋楼宇建筑景观。

（廖方鹏）

【景观氛围打造】 成华区把蜀都大道（成华段）打造作为成都大运会城市东轴重点改造重点，提升沿线楼宇外立面光彩、店招、内透光橱窗照明等，呈现望平坊、未来中心、中环壹号等多个重要节点；按照“楼顶增光、立面添彩”，提升成都东站片区及迎晖路沿线成都龙之梦大酒店、成都鹏瑞利医疗健康中心、东方新城、新里柏仕公馆等32处151座楼宇景观亮化。成华区突出文化特色，打造景观示范带，以成华工业文明为设计元素，呈现老成都文化场景，打造猛追湾市民休闲生活区6200平方米，提升58处楼栋、桥梁及游园绿地景观照明设施，丰富夜游锦江消费新场景；打造幸福成都烟火带，完成一环路（成华段）景观提升，全长4千米，107栋建筑，呈现一环路蜀都大道路口、一环路电子科大电子科技信息大厦、一环路建设路口、一环路玉双路口、一环路府青路口等片区节点。

（罗姒妤）

【环境综合治理】 区综合执法局结合全国文明城市创建，开展“背街小巷十大攻坚行动”，梳理251条背街小巷动态管理类点位综合治理4.72万处、基础设施类点位综合治理980处，围绕街区文化元素、商业元素，确定街区主题定位，通过设施改造、文化融入、风貌塑造等整治措施，提升华甸路、新鸿南路、青龙路、长天路、二仙桥西一巷、桂香四路6条背街小巷环境品质。

（康　毅）

【违法建设治理】 成华区推动违法建设综合治理，创建龙潭街道时代新城、白莲池街道一里塘新型社区（三期）2个无违法建设小区。区综合执法局依法拆除府青路街道陶玻市场、双建路60号院、白莲池街道石岭社区6组、东升仓储物流、双桥子街道亚光宿舍、双桥路南四街天一小区、龙潭街道龙湖丽景小区等违法建设点位262处，建筑面积28.07万平方米。

（赵世波）

【户外广告招牌整治】 区综合执法局推进楼顶违规招牌（楼名标志）专项整治，拆除违规设置8个点位共51块楼顶招牌（楼名标志）；开展违规设置道闸广告、LED广告、医美口腔广告、培训机构招牌等专项整治，处理LED广告8处，户外广告设施残缺破损、画面脏污褪色、字体残缺33处，规范伸出式设置、超大超亮、一店多招违规招牌53处，整治户外广告和招牌安全隐患42处。区综合执法局组织专家、部门和辖区街道办事处相关人员，从美学、结构安全、规划等方面对户外广告和招牌进行评审，使户外广告、落地式招牌设置起点高、有品位，鼓励商家在符合法规和技术规范下突出个性和特色设置招牌，全年评审新增卖场户外广告2处，审核招牌设置申请2278份。杉板桥路获评2022年成都市十佳招牌示范街道，全区有19个商家招牌获评2022年成都市双百佳招牌，获得“最佳商家招牌”二等奖2个、三等奖6个，“最具成都特色招牌”奖4个，“最具创意设计招牌”奖3个，“最具人气活力招牌”奖4个。

（罗姒妤）

【“两拆一增”点位打造】 成华区把“两拆一增”作为践行新发展理念

成都东站片区景观　（区城市更新局供图）

的公园城市示范区战略目标，树立场景植入、有机更新、城市美学理念，开展文化元素赋能建设，推进城市“微更新”。区综合执法局全年完成“两拆一增”点位71个，连片示范街道翠竹巷、双石路路口增绿2个，拆除公共区域违建1.28万平方米、围墙4309米，植绿增绿13.16万平方米，增加开敞空间15.56万平方米。

（康　毅）

【“街长制”统筹实施】　成华区围绕美丽宜居公园城市示范区建设，发挥基层治理力量，加强“街长制”队伍建设，提升城市精细化管理水平，全区有“群众街长”330名、志愿者100名。全区实行“街长制”管理街巷554条，“责任街长”总数436个，“群众街长”总数361个，实行“双街长制”管理覆盖率100%。全区共设置城市管理“街长制”公示牌489个，全年开展相关宣传活动124次，利用“街长制”处置问题328件。

（廖方鹏）

表139　2022年成都市成华区“两拆一增”点位情况表

序号	项目名称	项目地址	增绿面积（平方米）	开敞面积（平方米）
1	二仙桥北二路提档升级项目	二仙桥北二路与成华大道交会处	15000	17000
2	新客站规划中心以东	大巴山路	10000	12000
3	北湖国际城南侧植绿项目	成渝铁路与三环路外侧交会处	10000	10000
4	电信大楼以南地块	中环路与雅砻江路交叉口	9100	9800
5	电信大楼以西地块	白龙江路与峨眉山路交叉口	6700	6900
6	二环路东三段“两拆一增”项目	华润九期	5000	9000
7	成致路东风渠“两拆一增”项目	成致路右侧东风渠	5000	6000
8	人民塘社区5组“两拆一增”项目	人民塘社区5组	4000	4200
9	民兴路“两拆一增”项目	民兴路	4000	4500
10	东华一路“两拆一增”项目	东华一路与华林一路交会处	3500	3700
11	东华4组“两拆一增”项目	东华社区4组	3500	4000
12	成都理工大学博物馆“两拆一增”项目	成华大道三段	3000	3500
13	仙韵二路“两拆一增”项目	仙韵二路	3000	3500
14	华林一路“两拆一增”项目	华林一路	2800	3500
15	成洛路老年康复中心“两拆一增”项目	成洛路老年康复中心	2511	3000
16	和韵路南侧“两拆一增”项目	和韵路	2500	2700
17	二仙桥东三路“两拆一增”项目	二仙桥东三路	2500	3500
18	成都理工大学博物馆左侧“两拆一增”项目	成华大道三段成都理工大学博物馆左侧	2300	2700
19	二仙桥北路“两拆一增”项目	二仙桥北路与成华大道交会处	2200	2700
20	同乐菜市场植绿项目	同乐菜市场西侧	2000	2000
21	成都市第二人民医院龙潭医院整治项目	龙港路与二医院连接处	2000	2100
22	成洛路联合大楼“两拆一增”项目	成洛路联合大楼	2000	2400
23	东华4组“两拆一增”项目	成华大道与成致路交会处	1800	2000
24	华实路提档升级项目	华实路与航天路交叉口	1500	1800
25	中车共享城“两拆一增”项目	东华二路	1500	1700
26	成华大道东风渠“两拆一增”项目	成都自然博物馆北侧	1500	1700

续表139

序号	项目名称	项目地址	增绿面积（平方米）	开敞面积（平方米）
27	马鞍山排洪渠提档升级项目	航天路马鞍山排洪渠	1300	1500
28	二仙桥北路“两拆一增”项目	二仙桥北路	1200	1500
29	成都理工大学博物馆西侧“两拆一增”项目	成都理工大学博物馆西侧	1000	1500
30	航天路提档升级项目	航天路	1000	1500
31	龙迹广场	东华一路	1000	1260
32	鹏程汽修“两拆一增”项目	和韵路与万锦路交叉口	1000	1200
33	龙港路二重家园北侧绿化项目	龙港路与二重家园小区	1000	1200
34	华实路86号提档升级项目	华实路86号	1000	1500
35	华实路墙体改造项目	华实路86号	1000	1500
36	华裕路墙体改造项目	华裕路	1000	1500
37	华裕路提档升级项目	华裕路与航天路交叉口	800	900
38	龙潭路国家粮食仓库绿化整治项目	龙潭路国家粮食仓库两侧	800	800
39	阳光地带“两拆一增”项目	成华大道三段与阳光地带交会处	800	1000
40	成都理工大学墙体改造项目	成华大道三段	800	1000
41	成都理工大学墙体绿化	成都理工大学	700	800
42	成华科创中心	航天路6号	700	720
43	岷山路围墙	岷山路与迎晖南路交叉处	700	800
44	东华一路小游园	东华一路	690	730
45	成洛路飘香兔“两拆一增”项目	成洛路飘香兔店	645	1500
46	成洛路十字路口“两拆一增”项目	成洛路十字路口	500	1000
47	成洛路吉祥洗车场“两拆一增”项目	成洛路吉祥洗车场	500	1000
48	驷马桥2号	驷马桥2号	500	700
49	物流大道街头绿地品质提升项目	物流大道	350	400
50	通美大厦	建设北路一段76号	340	400
51	成都市第二十八幼儿园“两拆一增”项目	东华二路	300	350
52	人民塘社区6组“两拆一增”项目	人民塘社区6组	300	350
53	龙港路与龙港一路交会处绿化项目	龙港路与龙港一路交会处	300	400
54	420工业文旅特色街区	双桥路南一街至南六街	250	300
55	起源广场	东华一路	220	240
56	龙港路金瑞街南侧项目	龙港路金瑞街南侧	200	300
57	建设南街背街小巷整治项目	建设南街	200	300
58	小龙桥路围墙	小龙桥路81号	200	270
59	蓝光COCO	踏水桥北街	150	180
60	翠竹巷“两拆一增”项目	翠竹巷与熊猫大道交叉路口	150	400

续表139

序号	项目名称	项目地址	增绿面积（平方米）	开敞面积（平方米）
61	青龙路59号	青龙路59号	150	300
62	水武街	水武街	120	160
63	二环路东一段至一环路北四段立面整治	二环路东一段至一环路北四段	110	130
64	二仙桥东山三路墙体美化项目	二仙桥东三路与成华大道交会处	100	150
65	东秀一路环境品质提升项目	东秀一路	100	110
66	新华名苑	二环路东三段12号	100	150
67	中迪广场环境品质提升项目	中迪广场	90	100
68	双石路路口增绿项目	双石路与熊猫大道交叉路口	60	80
69	未来中心	东风路26号	60	80
70	四川成渝高速公路股份有限公司成渝分公司“两拆一增”项目	成渝立交西侧	40	50
71	电子科大东三苑	踏水桥北街	25	50

市容市貌

【概况】　2022年，成华区推进市容秩序管控水平提升，打造高车三路、东郊记忆路两条“门前五包”示范街，全区“门前五包”签约率100%，“双街长制”管理模式全覆盖，利用“双街长制”工作机制处置问题250件。区综合执法局全年拆除违法建设264处，建筑面积28.08万平方米，向不动产交易及登记部门抄告违法建设户主信息105户，完成中央环保督察案件整改销号10件。

（廖方鹏）

【城市管理执法】　区综合执法局深化强基础、转作风、树形象专项行动成果，推进执法中队规范化建设，实行“条块结合、以块为主”网格化执法管控，落实行政执法三项制度，推进非接触性、非现场性执法及“双随机、一公开”抽查，对巡查发现、视频监控、群众举报、部门移送等各渠道查实的市容秩序、生态环境、城乡建设领域违法案件，严格、依法、规范实施行政处罚，全年查处市容秩序违法普通程序案件765件，查处生态环境违法普通程序案件310件。

（张亚南）

【市容秩序管控】　区综合执法局选取24个集中居住区，引导临街商铺规范经营，促进复工复产复市；对临街餐饮店、干货店、水果店等各类商店占道时间进行区分，选取万象润街等商业综合体、建设巷网红饮食打卡点为示范街区，营造浓厚商业氛围，对伊藤洋华堂建设店等9个商业综合体促销活动提供支持，引导商家有序开展划线外摆经营；指导商家在规定区域划线临时越门占道点位24处，大型商场占道促销点19个。区综合执法局全年

2月18日，成华区综合执法队员巡查街区市容　（区综合执法局供图）

取缔占用盲道、人行道、消防通道违规经营290处，整治越门经营摊点210处、流动商贩260处，处理乱倾倒油污案件6件。

【互联网租赁自行车序化管理】 成华区内设置禁停点位28个，减少单车在重点区域大量堆积，疫情防控期间，增加互联网租赁自行车临时投放点位400个。区综合执法局把共享单车管理作为城市精细化管理重要抓手，通过实行“全域联动统筹，企业分片包干”共享单车调度、停放管理制度，动态优化考核评价督察机制，将考核评价督察结果与配额管理挂钩，促进共享单车序化管理；加强单车日常管理，召集车企、街道单车减量协调会，督促车企、街道做好单车减量工作。截至年底，全区互联网租赁自行车总量由8万辆减控到5万辆。

（张　帆）

【数字化城市管理】 区综合执法局依托微信、热线电话、公众号App、官网等渠道，落实问政于民、问计于民，形成“多元共治、良性互动”的城市治理模式，全年数字城管系统处置案件38.15万件，处置率99.97%，网络理政系统处理民生诉求1.87万个，群众满意率91.32%。区综合执法局通过物联网及自动控制技术，完成东西轴线、二环路示范段、府青路示范段、新鸿路示范段4条路段景观照明设施改造，321台集控器实时动态监管；通过互联网租赁自行车管理“饱和度监测仪”物联设备，实现全区重点商业区域、交通枢纽、旅游景区周边等561个互联网租赁自行车点位实时监控，确保全区单车序化管理全覆盖；通过序化管理平台每日实时监测数据，配合电子工牌技术，实现全区共享单车“减量提质”，骑行率提升至96%。

（郑　姬）

环境卫生

【概况】 2022年，成华区道路清扫保洁面积1340.56万平方米，有环卫作业工人3300人。各环卫公司配备洗扫车、扫地车、洒水车、清洗车、雾炮车、小型电动扫地车、小型高压冲洗车、快速捡拾车、垃圾收运车等作业机具700辆。区综合执法局利用第三方环境卫生测评公司，对全区环境卫生清扫保洁进行评价考核。

（景军民）

【道路清扫保洁】 成华区坚持“洒水车+扫洗车”协同清扫、“小型机扫车+大型洒扫车”混合作业、“定点保洁+流动保洁”灵活切换的工作模式，开展主次干道、背街小巷等区域道路清扫保洁和冲洗消杀行动，确保市政道路、公共活动场所、环卫设施等无积尘、无污渍、现本色，提升城市洁净度。

【垃圾分类推进】 成华区对居民小区垃圾中转房进行标准化改造，设置四分类集中转运暂存区，确保居民小区垃圾分类投放、中转分类收集。全区1029个小区设置垃圾分类集中投放点位3096个，居民小区生活垃圾分类覆盖率100%，区内党政机关、企事业单位、公共场所、经营场所生活垃圾分类实现100%全覆盖。区综合执法局在万科金色乐府、万科天荟、招商中央华城（一期）、保利康桥、万科魅力之城（三期）、上城国际、东方花园、奥深花园、河畔华苑（一期）等小区分类改造垃圾点位178个，虹波苑、海棠名居、九龙仓御园、万科金色家园、东晖花园、蓝水湾等44个小区被评为2022年成都市垃圾分类示范小区。

【环卫工人作息房建设】 成华区建成环卫工人作息房30处，配备餐桌餐椅、更衣柜、饮水机、微波炉、电风扇、空调、便民小药箱等设备。区综合执法局会同各街道办事处，协调临街商家店铺、银行营业网点、社区居委会办公区，设置环卫工人爱心驿站64处，为全区环卫工人工间休息提供场所。

（景军民）

3月10日，青龙街道致强社区举办“有害垃圾换新知”活动　（区综合执法局供图）

环境绿化

天鹅公园绿道　　（区城市更新局供图）

【概况】　2022年，成华区将天府绿道建设、小游园微绿地、道路空间品质提升等项目有机结合，完成洪山北路、华冠路、双林北支路、青龙路等道路行道树增量提质31条，总长度25.6千米，新增立体绿化面积2.01万平方米、绿地73.57万平方米。全区规划绿地实施率45.2%，建成区绿化覆盖率45.7%，人均公园绿地面积10.5平方米。

【五级绿化体系建设】　成华区构建“一屏一链四脉”大公园体系，系统规划“两轴、两带、四河、四道”绿道网络，形成生态区、绿道、公园、小游园、微绿地五级城市绿化体系，完成城区级、社区级天府绿道33千米；建成城东体育公园、保和公园、高铁城市公园（一期）、高铁城市公园（二期）、沙河城市公园南区、沙河城市公园北区、龙潭新区公园、北湖生态公园、二仙桥公园（二期）、天鹅公园10个城市公园，市政公园新版图全面形成。建成万象游园、蓉府尚座游园、长林盘绿地等小游园、微绿地5个2.89万平方米。成华区参照锦城公园、锦江公园建设模式，在沙河、东风渠、方家河沿线整体策划3个大尺度清风亲水主题公园系统，挖掘贯通全域十字形高铁廊道绿地资源，建设链接绿道体系、缝合城市空间的东线运动公园群落，借助全区“七纵六横”空间品质提升工程和街道空间一体化改造项目，实现锦江公园、一环路市井生活圈、沙河城市公园与锦城公园全面串接。

【生态环境品质提升】　成华区全年新增公园绿地面积73.57万平方米，全区有公园绿地面积1536.11万平方米，建成投用小游园微绿地64个，人均公园绿地面积10.5平方米，实现步行5~10分钟有绿、骑行15分钟有景、车行30分钟有大型公园。

【幸福社区绿道建设】　成华区全年完成高铁城市公园（二期）绿道、熊猫大道奥园绿道、双成五路绿道、天鹅公园绿道、万象公园绿道、双庆路绿道、东林二路绿道、泰博理想城绿道、成致路二段绿道、民兴路绿道等50条幸福社区绿道，塑造尺度适宜、小道林荫的“回家的路（上班的路）”；推进绿道成网成链建设，串联体育、文创、休闲、旅游等各类场景，形成绿道片区网络化，呈现公园城市建设美景。

表140　　2022年成都市成华区幸福社区绿道建设情况表

序号	绿道名称	绿道地址	总投资（万元）	承建单位
1	高铁城市公园（二期）A区绿道	槐柳四路高铁城市公园（二期）	57	成华城投公司
2	高铁城市公园（二期）D区绿道	槐柳四路高铁城市公园（二期）	36	
3	高铁城市公园（二期）B区绿道	槐柳四路高铁城市公园（二期）	33	
4	高铁城市公园（二期）C区绿道	槐柳四路高铁城市公园（二期）	33	
5	成绵桥下品质提升绿道	成绵立交桥下	42	
6	双成五路绿道	双成五路	39	
7	猛追湾街三段绿道	猛追湾街三段	33	
8	猛追湾街一段绿道	猛追湾街一段	15	

续表140

序号	绿道名称	绿道地址	总投资（万元）	承建单位
9	猛追湾街二段绿道	猛追湾街二段	15	
10	高车三路街头绿道	高车三路	12	成华城投公司
11	长林盘绿道	长林盘路	9	
12	万象公园绿道	双成二路	15	成华国投公司
13	拾光公园绿道	成洛大道槐树店路	12	成华棚改公司
14	猫耳洞绿道	猫耳洞河道	12	
15	泰博理想城绿道	泰博理想城	33	成华旧改公司
16	老龙青路一段绿道	老龙青路一段	33	
17	龙青环线绿道	龙青环线	33	成都兴华生态公司
18	东林二路绿道	东林二路	33	
19	龙港路绿道	龙港路	12	
20	成致路二段绿道	成致路二段	33	
21	龙港路绿道	龙港路	9	
22	龙潭客家生活广场绿道	龙潭客家生活广场	9	成都东方广益公司
23	成致路三段绿道	成致路三段	9	
24	成致路一段绿道	成致路一段	6	
25	成宏路东段绿道	成宏路东段南侧	6	
26	槐荫路绿道	槐荫路	18	区住建交局
27	天鹅公园绿道	成渝立交与和韵路路口	33	
28	东华三路绿道	东华三路	33	
29	十里店路二段绿道	十里店路二段	27	
30	十里店路一段绿道	十里店路一段	24	
31	十里店路三段绿道	十里店路三段	24	
32	沙板桥路二段绿道	沙板桥路二段	21	
33	双庆路绿道	双庆路	21	成都城投公司
34	槐树店二段绿道	槐树店二段	15	
35	槐树店四段绿道	槐树店四段	15	
36	沙板桥路一段绿道	沙板桥路一段	18	
37	槐树店一段绿道	槐树店一段	12	
38	新山社区10组绿道	新山社区10组	12	
39	槐树店三段绿道	槐树店三段	9	
40	向龙二路绿道	向龙二路	9	成都交投集团
41	熊猫大道奥园绿道	熊猫大道奥园	39	
42	奥园游园一段绿道	熊猫大道北侧	15	四川奥滕置业有限责任公司
43	奥园游园二段绿道	熊猫大道北侧	12	

续表140

序号	绿道名称	绿道地址	总投资（万元）	承建单位
44	昭青路绿道	昭青路	15	青龙街道办事处
45	长融东三路绿道	长融东三路	9	保和街道办事处
46	华润九期绿道	双福一路	9	华润成都置业
47	蓉府尚座绿道	府青路三段	9	成都市益民房地产开发有限公司
48	民兴路绿道	民兴三路西侧	9	成都万华锦新置业有限公司
49	深业华庭绿道	致力四路	9	成都市深业泰然华成房地产开发有限公司
50	万象城绿道	双成五路	6	成都帝能房地产开发有限公司

【小游园微绿地打造】 成华区按照“景观化、景区化、可进入、可参与”理念，实施小游园微绿地改扩建，完成万象游园、合信万象城配套绿地、成都自然博物馆小游园、蓉府尚座游园、长林盘绿地5个小游园微绿地项目，建成开放小游园微绿地面积2.89万平方米。

【园林式居住小区创建】 区城市更新局按照《成都市园林式居住小区标准》，指导全区小区创建市级、区级园林式居住小区。华润二十四城（一期）、华润二十四城紫云府、华润二十四城悦玺、中车共享城翰苑4个小区被评为“成都市园林式居住小区”。三友香澜半岛、万科金色乐府、北湖国际城（二期）、华润二十四城（一期）、华润二十四城紫云府、华润悦玺、中车共享城翰苑7个小区被评为“成华区园林式居住小区”。

【立体绿化】 成华区通过政府引导，调动社会各方力量，发挥房地产项目、公建配套项目的增绿效应，推进屋顶、桥柱、桥体、墙体、驳岸等立体绿化建设，提高城市绿化绿视率和覆盖率。全年完成御龙山（一期）屋顶绿化、成都市第十三幼儿园华韵分院围墙立体绿化、海滨映象小区围墙立体绿化、航天路铁路跨线桥立体绿化、二环路双桥立交立体绿化、青秀未遮山（二期）围墙立体绿化、三环路成渝立交立体绿化、迎晖路跨线桥立体绿化、十里风和（一期）围墙立体绿化9个立体绿化点位，面积2.01万平方米，构建高品质的城市竖向新空间。

【道路绿化】 成华区结合“一路一特色、一街一风景”的理念，以行道树新增栽植、植物品种调整、植物修枝整形、地栽花栽植、绿化设施处理等方式实施行道树增量提质；优化道路绿化、提升道路景观，全年完成东华一路、新鸿南路、府青东街、洪山北路、万宇路、青龙路、龙泉山路、斧头山支巷等31条街道行道树增量提质，总长度25.6千米。

【义务植树】 3月18日，四川省和成都市党政军领导到成华区北湖生态公园植树基地参加2022年春季义务植树活动，种下银杏、香樟、桂花、樱花、西府海棠等树苗600株。辖区单位、个人在北湖生态公园义务植树基地和各街道义务植树点，开展2022年春季义务植树活动，参加植树活动1.1万人、植树2.1万株，130人认建认养认捐130株，育苗管护参与4.9万人次，管护数量7.5万株。

（周凌宇）

3月18日，四川省和成都市党政军领导到成华区北湖生态公园参加义务植树活动 （区城市更新局供图）

城市建设

编辑　李锡清

城乡建设规划

【概况】　2022年，成华区深入实施“中环牵引、纵横联动、组团强优”发展策略，构建“产城融合、功能彰显、生态宜居”的城市发展格局，以功能导向优化城市空间组团，聚焦做优做强城市核心功能、特色功能，策划猛追湾建设路、华润万象城、东郊记忆、熊猫基地北湖、东客站、龙潭片区、昭觉寺、驷马桥、升仙湖九大组团城市空间布局，推进熊猫地球村、蓉北商圈、中电锦江等区域城市设计；以TOD重塑城市空间形态，做好理工大学站、丛树站、青龙站、龙潭立交站、舜和家园站5个站点一体化城市设计。

【城市总体规划编制】　区规划和自然资源局配合成都市规划和自然资源局，完成国土空间规划“三区三线”划定（三区为城镇空间、农业空间、生态空间三种类型的国土空间，三线分别对应在三区划定的城镇开发边界、永久基本农田、生态保护红线三条控制线）。区规划和自然资源局发挥规划引领作用，编制蓉北商圈升仙湖商务区城市设计、理工大学站TOD站城一体化设计，推进成都东站片区控规调整，促进产城融合、职住平衡，做优做强现代服务发展、文化传承创新和时尚消费引领等核心功能示范带。

【北湖未来公园社区设计】　区规划和自然资源局编制北湖未来公园社区城市设计，以“熊猫创意城”为整体定位，以“人、城、产”融合共生为遵循，聚焦望山见水的生态场景，以熊猫IP为核心的文旅产业场景、共建共享共治的治理场景，系统整合空间资源，构筑“一湾一园、三港五区”的空间结构。一湾（北湖湾）依托3千米滨水景观环线，规划营建星级酒店和沉浸式文化演艺中心、未来中心、想象力中心等环湖艺术建筑，打造泛文旅活力消费区；一园（千竹园）依托环城生态区，打造静谧竹海，建设全球顶尖的竹产业创意园；三港（创意科技引领的国际商务交流港、创意文化引领的无界街区体验港、创意艺术引领的城市触媒传播港）打造三大产业发展聚落；围绕本地人群需求匹配公服资源，规划建设和成、秀水、同乐、华冠、湖山五个“生活社区”，“三港五区”联动彰显“创意工作、惬意生活”的幸福味道。塑造产城融合、职住平衡、场景互动、融合发展的产业型未来公园社区。

【项目规划审批】　区规划和自然资源局核发成都兴城集团保和街道住宅项目、成都交投集团龙潭街道住宅项目、四川省应急救援总队基地项目等68件规划条件及合规性审查意见书，核发首开集团新山社区住宅项目、中交集团鹭鸣九章住宅项目、蜀道集团二仙桥住宅项目等41件建设用地规划许可证，总用地面积130万平方米，核发华润置地中环天序住宅项目、千里倍益康龙潭总部项目、首开集团鹭鸣北湖住宅项目等47件建设工程规划许可证，总建设面积520万平方米，核发区教育局桂林社区幼儿园项目、四川省方志馆项目、成华国投资公司社区综合体项目等35件用地预审与选址意见书。

（徐国芬）

【“金色中环”规划】　成华区“金色中环”示范带位于成都中环路东北方

向，规划范围起于凤凰山高架、止于大观堰，全长14.4千米，占成都中环路总长度33.8%，以成华“金色中环”路为轴向两侧500～800米范围，占地面积14～23平方千米，秉持“总体策划、片区开发、轴线带动、组团打造、地标增色”思路，围绕“成渝双城门户创新发展联动轴、成都公园城市有机更新示范带、成华文商旅融合发展活力廊”总体定位，聚焦做优做强时尚消费引领与现代服务核心功能，实施城市有机更新、文创业态育新、文商融合创新、宜居生活焕新“四新”工程，把中环沿线打造成为形态更美、功能更优、产业更强、魅力更足、品质更高的“金色中环”。

（中环办）

公园城市建设

【概况】 2022年，成华区以城市更新为依托，通过完善功能、转换场景、开放界面重新唤醒片区活力，整体提升街区总体环境，集中塑造绿量丰满、特色鲜明的绿化区域，建成成都万象城街区型公园城市示范片区、新华坊街区型公园城市示范片区，完成东客站公园城市示范街区、羊子山公园城市示范街区建设，新增高铁城市公园（二期）、天鹅公园市政公园2个，金角银边点位15个，特色街区3个，全区有市政公园30个。

【公园城市示范片区建设】 成都万象城街区型公园城市示范片区，通过绿道和社区公园串联高品质居住区、大型商业综合体等配套设施，结合国际消费中心城市建设、夜间经济建设等城市发展方向，打造“全域沉浸夜”标杆商业品牌，呈现具有城市级新夜生活新空间，构建品质体验与烟火气并存的“公园+高品质社区”示范片区。新华坊街区型公园城市示范片区，通过“公园+街区”片区更新的模式，以风貌改造、场景植入、业态更新、智慧升级等方式，运用智慧管理、5G网络覆盖、数字运营管理、便捷线上服务等，植入文艺品质、剧场演艺、大众休闲、夜间消费、智慧体验等品质业态，推进新华公园与周边街区整体联动建设；协同“学习强国”主题街区建设，应用空间美学，突出“红色地标”，实现社区有机更新，打造文化、生态、科技于一体的“公园+主题学习”示范片区。

【公园城市示范街区和特色街区建设】 东客站公园城市示范街区涉及金马河路、嘉陵江路、邛崃山路等，景观改造面积3.15万平方米，街区以市井文化、城市记忆融入街区生活，提升街区功能，营造生态和慢行街道空间，打造商业型街道场景。羊子山公园城市示范街区涉及洪山北路、洪山路中段、羊子山路、横桥街，整治人行道1.7万平方米，商铺店招改造1800平方米，将历史文化、民俗文化等文化记忆转化为五福临门、守护之阙、双水塔、幸福剧场、羊子山光阴故事长廊等，形成体验型街道场景。

（刘嘉琦）

【北湖未来公园社区建设】 北湖未来公园社区是成都市首批启动的25个未来公园社区之一，东至成金青快速路、南抵东三环、西至蜀龙路、北临成绵高速，规划总面积5.56平方千米，常住人口2.5万人，以“熊猫创意城”为整体定位，围绕大熊猫IP文创产业生态聚集，构建“一湾一园、三城五区”空间布局，推动人城境业融合发展，打造伴山伴湖半城林的生态场景。未来公园社区全年实施重点项目13个、完成投资31.09亿元，北湖文化艺术综合体等3个项目开工、完成投资2.06亿元；泛娱乐滨水商业街、湖山路西段二期等6个续建项目完成投资27.75亿元，北湖社区综合体等4个项目竣工，完成投资1.28亿元。北湖云湾项目占地面积126亩，总投资25亿元，打造未来公园社区“建筑环境、绿色交通、市政设施、公共服务、智慧韧性”5个建设维度，聚焦“绿色建筑、生态融合、低碳生活、海绵城市”等20项建设内容，构建“绿色建筑、光伏建筑、立体绿化、公交站点、慢行空间”等44个建设项目，被列为

12月11日，成都市首批未来公园社区示范项目北湖云湾项目举行开工仪式 （区融媒体中心供图）

成都市首批未来公园社区示范项目于12月11日开工。

（戴煦来　胡　伟）

【市政公园建设】　高铁城市公园（二期）　位于成都东站北侧，南接迎晖路，东邻槐柳四路，西靠成昆线，占地面积406亩，是成都市首个以高铁文化为主题的大型城市公园，构建“东站高铁公园风光带”，突出公园城市特点和天府文化特色，打造景观示范节点、串联高铁绿轴，呈现铁路沿线“绿丝带”景观特色，集全民健身、运动康养、拓展培训、文化娱乐等功能于一体的公园运动综合体，有高铁运动片区、锦绣天府片区、天府熊猫卡丁车公园三大片区。高铁运动片区以“时尚运动”为主题，设置4个羽毛球场、11个篮球场、7个足球场等运动场，以及儿童游乐区、极限运动区、健身设施区；锦绣天府片区，构建锦绣天府成都门户展示节点景观，展示锦绣生活主题园；天府熊猫卡丁车公园片区引入德国专业团队，打造天府熊猫赛道，总长度1.2千米，为西南首个达到举办国际赛事标准赛道。

天鹅公园　位于蜀都大道保华路段，占地面积40亩，公园以河流为基，熊猫文化点缀，通过雕塑和小品与整个绿地相串联，形成曲折蜿蜒而富有运动活力的开敞式体育公园，园内有篮球场、羽毛球场、梯形广场、儿童攀爬设施、口袋式花园及迎大运会会徽雕塑等休闲、娱乐空间。

【“老公园新活力”场景打造】　成华区实施“老公园新活力”场景打造，对圣灯公园、成华公园进行提档升级，提升公园功能配套和景观品质，通过拆围、透绿、增花添彩、筑景，拓展绿色开敞空间，营造开放公园体系。圣灯公园改造面积1500平方米，主要点位栽植丛生芙蓉，结合芙蓉花元素，构建花境、景观小品，营造景观节点，形成芙蓉山谷。成华公园改造面积6.7万平方米，公园铺上全新的透水混凝土地面，构建水生态环境，将公园边界的临河空间开放与城市共融，全新升级延续绿色生态、延续成华公园的欢乐主题，植入全新业态与活力，联动“夜游锦江”特色线路，点亮沉浸式投影与炫彩灯光，整条河岸线升级成为滨水活力空间。

【金角银边打造】　成华区探索精细化空间治理新模式，深入挖掘街旁绿地、桥下空间、基础设施周边空间，利用屋顶空间、滨河空间，升级改造地下空间、低效用地，把“金角银边”建设与践行新发展理念的公园城市示范区有机结合，将城市剩余空间融入城市景观体系、城市功能体系、城市价值体系，植入公园绿地和运动、休憩、文化、商业等复合性功能，呈现成都理工大学地质文化长廊、四新桥头绿地、机车厂宿舍小广场、双林南支路绿地景观、双林南支路块状绿化空间、合信万象城配套绿地、万象游园、双庆路公交场站旁绿地、东虹路幼稚园绿地、万科天荟景观天桥、龙绵街游园、十里风和屋顶绿化、垃圾中转房景观美化、天鹅公园、T立方双桥子篮球公园15个“金角银边”点位。

（刘嘉琦）

特色街区

【概况】　2022年，成华区挖掘区域文化内涵和城市底蕴，打造建设路、建设巷、双城五路、昭觉里4个特色街区，彰显成华特色文化和市井烟火气息，形成各具特色的活力街区。

【建设路】　建设路特色街区全长1.3千米，改造面积3.5万平方米，总投资26000万元，以“市井体验生活”为主题，通过文创IP打造、市井风貌体现、消费场景及街道美学展示四个层面提升，打造多元互动的新生活体验中心，塑造特色生态街景，构建公园城市美丽宜居生活场景，展现具有成华特色的烟火市井风貌，提升梦回建设路、生产生活数字文博馆、归家之桥、宏明路街头绿地等特色点位。街区围绕第五大道、钻石广场等节点打造光影留声、城市记忆谷等富有意趣的互动场景，增加具有工业文化图案的埋地线灯及街边种植池坐凳，建设路牌坊由投光灯点亮，工业文化与城市烟火得到有机融合。

（李　珀）

【建设巷】　建设巷特色街区全长1.2千米，整治街区步行街立面、特色店招、景观优化、导视系统，立面整治涉及建设巷、建设巷南街、建设中路8栋住宅及商业店招改造、1栋公寓、街面景观一体化综合整治，总投资9500万元。打造建设巷步行街展示中心及接待中心，记录美食街的演变，电子科大的人文历史，成为独特魅力的打卡地标。展示中心分为A、B区域，A区是科普中心，主要承担软件编程科普和网络信息安全科普功能；B区以科技创新为主题，展示中关村科技发展大事记和电子科大发展大事记，展现科技创新成果，通过设计街道U型界面、打造科技成果展示区等方式，形成以“科技+”为特色的活力街区。

（杨　澜）

【双成五路】 双成五路特色街区北起双庆路，南至双桂路，西接万象城，东临沙河绿轴，全长1280米，整治绿化面积5.37万平方米，总投资1.68亿元。外立面实施整治、道路断面调整、景观提升、光彩工程、道路黑化、人行道提升改造、雨污管线清淤和修复、文化小品、强弱电和管线迁改等一体化改造以及相关配套设施工程。街区改造建筑外立面、围墙、增设路灯、互动小品以及休憩节点，结合独特的工业文化及市井文化印记，延续万象城活力时尚新元素，以“东郊繁华场、童年欢乐场、时尚生活场、万年幸福场”四大场景再述成都东郊工业区的“活力时尚繁华场”，为辖区居民营造方便、便捷的生活氛围。

【昭觉里】 昭觉里特色街区位于昭青路，打造动漫（国漫）、禅茶文化为主题的特色旅游环城街区，营造诗词大街、昭觉水街“两街”，河灯文化广场、昭觉雅集长廊、古风雅韵绿廊“三廊”，松风雅庭、翰墨雅榭、钟韵雅筵“三庭”，总投资7400万元。街区景观空间游览体验，再现“川西第一禅林”的繁华街市，对沿线240米范围，沿街商业、金角银边、U形空间、公共设施等进行景观化设计和特色提升，新建管理服务用房、商业等配套工程。

（李晓娇）

城市更新建设

【概况】 2022年，成华区以做优做强城市核心功能为目标，紧扣“中环牵引、纵横联动、组团优强”发展策略，锚定“一年有变化、三年见形象、五年强功能”目标，加大“金色中环”沿线城市有机更新项目攻坚力度，实施中环两侧500米范围片区有机更新。“金色中环”规划八里庄工业遗址片区、下涧槽片区、崔家店南路中烟片区、槐树店片区、铁塔厂片区、迎晖路片区、龙潭新型产业园区（一期）7个城市有机更新项目，启动八里庄工业遗址片区、下涧槽片区、崔家店片区、槐树店片区4个城市有机更新项目，年度完成投资18.48亿元。成华区实施杉板桥快速路改造、成华大道（民兴路至四环段）改造、成致路互通立交改造、蓉都大道（成华段）综合改造、天府大道北延线（成华段）建设5个市级城建重大项目，改造道路、绿化、排水、路灯、交安及慢行设施等。杉板桥快速路改造项目开工建设，成华大道（民兴路至四环段）改造、成致路互通立交改造、蓉都大道（成华段）综合改造、天府大道北延线（成华段）建设4个项目推进前期工作。

（李　剑　毛　令）

表141　　2022年成都市成华区城市有机更新项目情况表

序号	项目名称	责任单位	项目类型	项目内容
1	八里庄工业遗址片区更新	成华旧改公司 区城市更新局	保留传承	项目位于八里庄路80号，东至民兴巷，西至民兴路，南至仙韵一路，北至仙韵二路，占地10.7亩，建筑面积1.36万平方米；打造天府设计产业园及会展、演艺等多功能可变空间，天府设计产业园建设内容包括土建工程、外立面改造工程、室内装饰装修工程、安装工程、园区门头以及总图工程等产业办公空间、保留建筑改造
		成华旧改公司 区城市更新局	新建	项目位于仙韵二路西侧，东至民兴巷，西至民兴路，南至仙韵一路，北至仙韵二路，占地17.5亩，建筑面积5.46万平方米；新建文创空间、文化广场、地下停车场、地下连廊、总平及保留建筑改造等设施工程
		成华旧改公司 区城市更新局	新建	项目位于中环路八里庄路段外侧，东至民兴一路，西至民兴巷，南至仙韵一路，北至仙韵二路，占地65亩，建筑面积5.9万平方米；打造集文旅剧场、小剧场、培训、配套空间等功能于一体的多功能文化综合体，建设展演汇、娱乐汇、地下停车场、文化广场、总平等设施工程
2	下涧槽片区更新项目	成华棚改公司 区城市更新局	新建	项目位于二仙桥北路31号，建设面积3500平方米，为量子产业园打造项目，与成都机车厂收储区维修改造工程统一规划、分批实施，形成集都市新兴产业社区、创新创业孵化园区、城市年轻活力社区及新锐文化艺术聚集区于一体的数字娱乐产业生态圈

续表141

序号	项目名称	责任单位	项目类型	项目内容
3	崔家店南路中烟片区城市有机更新	锦城华创公司	老旧小区改造	项目位于万年场街道红桥社区，崔家店南路中烟片区城市有机更新单元范围，中环路以东，长融街以西，成洛路以北，中烟地块以南
			搬迁	项目位于崔家店南路八号院，东至香山长岛，西至中环路，南至成都卷烟厂，北至西苑，占地109亩，涉及迁改住户320户，企业1户，改造面积6.2万平方米
4	槐树店片区城市有机更新	锦城华创公司	搬迁	项目位于槐树店片区，占地53亩，建筑面积5.16万平方米，涉及住户928户
			搬迁	项目位于槐树店片区，占地119亩，建筑面积2.17万平方米，涉及住户660户、企业1户
			新建	项目位于华建学校以东，旭日苑B区以北，占地23亩，建筑面积2.9万平方米
5	铁塔厂片区城市有机更新	锦城华创公司	搬迁	项目东至中环路双店路段，南至规划道路，西至沙河，北至崔家店路，涉及住户320户，非住宅2户，建筑面积2.6万平方米
6	迎晖路片区城市有机更新	锦城华创公司	新建	项目东至隆鑫九熙三期，南至二类住宅用地，西至槐庭路，北至槐树店二路，占地13.7亩，建筑面积1.8万平方米
7	龙潭新型产业园区城市有机更新项目	成华旧改公司	搬迁	项目位于龙潭产业园区龙港路中段，东至华盛路，南至龙港路，西至鹤林四路，北至龙港钢材市场，占地434.45亩，建筑面积24.45万平方米，搬迁企业4户
			优化改造	项目位于龙港路与隆兴南一路，建筑面积5.02万平方米，建设内容包括A栋外立面改造、室内装饰装修、安装工程以及设施设备购置，B栋外立面改造，地下室及总平改造等

表142　　2022年成都市成华区城建重大项目情况表

序号	项目名称	项目规模	项目投资（亿元）	项目业主
1	杉板桥快速路改造	道路全长4.2千米，改造道路、景观绿化、排水、路灯、交安及慢行设施等	12.0	成都城投集团
2	成华大道（民兴路至四环段）改造	道路全长6.3千米，改造道路、景观绿化、排水、路灯、交安及慢行设施等	19.0	成都城投集团
3	成致路互通立交改造	设置两条左转匝道和两条右转匝道	3.6	成都交投集团
4	蓉都大道（成华段）综合改造	道路全长4.1千米，改造道路、景观绿化、路灯、交安及慢行交通等	6.0	成都兴城集团
5	天府大道北延线（成华段）建设	南起赛云台路，北至中环路，全长1.3千米	22.0	成都高速公路开发建设有限公司

【城市空间品质提升】　背街小巷品质提升　成华区围绕街区文化元素、商业元素、主题定位，通过设施改造、文化融入、风貌塑造等整治，实施道路黑化、外立面美化、电缆线序化、招牌提升、沿线两侧绿化带、围墙翻新、道路、管道、人行道、行道树等提档升级改造，以及市容秩序、环境卫生等整治，提升华甸路、新鸿南路、青龙路、长天路、二仙桥西一巷、桂香四路6条背街小巷环境品质，改造面积4143平方米，总投资14930万元。

最美街道创建　成华区致强环街（昭青里）、蜀龙路（箭竹路至熊猫大道段）入选成都市“最美街道”。致强环街（昭青里）结合社区特色，以生态环境美、心灵行为美、空间场景美、社区生活美“四美”为主线，打造集文化展示、生活服务、技能培训、科创体验、公益活动等功能于一体的体验式街区美学应用空间，入选2022年春季成都市“最美街道”。蜀龙路（箭竹路至熊猫大道段）沿线植入熊猫文化、竹文化符号，重要节点营造山水长卷、熊猫望蜀、北湖揽月等文化景观，实现从单一交通功能通行的普通道路，蝶变为一条串古链今的新熊猫景观廊道，入选2022年夏季成都市“最美街道”。

（康　毅）

【“金色中环”片区有机更新】　八里庄工业遗址片区　八里庄工业遗址片区更新项目北至仙韵二路，东至二仙桥北路、建设北路三段，南至文德路，西至府青路三段，占地面积1368.3亩，总投资76.1亿元，建设内容包括八里庄片区搬迁安置、工业遗址保留建筑改造、老旧院落保留修缮和新建影视文创产业及配套项目，依托保留的101仓库、103仓库、109仓库、石油总机厂等工业文化遗址资源优势，构筑“创作孵化+教育培训+拍摄制作+运营推广+文旅体验”于一体的“文创+”产业生态圈。截至年底，八里庄工业遗址片区更新项目完成投资8.03亿元，完成石油总机厂、103仓库等6个地块1705户住户签约及房屋腾交，11家企业签约，红仓101文创产业园区A区建设工程项目进场施工，推进成华区妇幼保健院新址建设工程（华西妇女儿童医院成华分院）、陶玻市场、地勘院办公楼及家属楼项目建设。

崔家店南路中烟片区　崔家店南路中烟片区更新项目东至民兴南一路，南至中环路双店路，西至中环路崔家店路，北至理工东苑，占地面积3134亩，总投资93.75亿元。1号地块城市有机更新项目位于崔家店西片区，跳蹬河街道辖区，东至中环路崔家店路段、南临中环路崔家店路、西至杉板桥南五路、北靠杉板桥路，占地面积1473亩，总投资57.7亿元。2号地块城市有机更新项目位于崔家店路西侧，东至云水苑小区、南至崔家店路、西至崔家店北二路、北至四川电力送变电公司，占地面积1661亩，总投资36.05亿元。截至年底，崔家店南路中烟（一期）城市有机更新项目完成投资1.35亿元，启动宏苑、欣苑、民苑、锦苑4个小区老旧院落改造，建筑面积16万平方米，涉及户数2014户。

（张婉清）

下涧槽片区　下涧槽片区城市有机更新项目北至东华一路，东至十里店路，南至中环路二仙桥东路段，西至二仙桥北路。一期项目北至下涧槽路，东至成都誉美医院，南至二仙桥北二路，西至民兴四路，占地面积493亩，总投资22.44亿元，涉及成都嘉祥外国语学校成华校区改扩建项目、二仙桥北路68号三根香居民点改造、新建成都机车职工会议中心等项目。二期项目北至二仙桥北二路，东至成华大道十里店路，南至中环路崔家店路段，西至二仙桥北路，占地面积844亩，总投资33.66亿元，涉及省建十二公司改造。截至年底，下涧槽片区城市有机更新项目完成投资4.1亿元，成都嘉祥外国语学校成华校区改扩建项目主体施工，成都机车职工会议中心改造加固工程项目竣工，完成大师讲堂量子电竞产业园装修改造并试运营。

槐树店片区　槐树店片区城市有机更新项目东至槐柳二路，南至御风一路，西至槐杨路，北至成洛大道，占地面积805亩，总投资67.6亿元，其中区域保留建筑面积63万平方米，涉及隆兴九熙、华天阳光、旭日苑，区域改造建筑面积2.9万平方米，涉及玻璃厂一片区、华建学校；拆迁区域建筑面积15.55万平方米，涉及玻璃厂生活区、五冶生活区，优化区域路网体系，加密毛细路，打通断头路，提升交通便捷度；打造中环壹号、成华和悦广场等商业综合体，新建幼儿园和小学、成华区第七人民医院，优化槐树店公园，提升槐树店片区各项生活配套。截至年底，槐树店片区城市有机更新项目完成投资5亿元。

（李　珀）

【老旧小区改造】　成华区完成老旧小区改造57个，涉及房屋241栋，惠及1.27万户3.17万人。老旧小区改造突出优化设计，着力治隐患、强功能、优环境、提品质，推动老旧小区“软件、硬件”同步改善，“形态、文态”同步提升，“治理、服务”同步加强，打造优美宜居、新老和谐、智慧包容、安全韧性的老旧小区改造新典范，创造群众幸福美好新生活。水碾河老旧小区连片改造项目、中环四苑老旧小区连片改造项目、电子科大东二院老旧院落改造项目、亚光小区老旧院落改造项目被评为2022年成都市老旧院落改造市级示范项目。

（杜　魁）

水碾河小区连片改造　水碾河小区连片改造位于双桥子街道路北社区，蜀都大道北片区城市更新单元范围，东至双华南路，南至蜀都大道，西至一环路，北至双桥路，改造面积20万平方米，涉及1个社区、13个院落、68栋房屋、8条街巷、住户3947户2.41万人，总投资12666万元。改造开敞室外活动空间，解决消防、救护通道，利用“金

表143　　2022年成都市成华区老旧小区改造点位情况表

序号	小区名称	地址	户数（户）	建筑面积（万平方米）	项目投资（万元）
1	一环路东三段1号、3号、5号、7号、11号院	一环路东三段	202	1.41	606
2	双桥路南六街200栋、213栋，水碾河北三街27、28、29栋	一环路航空巷	297	2.38	891
3	水碾河路北二街14~18栋、23栋	水碾河路北二街	468	3.28	1404
4	水碾河北二街10~13栋、24栋，北三街19栋	水碾河路北二街、北三街	480	3.36	1440
5	水碾河北三街5~8栋，磨子村4栋、5栋	水碾河路北三街	399	2.59	1197
6	水碾河北三街1~4栋、25栋、26栋	水碾河路北三街	424	2.37	1272
7	水碾河北三街31~34栋	水碾河路北三街	424	1.04	1272
8	双华南路31号1、4、5栋，双华南路8号院	双华南路31号	257	2.31	771
9	磨子村1、3栋、5栋1单元、6栋	双华南路33号	159	1.31	477
10	磨子村2栋，双桥路南六街221~223栋	双华南路33号	207	1.35	621
11	双桥路南六街191~195栋	双桥路南六街	278	1.81	834
12	双桥路南六街196~199栋，双桥路213号1栋，双桥路南六街95号院	双桥路南六街	251	1.63	753
13	双桥路240号1~3栋，242号、252号院	双桥路240号、242号、252号	376	3.20	1128
14	电子科大东二院	建设北路二段5号附1号	1024	6.24	3736
15	电子科大东四院	建设北路二段5号	425	3.67	1484
16	宏苑	槐树店路40号	848	5.00	2544
17	欣苑	槐树店路40号	312	2.20	936
18	民苑	槐树店路40号	526	3.80	1578
19	锦苑	槐树店路40号	328	3.00	984
20	亚光小区	建设南二路1号	580	3.60	1740
21	双桥路249号5栋	双桥路249号	72	0.71	216
22	新鸿南路86号21栋	新鸿南路86号21栋	72	0.40	216
23	新鸿南路86号45栋	新鸿南路86号45栋	18	0.11	54
24	新鸿南路77号35栋	新鸿南路77号35号	60	0.33	180
25	新鸿南路77号48栋	新鸿南路77号48栋	54	0.31	162
26	新鸿南路77号49栋	新鸿南路77号49栋	54	0.31	162
27	新鸿南路77号55栋	新鸿南路77号55栋	21	0.12	63
28	新鸿南路77号56栋	新鸿南路77号56栋	21	0.12	63
29	站北西横街65号	站北西横街65号	234	1.65	702
30	天福缘	八里桥路206号	132	1.05	368
31	槐树苑一期	槐树店路12号	612	4.70	1836
32	师友路4号	师友路4号	246	2.00	738
33	成都农商银行宿舍	桃蹊路80号	24	0.30	72
34	朝阳新村	二环路北四段49号	69	0.66	207

续表143

序号	小区名称	地址	户数（户）	建筑面积（万平方米）	项目投资（万元）
35	青龙小学教师宿舍1栋	云龙路2号1栋	24	0.18	72
36	致祥路37号	致祥路37号	112	0.75	336
37	致祥路85号	致祥路85号	84	0.55	252
38	云龙公寓	云龙路111号	45	0.46	135
39	香木林馨苑	龙潭路8号	232	2.67	696
40	二环路东三段12号	二环路东三段12号	150	0.80	389
41	253宿舍	二环路东一段27号	109	1.24	327
42	玉锦苑	玉双路3号1、5、6栋	253	0.28	759
43	玉香苑	玉双路3号2栋	56	0.22	168
44	玉馨苑	玉双路3号3、4栋	112	0.25	336
45	猛追湾东街6号院1栋	猛追湾东街6号1栋	49	0.30	147
46	猛追湾东街6号院2栋	猛追湾东街6号2栋	84	0.80	252
47	猛追湾东街6号院3、5栋	猛追湾东街6号3、5栋	108	0.40	324
48	猛追湾东街6号院4、6栋	猛追湾东街6号4、6栋	120	0.40	360
49	猛追湾东街6号院7栋	猛追湾东街6号7栋	48	0.30	144
50	猛追湾东街6号院8栋	猛追湾东街6号8栋	24	0.40	72
51	猛追湾东街6号院9~12栋	猛追湾东街6号9~12栋	205	2.00	615
52	府青路二段5号院	府青路二段5号	144	1.87	432
53	教师苑	培华西路5号	68	0.20	204
54	跳蹬河南路11号院	跳蹬河南路11号	308	2.20	924
55	青龙街道机关宿舍	昭青横路20号	36	0.49	108
56	长天路32号院	长天路32号	320	1.63	960
57	新风路60号院	新风路60号	48	0.10	144

角银边”、景观小品等将文化元素融入街巷院落，构建一街（便民商业街）、三巷（农贸市集巷、生活休闲巷、水碾文化巷）、两心（社区文创中心、社区综合服务中心）、多点（居民文化活动、休闲健身等各类活动点位）空间格局，彰显老小区品质生活魅力。水碾河老旧小区连片改造项目被评为2022年成都市老旧院落改造市级示范项目。

中环四苑小区连片改造 中环四苑小区连片改造位于万年场街道红桥社区，崔家店南路中烟片区城市有机更新范围，中环路以东，中烟地块以

中环四苑小区改造项目 （区城市更新局供图）

南，长融街以西，成洛路以北，建筑面积14万平方米，涉及宏欣民锦4个安置房小区、3条街巷、1个公园、1所学校，以及五冶职工宿舍区，总投资6042万元。改造以槐树新城公园为主题，厚植场镇、工业地域文化，打造集居住小区、特色街区、生态公园、文化活动配套、社区治理于一体的居住公园社区，通过新建、改建、归集载体资源，引入社会专业机构统一运营，打造便民服务轴、文化活动轴、生态休闲核、强链补链核社区服务空间，实现社会价值、经济价值、文化价值、生态价值和谐统一。中环四苑老旧小区连片改造项目被评为2022年成都市老旧院落改造市级示范项目。

（李　珀）

电子科大东二院改造　电子科大东二院位于猛追湾街道踏水社区，改造面积6.1万平方米，总投资3736.8万元，惠及居民1024户2600人；实施片区空间整体塑造，加装电梯15台，新设羽毛球场、乒乓球场、儿童乐园、休闲廊架4处，读书廊架2处，新增公共健身器材18组；对院内公共区域架空电线及通信线路进行序化，院落公共区域增设无障碍坡道5处，升级院落电子安防系统，新增及更换电子监控摄像头59处，更换智能人行道匣及车行道匣各两套，增设电子围栏1000米；优化慢行系统，新设院内环行步道300米及400米环线跑道；修剪院内乔木400株，改造绿地及灌木1.2万平方米，增设柜式分类垃圾回收点3处。电子科大东二院被评为2022年成都市老旧院落改造市级示范项目和2022年度成都市百佳示范小区。

亚光小区改造　亚光小区位于双桥子街道薮香里社区建设南二路1号，涉及住宅14栋，住户580户1450人，改造面积3.6万平方米，总投资1740万元。改造突出“一老一小”亲民便民和“智慧社区”建设，对小区居民楼、雨棚、围墙、道路提升改造，屋面防水工程、照明、线路、绿化序化改造，增设摄像头、智能道闸、休闲亭，利用闲置空地空间，厚植亚光电子工业文化，建设党建室、邻里客厅、工友之家、儿童之家等活动场地；引入社会化物业管理服务，探索“社区+院落党支部+居民+物业+院委会”多元共治模式，提升小区院落治理水平。亚光小区老旧院落改造项目被评为2022年成都市老旧院落改造市级示范项目。

（杜　科）

改造后的电子科大东二院一隅　（区城市更新局供图）

公共配套设施建设

【概况】　2022年，成华区优化公共配套设施建设项目清单，加快项目建设，扩大优质教育、医疗、康养等供给资源，构建“15分钟公共服务圈”。全年实施公共配套设施建设项目37处，其中幼儿园2处、小学5处、中学3处、街道办事处1处、派出所1处、社区用房2处、社区养老设施2处、社区服务中心1处、社区卫生服务中心3处、文化活动中心1处、农贸市场4处、公交场站1处、综合健身馆2处、环卫休息室1处、再生资源回收站1处、运动场3处、公厕3处、停车场1处。

（李　沁）

【社区综合体建设】　成华国投公司承建海滨配套社区综合体建设，建筑面积3.1万平方米，总投资1.6亿元，修建社区服务中心、社区卫生服务站、农贸市场、综合健身馆、公厕等配套设施，截至年底项目完成主体施工。成华国投公司承建致兴二路北侧配套社区综合体，建筑面积0.84万平方米，总投资0.65亿元，修建日间照料中心、社区用房、农贸市场、再生资源回收站、公厕，项目年底完工。

（杨　澜）

【社区用房建设】　成华区实施社区用房建设规划2处，北湖配套社区用房建筑面积2004平方米、社区服务中心建筑面积2500平方米，年度完成投资10737.52万元，项目年底完工。二仙桥西片区配套社区用房建筑面积4150平方米，年度投资6600万元，年底完工。全年建成社区用房4处，梵锦108社区用房位于昭觉寺北片区A地块、建筑面积486平方米，新客站片区社区用房位于成都东客站、建筑面积541平方米，霆彪广场社区用房位于二仙桥东路60号、建筑面积600平方米，中梁云玺台社区用房位于槐树店路、建筑面积500平方米，截至年底4处社区用房均验收并移交。

（王　勇）

【社区养老设施建设】　成华区实施社区养老设施建设规划2处，荆竹社区养老设施位于凤翔华庭南,建筑面积3003平方米，总投资7364.18万元，截至年底项目主体施工。北湖配套社区养老设施位于龙潭街道秀水社区3、4组，建筑面积5002平方米，总投资11924.32万元,截至年底项目主体施工。

（游　勇）

【基层文体设施建设】　成华区荆竹社区规划文化活动中心建筑面积3010平方米，年度投资764万元，截至年底建筑主体完工。实施综合健身馆规划2处，北湖配套综合健身馆建筑面积3007平方米，年度投资763万元，截至年底建筑主体完工；二仙桥西片区配套综合健身馆建筑面积2401平方米，年度投资73万元，截至年底基坑施工。实施规划运动场2处，槐庭路运动场面积6.9亩，年度投资145万元，截至年底基坑施工；新山2组运动场面积8亩，年度投资38万元，截至年底施工打围。建成文体设施4处，昭北108项目综合体文化活动中心3167平方米、综合健身馆2011平方米，驷马桥片区配套社区综合体文化活动中心3038平方米、综合健身馆2080平方米，尚未移交。建成运动场2处，邛崃山路东运动场15.5亩、华翰路西运动场6.0亩，尚未移交。

（张旭东）

【新华公园智慧停车场】　成华区利用新华公园地下空间开发智慧停车场，建筑面积1.6万平方米，停车场分为两层，设停车位468个，充电车位50个，停车场车库系统接入“成都停车App”小程序，车主可以提前查询车位、预订共享车位。

（许　波）

表144　　2022年成都市成华区公共配套设施建设项目情况表

序号	项目名称	项目地址	项目类别	项目投资（万元）	建设单位
1	高车三路康养中心建设项目	高车三路	养老院	53800	成华棚改公司
2	荆竹社区公建配套设施建设项目	荆竹西路与荆翠南二街交会处	修建派出所、社区养老设施、农贸市场、社区卫生服务中心、文化活动中心、公交场站、公厕7处公服设施	7880	成都德川嘉悦置业有限公司
3	北湖配套社区综合体	秀水社区3、4组，保平社区5组	修建社区卫生服务中心、社区用房、社区养老设施、农贸市场、综合健身馆5处公服设施	10000	成都德川嘉悦置业有限公司
4	下涧社区综合体	二仙桥街道	修建街道办事处、社区服务中心、社区卫生服务中心、农贸市场、环卫休息室、公共厕所、再生资源回收站7处公服设施	6300	中车科技园（成都）有限公司
5	二仙桥西片区配套建设项目	二仙桥西片区	修建社区用房、农贸市场、综合健身馆、公厕4处公服设施	5060	成华城投公司
6	高洪片区华月路东侧幼儿园	高洪片区华月路北段东侧	幼儿园	7000	成都东方广益公司
7	成都市第十四幼英才分园建设项目	民兴一路500号	幼儿园	9152	成华棚改公司
8	北湖秀水片区配套小学建设项目	北湖秀水片区	小学	32580	成都兴华生态公司

续表144

序号	项目名称	项目地址	项目类别	项目投资（万元）	建设单位
9	电子科技大学附属实验小学沙河校区改扩建项目	府青路二段3号新1号	小学	7000	成都兴华生态公司
10	东客站西侧配套中小学建设项目	东客站西侧	小学	8700	成华城投公司
11	电子科技大学附属实验小学府青校区改造提升工程项目	府青路东街61号	小学	3000	成都东方广益公司
12	新山社区配套小学建设项目	新山社区2组	小学	21000	成华国投公司
13	成都石室初中培华校区提升改造建设项目（一期）	培华西路3号	中学	8000	成华城投公司
14	成都石室初中培华校区提升改造建设项目（二期）	培华西路3号	中学	2500	成华城投公司
15	成都市实验中学校园文化建设项目	青龙路781号	中学	2000	成都东方广益公司
16	成都华西中学运动场	双建南巷1号	运动场	2400	成都兴华生态公司
17	槐庭路运动场建设项目	槐树店二路	运动场	7800	成华棚改公司
18	新山社区运动场建设项目	新山社区2组	运动场	7600	成华国投公司
19	高车三路停车场	高车三路	停车场	4628	成华城投公司

交通基础设施建设

【概况】　2022年，成华区保障轨道交通建设，助力成渝中线高铁开工建设，成都轨道交通8号线（二期）、17号线（二期）、27号线（一期）加快建设，纳入道路基础设施建设项目99个。全区有各级公路、城市道路里程675.4千米，建成区路网密度8.34千米/平方千米。区内城市轨道交通线网基本形成，有城市轨道交通运营线路7条，运营里程44.5千米，车站35座；有西成、宝成、成昆、达成、遂成、成渝6条铁路运输线，以及成都东站大型综合交通枢纽。

【交通枢纽建设】　成华区“7环13射”骨干路网基本成型，7环（即一环路、二环路、中环路、荆竹西路—荆竹中路—荆竹东路—东林二路—致力五路—人民塘路—东华三路、三环路、熊猫大道—龙青路、绕城高速）已全面贯通。13射（即北星干道、金凤凰大道、昭觉寺南路—川陕路、建设北路—蜀龙大道、府青路一段—成绵高架、新鸿路—杉板桥路—成金青快速通道、物流大道—成致路—桂龙路、致兴路、龙港路、航天路、成南高速、新华大道—成洛大道、蜀都大道水碾河路—成渝高速）。“13射”中，物流大道—成致路—桂龙路射线、桂龙路至成致路段穿越铁路及连接段已纳入建设计划，致兴路射线致平一路至湖景四路段建设用地已移交成绵乐高铁车辆段，其余11条射线道路已贯通。

高速复线和快速公路　成南复线项目起于成华区龙港路北编组站铁路，止于第二绕城高速，全长24.36千米，途经成华、新都、青白江3个区，成华段全长3.1千米。成金简快速路成华段为2条接入成南复线的匝道，全长1.51千米，成南复线、成金简快速路成华段主体工程完工。

龙潭寺东站TOD项目　龙潭寺东站TOD项目南靠龙潭工业机器人产业功能区，西临北湖生态公园和成都大熊猫繁育研究基地，轨道交通8号线直达，规划建设S12号线与8号线接驳于龙潭寺东站（桂龙路站）。龙潭寺东站TOD项目以生活、休闲为核心功能的区域商业中心，打造多功能产业聚集地。龙潭寺东站TOD综合开发项目（一期）1号地块住宅项目主体施工，4号地块住宅项目竣工验收。

（毛　令）

轨道交通建设　成华区在建轨道交通项目3个，线路全长56.58千米。轨道交通8号线（二期）线路经成华大道延伸至龙潭居民集中居住区，成华段全长6.21千米，设圣灯公园站、龙潭立交站、龙潭寺站、同乐站、桂林站、桂龙路站6座车站，截至年底轨道交通8号线（二期）4个站点主体结构封顶，区间隧道全线贯通。轨道交通17号（二期）工程西起机投桥站，东止高洪站，全长25.51千米，设17个站点，成华段全长17.89千米，延伸至龙潭工业机器人产业功能区，设红星桥站、建设北路站、踏水桥站、二仙桥站、机车厂站、人民塘站、航天路站、威灵站、高洪站9座车站，截至年底轨道交通17号（二期）成华段5个站点主体结构封顶。轨道交通27号线（一期）工程北起新都区石佛站，西至青羊区蜀鑫站，连接新都区、金牛区、成华区，全长24.86千米，设23座车站，成华段全长1.41千米，设双水碾站，截至年底双水碾站主体结构封顶。

11月30日，中铁上海局庆祝轨道交通8号线（二期）项目龙潭寺站主体结构封顶（区住建交局供图）

成都枢纽成都站扩能改造工程　成都站南广场位于金牛区、北广场位于成华区，成都枢纽成都站扩能改造工程建设8万平方米，有10个站台、18条线路。截至年底，完成北站房主体结构及屋面钢结构、行包房工程等，成华区负责拆迁项目全面完成。

成渝中线铁路建设　成渝中线铁路由成都枢纽成都站向东引出，经成都简州新城、乐至、安岳和重庆大足、铜梁、科学城，引入重庆枢纽重庆北站，线路全长291.35千米。成渝中线在成都市主城区全长13.3千米，其中成华段全长12千米，途经双水碾、青龙、二仙桥、龙潭4个街道，截至年底项目开工建设。

龙潭E线跨线桥慢行系统工程　龙潭E线跨线桥起于民兴路与华净路，跨越成华大道、东风渠，止于理工东苑小区，主桥全长627米，为双向四车道，实施通道与龙潭E线人行道连接桥梁优化，解决龙潭E线跨线桥人车混行、非机动车逆行，提升群众通行的安全性和便捷度，截至年底项目开工建设。

（刘　梁）

【城区道路建设】　成华区全年开工道路建设74条，其中民兴一路东段、东晖路、荆泰二路、东华二路、槐树店一路、和润路、丛桂巷、白家湾巷、双龙路及配套设施建设工程、华英路（南段）道排及附属工程等31条道路竣工。

表145　　2022年成都市成华区城区道路竣工项目表

序号	道路名称	道路起止	长度（米）	宽度（米）	总投资（万元）	承建单位
1	民兴一路东段	起于仙韵四路，止于二仙桥北路	1160	20	4500	成华城投公司
2	民兴三路	起于仙韵四路，止于仙韵五路	270	20	778	
3	人民塘西一路	二仙桥东片区	460	20	820	
4	东华二路西延线	二仙桥东片区	520	16	2250	
5	塘池路	起于人民塘东二路，止于华林一路	340	20	2280	
6	民善巷	二仙桥北路	230	12	414	
7	东晖路	起于东晖路，止于荆泰二路	197	16	570	

续表145

序号	道路名称	道路起止	长度（米）	宽度（米）	总投资（万元）	承建单位
8	龙厢街	起于东林路，止于东林一路	300	12	1000	成华国投公司
9	荆泰二路	昭觉寺北片区	780	16	2750	
10	东紫路	起于龙锦街,止于成锦复线高速	260	16	12800	
11	东华二路	起于东华路，止于成华大道	600	20	3302	
12	槐树店一路	一段起于塔山路，止于锦汇东城小学二段起于建材路，止于鸡头河	560	20	1300	成华棚改公司
13	丛木巷	起于丛林路，止于丛森路				成都兴华生态公司
14	丛芳巷	起于丛荟路，止于丛芳一巷				
15	丛芳一巷	起于丛林路，止于丛森路				
16	丛芳二巷	起于丛林路，止于北侧绿地				
17	丛树东一巷	起于丛树路，止于丛芳一巷				
18	丛树东二巷	起于丛树路，止于丛芳一巷	3170	16	41000	
19	丛树西一巷	起于丛树路，止于丛木巷				
20	丛树西二巷	起于丛树路，止于丛木巷				
21	丛桂巷	起于丛森路，止于北侧绿地				
22	丛柳巷	起于丛森路，止于北侧绿地				
23	丛兰巷	起于丛森路，止于北侧绿地				
24	白家湾巷	起于丛林路，止于丛森路				
25	白家湾西巷	起于双丛林，止于白家湾巷	1350	12	7350	
26	白家湾东巷	起于丛林路，止于白家湾巷				
27	风情小镇配套道路	起于龙青路，止于龙青路350米处	350	12	980	
28	双龙路道路及配套设施建设工程项目（二期）	起于外环龙腾雅苑，止于成华区区界	2300	25	66000	
29	院山片区规划道路	起于华盛路，止于成花线绿化带	266	9	2000	成都东方广益公司
30	华英路(南段)道排及附属工程	起于成业路，止于龙泉驿交界处	313	16	2000	
31	和润路	起于长融东一路,止于成洛大道	200	20	800	成都城投集团

城区道路升级改造　成华大道（民兴路至四环段）道路连接成巴高速、成绵复线高速、成金青快速路等重要入城通道，承担重要的通过性交通功能，是片区重要的集散交通道路，全长6.3千米，总投资19亿元，修建高架桥、道路、景观绿化、路灯、交安及慢行交通，项目完成方案设计。蓉都大道综合改造项目，起于驷马桥路，终点为绕城高速，全长9.5千米，总投资6亿元，修建道路、景观绿化、路灯、交安及慢行交通，项目完成方案设计。成致路互通立交工程，位于龙潭片区成致路与三环路交会处，为成致路跨线桥，新建4条匝道，节点改造为半互通立交，总投资3.6亿元，项目完成方案设计。

城区主干路及支路建设　二仙桥西北路等9条道路建设工程项目，道路全长6900米，宽16~30米，总投资76800万元，年度完成投资50万元。人民塘路（普洛斯A线西延线）建设工程位于人民塘社区，北起人民塘路，南止东华三路，为八里庄、二仙桥片区重要主干道路，全长420米，宽40米，总投资3980

万元，改造道路、排水、电力、绿化、桥梁、交安、照明等，12月道路竣工通车。东华二路西延线建设工程，起于东华三路，止于塘池路，全长340米，宽16米，总投资2250万元，12月建成投用。杨东天B片区6条道路建设工程，道路总长3000米，宽16~40米，总投资19000万元，年度完成投资3866万元。民兴路（仙韵二路至二仙桥北路）道路建设工程项目，全长2300米，宽30米，总投资14950万元，年度完成投资800万元。致力三路（致兴路至致兴三路段）等3条道路建设工程项目，致力三路（致兴路至致兴三路），道路全长470米，宽20米，致兴一路（致力三路至致兴三路），道路全长270米，宽12米，致兴二路（致力二路至致力三路），道路全长200米，宽20米，总投资8816万元，年度完成投资4000万元。北湖下穿涵洞连接龙潭场镇建设工程，道路全长180米，宽30米，修建北湖成渝铁路下穿涵洞、配套道路及相关附属设施工程，总投资7600万元，年度完成投资5600万元。龙青环线道路及配套设施改造工程项目，全长4800米,宽30米，改造熊猫大道东段、龙青路，总投资26000万元，年度完成投资20000万元。龙石路道路及配套设施建设工程项目，道路起于龙港路、止于区界，道路全长1600米，宽25米，总投资43800万元，年度完成投资2000万元。湖山路西段二期工程项目，起于蜀龙路、止于城北高速，道路全长940米，宽30米，总投资27000万元，年度完成投资18000万元。

（张　聪）

"断头路"打通　成华区打通"断头路"5条，新怡路"断头路"位于长林盘社区7组，全长340米，宽16米，项目投资990万元，4月建成投用。峨眉山路起于秀水河路，止于安宁河路，全长100米，宽20米，项目投资400万元，

槐柳四路断头路打通　　（成华城投公司供图）

6月竣工通车。洪惠路"断头路"起于成渝高速辅道，止于万科路，全长590米，宽30米，项目投资3500万元，7月竣工通车。华林一路"断头路"，全长107米，宽25米，项目投资721万元，8月建成投用。槐柳四路"断头路"，北起成洛大道，全长450米，宽25米，项目投资3800万元，11月建成投用。

交通节点建设　成致路互通立交节点项目新建4条匝道，实现成致路跨三环路节点对外全互通，建设桥梁、底层道路、交安、绿化景观、综合管线工程等，总投资3.6亿元，12月开工建设。杉板桥路改造工程，起于二环路快速道路，往外延伸至成南高速，是成绵二复线北部联系青白江、成德绵片区的重要通道，全长4.3千米，宽40~54米，总投资12亿元，分为两个标段实施。一标段起于二环路，止于中环路，为主线无红绿灯的双向十车道主干路，主线双向四车道，辅道双向六车道，全长2.1千米，年底竣工通车；二标段起于中环路，止于三环路，路段增设辅道，单侧宽13.5米，全长2.2千米，同步改造杉板桥路跨越成绵乐客专等9条运行中的动车线节点，跨线桥全长717米，采用单塔无背索斜拉转体施工工艺，塔身高128米，主跨跨径188米，完成五路口至长林盘路段施工，进行跨成绵乐客专节点立交桥施工。

（董振宇）

【路桥整治和养护】　成华区管养道路482条、总面积825万平方米、总里程376千米，管养桥梁174座、总面积11万平方米。以新鸿路、成华大道、成金青快速通道为界，将道路管护划分为南北2个片区，委托四川省泰达建设工程有限公司、四川中利源建设工程有限公司对道路进行日常养护。区住建交局维护道路363条，车行道面积4.04万平方米，人行道面积6.69万平方米，投入维护资金3300万元。全年检测道路94条、投入检测资金260万元，桥梁日常维护318座，桥梁结构检测26座，桥梁常规检测89座，荷载试验检测19座，投入维护资金500万元；汛期巡查桥梁252座，对60座重要桥梁进行安全隐患排查。

（刘　磊）

智慧城市建设

【概况】　2022年，成华区以"智慧蓉城"建设为契机，推进区级平台系统集

成复用和优化重组，建设区、街道两级城市运行服务管理平台，搭建成华区城市信息模型（CIM）应用平台，形成以智能综合信息平台为依托的城市运行管理与应急指挥体系，提升城市治理处置效能；强化系统集成共用，形成资源共享、功能互补的“大系统”，提升“城市大脑”支撑能级；运用大数据、人工智能等高新技术，拓展城市智慧场景应用，实现“数据资源管理、应急指挥调度、城市综合治理”三大功能，城市运行推进“王”字型架构下智慧蓉城·智慧成华建设。成华区“智慧蓉城·智慧成华”城运平台获评第十九届人民匠心服务奖。

【成华区“十四五”新型智慧城市建设规划】 10月，成华区出台《成华区“十四五”新型智慧城市建设规划（2021—2025年）》，由发展现状、总体要求、重点任务、保障体系四个部分构成。规划发展目标，到2025年，基本实现基础设施集约智能、城市智慧中心全面提能、数据要素高效流转、感知体系广泛覆盖，公共管理、公共服务、公共安全领域智慧化水平大幅提升，推动城市治理更加精细、风险防控更加智慧、市民服务更加便捷、诉求渠道更加畅通，数字经济与智慧城市发展双向赋能；构建“多中心协同”城市智慧治理体系，智慧产品和服务不断丰富，打响成华“智慧政务”品牌，率先建成数字孪生示范城区，成为全国“数字政府、智慧社会”建设典范城区。成华区以1个智能底座、1个智慧城市运行中心、4大重点领域、5大保障体系为总体构架，强化智慧城市底座、实现集约共建智能支撑，建设智慧城市运行中心、打造城市运行智慧中枢，赋能三大应用领域、构建幸福美好智慧城区、激活数字经济新潜能、打造发展新优势四大重点任务，制度创新、标准规范、安全防护、运行管理、建设运营五大保障体系。

【智慧蓉城“王”字型架构试点】 成华区作为成都市智慧蓉城“王”字型架构试点七个区（市）县之一，按照成都市“三级平台、五级应用”技术架构和统一标准规范，建成区、街道两级城运平台系统，升级迭代城运平台相关功能，优化更新城运3.0版本和11个街道城运平台及城运中心实战化运行；建设事件流转系统，打通市、区、街道事件处置流程，贯通区级实战枢纽、街道联勤联动、社区执行落实、网格处置反馈四级联动体系；围绕三公维度，完成风险预警、值班体系等板块1675项指标上屏，实现对城市运行态势监测、城市运行风险监测和城市运行事件处置能力，筑牢“一屏观全域、一网管全城、一体防风险”基础。

【“智慧成华”城市运行平台建设】 区城运中心依托全区统一数据资源交换共享平台，梳理发布数据资源目录784个，推动部门、街道落实共享责任数据8988项，目录资源挂接率100%，累计共享数据8700万条；依托全市统一公共数据开放平台，完成37家单位22万条公共数据资源向社会开放；搭建区级“报表通”平台，构建成华区统一基层数据采集终端，承接上级数据采集任务，集成应用上级回流数据；对电子政务项目技术方案、实施验收、运行维护、资金管理和绩效评估进行统一规范，统筹推进电子政务基础设施集约建设和信息资源共享利用。截至年底，完成成华区智慧教育示范区创建提升工程建设项目、成华区医疗器械智慧监管服务系统建设项目、成华区智慧教育云服务采购项目、成华区东广华盛成华新经济产业服务中心（二期）工程智慧治理系统建设项目、成华区智慧社区综合信息平台建设项目、成华区智慧应急管理信息系统建设项目、槐柳四路绿地（二期）智慧公园建设项目、成华区智慧治理与便民服务社区应用场景建设项目8个技术方案专家评审。

【智慧应用场景打造】 区城运中心统筹推进“三公领域”应用场景建设，搭建“一把手擂台赛”交流展示平台，构建应用场景体系，智慧公安、智慧城管、智慧水务、智慧生态等九

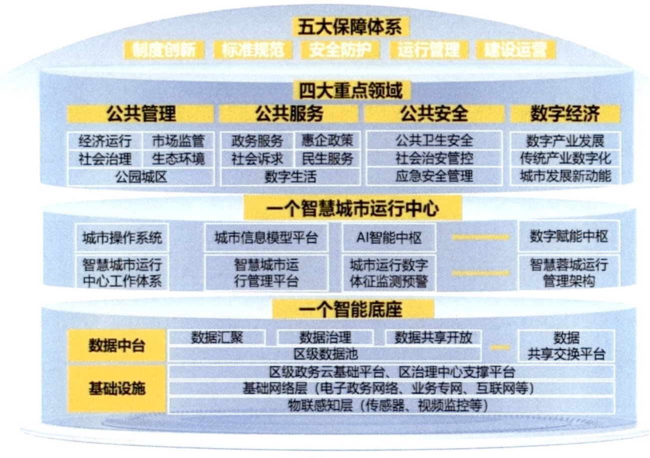

成都市成华区“十四五”新型智慧城市建设总体构架示意图　　（区城运中心供图）

11月4日，成华区“智慧蓉城·智慧成华”建设领导小组举行第3次会议暨第一场“一把手”擂台竞赛

（区城运中心供图）

大重点领域应用场景落地运行，打造杉板桥数字孪生社区、网约房智慧管理、共享单车序化管理、智慧教育、智慧养老、企业智慧管理、电梯安全监管等30个具有成华特色的应用场景，杉板桥数字孪生社区入选2022年度四川改革典型案例，作为成都优秀应用场景接入智慧蓉城应用场景实验室。

【网格事件管理】 区城运中心优化智能预警事件处置流程，提升对各类安全隐患事件的发现、处置能力，完善交转机制，督促社区、街道在24小时内签收办理并及时反馈，第一时间接收派发并督促相关责任单位及时回应、迅速处置，确保智慧成华平台网格事件闭环处理顺畅，接收、交转、处置率100%；完善“集中受理、分类处置、全程跟踪、及时反馈、考核评价”协同办理体系，配套实施“五灯两牌”等任务交派和督办问效机制。全区全年网格员上报网格事件25.24万件、办结率99%，应用网格事件大数据编制《成华区网格化服务管理工作开展情况分析报告》9期，为社会治理、网格化服务管理提供支撑。

【城市治理体征体系探索】 区城运中心结合城市运行公共安全、公共服务、公共管理三大场景运行特征，以及相关部门管理和治理需求，探索构建成华区城市运行体征指数评分体系一级指标23项、二级指标128项、底层指标538项，通过迭代更新数据汇聚广度和数据治理的深度，部署自动化计算引擎，实现按月发布城市体征指数评分结果，全年发布8期评分结果，在评价标准构建、打分方法等方面，为成都市各区（市）县开展城市运行体征得分计算形成可参考的技术路径。

【区级物联感知体系建设】 区城运中心推进区级物联感知体系建设，集成11个街道、14个区级部门共42类17.57万个物联感知设备，1.85万个视频设备。区城运中心会同区生态环境局、区综合执法局、区应急局等部门，打造智慧生态、智慧应急、共享单车、智慧水务、双桥子智慧社区、杉板桥数字孪生社区六大物联感知场景，新增生态环境感知、共享单车调度、火情风险预警、电梯运行监测四个试点创新场景，完成与市级物联感知平台数据上传和下载，实现全区物联数据统一接入和管理。

【疫情防控】 成华区相关工作获得市委组织部通报表扬。区城运中心深化疫情防控平台建设，建立“线上数据巡检+线下整改反馈”工作机制，区城运中心为封控区域物资保供、医护人员等办理“蓉疫通”电子应急通行证6.1万人次。疫情期间，组建“12345”热线社会诉求提速处置工作专班，处置特殊群体紧急就医、物资供给、困难救助等群众紧急诉求，实现重大问题提速解决、特殊问题联动处置、共性问题会商解决。

【杉板桥“数字孪生”社区试点建设】 区城运中心以城市基本单元“社区”为切入点，推进数字社区和数字城市建设，搭建跳蹬河街道杉板桥“数字孪生”社区1.2平方千米三维城市基础框架，接入视频440路、物联感知设备6856个，以居民、企业需求为导向，在社区试点建设“数字孪生”社区信息系统，按照“分级分类”处置原则，实现“一件事”高效处置，构建“可预警、可感知、可处置”的社区智能化感知体系，搭建社区城市信息模型和运行管理服务平台，全年处理事项3238件，探索社区发展治理数字化、智慧化新路径。

（崔黎晗）

应急管理

编辑　李金洁

综　　述

【概况】　2022年，成华区建立大安全大应急框架，完善公共安全体系，修订完善气象灾害、洪涝灾害、防汛抗旱等应急预案，推进区应急执法大队机构改革，进行全国自然灾害综合风险普查，开展家庭消防安全“敲门行动”，持续开展“16+4”行业领域安全隐患集中排查整治，严抓交通安全秩序治理，完成隐患整改13954项，推动解决安全生产重大隐患26项。全年组织开展安全生产、防汛抗涝等各类应急演练358场，开展安全宣传咨询日、“119”消防宣传月、“防灾减灾”等宣传教育活动72次，组织应急救援尖刀队参加2022年度全市第二届基层应急队技能比武大赛获奖6项。成华应急工作经验在国家级、省、市媒体平台宣传报道27次，在全市应急系统交流10次。保和街道和美社区被应急管理部命名为全国综合减灾示范社区。《成华区全力构建“16+4”安全大体系》被应急管理部刊发报道。

【应急管理体系建设】　成华区构建“16+4”应急管理安全责任体系，成立“16+4”安全督导检查领导小组，区委、区政府主要领导任组长，区人大、区政协领导任督察长，“16+4”各行业部门为牵头单位，全区54家有关部门为成员单位。新增汛期安全、教育系统、卫健系统、小区院落、商场商超等6个安全监管领域，将医闹纠纷、老年人及未成年人非正常死亡、社会治安等非安全生产领域工作纳入隐患排查体系。全区建立“区领导包街道、区级部门包社区、区机关干部包楼宇、街道包社区、社区包院落（企业）”三级五类安全“联帮保”制度，实现69个部门包保83个社区（村）、1197名机关干部包保2015个点位，构建分工负责、相互配合“大安全”工作格局。

11月4日，成华区代表队参加全市基层应急队伍技能比武大赛获奖　（区应急局供图）

【街道应急救援分中心建设】　区应急局编制《成华区街道应急救援分中心建设工作方案》，在双桥子、猛追湾、二仙桥、府青路、跳蹬河、保和、青龙、龙潭街道及龙潭工业机器人管委会新建9个应急救援分中心，履行自然灾害和事故灾难现场处置、防火巡查、应急宣传培训、应急救援救助等职能。截至年底，青龙、保和、双桥子街道应急救援分中心完成场所建设，招聘第一批街道应急救援队员30人，区应急局组织岗前专业技能培训等各类应急救援培训546人次。

【突发事件预防和处置】 区应急局落实《成华区突发事件总体应急预案》要求，加强预案编制、修订、备案管理和组织演练，开展各类安全生产和自然灾害突发事件应急救援和现场处置，全年完善区级专项预案40个，组织开展消防、防汛、救护、高空坠物、地震、反恐防暴、防踩踏应急疏散等各类应急演练358场31.2万人次，处置全区各类突发事件61起，最大限度降低人员伤亡和经济损失。

【应急物资储备】 成华区制定自然灾害应急物资保障工作方案，完善自然灾害应急物资生产、储备、运输和调配全链条，指导辖区自然灾害应急物资生产企业根据需要提升产能，协调解决原料供应、用工需求、应急物资运输等问题。成华区按照统筹规划、日常建设、灾时应急的原则，将商超等作为生活物资应急保障点，签订合作协议，完善生活物资应急保障体系，储备包括帐篷、折叠床、棉被、防寒服、救灾毛毯、应急生活包等9类基本生活类救灾物资；按照专业储备和社会储备相结合原则，储备防洪抢险袋、大型抽水泵、发电机、砂石料等7类防汛物资设备。

【应急值守和微信公众号】 区应急局强化值班值守力量，落实双休日、节假日备勤领导、备勤干部等“AB”角备勤值班制度，畅通“028-84369511”24小时咨询及监督举报电话、市长热线及人民网留言等举报投诉渠道，全年报送区总值班室各类突发事件信息19条，报送市应急局值班室信息23条，处理安全生产、消防等信访、举报和网络理政工单1659起。区应急局微信公众号平台设立应急安全、安全检查、应急科普等栏目，全年发布应急动态、应急公告、应急科普等信息571条、原创信息470条，在国家级媒体平台报道3次、在省市级媒体平台报道24次，单日阅读量最高5.76万次。

（刘　宇　胡浩泉　李正潘）

安全生产

【概况】 2022年，成华区严格落实安全生产监管责任，抓实“16+4”行业领域安全隐患集中排查整治，抓细危险化学品和烟花爆竹安全监管，实施“护安2022”监督执法专项行动，开展电动自行车安全整治，组织开展应急救援能力培训、“安全宣传咨询日”等安全教育培训活动。全区全年发生一般生产安全亡人事故8起，死亡8人。

【安全生产主体责任落实】 成华区人民政府安全管理办公室对全区安全生产形势定期开展分析研判，对各行业主管部门隐患整改情况进行抽查核查，发现问题109项，向相关部门和街道发送工作提示函28份。各行业主管部门对本行业领域安全形势定期组织分析，建立行业监管底数台账，组织企业开展安全风险教育，常态化开展安全检查，制定各行业领域安全生产清单和检查清单，签订安全生产第一责任人承诺书1959份。各街道坚持“社区发现、街道吹哨、部门响应、协同整治”工作模式，加强职能部门、街道（管委会）、社区“三级”协作，落实隐患排查、治理、销号全链条闭环管理。区应急管理局与区纪委监委、区委巡察办建立安全生产工作协调联络机制，将重大安全隐患111项纳入年度巡察内容，移交工作推动不力、隐患整改不实等线索，完成重大安全隐患整改77项。

【“16+4”安全隐患大排查大整治】 成华区印发《关于常态化开展“16+4”行业领域安全隐患集中排查整治工作的实施意见》等文件，聚焦工业企业、燃气行业、危化品安全、建筑工地、道路交通等16个重点领域，及电动自行车、医闹纠纷、老年人及未成年人非正常死亡、社会治安4个公共安全领域，开展安全隐患集中排查整治，联合媒体开展暗访检查，制作暗访视频定期在区政府办公会上曝光，督促行业部门和属地街道落实行业监管、属地监管责任，企业落实安全生产主体责任。全年成立“16+4”安全隐患排查检查组2127个，开展督导7479次，检查单位15295个，督导问题5839个，各牵头部门、责任单位排查发现隐患15728处，整改15665处，整改率99.6%；执行行政处罚76次，其中责令停产整顿19家企业，暂扣吊销证照10家企业，警示约谈16家企业，罚款56.74万元，移送司法机关2人。

【危险化学品和烟花爆竹安全监管】 区应急局联合区公安分局、涉农街道建立重点节假日期间烟花爆竹专项检查工作机制，开展烟花爆竹打非治违工作，查获并销毁违法经营销售的烟花爆竹200箱。区应急局组织开展全区危险化学品行业生产、经营、储存、使用专项整治行动，组织专家对金龙燃气、成都市自来水公司水二厂、成都市自来水公司水五厂3家重点危险源企业开展清单制管理升级帮扶工作，查处非法储存危险化学品案件2起，转移危险

11月2日，区政府安办召开成华区醇基燃料安全专项整治专题会　　（区应急局供图）

中责令停产整顿企业56家，暂扣吊销证照企业31家，警示约谈企业47家，罚款170.234万元，移送司法机关4人。

化学品40吨，处罚11万元。10月5日，区应急局与区生态环境局、区公安分局、双水碾街道办事处联合处置一起废弃危险化学品隐患，制止危险化学品（浓盐酸）转运0.5吨。全年召开危险化学品专委会安全会议6次，召开科华路加气站事故教训分析会1次，开展液化石油气、沼气池化粪池、醇基燃料、涉危化品企业危废处置、危险化学品道路运输等专项监督检查82次，发现隐患74项，下发整改通知书52份，依法立案查处企业3家，发放危险化学品安全管理宣传资料2350份。《成华区龙潭寺某企业非法储存危险化学品整治案例》入选应急管理部安全生产领域典型案例。

【企业安全生产标准化创建】　区应急局压紧压实企业安全生产主体责任和属地监管责任，通过督导企业主动创建和委托服务机构辅助创建相结合方式，推进企业双预控体系建设和安全生产标准化创建。成都三方电气有限公司、四川升华电源科技有限公司、成都赛英科技有限公司、四川南光真空科技有限公司、四川省华电成套设备有限公司、四川千里倍益康医疗科技股份有限公司、成都市维和通讯器材有限公司7家企业完成“双预控”体系建设。成都创新达微波电子有限公司等7家企业完成安全生产标准化建设。截至年底，32家规模以上工业企业中完成安全生产标准化建设26家，规上企业创建率81.25%。

【安全生产专项整治】　区应急局持续推动安全生产专项整治“三年行动”，完善安全生产“三管三必须”行业监管体系，每季度更新底数台账，健全完善奖惩机制，实施安全生产隐患常态化排查和交叉排查。全年成立安全生产专项整治检查组6380个，开展督导2.24万次，检查单位4.59万家，排查发现隐患4.72万个，整改问题4.70万个，整改率99.6%；执行行政处罚227次，其

【电动两轮车安全整治】　区应急局开展电动两轮车安全综合整治专项行动，新建改建电动两轮车集中充电场所示范点31个，安装停车点智能充电设施864个，安装住宅小区电梯梯控223个，推动549个停车点实施人车分流、103个停车点实施物理隔离。区应急局组织街道（社区）工作人员、基层网格员、物业管理人员等开展电动两轮车安全教育培训83次7230人次，印发宣传警示教育海报3.2万份。全区1182个停车点安装消防球2.68万个，实现住宅小区消防球安装率100%。

【“护安2022”监管执法专项行动】　区应急局制定《成华区安全生产“护安2022”监管执法专项行动工作方案》，成立专项执法行动领导小组，采取“执法人员+专家+记者”三位一体模式开展执法专项行动。全年聘请安全专家45人次、出动执法人员152人次，检查生产经营重点企业50家，发现并整改隐患92个，行政处罚立案14起，下达执法文书98份，媒体曝光19次，实现“查处一家、警示一批、教育一片”。

表146　　2022年成都市成华区企业安全生产标准化创建单位一览表

序号	单位名称	所属街道（管委会）	分类
1	成都创新达微波电子有限公司	龙潭工业机器人管委会	工业企业
2	成都康拓兴业科技有限责任公司	龙潭工业机器人管委会	工业企业
3	成都远峰科技发展有限公司	龙潭工业机器人管委会	工业企业
4	成都建工赛利混凝土有限公司成华分公司	龙潭街道	工业企业
5	成都市万年彩印有限公司	龙潭街道	工业企业
6	成都伊藤洋华堂有限公司建设路店	猛追湾街道	商贸企业
7	凯德魅力城	保和街道	商贸企业

2月21日，区应急局在双水碾街道双水碾村开展燃气安全惠民宣传活动 （区应急局供图）

【燃气安全隐患排查整治】 1月10日，成华区召开燃气安全专项整治专题会议，印发《成华区城镇燃气节前安全专项整治工作方案》，在全区范围内开展节前城镇燃气安全专项集中整治工作，检查点位1001处、发现隐患463个，整改363个。2月18日，区应急局印发《燃气安全违法行为及隐患举报奖励办法》，发动市民举报燃气安全隐患。2月25日，区政府安办印发《城镇燃气安全隐患分类整治方案》，联合区公安分局、区新经济和科技局、区市场监管局等部门推进隐患整治，全覆盖排查燃气具销售商家。全年排查燃气用户63万户，发放安全使用明白卡63.79万份，发现问题隐患2.69万个，完成整改1.88万个，联合执法立案3起。

【安全教育培训】 区应急局突出理念创新、载体创新、机制创新，开展安全教育相关活动，加强微信、微博等宣传平台建设，发挥典型案例警示教育作用，推进安全生产宣传教育和培训工作。4月25日至5月20日，区应急局组织一线安全管理人员，开展自我防护意识和应急救援能力培训，全区11个街道83个社区（村）1370个小区（院落）安全管理人员5420人参加。6月14日，四川省2022年“安全宣传咨询日”活动在东郊记忆广场举行，活动设置应急救援体验、安全生产课堂、安全知识有奖问答等环节，志愿者现场示范灭火毯使用、消防逃生等自救技能，演示绳索打结、心肺复苏、止血包扎等应急技能。全年开展安全教育宣传培训活动61场次，报送典型执法案例6个，发布安全教育微信文章561条、微博3697条，获省级媒体宣传报道8次。

（释学明 刘 宇）

6月14日，四川省“安全生产宣传月咨询日”活动在东郊记忆广场举行 （区应急局供图）

交通安全

【概况】 成华区辖区交通管理主要由成都市公安局交通管理局第五分局管辖，市交管局第三分局管辖迎晖路以南、驿都大道静明路以北、洪河大道以东、沙河以西的成都东客站片区及和美社区片区，市交管局第二分局管辖花径路以东、八里桥路以西、东沙街以南、豆腐堰下穿隧道以北的双水碾街道片区。2022年，市交管局第五分局、第三分局、第二分局围绕“喜迎二十大、忠诚保平安”行动、夏季治安打击整治百日行动、“磐石”系列专项行动、全国文明城市创建等，严抓交通安全秩序治理，深化人性化交通服务，推进交通安全宣传教育和执法规范化建设。市交管局第五分局三大队党支部被四川省公安厅评为“最强党支部”，市交管局第五分局民警家属范琴获评公安部“全国公安机关好警嫂”，民警张平、谢鹏、马亮分别获“四川省公安

1月1日，成都市交通管理局第五分局组建铁骑队在熊猫基地服务游客（市交管局第五分局供图）

厅个人二等功”“成都市五一劳动奖章”“平安四川建设先进个人”，辅警符杰获评“全省最美警务辅助人员”。市交管局第三分局五大队获评全市公安机关五一劳动节成绩突出集体、“新篇1号”专项行动成绩突出三等功。市交管局第二分局四大队党支部被四川省公安厅评为“最强党支部”。

【交通秩序治理】 市交管局第五分局保持交通秩序严管态势，加大科技应用、研判分析和协同共治，常态化开展酒驾、醉驾、毒驾、渣土运输车违法专项整治，大型客车、出租车、校车等城市客运重点车辆违法专项整治，外卖、快递电动车等非机动车违法行为专项整治，城郊接合部面包车违法乱象专项整治，不礼让斑马线、乱鸣笛、乱用远光灯、乱停车等不文明违法专项整治等行动。全年查处各类机动车违法4.1万件，非机动车、行人违法5.2万件，电动自行车违法4.9万件，酒驾违法316件，醉驾违法245件，涉牌涉证违法256件，渣土车等重型货车违法5895件，“两客一危”违法599件，办理交通肇事案件16件、危险驾驶案件151件、交通事故逃逸案件21件。

【交通事故预防】 市交管局第五分局完善道路交通安全综合治理和绩效考核机制，组织排查辖区各类交安设施故障2837件，督促施工单位整改交安设施故障1306件，打击擅自移动、损毁、盗窃交安设施案件11件。市交管局第五分局向辖区重点车辆所有人及驾驶人发送车辆逾期未检验、驾驶证逾期未审验、安全提示等短信3.2万条，电话催告2100次，约谈重点驾驶人103人次，办理重点驾驶员绑定、解绑业务630件。全年辖区发生交通事故1.78万件，发生一次性死亡2人交通事故1件。

【电动自行车管理】 市交管局第五分局加强电动自行车交通违法整治力度，组成交警、派出所民警、巡警联合执法小组，启动“定人、定岗、定责”网格化管理模式，优化固定检查劝导点位设置，严查电动自行车违法行为。市交管局第五分局加强外卖快递从业人员管理，完善与即时配送行业道路交通安全协会及美团、饿了么、顺丰、韵达等外卖快递行业站点负责人的联络机制，及时抄告所属企业违规个人信息。全年开展电动自行车专题宣传教育28场次，制作宣传展板、横幅50面，发放宣传资料5540份，查处电动自行车交通违法4.9万件，抄告企业违章骑手512人次。

【共享单车规范管理】 市交管局第五分局加强与区综合执法局协作配合，完善共享单车管理信息对接、源头审批、网格化管理及日常督导等工作机制，优化设置共享单车限制投放、禁止投放区域，办理共享单车投放数量备案审批6万件，完善“僵尸车”常态化清理回收机制，对未及时清运超量停放、乱停放、“僵尸车”等共享单车进行监督转运管理，确保全区单车序化管理全覆盖。

【交通安全宣传教育】 市交管局第五分局用好网络理政、蓉e行、互联网交通综合服务管理12123、成都交警网、微信、微博等平台，常态化开展交通安全宣传进企业、进校园、进机关、进家庭、进社区、进网络工作，开展“平安春运，交警同行”春运宣传活动、“一盔一带”安全守护行动、“百日行动”集中警示曝光、文明城市创建宣传进小区等活动，加大事故多发路段、突出违法车辆、典型事故案例、终生禁驾人员等典型曝光力度，全年开展各类宣传180次，发放宣传资料2.3万份。

【道路安全设施管理】 市交管局第五分局推进区道安办实体化运行，加强道路安全设施管理考评，提高交安设施故障恢复率、交安设施安全隐患发现处置率。市交管局第五分局梳理辖区三环路、进出城干道、临沙河道路以及事故多发路段道路隐患，建立隐患排查联络机制和隐患台账，协调属地街道在辖区一环路、二环路、三环路全线及槐树店路等重要进出城通道行

4月18日，市交管局第三分局辅警在锦绣青城幼儿园外护送学生出行　（市交管局第三分局供图）

人横穿隐患点位设置隔离护栏。全年排查道路安全隐患663处，完成整改593处。

【交通人性化服务】　市交管局第五分局结合“我为群众办实事”实践活动解决群众交通出行困难，实施片区交通微循环项目2个，完成施划停车场19个，新增停车泊位300个，减少机动车乱停乱放。市交管局第五分局提升9家机动车登记服务站及机动车检测站服务能力，开展电动自行车“送牌上门”服务活动，全年开展车驾管业务上门服务活动11次，办理电动自行车上牌4520件，办理网约车50台，处理电子眼违章860件。市交管局第五分局开展机动车噪声污染、尾气污染和重点车辆治理等集中整治，出动警力250人次清理“僵尸车”79辆，淘汰老旧柴油车1331辆。市交管局第五分局车管大厅优化设置“自助服务区”，实行“大厅+门口”双导办服务模式，开展培训提升窗口服务礼仪水平，全年办理车驾管业务3.3万件，电子眼远程处理9700件，电子眼窗口办理处罚6.8万件2.6万人次。市交管局第五分局全年受理网络理政8146件，办结率100%，群众满意率96%，通过“12345”市长热线、“962122”交管热线收到表扬信36件、锦旗29面。

（陈　豪）

【成都东客站与和美片区交通管理】
市交管局第三分局与成都市交通委员会、成华区东客站新城办等建立联勤联防管控机制，成立成都东站警务队，做好片区道路交通秩序管理工作。市交管局第三分局加强片区道路安全设施管理，安装三环路东五段主道沿线隔离护栏1.5千米，修复航天立交桥面、万科路、迎晖路、邛崃山路、雅砻江路等道路机非隔离护栏、中心护栏23处2.5千米，排查交安设施损坏故障1200起，现场恢复920起。市交管局第三分局为成都东站周边道路增设停车位500个，在万科片区施行“瘦身计划”，增设临街占道停车位1014个，优化成都英华学校、成都市第十三幼儿园枫叶分园等3所学校周边交通组织和信号配时，在成都市第四十九中学和美校区、成都市树德小学和韵校区等6所学校周边道路规划“接送学生车辆临时停放区”，全年通过线上线下等方式开展安全宣传讲座42次，在社区物业管理群、小区业主代表群里推送交管信息和温馨提示960条。成都东客站与和美片区全年查处违法渣土车、货车1500件，摩托车986件，三轮车486件，非机动车18905件，乘车人未系安全带6983件，亡人事故比上年下降83.33%。

（石　磊）

【双水碾街道片区交通管理】　市交管局第二分局做好双水碾街道片区交通秩序管理，落实全国文明城市创建任务，改善辖区交通硬件环境，加强道路交通违法整治和安全宣传，全年设置6个巡逻区域对交通违法行为及事

12月26日，市交管局第二分局联合双水碾街道开展文明交通宣传活动（市交管局第二分局供图）

故及时处理，组织辖区居民开展安全宣传讲座38次、推送交管信息820条。双水碾街道片区全年查处违法渣土车、货车1275件，摩托车872件，三轮车402件，非机动车17520件，乘车人未系安全带6973件，亡人事故比上年下降80%。

（郭　征）

12月9日，成华区应急队伍在双桥子街道新鸿社区广场开展灭火操作演练和火场伤员搜救演习

（区应急局供图）

消防安全

【概况】　2022年，成华区印发《成华区生产经营租住村（居）民自建房重大火灾风险综合治理实施方案》，制作《生产经营租住村（居）民自建房重大火灾风险综合治理工作记录表》，建立老旧小区、群租房、仓储厂房、人员密集场所等专项基础台账11本，开展防灾减灾科普宣传教育、火情实战模拟演练、高层建筑消防安全培训、消防宣传“五进”等活动，整治各类场所2032个、消除消防隐患3132处，建成街道、社区、社会单位等微型消防站284个。全区全年发生火情999起，其中用火不慎占比42.44%，电气类占比33.83%，吸烟引起占比20.52%，其他占比3.21%。火灾事故死亡1人，直接财产损失78.08万元。

【火灾事故预防】　区应急局探索四色风险标识管理机制，开展高层建筑综合治理、冬春火灾防控、大运会防控攻坚等24个消防安全专项行动，对高层建筑、城镇燃气、学校、餐饮、老旧市场、养老院、医院、密室、歌舞娱乐、技术服务机构等重点领域开展消防安全隐患排查，发动社区网格员、物业、保安等力量开展家庭消防安全“敲门行动”，针对医院、隔离酒店、商场商超等重点场所开展消防安全指导，制定“一地一策”应急预案。全年对42处重大风险隐患点进行挂牌督办，完成整改13处，发放黄牌预警11张、红牌预警2张，完成独居老人和居家行动不便人员信息建档2892人，安装烟感报警装置6702个、电梯梯控5068部，居民住宅区电动自行车集中管理落实100%。

【消防安全监督检查】　区应急局推进重点行业领域消防安全综合治理，全年检查老旧小区、高层建筑、商场市场、大型商业综合体、加油加气站等各类场所2032家，发现火灾隐患或违法行为3207处，办理消防行政案件160件，临时查封65家，责令“三停”（停止施工、停止使用、停产停业）47家，完成重大火灾隐患整改13家，处理96119、网络理政平台转办举报投诉2525件。

【消防救援演练】　区应急局加强预防和扑救结合，坚持与消防站同检查、同演练、同熟悉，单位消防责任人与消防大队、站干部相互熟知，及时更新灭火预案，保证重大风险点位有预案、有演练，确保全区监督宣传演练同频率。全年修订消防应急预案120份，开展高层建筑、大型综合体、仓储物流、地下、水域、抗洪、方舱涉疫场所等全要素救援演练240次。

【消防安全宣传】　区消防救援大队推进消防安全宣传“五进”活动，深入街道、居民小区、商场市场、大型商业综合体和人员密集场所等发放消防安全资料41.2万份，联合功能区管委会开办园区企业消防管理人员培训6期550人次，联合区委社治委培训社区网格员1360人次，联合区文明办细化志愿者队伍消防宣传措施，推进“全民消防安全云平台”普及推广。全年开展消防安全培训演练210次参与70.3万人次，通过手机短信、LED显示屏、户外视频等载体发布提示信息10.7万条。

【“119”消防宣传月活动】　11月9日，成华区2022年“抓消防安全、保高质量发展”“119”消防宣传月启动仪式在SM广场举行。活动设置消防先进技术产品、消防车辆装备器材等展区，邀请企业代表和志愿者介绍消防知识，吸引市民参加1560人次。“119”消防宣传月活动期间，区应急局联合11个街道办事

11月9日，2022年成都市成华区“119”消防宣传月启动仪式在SM广场举行（区融媒体中心供图）

处、273家重点单位、33家技术服务机构开展消防培训及演练，向各重点场所印制发放消防安全海报2.5万份，安装独立式感烟报警器506个，表彰5个消防安全工作先进街道办事处、12家重点单位及12名优秀网格员。

（王文军）

防灾减灾救灾

【概况】 2022年，成华区完善全区自然灾害防抗救工作组织体系和应急预案体系，修订《成华区自然灾害防治工作局际联席会议制度》，制定《成华区气象灾害应急预案（试行）》，完善《成华区应对极端洪涝灾害应急预案（试行）》《成华区防汛抗旱应急预案》，开展成华区第一次全国自然灾害综合风险普查，开展“消防疏散逃生体验屋”体验等防灾减灾救灾宣传教育，全区有应急避难场所78处。

【防灾减灾救灾体系建设】 成华区修订《成华区自然灾害防治工作局际联席会议制度》，明确自然灾害防、抗、救工作部门职责，成立联合督查组对全区各单位地震预案、防汛预案、应急抢险队伍、应急抢险物资、隐患点位应急措施及防灾减灾应急演练、值班值守等工作开展专项督查。成华区调整区防汛抗旱指挥部成员单位，制作防汛抗旱工作流程图和岗位任务卡，督促指导32个重点防汛点位完善“一点一案”，加强综合减灾标准化社区、安全社区建设，全区初步形成统一指挥、专常兼备、上下联动的防灾减灾救灾工作格局。

【自然灾害应急预案制定】 区应急局编制印发《成华区气象灾害应急预案（试行）》，将暴雨、高温、雾霾等气象灾害纳入防灾减灾救灾工作，健全气象灾害应急响应机制，提高气象灾害防范应对和处置能力。区应急局修订《成华区防汛抗旱应急预案》，落实防汛抗旱责任，完善“三单一书”“两书一函”“四不两直”等工作制度（“三单一书”是指领导干部责任清单、部门职责清单、隐患风险清单和防汛抗旱承诺书；“两书一函”指约谈通知书、整改通知书、提醒敦促函，包括七种约谈、五种整改、四种提醒；“四不两直”即不发通知、不打招呼、不听汇报、不用陪同接待，直奔基层、直插现场），提高防汛抗旱综合能力。区应急局完善《成华区应对极端洪涝灾害应急预案（试行）》，加强洪涝风险隐患整治、应急响应、灾害防御等应对工作，完善成华区自然灾害应急预案体系。

（李正潘　马　强）

【应急避难场所建设】 区应急局加强应急避难场所建设，协调配合区城市更新局、区教育局，在新建的公园、绿地及学校操场等场所配置应急避难设施，推动新建筑、新场地、新空间兼具避难场所功能。成华区全年新增公园绿地和学校操场等应急避难场所7处，新增避难场所面积7.1万平方米。

（李德强）

表147　2022年成都市成华区应急避难场所分布情况表

序号	应急避难场所名称	建设类型	地址
1	成华区体育中心	体育场馆类	龙潭街道龙青路
2	成都市体育运动学校体育馆	体育场馆类	保和街道御风二路16号
3	电子科技大学体育馆	体育场馆类	猛追湾街道一环路东一段4号
4	二仙桥街道下涧槽社区火车头广场	广场类	二仙桥北二路31号下涧漕党群服务中心
5	猛追湾街道培华路社区成华广场	广场类	猛追湾街道建设南街23号
6	保和街道和顺社区小广场	广场类	保和街道和顺社区长融东三路广场

续表147

序号	应急避难场所名称	建设类型	地址
7	熊猫广场	广场类	白莲池街道熊猫大道1375号
8	香木林广场	广场类	府青路街道香木林路1号
9	绿化健身广场	广场类	万年场街道长天路口
10	沙河城市公园广场	广场类	跳蹬河街道杉板桥路建设南路交叉路口
11	双水碾街道荆竹小区篮球场	广场类	双水碾街道荆竹西路与荆竹坝路交会处
12	沙河万年场段绿地	公园（绿地）类	万年场街道多宝寺路
13	成华公园	公园（绿地）类	猛追湾街道猛追湾22号
14	沙河公园（科技秀苑）	公园（绿地）类	猛追湾街道秀苑路
15	沙河公园（新绿水碾）	公园（绿地）类	双水碾街道北星大道东临升仙湖
16	海滨公园	公园（绿地）类	青龙街道荆竹东路264号
17	北湖生态公园	公园（绿地）类	龙潭街道成华区龙青路
18	圣灯公园	公园（绿地）类	二仙桥街道十里店路183号
19	绿地公园	公园（绿地）类	二仙桥街道民旺二路（成渝高铁内侧）
20	沙河城市公园南区	公园（绿地）类	跳蹬河街道杉板桥南四路
21	杉板桥公园	公园（绿地）类	跳蹬河街道关家大院北侧
22	麻石烟云公园	公园（绿地）类	跳蹬河街道二环路东二段
23	青鸟广场绿地	公园（绿地）类	万年场街道建材路18号
24	五彩公园	公园（绿地）类	致力路560号
25	城东体育公园	公园（绿地）类	二仙桥街道长林盘路
30	成华区城东体育公园（二期）	公园（绿地）类	二仙桥街道长林盘路
26	三洞古桥公园	公园（绿地）类	府青路街道三友路217号附1号
27	成华区新华公园	公园（绿地）类	双林路87号
28	成华区和美公园	公园（绿地）类	保和街道万科路115号
29	成华区和顺小公园	公园（绿地）类	保和街道长融东三路98号侧
31	二仙桥公园（一期）	公园（绿地）类	二仙桥街道二仙桥北一路4号
32	高铁城市公园（一期）	公园（绿地）类	东虹路65-2号
33	高铁城市公园（二期）	公园（绿地）类	杨柳路培育幼儿园西南200米
34	驷马桥公园（一期）	公园（绿地）类	府青路
35	成都市培华小学	学校类	猛追湾街道培华西路4号
36	成都理工大学附属小学	学校类	二仙桥街道民兴东路62号
37	成都市建筑职业中专校	学校类	保和街道东虹西四路10号与槐柳四路交叉路口往东北约90米
38	成都市树德小学和韵校区	学校类	保和街道和韵路166号
39	成都市熊猫路小学校	学校类	白莲池街道熊猫大道1233号
40	成都市第三十八中学校	学校类	龙潭街道隆兴路8号
41	成都市海滨小学校	学校类	青龙街道东裕路银锣湾
42	成都市双林小学南校区	学校类	双桥子街道经华北路14号附5号

续表147

序号	应急避难场所名称	建设类型	地址
43	成都市双庆中学校龙潭校区	学校类	龙潭街道成康路55号
44	四川交响乐团附属小学	学校类	跳蹬河街道杉板桥南五路133号
45	电子科技大学附属实验小学龙潭校区	学校类	龙潭街道成泰路8号
46	成都市红花实验学校	学校类	白莲池街道蜀陵路772
47	成都市李家沱实验小学校	学校类	府青路街道平安正街45号
48	成都市双水小学荆竹校区	学校类	双水碾街道荆竹坝东街42号
49	成都市建设路小学建业校区	学校类	跳蹬河街道建设路建设中街14号
50	成都市龙成小学	学校类	猛追湾街道建设巷15号
51	成都市华建学校	学校类	万年场街道槐树店路25号附1号
52	成都市北新实验小学	学校类	青龙街道东紫路585号
53	成都市站东小学校	学校类	双水碾街道站北中街16号
54	成都市石室小学	学校类	万年场街道双福三路62号
55	成都市龙潭小学校	学校类	龙潭街道龙树东一路9号
56	四川省成都华西中学	学校类	府青路街道双建南巷1号
57	成都理工大学	学校类	二仙桥街道二仙桥东三路1号
58	成都市二仙桥学校	学校类	二仙桥街道二仙桥北路31号附288号
59	成都双语实验学校	学校类	猛追湾街道双林路189号
60	成都大学附属中学校	学校类	府青路街道三友路135号
61	成都市锦官城小学	学校类	双水碾街道羊子山西路123号
62	成都市双林小学北校区	学校类	双桥子街道双林中横路8号18幢
63	成都市成华小学校秀美校区	学校类	跳蹬河街道东秀二路200号
64	电子科技大学附属实验小学府青校区	学校类	猛追湾街道府青路东街61号
65	成都市列五书池学校	学校类	双桥子街道水碾河北三街19号
66	成都市树德小学万科校区	学校类	保和街道万科北街9号
67	成都石室中学初中学校培华校区	学校类	猛追湾街道培华西路3号
68	四川省成都列五中学高中部	学校类	双桥子街道双园巷9号
69	成都市双庆中学校万年校区	学校类	万年场街道长天路9号
70	成都市成华实验小学校	学校类	府青路街道文德路42号
71	成都七中英才学校小学初中部	学校类	民兴二路666号
72	成都大学附属实验小学卓越校区	学校类	丛桂二巷3号
73	成都市锦城北湖小学	学校类	湖景四路与湖秀三路交叉路口西100米
74	电子科技大学附属实验小学华翰校区	学校类	华翰路6号
75	成都市石室小学育贤分校	学校类	高车三路与驷马桥二路交叉口南100米
76	成都市蓉城小学芙蓉校区	学校类	大渡河路与峨眉山路交叉口90米
77	成都市蜀都小学	学校类	民和路300号
78	成都市成华实验小学香木林路校区	学校类	香木林路60号

5月12日，区应急局组织志愿者开展全国防灾减灾日主题活动　（区应急局供图）

【灾害预防】　区应急局将自建房、密室逃脱、游泳馆、高温防溺水等纳入全区隐患排查体系，常态化开展地毯式、拉网式大排查，开发成华区安全隐患举报“随手拍”平台，制作推广视频3期，开展“随手拍”送福利、有奖问答推广活动2期，发放宣传推广海报2130份，鼓励全民参与安全隐患举报、查处、治理。全年通过对讲机通信系统、应急工作微信群、短信、安全隐患举报“随手拍”平台等发出预警信息1.2万条，在成都东站汽车客运站、成都市第六人民医院、成都市自来水公司水二厂等点位安装地震预警终端10套。

【全国自然灾害综合风险普查】　区应急局牵头开展成华区第一次全国自然灾害综合风险普查，调查承灾体信息426条、减灾能力信息1447条，完成1978—2020年历史灾害数据梳理713项，完成调查数据的采集、录入、质检、审核和上报2856条，摸清全区自然灾害风险隐患底数。

【防灾减灾救灾宣传教育】　区应急局联合区委宣传部、区红十字会、区消防救援大队等单位，通过悬挂横幅、展示图板、分发宣传册、新闻媒体宣传等方式，开展防灾减灾救灾安全宣传教育。5月12日，区应急局在青龙街道博爱广场开展“减轻灾害风险，守护美好家园”宣传，发放防灾减灾宣传资料1880份。10月13日，区应急局在SM广场开展防灾减灾宣传，发放防灾减灾宣传资料1250份。12月10日，区应急局组织全区灾害信息员96人参加全国信息员视频培训和线下信息员能力培训，提升灾情统计报告、灾情核查评估、灾情会商核定、灾害风险隐患信息报送等灾情管理能力。全年开展现场宣传咨询、“消防疏散逃生体验屋”体验、知识竞答等宣传教育活动180人次，通过电视、广播等新闻媒体向公众普及防灾减灾知识和自救互救常识3期。

（李正潘　马　强）

防汛抗旱

【概况】　2022年，成华区汛期为5月1日至10月25日，经历“4·28”“5·13”“8·4”“8·25”“9·14”5次大雨、暴雨，无险情灾情报告。8月连续高温热浪天气37天，呈现出气温异常偏高、降水异常偏少气候特征。全区汛期平均降雨量345.9毫米，较常年同期656.9毫米减少52.7%，设有8个雨量监测站，分别为成都昭觉寺站降雨量508.4毫米、成都熊猫基地338毫米、万年场406.4毫米、二仙桥460.2毫米、新鸿社区397.6毫米、十陵立交465.8毫米、电子科大沙河校区415.4毫米、成绵立交175毫米。区农业和水务局召开全区防汛专题培训会，加强防汛抗旱物资储备和预案管理，严格执行防汛值班值守制度，开展防汛隐患点位排查、防汛综合应急演练42场次，发送暴雨、大风、高温等各类各级预警短信1.2万条。全区全年出动抢险救灾人员12.27万人次、车辆1.41万台次，完成防洪防涝应急抢险任务。成华区城市内涝预警监测系统解决方案入选2022年度四川省数字经济典型应用场景。

【防汛组织体系建设】　成华区完善区人民政府防汛指挥部领导机构，调整区政府主要领导为总指挥，分管区领导为指挥长，完善第一副指挥长、常务副指挥长配备，调整11个街道、38个成员单位防汛指挥机构，强化防汛工作行政首长负责制，加强全区防汛抗旱工作组织协调、监督指导。区政府与11个街道、38个成员单位签订责任书，街道与社区签订责任书，成员单位与建设施工、地下空间、下穿隧道、易淹易涝区等重点部位管理单位签订责任书，逐级落实防汛减灾工作责任。全区组建医疗防疫、消防救援、民兵、交通、建设、农业、水务、市政等专业抢险队伍36支520人，社会抢险队伍72支1710人，形成齐抓共管、共同防范的防汛组织体系和责任体系。

【防汛隐患点位梳理】　区农业和水务局牵头开展成华区防汛隐患点位梳理，取消成华区中医医院、熊猫基地扩建项目、豆腐堰隧道3处防汛重点监控点位，新增电子科技大学体育场馆、龙之梦酒店、蜀龙路中环路口、

4月7日，区农业和水务局在双庆路口开展防汛隐患排查　　（区应急局供图）

枇河沟排水渠防汛隐患点4处防汛重点监控点位，确定方家河成绵高架桥处、成都市自来水公司水二厂、成都光明乳业有限公司、“中环广场项目”深基坑、驷马桥隧道、致力路下穿铁路工程等32处防汛隐患重点监控点位，其中低洼区域5处、涉及大运会点位2处、下穿隧道13处、危化企业3家、深基坑3处、湖泊2处、河道及道路3处、D级危房1处。

【防汛隐患排查】　区防汛指挥部开展防汛隐患排查专项行动，开展大运会场馆及出行路线周边区域排查、行业领域汛前隐患专项排查、城市内涝点位整治等专项行动，围绕河道沟渠、涵洞隧道、地下车库、临河低洼区、老旧小区院落、拆迁改造区、地铁施工区、建设工地等重点部位进行拉网式排查梳理，采取“清单制+责任制+销号制”开展隐患整改，全年排查隐患点位875个，完成防汛隐患整改777个。

【防汛抗旱物资储备】　区农业和水务局做好防汛抢险物资储备和日常保养工作，定期清点整理物资，及时补缺补漏，按照专业储备和社会储备相结合原则，储备各类帐篷200顶、防洪抢险袋10万条、大型抽水泵467台、发电机105台、舟类26艘、砂石料752.3万立方米、铅丝0.68吨。

【清淤清障】　区农业和水务局开展汛前疏浚工作，保障全区汛期排水畅通，全年完成重点河渠清淤清障36千米，清除淤泥2.34万立方米，疏通管网19.67千米，疏掏雨水检查井2987座，更换水篦子121个。

【防汛应急演练】　5月26日，区农业和水务局、区应急局组织全区22家单位开展2022年防汛综合应急演练，确定老旧院落人员被困、下穿隧道严重积水、水域救援、树木广告牌倒伏以及伴随电气火灾等演练场景；采取两个“双盲”调度，即指挥长随机调动各街道、部门汛情部署情况，总指挥长随机调动各街道、部门汛情响应、救援情况；实行全级别响应流程演练，由汛情预警Ⅳ级逐级升至Ⅰ级，演练每个级别指令发布、人员调度、汛情研判、组织救援等；现场抢险队伍和各参演单位模拟下穿隧道内涝、暴雨、群众被困等场景参加防汛综合演练600人次。区防汛指挥部全年组织11个街道、38个成员单位开展防汛应急抢险演练42场。

（曾俊茜）

【高温干旱供水供电保障】　区农业和水务局落实市、区迎峰度夏电力保供会议精神，做好极端高温天气下居民供水保障工作，及时函告成都市自来水有限公司，建立协调联络、应急处置和情况报送等工作机制，全年协调解决人民塘成都英才学校自来水水压不足、华林南苑小区内部自来水管网爆管抢修等问题12个，向居民发送用水温馨提示5.6万份。区应急局做好高温干旱供电安全防范工作，加强电力设施和自备发电安全风险排查，督促收到限电、停电指令的企事业单位设置临时安全标志、警示标识，加强各类仓储、库房限电停电期间消防安全管理和巡查巡检。8月28日起，成华区各行各业各单位恢复正常用电。8月31日，区应急局对龙湖三千集、万象城、八里庄加油站、新建成华区人民医院项目、东风渠南北分水闸等点位开展恢复供电安全检查。

（曾俊茜　杨明坤）

8月31日，区应急局对龙湖三千集点位开展恢复供电安全检查　　（区应急局供图）

街　　道

编辑　李锡清

双桥子街道

【概况】　双桥子街道位于成华区西南部，东与跳蹬河、万年场街道相连，南与锦江区牛市口街道为界，西至一环路东二段、东三段东侧，北至建设南一路、南二路、南三路与猛追湾街道接壤，辖区面积2.94平方千米。双桥子街道办事处驻成华区双林中横路12号。2022年，双桥子街道辖菽香里、万晟、新华、新鸿、双林、双桥路北、三街坊、水碾河路北8个社区，辖区常住人口149108人，其中户籍人口99706人、流动人口49402人。

双桥子街道辖区有蜀都大道水碾河路、新华大道双林路、成华大道新鸿路等道路，地铁4号线、6号线、8号线穿行辖区；有中国电信股份有限公司成都分公司、成都广播电视台、浦发银行成都分行、银河证券、五冶集团、成发集团、成都建工第七建筑工程有限公司、四川省成都列五中学、成都石室中学初中学校东区、成都市双林小学、成都市成华小学、成都新华医院、攀钢集团成都医院、成都城东医院等企事业单位；恒大中央广场、中迪创世纪广场、金玉阳光酒店、高逸酒店等商务楼宇；苏宁易购万年场旗舰店、五星电器万年场卖场等购物中心；成都新华公园，全国首个“学习强国”主题街区。

【经济发展】　双桥子街道推进产业“建圈强链”行动，对接天津渤海化工、浩辰软件、杭州圣吉奥、中顺易金融、金猴证券等高能级企业20家，围绕重点产业链走访松下机器人、中国通信服务、三维通信、浙江正泰科技、西安浙文集团、中控技术链主企业6家，招引四川省自然资源集团天府矿投、重庆大学设计总院成都产业园、香港大洋贸易中心3个重大项目，省天府矿投、重庆建筑设计总院、嘉明国际贸易、德榆蒙西南产业配套服务等项目落地注册。推进深业泰樾府、卓越新鸿之心、成都饭店锦天地、恒大中央广场等8个重点项目建设，总投资124.8亿元，年度投资16.83亿元，卓越云门望古名邸项目竣工。新增成都市思锐得贸易有限公司、成都市谷京商贸有限公司、宝石花物业管理有限公司成都酒店分公司、成都小佳商贸有限公司、成都康威文化传播有限公司、四川衡远建筑装饰工程有限公司6家规模以上企业，新增市场主体4040家。落实助企惠企政策，协助辖区10家外贸企业申报进出口扶持资金137.3万元，向28家企业兑付扶持资金1642.26万元。全年实现地方税收2.91亿元，完成固定资产投资8.74亿元，引进到位内资15.62亿元，实际利用外资2.39亿元，社会消费品零售总额46.21亿元。

【社区治理】　双桥子街道加强“微网实格”社区治理，划分专属网格27个、一般网格97个、微网格572个，配备一般网格员97名、微网格员817名，通过成华区微网实格社会治理平台系统录入网格地址、实有人口、实有房屋、实有单位等基础数据4.98万条，网格员报送矛盾纠纷排查、环境保护、消防安全、社会治安等事件1.76万条。探索社区治理和服务创新，社区工作者参加各级专业社工考试，充实专业社工队伍，有社工89人。新鸿社区通过互联网系统设置“线上协商、线上投票、线上语音议事”功能模块，构建“院落+社团”智慧微治理体系，设置群防群治“一键上报”功能，形成“发现、上报、核实、处置、反馈、评价、积分”闭环。建立“商居联盟”服务体系，引入商居联盟26家，为居民提供多类型便民生活服务。菽香里社区开展个案服务、小组活动、人才培育、关爱巡防、公益活动“五社联动聚合力、多元互助暖银龄”特色服务项目20场次，被评为2022年度成都市百佳示范社区和2022年度成都市党建引领城乡社区发展治理示范社区。

【城市管理】 双桥子街道落实“门前五包”责任制，签订责任书2107份；按照垃圾分类相关要求，设置垃圾分类桶468组、覆盖率100%，改造标准化垃圾分类投放点50个、示范点20个。狠抓行业领域排查整治，开展燃气安全隐患入户排查、电动自行车专项整治、D级危房排查整治、瓶装液化石油气安全等专项整治，拆除占压燃气管线违建3处，整改10处。强化安全生产隐患排查，检查各类安全生产专项行动18次，排查企业及小区（院落）5765个，发现隐患8693处，整改8527处。改造一环路东三段1号、双桥路南六街200栋、水碾河路北二街、磨子村、新鸿南路77号等老旧院落22个，惠及住户5174户，建筑面积34.05万平方米，项目投资15522万元，既有住宅加装电梯5部。

【便民服务】 双桥子街道综合便民服务中心全年办理各类服务事项20745件，其中工商办理5226件、劳动保障办理1480件、退役军人办理982件、计生办理136件、住房保障办理920件、养老待遇资格认证办理12001件。全年城镇新增就业2065人，失业人员再就业492人，就业困难人员再就业235人，外来务工人员随迁子女入学审核345人。双桥子街道综合便民服务中心被四川省政府政务服务和公共资源交易服务中心确认为“省级示范便民服务中心”。

【智慧社区平台建设】 双桥子街道对接成华区智慧治理中心，推进“智慧蓉城·智慧成华”建设，整合“大联动·家空间”社区治理，打造新鸿、新华、菽香里、万晟、双林、三街坊、双桥路北、水碾河路北8个智慧社区，新鸿南路86号、水碾河路北三街35号、双林北横路129号、万年场横街11号、万年场横街17号5个智慧小区（院落），形成“社会治安联防、矛盾纠纷联调、突发事件联处、重点问题联治、服务管理联抓、基层平安联创、民生问题联解”的智慧社区平台运行体系。通过“云上双桥”居民端微信小程序打造e家（组织发动）、e安（安全防范）、e服（社区服务）三大板块，形成公共管理、公共安全、公共服务3个领域特色应用场景，聚焦小区院落智能监控、老旧小区消防安全、特殊人群关爱服务，在应用集市接入智慧消防管理平台，各社区各类物联感知设备接入率97%。

【智慧消防体系建设】 双桥子街道完善老旧小区智慧消防体系，建成室外消防栓1499套、一体化消防泵站9个，为特殊群体安装智慧烟感报警器6794套、无线水流传感器100套、无线可燃气体传感器300套，接入非机动车库智能充电设备38个、电梯AI识别系统128套、消防通道地磁系统27套。指导开展应急演练25次，烟感报警器接警1320次、处置率100%，社区火灾警情比上年下降45%，小区消防事故比上年下降40%，实现老旧小区安全突发性、实时性等需求万物智联和万智互联。以新型智慧社区治理系统平台为载体，以人防、物防、技防“三防融合”为抓手，探索一支队伍、一张网络、一套机制“三个一”社区智慧消防治理模式，形成“处小、处早、处了”群防群治合力，获得市委书记施小琳、区委书记赵春淦肯定性批示，被国家发改委《改革内参》和省委改革办、市委改革办刊载转发，成华区研究破解老旧院落消防工作难题现场观摩会在双桥子街道新鸿社区举行。

【国有企业退休人员活动之家】 双桥子街道做好退休人员社会化管理，与中国航发集团成都发动机公司联合成立成都市首个国有企业移交退休人员退管站，服务国企退休人员8500人。投资97.37万元提档升级退管站，改造面积300平方米，涵盖接待、展示、办公、教育等功能，把退管站建成集会议、

12月9日，成华区研究破解老旧院落消防工作难题现场观摩会在双桥子街道新鸿社区举行

（双桥子街道供图）

10月4日，迪马常青社新鸿乐养社区举办10月老人生日会　　（双桥子街道供图）

休闲娱乐等于一体的退休人员活动之家，组织开展70岁以上退休人员集体生日会等活动，丰富辖区社会化管理退休人员精神文化生活。

【“一老一小”服务体系】　双桥子街道水碾河路北社区云门望古养老服务综合体，建筑面积3400平方米，床位100张，为辖区老年人提供“一站式”服务，提供专业照护、健康管理等养老服务，入住老人20人。迪马常青社新鸿乐养社区，建筑面积1.52万平方米，床位256张，提供全托、康复理疗、医疗保健、护理陪伴等养老服务，入住老人192人。孵化培育成都市首个社区普惠性托幼机构——新鸿社区婴幼儿成长中心，为0~3岁婴幼儿提供科学的养育照护，开展科学育儿指导与活动，接收儿童110人。

（杨　博）

猛追湾街道

【概况】　猛追湾街道位于成华区西南部，东至二环路东一段，南至蜀都大道东风路，西临锦江河，北至府青路二段，辖区面积4.08平方千米。猛追湾街道办事处驻成华区猛追湾街1号。2022年，猛追湾街道辖望平、祥和里、建华、石油、培华路、建设中路、踏水7个社区，辖区常住人口159876人，其中户籍人口111520人、流动人口48356人。

猛追湾街道辖区有蜀都大道东风路、新华大道猛追湾路、望平滨河路、建设路等道路，地铁3号线、4号线、6号线穿行辖区；有中国电力工程顾问集团西南电力设计院、信息产业电子第十一设计研究院、成都建筑材料工业设计研究院、中国测试技术研究院、中国石油集团西南油气田分公司、中国石油集团川庆钻探工程有限公司、雅砻江流域水电开发有限公司等总部企业；电子科技大学沙河校区、成都石室中学初中学校培华校区、成都双语实验学校、电子科技大学附属小学府青校区、成都市培华小学等学校；世茂大厦、华茂广场、成华科技大厦、高地中心等商务楼宇；成都印象城、伊藤洋华堂建设路店、万科钻石广场、优客城市奥来广场、未来中心等商贸中心；天府熊猫塔、猛追湾市民休闲区、成华公园、建设路建设巷商业特色街区等旅游景区（景点）。

【经济发展】　猛追湾街道围绕产业生态圈、创新生态链建设，聚力发展“智慧能源、金融服务、数字科创、时尚消费”产业，签约神光光学集团总部、西南智慧城市数字化建设应用中心2个5亿元以上重大项目，成都锦官儿童口腔医院、康特斯能源设备智能控制系统、沛坤投资高端人才科技创投管理平台3个亿元以上产业化项目，与杭州牙科医院、中国电子进出口有限公司等企业签订战略合作协议。新增成都追味星球数字科技有限公司、美宜佳（四川）便利店有限公司、成都蓝眼电子商务有限公司、成都乐晗酒店管理有限公司、成都未来锡云酒店管理有限公司、四川弘诚天毅工程咨询股份有限公司、四川中页利华新能源科技有限公司、成都天台大酒店有限责任公司、成都宏明怡倍康养老服务有限公司等14家规模以上企业，新增中电安世（成都）科技有限公司、成都久伴无忧住房租赁有限公司等市场主体3370家。落实助企惠企政策，向68家企业兑付扶持资金2353.86万元。全年实现全口径税收51.8亿元，地方税收8.74亿元，完成固定资产投资19.54亿元，引进到位内资19.89亿元，实际利用外资2.38亿元，社会消费品零售总额64.67亿元。

【社区治理】　猛追湾街道建强“微网实格”社区治理体系，划分一般网格94个、微网格517个，配备一般网格员94名、微网格员560名。在望平坊街区打造五社联动、平台叠加、功能集成的猛追湾街道社工站和望平社区社工室，促进街道和社区社工人才队伍建设，社工站通过完善设施设备、健全服务机制、优化服务功能、委托专业机构运行等方式，服务居民多元化诉求；猛追湾街道社会工作服务站被评为2022年成都市示范社工站，望平社区社会工作

改造后的电子科大东二院一隅　　（猛追湾街道供图）

服务室被评为2022年成都市示范社工室。实施天祥滨河路连片更新，打造滨河新地标，呈现“老成都、蜀都味、国际范”的望平坊街区，望平坊入选省级旅游休闲街区。踏水社区以党建为引领，以居民感受为标尺，以示范建设为牵引，以幸福生活为目标，为居民创造丰富、安逸、便利的生活，被评为2022年度成都市百佳示范社区和2022年度成都市党建引领城乡社区发展治理示范社区。推进石油苑、电子科大东二院、玛塞城“书香东院·邻里共享”微更新建设，石油苑被评为2022年度成都市百佳示范小区，电子科大东二院、玛塞城被评为2022年度成都市党建引领城乡社区发展治理示范小区。

【城市管理】　猛追湾街道落实“门前五包”责任制，签订责任书2650份；按照垃圾分类相关要求，设置垃圾分类桶420组、覆盖率100%，改造标准化垃圾分类投放点229个、示范点80个。筑牢辖区安全生产防线，签订安全生产责任书1343份，确定企业安全员1537名；投入资金630万元，建成建设南街为安全生产示范街，成华法治文化广场为安全文化广场，打造川庆钻探、伊藤洋华堂建设路店、钻石广场等安全示范企业。抓好重点行业领域安全隐患排查，整治安全隐患1.36万处、燃气管道隐患3处，拆除东风路北二巷4号院等11处违法建设5180平方米，新东方小区、蜜城小区等楼顶建筑物346平方米；配备电动车充电安装智能充电系统156套、梯控398部、消防灭火球2632套；对28家民宿、19家KTV、65家酒吧、27家密室逃脱进行检查，整改安全隐患65处。完成电子科大东三苑“两拆一增”点位，增绿面积575平方米。改造电子科大东二院、电子科大东四院、253宿舍、玉锦苑、猛追湾东街6号等老旧院落15个，惠及住户2829户，建筑面积18.57万平方米，项目投资9360万元，既有住宅加装电梯48部。电子科大东二院老旧院落改造项目被评为成都市老旧院落改造示范项目。

【便民服务】　猛追湾街道综合便民服务中心全年办理各项服务事项27987件，其中工商办理5982件、劳动保障办理125件、退役军人办理5139件、计生办理152件、住房保障办理1188件、养老待遇资格认证办理15401件。全年城镇新增就业2231人，失业人员再就业21人，就业困难人员再就业25人，外来务工人员随迁子女入学审核322人。

【特色文旅街区建设】　猛追湾市民休闲区坚持“保旧融新”塑造特色文旅场景，五社联动打造时尚消费场景，创意策划主题活动场景，形成三位一体复合场景营造模式。培育成都十二月市、天府熊猫塔灯光秀文旅活动、成渝双城艺术节暨猛追湾城市更新两周年庆活动、“烟火暖成都·味潮在猛

3月26日，猛追湾市民休闲区举办追湾芳草集花重锦官城活动　　（猛追湾街道供图）

追”跨年主题活动等品牌10个，入驻几何书店、甘食记、JW德国冻酸奶、the place、厘途、WE Bistro、251克林顿街、Sommelier yard侍酒庭院等品牌550个，承办2022年中德盛夏集市暨德国葡萄酒节，全年举办各类主题活动196场次。

【智慧社区建设】　猛追湾街道推进望平智慧社区建设，按照智慧赋能的理念，从景区管理、安全、体验三个维度，整合天府熊猫塔立体化防控平台、网约房管理等资源，融入智慧景区服务平台、综合信息平台，实现智治便民、为民，针对社区独居老人、空巢老人等特殊群体，通过毫米波智能健康监测系统，提供远程监测与预警系统，联动亲友、物业、社区志愿者为独居老人筑牢人身安全屏障。望平坊通过增加小区门禁自动测温和人脸识别、旅客入住网约房刷身份证登记信息自动采集、商家烟雾报警器、智慧井盖等方式，实现数据关联互动、异常情况自动报警，线上线下基层治理双向服务，提升辖区居民宜居度和幸福感。踏水智慧社区建设依托社区综合治理平台，天府市民云客户端、社治在线管理端、驾驶舱可视化端三端建设社区治理场景，借助电子科技大学人工智能专业优势，提升社区及小区智慧系统功能水平，延伸“成电长者”健康之家服务触角，探索电子科大东二院嵌入式养老服务；依托智能感知设备、水电气数据分析，融合运用人工智能技术健全小区服务管理体系，形成智能烟感、健康监测、智能陪护、便民电子通信录、电子投票系统等服务场景，满足独居、空巢、高龄、重残等关爱群体的安全监护和康养保障需求。猛追湾街道投入资金57万元，打造蜜城公寓和玉锦湾2号楼2个智慧安防点位，通过人脸识别系统、自助登记系统、翼闸系统，对房屋信息进行标签标记，建立“一人一档”进出信息管理。蜜城公寓9月完成，登记实有房屋201套、网约房86套，平均每日登记50人入住。玉锦湾2号楼11月完成，登记酒店、民宿、短租等各类房屋1020间，平均每日登记130人入住。

（杨　戈）

府青路街道

【概况】　府青路街道位于成华区西北部，东至二仙桥西路、建设北路三段，与二仙桥街道、跳蹬河街道相接；南至二环路东一段、府青路二段，与猛追湾街道毗邻；西至一环路北四段、三友路、二环路北四段，与金牛区驷马桥街道接壤；北至解放路一段、驷马桥路、八里庄路，与青龙街道相连，辖区面积5.71平方千米。府青路街道办事处驻成华区双建路70号。2022年，府青路街道辖八里庄、李家沱、怡福、文德、桃蹊、桃源6个社区，辖区常住人口157848人，其中户籍人口106551人、流动人口51297人。

府青路街道辖区有中环路八里庄路段、驷马桥路、三友路、桃蹊路、双建路等道路，地铁3号线、6号线、7号线穿行辖区；有四川省机械化工程公司、四川省地质工程勘察院、四川省成都华西中学、成都大学附属中学、成都市成华实验小学、电子科技大学附属小学蓝水湾校区、核工业四一六医院等企事业单位；成都凯龙财富大厦、财富又一城、王府井DISCOVEPY、麦德龙PLUS、永立星城都、东立国际、成都陶玻酒店用品城等商贸中心；朗诗总部、喜马拉雅、环媒科技等互联网新兴企业；毛边书局·桃蹊书院公共阅读空间，地勘路咖啡文化产业特色街区。

【经济发展】　府青路街道招引威兰特食品、普罗（成都）品牌设计有限责任公司、四川华宸信科建筑工程有限公司、四川元羿建筑工程有限公司等企业24家，引入四川微橙体育发展、四川眷恋文化创意有限公司外资企业2家，香港大洋贸易有限公司外贸进出口公司注册落地；引进香港微橙、西安迪康网络科技有限公司2个高能级重大项目，成华区九寨花语印象广场项目开工建设。举办重点企业、商务楼宇、银行机构负责人，扩消费增长、促共赢政企银座谈会。新增四川正阁餐饮管理有限公司、四川聚信久合贸易有限公司、四川物通科技有限公司、四川云之

6月15日，府青路街道举办扩消费增长、促共赢政企银座谈会　　（府青路街道供图）

鸣文化传媒有限公司、成都蜀府蓉厨餐饮管理有限公司、成都锦悦花园酒店管理有限公司、成都海阔实业有限公司、成都市晴瑞影院管理有限公司、红星视频（成都）文化传媒有限公司9家规模以上企业，新增市场主体4399家。落实助企惠企政策，向22家企业兑付扶持资金800万元，协助347家企业办理留抵退税3323万元。全年实现地方税收2.58亿元，完成固定资产投资21.25亿元，引进到位内资18.68亿元，实际利用外资2.38亿元，社会消费品零售总额53.09亿元。

【社区治理】　府青路街道构建“微网实格”社区治理架构，在原103个网格、9个专属网格基础上划分674个微网格，涵盖社区、企业、楼宇、建筑工地，配备专职网格员103名、微网格员951名，加强“警员、网格员、楼栋长”三员合作，网格员报送事件2.64万条，街道“大联动·微治理”系统更新录入各类基础数据21.63万条。明珠坊文化街区以风貌更新、功能更新、活力更新为路径，对街区实施微更新，以城市公共空间为更新载体，挖掘街区地理、民俗等文化特色，与城市品质提升有机融合，打造青少年心理咨询、法治教育基地。以激活城市空间为切入点，在香木园植入口袋公园、景观小品等场景，对街区沿街铺面进行微更新，打造“点亮老街的街区绿园”，实现人城境有机融合，让老街道焕发新生机。文德社区加强社区治理、居民自治，建立社区治理体系，推动社区经济发展，被评为2022年度成都市党建引领城乡社区发展治理示范社区。关家苑打造院落党群服务中心、楼栋微空间居民议事活动阵地，提升院落居民幸福感，被评为2022年度成都市党建引领城乡社区发展治理示范小区。

【城市管理】　府青路街道落实“门前五包”责任制，签订责任书3926份；按照垃圾分类相关要求，设置垃圾分类桶762组、覆盖率100%，改造标准化垃圾分类投放点227个、示范点9个，万科金色家园、财富又一城等19个小区被评为成都市垃圾分类示范小区。围绕占道经营、夜排档、违法建设等组织专项整治295次，排查安全隐患点位290个、整改率100%，排查各类燃气隐患2229个，全部整改完成；推进管道占压隐患整治，15个点位整改销账；清理越门占道经营2987处，整治商招店招390处，拆除违法广告697处，粉刷墙面4000平方米，道路黑化3500平方米，修补道路树池580处，补种绿化370平方米。水映兰庭、阳光欣苑创建为无违建小区，上行东方小区被评为2022年成都市“蓉城先锋·暖心物管”示范项目。改造新风路60号院、师友路4号、成都农商银行宿舍、朝阳新村等老旧院落4个，惠及住户387户，建筑面积3.06万平方米，项目总投资1161万元，既有住宅加装电梯9部。

【便民服务】　府青路街道综合便民服务中心全年办理各类服务事项17728件，其中工商办理2715件、劳动保障办理142件、退役军人办理499件、计生办理511件、住房保障办理604件、养老待遇资格认证办理13257件。全年城镇新增就业1998人，失业人员再就业446人，就业困难人员再就业121人，外来务工人员随迁子女入学审核431人。

【智慧府青·云上生活】　府青路街道整合智慧社区和智慧小区（院落）平台建设，实现社会治安防范与人口信息动态管理，强化“智慧平台+综合研判+政务决策+便民服务+信息资源”共享，打造街道级“智慧治理+多元化服务”平台，将警务事件和非警务事件进行分类，推送给民警、社区网格员处置；运用智慧平台建设，实现信息数据化、信息统计自动化、动态数据图形化，提升社区综合管理和服务能力；依托互联网、物联网，整合社区资源，嵌入前端多类型智能感知设备，通过自主研发的算法分析和研判模型，推动社区新型信息化管理，满足社区居民诉求，提升社区居民服务水平。录入社区居民人口信息、房屋信息等基础信息，收集数据资源1.53万条，通过融合多源异构数据，形成社区“数字孪生”，提升系统智能化和自动化水平，实现更高效的社区管理。全年警务事件办理69件，非警务事件办理207件。

【社区养老服务体系】　府青路街道以辖区老人需求为导向，打造八里庄路养老综合体，构建社区与家庭无缝连接的嵌入式社区养老服务，提供长期照料、日间照料、健康管理等养老服务，让辖区老人享受专业、一站式新型养老服务。引入中京爱依养老、泽安养老等养老机构参与辖区养老综合体、养老院、日间照料运营，服务老年人76人，提升老年人的幸福感。引入成华区敬老爱老志愿者协会、青羊区睿道之心等社会组织参与老年助餐服务，辖区有文德社区老年助餐服务点、李家沱社区老年助餐服务点、八里庄社区老年助餐服务点、怡福社区老年助餐服务点、桃蹊社区老年助餐服务点5个，全年服务老年人5.06万人次，为辖区老年人用餐提供便利。

（刘　格）

二仙桥街道

【概况】　二仙桥街道位于成华区中部，东与龙潭街道相连，南与跳蹬河街道、保和街道、龙泉驿区十陵街道毗邻，西与府青路街道相接，北与青龙街道接壤，辖区面积11.8平方千米。二仙桥街道办事驻成华区二仙桥北路16号。2022年，二仙桥街道辖仙韵、东路、下涧槽、华林、圣灯5个城市社区和枫景、东华、长林盘、人民塘4个涉农社区，辖区常住人口133920人，其中户籍人口61001人、流动人口72919人。

二仙桥街道辖区有中环路二仙桥段、东三环路二段、成华大道十里店路、二仙桥北路、民兴路等道路，地铁7号线、8号线穿行辖区；有成都理工大学、成都英才学校、成都嘉祥外国语学校成华校区、成都万汇学校、成都市二仙桥学校、成都理工大学附属小学、成都誉美医院等企事业单位；中国铁建广场、龙光世纪中心、时光荟、成都怡东国际酒店等商务楼宇；成都自然博物馆、完美文创公园、二仙桥公园、城东体育公园、杉板桥公园、圣灯公园等旅游景点。

【经济发展】　二仙桥街道注册落地紫金矿业集团西南地质勘察有限公司、四川澳赞餐饮管理有限公司、成都瑞能智云科技有限公司等“专精特新”企业，促进凯德玖悦华章、华润中环天序、通惠东望花园、保利中环广场、枫景社区党群服务中心等9个项目开工建设，中车共享城（二期）、朗诗乐府、首信源滩、龙光世纪中心4个项目竣工。新增四川宏基原创建筑设计有限公司、紫金矿业集团、西南地质勘察有限公司、四川环鼎扬冠建筑工程有限公司、四川安智雅科技有限公司、成都锦居幻享家酒店有限公司、完美世界教育咨询（成都）有限公司等10家规模以上企业，新增市场主体3810家。落实助企惠企政策，向3家企业兑付扶持资金437.19万元。全年实现地方税收1.81亿元，完成固定资产投资70.66亿元，引进到位内资18.50亿元，实际利用外资2.46亿元，社会消费品零售总额19.93亿元。

【社区治理】　二仙桥街道推进“微网实格”社区治理，划分专属网格12个、一般网格123个、微网格537个，配备一般网格员123名、微网格员1267名。推进民兴苑院落民主议事厅场景营造，智慧社区和街道城运平台互联互通，构建“一中心、三平台”智慧社区建设，运用科技手段提高发现、报告、妥善处置能力。仙韵社区设立“细致入微、多元织网、幸福满格”潜力，依托社区微基金办好微实事，被评为2022年度成都市百佳示范社区。东华社区实现党建网格与社治网格融合，搭建资源共享、网格党建、吹哨报到和“蓉e报”联动平台，实现网格规范化运行，开展“微协商”破解小区治理难题，被评为2022年度成都市党建引领城乡社区发展治理示范社区。下涧槽社区在十里翠苑推行信托制物业服务模式，破解居民小区业主与物管公司的紧张关系，让物业回归“管家”角色，业主做回小区“主人”，十里翠苑信托制物业试点做法“以信义铸就藩篱·用担当服务业主”入选成都市小区信义治理优秀案例。二仙桥街道社会工作服务站被评为2022年成都市示范社工站。

【城市管理】　二仙桥街道落实“门前五包”责任制，签订责任书1100份；按照垃圾分类相关要求，设置垃圾分类桶260组、覆盖率100%，改造标准化垃圾分类投放点125个、示范点25个。完成“两拆一增”增绿点位10个、面积23.6万平方米，拆除违法建设点位13个、面积1.09万平方米，破损招牌57块、桁架广告77块，伸出式广告85块，审批招牌192块、楼盘临时户外广告5处、播放公益广告210条；整治越门经营5045次、流动商贩5133次，规范共享单车停放2.71万辆；清理院落大件垃圾2300吨、生活垃圾2.71万吨，冲洗道路面积9742万平方米。整治河道水质、下河口、堤岸128处，对辖区方家河、十陵河、下涧槽河等河道疏浚3.39千米，清除淤泥5454立方米，整改雨污管网错接、漏接、污水管网9处，依托国控子站对辖区备案在册各类市政道路、商品房等65处在建工地和运渣车加强管控。落实企业安全生产主体责任，与89家建筑施工企业、58家物业管理小区、5家

10月14日，下涧槽社区十里翠苑小区举行信托制物业入驻仪式　　（二仙桥街道供图）

危化品企业、47家工商贸企业签订生产经营安全生产责任书，与800家九小商铺、3家农贸市场、40家物业管理公司签订生产经营消防安全承诺书。开展安全生产大检查，检查各类企业、点位、场所686处，整改安全隐患852处、燃气安全隐患3871处。

【便民服务】 二仙桥街道综合便民服务中心全年办理各类服务事项11883件，其中工商办理3205件、劳动保障办理128件、退役军人办理2544件、计生办理712件、住房保障办理322件、养老待遇资格认证办理4972件。全年城镇新增就业1448人，失业人员再就业34人，就业困难人员再就业95人，外来务工人员随迁子女入学审核504人。二仙桥街道综合便民服务中心被四川省政府政务服务和公共资源交易服务中心确认为“省级示范便民服务中心”。

【征地拆迁安置】 二仙桥街道完成建北社区7组征地实施项目“蓉府尚座”安置房分房，涉及居民62户221人，分配安置房220套。完成东城映象（二期）和（三期）安置房分房，涉及居民2300户8200人，分配安置房3409套。

【理工大学知识经济圈建设】 二仙桥街道与成都理工大学开展校地合作，利用高校资源、人才、科研优势，引进世界500强紫金矿业集团西南地质勘查有限公司，促进企业与成都理工大学深度合作，打造人才聚集“新高地”，畅通“蓉漂计划”“东骄华章计划”“成华工匠”等项目校地合作，为理工大学“珠峰人才计划”入选者分层分类申报人才项目资助。以社区规划师、“大党建·微创投”等社区建设项目为依托，吸纳理工大学教师、学生及社会企业专业人才参与社区发展治理，开展慈善、养老、残疾民生微项目5项。围绕宜居宜业生态，对成都理工大学周边200米范围路面、电线、建筑物立面进行提升改造，对成都自然博物馆绿化进行提档升级。

10月29日，下涧槽社区开展“情系邻里·共建美好家园”活动 （二仙桥街道供图）

【“匠心二仙”文化形象打造】 二仙桥街道塑造“匠心二仙”文化形象，发挥四川院坝文化传播有限公司、四川省歌舞剧院和名师工作室聚合资源优势，将二仙桥街道文化活动中心打造为天府院坝春晚大本营、特色群众文化阵地，为居民提供健康向上的精神文化服务。培育知青温馨、海韵、唯美、秋之韵、彩虹、靓花聚锦、梦舞飞翔7支舞蹈队，老战友、欣悦、康乐3支合唱队，阳光、理工、红枫3支乐队，柔力球、太极、书画、瑜伽、时装等特色文化团队50支。举办第五届天府院坝群众春晚、院坝音乐节等文化活动，围绕迎接党的二十大、成都大运会等主题，开展主题性文艺创作和群众文化活动，打造全国基层群众文化品牌“新标杆”，提升“院坝文化”知名度和美誉度。

【“疏心姐妹”调解室】 二仙桥街道引导社区网格员、社区工作人员等社会力量加入调解队伍，建立律师、法官、警察和相关行政机关工作人员组成的调解专家库。“疏心姐妹”调解室全年开展法治宣传活动94次，接受法律服务486人次，调解案件184件，涉及金额637.27万元，其中婚姻家庭纠纷12件、邻里纠纷38件、合同纠纷45件、损害赔偿纠纷21件、劳动争议纠纷10件、拖欠农民工工资纠纷12件、其他纠纷46件，行政复议1件，行政诉讼1件。

【全国示范性老年友好型社区创建】 二仙桥街道下涧槽社区以辖区老人需求为导向，以智慧管理系统为核心，为老年人提供日间照料、老年助餐、文化娱乐、精神关怀、居家生活照料、慢病检测与防治、康养保健、紧急救援帮助，打造社区嵌入式养老服务网络，增设老年助餐、托育、居家上门服务站点，将老年友好做实做细，将小区融入15分钟生活圈；建立“退休训练营”和“幸福工作坊”两大服务体系，推进老年友好型社区建设。2022年10月19日，国家卫生健康委、全国老龄办命名二仙桥街道下涧槽社区为2022年全国示范性老年友好型社区。

（裴　蓓）

跳蹬河街道

【概况】 跳蹬河街道位于成华区中心地段，东与二仙桥街道相接，南与万年场街道毗邻，西至二环路东三段与双桥子街道相连，北与猛追湾街道、府青路街道接壤，辖区面积5.29平方千米。跳蹬河街道办事处驻成华区东篱路29号。2022年，跳蹬河街道辖锦绣、杉板桥、跳蹬河、建兴路4个社区和跳蹬村1个村委会，辖区常住人口130820人，其中户籍人口74365人、流动人口56455人。

跳蹬河街道辖区有二环路东二段、中环路崔家店路、成华大道杉板桥路、建设南路等道路，地铁7号线、8号线穿行辖区；有航天科工通信技术研究院、四川电力送变电建设公司、四川省成都市第四十九中学、成都市成华小学锦绣校区、成都南华实验学校、四川电力医院等企事业单位；万科文创大厦、CEC784·万谷智慧产业园、萌想星球·107文创产业园、成华区天府社创中心等商务楼宇（园区），成都成华SM城市广场、天荟万科城市广场、龙湖滨江天街、龙湖三千集天街等商贸中心；国家AAAA级旅游景区东郊记忆·成都国际时尚产业园，麻石烟云等旅游景区。

【经济发展】　跳蹬河街道引进万声音乐数字体验中心产业化项目落地，全年社会投资项目5项，总投资13.3亿元，川物流二仙桥东站、中电瑞成轩2个项目竣工，续建恒河广场、万科天荟2个项目，提升改造东郊记忆。设立政企服务联动机制，在万科天荟商场设立政企服务联动站。新增成都市成亿餐饮管理有限公司、四川乐多多超市管理有限公司、成都君臣逸酒店管理有限公司、成都四美子服饰有限公司、成都市太禾味来电子商务有限公司、四川惠之源电子商务有限公司、成都布后壹零柒文化创意有限公司、四川九洲昌隆农业有限公司、四川陶德砂师傅餐饮有限公司、成都铭科思微电子技术有限责任公司、成都熊猫星球科技有限公司等15家规模以上企业，新增市场主体1029家。落实助企惠企政策，向20家企业兑付扶持资金2049万元。全年实现地方税收3.21亿元，完成固定资产投资8.81亿元，引进到位内资19.72亿元，实际利用外资2.51亿元，社会消费品零售总额25.63亿元。

【社区治理】　跳蹬河街道构建“微网实格”社区治理体系，建成总网格5个、一般网格76个、微网格473个，配备一般网格员76名、微网格员773名，以一般网格为单元实现网格党组织全覆盖。以智慧社区（小区）建设和示范社区（小区）为抓手，通过数据回流，形成数字孪生地图“随手拍”“掌上信箱”“城管事件”分析结果，完善发现、上报、处置、办结流程，构建网格化管理、精细化服务、信息化支撑、开放共享的智慧社区服务平台，打造杉板桥智慧社区、锦绣智慧社区、跳蹬河示范社区、红枫岭（二期）智慧小区、九龙仓御园示范小区。跳蹬河社区构建“五彩缤纷、活力跳蹬”党建广场，以文明典范城市创建、小区自治协商、邻里纠纷调解等活动，塑造“活力跳蹬·幸福生活”品牌，被评为2022年度成都市党建引领城乡社区发展治理示范社区。九龙仓御园打造“御园书舍”，开展“幸福保卫赞”睦邻活动，通过睦邻阅读会、儿童跳蚤市场、亲子主题活动，营造幸福家庭、和谐小区氛围，被评为2022年度成都市百佳示范小区。

【城市管理】　跳蹬河街道落实“门前五包”责任制，签订责任书1849份；按照垃圾分类相关要求，设置垃圾分类桶260组、覆盖率100%，改造垃圾分类集中投放点位20个、示范点1个，银玺国际、海棠民居、九龙仓御园、保利康桥等25个小区被评为成都市级垃圾分类示范小区。打造全感知、全覆盖的智慧消防安全体系，构建安全风险分级管控和隐患排查治理“双重预防机制”，蓝光天地、成都龙湖同晋置业有限公司2家企业完成安全生产标准化建设。开展安全隐患排查，整改安全隐患235处、燃气安全隐患1704处，查处建筑工地大气污染违法行为30处，治理下河口污染点位23处。改造老旧院落二环路东三段12号院，惠及住户150户，建筑面积8000平方米，项目总投资389万元，既有住宅加装电梯9部。

12月27日，杉板桥社区党群服务中心举行消防安全专题培训　　（跳蹬河街道供图）

【便民服务】 跳蹬河街道综合便民服务中心全年办理各类服务事项13127件，其中工商办理3001件、劳动保障办理2985件、退役军人办理2272件、计生办理637件、住房保障办理2384件、养老待遇资格认证办理1848件。全年城镇新增就业551人，失业人员再就业322人，就业困难人员再就业16人，外来务工人员随迁子女入学审核382人。

【文旅产业聚集发展核心区打造】 跳蹬河街道以东郊记忆20万平方米工业遗存建筑园区为核心载体，投入约2亿元打造文旅产业聚集发展核心区，入驻各类数字文创、餐饮、娱乐企业300家。在成都市音乐产业招商推介会发布"梦想东区"计划，建设东郊记忆音乐产业聚落，形成3万平方米产业办公空间，建成NO.7音产创意中心、NO.21原创版权中心专业音产场地，构建音乐全产业链生态新空间。

【红色物业联盟创建】 跳蹬河街道以中粮锦云红色物业党支部为引领，打造小区架空层、地下室空间，建立红锦物业党支部、中粮锦云乐跑团志愿服务队，调动党员干部、居民参与社区治理。成立红锦物业、锦云乐跑团、中粮锦云、五彩童盟志愿服务4支志愿服务队，全年开展炎炎夏日送清凉、关爱走访慰问、红十字应急救护知识培训等活动40场次。

【新时代文明实践站建设】 跳蹬河街道新时代文明实践站位于东秀一路227号，依托街道综合文体活动中心，以党建为引领，整合企事业单位、区级群团中心、学校、医院等各类资源，共同参与辖区新时代文明实践站建设，打造极具"东郊工业"文化底蕴，融合思想引领、道德教化、文化传承等于一体的文明实践阵地，下设锦绣社区、杉板桥社区、跳蹬河社区、建兴路社区、跳蹬村5个实践站，有志愿者队伍62支、志愿者8035名。全年开展理论政策宣讲、文化服务、助学支教、医疗健身、科学普及、法律服务等志愿服务活动201场次，参与居民2.13万人次。打造"筑爱锦绣·有你有我"关爱残疾人、"党旗飞扬·睦邻锦绣"文创剧场志愿服务品牌。

【杉板桥社区美育中心】 跳蹬河街道杉板桥社区美育中心联合四川音乐学院等入驻高校、社会组织、社会企业，依托辖区场地、活动室、文化广场，引导市民提升美育水平。四川音乐学院开展高雅艺术进社区音乐会、迎新春文艺演出活动、公益培训、公益讲座40场次，开设社区教育课程杉宝童声合唱团、中老年合唱团、爱乐童声合唱团、杉宝微剧团、太极、少儿围棋、少儿软笔书法、拳击、陶艺等13门课程，促进美学应用与社区发展治理有机融合，服务居民2.03万人次。

2月24日，锦绣社区举行新时代文明实践活动 （跳蹬河街道供图）

【杉板桥社区一刻钟便民生活圈】 杉板桥社区作为成都一刻钟便民生活圈之一，以社区党群服务中心为圆心，以满足居民日常生活基本消费和品质消费为目标，联动萌想星球·107文创产业园、东郊记忆、万科天荟、龙湖滨江天街等载体，在杉板桥社区党群服务中心整合"托育中心""邻里艺术厅""阅读空间"等服务功能区，引进智能化系统，通过线上预约，居民即可使用多功能文体活动厅、创新创业中心等场所，为杉板桥社区居民提供便捷美好生活。

（胡婷舒）

万年场街道

【概况】 万年场街道位于成华区东部，东与保和街道相连，南与锦江区双桂路街道毗邻，西与双桥子街道相接，北与跳蹬河街道接壤，辖区面积5.74平方千米。万年场街道办事处驻成华区槐树店一路333号。2022年，万年场街道辖长天路、双福路、槐树店、红桥4个城市社区和联合1个涉农社区，辖区常住人口157583人，其中户籍人口78469人、流动人口79114人。

万年场街道辖区有蜀都大道迎晖路、二环路东三段、中环路建材路、新华大道双庆路、成洛大道槐树店路等道路，地铁4号线、7号线、8号线穿行辖区；有霍尼韦尔、今日头条、国泰君安、华润电力、圣邦微电子、四川交通技术学校、成都市双庆中学、成都市华建学校、成都市石室小学、成都市锦汇东城小学、成都市双庆小学等企事业单位；成都万象城商贸中心，华润大厦、成华发展大厦甲级写字楼；多宝寺壹号艺术中心、槐香邻里中心公共文化活动体验空间，万象润街美食街区。

【经济发展】　万年场街道依托成都万象城、华润大厦、成华发展大厦等载体，对接各领域龙头领军企业，定制“一楼一策”“一企一策”招商政策，聚焦建圈强链，培育经济发展新动能，注册茶生活、寿司朗、巨量引擎、农本4个亿元以上项目，中交地产卓璞置业、龙湖云河颂2个项目开工建设。新增成都吉瑞欣化工原料有限公司、成都南联科技有限公司、成都万斯福贸易有限公司、成都万德楼饮食有限公司、成都蓉旭酒店管理有限公司、成都香槟假日酒店管理有限公司、四川巨量引擎科技有限公司、四川瑞邦盛世建设工程有限公司、四川众邦人力资源服务有限公司等14家规模以上企业，新增市场主体2347家。落实助企惠企政策，向20家企业兑付扶持资金3129.84万元。全年实现地方税收2.8亿元，完成固定资产投资18.4亿元，引进到位内资14.88亿元，实际利用外资2.39亿元，社会消费品零售总额50.67亿元。

【社区治理】　万年场街道聚焦党建引领，构建社区治理新格局，推进“微网实格”建设，建立一般网格81个、微网格637个，配备一般网格员81名、微网格员692名，织密织牢基层治理服务网络。街道推动“智慧万年·万象更新”智慧社区试点，建成双福路社区综治中心，将社智在线系统数据接入城运平台，推动街道智慧综合一体化平台建设。双福路社区“红色微格凝一心、四微载体润万家”探索实践获评成都市微网实格治理创新案例，发挥“红色物业”与“微网实格”叠加作用。街道探索小区信义体系和小区善治模式，万兴街3号院以“私卡变公卡”的模式完成信托制物业服务模式导入，以党建引领为核心，以信托制物业导入、信义治理研究、院落公共资源运营，创新推进小区信义治理实践，信托制物业服务模式夯实老旧院落长效自治机制的经验做法登上《人民日报》，万兴街3号院被评为2022年度成都市党建引领城乡社区发展治理示范小区。联合社区以“融合融治一老一小”示范建设等被评为2022年度成都市党建引领城乡社区发展治理示范社区。华润六期锦云府围绕“双线双维”治理新模式，提升居民幸福感，被评为2022年度成都市百佳示范小区。

【城市管理】　万年场街道落实“门前五包”责任制，签订责任书2014份；按照垃圾分类相关要求，设置垃圾分类桶280组、覆盖率100%，改造标准化垃圾分类投放点50个、示范点3个。完成中环路建材路、双成二路、双成五路、长天路、双桂路、双庆路、双福二路7条道路环境品质提升，面积7.6万平方米，建成槐荫路、成洛路、二环路东三段外侧、成洛大道槐树店路与槐荫路交叉口、双成五路沿线、双庆路6处微绿地，面积2.1万平方米；提升小游园、微绿地面积8000平方米，打造华润九期、双庆读书角。建立“城管+商管+环卫+志愿者+街长”多方联动机制，构建共治共管、共建共享城市管理新格局，整改各类安全隐患1790处；推广运用智慧环卫系统，实现餐厨垃圾回收GPS定位管理，打造万象星座智慧消防特色应用场景，实现万象星座62个红外感光火灾探测器、868个烟雾探测器、4套消防水压监测设备智能化智慧化监测管理。拆除违法建设16处、面积1.09万平方米，整治出摊占道1300起、游商小贩4200起，清理共享单车2.9万辆、非法张贴广告1800处、乱写乱画30处、积存垃圾16.8吨。改造长天路32号院、宏苑、欣苑、民苑、锦苑、槐树苑（一期）等老旧院落6个，惠及住户

3月17日，万年场街道举办银政企座谈会　　（万年场街道供图）

2946户，建筑面积20.33万平方米，项目总投资8838万元。

【便民服务】 万年场街道综合便民服务中心全年办理各类服务事项15862件，其中工商办理3050件、劳动保障办理2456件、退役军人办理4548件、计生办理594件、住房保障办理1668件、养老待遇资格认证办理3546件。全年城镇新增就业1247人，失业人员再就业536人，就业困难人员再就业63人，外来务工人员随迁子女入学审核529人。

【“蓉城驿站”省级示范阵地建设】 万年场街道发挥华润大厦“蓉城驿站”桥梁纽带作用，凝聚党建合力、促进经济社会发展。华润大厦“蓉城驿站”提供“党务+政务+商务+居务”等服务，组织开展政企联合结对共建主题党日活动、助力企业发展暖冬行动论坛、“最多跑一次”便民服务等活动12场次。驿站创新主题党日模式，以政治建设、思想建设和实践创新三个维度为重点，以党建和企业合作共建为引领，有效破解企业党员工作分散、找不到组织、党组织生活不经常、党组织作用发挥不充分、企业诉求难解决等难题。

（张良丹）

保和街道

【概况】 保和街道位于成华区东南部，东与龙泉驿区十陵街道相连，南与龙泉驿区大面街道和锦江区狮子山街道、沙河街道毗邻，西与万年场街道相接，北与二仙桥街道接壤，辖区面积11.11平方千米。保和街道办事处驻成华区长融东三路98号。2022年，保和街道辖和美、和顺、迎晖、胜利、杨柳5个城市社区和和欣、斑竹、天鹅3个涉农社区，辖区常住人口187411人，其中户籍人口79885人、流动人口107526人。

保和街道辖区有蜀都大道保华路、成洛大道长融路、中环路建材路、三环路东四段、万科路等道路，地铁2号线、4号线、7号线穿行辖区，有成都火车东站交通枢纽、成都东站汽车客运站、成都汽车总站；成都亚光电子股份有限公司、四川成渝高速公路股份有限公司成渝分公司、星创世界眼镜西南区总部，四川省成都市第四十九中学和美分校、成都市树德小学、成都鹏瑞利国际医疗健康中心、成都鹰阁医院、成都新生堂妇女儿童医院、成都市第六人民医院成华院区、成华区中医医院、上海联影、顾连医疗等企事业单位；成都龙之梦大酒店等酒店集群，万科凯德广场、魅力新天地商贸中心、中环一号、万科金库等商务楼宇。

6月17日，华润大厦“蓉城驿站”举办政企共建聚合力主题党日活动暨党组织结对共建启动仪式

（万年场街道供图）

【经济发展】 保和街道紧扣“链主企业”招引，聚焦九大重点产业链，拜访链主企业19家，邀请高能级企业实地考察12次，引进T3出行西南线下运营中心、比亚迪西南体验及交付中心2个重大项目落地注册，签约碧桂园碧然康养医疗护理中心、北京新华健康成华医疗健康中心2个重大项目。新增成都人居兴耀置业有限公司、四川东盛康源建设工程有限公司、成都鑫统领文化旅游开发有限公司、成都万友东辰汽车销售有限公司、四川德立信石油天然气勘察设计有限责任公司、成都祥瑞旅程酒店管理有限公司、四川世德华行进出口贸易有限公司、四川梦创商贸有限公司等17家规模以上企业，新增市场主体2720家。落实助企惠企政策，向19家企业兑付扶持资金847万元。全年实现地方税收2.12亿元，完成固定资产投资50.45亿元，引进到位内资15.14亿元，实际利用外资2.40亿元，社会消费品零售总额36.95亿元。

【社区治理】 保和街道构建社区“微网实格”治理体系，建成专属网格47个、一般网格99个、微网格627个，配备一般网格员99名、微网格员844名。和美社区依托天义调解室、同心社等协商自治平台调处矛盾纠

7月1日，和美社区天义调解室调解万科魅力之城四期业主防护栏纠纷　（保和街道供图）

纷40起，和美社区社会工作服务室被评为2022年成都市示范社工室。胜利社区借力网约房管理系统，加强网格智慧场景营建。杨柳社区打造滨江壹号“心知荟、心享荟、心聚汇”网格特色自治“微阵地”，激活社区治理邻聚力。和顺社区依托居民活动空间打造红色驿站、居民议事、文化传承展示于一体的“微网实格”工作服务站。和欣社区坚持“五欣服务”微网实格治理品牌营建，整合辖区资源成立“红欣启航”党建共建联盟圆梦居民微心愿30个，被评为2022年度成都市党建引领城乡社区发展治理示范社区。斑竹社区组建志愿队为“一老一小一青”居民开展服务，提高居民的获得感。东方新城（二期）建立自管、友商、友邻“三汇”互动，凝聚“一核多元”共治合力，小区矛盾纠纷比上年下降82.1%，被评为2022年度成都市百佳示范小区。首创国际城（二期）完善治理机制，实施自我管理、自我服务，邻里关系更加融洽，被评为2022年度成都市百佳示范小区。保和小区（二期）导入“信托制”物业服务信息公开平台，小区居民对物业的满意度由60%上升到96%，信托制物业试点做法“聚焦信义治理·建设和谐家园”入选成都市小区信义治理优秀案例。

【城市管理】　保和街道落实“门前五包”责任制，签订责任书680份；按照垃圾分类相关要求，设置垃圾分类桶201组、覆盖率100%，改造垃圾分类集中投放点位1个、标准化垃圾分类投放点位50个。整治各类安全隐患1120处，安装生命通道AI智能监控系统13处，排查防汛隐患点位7处。整改阆中酒店、仁仁富大酒店、杨柳9号院燃气管道隐患，排查自建房409栋，发放自建房安全隐患告知书并签订安全承诺书。为迎接大运会，以东西轴线、三环路、成洛路、中环路、铁路西城客专沿线为重点，以成都东站区域为核心，加大市容整治力度，开展共享单车、小广告、交通安全文明劝导等专项治理，对城市光彩照明89个点位实施辅助，提升东西轴线沿线6个天桥灯光，提升绿化面积3.1万平方米，落实LED灯监管，保障89个城市景观照明。开展违法建设专项治理，以龙之梦大酒店、东西轴线、三环路为重点，辐射周边500米重点区域，集中整治大运会赛事场馆、接待酒店、交通枢纽及大运会保障路线周边（两侧）公共空间及建筑楼顶违法建设，拆除违建8处1.9万平方米。改造老旧院落跳蹬河南路11号院，惠及住户308户，建筑面积2.2万平方米，项目总投资924万元，涵盖改造消防系统、自来水1户1表，提升绿化景观，美化院落外立面等。

【便民服务】　保和街道综合便民服务中心全年办理各类服务事项10729件，其中工商办理1942件、劳动保障办理442件、退役军人办理351件、计生办理182件、住房保障办理4056件、养老待遇资格认证办理3756件。全年城镇新增就业258人，失业人员再就业215人，就业困难人员再就业82人，外来务工人员随迁子女入学审核634人。

【征地拆迁安置】　保和街道完成天鹅社区1组、5组项目中储晋商，鼎盛汽修2家企业签约拆除，腾地6000平方米；拆除东升、东虹项目洪明机械厂，腾地2000平方米；配合成都市城投公司完成东风渠北侧原东升遗留户房屋拆除，腾地1.2万平方米；分配锦东河韵A、D区安置房1379套，惠及东客站项目斑竹社区、和欣社区居民。

【社区服务新场景营建】　保和街道以居民需求为导向，依托斑竹社区、和欣社区、胜天片区党群服务阵地，深化儿童友好社区建设，新建斑竹社区儿童之家，提档升级和欣社区儿童之家，以“心苑立方”主题为突破口，构建一个中心+4个小站胜天片区党群服务站，实施以“月生邻苑”为枢纽平台的保障性住房片区服务模式。总结东方新城（二期）网约房治理经验，构建“智治+自治”双线融合社区治理服务体系，新增胜天片区公共服务阵地1600平方米，建立“多元汇一核”的社

11月17日，成华区网约房治理经验推广现场会在东方新城（二期）召开　　（保和街道供图）

会工作服务体系，构建"零距离"服务圈和15分钟生活圈。打造斑竹社区综合体4200平方米，探索教育新型合作模式，推动邻里、教育、健康、创业、文化、服务、治理场景集成，构建智慧韧性社区。

【"平安保和"小区治理智慧平台建设】　保和街道做好东方新城（二期）治安管理，研发网约房服务管理系统，增加小区门禁人脸识别、旅客入住刷身份证登记信息自动采集等功能，强化"旅综平台""社采平台""人脸AI能力层平台"三大平台数据关联互动，异常情况自动报警；开发微信小程序，提供自主登记、申请通行授权、事件上报、通知公告、政务服务、便民服务、网上社区等差异化服务；线下打造群众之家，集成矛盾纠纷调处、网格服务管理、社会治安防控、网约房管理服务等功能，以"一站式"服务打通线上线下民生诉求，畅通业主、物业公司、网约房旅客、网约房经营者各方利益诉求渠道，做到问题联治、工作联动、平安联创。东方新城（二期）小区全年入驻旅客51.77万人次，调解矛盾纠纷4起。

（黄诗忆）

双水碾街道

【概况】　双水碾街道位于成华区西北部，东至昭觉寺南路、三环路川陕立交，与青龙街道相邻；南至站北东街、八里桥路，与成都火车北站相邻；西至站北北街、赛云台北支路，与金牛区五块石街道相邻；北至中环路双荆路、双瑞一路，与金牛区沙河源街道交界，辖区面积5.57平方千米。双水碾街道办事处驻成华区站北北街1号。2022年，双水碾街道辖站北路、花径路、升仙湖、荆竹、横桥5个城市社区和双水碾村1个村委会，辖区常住人口126793人，其中户籍人口54621人、流动人口72172人。

双水碾街道辖区毗邻成都火车北站，有站北路、八里桥路、升仙湖北路、双荆路、北新干道等道路，地铁1号线、3号线穿行辖区；有成都市自来水有限责任公司、成都市自来水二厂、成都市自来水五厂、成都轨道交通技工学校、成都市站东小学等企事业单位；金科中心、融锦城、东立广场、泰业北城、招商雍华府等商务楼宇，鑫禾广场、中营购物广场等商贸中心；羊子山祭祀台古遗址、升仙湖特色街区。

【经济发展】　双水碾街道走访瞪羚、独角兽、六类500强企业30家，链主企业13家；赴上海、深圳、苏州等地开展招商引资活动4次，与德必集团、红星云集团签订战略协议；新开工荆竹6组公建配套设施项目1个，续建华润置地静安府项目1个，竣工沙河斓庭，天富缘、站北西横街65号院项目3个，年度投资8.96亿。新增四川纯竹工坊新材料有限公司、成都东立达国际贸易有限公司、四川世纪天诚商贸有限公司、成都东石清洁服务有限公司、成都维道物业管理有限公司、成都紫宝实业有限公司、涂多多云厂（成都）科技有限公司7家规模以上企业，新增市场主体3017家。落实助企惠企政策，向四川蓝漂集团、四川建之源建筑工程公司、成都中辛达货运代理有限公司等25家企业兑付扶持资金1200.73万元。全年实现地方税收1.03亿元，完成固定资产投资10.90亿元，引进到位内资12.92亿元，实际利用外资2.38亿元，社会消费品零售总额33.50亿元。

【社区治理】　双水碾街道构建社区"微网实格"治理体系，建成专属网格25个、一般网格88个、微网格580个，配备一般网格员88名、微网格员618名。双水碾街道打造全市首个退役军人多功能流动服务站，为辖区退役军人提供优待证办理、退役军人政策法规咨询、健康状况自助监测等服务，双水碾街道退役军人服务站被评为2022年度全省百家优秀退役军人服务中心（站）。创新构建红色物业、绿色志愿、橙色团建、蓝色调解"四色"品

8月16日，双水碾街道“灯塔”夜跑队在沙河沿线开展安全夜跑绿色行活动　（双水碾街道供图）

牌，完善社区治理体系；利用“红色物业”强赋能，建立街道、社区、物业三级物业联席会，成立成华区首个街道级物业企业联合党支部，利用“绿色志愿”渠道，将新时代文明实践活动与社区治理相结合，形成“街道统筹、社区协同、党员带头、全民参与”的志愿者联盟，街道设志愿服务登记点7个，注册志愿者3000人，孵化出“万人坚守护河岗”“灯塔下的夜行者”2个具有全国影响力的志愿服务品牌，以小区团建为突破口，实现社区治理与小区团建无缝对接。在兴元华盛（二期）引入信托制物业服务模式，构建党建引领小区治理体系，形成职责明晰的治理共同体，推动小区治理提质增效。在6个社区（村）建立“民族之花”调解工作站，建立矛盾早化解工作机制，全年调解纠纷53件，其中婚姻家庭纠纷4件、合同纠纷12件、损害赔偿纠纷17件、道路交通事故纠纷2件、物业管理纠纷8件、邻里纠纷10件。在辖区沙河沿线建立“灯塔”志愿服务驿站10个，聚焦河道环境治理、夜行安全治理、邻里互助治理、健康生活治理、守望相助治理五大社区综合治理开展志愿服务，把社区治理服延伸到夜间。提档升级云景豪庭小区智慧建设，安装人脸识别高清摄像头4个，民宿智慧化管理系统1套。

【城市管理】　双水碾街道落实“门前五包”责任制，签订责任书2124份；按照垃圾分类相关要求，设置垃圾分类桶235组、覆盖率100%，改造垃圾分类集中投放点位6个，标准化垃圾分类投放点123个。完成水武街“两拆一增”点位，增绿面积120平方米，排水管网病害治理2处。整治各类安全隐患197处，排查居民燃气4.06万户，拆除违法建设1.1万平方米、占压燃气设施5处909平方米、不规范招牌98处、2处自建房鉴定为D级危房，完成凤凰河、桂花园支流、黉门堰清淤600立方米。新增机动车临时停车位1650个、非机动车停车位1580处、施划商铺经营标线5150米，清理卫生死角230处，清运积存垃圾301吨，规范越门经营行为4970起，乱停放单车8900辆次，取缔占道游商4800起，清理户外广告、招牌86处，美化三环路、中环路临街围墙2000平方米。改造站北西横街65号院、天福缘老旧院落2个，惠及住户366户，建筑面积2.7万平方米，项目总投资1070万元，既有住宅加装电梯7部。

【便民服务】　双水碾街道综合便民服务中心全年办理各类服务事项12674件，其中工商办理4310件、劳动保障办理433件、退役军人办理231件、计生办理364件、住房保障办理349件、养老待遇资格认证办理6987件。全年城镇新增就业1558人，失业人员再就业141人，就业困难人员再就业21人，外来务工人员随迁子女入学审核902人。

【青年志愿服务】　双水碾街道把青年志愿服务纳入党建带团建工作总体格局，形成“党建引领聚合力、团建赋能添动力、青年带头作示范”的工作局面，有注册青年志愿者210名。双水碾街道“灯塔”项目联动辖区派出所，利用天网、电子围栏等智慧化系统，为夜行者保驾护航，通过设立“灯塔”志愿服务驿站，延伸夜间居民服务，把社区环境治理、安全治理、互助治理、健康治理、救助治理延伸到“下班后”，助力建设平安社区，全年开展志愿服务活动80次。双水碾街道团工委与团区委联合打造的“灯塔”下的夜行者——下班后社区综合治理志愿服务行动获第六届中国青年志愿服务项目大赛四川省赛金奖。

【“民族之花”省级金牌调解工作室】　双水碾街道推出“民族之花”调解室，组建以少数民族调解员、党员志愿者12人调解队伍。“民族之花”调解室孵化出“蓝色调解”品牌，通过完善人民调解服务网络、优化人民调解组织形式，实现“小事不出社区、大事不出街道、矛盾不上交”，为基层社会治理注入新活力；引入社会组织参与社会治安协同治理，引导多元力量参与社区治理和平安建设，全年化解电信网络诈骗、学生学习培训费用等矛盾纠纷40起。

（张　科　冯伟俊）

青龙街道

【概况】 青龙街道位于成华区东北部，东与龙潭街道相连，南与府青路街道毗邻，西与双水碾街道为邻，北与白莲池街道接壤，辖区面积7.99平方千米。青龙街道办事处驻成华区致强路266号。2022年，青龙街道辖昭青路、仁义路、昭觉、致强4个城市社区和东林、西林、新山、海滨湾4个涉农社区，辖区常住人口165218人，其中户籍人口71761人、流动人口93457人。

青龙街道辖区有中环路昭觉寺横路、蓉都大道昭觉寺南路、三环路昭觉路、成绵高速路城北出口、云龙路、致强路等道路，地铁3号线、7号线穿行辖区；有成都市实验中学、成都市第四十中学、成都石室中学初中学校青龙校区、成都市成华区教育科学研究院附属小学、成都市海滨小学、成都昭觉寺汽车客运站等企事业单位；金科星耀天都、泛悦城市广场、台商大厦、青龙广场等商业综合体；成都昭觉寺、成都动物园。

【经济发展】 青龙街道引进来博5G物联网创新中心、泰国普吉中泰国际贸易平台、美宁西南供应链中心、火炬电子西南科创中心4个高能级项目，总投资37亿元；奥园云璟、深业华庭2个项目竣工，总投资5.8亿元；续建金地新北108、天府国际动漫城、大陆产业化、市城投地块、大陆潮里5个项目，总投资32.5亿元；新建首开中环云樾、深业泰蓉府2个项目，总投资11亿元。新增四川港桥石化有限公司、四川飞鸿建设工程有限公司、四川宇博华建筑工程有限公司、四川承启通讯器材有限公司、四川旅投漫画世界旅游开发有限公司、四川鑫旺机电安装工程有限公司、成都大唐贵昌房地产经纪有限公司、成都新港澜轩汽车销售服务有限公司、成都泛海新途汽车销售有限公司、成都首开韶泰置业有限公司等16家规模以上企业，新增市场主体235家。落实助企惠企政策，向24家企业兑付扶持资金933.56万元，为1家企业减免房租77万元。全年实现地方税收1.24亿元，完成固定资产投资35.41亿元，引进到位内资18.82亿元，实际利用外资2.37亿元，社会消费品零售总额38.62亿元。

【社区治理】 青龙街道构建社区“微网实格”治理体系，建成专属网格43个、一般网格86个、微网格695个，配备一般网格员86名、微网格员1069名。打造街道智慧城市治理分中心，实现辖区公共服务“进网”、社区协商自治“上云”、居民生活服务“入站”、企业资源“入盟”，探索街道、社区、街区、院落一体化治理体系，以东林、新山社区综合体为载体，完善社区服务体系，结合文化服务、社区商业、特色产业植入等构建便民服务15分钟生活圈。致强社区建立“一站式接待、一条龙服务、一揽子调处”的工作网络，落实疫情防控、居民走访、纠纷调处、回应民生诉求、政策宣传、需求调查等工作，让小事不出院落，大事不出社区，实现“服务在基层拓展、矛盾在基层化解、民心在基层凝聚”，致强社区被命名为2022年度省级“六无”平安社区。东林社区围绕“童林友好、老林宜居、全林发展”三大品牌，修缮“健康步道、文化广场、青悦街角、城市家具”等特色街区，建设益点爱积分超市、“益盏茶”品茗馆、“益技长”维修小铺、“益颗心”老年关爱室、“益陪伴”妇女儿童之家的社企融合“六小”服务示范点，被评为2022年度成都市党建引领城乡社区发展治理示范社区。

【城市管理】 青龙街道落实“门前五包”责任制，签订责任书2147份；按照垃圾分类相关要求，设置垃圾分类桶366组、覆盖率100%，改造垃圾分类集中投放点位16个、标准化垃圾分类投放点98个。开展建筑工地、小区院落、娱乐场所、商场等安全排查整治498次，整改隐患416处，排查辖区燃气用户6.24万户、整改隐患1151处，含昭觉寺素餐厅、致祥路2处燃气占压重大安全隐患；拆除违章搭建17处、面积1.58万平方米，拆除楼顶违规招牌3处、大型违规围挡广告2处，清理各类占道、破损广告招牌310处，审批广告店招285块。组织社区和环卫公司开展环境卫生大扫除活动，翠林华庭小区、东林景忆小区、益民菜市青龙场店、四方阁青龙店、成都德士顿酒店管理有限公司东紫路分中心、青龙社区卫生服务中心6个点位被评为2022年成都市病媒生物防制示范点。致强环街（昭青里）以“生态环境美、心灵行为美、空间场景美、社区生活美”为主线，打造集文化展示、生活服务、科创体验、公益活动等多功能于一体的体验式街区美学应用空间，满足居民对绿色品质和艺术时尚生活的追求，获评2022年春季成都市“最美街道”。青龙街道改造机关宿舍、云龙公寓、青龙小学教师宿舍、致祥路37号院、致祥路85号院5个老旧院落，惠及住户301户，建筑面积2.43万平方米，项目总投资903万元。

【便民服务】 青龙街道综合便民服务中心全年办理各类服务事项11305件，其中工商办理2730件、劳动保障办理350件、退役军人办理2300件、计生

6月9日，致强环街（昭青里）获评2022年春季成都市“最美街道”　　（青龙街道供图）

办理660件、住房保障办理293件、养老待遇资格认证办理4972件。全年城镇新增就业301人，失业人员再就业52人，就业困难人员再就业30人，外来务工人员随迁子女入学审核972人。青龙街道综合便民服务中心被四川省政府政务服务和公共资源交易服务中心确认为“省级示范便民服务中心”。

【新型智慧城市建设】　青龙街道推进智慧蓉城综治分中心建设，打造街道综合治理信息平台，通过街区守望哨、智能灯杆、辖区社会面视频资源，实现街区可视化、智慧化运维，将街道智慧治理分中心建成指挥调度、重点点位监控、重点人员追踪、任务分派跟踪、数据分析管理等于一体的街道综合平台，实现一个平台统筹管理。开发建设“智慧党建、网络理政、智慧网格、智慧民生、智慧安全、智慧城管”六大应用板块，整合街道人、房、事、物基础信息19.7万条，接入辖区各类物联感知设备、监控等资源7000路，建立街道信息数据底座，赋能社区和区级相关部门。将街道、社区、网格、城管、综治等内容融入城运平台，通过前端感知设备信息数据接入“蓉政通”功能二次开发，实现对人员智慧化管理，可实时查看辖区街面力量部署情况，通过对网络理政数据汇聚、分析、应用，对事态提供智慧化决策，达到统筹联动、分级调度、快速响应、精准处置、有效管控，实现事件高效流转及处理；以“智慧青龙”数据驱动打造“联得通、呼得应、看得见、调得动”的综合指挥体系，实现“一屏通览、一网统管”功能。

（张　露）

龙潭街道

【概况】　龙潭街道位于成华区东北部，东与龙泉驿区西河街道交界，南与二仙桥街道相连，西与青龙街道、白莲池街道接壤，北与新都区石板滩街道毗邻，辖区面积36.48平方千米。龙潭街道办事处驻成华区龙潭寺龙井路6号。2022年，龙潭街道辖隆兴路、正街、华泰3个城市社区和向龙、龙瑞、高洪、龙祥、桂林、和成、华冠、丛树、龙驰、同乐、同仁、威灵、院山13个涉农社区，辖区常住人口151554人，其中户籍人口84335人、流动人口67219人。

龙潭街道辖区有成华大道龙潭路、成金（青）快速通道、蜀龙路南段、航天路、双龙路、龙青路等道路；有四川省物资局储运库、西南财经大学天府学院成都校区、成都石室中学北湖校区、成都市双庆中学龙潭校区、成都市第三十八中学、电子科技大学附属小学龙潭校区和华翰校区、成都大学附属小学卓立校区和卓翼校区、成都市龙潭小学、成都市第二人民医院龙潭院区等企事业单位；上古天地、星悦广场、旭辉锦绣广场、正通广泽广场等商贸中心；成华区北湖生态公园、成华区熊猫体育公园等旅游景点。

【经济发展】　龙潭街道以项目为抓手，围绕招商引智、强链补链等行动，引进科大讯飞成都智谷、安徽读写智能科技2个重大项目，总投资80亿元，中旅·启境、首开金地·鹭鸣北湖、中铁建·北湖揽樾3个项目开工建设，城投置地·梧桐玖宸、金融街·融府2个项目竣工，推进龙潭九章、金融街珑樾融府、同森翠叠森林、人居懿林语等项目建设。新增成都樊星传媒有限公司、成都万声信息技术有限公司、四川勇强酒店管理有限公司、成都三是科技有限公司、成都市众合晟商贸有限公司、成都荣百欣物资有限公司等13家规模以上企业，新增市场主体9015家。落实助企惠企政策，协助成都三是科技有限公司等95家企业申报政策性退税3680万元。全年实现地方税收1.84亿元，完成固定资产投资63.50亿元，引进到位内资12.51亿元，实际利用外资2.39亿元，社会消费品零售总额32.12亿元。

【社区治理】　龙潭街道实施党建引领“微网实格”社区治理，16个社区划分一般网格93个、微网格681个，配备一

3月12日，向龙社区志愿者参加义务植树活动　　（龙潭街道供图）

般网格员93名、微网格员805名。完成向龙智慧社区建设，营造多元社区生活体验场景，孵化向龙院落治理联盟、院山产业联盟等4个邻里友好组织，打造邻里互助银发无忧等志愿服务品牌16个。同乐社区发挥社区党群空间优势，聚合能人展示、建立服务队伍，提升服务场景、文化场景、共治场景，增强居民获得感,被评为2022年度成都市党建引领城乡社区发展治理示范社区。向龙社区成立志愿者联盟、鸿鹰党员义工自组织10支，成都银行、成都市龙潭小学等12家共建单位开展“客家学堂、居家养老、春绿行动、阳光家园、雏鹰活动”等服务，被评为2022年度成都市党建引领城乡社区发展治理示范小区。

【城市管理】　龙潭街道落实“门前五包”责任制，签订责任书2100份；按照垃圾分类相关要求，设置垃圾分类桶712组、覆盖率100%，改造垃圾分类集中投放点50个、标准化垃圾分类投放点50个。整改各类安全隐患301处、燃气安全隐患211处，开展消防专项整治，检查企业46家，整治安全隐患6处；检查小区院落13个，处置安全隐患54处。开展行业领域安全排查，整治各类安全隐患790处，提升城北高速出城段“大运会”重点保障线路，整治面积9.7万平方米，清运建渣8000立方米，清扫边沟5000米，裸土覆盖2.1万平方米；拆除违法建设19处、面积6782平方米，窝棚50处，成绵高速沿线闲置房屋8000平方米。改造老旧院落香木林馨苑，惠及住户232户，建筑面积2.67万平方米，项目总投资696万元，增设道路停车位150个，小区监控60个。

【便民服务】　龙潭街道综合便民服务中心全年办理各类服务事项22370件，其中工商办理3812件、劳动保障办理13135件、退役军人办理890件、计生办理63件、住房保障办理1100件、养老待遇资格认证办理3370件。全年城镇新增就业2330人，失业人员再就业416人，就业困难人员再就业68人，外来务工人员随迁子女入学审核873人。

【征地拆迁安置】　龙潭街道完成成都市土地储备中心配置地桂林社区5组、6组，院山社区2组征地拆迁，在龙华居（二期）、龙翔人家、桂林翠岛3个安置房小区分配安置房467套。

【龙潭“乌米粿”客家文化节】　3月26日，2022年第五届龙潭“乌米粿”客家文化节活动在同乐广场、天九广场、天泽广场3个点位同时举办，活动采用“线上+线下”联动的方式，通过线上乌米粿文化节《春来客家》MV发布、客家文化节平台搭建，记忆中的龙潭、童画乌米粿、中国好投手、DIY乌米粿摄影线上互动游戏，线下三大点位同步开启。龙潭街道以客家乌米粿文化节为契机，传承客家文化，讲好客家故事，擦亮“客遇龙潭·梦启东山”招牌，采用线上引流线下活动导流的方式，

3月26日，第五届龙潭乌米粿客家文化节在同乐广场举办　　（龙潭街道供图）

综合利用新媒体、短视频矩阵等网络平台，扩大客家文化节覆盖面和影响力，吸引15.2万人次参与。

【客家文创“龙潭IP”打造】　龙潭街道挖掘龙潭客家文化，推进农耕嘉年华、法治嘉年华等“十二节”主题活动，开展“志愿服务十二月行”活动，展现“客家菜、客家服饰”等客家遗风，打造客家文创“龙潭IP”。以客家传统小吃“鸟米粿”为切入点，举办鸟米粿客家文化节传承弘扬客家优秀传统文化，让辖区居民感受文化节的魅力。

【环城生态公园龙潭段建设】　龙潭街道推进环城生态区农田建设，整治农田1.2万亩，生态修复2814亩，形成集中连片、生态修复的建设格局。环城生态公园位于丛树片区、外环片区及北湖周边，街道承担1126.23亩交地任务，完成环城生态片区24家企业签约，交地1.5万亩，配套设施用地186亩，确保环城生态区农田建设以及成华环城生态区公园建设。

【社区规划师学院运营】　龙潭街道依托向龙社区规划师学院，融入特色客家文化，在建筑设计方面融合客家传统建筑风格，室内空间设计融入客家文化元素，阅读空间用客家传统插画作壁画，书法角以客家文化为主题集中展示全区规划成果，向居民传达微更新的理念。龙潭街道举办第四届社区规划品质提升项目评审大赛，以打造社区微公园、院落微花园为切入点，推出全民参与、全龄友好的微更新场景与社区美空间项目15个，营造龙潭街道全域公园式生活场景。

（方文杰）

白莲池街道

【概况】　白莲池街道位于成华区北部，东与龙潭街道、新都区木兰街道相邻，南与青龙街道相连，西与金牛区凤凰街道接壤，北与金牛区天回街道、新都区三河街道毗邻，辖区面积13.21平方千米。白莲池街道办事处驻成华区熊猫大道1248号。2022年，白莲池街道辖将军碑1个城市社区，一里塘、白莲池、狮子、石岭4个涉农社区，辖区常住人口35832人，其中户籍人口20743人、流动人口15089人。

白莲池街道辖区有熊猫大道、蜀龙路南段、石岭路等道路，地铁3号线穿行辖区；有四川省成都工人疗养院、四川地质医院、四川省都江堰东风渠管理处、成都市种畜场、成都市熊猫路学校、成都市熊猫路小学等企事业单位；成都富森美家居城北店、宜家家居成华商场、蓝光金悦府家居用品博览城等商贸中心；国家AAAA级旅游景区成都大熊猫繁育研究基地，国家级重点文物保护单位孟知祥墓。

【经济发展】　白莲池街道引进成都融创娱雪文化旅游发展有限公司、四川中合盛达农业发展有限责任公司、上海河马文化科技股份有限公司3个重大项目，上海河马文化数字文创IP产业中心注册落地。新增成都尚陶坊商贸有限公司、成都市乐语同福家居有限责任公司、成都富海智慧家科技有限公司、成都亚欧联航交通工程技术有限公司、成都易升鸿辉建材有限公司、成都北湖熊猫旅游资源开发有限公司、成都融创娱雪文化旅游发展有限公司、成都融乐环球商业管理有限公司、蜀韵天府熊猫创意文化旅游有限公司等12家规模以上企业。以成都富森美平台商户集聚优势，鼓励商户由个体转为企业，完成“个转企”47户，全年新增市场主体5200户，其中企业4000户、个体1200户。落实助企惠企政策，协助辖区7家外贸企业申报进出口扶持资金811.3万元，四川万达影院申报会展政策扶持资金300万元，国之瑰宝申报入围成都市“一场景一示范”。全年实现全口径税收3.8亿元，地方税收1.31亿元，完成固定资产投资4.12亿元，引进到位内资12.59亿元，实际利用外资2.37亿元，社会消费品零售总额109.17亿元。

（涂胜果　张　黎）

【社区治理】　白莲池街道构建社区“微网实格”治理体系，建成专属网格25个、一般网格40个、微网格178个，配备一般网格员40名、微网格员183名。打造将军碑、一里塘、狮子、白莲池4个社区党群服务中心，狠抓党建引领社区发展治理，推动社区社工人才建设，培育中级社工7人、初级社工20人、员级社工2人。一里塘智慧社区、怡里馨居智慧小区，开展智慧社区平台升级，融合人脸识别系统，将多维感知硬件和技术运用于小区流动人口管理。一里塘社区儿童之家创新“公益+市场”模式，为0~12岁儿童及其家庭开展各类服务被评为2022年成都市儿童友好优秀社区。白莲池街道与成都市创想社社会工作服务中心“五社联动”特色服务项目获得资金支持10万元，狮子社区与成都市创想社社会工作服务中心“互助养老·乐享生活”项目获得资金支持5万元，狮子社区与成都市成华区约未来社会工作服务中心“暖夕行动”项目获得资金支持5万元。熊猫绣娘针织文创队和白莲池街道一里塘社区怡里馨居舞蹈队被评为2022年成都市十佳社区社

11月11日，一里塘社区儿童之家开展早教活动　　（白莲池街道供图）

会组织。蓝客城（二期）发挥基层党建引领作用，打造自治共治新格局，构建小区邻里共同体，开展“蓝客联盟·邻里共融”“爱成都·迎大运”“健康安全好蓝客”等多彩邻里活动57场次，营造“远客变近邻·睦邻一家人”的温馨氛围，被评为2022年度成都市党建引领城乡社区发展治理示范小区。

（杨桂琳）

【城市管理】　白莲池街道落实“门前五包”责任制，签订责任书683份；按照垃圾分类相关要求，设置垃圾分类桶284组、覆盖率100%，改造垃圾分类集中投放点位6个、标准化垃圾分类投放示范点3个。拆除违法广告、招牌4块，清除“牛皮癣”6140处，督促建筑工地覆盖裸土1.01万平方米，处理扬尘污染案件3起、罚款4000元，拆除文旅停车场库房、东升仓储物流等违法建设4.11万平方米。推进熊猫大道沿线、蜀龙路、石岭路、金三角仓储路面环境综合整治，推进“金边银角”措施，在双石路路口、翠竹巷路口、斧头山五巷路口、白莲池3组、石岭路、蜀陵路沿线，新增绿化面积2.1万平方米，打造云栖花踪、星河揽胜口袋公园2个。完成宜家家居成华商场、蓝光金悦家居商城三级安全标准化建设，开展安全隐患排查整治，检查生产经营单位2100家、居民1.21万户，整改隐患安全5750处。蜀龙路（箭竹路至熊猫大道段）建设1000亩大型公园，放置3D巨型大熊猫，沿线以大熊猫为主题、设计双向景观大道，被评为2022年夏季成都市“最美街道”。

（姜凤龙）

【便民服务】　白莲池街道综合便民服务中心全年办理各类服务事项7006件，其中工商办理1584件、劳动保障办理3082件、退役军人办理877件、计生办理70件、住房保障办理541件、养老待遇资格认证办理852件。全年城镇新增就业890人，失业人员再就业568人，就业困难人员再就业18人，外来务工人员随迁子女义入学审核275人。

【征地拆迁安置】　白莲池街道做好6个征地拆迁项目签约，一里塘白莲池片区签约328户1090人，环城生态区石岭社区签约627户1964人，环城生态区熊猫小镇签约1817户6003人，市土地储备中心将军碑社区1、2组及白莲池社区2组签约367户971人，地铁北郊车辆段石岭签约954户2656人，白莲池3组、8组签约153户562人。分配熊猫小镇项目拆迁居民安置房2337套，安置房在一里塘新型社区二期、三期、四期，惠及一里塘、白莲池、狮子3个社区居民。

（张健康）

【一里塘社区“睦邻荟”品牌打造】白莲池街道搭建“社区合作人”服务平台，引入雨田青教育专注儿童服务专业团队，以“公益+市场”模式，链接统筹社区发展治理保障资金、儿童之家建设资金、文体活动资金，用活“社区微基金”，引入成都高新区玉成志愿服务与研究中心、成都市成华区益佰分文化服务中心、成都市成华区明德社工服务中心3个社会组织，孵化自组织“一里文化传播官”，构建小小规划师、追风少年志愿服务等儿童团队，实施微笑菜园、爱心早餐、头顶安全守护、熊猫慈善义集等儿童项目，为社区儿童提供服务，打造0~3岁活动空间“儿童之家”，2~12岁运动空间“动感地带”，全龄段儿童美育空间熊猫咖啡画室、生活小馆、一里剧场，为全龄段儿童营造有温度、有灵魂、可持续的友好空间体验，让孩子们参与成长有空间、服务有资源、权益有保障。

【“智能消防微联动”工程】　白莲池街道推进智慧社区、智慧小区突发事件应急响应智能化建设，在小区院落安装烟感远程监测报警器23套、可燃气体远程监测报警器4套、电气火灾探测器3套，为行动不便、独居老人安装烟感远程监测报警器和可燃气体远程监测报警器4套，在一里塘党群服务中心安装烟感远程监测报警器1套、电气火灾探测器1套，对辖区居民用电、用气、孤寡老人等重点部位进行监管，在成华区白莲池富森美应急救援分中心增添智慧应急管理指挥系统和LED显示屏，提升应急处置效率，实现隐患早发现、问题早处置。

（乐　明）

人物·荣誉

编辑　李锡清

新任区领导简介

周　敏　女，1976年8月生，四川成都人，2000年5月加入中国共产党，1996年8月参加工作，中央广播电视大学汉语言文学专业毕业，大学学历。2022年6月，任中共成华区委常委、中共成华区纪委书记；12月,任成华区监察委员会主任。

刘　虹　1968年9月生，四川成都人，1996年12月加入中国共产党，1989年4月参加工作，四川大学经济管理专业毕业，大学学历。2022年10月，任成华区人民政府党组成员、副区长。

吴瑜琳　女，1979年11月生，四川资中人，民建成员，2002年7月参加工作，四川省委党校区域经济学专业毕业，党校研究生学历。2022年12月，任成华区人民政府副区长。

（区委组织部）

成华区出席中共四川省第十二次代表大会代表

赵春淦　柳　君

（区委组织部）

成华区出席四川省第十三届人民代表大会代表

吕　军　肖红梅　吴小兵
张　东　张志和　陈巧缘

成华区出席成都市第十七届人民代表大会代表

王平江　徐　云　廖　春
林锦泉　释普华　赵春淦
袁顺明　王德运　周　敏
郭凤杰　丁弘悦　于　瑶
王光祥　王　蕊　邓　勇
申小蓉　刘　磊　江　涛
李佳俊　李　珊　李雪岗
杨晓明　吴　拯　张映桢
张卿川　张琳琳　罗乐洋
郭　庆　黄　涛　程　洪
曾红兵　阙品甲

（区人大常委会办公室）

成华区出席成都市第十五届政协会议委员

周万生　张明英　刘厚文
伍新春　张　聂　孟刚文
吴瑜琳　陈　英　高　燕
蒋　瑜　蒋松谷　周雪梅
刘玲瑜　贾元波　朱　逵
吴柏清　张　淼

（区政协办公室）

先进人物

表148　2022年成都市成华区获评四川省级先进个人一览表

获奖人	所获荣誉	表彰单位	文号	获奖时间
龚建华	四川省"金熊猫"奖先进个人	四川省人民政府	川府发〔2022〕32号	11月
冯延伟	"有事来协商"工作先进个人	政协四川省委员会办公厅	川政协厅〔2022〕28号	11月
杨建宇、吴仁明、魏娜、寇忠泉	首届四川省"四有"好老师	中共四川省委教育工作委员会 四川省教育厅	川教函〔2022〕404号	8月
万　洁	四川青年"五四"奖章	共青团四川省委 四川省青年联合会	川青联发〔2022〕12号	4月
于云翔	四川省家庭工作先进个人	四川省妇女联合会 四川省精神文明建设办公室	川妇字〔2022〕19号	5月
杨宗富、袁辅、胡婷、沈思忆、陈文生、周月、史松、黎霜鸿、王梅	2022年全省劳动力调查工作优秀调查员	国家统计局四川调查队	川调函〔2023〕5号	1月
王　恒	2022年度四川省民盟社会服务工作先进个人	中国民主同盟四川省委员会	证书	1月

表149　2022年成都市成华区获评成都市级先进个人一览表

获奖人	所获荣誉	表彰单位	文号	获奖时间
石　杰	成都市对口支援感动人物	中共成都市委 成都市人民政府	成委〔2022〕407号	11月
万　敏	2022年度成都市档案工作先进个人	中共成都市委办公厅	成委厅〔2023〕37号	4月
万洁、赵光耀、易功志	2022年度成都市"最美退役军人"	成都市双拥工作领导小组	成拥〔2022〕2号	9月
蒋文、陈莉华、杜于斌	2022年度成都市"最美拥军人物"			
符鑫森、陈菲菲、王思凌	2022年度成都市"最美军嫂"			
曹晓军、曹军、曾春雪、吴彤、李倩、王立云、王国庆、唐润平、王光祥、张瑞海、杨舜栊、张勇、潘勇、方福君、马兵、胡勇、陈蓉萍、侯宗伦、杨永韬、鲍红军、高秀华、王学全、陈刚、陈适、宾中海、刘茂洋、袁剑菲、帅平罡	2022年"成都工匠"	中共成都市委组织部 成都市人力资源和社会保障局 成都市总工会	成工发〔2022〕6号	4月
何丹、雷恒、张勇、聂华、李祥	成都市"五一劳动奖章"	成都市总工会办公室	成工办发〔2022〕33号	12月
刘宇、胡洋、郝鹏、党武强	成都市安全生产专项"五一劳动奖章"			

续表149

获奖人	所获荣誉	表彰单位	文号	获奖时间
杨科、杨晓明、龚露明、陈乐为、刘思敏、王亚敏、符杰、田伟、周盛书	2022年“成都好人”	成都市精神文明建设办公室		12月
谭开科、蔡欣	2022年成都市优秀班主任标兵			
韩林凤、谭开科、车静、冯蔚、蔡瑞、张杨、唐佳、陈薇、张治泽、赵蕾、曾欢、姜琳、毛娜、陈显莉、付裕、谌丽媛、魏俨、李琨、林敏、马梦、刘静、蔡欣	2022年成都市优秀班主任	成都市教育局	成教人〔2023〕44号	9月
戚丽英、王舒琳、罗晓翔、冯艳霞、覃佳利、李涛、谷萌、张艳	2022年成都市优秀德育工作者			
冯静兴、杨杰、梁荷	2022年成都市优秀青年教师	成都市教育局	成教人〔2023〕45号	9月
安慧、杨雪、程琳、谢虎	2022年成都市教坛新秀			
冯静兴、梁东宁、傅代彬	2022年成都市优秀支教教师	成都市教育局	成教人〔2023〕46号	9月
冯寿超	2022年成都市师德标兵	成都市教育局	成教人〔2023〕47号	9月
黄婷、沈思忆、宋秀容、黎万宏、王茜、蒋萌杰、李婷婷、文勇、张展翼	2022年成都市住户调查大样本轮换工作先进个人	国家统计局成都调查队	成调函〔2022〕4号	12月
何伶俐、龙尤、邓勇、任露、李文凤、卿倩、查宏斌、陈容、罗萍、史亚琴、袁颜、李伟铭、廖莉、郑柳、陈霞	成都市新冠病毒感染防控工作表现优秀先进个人	成都市卫生健康委员会		12月
张　勇	2022年度成都市监测工作先进个人	成都市市场监督管理局 成都市卫生健康委员会	成市监发〔2023〕10号	2月
谢瑞珍、胡璐琳、顾建华、王槐钧	2022年度成都市城镇职工医疗（生育）保险参保征缴工作先进个人	成都市医疗保障局 成都市税务局		2月
包梅、贾元波、冯新荣	2022年度民革成都市委会先进个人	民革成都市委员会	成民革发〔2022〕50号	12月
冯　炯	2022年度民进成都市委会社情民意信息工作先进个人	民进成都市委员会	成进发〔2023〕1号	1月
方方、唐源、向谦、李静、陈丽、付丹、莫军伟、张丹、杨紫瑶、秦红照	2022年度农工党优秀党员	农工党成都市委员会	农蓉字〔2023〕5号	2月
王竹敏、李放、杨道现、何玉、张昕蓀、胡艳、江欣国、付少杰、沈尤、苟先太	2022年度致公党成都市委会先进个人	致公党成都市委员会	成致发〔2023〕3号	2月

表150　2022年成都市成华区级先进个人一览表

获奖人	所获荣誉	表彰单位	文号	获奖时间
张磊卿、彭江、李亮、陈麒龙、谢恩、汪海、陈弦、刘晓萍、王道乐、谢刚、杨丽、樊杰、苏天赐、兰强、卿玲、梁志英、肖月、代竞、刘朝军、李晓华、周亮、邓成伟、李泽美、李芸、朱浩、漆涛、胡黎明、郑飞、、向一玮、谭捷、卢玥伶、王静秋、赵国冯、李平、何徐兴、范灵、张丹、吕凌飞、李俊坪、王敏眉、张强、黄通治、王平、邓伟、刘道元、张寒、李刚、叶常承、曹建全、何光亚、林超、汪超人、杨欣锟、胡波、周游、赵欣、张敏、张兴兰、陈文明、丁晓颖、李红、刘德尧、胡晓颖、任泽兰、刘杰、孙峰、徐建红、邓容、王卉、王开明、骆林、汤小东、贾元波、陈锐、倪霓、潘葵、周锐、谢叶平、杨维、吕建霞、温雅、肖伟、陈亮、奚海锋、杨朝勇、王堃、冯昱夫、黄凯、管亚楠、谢天平、安娟、杜伟、张馨、余方瑜、龙渝冬、熊海燕、周琪、刘嘉诚、李强军、陈瞻、曾炳钞、杨军、黄章钧、陈鹏、陈俊杰、康毅、罗翼、胥从平、李沁纹、袁文梓、张军、魏东升、彭睿、李忠、吴菁菁、郑林、刘军、郑淞予、苏明江、王瑶、付祥和、江涛、孙宇峰、谭开德、蒲华、李萌、李娟、钟绪阳、易双波、杨祝英、范晶晶、曾英、谢立、周强、郑军、欧莎莎、赵爱民、罗治理、杨得胜、杨海斌、杨刚、谢科、卢静、刘涛、林波、付小平、何源、陈朝辉、刘广林、唐丰乔、唐奇、朱琳、张兵、潘宏磊、黄钟瑶、徐海峰、何冬梅、李志鸿、张全高、赵宪伦、蒋明、范敏才、牛宇航、马旭东、陈震、张明、宋仕浪、赵鲁星、张剑、姚航宇、蒋彬文、刘民兵、范卫章、张开志、杨长坤、杨家兵、黄海彦、骆勇、杨桂琳、覃雯、吴春曦、李波、淦正纲、陈爱农、沈阳、冯梁、徐文婧、杨萍、何磊、张文静、牟康瑞、张波、朱轶、张燕川、李垚非、陈晶、杨晓梅、邱皓、张雄飞、彭婷	五得干部	区委	成华委发〔2022〕11号	6月
孟豫、朱远、吕思洁、王卉、常小红、张福琴、陈珈戈、李越、昝玉辉、骆勇	老干部工作先进个人	区委	成华委发〔2022〕16号	10月
李韦葳、李兴祥、周映、徐辉、罗苋、吕建霞、胡璐琳、蒋松谷、王兵、霍海龙	为老干部办实事先进个人			
张磊卿、陈立军、倪任彬、覃梅、罗浩、李明汶、黄诗燕、张立新、岳勇刚、李斌、罗武、朱浩、何军、王磊、雷鹏、张先勇、韩蕊璞、王蕊、张勇、刘晓禹、刘浩良、李冰垚、李红（区税务局）、唐攀、林丽伟、杜秉键、廖媛媛、刘道元、杨帆、唐川云、腾强、周浒、向利、李红（区人社局）、丁冬、毛令、张聪、王沃、陈婷婷、刘方思、连慧、周锐、唐雪蕾、杨皓体、张艺千、宋军、梅明明、周学峰、蒲洪波、李强军、周娟、周军、李剑、蒲晓芬、王敏感=、李黎峰、谢勇、成涛、杜龙、杨帆、李娟、龙万富、王仙文源、赵钢、肖波、王辉、陈雪松、徐跃、闵丽、王香余、杜涛、李玉镂、石磊、潘宏磊、王芳、黄刚、左洪梅、晏红兵、陈康、华静、刘千、谢军、李红（二仙桥街道）、宋仕浪、吴丽萍、洪源、闵艳、钟成松、张红涛、胡林、杨科、高萍、周国松、倪琦、阮青、李正庭、郑昕、张燕川、林可、邓晖	城市更新工作先进个人	区委 区政府	成华委发〔2022〕10号	6月
蒋天艳、朱茜、周思佳、朱湘灵、李矛、范敏、曾源知、周福波、罗晓娟、尹新梅、李鞠茂、刁静、韦菁、曾晓玲、刘云霞、王静、曾成杰、林切容、张燕、鄄曾、谭娟、杨玉香、钟杨、田彬、郑小琼、陈年伟、车行、王舒琪、王小燕、洪其翠、杨帆、周颖、叶明、曾彬洪、吴苏庆、龚仕杰、戢如雪、郭晶晶、高玲、朱子慧、何红飙、王芳、谢娜、郭元元、陈青兰、韦娜、刘伟、张光强、杨颜冰、张静、董力、陈琳丽沙、张成莲、邓露、张冬梅、蒲桂英、谢婉月、王娟、李小玉、闫红娟、宋平、钟玲、黄波、黄瑞、罗玲、张春萍、余蓉、杨丽、杨红、曾丽、张春梅、周欣、周学燕、张仁祥、胡波、苏兰英、谢良波、闵艳、苏燕、林勇、陈德群、邹孝松、黄德银、吴强、汤修琴、谢世安、李强、叶金富、林泽根、张军、钟琳、林功涛、韩玲、徐艺璇、温仁锐、周莉君、罗富明、梁才蓉、彭海英	五得社区工作者	区委 区政府	成华委发〔2022〕15号	6月

续表150

获奖人	所获荣誉	表彰单位	文号	获奖时间
张月林、范琴、李健蓉、张莉、赖晓宇、冯丽、周靖、李玉梅、余斌、龚成燕、陈小凤、王玥琦、徐志浩、张红、林绍敏、潘燕、唐发琼、何勤、廖静、蔡玉生、尹艳春、李志勇、刘祎妃、吴铁成、李勇彬、谢桂兰、严雪、余勇、张倩、何先茂、周晓梅、陆艳、刘启春、李国锐、黄奕英、胡小勇、黄健、陈浩、李兴丽、邓万花、彭成一、张慧、黄新玲、苏祖国、赖德凤、张贤军、陈晓林、周光东、袁慧、李元琼	五得网格员	区委 区政府	成华委发〔2022〕15号	6月
马明涛、王飞、王波、王萍、王啸亮、文小冬、田勇、代丽华、邝智灵、冯瑜、朱轶、先艳、刘晓、刘彬、刘梁、刘巍、刘懿、刘浩波、刘碧怀、闫金瑞、江涛、汤小东、安晓娟、孙玉杰、孙雪莲、牟康瑞、花仕龙、杜魁、李庆、李忠、李虹、李瑛、李永均、李古纯、李竹科、李科伟、李雪倩、李静雯、李黎峰、杨健、杨富强、吴晓、何丹、何磊、何冬梅、何昌福、余传君、邹群英、张飞、张帆、张剑、张静、张聪、张黎、张开志、张安正、张丽蓉、张建中、张南星、张磊卿、张燕川、陈龙、陈刚、陈亮（区投促局）、陈亮（区退役军人局）、陈惠、陈新、陈卉林、陈红松、陈洪波、范锦、林婧、林泽彬、易洋、罗勤、罗豪、罗熠、周胜、周显斌、郑飒、郑永昆、郑家平、郑敏逸、赵珣、赵鲁星、赵煜坚、胡勇、胡鹏、胡晓华、胡雯娟、钟成松、秦蓁、秦建平、袁春、袁建平、夏晓虎、徐辉、徐建彬、殷之、高鹏、高燕、郭红军、唐川云、黄明、黄钟瑶、曹岚、屠珺、彭莎莎、董敏、蒋怡、程杰、曾仲德、温建焜、谢军、赖涛、漆涛、谭捷、谭小超、谭开德、樊刚明	2022年度最佳项目能手	区委 区政府	成华委发〔2023〕3号	2月
马雨、王怀成、王建沣、王姝颖、尹大勋、邓佳、邓科、邓敏、邓静、石灵、卢大川、叶涛、代虎立、冯茜、庄传勇、刘丽妮、刘嘉琦、安媛、许爽、李亮、李辉、李小兵、李韦葳、李沅媛、杨长坤、杨秀华、杨静涛、吴菁菁、邱庆丽、何川、何徐兴、余洋、汪健、张翼、张立新、张继武、张敏英、陈伟、陈鹏、林江、周虎、周宏亮、郑飞、孟陶、赵爱民、胡黎明、秦峰、袁陈、袁明、高康、唐彬彬、曹磊、蒋建峰、储呈晖、曾敏、谢勇、蒲华、赖堃、谭洁心、魏大平	2022年度最佳服务标兵			
王黎、王文杰、尹建、邓昕、白晓菡、冯梁、曲科、吕和瑾、朱鹏、刘勇、李波、李莉、李正庭、杨小云、杨胡珊、何孝林、沈阳、张文静、陈敛银、范光亮、周威、鱼池、夏建琼、徐巍、徐德曦、郭深东、唐兆璇、黄正、曹静、彭婷、覃雯、程英鹏、赖文杰、霍霞、魏文霞	2022年度区属国有企业五比先锋			
马健伟、杜昆扬、罗羽、陈泳鑫、许义国	2022年党管武装先进个人	区委办		2月
朱建中、张亮懿、赵锐、王原广、黄鑫、陈蓉蓉、陈绍连、王海兵、方福君、马兵、侯本丽、吴彤、曾春雪、李倩、王学全、李爱民、邱静、宾国海、崔嘉、陈强、邹定国、杨芳、卢有才、文联勇、陈纲、陈蕾、聂高、黄永林、陶奎、古渝川、田维立、钟涛、易德正、熊颜兵、王婷、罗小林、杨朗、李佳钰、杨旭、张玲、张伟、易鸣、龙德翠、何鑫、胡静、薛沁嵩、谢合成、好仁伟、刘小凤、田力、伍炜、王治平、岳仕坤、姜荣雪、张长春、谭爽、李祥、好启见、何勇、邹忠旋、刘磊、任章运、薛进红	2022年成华工匠	区委组织部 区人社局 区总工会	成华工〔2022〕3号	5月

（李锡清）

表151　2022年成都市成华区荣立个人二等功现役军人一览表

姓　名	颁奖部队	立功受奖荣誉	立功受奖时间
李　欣	77120部队	二等功	2022年1月
高　峰	95655部队	二等功	2022年1月

续表151

姓 名	颁奖部队	立功受奖荣誉	立功受奖时间
严万洪	63798部队	二等功	2022年1月
张 园	95061部队	二等功	2022年3月

（区退役军人事务局）

去世人物简介

田虎江（1922年4月—2022年4月） 男，1922年4月生，山西榆社人。1947年2月参加工作，1947年4月加入中国共产党，曾任第二野战军十一军94团战士、西南公安部公安团副排长，1953年6月在成都新南门外四一厂工作，1955年5月任成都市沙石公司党支部书记、纪委副书记。1982年5月离休。2022年4月10日，因病医治无效，在成都去世，终年100岁。

王新德（1931年9月—2022年12月） 男，1931年9月生，山西万荣人。1948年8月参加工作，1956年7月加入中国共产党，曾任中国人民解放军十三纵队战士、中国人民解放军内卫20团排长、中国人民解放军步兵十团连长、参谋，中国人民解放军150师449团营长，1976年任成都钟表长副厂长。1992年2月离休。2022年12月22日，因病治疗无效，在成都去世，终年91岁。

张月明（1933年8月—2022年12月） 男，1933年8月生，山西宁武人。1948年8月参加工作，1954年6月加入中国共产党，曾任第一、第二野战军战士，第二野战军5兵团52师155团排长、副连长、连长，成都市无线电一厂军代组组长，四川省军区达县分区开江县回龙区人武部部长，1978年8月任成都市贸易公司太平园商店煤炭商店党支部书记，1984年6月任成都市太平园商店煤炭商店协理员，1989年5月任成都市煤建公司型煤二厂协理员。1993年8月离休。2022年12月26日，因病医治无效，在成都去世，终年89岁。

肖祯祺（1924年11月—2022年4月） 男，1924年11月生，四川自贡人。1949年参加地下党，1954年2月加入中国共产党，解放后参加川西游击队、土地改革等革命活动，1956年参加成都市第三十中学建校工作，曾任成都市第三十中学校长。1986年11月离休。2022年4月7日，因病医治无效，在成都去世，终年98岁。

黄维成（1961年6月—2022年7月） 男，1961年6月生，四川成都人。1978年12月参加工作，1989年1月加入中国共产党，曾任成都市环卫设备厂干部、成都市东城区环卫处设备厂副书记、成华区环卫局汽车队党支部书记、副队长、局长助理、副局长，成华区市容局党组书记、局长，区综管办主任，青龙街道党工委书记、人大工委主任。2021年7月退休。2022年7月22日，因病医治无效，在成都去世，终年61岁。

贺官全（1941年6月—2022年11月） 男，1941年6月生，四川涪陵人。1960年2月参加工作，1961年3月加入中国共产党，曾任解放军7849部队战士、股长，解放军56006部队白马农场股长，1982年3月在成都市西城区人民检察院任科长、副局级检察员，1991年2月任成华区人民检察院科长、主任、检委会委员、党组成员、正局级检察员。2001年6月退休。2022年11月23日，因病医治无效，在成都去世，终年81岁。

（区委老干部局）

先进集体

表152　2022年成都市成华区获评国家部（委）级优秀单位一览表

获奖单位	所获荣誉	表彰单位	文号	获奖时间
成华区	全国法治政府建设示范县（市、区）	中央全面依法治国委员会办公室	中法办发〔2022〕6号	11月

续表152

获奖单位	所获荣誉	表彰单位	文号	获奖时间
成华区	2021—2025年度第二批全国科普示范县（市、区）	中国科学技术协会	科协发普字〔2023〕2号	1月
成华区	全国百强区	赛迪顾问城市经济研究中心		7月
成华区	中国文旅融合创新典范区	中国互联网新闻中心		7月
成华区	全国市辖区旅游综合实力百强区	全国市辖区旅游研究课题组		7月
成华区	2022区域经济高质量发展十佳县（市、区）	第二届中国城市高质量发展与国际合作大会		8月
成华区	2022产业高质量发展标杆城市	2022中国城市产业发展论坛		11月
成华区	2022优化政务（投资）环境优秀城市	新华网		11月
成华区	2022文化铸魂实践优秀城市	新华网		11月
成华区	2022绿水青山就是金山银山实践先进单位	新华网		11月
成华区	2022年度报刊宣传先进集体	中国红十字会总会办公室	中红办字〔2022〕47号	9月
中共成华区委员会	2022年全国科普日活动优秀组织单位	中国科协办公厅	科协办函普字〔2022〕139号	12月
中共成华区委、成华区人民政府	2022年度人民网网上群众工作民心汇聚单位	人民网股份有限公司		12月
国家税务总局成都市成华区税务局	全国五一劳动奖状	中华全国总工会	总工发〔2022〕6号	4月
成华区纪委监委	2022年报纸发行工作先进单位	中央纪委国家监委新闻传播中心		9月
成华区纪委监委宣传部	2022年《中国纪检鉴察》学刊用刊工作先进单位	中国纪检监察杂志社		9月
成华区人力资源和社会保障局	2021—2022年度劳动保障新闻宣传工作做得好的单位	人力资源和社会保障部办公厅	人社厅函〔2022〕163号	11月
中共成华区委保密机要局	2022年度《保密工作》杂志通联工作先进单位	国家保密局金城出版社		10月
成都市成华生态环境局	2022年度中国环境报宣传工作先进单位	中国环境报	环报社〔2022〕27号	11月
成华区红十字会	2022年红十字生命教育防灾避险知识竞赛活动先进单位	中国红十字会总会办公室	中红办函〔2022〕149号	11月
二仙桥街道下涧槽社区	2022年全国示范性老年友好型社区	国家卫健委 全国老龄办	国卫老龄涵〔2022〕182号	10月
跳蹬河街道杉板桥社区	全国先进基层群众性自治组织先进单位	民政部	民发〔2022〕94号	11月

续表152

获奖单位	所获荣誉	表彰单位	文号	获奖时间
万年场街道长天路社区	全国民主法治示范社区	司法部 民政部	司发通〔2022〕57号	12月
成都大熊猫繁育研究基地	2021—2025年第一批全国科普教育基地	中国科学技术协会	科协发普字〔2022〕12号	3月
成都自然博物馆	2021—2025年第一批全国科普教育基地	中国科学技术协会	科协发普字〔2022〕54号	11月
曾和蓉家庭	2022年全国最美家庭	全国妇女联合会		5月

表153　　2022年成都市成华区获评四川省级优秀单位一览表

获奖单位	所获荣誉	表彰单位	文号	获奖时间
成华区	四川省全国百强区	中共四川省委 四川省人民政府	川委〔2022〕646号	11月
成华区	第二批省级生态县	四川省人民政府	川府涵〔2022〕280号	11月
成华区	全省去冬今春农民工服务保障工作先进单位	中共四川省委办公厅 四川省人民政府办公厅	川委厅〔2022〕16号	4月
成华区	2022年川派餐饮创新发展先行区	四川省商务厅	川商服贸〔2022〕114号	4月
成华区	2022年度全省劳动力调查工作先进县（市、区）	国家统计局四川调查队	川调函〔2023〕5号	1月
成华区人民政府	在全国第十一届残疾人运动会暨第八届特殊奥林匹克运动会上为我省获得优异成绩作出突出贡献单位	四川省人民政府	川调函〔2022〕270号	11月
成华区残疾人联合会	在全国第十一届残疾人运动会暨第八届特殊奥林匹克运动会上为我省获得优异成绩作出突出贡献单位	四川省人民政府	川调函〔2022〕270号	11月
成华区图书馆	四川省“金熊猫”奖先进集体	四川省人民政府	川府发〔2022〕32号	11月
成都宏明电子股份有限公司、成都卡诺普机器人技术股份有限公司	2022年度科技创新领军企业	四川省人民政府办公厅	川办涵〔2023〕57号	9月
成华区委保密机要局	四川省保密工作先进集体	中共四川省委保密委员会办公室 四川省国家保密局	川密办〔2022〕24号	11月
猛追湾街道	四川省实施妇女儿童发展纲要优秀集体	四川省人民政府妇女儿童工作委员会	川妇儿工委〔2022〕4号	12月
成华区发展和改革局	2021—2022年度全省价格监测工作表现突出集体	四川省发展和改革委员会	川发改价监〔2023〕62号	2月
成华区财政局	全省财政“七五”普法先进单位	四川省财政厅	川财法〔2022〕9号	4月

续表153

获奖单位	所获荣誉	表彰单位	文号	获奖时间
成华区文化体育和旅游局	四川省体育系统先进集体	四川省体育局 四川省人力资源和社会保障厅	川体发〔2022〕2号	7月
成华区人力资源和社会保障局	四川省根治拖欠农民工工资工作先进集体	四川省农民工工作领导小组	川农工领发〔2022〕6号	8月
成华区农业和水务局	2022年东风渠灌区用水管理先进集体	四川省都江堰水利发展中心东风渠管理处	都发中心东处发〔2022〕287号	12月
共青团成华区委	四川省五四红旗团委	共青团四川省委	川青发〔2022〕6号	4月
成都理工大学脱贫攻坚评估团队	四川青年五四奖章集体	共青团四川省委 四川省青年联合会	川青联发〔2022〕12号	4月
成华区市场监督管理局	“2022春雷行动”执法行动先进集体	四川省市场监督管理局 四川省药品监督管理局	川市监发〔2022〕33号	5月
成华区市场监督管理局	2022年“万人进万企·纾困助发展”活动先进单位	中共四川省市场监督管理局党组	川市监党组〔2023〕17号	1月
成华区机关事务管理局	2022年度全省党政机关办公用房信息统计报告工作先进单位	四川省机关事务管理局		12月
成华区科学技术协会	2022年度精准服务全民科学素质提升工作成效突出单位	四川省科学技术协会		1月
成华区双水碾街道退役军人服务站	2022年度全省百家优秀退役军人服务站	四川省退役军人事务厅办公室		3月
成都地铁运营有限公司志愿服务队	四川省青年志愿服务优秀组织	共青团四川省委 四川省精神文明建设办公室 四川省民政厅	川青联发〔2022〕16号	4月
成华区行政审批局、成都市公安局成华区分局出入境管理大队	2021—2022年度四川省青年文明号	共青团四川省委 四川省公安厅 四川省广播电视局等部门	川青联发〔2022〕31号	8月
万年场街道长天路社区	第一批省级民主法治示范社区	四川省司法厅 四川省民政厅	川司民发〔2022〕84号	9月
龙潭街道院山社区	四川省民族团结进步示范社区	四川省民族宗教事务委员会 中共四川省委宣传部 四川省统战部	川民宗委〔2022〕95号	12月
横桥社区、花径路社区、桃源社区、向龙社区、仁义路社区、锦绣社区、万晟社区、八里庄社区、菽香里社区	2022年度全省劳动力调查工作先进社区	国家统计局四川调查队	川调函〔2023〕5号	1月
民革成华区支部	2022年度社会服务先进基层组织	中国国民党革命委员会四川省委员会	川民革〔2022〕130号	12月
民进成华区支部	民进四川省委员会先进基层组织	民进四川省委员会		4月

续表153

获奖单位	所获荣誉	表彰单位	文号	获奖时间
李在荣家庭	2022年度四川省最美家庭	四川省妇女联合会 四川省精神文明建设办公室	川妇字〔2022〕20号	5月

表154　　2022年成都市成华区获评成都市级优秀单位一览表

获奖单位	所获荣誉	表彰单位	文号	获奖时间
成华区	2022年1—3季度重点经济工作担当作为先进区(市)县	中共成都市委 成都市人民政府	成委〔2022〕427号	11月
成华区	2022年二季度重大项目招引促健招商引智“红榜”	中共成都市委督查室 成都市人民政府督查室		8月
成华区	基本公共卫生服务及家庭医生签约服务目标完成先进单位	成都市卫生健康委员会		2月
成华区人大常委会	2022年度代表专题调研活动优秀组织单位	成都市人民代表大会常务委员会	成人发〔2023〕2号	2月
成华区农业和水务局	成都市对口支援十周年先进集体	中共成都市委 成都市人民政府	成委〔2022〕407号	11月
成华区农业和水务局	2022年中国农民丰收节先进集体	中共成都市委办公厅 成都市人民政府办公厅	成委厅〔2022〕81号	12月
成华区档案局	2022年度档案工作先进集体	中共成都市委办公厅	成委厅〔2023〕37号	4月
成华区税务局	2022年成都市城镇职工医疗(生育)保险参保征缴工作先进单位	成都市医疗保障局 成都市税务局		2月
成华区行政审批局、二仙桥街道下涧槽社区	成都市工人先锋号	成都市总工会办公室	成工办发〔2022〕33号	12月
成华区统计局	2022年区(市)县统计工作综合评价优秀单位	成都市统计局	成统计发〔2023〕6号	2月
成华区商务局	2022年全市会展工作先进单位	中国国际贸易促进委员会成都市委员会	成贸促〔2023〕2号	1月
成华区商务局	2022年度全市商务工作先进单位	成都市商务局	成商务发〔2023〕10号	1月
成华区总工会	2022年度成都市工会保障工作先进单位	成都市总工会办公室	成工办〔2023〕4号	3月
成华区总工会	2022年度成都市百万职工劳动和技能大赛工作先进单位	成都市总工会办公室	成工办〔2023〕16号	3月
成华区妇女联合会	2022年成都市儿童友好社区建设优秀单位	成都市妇女联合会	成妇发〔2022〕27号	12月
成华区妇女联合会	2022年成都市妇联基层组织建设先进单位	成都市妇女联合会	成妇发〔2022〕32号	12月
共青团成华区委员会	2022年度成都市区(市)县县域共青团基层组织改革先进单位	共青团成都市委员会	成青发〔2022〕32号	12月

续表154

获奖单位	所获荣誉	表彰单位	文号	获奖时间
成华区科学技术协会	2022年成都市科协系统先进集体	成都市科学技术协会	成科协发〔2023〕1号	1月
成华区红十字会	2022年度成都市红十字会综合先进单位	成都市红十字会	成红会函〔2022〕321号	12月
中国邮政集团有限公司成都市成华区分公司	2022年度成都邮政先进基层党组织	中共中国邮政集团有限公司成都市分公司委员会	成邮分党委〔2023〕17号	7月
成都市公安局成华区分局、成华区统计局、双桥子街道办事处、猛追湾街道办事处、府青路街道办事处、二仙桥街道办事处、跳蹬河街道办事处、保和街道办事处、龙潭街道办事处、白莲池街道办事处、龙潭工业机器人产业功能区管委会、双水碾街道办事处民生服务办公室、东林社区居委会	成都市第七次全国人口普查先进集体	成都市第七次全国人口普查领导小组	成人普组字〔2022〕1号	7月
白莲池街道一里塘社区	2022年成都市优秀儿童友好社区	成都市人民政府妇女儿童工作委员会	成妇儿工委办发〔2022〕6号	11月
成都市公安局成华区分局办证中心、成都市公安局成华区分局出入境管理大队、成都市公安局成华区分局猛追湾派出所	2022年度成都市青年文明号	共青团成都市委 成都市精神文明建设办公室 成都市公安局	成青联发〔2022〕15号	5月
猛追湾街道	2022年成都市健康街道	成都市健康城市建设（健康成都行动）专项工作组办公室	成健康城市办〔2023〕1号	1月
成华区司法局、双水碾街道综合便民服务中心、龙潭工业机器人产业功能区管委会、杉板桥社区党群服务中心	2022年成都市健康单位	成都市生态环境局	成环发〔2022〕70号	8月
和欣社区、斑竹社区、长天路社区、踏水社区、培华路社区	AA级成都市模范劳动关系和谐单位	成都市人力资源和社会保障局 成都市总工会 成都企业联合会 成都市工商业联合会	成人社办发〔2022〕179号	12月
杨柳社区、迎晖社区	AAA级成都市模范劳动关系和谐单位			
保和街道、站北路社区	AAAA级成都市模范劳动关系和谐单位			

续表154

获奖单位	所获荣誉	表彰单位	文号	获奖时间
成都富森美家居股份有限公司、成都建工第七建筑工程公司、成都光明乳业有限公司、成都温鸭子食品有限公司、成都市龙潭工业机器人产业功能区、胜利社区、将军碑社区	AAAAA级成都市模范劳动关系和谐单位	成都市人力资源和社会保障局 成都市总工会 成都企业联合会 成都市工商业联合会	成人社办发〔2022〕179号	12月
双桥子街道、猛追湾街道、万年场街道、保和街道、双水碾街道、龙潭街道	2022年成都市住户调查大样本轮换工作先进集体	国家统计局成都调查队	成调函〔2022〕4号	12月
成华区市场监管局	2022年度化妆品不良反应监测工作先进集体	成都市市场监督管理局 成都市卫生健康委员会	成市监发〔2023〕10号	2月
成都市第六人民医院	2022年度药品不良反应报告上报先进集体			
核工业四一六医院、成都新华医院	2022年度医疗器械不良事件报告上报先进集体			
成华区农业和水务局动物卫生监督科	2022年度成都市农作物种子保供先进集体	成都市种子管理站	成市监发〔2023〕4号	1月
成华区退役军人事务局	2022年度成都市退役军人战旗红志愿服务队优秀组织单位	成都市退役军人事务局 成都市精神文明建设办公室	成退役军人办〔2023〕4号	10月
府青路街道、跳蹬河街道、双水碾街道、圣灯社区、昭觉社区、花径路社区	2022年度成都市退役军人战旗红志愿服务队			
民革成华区支部	2022年度民革成都市委会优秀基层组织	民革成都市委员会	成民革发〔2022〕50号	12月
民盟成华区总支	2022年度参政议政工作先进集体	民盟成都市委员会	成盟发〔2023〕1号	1月
民建成华区总支	2022年度先进基层组织	民建成都市委员会	成建发〔2023〕1号	1月
民进成华区支部	2022年民进成都市委会优秀基层组织	民进成都市委员会	成进发〔2023〕1号	1月
农工党成华区支部	2022年度农工党成都市委会先进基层组织	中国农工党成都市委员会	农蓉字〔2023〕5号	2月
致公党成华区支部	2022年度致公党成都市委会先进基层组织	致公党成都市委员会	成致发〔2023〕3号	2月
九三学社成华区委员会	2022年度九三学社成都市委员会优秀基层组织	九三学社成都市委员会	九三蓉发〔2023〕16号	1月

续表154

获奖单位	所获荣誉	表彰单位	文号	获奖时间
熊猫绣娘针织文创队、一里塘社区怡里馨居舞蹈队	2022年成都市十佳社区社会组织	成都市民政局		11月
王卫苹、曾欢家庭	2022年度成都市情系国防好家庭	成都市双拥工作领导小组	成拥〔2022〕2号	9月

表155　2022年成都市成华区级优秀单位一览表

获奖单位	所获荣誉	表彰单位	文号	获奖时间
区委办、区政府办、区纪委监委、区委组织部、区委宣传部、区委政法委、区委社治委、区公安分局、区税务局、区规划和自然资源局、区生态环境局、区发改局、区教育局、区财政局、区住建交局、区文体旅局、区卫健局、区审计局、区城市更新局、熊猫度假区管委会、龙潭工业机器人管委会、东郊艺术区管委会、双桥子街道、猛追湾街道、二仙桥街道、龙潭街道、白莲池街道、成华国投公司、成华旧改公司、成都兴华生态公司	城市更新工作先进集体	区委 区政府	成华委〔2022〕10号	6月
万年场街道、双水碾街道、跳蹬河街道、青龙街道、白莲池街道	五好街道	区委 区政府	成华委〔2022〕15号	6月
三街坊社区、望平社区、下涧槽社区、升仙湖社区、杉板桥社区、和美社区、胜利社区、致强社区、院山社区、一里塘社区	五好社区			
华润置地（成都）发展有限公司、SM广场（成都）有限公司、中国石油天然气股份有限公司西南油气田分公司、成华国资经营投资有限责任公司、信和置业（成都）有限公司、成都东方广益投资有限公司、成都龙湖辰顺置业有限公司、成都招商博时房地产开发有限公司、成都交投置业有限公司、成都首创瑞华置业有限公司	2022年度纳税先进单位	区委 区政府	成华委发〔2023〕3号	1月
上海浦东发展银行股份有限公司成都分行、雅砻江流域水电开发有限公司、信息产业电子第十一设计研究院科技工程股份有限公司、四川国莎实业有限公司、成都成铁华晟置业有限公司、成都富森美家居股份有限公司、成都人居成兴置业有限公司、成都建工第七建筑工程有限公司、中车科技园（成都）有限公司、成都龙港钢铁有限公司	2022年度纳税优秀单位			
区委办、区政府办、区纪委监委、区规划和自然资源局、区发改局、区财政局、区住建交局、区投促局、区统计局、区城市更新局、熊猫度假区管委会、龙潭工业机器人管委会、东郊艺术区管委会、二仙桥街道、万年场街道、保和街道、龙潭街道、成华国投公司、成华棚改公司、成华旧改公司	2022年度优秀重点项目先进集体	区委 区政府	成华委发〔2023〕5号	2月
中国石油天然气股份有限公司西南油气田分公司、中国石油集团川庆钻探工程有限公司、四川华西绿舍建材有限公司、四川国莎实业有限公司、成都光明乳业有限公司、信息产业电子第十一设计研究院、成都建筑材料工业设计研究院、中国电力工程顾问集团西南电力设计院、中国电信股份有限公司成都分公司、智慧油服科技（成都）有限公司	都市工业示范企业	区委 区政府		12月

续表155

获奖单位	所获荣誉	表彰单位	文号	获奖时间
成都卡诺普机器人技术股份有限公司、四川成焊宝玛焊接装备工程有限公司、四川升华电源科技有限公司、四川斯艾普电子科技有限公司、四川航电微能源有限公司、成都航天通信设备有限责任公司、成都宏明电子股份有限公司、成都微精电机股份公司、四川华控图形科技有限公司	国家级专精特新小巨人企业			
四川千里倍益康医疗科技股份有限公司、成都创新达微波电子有限公司、四川海力智能科技股份有限公司、成都康拓兴业科技有限责任公司、成都华普电器有限公司、四川新先达测控技术有限公司、森泉环境科技集团有限公司、成都阿普奇科技股份有限公司、成都硕特科技股份有限公司、成都三是科技有限公司、成都锋宜精密工具制造有限公司、成都康赛信息技术有限公司、成都三合力通科技有限公司、四川省贝特石油技术有限公司、成都喜元网络科技有限公司、成都成电金盘健康数据技术有限公司、成都泰测科技有限公司、成都克伏特航空设备有限公司、四川物通科技有限公司、神光光学集团有限公司、四川冠辰环保工程有限公司、成都新雄鑫净化工程有限公司、成都网丁科技有限公司、四川中测标物科技有限公司、成都赛英科技有限公司、成都旭思特科技有限公司、成都西夏科技发展有限公司、成都福立盟科技有限公司、京创智慧科技有限责任公司、成都众柴科技有限公司、四川德迈环保工程有限公司、成都中超碳素科技有限公司、成都致力微波科技有限公司、成理智源科技（成都）有限公司、成都浩瀚芯光微电子科技有限公司、成都北斗天线工程技术有限公司、四川瑞都石油工程技术服务有限公司、洲际海峡能源科技有限公司、中慧长源工程设计集团有限公司、成都鸿宇微通电子科技有限责任公司、	省级专精特新中小企业	区委 区政府		12月
区委办、政府办、区纪委监委、区委组织部、区委宣传部、区委政法委、区委党校、区公安分局、区教育局、区司法局、区财政局、区人社局、区市场监管局、区行政审批局、区综合执法局、区医保局、区智慧治理中心、双桥子街道、猛追湾街道、二仙桥街道、万年场街道	2022年度创建全国法治政府示范区工作中作出突出贡献单位	区委 区政府		1月
区人大办、区政协办、区纪委监委、区法院、区发改局、区住建交局、区退役军人局、区市场监管局、区综合执法局、双桥子街道党工委、二仙桥街道党工委、府青路街道党工委、保和街道党工委、青龙街道党工委	老干部工作先进集体	区委	成华委发〔2022〕16号	10月
区委办、区政府办、区委宣传部、区委党校、区教育局、区民政局、区人社局、区卫健局、区医保局	为老干部办实事先进集体			
区委办、区政府办、区委组织部、区委宣传部、区公安分局、区教育局、区财政局、区卫健局、区退役军人局、二仙桥街道、府青路街道、万年场街道、双水碾街道、保和街道、青龙街道	2022年度党管武装先进单位	区委办公室		2月
区委办、区政府办、区纪委监委、区委组织部、区委宣传部、区委政法委、区委党校、区法院、区检察院、区公安分局、区司法局	2022年度全面依法治区示范试点工作先进单位	区绩效考评中心		12月
华阳家庭、闵艳家庭、沈威翰家庭、张源家庭、屈刘丽家庭、钟慧家庭、胡佳家庭、黄鸣浩家庭、曾欢家庭、甯尤军家庭	成华区最美家庭	区妇联	成华妇联〔2022〕6号	5月

（李锡清）

附　　录

编辑　李锡清

2022年成都市成华区工作机构及负责人名录

区委工作机构及负责人

中共成华区委办公室

主　任：李建科（3月离任）
　　　　尹志东（3月任职，10月离任）
　　　　石　杰（12月任职）
副主任：周巧灵
　　　　冯俊岩（6月离任）
　　　　秦　勇（6月离任）
　　　　蒋东霞
　　　　耿　涛（5月离任）
　　　　吴　奎（5月离任）
　　　　张磊卿
　　　　马旭东（6月任职）
机关党委书记：胡微波（6月离任）
　　　　　　　秦　勇（6月任职）

中共成华区委组织部

部　长：冯　军
常务副部长：郭凤杰（9月离任）
　　　　　　李　刚（9月任职）
副部长：周　浪
　　　　邱常健
　　　　蒋永达（4月任职）
部务委员：刘云洲（3月离任）
　　　　　彭长贵
　　　　　郑睿樱（5月任职）
　　　　　王　琦（5月任职）

中共成华区委宣传部

部　长：马亚炜
常务副部长：贺　勇
副部长：杨建春
　　　　周　卫
　　　　周　亮

中共成华区委统一战线工作部

部　长：张明英
常务副部长：曾绍海（3月离任）
　　　　　　韦　华（4月任职）
副部长：李泽美
　　　　董　斌
　　　　郭志勇
　　　　李　芸

中共成华区委政法委员会

书　记：欧泽春
常务副书记：姚银林（9月离任）
　　　　　　陈　双（9月任职）
副书记：戴延刚
　　　　钟永康（5月离任）
　　　　王占成
　　　　何　军（5月任职）
政治部主任：何　军（5月离任）
　　　　　　李红兵（9月任职）
专职委员：漆　涛

中共成华区委政策研究室

主　任：张道印（12月离任）
副主任：王　磊
　　　　张素生（3月离任）
　　　　胡　鹏
　　　　何　涛（3月任职）

中共成华区委社区发展治理委员会

主　任：冯　军
副主任：李科伟
　　　　肖高林（10月离任）
　　　　邓　幸（12月离任）
　　　　徐雪钢（12月任职）
　　　　颜　鹏（12月任职）

中共成华区委机构编制委员会办公室

主　任：刘莉蓉
副主任：卢大林（4月离任）
　　　　张先勇（5月任职）
　　　　王向伟（6月离任）

胡微波（6月任职）
鞠怀芙

中共成华区委巡察工作领导小组办公室

主　任：袁万银（9月离任）
张国珍（9月任职）
副主任：曹　宇
第一巡察组组长：刘文平
第一巡察组副组长：代丽华
第一巡察组巡察专员：梁　红
第二巡察组组长：周晓林
第二巡察组副组长：苏　军
第二巡察组巡察专员：周尤永
第三巡察组组长：刘玉良
第三巡察组副组长：孔延涛
第三巡察组巡察专员：梁力强

中共成华区委老干部局

局　长：王燕敏（4月离任）
郭　惠（4月任职）
副局长：徐　槐

区人大工作机构及负责人

成华区人民代表大会法制与监察司法委员会

主任委员：冯　延
副主任委员：承　楠（4月任职）

成华区人民代表大会经济委员会

主任委员：冯俊岩（6月任职）
副主任委员：张敏英
龙渝冬（10月任职）

成华区人民代表大会社会建设委员会

主任委员：李宏坤
副主任委员：陈　锋

成华区人民代表大会科教文卫委员会

主任委员：李　斌
副主任委员：陈　勇（4月任职）

成华区人民代表大会城乡建设与环境保护委员会

主任委员：宋宝利
副主任委员：覃　梅
余　鹏（10月任职）

成华区人民代表大会预算委员会

主任委员：孔　红
副主任委员：王夕武

成华区人大常委会办公室

主　任：王　文
副主任：谢　恩
余　鹏（10月离任）

成华区人大常委会研究室

主　任：谢晓波（9月任职）

成华区人大常委会机关党委

书　记：郭仕文

成华区人大常委会人事代表工作委员会

主　任：董　川
副主任：丁　旭

成华区人大常委会预算审查工作委员会

主　任：（空　缺）
副主任：许　静（8月任职）

成华区人大常委会信访办公室

主　任：陈彦维

区政府工作部门及负责人

成华区人民政府办公室

主　任：尹志东（3月离任）
廖　锐（3月任职）
副主任：喻　兵（1月离任）
陈　弦（8月离任）
杨国亮（3月离任）
刘晓萍
王　磊（1月任职）
龙　洋（3月任职）
曾　波（8月任职）
机关党委书记：王壮志

成华区发展和改革局

局　长：邓　伟
副局长：王　伟（6月离任）
冯　毅
杨　雷
陈立军（6月任职）
机关党委书记：冯延沁

成华区教育局

局　长：高　峰
副局长：叶树文
李　刚（9月离任）
梁经和
陈隐阵（12月任职）
系统党委书记：陈　惠

成华区新经济和科技局

局　长：胡　甦
副局长：胡　勇
王　春
彭　磊

成华区民政局

党组书记：张　庆（9月任职）
局　长：雷　霆（4月离任）
蒋　瑜（5月任职）
副局长：梅报春
唐　海（4月离任）
张金龙（4月离任）
李　伟（4月任职）
王　嫒（4月任职）
机关党委书记：樊海英

成华区司法局

局　长：郑敏逸
副局长：胡　波
曹晶晶
系统党委书记：李玉明(4月离任)

成华区财政局

局　长：张　敏
副局长：张　瑾
张兴兰
总会计师：先　艳

成华区人力资源和社会保障局

局　长：黄　龙
副局长：李　红
刘杰伟
机关党委书记：文　华

成华区住房建设和交通运输局

局　长：程　松（1月离任）
刘　杰（2月任职）
副局长：刘　刚

李　冕（9月离任）
徐建红
孙　峰
机关党委书记：冯　燕

成华区农业和水务局
局　长：陈洪波
副局长：刘　武
鄢朝君

成华区商务局
局　长：戴运书（4月离任）
雷　霆（4月任职）
副局长：陈红松（1月离任）
骆　林
王　波
李　岩（3月任职）

成华区投资促进局
党组书记：辛　甜
局　长：贾元波
副局长：曹　云（4月离任）
荀苓琳
雷　鹏（8月任职）

成华区文化体育和旅游局
局　长：杨　楠
副局长：罗雪松（5月离任）
刘　曦（1月离任）
张　娇
陶　棠（3月任职）
罗　斌（5月任职）
机关党委书记：潘　葵

成华区卫生健康局
局　长：何　梅（2月任职）
副局长：叶　茂
谢叶平
蓝海波
系统党委书记：李尔伟

成华区退役军人事务局
局　长：肖　伟
副局长：谢文辉
机关党委书记：邓　嵘（5月离任）
马　玲（5月任职）

成华区应急管理局
局　长：王建沣
副局长：陈世平
奚海锋
康鹏程

成华区审计局
局　长：方祥兰
副局长：王　堃
杜金津
总审计师：苏　科

成华区国有资产监督管理和金融工作局
党组书记：刘　源（4月任职）
局　长：赵　林（2月离任）
吴瑜琳（2月任职）
副局长：曾品卫（4月离任）
喻　哲（4月任职）
赖　涛
系统党委书记：许志宏

成华区市场监督管理局
局　长：刘　杰（2月离任）
陈庆睿（2月任职）
副局长：汪兴元
何　涛
宋　军
马　庆
机关党委书记：张　勇

成华区统计局
局　长：程　松（1月任职）
副局长：何昌福
邹　珊

成华区机关事务管理局
局　长：罗　曦（5月任职）
副局长：王雪峰
罗　曦（5月离任）
王　敏（12月任职）

成华区信访局
局　长：张　帆
副局长：周　斌（4月离任）
储呈晖（5月任职）
张富均（8月离任）
李　剑（8月任职）

成华区行政审批局
局　长：王　萍
副局长：罗铁鑫（4月离任）
李晓波
赵煜坚
杨　阳（6月任职）

成华区综合行政执法局
局　长：黄章钧
副局长：承　楠（4月离任）
陈　鹏
肖　斌
周　军（4月任职）
机关党委书记：马　玲（5月离任）
杨利勇（9月任职）

成华区公园城市建设和城市更新局
局　长：李　君
副局长：徐　辉
郑家平
代兰平

成华区医疗保障局
局　长：陈道勇
副局长：张　军

区政协工作机构及负责人

成华区政协提案委员会
主任委员：王晓南
副主任委员：张廷全

成华区政协经济委员会
主任委员：康萍涛
副主任委员：杨　俊

成华区政协城市建设管理和环境保护委员会
主任委员：张立新
副主任委员：刘小蓉

成华区政协科教医卫体委员会
主任委员：贺晓斌
副主任委员：宋红梅

成华区政协法制社联委员会
主任委员：邱国勇
副主任委员：张晓梅

成华区政协文化和文史委员会
主任委员：崔鸿雁
副主任委员：李　茂（1月任职）

政协成华区委员会办公室
主　任：田福盈
副主任：杨　丽

政协成华区机关党委
书　记：李凤莲

政协成华区委员会研究室
主　任：张志飞
副主任：刘　菊（4月任职）

政协成华区委员会委员联络办公室
主　任：刘　均
副主任：周雪梅（9月离任）

区纪委监委机构及负责人

中共成华区纪律检查委员会
书　记：顾文辉（6月离任）
　　　　周　敏（6月任职）
副书记：谢晓波（9月离任）
　　　　袁万银（9月任职）
　　　　刘　东（4月离任）
　　　　何峻洁（6月任职）

成华区监察委员会
主　任：顾文辉（6月离任）
　　　　周　敏（12月任职）
副主任：谢晓波（11月离任）
　　　　袁万银（11月任职）
　　　　刘　东（4月离任）
　　　　何峻洁（6月任职）

成华区纪委监委派驻纪检监察组
区委办纪检监察组组长：李凤来
区人大机关纪检监察组组长：
　严崇兴
区政府办纪检监察组组长：
　肖　勤（1月任职）
区政协机关纪检监察组组长：
　肖自力
区委组织部纪检监察组组长：
　许茂栀
区委宣传部纪检监察组组长：
　梁正学
区委统战部纪检监察组组长：
　潘　英
区委政法委纪检监察组组长：
　林　希
区发改局纪检监察组组长：
　杨善军（6月离任）
　冯　杨（8月任职）
区教育局纪检监察组组长：
　陈隐阵（12月离任）
区民政局纪检监察组组长：陈　平
区财政局纪检监察组组长：陈子超
区住建交局纪检监察组组长：
　张晓莉
区商务局纪检监察组组长：何国玲
区卫健局纪检监察组组长：
　王险峰（5月离任）
　林　涛（6月任职）
区国资和金融局纪检监察组组长：
　李俊青
区市场监管局纪检监察组组长：
　肖　月
区综合执法局纪检监察组组长：
　娄方恩
龙潭产业功能区管委会纪检
　监察组组长：张素琼
区总工会纪检监察组组长：王云杉

区审判、检察机关及负责人

成华区人民法院
院　长：王泽轩
副院长：李　锐
　　　　石俊峰
　　　　黄　洁
　　　　宋　奎
机关党委书记：巫　江
审判委员会专职委员：仲曦阳
　　　　　　　　　　王　蕊（8月任职）
执行局局长：谭　萍

成华区人民检察院
检察长：钟　磊
副检察长：曾　智（5月离任）
　　　　　吴映伟（8月任职）
　　　　　孙宏皋
　　　　　王敏眉
机关党委书记：
　　　　　吴映伟（8月离任）
政治部主任：史　斌（4月任职）
检察委员会专职委员：陶新征
　　　　　　　　　　周宏亮

直属事业单位及负责人

中共成华区委党校（成华区行政学校）
校　长：冯　军
常务副校长：李晓锋
副校长：王元常
　　　　干庆文

中共成华区委党史研究室
主　任：贺　鑫（4月任职）
副主任：武竞立

成华区档案馆
馆　长：刘　程（5月离任）
　　　　吴　奎（5月任职）
副馆长：潘文蓉
　　　　万　敏

成华区机关事业单位绩效考评中心
主　任：耿　涛（5月任职）
副主任：彭　江
　　　　王　希

成华区人才发展中心
主　任：李青怡（9月离任）
　　　　张立佳（9月任职）
副主任：王翠芳

成华区融媒体中心
主　任：刘蓄瑞
副主任：杨宗忍
　　　　张　媛（3月任职）

成华区地方志办公室
主　任：李　云

副主任：黄　海（4月离任）
罗　兰
罗铁鑫（4月任职）

成华区智慧蓉城运行中心（成华区智慧城市治理中心）
主　任：苟　霞
副主任：张　军（1月离任）
叶双翼（1月任职）
李　萌

成华区政府决策咨询服务中心
主　任：刘　源（4月离任）
陈　弦（8月任职）
副主任：曾　波（8月离任）

成华区经济合作中心
主　任：邓　幸（12月任职）
副主任：唐　茜
陈　锐

成华区城市更新中心
主　任：杨国亮（3月任职）
副主任：钟晓飒

部门挂牌机构及负责人

中共成华区委保密机要局（成华区国家保密局、成华区密码管理局）
局　长：周巧灵

成华区政府外事办公室
主　任：李建科（3月离任）

成华区档案局
局　长：李建科（3月离任）
吴　奎（12月任职）

中共成华区非公有制经济组织和社会组织工作委员会
书　记：周　浪
副书记：郑睿樱（10月任职）

中共成华区直属机关工作委员会
书　记：冯　军

成华区公务员局
局　长：蒋永达（4月任职）

成华区精神文明办公室
主　任：杨建春

中共成华区委对外宣传办公室（成华区政府新闻办公室）
主　任：（空　缺）

成华区新闻出版局（成华区版权局）
局　长：周　卫

成华区互联网信息办公室
主　任：周　亮

成华区政府侨务和台湾事务办公室
主　任：李　芸

成华区民族宗教事务局
局　长：郭志勇
副局长：张素虎

成华区粮食和物资储备局
局　长：邓　伟

成华区经济和信息化局
局　长：胡　甦

成华区人民防空办公室
主　任：程　松（1月离任）
刘　杰（2月任职）

成华区知识产权局
局　长：刘　杰（2月离任）
陈庆睿（2月任职）

成华区政务服务管理和网络理政办公室
主　任：王　萍

成华区城市管理局
局　长：黄章钧

部门管理事业单位及负责人

成华区文旅产业发展中心（区委宣传部）
主　任：胡雯娟

成华区互联网信息中心（区委宣传部）
主　任：李　娟（12月任职）

成华区机构编制信息中心（区委编办）
主　任：杨　颖

成华区教育考试中心（区教育局）
主　任：张　英

成华区创新促进中心（区新经济和科技局）
主　任：徐菲菲（6月任职）

成华区法律援助中心（区司法局）
主　任：李　松

成华区财政支付中心（区财政局）
主　任：刘　毅

成华区就业局（区人社局）
局　长：张青艳

成华区社保局（区人社局）
局　长：马　敏

成华区人事考试中心（区人社局）
主　任：张延茜

成华区文化市场综合执法队（区文体旅局）
大队长：钱　勇

成华区医疗机构服务中心（区卫健局）
主　任：徐菲菲（6月离任）
许　凌（6月任职）

成华区退役军人服务中心（区退役军人事务局）
主　任：肖扬凡

成华区应急执法大队（区应急管理局）
大队长：张富均（8月任职）

成华区市场和质量监督管理综合执法大队（区市场监管局）
副大队长：周　庆

成华区机关服务中心（区机关事务局）
主　任：李青怡（1月离任）
陶　磊（1月任职）

成华区政务服务中心（区行政审批局）
主　任：李　莉（1月任职）

成华区城市管理监督指挥中心（区综合执法局）
主　任：李辉彬（1月任职）

成华区综合行政执法大队（区综合执法局）
大队长：陈　军（1月任职）

成华区公园管理服务中心（区城市更新局）
主　任：胥从平

成华区医疗保障事务中心（区医保局）
主　任：谢瑞珍

成华区规划和自然资源局征地事务中心（区规划和自然资源局）
主　任：李浩浩（3月任职）

成都市生态环境保护综合行政执法总队成华支队（成华生态环境局）

副支队长：孙文成

成华区环境监测站（成华生态环境局）

站　长：张海霞

成华区群团服务中心（区总工会）

主　任：龙万富

功能区工作机构及负责人

成都市熊猫国际旅游度假区管理委员会

党工委书记：赵春淦（兼）

主　任：吴永胜（兼，9月离任）

　　　　袁顺明（兼，9月任职）

党工委副书记：雷　鸣（兼）

常务副主任：李建科（2月任职）

副主任：李　茂（1月离任）

　　　　蒋　怡

　　　　彭　睿

　　　　刘　曦（1月任职）

　　　　王　伟（6月任职）

　　　　刘兴泰（兼）

成都市龙潭工业机器人产业功能区管理委员会（成都市龙潭都市工业集中发展区管理委员会）

党工委书记：邓　旭（兼）

党工委副书记、主　任：张明德

党工委副书记：康　鸥

副主任：吴瑜琳（2月离任）

　　　　郑淞予

　　　　刘　军

　　　　苏明江

　　　　曾品卫（4月任职）

成都市成华区东郊记忆艺术区管理委员会

书　记：马亚炜（兼,4月任职）

主　任：王　猛

副书记：赵　华

副主任：杨晓川

　　　　谭宜波

成都市成华区东客站TOD新城建设办公室

主　任：严军峰（4月离任）

　　　　张金龙（4月任职）

副主任：江　涛

　　　　童　浩

成都市成华区新北天地商贸旅游发展区促进中心

主　任：谭开德

副主任：杨　眉

成都市成华区建设路金融商务总部发展区促进中心

主　任：董洪彬

副主任：赵　珣

成都市直属管理单位及负责人

国家税务总局成都市成华区税务局

局　长：吴介伟

副局长：邹林踊（2月离任）

　　　　阳　刚

　　　　辛国峰

　　　　黄志飞（2月任职）

　　　　蔡　勇（12月离任）

纪检组长：张　莉（3月离任）

　　　　　邓　浪（3月任职）

总会计师：熊剑峰（2月任职）

总经济师：易耕耘

成都市公安局成华区分局

局　长：张旭伟

政　委：李　健（1月离任）

　　　　李佩弦（1月任职）

副局长：雷　霆

　　　　曾永明（7月离任）

　　　　叶　军（7月离任）

　　　　杨蜀治

　　　　向彦庆

　　　　曹博昊（4月任职）

　　　　廖　科（7月任职）

　　　　刘　勇（10月离任）

　　　　刘　硕（8月任职）

　　　　冉从军（11月任职）

成都市成华区规划和自然资源局

局　长：陆　军

副局长：黄　涛

　　　　张念龙

　　　　姜　潇

　　　　文小冬

成都市成华生态环境局

局　长：陈　新

副局长：李　强

群众团体及负责人

成华区总工会

主　席：邓　旭

常务副主席：谢记明

副主席：郑佳辉

　　　　杨祝英

群团机关联合党委书记：

　　　　熊　辉（3月任职）

共青团成华区委员会

书　记：郑　丽

副书记：彭莎莎

　　　　曾　飞

成华区妇女联合会

主　席：张国珍（9月离任）

　　　　向天红（9月任职）

副主席：方　虹

　　　　吕超君

成华区科学技术协会

党组书记、常务副主席：

　　向天红（9月离任）

　　肖高林（10月任职）

常务副主席：周雪梅（9月任职）

副主席：殷洪彬

　　　　许　静（8月离任）

　　　　李　冕（9月任职）

成华区工商业联合会（商会）

主　席（会长）：高　燕

常务副主席（副会长）：董　斌

副主席：何　蕾

　　　　钟绪阳

成华区残疾人联合会

理事长：韦　华（4月离任）
　　　　唐　海（4月任职）

副理事长：严旭松
　　　　　张　军（1月任职）

成华区红十字会

会　长：陈　枢（6月任职）

常务副会长：刘　燕

副会长：梁　超（3月离任）
　　　　庹向欣（3月任职）

成华区文学艺术界联合会

主　席：周　卫

副主席：张卫军

成华区社会科学界联合会

主　席：龚育雄

成华区台湾同胞联谊会

会　长：（空　缺）

成华区归国华侨联合会

书　记：张明波

副主席：蒋兆龙

街道及负责人

成华区双桥子街道

党工委书记：屈　何

党工委副书记、办事处主任：
　　袁建平

人大工委主任：母　芸

党工委副书记（兼纪工委书记、监察办主任）：欧莎莎

政法委员：陈晓斌

办事处副主任：赵　钢（9月离任）
　　胡　勇
　　刘　晓
　　杨晓丽（12月任职）

综合便民服务中心主任：
　　胡　宏（9月离任）
　　李青怡（9月任职）

成华区猛追湾街道

党工委书记：李春祖（9月离任）
　　郭凤杰（9月任职）

党工委副书记、办事处主任：
　　廖　锐（3月离任）
　　曹　云（4月任职）

人大工委主任：夏　斌

党工委副书记（兼纪工委书记、监察办主任）：贺　鑫（4月离任）
　　周　赟（4月任职）

政法委员：杨海斌

办事处副主任：杨　刚
　　张顺伟（9月离任）
　　宋仕浪（9月任职）
　　蒲雨斐
　　彭祖燕（1月任职）

综合便民服务中心主任：
　　汪　颜（12月离任）

成华区府青路街道

党工委书记：杜坤扬（2月离任）
　　赵　林（2月任职）

党工委副书记、办事处主任：
　　张　庆（9月离任）
　　曾俊雄（9月任职）

人大工委主任：刘　瑜

党工委副书记（兼纪工委书记、监察办主任）：钟　欣

政法委员：余　涛

办事处副主任：付国东
　　梁　琳
　　谢　云
　　林泽彬

综合便民服务中心主任：陈朝辉

成华区二仙桥街道

党工委书记：邹　涛

党工委副书记、办事处主任：
　　邹　锐

人大工委主任：向朝晖

党工委副书记（兼纪工委书记、监察办主任）：毛　磊

政法委员：彭序国

办事处副主任：李吉纯
　　刘　涛
　　李　平
　　林　波
　　袁　琦

综合便民服务中心主任：
　　肖运平（8月离任）
　　杜　龙（8月任职）

成华区跳蹬河街道

党工委书记：李　睿

党工委副书记、办事处主任：
　　吴　刚

人大工委主任：陈琪玲

党工委副书记（兼纪工委书记、监察办主任）：赵宪伦

政法委员：黄文毅

办事处副主任：何建波（4月离任）
　　何　虹（4月任职）
　　耿受成
　　何　雷

综合便民服务中心主任：梁培源

成华区万年场街道

党工委书记：王　力

党工委副书记、办事处主任：
　　陈红松（1月任职）

人大工委主任：舒立友

党工委副书记（兼纪工委书记、监察办主任）：朱　琳

政法委员：印　舸

办事处副主任：何　虹（4月离任）
　　何建波（4月任职）
　　石　磊
　　唐雪飞

综合便民服务中心主任：
　　朱　宏（1月任职）

成华区保和街道

党工委书记：段莹莹

党工委副书记、办事处主任：
　　周　娱

人大工委主任：徐福寿

党工委副书记（兼纪工委书记、监察办主任）：马旭东（6月离任）
　　余　超（6月任职）

政法委员：王　彦
办事处副主任：陈　亮
王　磊（1月离任）
张素生（3月任职）
罗　熠
综合便民服务中心主任：陈　震

成华区双水碾街道

党工委书记：陈庆睿（4月离任）
欧　果（4月任职）
党工委副书记、办事处主任：
欧　果（4月离任）
严军峰（4月任职）
人大工委主任：张宏光
党工委副书记（兼纪工委书记、监察办主任）：杨　健（4月离任）
冯　敏（6月任职）
政法委员：张　枫
办事处副主任：海智武
冯　敏（6月离任）
黄　刚
徐海峰（6月任职）
综合便民服务中心主任：高　燕

成华区青龙街道

党工委书记：石　杰（12月离任）
张道印（12月任职）
党工委副书记、办事处主任：
赵鲁星
人大工委主任：吴雪松
党工委副书记（兼纪工委书记、监察办主任）：张　剑
政法委员：庹向欣（3月离任）
周　斌（4月任职）
办事处副主任：王光英
陈文远（12月离任）
何　洋（12月任职）
陈隐阵（3月离任）
苟忠军（3月任职）
综合便民服务中心主任：王　政

成华区龙潭街道

党工委书记：何　梅（2月离任）
杜坤扬（2月任职）
党工委副书记、办事处主任：
熊　辉（3月离任）
刘云洲（3月任职）
人大工委主任：张兴明
党工委副书记（兼纪工委书记、监察办主任）：刘民兵
政法委员：李卫东
办事处副主任：李宏钦
屈茂平
范卫章
刘　敏
刘　懿
综合便民服务中心主任：
胡　珊（1月任职，2月离任）
金　娜（2月任职）

成华区白莲池街道

党工委书记：马健伟
党工委副书记、办事处主任：
陈　勇（4月离任）
杨　健（4月任职）
人大工委主任：文　革
党工委副书记（兼纪工委书记、监察办主任）：周　赟（4月离任）
姜　军（4月任职）
政法委员：杨家兵
办事处副主任：谢立桂
范　舰
黄海彦
余　沁
综合便民服务中心主任：
金　娜（2月离任）
胡　珊（2月任职）

区属国有公司及负责人

成都成华发展集团

董事长：孙学东
总经理：覃　雯
副总经理：张　玄（8月离任）
易　洋（8月任职）
倪　琦
潘鹏飞
吴春曦

成都成华国资经营投资有限责任公司

董事长：肖　波
总经理：李　乐
副总经理：淦正纲
陈爱农（8月离任）
陈　勇
严旭飞（3月任职）
彭　浩（9月任职）

成都成华城市建设投资有限责任公司

董事长：罗渝江
总经理：王勇平（6月离任）
曾光宾（6月任职）
副总经理：何　磊（8月任职）
卢绍斋
刘文明
易　洋（8月离任）
丛　帅（8月任职）
彭　婷（8月任职）

成都成华棚户区惠民改造建设有限责任公司

董事长：胡生亮
总经理：曾光宾（6月离任）
王勇平（6月任职）
副总经理：周　胜（8月任职）
何　磊（1月任职，8月离任）
刘万霞
夏建琼

成都成华旧城改造投资有限责任公司

董事长：赵　华
总经理：张　波（6月离任）
邱　皓（6月任职）
副总经理：陈　远（8月离任）
陈爱农（8月任职）
朱　轶
于杨波（5月任职）
滕新宇（8月任职）

成都东方广益投资有限公司
董事长：晏永康
总经理：袁雪飞
副总经理：周　胜（8月离任）
张　玄（8月任职）
王　黎
徐盛兰（5月任职）

成都兴华生态建设开发有限公司
董事长：曾维斌
总经理：邱　皓（6月离任）
张　波（6月任职）
副总经理：陈　远（8月任职）
张雄飞
王　磊
霍　霞
郑　飒
杨朝勇（6月任职）

（区委组织部、成华年鉴编辑部）

统计资料

公　　报

2022年成都市成华区国民经济和社会发展统计公报

成华区统计局

（2023年5月）

2022年，全区上下坚持以习近平新时代中国特色社会主义思想为指导，深入学习贯彻党的二十大精神，全面落实习近平总书记来川视察重要指示精神和党中央、省委、市委各项决策部署，锚定“1556”总体发展思路，鲜明“三先三升”工作取向，扎实推进“631”重点项目建设，聚焦经济发展“十大重点领域工作”精准发力，深入实施“中环牵引、纵横联动、组团优强”发展策略，统筹疫情防控和经济社会发展，各项事业取得新的重大进展。

一、综合

（一）地区生产总值

综合实力稳步提升。根据地区生产总值统一核算初步结果，全年全区实现地区生产总值（GDP）1360.6亿元，按可比价格计算（下同）比上年增长5.0%。其中：第一产业实现增加值0.03亿元，同比增长11.6%；第二产业实现增加值522.7亿元，同比增长9.7%；第三产业实现增加值837.8亿元，同比增长3.1%。三次产业对经济增长的贡献率分别为0%、55.5%、44.5%。三次产业结构为0.00∶38.42∶61.58。按常住人口计算，人均地区生产总值97195元，增长4.2%。全区实现民营经济增加值444.1亿元，同比下降0.4%，占地区生产总值的比重达到32.6%。

表156　2022年成都市成华区地区生产总值及其增长速度表

指标	2022年（亿元）	比上年增长（%）
地区生产总值	1360.58	5.0
第一产业	0.03	11.6
第二产业	522.75	9.7
第三产业	837.80	3.1

（二）财政税收

全年一般公共预算收入91.97亿元，同比增长5.9%。其中：税收收入70.68亿元，同比增长8.5%。全年一般公共预算支出87.32亿元，同比增长13.0%。

（三）固定资产投资

全年固定资产投资同比增长0.9%。分产业看，第二产业投资同比下降3.0%，其中：工业投资同比增长27.8%；第三产业投资同比增长1.2%。民间投资同比增长17.5%、公共服务投

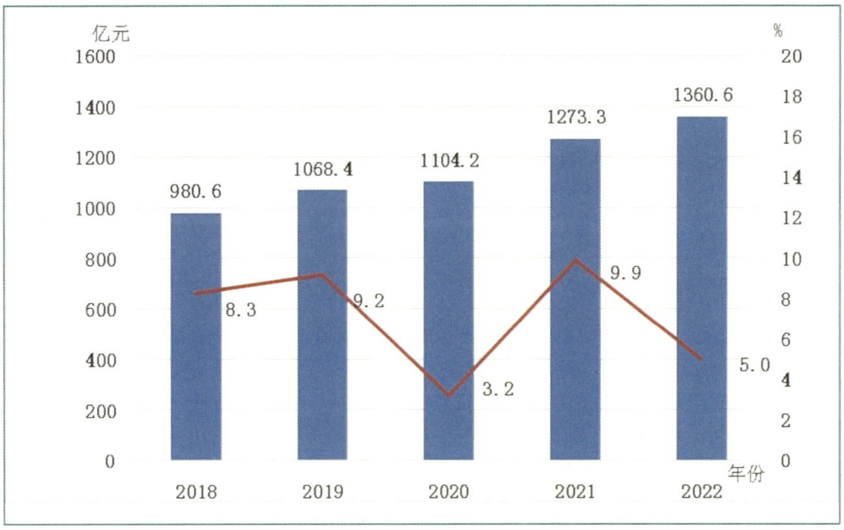

2018—2022年成都市成华区地区生产总值及其增长速度示意图

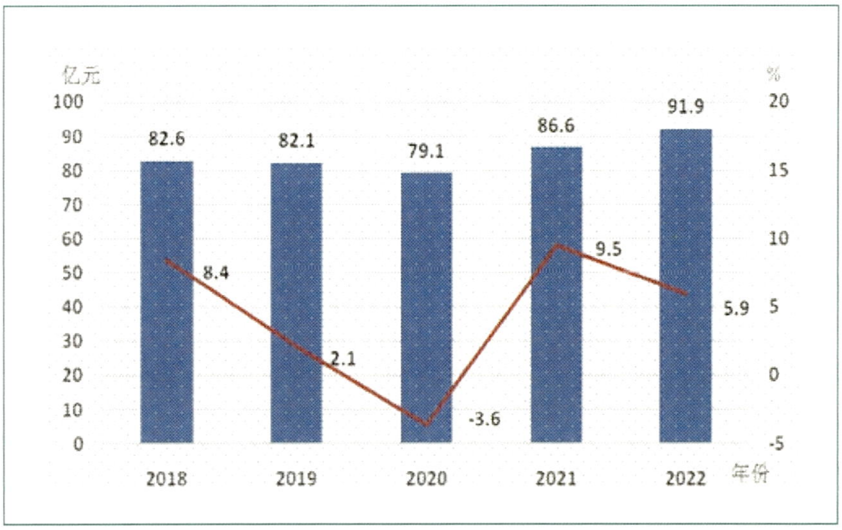

2018—2022年成都市成华区一般公共预算收入及其增长速度示意图

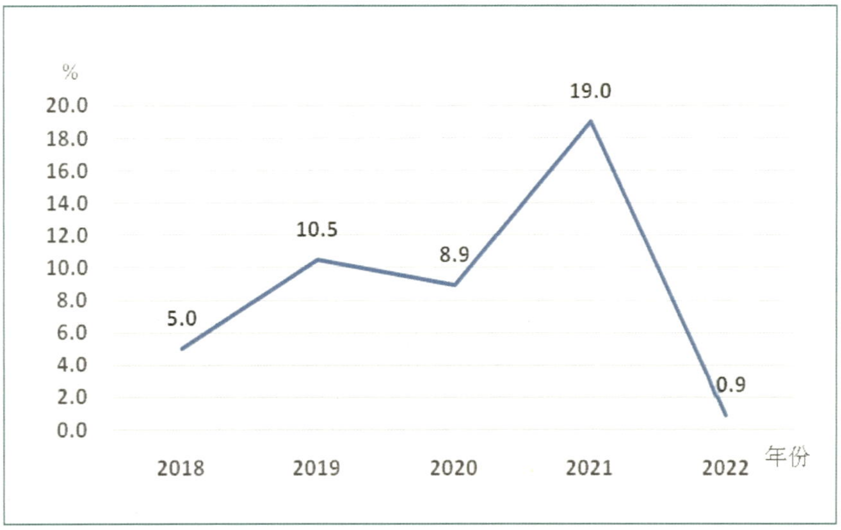

2018—2022年成都市成华区固定资产投资增长速度示意图

资同比增长0.8%、基础设施投资同比下降58.6%。

（四）人口

年末全区常住人口140.29万人，比上年末增加0.61万人，城镇化率100%，户籍家庭总户数325152户，户籍总人口842957人，比上年增加13181人，户均人口为2.59人。户籍人口中：非农业人口842957人，无农业人口；男性人口为415818人，女性人口为427139人，性别比为97.35:100。0–17岁、18–34岁、35–59岁、60岁及以上人口分别占总人口的17.41%、19.41%、40.77%、22.41%。

二、国民经济各行业

（一）农林牧渔业

全年实现农业总产值579万元，同比增长16.8%，其中：种植业579万元，同比增长16.8%。全年农作物播种面积695亩，较上年增加3亩，其中：蔬菜面积695亩，较上年增加3亩。全年主要农产品产量中：蔬菜1316吨，同比增长11.5%。全年化肥施用量8吨，同比下降20.0%。全年农村用电量2561万千瓦时，同比减少3.3%。

（二）工业和建筑业

全年全口径工业增加值完成515.6亿元，同比增长11.4%，其中：规模以上工业增加值增长13.2%。规模以上工业企业产品产销率99.3%。全年规模以上工业企业资产负债率33.6%；营业收入1010.1亿元，同比增长5.9%；实现利润总额133.3亿元，同比增长36.4%；企业亏损面38.2%。

全年实现建筑业增加值76.3亿元，比上年增长6.6%；建筑企业竣工产值573.41亿元，比上年增长259.87%；房屋施工面积2251.9万平方米，比上年增长9.35%；房屋竣工面积478万平方米，比上年增长16.57%。

（三）房地产业

全年房地产开发投资同比增长

15.3%。商品房销售面积174.1万平方米，同比下降7.1%，其中：住宅销售面积127.9万平方米，同比下降5.4%。实现商品房销售额310.8亿元，同比下降10.6%，其中：住宅销售额272.7亿元，同比下降6.2%。

（四）交通运输业

全年境内道路总里程（不含小区和单位内部道路）675.5公里，其中：等级公路（不含小区和单位内部道路）675.4公里，高速公路10.3公里。全年公路客运量195.0万人，公路货运量372.1万吨。年末公交车路数195路，年末实有公共汽（电）车营运1520辆，年末实有出租汽车595辆，境内火车站数1个。

（五）批发零售和住宿餐饮业

全年实现社会消费品零售总额604.5亿元，同比下降3.0%。从消费形态看，商品零售516.9亿元、同比下降1.5%；餐饮收入87.6亿元、同比下降11.0%。限额以上企业通过互联网实现商品零售额8.3亿元，同比增长23.0%；限额以上企业通过互联网实现餐饮收入0.3亿元，同比下降1.9%。

16大类限额以上企业商品零售额中，5个大类实现正增长。其中中西药品类、通讯器材类、石油及制品类、汽车类、其他类零售额比上年分别增长18.7%、12.2%、7.9%、7.8%、26.4%。全区共有年成交额上亿元的商品交易市场1个。

三、对外经济

全年实现进出口总额198565万美元，同比增长11.3%。其中：出口总额193318万美元，同比增长13.0%；进口总额5247万美元，同比下降28.9%。当年实际利用外资金额32.8亿元。

四、人民生活和民生保障

（一）居民收入

全区城镇居民人均可支配收入57563元，同比增长4.0%。其中：居民人均工资性收入为33081元，同比增长3.2%，对人均可支配收入的贡献率为45.7%；居民人均经营净收入5762元，同比增长6.0%；居民人均财产净收入5002元，同比增长5.4%；居民人均转移净收入为13718元，同比增长4.7%。城镇居民人均消费支出33748元，同比增长1.6%。

（二）社会就业

全年开展"就业援助月""春风行动""民营企业招聘周""蓉漂人才荟""就业巡回服务"等线上线下招聘活动156场，累计组织3692家企业发布15万个岗位，1.22万人达成就业意向。实施"降缓返补"政策，为23550户企业发放稳岗返还5138.12万元、惠及职工33.79万人；发放困难行业稳岗补贴2045万元，惠及4400余家企业。大规模开展技能提升培训。推广应用浣花女"川字号"劳务品牌，打造"芙蓉康养"市级劳务品牌，选树"蓉城轨道先锋"等十个成华区特色劳务品牌。新建区级技能大师工作室7个。全面开展文旅行业重点企业职工项目制培训

表157　2022年成都市成华区规模以上工业企业主要工业产品产量及其增长速度表

产品名称	单位	产量	比上年增长（%）
商品混凝土	立方米	5092961	–11.5
单色印刷品	令	17646	–28.0
多色印刷品	对开色令	3714315	–25.6
味精（谷氨酸钠）	吨	15711	12.4
乳制品	吨	34015.12	–8.6
液体乳	吨	34015.12	–8.6
医疗仪器设备及器械	台	33392	–97.4
工业机器人	套	3327	–13.0
电子计算机整机	台	6419	–80.5
集成电路	万块	8.4	–28.2
环境污染防治专用设备	台（套）	163	–8.4
水质污染防治设备	台（套）	163	–8.4

表158　2022年成都市成华区房地产开发和销售主要指标及其增长速度表

指标	单位	2022年	比上年增长（%）
房地产投资	亿元	—	15.3
住宅	亿元	—	26.2
商品房竣工面积	万平方米	121.2	120.1
住宅	万平方米	73.0	117.9
商品房销售面积	万平方米	174.1	–7.1
住宅	万平方米	127.9	–5.4
商品房销售额	亿元	310.8	–10.6
住宅	亿元	272.7	–6.2
商品房新开工面积	万平方米	230.3	128.8
住宅	万平方米	177.2	170.0

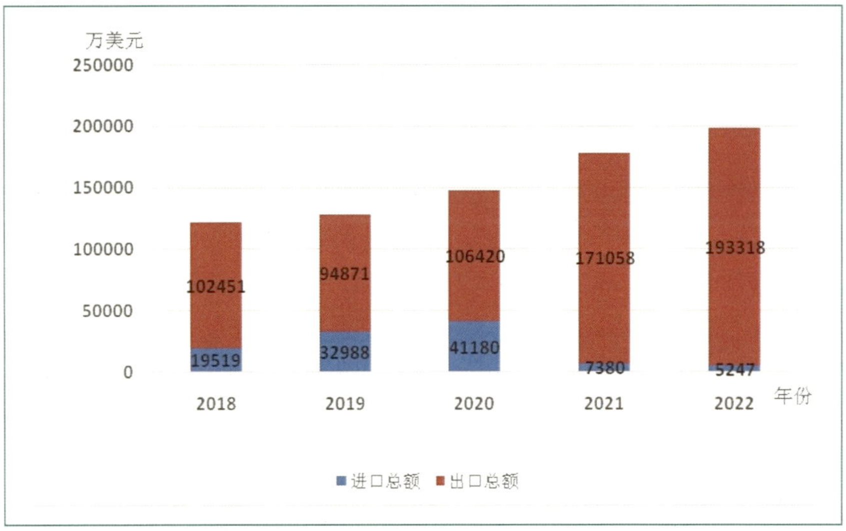

2018—2022年成都市成华区货物进出口总额示意图

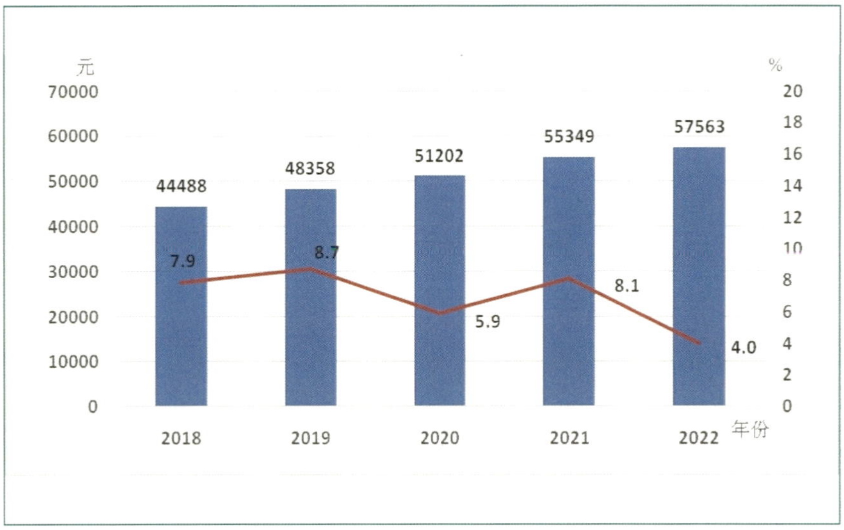

2018—2022年成都市成华区城镇居民人均可支配收入及其增长速度示意图

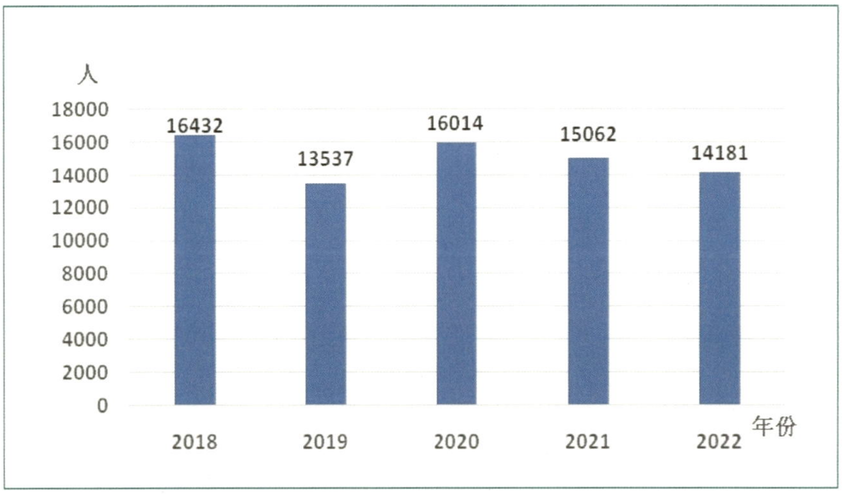

2018—2022年成都市成华区城镇新增就业人数示意图

等，全年职业技能提升专账资金支出905.77万元，助力1.1万余名劳动者技能提升。2022年，全区城镇新增就业14181人，就业困难人员再就业995人，城镇失业人员再就业5112人，城镇登记失业率控制在4%以内。

（三）社会保障

全年城镇职工基本养老保险参保人数571768人，其中：在职502964人，退休68804人；城乡居民基本养老保险参保人数18243人；我区城镇职工养老、工伤、失业保险参保人数分别为57.18万人、34.55万人、29.7万人，城乡居民基本养老保险参保率保持在92%以上。城镇职工基本医疗保险参保人数44.65万人；城乡居民基本医疗保险参保登记人数25.12万人。

五、社会事业

（一）教育

全区小学28所，在校小学学生总数69110人，专任教师4119人；普通中学25所，在校学生总数31417人，专任教师2656人；中等职业教育学校3所，在校学生总数6734人，专任教师357人。学龄儿童入学率达100%。

（二）科学技术

全年专利申请数2838件，同比增长1.3%，其中：发明专利申请量990项，同比下降0.3%、发明专利授权量561项，同比增长4.7%。

（三）文化

全区共有星级饭店5家，客房总数716间；旅游景区8个。年末拥有剧场、影剧院40个，体育场馆13个，博物馆4家，县级图书馆1个。公共图书馆图书总藏量579千册，有线广播电视入户率达100%。

（四）卫生健康

年末共有医疗卫生机构863个，其中：医院49个，疾病预防控制中心1个，妇幼保健院1个。医疗卫生机构床位数

8961张。医院、卫生院技术人员12431人，其中：职业（助理）医师4724人，卫生疾控人员102人。

（五）旅游

全年旅游人数共2316.70万人次，同比下降1.35%。其中：海外游客人数（含一日游游客）1.2万人、同比增长34.8%，国内旅游2315.50万人、同比下降1.37%。全年旅游收入总额达322.03亿元、同比下降2.22%。

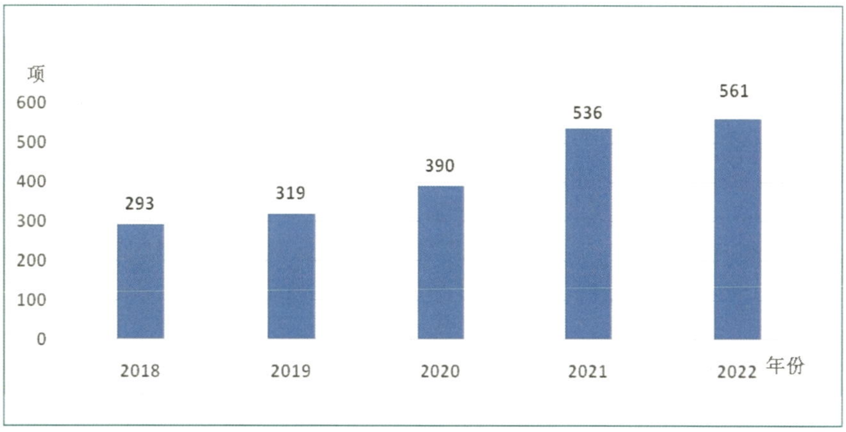

2018—2022年成都市成华区专利授权量示意图

六、城市建设、环境保护

扎实推进五级绿化体系建设，全力抓好高铁城市公园（二期）建设，年底新建投用市政公园1个、天府绿道33公里、幸福社区绿道50条以及小游园微绿地5个。统筹实施立体绿化和金角银边打造，充分挖掘、释放城市竖向空间和剩余空间潜能，打造完成2.01万平方米立体绿化和30处金角银边，全面彰显“城在绿中、园在城中、蓝绿生境、城水相融”的美好图景。全年共维护道路约363条，维护面积车行道面积40440平方米，人行道66860平方米；累计巡查桥梁约11500座次；累计维修保养桥梁318座次；清洗栏杆58座次；更换桥名牌及公示牌60座次；桥面积水积土杂草清理20座次；结构检测26座，常规检测89座，荷载试验19座。

全年全区共清运生活垃圾493253.03吨（日均1351.4吨/日），全部运输至市级生活垃圾集中处理地实施无害化处理，其中：焚烧410130.02吨、填埋83123.01吨。生活垃圾应收尽收、日产日清，无害化处理率达到100%。水环境质量达标率100%，饮用水源水质量达标率100%，受理环境投诉案件数424件，作出处罚决定525件。

注：1.本公报所列增加值绝对数按当年价格计算，增长幅度按可比价格计算。2.本公报所列各数系初步统计数，实际数据以统计年鉴为准。

主要统计指标解释

国内生产总值：按市场价格计算的国内生产总值的简称，是一个国家（地区）所有常住单位在一定时期内生产活动的最终成果。

第一产业：农、林、牧、渔及服务业。

第二产业：工业、建筑业。

第三产业：交通运输、仓储和邮政业，信息传输、计算机服务和软件业，批发和零售业，住宿和餐饮业，金融保险业，房地产业，租赁和商务服务业，科学研究、技术服务和地质勘查业，水利、环境和公共设施理业，居民服务和其他服务业，教育，卫生、社会保障和社会福利业，文化、体育和娱乐业。

耕地面积：指种植农作物并经常进行耕锄的田地，以种植农作物为主并附带种植果树和其他林木的土地。

工业总产值：指工业企业在一定时期内生产的已出售或可供出售的以货币表现的工业产业总量，反映一定时间内工业生产的总规模和总水平。

工业增加值：指工业企业在报告期内以货币表现的工业生产活动的最终成果。

全社会固定资产投资：固定资产投资是以货币表现的建筑和购置固定资产活动的工作量，反映固定资产投资规模、速度、比例关系和使用方向的综合性指标，分为基本建设、更新改造、房地产开发投资和其他固定资产投资四个部分。

商品购进总额：指对本单位以外的单位和个人出售的商品金额，在批发和零售业中，本指标反映在国内市场上销售商品以及出口商品的总价。

成都市成华区统计资料

表159　　2022年成都市成华区人口及变动情况表

指标名称	总户数（户）	总人口（人）			出生人数（人）	死亡人数（人）	迁入人数（人）		迁出人数（人）	
		合计	男	女			省内迁入	省外迁入	迁往省内	迁往省外
总计	325152	842957	415818	427139	11296	13315	19767	4051	5397	1388
府青路街道	41414	106551	52862	53689	906	1488	1582	296	442	125
双水碾街道	23782	54621	26692	27929	590	671	1248	188	369	55
万年场街道	34124	78469	39230	39239	1110	1032	1862	336	565	120
双桥子街道	37412	99706	49006	50700	1314	2800	895	168	289	78
猛追湾街道	37809	111520	55720	55800	1710	2808	3183	1370	949	318
跳蹬河街道	30541	74365	36559	37806	844	853	1764	338	376	103
二仙桥街道	23247	61001	30523	30478	1097	976	1697	377	849	293
保和街道	32594	79885	38552	41333	1085	620	2396	296	649	126
龙潭街道	29795	84335	41380	42955	1227	1068	2208	277	350	65
青龙街道	30435	71761	35325	36436	1144	707	2593	371	532	97
白莲池街道	3999	20743	9969	10774	269	292	339	34	27	8

表160　　2000—2022年部分年份成都市成华区人口及计划生育情况表

指标名称	单位	2022年	2021年	2020年	2019年	2015年	2010年	2005年	2000年
一、年平均人口	人	836367	816681	796912	783176	715267	637696	601915	527975
二、出生人口数	人	11296	—	12954	12377	7698	5264	3566	4960
出生率	‰	13.51	—	16.26	15.80	10.76	8.25	5.92	9.39
三、死亡人口数	人	13315	—	9146	12348	3341	4760	2201	2903
死亡率	‰	15.92	—	11.48	15.77	4.67	7.46	3.66	5.50
四、自然增长数	人	–2019	—	3808	29	4357	504	1365	2057
自然增长率	‰	–2.41	—	4.78	0.03	6.09	0.79	2.27	3.90
五、育龄妇女数	人	370660	329800	194599	148701	134101	95908	115545	122826
六、已婚育龄妇女数	人	191647	178904	116530	105653	101864	84563	89619	101287
七、已婚育龄妇女生育情况									
1.无孩人数	人	193365	16134	13735	13883	20127	8934	9245	10504
2.一孩人数	人	119998	96638	82086	75655	75333	72562	77548	85350
3.二孩人数	人	46725	47860	19878	15803	6255	3007	2782	5103
4.多孩人数	人	8425	18272	831	312	149	60	44	330
八、生育情况									
1.一孩率	%	69.05	66.30	67.69	65.57	75.63	91.53	93.3	94.1
2.二孩率	%	28.29	32.73	32.06	34.22	23.97	8.27	5.4	5.6
3.多孩率	%	2.66	0.97	0.25	0.21	0.40	0.21	0.11	0.25
九、计划生育率	%	99.97	99.8	99.90	99.91	96.56	97.12	98.4	98.96

表161　　2000—2022年部分年份成都市成华区国民经济与社会发展情况表

指标名称	单位	2022年	2021年	2020年	2019年	2015年	2010年	2005年	2000年
一、人口									
常住人口	人	1402900	1396800	1381894	1332000	1136000	939000	779400	733000
户籍人口	人	842957	829776	803586	790238	722776	643257	609374	533754
非农业人口	人	842957	829776	803586	790238	722776	643257	609374	429758
总户数	户	325152	323625	331811	327535	287404	243309	215398	174523
二、全区土地面积	平方千米	109.3	109.3	109.3	109.3	109.3	109.3	109.3	109.3
人口密度	人/平方千米	12807	12711	12415	11953	10192	8362	6979	4800
三、年末社会劳动者	万人	0.30	0.56	69.28	66.55	59.21	49.81	35.81	29.42
一产业	万人	13.48	12.74	1.12	1.09	—	—	2.60	2.46
二产业	万人	56.52	56.92	12.73	12.43	—	—	18.06	19.65
三产业	万人	—	—	55.43	53.0	—	—	15.15	7.31
城镇职工人数	万人	2.36	2.34	—	—	—	—	—	1.54
农村劳动力	万人	346	295	2.4	2.3	3.26	5.87	5.96	6.60
四、农业增加值	万元	1283	1279	466	438	1304	2661	13684	18613
年末耕地面积	公顷	—	—	1291	1291	190	522	1288	2651
粮食总产量	吨	1316	1180	—	—	346	2267	3634	14109
蔬菜总产量	吨	—	—	1078	1059	7795	21542	74300	134559
出栏肉猪头数	头	—	—	—	—	1910	25088	62943	122263
肉类总产量	吨	—	—	—	—	205	1887	6051	10533
牛奶总产量	吨	—	—	—	—	—	298	3942	5134
水产品总产量	吨	—	—	—	—	—	—	5390	4657
农民人均纯收入	元	—	—	—	—	—	12411	6048	3657
五、规上工业增加值	万元	—	—	—	—	—	651400	446600	488960
产品销售收入	万元	10101219	9508689	8999727	1003869	1202415	1487051	1188197	—
利税总额	万元	1717799	1345006	1158799	748778	61950	100314	130653	—
六、交通系统									
货运量	千吨	—	—	—	—	—	—	9480	419
货物周转量	千吨/公里	—	—	—	—	—	—	382470	5301
营运收入	万元	—	—	—	—	—	—	—	319
七、全社会固定资产投资总额	亿元	—	—	—	—	365.9	280.4	85.5	—
基本建设	万元	—	—	—	—	630360	1403496	580444	—
更新改造	万元	—	—	—	—	188202	307366	82900	—
房地产开发投资	万元	—	—	2234386	2428201	2766812	1092942	191855	—
房地产开发									
房屋施工面积	万平方米	1374.70	1330.36	1450.67	1773.18	1699.25	853.33	139.1	—
房屋竣工面积	万平方米	121.21	55.06	87.44	289.57	139.27	229.42	19.7	—
商品房销售面积	万平方米	174.08	187.41	192.70	204.91	223.34	134.09	51.1	—
商品房销售额	万元	3108098	3475608	3137709	3104814	2034718	901291	161306	—

续表161

指标名称	单位	2022年	2021年	2020年	2019年	2015年	2010年	2005年	2000年
商品房新开工面积	万平方米	230.29	100.65	172.27	217.93	360.10	132.01	50.6	—
八、建筑业总产值	万元	—	—	—	2733916	1527447	1862082	652016	44393
工程结算收入	万元	—	—	3288244	2855825	1789134	1592411	619806	39372
利税总额	万元	170751	76239	126513	77890	42904	88983	24864	4914
房屋竣工面积	万平方米	477	410	375	316	466.83	363.23	285.54	52.68
九、社会商品销售总额	万元	16707714	18180244	15164401	15866336	5168796	2821762	1775259	—
社会消费品零售总额	万元	6045234	6233841	5553526	5706021	4081278	1783292	695284	351606
国有经济	万元	—	—	—	—	—	241799	96415	30637
集体经济	万元	—	—	—	—	—	50252	25980	84195
十、财政总收入	万元	—	—	—	—	1674077	754027	187617	45763
地方财政收入	万元	1208011	1217962	826313	920341	989372	301540	60033	21840
地方财政支出	万元	—	—	—	—	983205	307195	83106	30545
十一、从业人员年末人数	万人	19.48	19.63	18.71	13.99	13.44	10.19	8.66	14.74
从业人员平均人数	万人	19.48	18.73	18.1	13.65	13.71	11.01	8.98	14.55
从业人员工资总额	万元	2435451	1999297	1781032	1335538	889934	439350	197470	156342
从业人员平均工资	元/人	125081	106766	98384	97849	64879	39911	23539	10743
十二、小学学校数	所	28	29	28	28	25	23	25	65
小学在校学生数	人	69110	64793	61220	58935	49327	44144	44570	35094
小学教职工人数	人	3553	3430	2851	2719	1765	2080	1785	1932
专任教师	人	3484	3363	2810	2675	1688	1899	1638	1664
普通中学学校数	所	25	24	21	21	21	21	15	24
普通中学在校学生数	人	31417	28507	26701	25321	25777	28249	13592	14155
普通中学教职工人数	人	3550	3292	2751	2624	2678	2071	1016	1471
专任教师	人	3286	3019	2573	2461	2485	1859	883	1148
职业中学学校数	所	1	2	2	2	3	9	—	2
职业中学在校学生数	人	3482	2627	2299	2392	3395	11590	—	500
职业中学教职工人数	人	253	215	188	192	193	632	—	124
专任教师	人	231	202	183	185	172	411	—	86
十三、卫生机构数	个	60	62	64	64	52	47	48	38
医院	个	49	48	50	48	36	30	33	26
卫生机构病床数	张	7761	7374	7500	6806	5480	4131	3155	3659
医院	张	7385	7020	7244	6419	5015	3419	2730	2987
卫生技术人员	人	12431	12161	11498	11282	7474	4976	3040	3233
医院	人	7593	7506	7231	6308	4885	3898	2695	2779
十四、人口出生率	‰	13.51	—	16.26	15.80	10.76	8.06	5.9	7.2
人口死亡率	‰	15.92	—	11.48	15.77	4.67	7.46	3.7	5.5
人口自然增长率	‰	-2.41	—	4.78	0.03	6.09	0.79	2.3	3.89
计划生育率	%	99.97	99.8	99.90	99.91	96.56	97.12	98.4	98.96

2000—2022年部分年份成都市成华区地区生产总值总量表

表162　　单位：万元

指标名称	2022年	2021年	2020年	2019年	2015年	2010年	2005年	2000年
地区生产总值	13605811	12733502	11032943	10683866	6783149	3974667	1802527	990446
第一产业	346	295	466	438	1501	2822	15099	20313
农林牧渔业	346	295	466	438	1501	2822	15099	20313
第二产业	5227497	4041908	3068493	2969820	2505173	1831455	905732	466974
工业	5155727	4221639	3111373	2960121	2476703	1697369	894030	393312
建筑业	763208	737672	708223	731487	566133	332317	133234	93395
第三产业	8377968	8691299	7972884	7713608	4276475	2140390	881696	503159
批发和零售业	766072	787342	767381	799208	414574	255932	105055	68505
交通运输、仓储和邮政业	1081827	1108528	964117	1072610	640434	335148	155883	128657
住宿餐饮业	242723	252761	220351	276882	193769	97626	42656	32079
金融业	1414771	1475026	1349555	1286878	814812	282493	71352	40639
房地产业	699551	808569	834851	755013	337048	162927	59572	35041
其他服务业	3481586	3341670	3085526	2801229	1338175	808033	325646	178505

表163

2000—2022年部分年份成都市成华区地区生产总值构成表

指标名称	2022年	2021年	2020年	2019年	2015年	2010年	2005年	2000年
地区生产总值	100.0%	100.0%	100.0%	100.0%	100.0%	100.0%	100.0%	100.0%
第一产业	0.0 %	0.0%	0.0%	0.0%	0.0%	0.1%	0.8%	2.1%
农林牧渔业	0.0%	0.0%	0.0%	0.0%	0.0%	0.1%	0.8%	2.1%
第二产业	38.4%	31.7%	27.8%	27.8%	36.9%	46.1%	50.2%	47.1%
工业	37.9%	33.2%	28.2%	27.7%	36.5%	42.7%	49.6%	39.7%
建筑业	5.6%	5.8%	6.4%	6.8%	8.3%	8.4%	7.4%	9.4%
第三产业	61.6%	68.3%	72.2%	72.2%	63.0%	53.9%	48.9%	50.8%
批发和零售业	5.6%	6.2%	6.9%	7.5%	6.1%	6.4%	5.8%	6.9%
交通运输、仓储和邮政业	8.0%	8.7%	8.7%	10.0%	9.4%	8.4%	8.6%	13.0%
住宿餐饮业	1.8%	2.0%	2.0%	2.6%	2.9%	2.5%	2.4%	3.2%
金融业	10.4%	11.6%	12.2%	12.0%	12.0%	7.1%	4.0%	4.1%
房地产业	5.1%	6.3%	7.6%	7.1%	5.0%	4.1%	3.3%	3.5%
其他服务业	25.6%	26.2%	27.9%	26.2%	19.7%	20.3%	18.1%	18.0%

表164　　2000—2022年部分年份成都市成华区地区生产总值增长速度表

指标名称	2022年	2021年	2020年	2019年	2015年	2010年	2005年	2000年
地区生产总值	5.0%	9.9%	3.2%	9.2%	6.3%	11.4%	10.8%	7.9%
第一产业	11.6%	7.7%	2.2%	-37.8%	-25.4%	-8.7%	-21.3%	2.0%
农林牧渔业	11.6%	7.7%	2.2%	-37.8%	-25.4%	-8.7%	-21.3%	2.0%
第二产业	9.7%	12.9%	5.5%	6.2%	4.5%	15.8%	10.6%	2.4%
工业	11.4%	16.6%	4.5%	7.7%	5.2%	14.1%	10.6%	2.0%
建筑业	6.6%	6.9%	0.2%	6.7%	5.2%	24.1%	11.2%	2.3%
第三产业	3.1%	8.7%	2%	10.8%	7.7%	6.9%	11.8%	15.6%
批发和零售业	-4.7%	8.6%	-4.9%	5.2%	4.4%	7.9%	12.5%	6.8%
交通运输、仓储和邮政业	-4.8%	12.6%	-4.4%	7.9%	3.5%	1.6%	5.3%	23.4%
住宿餐饮业	-4.3%	12.6%	-16.1%	10.6%	4.5%	16.3%	14.1%	15.2%
金融业	5.7%	5.9%	8.7%	8.3%	12.3%	15.1%	13.6%	26.4%
房地产业	-3.7%	0.7%	-1%	8.3%	7.4%	-17.9%	15.8%	4.8%
其他服务业	5.9%	7.1%	7%	14.1%	7.7%	8.2%	13.8%	15.6%

表165　　2022年成都市成华区民营经济增加值表

指标名称	总量（万元）	增速（%）	构成（%）	指标名称	总量（万元）	增速（%）	构成（%）
国内生产总值	13605811	5.0%	100.0%	民营经济	4145222	2.0%	30.5%
民营经济	4441449	-0.4%	32.6%	批发和零售业	766072	-4.7%	5.6%
第一产业	346	11.6%	0.0%	民营经济	535877	-2.3%	3.9%
民营经济	0	0.0%	0.0%	交通运输、仓储和邮政业	1081827	-4.8%	8.0%
第二产业	5227497	9.7%	38.4%	民营经济	228284	-11.4%	1.7%
民营经济	296227	-24.8%	2.2%	住宿餐饮业	242723	-4.3%	1.8%
工业	5155727	11.4%	37.9%	民营经济	225558	-12.4%	1.7%
民营经济	73172	-36.1%	0.5%	房地产业	1414771	5.7%	10.4%
建筑业	763208	6.6%	5.6%	民营经济	701104	82.4%	5.2%
民营经济	229349	-18.8%	1.7%	其他行业	699551	-3.7%	5.1%
第三产业	8377968	3.1%	61.6%	民营经济	515075	-1.9%	3.8%

2000—2022年部分年份成都市成华区地方财政收入表

表166　　单位：万元

指标名称	2022年	2021年	2020年	2019年	2015年	2010年	2005年	2000年
财政总收入	—	—	—	—	1674077	754027	187617	45763
地方财政收入	1208011	1217962	826313	920341	989372	301540	60033	21840
一般公共预算收入	919655	865635	790779	820580	535384	300258	58685	21530

续表166

指标名称	2022年	2021年	2020年	2019年	2015年	2010年	2005年	2000年
税收收入	706775	644039	559077	528169	291918	185990	43493	19849
增值税	178389	181982	180852	183649	35615	14927	6250	3070
营业税	—	—	—	—	95382	71688	19322	7430
企业所得税类	106314	85553	73884	67403	28194	31895	5142	4351
个人所得税	35530	30825	24866	27557	12528	9138	2520	1172
城市维护建设税	38428	43543	39990	41203	20879	12720	4148	2062
房产税	32535	38599	27573	26798	9320	3226	1667	852
印花税	26011	26724	18740	14982	5709	2623	709	239
城镇土地使用税	11643	10810	9642	9157	6288	5700	1065	82
土地增值税	276920	225410	183310	145006	44839	29961	209	93
屠宰税	—	—	—	—	—	—	—	17
农业税	—	—	—	—	—	—	—	137
农林特产税	—	—	—	—	—	—	—	17
耕地占用税	619	—	—	8908	33164	4112	2461	316
契税	—	—	—	—	—	—	—	11
资源税	113	107	97	3254	—	—	—	—
环境保护税	255	171	77	4	—	—	—	—
其他税收收入	18	315	46	248	—	—	—	—
非税收入	212880	221596	231702	292411	243466	114268	15192	1681
国有资产经营收益	96551	110950	172050	33450	—	—	10689	—
行政性收费收入	14427	16605	13683	9325	3394	2387	1569	237
罚没收入	2809	3569	1650	1465	1429	4282	845	602
专项收入	32793	35602	32204	36060	19373	5678	1972	840
国有资源（资产）有偿使用收入	57115	49557	8049	207259	206668	95322	—	—
其他收入	9185	5313	4066	4852	12602	6599	117	2
政府性基金收入	288356	352327	35534	99761	453988	1282	1348	310

2000—2022年部分年份成都市成华区财政支出表

表167　　单位：万元

指标名称	2022年	2021年	2020年	2019年	2015年	2010年	2005年	2000年
财政支出	1935540	1395645	1213878	994655	983205	307195	83106	30545
按现行分类								
一般公共预算支出	873155	772501	752322	765450	564659	—	—	—
1. 一般公共服务支出	68299	66397	86890	89473	58498	38610	—	—
2. 公共安全支出	63444	63073	63837	62166	44467	22012	—	—
3. 教育支出	192225	175171	142650	119804	103971	49502	—	—
4. 科学技术支出	5495	6455	7165	6998	5039	2483	—	—
5. 文化体育与传媒支出	10443	14410	10062	12438	8479	2233	—	—

续表167

指标名称	2022年	2021年	2020年	2019年	2015年	2010年	2005年	2000年
6. 社会保障、就业和医疗卫生支出	204588	130427	111239	96536	51450	21048	—	—
7. 环境保护支出	4064	5160	5376	2670	2832	1031	—	—
8. 交通运输支出	235	6126	5947	6271	4294	15805	—	—
9. 城乡社会建设	205560	195585	219964	279544	183180	70491	—	—
10. 农业林水事务	8568	8167	8002	8240	23482	4106	—	—
11. 工业商业金融等事务支出	53817	48535	52783	48075	63191	2065	—	—
12. 其他支出	56417	52995	38407	33235	15776	9380	—	—
政府性基金支出	1062385	623144	461556	229205	418546	—	—	—
按原有分类								
1. 基本建设类支出	—	—	—	—	—	—	7875	3300
2. 企业挖潜改造资金类	—	—	—	—	—	—	7117	4217
3. 科技三项费用类	—	—	—	—	—	—	636	199
4. 支援农村生产支出类	—	—	—	—	—	—	1345	1011
5. 农林水利气象等部门事业费类	—	—	—	—	—	—	77	525
6. 工业交通等部门事业费类	—	—	—	—	—	—	323	163
7. 商业部门等事业费类	—	—	—	—	—	—	—	80
8. 城市维护费类	—	—	—	—	—	—	13024	2266
9. 文教卫生事业费类	—	—	—	—	—	—	8303	4445
10. 科学事业费类	—	—	—	—	—	—	125	65
11. 其他部门事业类	—	—	—	—	—	—	2156	472
12. 抚恤和社会福利救济费类	—	—	—	—	—	—	5654	725
13. 行政管理费类	—	—	—	—	—	—	14244	5292
14. 公检法司支出类	—	—	—	—	—	—	7825	2499
15. 其他支出类	—	—	—	—	—	—	14402	4960

表168　　2000—2022年部分年份成都市成华区农业和农村经济发展情况表

指标名称	单位	2022年	2021年	2020年	2019年	2015年	2010年	2005年	2000年
乡村人口	人	36722	36123	35831	35611	49539	83743	95649	135975
农业人口	人	—	—	—	—	—	—	90656	103996
乡村实有劳动力	人	23634	23393	23861	23261	32567	58688	59602	65796
年末实有耕地面积	公顷	1283	1279	1291	1291	190	522	1288	2651
农村用电量	万千瓦小时	2561	2648	2671	2249	7577	10683	9871	8810
农用化肥施用量(折纯)	吨	8	10	16	17	136	533	1195	1980
农用薄膜使用量	吨	—	—	—	—	1	22	70	98
农药使用量	吨	—	—	—	—	1	7	17	45
农作物总播种面积	公顷	46.3	46.1	46.1	46.1	332	1055	2913	6634
粮食总产量	吨	—	—	—	—	346	2267	3643	14109

续表168

指标名称	单位	2022年	2021年	2020年	2019年	2015年	2010年	2005年	2000年
小麦产量	吨	—	—	—	—	—	—	1090	4803
稻谷产量	吨	—	—	—	—	346	2218	2356	8230
蔬菜总产量	吨	1316	1180	1078	1059	7795	21542	64566	134559
水果总产量	吨	—	—	—	—	87	—	704	762
生猪出栏	头	—	—	—	—	1910	25088	62943	122263
肉类总产量	吨	—	—	—	—	205	1887	6051	10936
猪肉产量	吨	—	—	—	—	131	1554	4538	8485
牛奶产量	吨	—	—	—	—	—	298	3942	3416
禽蛋产量	吨	—	—	—	—	45	1045	4192	5259
水产品产量	吨	—	—	—	—	—	—	5361	4503
大牲畜年末数	头	—	—	—	—	—	75	713	758
猪年末存栏数	头	—	—	—	—	—	11183	25225	54692
农业增加值(现价)	万元	—	295	466	438	1304	2661	13684	18613
农业增加值率	%	—	59.48	55.41	55.16	54.5	55	46.22	62.13
农业商品产值(现价)	万元	—	—	—	—	—	—	11778	26712
农民人均纯收入	元/人	—	—	—	—	—	12411	6048	3657

2000—2022年部分年份成都市成华区农业总产值表

表169　　单位:万元

指标名称	2022年	2021年	2020年	2019年	2015年	2010年	2005年	2000年
一、农业总产值(可比价)	553	931	809	773	2304	5740	10817	15522
(一)农业产值	553	931	809	—	1825	3405	3124	5897
1. 种植业	553	931	809	773	1825	3405	2977	5852
粮食作物	—	—	—	—	84	712	204	800
蔬菜类	553	931	809	773	1637	2664	2590	4459
水果类	—	—	—	—	104	—	183	152
2. 其他农业	—	—	—	—	—	—	—	45
(二)林业产值	—	—	—	—	—	0	11	12
(三)牧业产值	—	—	—	—	479	2335	5043	7603
家禽	—	—	—	—	230	1144	2560	804
(四)渔业产值	—	—	—	—	—	—	2639	2010
二、农业总产值(现价)	579	496	841	794	2392	6362	29608	29956
(一)农业产值	579	496	841	794	1887	3741	14433	14178
种植业	579	496	841	794	1887	3741	13754	14124
(二)林业产值	—	—	—	—	—	—	26	28
(三)牧业产值	—	—	—	—	505	2621	10043	12724
家禽	—	—	—	—	237	1430	4378	2057
(四)渔业产值	—	—	—	—	—	—	5106	3026

表170　　2000—2022年部分年份成都市成华区农作物播种面积及产量情况表

指标名称	单位	2022年	2021年	2020年	2019年	2015年	2010年	2005年	2000年
全年农作物播种面积	公顷	46.3	46.1	46.1	46.1	332	1055	2913	6634
粮食作物播种面积	公顷	—	—	—	—	48.1	319	537	2096
粮食作物单产	公斤/公顷	—	—	—	—	7193	7667	6784	6731
粮食作物总产量	吨	—	—	—	—	346	2446	3643	14109
小麦播种面积	公顷	—	—	—	—	—	2.5	194	853
单产	公斤/公顷	—	—	—	—	—	5600	5619	5631
总产量	吨	—	—	—	—	—	14	1090	4803
水稻播种面积	公顷	—	—	—	—	48.1	318	310	1026
单产	公斤/公顷	—	—	—	—	7193	7691	7600	8021
总产量	吨	—	—	—	—	346	2446	2356	8230
玉米播种面积	公顷	—	—	—	—	—	—	—	45
单产	公斤/公顷	—	—	—	—	—	—	—	5333
总产量	吨	—	—	—	—	—	—	—	240
红薯播种面积	公顷	—	—	—	—	—	14	34	122
单产	公斤/公顷	—	—	—	—	—	3650	5794	5746
总产量	吨	—	—	—	—	—	—	197	701
蔬菜总播种面积	公顷	46.3	46.1	46.1	46.1	283.9	729	2298	4196
单产	公斤/公顷	28423	25597	23384	22972	27457	29121	28097	32068
总产量	吨	1316	1180	1078	1059	7795	21542	64566	134559

2022年成都市成华区工业总产值表

（营业收入2 000万元及以上的工业法人企业）

表171　　单位：亿元

名称	2022年累计	累计增长	名称	2022年累计	累计增长
一、工业总产值总计（现行价格）	1009.22	11.69%	二、工业销售产值总计（现行价格）	1002.65	11.22 %
在总计中：轻工业	19.52	-9.76 %	在总计中：出口交货值	0.89	34.22 %
重工业	989.70	12.21 %	在总计中：轻工业	19.75	-8.59 %
在总计中：国有企业	—	—	重工业	982.90	11.71 %
股份制企业	1006.76	11.72 %	在总计中：国有企业	—	—
外商及港澳台商投资企业	2.46	-1.85 %	股份制企业	1000.40	11.26 %
其他经济类型企业	—	—	外商及港澳台商投资企业	2.25	-2.69 %
在总计中：国有控股企业	951.16	19.78 %	其他经济类型企业	—	—
在总计中：非公有工业	58.06	-46.98 %	在总计中：国有控股企业	946.88	19.51 %
在总计中：大中型工业企业	959.67	20.01 %	在总计中：非公有工业	55.77	-48.91 %
			在总计中：大中型工业企业	954.49	19.70 %

2022年成都市成华区工业企业分行业产值表

（营业收入2 000万元以及上的工业法人企业）

表172　　单位：亿元

指标名称	工业总产值（现价）		销售产值（现价）		出口交货值		产销率
	2022年累计	累计增长	2022年累计	累计增长	2022年累计	累计增长	
总计	1009.22	11.69 %	1002.65	11.22 %	0.89	34.22 %	99.35%
石油和天然气开采业	583.20	25.00 %	583.57	24.98 %	0.00	0.00%	100.06 %
开采专业及辅助性活动	337.97	15.56 %	332.69	14.76 %	0.00	0.00 %	98.44 %
农副食品加工业	0.57	1.41%	0.56	11.17 %	0.00	0.00 %	98.34 %
食品制造业	12.73	−14.86%	13.17	−15.56 %	0.00	0.00 %	103.52%
印刷和记录媒介复制业	0.79	−20.14 %	0.93	3.77 %	0.00	0.00 %	117.07 %
橡胶和塑料制品业	0.97	2.09 %	1.03	10.22 %	0.05	122.43 %	105.27 %
非金属矿物制品业	31.83	−9.71 %	31.83	−9.71 %	0.00	0.00 %	100.00 %
有色金属冶炼和压延加工业	14.22	−78.91 %	14.22	−78.91 %	0.00	0.00 %	100.00 %
金属制品业	1.27	2.70 %	1.27	2.62 %	0.00	0.00 %	100.23 %
通用设备制造业	6.76	−1.50 %	4.96	−31.45 %	0.84	30.96 %	73.35 %
专用设备制造业	4.36	8.26 %	3.97	12.42 %	0.00	0.00 %	90.96 %
汽车制造业	0.50	−19.92 %	0.52	−22.48%	0.00	0.00 %	104.30 %
铁路、船舶、航空航天和其他运输设备制造业	0.70	−0.78 %	0.60	2.01 %	0.00	0.00 %	86.31 %
电气机械和器材制造业	3.58	32.81 %	3.30	17.66 %	0.00	0.00 %	92.19 %
计算机、通信和其他电子设备制造业	7.77	33.59 %	8.12	47.35 %	0.00	0.00 %	104.42 %
仪器仪表制造业	1.19	−21.16 %	1.11	−25.76 %	0.00	0.00 %	93.70 %
燃气生产和供应业	0.79	−18.65 %	0.79	−18.65 %	0.00	0.00 %	100.00 %

2005—2022年部分年份成都市成华区全部独立核算工业企业主要经济指标表

表173　（营业收入2000万元及以上的工业法人企业）

指标名称	单位	2022年	2021年	2020年	2019年	2015年	2010年	2005年
企业个数	个	34	29	29	27	29	82	122
国有企业个数	个	7	6	0	0	5	5	18
集体企业个数	个	0	0	—	0	—	2	15
产品销售收入	万元	10101219	9508689	8999727	1003869	1202415	1487051	1188197
利润总额	万元	1332690	969118	840527	4983	29734	71089	75145
资产总计	万元	15570177	14636994	13964915	1426083	1302668	1400944	1746874
流动资产平均余额	万元	3446849	3378535	3110152	1209889	987656	960064	825232
负债总计	万元	5227163	4739838	4934483	1095333	948658	856100	1126462
工业增加值	万元	—	—	—	—	—	651400	446600
利税总额	万元	1717799	1345006	1158799	748778	61950	100314	130653
资产负债率	%	33.6	32.4	35.3	76.8	72.8	61.1	64.48
流动资产周转率	次	2.9	2.8	2.89	0.83	1.22	1.55	1.44

续表173

指标名称	单位	2022年	2021年	2020年	2019年	2015年	2010年	2005年
产品销售率	%	99.3	99.8	99.7	98.7	100.2	98.5	95.48
总资产贡献率	%	10.8	10.15	8.5	8.3	6	7.6	8.22
成本费用利润率	%	15.1	11.7	10.3	7.7	7.8	4.95	6.79
全员劳动生产率	元/人	938553	753862	636672	390955	—	122544	96373
综合效益指数	%	—	—	—	—	—	164.6	151.87

表174　　2005—2022年部分年份成都市成华区区域内固定资产投资情况表

指标名称	单位	2022年	2021年	2020年	2019年	2015年	2010年	2005年
投资总计	万元	—	—	—	—	3659474	2803804	855199
在总计中：住宅	万元	—	—	—	—	1584100	804668	219968
按经济类型分								
国有经济	万元	—	—	—	—	314011	989102	402445
集体经济	万元	—	—	—	—	22813	75149	10285
私营及个体经济	万元	—	—	—	—	535566	572014	121342
按报表种类分								
基本建设	万元	—	—	—	—	630360	1403496	580444
更新改造	万元	—	—	—	—	188202	307366	82900
房地产投资	万元	—	—	—	—	2766812	1092942	191855
其他投资	万元	—	—	—	—			
按构成分								
建筑工程	万元	—	—	—	—	2030013	1611158	388537
安装工程	万元	—	—	—	—	194016	116021	20523
设备工器具购置	万元	—	—	—	—	163862	86114	86753
其他费用	万元	—	—	—	—	1197483	990511	359386
其中：土地购置	万元	—	—	—	—	1125827	369755	82169
投资效果主要指标								
新增固定资产	万元	1999765	2128123	1695787	3998142	1649530	1543795	140491
固定资产交付使用率	%	38.56	41.40	35.5	91.29	45.08	55.06	16.43
房屋施工面积	万平方米	1374.70	1330.36	1450.67	2431.63	1901.49	1202.59	350.33
其中：住宅	万平方米	713.66	621.65	631.04	783.39	1046.57	846.10	214.42
房屋竣工面积	万平方米	121.21	55.06	87.44	504.09	142.92	351.78	57.09
其中：住宅	万平方米	73.01	33.50	56.8	161.29	99.32	268.45	25.25
房屋面积竣工率	%	8.82	4.14	6.03	20.73	7.52	29.25	16.30
其中：住宅	%	10.23	5.39	9.00	20.59	9.49	31.73	11.78
资金来源合计	万元	8059756	7533989	8242919	7112186	6732385	2882518	903359
2022年资金来源小计	万元	5780178	5709406	6438698	5792262	5018449	2682966	831992
国家预算内资金	万元	160368	261300	99688	409727	0	44544	10917
国内贷款	万元	380629	250867	955040	876346	822873	363373	171834

续表174

指标名称	单位	2022年	2021年	2020年	2019年	2015年	2010年	2005年
债券	万元	0	0	6000	0	0	0	0
利用外资	万元	21701	0	20000	0	0	285515	25861
自筹资金	万元	2536314	2232105	2063267	2041276	2521840	1447352	515606
其他资金	万元	2681166	2965134	3294703	2464913	1673806	545423	107774

表175　　2005—2022年部分年份成都市成华区房地产投资情况表

指标名称	单位	2022年	2021年	2020年	2019年	2015年	2010年	2005年
2022年完成投资额	万元	—	—	2234386	2428201	2766812	1092942	191855
按构成分								
建筑工程	万元	—	—	1221549	1189140	1401417	589322	105654
安装工程	万元	—	—	125899	158789	188222	81819	4437
设备工器具购置	万元	—	—	18916	20182	47888	5570	1174
其他费用	万元	—	—	868022	1060090	1129285	416231	80590
土地购置费	万元	—	—	805745	998112	1061129	327040	54032
按工程用途分								
住宅	万元	—	—	1260263	938550	1496232	511910	128382
办公楼	万元	—	—	271156	487920	204519	53177	0
商业营业用房	万元	—	—	334200	496794	543630	118196	17912
其他	万元	—	—	368767	504937	522431	409659	45561
2022年新增固定资产	万元	998098	410699	469464	2782629	855325	728668	24010
2022年资金来源合计	万元	5829903	5145577	5949760	4966135	5908274	1107047	255254
2022年资金来源小计	万元	3651120	3343300	4162437	3714746	4231838	920875	215786
国内贷款	万元	346235	250867	940040	843346	822873	259287	18660
利用外资	万元	—	—	20000	—	—	196288	9854
自筹资金	万元	1324613	820244	893866	782651	1744179	240196	99037
其他资金	万元	1980272	2272189	2308531	2088749	1664856	225104	88235
定金及预收款	万元	1370727	1806202	1755402	1522707	1013099	1789481	74806

2005—2022年部分年份成都市成华区房地产开发面积情况表

表176　　（项目在地）

指标名称	单位	2022年	2021年	2020年	2019年	2015年	2010年	2005年
施工房屋面积	万平方米	1374.70	1330.36	1450.67	1773.18	1699.25	853.33	139.08
按用途分								
住宅	万平方米	713.66	621.65	631.04	758.13	920.90	621.19	123.35
办公楼	万平方米	160.50	168.87	214.87	255.67	122.52	41.62	0.00

续表176

指标名称	单位	2022年	2021年	2020年	2019年	2015年	2010年	2005年
商业营业用房	万平方米	192.50	210.16	243.16	306.12	302.89	48.92	10.71
其他	万平方米	308.04	329.69	361.6	453.26	352.93	141.60	5.01
房屋新开工面积	万平方米	230.29	100.65	172.27	217.93	360.10	132.01	50.63
按用途分								
住宅	万平方米	177.20	65.64	114.34	107.77	161.54	104.87	43.27
办公楼	万平方米	0.30	12.01	3.19	33.18	46.40	6.59	0.00
商业营业用房	万平方米	4.56	5.95	6.19	7.26	68.31	4.28	4.47
其他	万平方米	48.24	17.06	48.55	69.71	83.85	16.27	2.89
房屋竣工面积	万平方米	121.21	55.06	87.44	289.57	139.27	229.42	19.66
按用途分								
住宅	万平方米	73.01	33.50	56.8	140.98	95.67	171.89	16.29
办公楼	万平方米	10.93	1.82	—	22.18	4.90	9.69	0.00
商业营业用房	万平方米	5.53	2.62	1.93	37.12	10.90	11.42	1.86
其他	万平方米	31.74	17.12	28.71	89.30	27.81	36.42	1.52

2005—2022年部分年份成都市成华区房地产开发销售情况表

表177

（项目在地）

指标名称	单位	2022年	2021年	2020年	2019年	2015年	2010年	2005年
商品房实际销售面积	万平方米	174.08	187.41	192.70	204.91	223.34	134.09	51.09
按用途分								
住宅	万平方米	127.88	135.22	127.17	121.30	192.33	109.11	47.24
办公楼	万平方米	20.79	12.90	15.14	33.44	3.08	1.81	0.00
商业营业用房	万平方米	7.81	22.11	29.31	26.84	13.55	6.56	3.68
其他	万平方米	17.61	17.17	21.08	23.34	14.37	16.62	0.18
商品房实际销售额	万元	3108098	3475608	3137709	3104814	2034718	901291	161306
按用途分								
住宅	万元	2727436	2909238	2428669	2152642	1756310	750793	142514
办公楼	万元	221326	142312	186323	429457	21848	18590	0
商业营业用房	万元	96772	331245	431401	413625	202956	71921	18341
其他	万元	62564	92813	91316	109090	53604	59987	451
商品房空置面积	万平方米	84.76	61.10	53.49	14.56	50.78	17.82	1.74
按用途分								
住宅	万平方米	14.74	4.75	7.65	0.79	16.53	2.98	0.74
办公楼	万平方米	9.99	7.21	4.38	0.37	1.03	3.80	0.43
商业营业用房	万平方米	12.31	9.30	9.2	3.38	7.77	0.79	0.30
其他	万平方米	47.72	39.85	32.26	10.02	25.44	10.25	0.27

表178　2005—2022年部分年份成都市成华区建筑业基本情况表

指标名称	单位	2022年	2021年	2020年	2019年	2015年	2010年	2005年
企业个数	个	162	149	121	113	66	122	103
2022年合同额	万元	10031341	7679717	5855913	7085059	3241049	5058370	970297
新签合同额	万元	5245740	5123364	3054055	4035101	1968712	4104594	684661
建筑业总产值	万元	—	—	—	2733916	1527447	1862082	652016
在外省完成的产值	万元	—	—	—	652899	230738	293409	131504
装修装饰产值	万元	—	—	—	93779	29122	32613	12425
按构成分								
建筑工程	万元	—	—	—	2337665	1241288	1311041	573400
安装工程	万元	—	—	—	283917	200263	290310	73560
其他	万元	—	—	—	112334	85896	260731	5056
建筑业竣工产值	万元	5734185	1593374	2235774	1505096	1159924	1263634	428429
房屋建筑施工面积	万平方米	2251	2059	1790	2004	2045.06	1257.15	765.01
房屋建筑竣工面积	万平方米	477	410	375	316	466.83	363.23	285.54
住宅	万平方米	286	283	285	225	359.62	278.25	145.26
平均人数	人	77048	77152	73473	67517	32480	105083	51842
期末应收工程款	万元	1124720	748258	730150	725402	327556	287054	137614
资产合计	万元	4798466	3875150	3199584	3240816	1732862	1247264	587381
固定资产小计	万元	—	—	146366	136235	127838	121893	144832
所有者权益合计	万元	812773	748884	681337	736930	468990	350543	182664
工程结算收入	万元	—	—	3288244	2855825	1789134	1592411	619806
营业利润	万元	81436	-35181	23951	-12244	-14780	103506	4539
利润总额	万元	83839	-32917	25032	-12140	-12097	41907	5797
应付职工薪酬	万元	356283	302450	266934	260250	227124	190172	56350

表179　2022年成都市成华区建筑业企业主要指标完成情况表

指标名称	竣工产值（万元）	房屋建筑面积（平方米）	期末人数（人）	主营业务收入（万元）	利润总额（万元）
总计	5734185	22519466	27027	4457009	83839
按隶属关系分					
中央	554942	518973	9339	1262825	-1174
地方	1062650	17512673	4870	2034737	71296
其他	4116592	4487820	12818	1159446	13717
按经济类型分					
内资企业	5734185	22519466	27022	4457005	84006
国有企业	2587	0	87	60503	2211

续表179

指标名称	竣工产值（万元）	房屋建筑面积（平方米）	期末人数（人）	主营业务收入（万元）	利润总额（万元）
集体企业	2530	0	90	2792	28
股份合作企业	0	0	304	9982	4
国有独资公司	204704	28090	1025	199382	2398
其他有限责任公司	1570782	19198819	17121	3442863	70160
股份有限公司	6919	254550	511	25154	268
私营企业	3946660	3038007	7884	716326	8934
外商投资企业	0	0	5	44	-167
按建筑行业分					
房屋建筑业	5087324	21428422	12059	2472384	36563
土木工程建筑业	601260	531444	13147	1747049	44345
建筑安装业	7884	519000	831	58550	987
建筑装饰业	37716	40600	934	176962	1857
其他建筑业	0	0	56	2062	85

2010—2022年部分年份成都市成华区商品销售总额和社会消费品零售总额表

表180　　单位：万元

指标名称	2022年	2021年	2020年	2019年	2015年	2010年
商品销售总额	16707714	18180244	15164401	15866336	5168796	2821762
批发业	11432213	13090361	10633876	11311720	1074100	1177209
零售业	4828504	4625708	4138463	4065882	3680023	1458908
住宿业	56822	59122	46797	76242	85160	13895
餐饮业	390174	405054	345265	412492	329513	171750
社会消费品零售总额（新口径划分）	6045234	6233841	5553526	5706021	—	—
餐饮收入	876434	985151	703349	726033	—	—
商品零售	5168800	5248690	4850178	4989988	—	—
社会消费品零售总额（原口径划分）	—	—	—	—	4081278	1783292
批发业	—	—	—	—	98558	85826
零售业	—	—	—	—	2850517	1390603
住宿业	—	—	—	—	35248	5370
餐饮业	—	—	—	—	273084	164877

2005—2022年部分年份成都市成华区社会消费品零售总额分街道情况表

表181　　单位：万元

属地	2022年	2021年	2020年	2019年	2015年	2010年	2005年
成华区	6045234	6233841	5553526	5706021	4081278	1783292	695284.3
猛追湾街道	646673	669085	577623	314384	396700	192020	78550

续表181

属地	2022年	2021年	2020年	2019年	2015年	2010年	2005年
双桥子街道	462074	481201	448180	495792	290840	69007	28750
建设路街道			—	290114	179800	50505	15107
府青路街道	530867	559457	495323	233745	212100	116512	42976
二仙桥街道	199290	207990	187375	70482	46350	20502	7832
跳蹬河街道	256282	282564	234181	148026	160450	75008	19236
新鸿路街道			—	—	—	87009	35500
双水碾街道	334991	347178	305320	307582	139800	60006	26267
万年场街道	506684	581469	551493	557965	169500	45505	16555
桃蹊路街道			—	340334	181860	110012	45000
保和街道	369480	391409	366454	370628	314000	310033	118000
圣灯街道			—	121812	82050	37504	15000
龙潭街道	321206	351475	246689	231336	54290	118014	12954
青龙街道	386183	325747	290192	297952	52250	355038	158818
白莲池街道	1091726	1147271	1036503	1171053	671350	—	—
工业园	939777	888996	814193	758820	394500	—	—

表182　　2015—2022年部分年份成都市成华区规模以上服务业营业收入及增长速度表

指标名称	营业收入(万元)					增幅(%)				
	2022年	2021年	2020年	2019年	2015年	2022年	2021年	2020年	2019年	2015年
成华区	8940528	7240723	6018100	5021144	2433572	22.5 %	18.6 %	18.1%	22.0%	1.1%
交通运输、仓储和邮政业	983292	963808	801978	698526	198004	-0.9 %	19.4 %	16.0%	19.3%	-15.1%
信息传输、软件和信息技术服务业	1202964	1070438	959910	898278	635311	11.7 %	11.2 %	6.7%	-0.4%	7.4%
房地产业	225935	248100	191931	182058	71005	-13.9 %	21.8 %	4.5%	55.2%	18.6%
租赁和商务服务业	1640302	1360738	1357146	692992	205649	21.4 %	-2.2 %	91.9%	171.1%	-0.6%
科学研究和技术服务业	4416418	3198107	2400064	2289237	1242777	37.6 %	33.1 %	4.0%	8.3%	-0.9%
水利、环境和公共设施管理业	103719	19221	19441	22200	14221	75.0%	-1.1 %	39.6%	65.6%	64.9%
居民服务、修理和其他服务业	46644	46163	41104	34908	17416	-0.4 %	5.0 %	3.8%	130.1%	39.2%
教育	45115	46423	52637	73022	2166	-5.5 %	-18.6 %	-31.5%	323.1%	457.1%
卫生和社会工作	172657	190177	154337	81957	31216	11.2 %	12.7 %	19.1%	48.6%	13.2%
文化、体育和娱乐业	103481	97547	39712	47966	15807	5.8 %	89.5 %	-14.6%	18.4%	19.2%

2019—2022年部分年份成都市成华区年末从业人员情况表

表183

单位：人

指标名称	2022年	2021年	2020年	指标名称	2022年	2021年	2020年
总计	194782	196263	187116	房地产业	10585	12628	10941
制造业	6556	7064	7218	租赁和商务服务业	16716	28584	27489
电力、热力、燃气及水生产和供应业	41	239	255	科学研究和技术服务业	15311	17554	17372
建筑业	27027	27868	26618	水利、环境和公共设施管理业	1766	2227	3146
批发和零售业	17371	18885	17236	居民服务、修理和其他服务业	4160	6602	5607
交通运输、仓储和邮政业	30081	28195	27775	教育	1203	16044	14783
住宿和餐饮业	3953	4524	3697	卫生和社会工作	3989	8997	9299
信息传输、软件和信息技术服务业	9972	8665	8316	文化、体育和娱乐业	2008	2836	1950
金融业	—	1923	1944	公共管理、社会保障和社会组织	—	3428	3470

表184

2022年成都市成华区企业、事业、机关单位情况表

指标名称	合计（个）	第二产业占比	第三产业占比	指标名称	合计（个）	第二产业占比	第三产业占比
总计	975	19.8 %	80.2 %	房地产业	153	—	15.7%
制造业	35	3.6 %	—	租赁和商务服务业	55	—	5.6%
电力、热力、燃气及水生产和供应业	1	0.1 %	—	科学研究和技术服务业	45	—	4.6%
建筑业	157	16.1 %	—	水利、环境和公共设施管理业	5	—	0.5%
批发和零售业	305	—	31.3%	居民服务、修理和其他服务业	18	—	1.8%
交通运输、仓储和邮政业	25	—	2.6%	教育	9	—	0.9%
住宿和餐饮业	101	—	10.4%	卫生和社会工作	19	—	1.9%
信息传输、软件和信息技术服务业	22	—	2.3%	文化、体育和娱乐业	23	—	2.4%
金融业	—	—	—	公共管理、社会保障和社会组织	—	—	—

表185

2022年成都市成华区分行业在岗职工情况表

指标名称	合计（人）	第二产业占比	第三产业占比	指标名称	合计（人）	第二产业占比	第三产业占比
总计	182457	16.0 %	84.0 %	房地产业	10437	—	5.7 %
制造业	6033	3.3 %	—	租赁和商务服务业	15843	—	8.7 %
电力、热力、燃气及水生产和供应业	38	0.0 %	—	科学研究和技术服务业	13787	—	7.6 %
建筑业	23104	12.7%	—	水利、环境和公共设施管理业	1769	—	1.0 %
批发和零售业	17113	—	9.4 %	居民服务、修理和其他服务业	4105	—	2.2 %
交通运输、仓储和邮政业	27547	—	15.1 %	教育	1146	—	0.6 %
住宿和餐饮业	3780	—	2.1 %	卫生和社会工作	3845	—	2.1 %
信息传输、软件和信息技术服务业	9313	—	5.1 %	文化、体育和娱乐业	1446	—	0.8 %
金融业	—	—	—	公共管理、社会保障和社会组织	—	—	—

2022年成都市成华区分行业在岗职工平均工资表

表186　　　　单位：元

指标名称	合计	第二产业	第三产业	指标名称	合计	第二产业	第三产业
总计	128825			房地产业	96122	—	96122
制造业	104413	104413		租赁和商务服务业	110348	—	110348
电力、热力、燃气及水生产和供应业	163947	163947		科学研究和技术服务业	196326	—	196326
建筑业	103719	103719		水利、环境和公共设施管理业	66244	—	66244
批发和零售业	73993		73993	居民服务、修理和其他服务业	45120	—	45120
交通运输、仓储和邮政业	105981		105981	教育	110114	—	110114
住宿和餐饮业	51460		51460	卫生和社会工作	97397	—	97397
信息传输、软件和信息技术服务业	106265		106265	文化、体育和娱乐业	104331	—	104331
金融业	—	—	—	公共管理、社会保障和社会组织	—	—	—

2022年成都市成华区分行业在岗职工工资总额情况表

表187

指标名称	合计（个）	第二产业占比	第三产业占比	指标名称	合计（个）	第二产业占比	第三产业占比
总计	24179780	13.6%	86.4%	房地产业	1025256	—	0.4%
制造业	652995	2.7%	—	租赁和商务服务业	1845310	—	7.6%
电力、热力、燃气及水生产和供应业	6230	0.0%	—	科学研究和技术服务业	2797720	—	11.6%
建筑业	2628425	10.9%	—	水利、环境和公共设施管理业	117186	—	0.5%
批发和零售业	1303057	—	5.4%	居民服务、修理和其他服务业	199624	—	0.8%
交通运输、仓储和邮政业	2927871	—	12.1%	教育	126191	—	0.5%
住宿和餐饮业	204230	—	0.8%	卫生和社会工作	379727	—	1.6%
信息传输、软件和信息技术服务业	1017904	—	4.2%	文化、体育和娱乐业	158801	—	0.7%
金融业	—	—	—	公共管理、社会保障和社会组织	—	—	—

1995—2022年部分年份成都市成华区教育系统基本情况表

表188

指标名称	单位	2022年	2021年	2020年	2019年	2015年	2010年	2005年	2000年	1995年
普通中学校	所	25	24	21	21	21	21	15	24	29
初中	所	6	6	4	5	5	4	3	17	15
高中	所	9	9	8	7	7	6	4	7	14
九年一贯制	所	10	9	9	9	9	11	8	—	—

续表188

指标名称	单位	2022年	2021年	2020年	2019年	2015年	2010年	2005年	2000年	1995年
职业中学校	所	1	2	2	2	3	9	—	2	2
小学校	所	28	29	28	28	25	23	25	65	71
小学在校学生数	人	69110	64793	61220	58935	49327	44144	44570	35094	32410
小学招生数	人	13243	12314	11301	11415	8738	7255	6556	6495	5893
小学毕业生数	人	8923	8517	8642	8273	7187	8525	6981	6084	5312
小学教职工数	人	3553	3430	2851	2719	1765	2080	1785	1932	2076
小学专任教师数	人	3484	3363	2810	2675	1688	1899	1638	1664	1737
普通中学在校生数	人	31417	28507	26701	25321	25777	28249	13592	14155	11566
普通中学招生数	人	11773	10044	9632	8901	8069	8671	4850	4718	4092
普通中学毕业生数	人	8812	8131	8196	8111	9044	8050	4282	3971	2416
普通中学教职工数	人	3550	3292	2751	2624	2678	2071	1016	1471	1525
普通中学专任教师	人	3286	3019	2573	2461	2485	1859	883	1148	1145
职业中学在校生数	人	3482	2627	2299	2392	3395	11590	—	500	1144
职业中学教职工数	人	253	215	188	192	193	632	—	124	213
职业中学专任教师	人	231	202	183	185	172	411	—	86	143
初中毕业生升学率	%	100	100	100	100	99.3	100	—	100	100
小学入学率	%	100	100	100	100	100	100	100	100	100
小学毕业生升学率	%	94.8	89.03	84.52	83.28	82.61	100	100	100	100

表189　　2022年成都市成华区各类学校学生人数、教师情况表

指标名称	学校数（所）	在校学生数（人）	招生数（人）	毕业生数（人）	教职工数（人）	专任教师（人）
总计	54	104009	26673	18430	7356	7001
1. 普通中学	25	31417	11773	8812	3550	3286
教育部门和集体办	20	28320	10627	8116	2874	2785
（1）高中	9	8102	3311	2024	1971	1788
教育部门和集体办	7	7269	2937	1949	1547	1487
（2）初中	16	23315	8462	6788	1579	1498
教育部门和集体办	13	21051	7690	6167	1327	1298
2. 小学	28	69110	13243	8923	3553	3484
教育部门和集体办	28	64821	12607	8167	3553	3484
3. 职业中学	1	3482	1657	695	253	231
教育部门和集体办	1	3482	1657	695	253	231

表190　　1995—2022年部分年份成都市成华区卫生事业基本情况表

指标名称	单位	2022年	2021年	2020年	2019年	2015年	2010年	2005年	2000年	1995年
卫生机构数	个	60	62	64	64	52	47	48	38	90
医院	个	49	48	50	48	36	30	33	26	28
卫生机构病床数	张	7761	7374	7500	6806	5480	4131	3155	3659	3509
医院	张	7385	7020	7244	6419	5015	3419	2730	2987	2961
卫生工作人员	人	15131	14871	14259	12845	9307	6015	3675	4195	5351
医院	人	9376	9397	9190	8158	6024	4692	3256	3565	4216
卫生技术员	人	12431	12161	11498	11282	7474	4976	3040	3233	4247
医院	人	7593	7506	7231	6308	4885	3898	2695	2779	3329
卫生机构医生	人	4727	4510	4258	3841	3078	1918	1232	1392	1947
医院	人	2686	2603	2526	2134	1813	1524	1074	1167	1388
卫生机构护士	人	5812	5726	5444	4807	3131	1943	1129	388	850
医院	人	3772	3766	3632	3171	2236	1613	1028	352	719
社会福利院数	个	—	—	—	—	—	—	4	4	5
社会福利院病床数	张	—	—	—	—	—	—	1489	339	327

表191　　2022年成都市成华区卫生机构情况表

指标名称	单位	合计	医院					疾病预防控制中心	卫生执法监督大队	妇幼保健院	社区卫生服务中心
			合计	综合医院	中医医院	中西医结合医院	专科医院				
卫生机构数	个	60	49	32	1	1	13	1	0	1	11
实有病床数	张	7761	7385	5820	230	61	1078	0	0	0	188
卫生工作人员	人	15131	9376	7421	171	35	1634	98	—	376	930
卫生技术人员	人	12431	7593	6138	164	21	1186	86	—	336	808
执业医师	人	4724	2686	2242	58	8	347	53	—	102	249
注册护士	人	5812	3772	3007	77	12	629	0	—	177	415
药剂人员	人	493	354	291	8	1	51	—	—	13	67
技师	人	787	450	378	13	0	56	—	—	39	50
其他	人	452	183	146	3	0	34	—	—	1	22
其他技术人员	人	619	382	315	1	0	61	—	—	21	45
管理人员	人	839	548	368	6	14	146	—	—	35	38
工勤人员	人	1384	919	636	0	0	265	—	—	13	44

注:卫生机构不含诊所。

表192　　2010—2022年部分年份成都市成华区法人单位情况表

指标名称	单位个数(个)						比重					
	2022年	2021年	2020年	2019年	2015年	2010年	2022年	2021年	2020年	2019年	2015年	2010年
总计	24547	19214	18786	18362	6044	5628	100%	100%	100%	100%	100%	100%
一、按三次产业划分												
一产业	23	10	7	5	8	10	0.1%	0.1%	0.0%	0.0%	0.1%	0.2%
二产业	3443	2215	2162	2252	830	1194	14.0%	11.5%	11.5%	12.3%	13.7%	21.2%
三产业	21081	16989	16617	16105	5206	4424	85.9%	88.4%	88.5%	87.7%	86.2%	78.6%
二、按国民经济行业门类分组												
采矿业	10	6	8	7	4	4	0.0%	0.0%	0.0%	0.0%	0.1%	0.1%
制造业	734	639	643	635	510	950	3.0%	3.3%	3.4%	3.5%	8.4%	16.9%
电力、燃气及水的生产和供应业	22	15	13	11	10	11	0.1%	0.1%	0.1%	0.1%	0.2%	0.2%
建筑业	2677	1555	1498	1599	306	221	10.9%	8.1%	8.0%	8.7%	5.1%	3.9%
交通运输、仓储和邮政业	409	358	360	359	247	592	1.7%	1.9%	1.9%	2.0%	4.1%	10.5%
信息传输、计算机服务和软件业	2124	1522	1446	1416	253	335	8.7%	7.9%	7.7%	7.7%	4.2%	6.0%
批发零售和住宿和餐饮业	8268	6730	6636	6457	2294	1940	33.7%	35.0%	35.3%	35.2%	38.0%	34.5%
金融业	70	58	66	59	39	28	0.3%	0.3%	0.4%	0.3%	0.6%	0.5%
房地产业	950	800	787	738	366	231	3.9%	4.2%	4.2%	4.0%	6.1%	4.1%
租赁和商务服务业	4132	3308	3219	3113	578	382	16.8%	17.2%	17.1%	17.0%	9.6%	6.8%
科学研究、技术服务和地质勘查业	2003	1530	1474	1424	297	128	8.2%	8.0%	7.8%	7.8%	4.9%	2.3%
水利、环境和公共设施管理业	127	94	85	78	35	22	0.5%	0.5%	0.5%	0.4%	0.6%	0.4%
居民服务和其他服务业	823	720	744	731	242	264	3.4%	3.7%	4.0%	4.0%	4.0%	4.7%
教育	580	501	481	461	256	157	2.4%	2.6%	2.6%	2.5%	4.2%	2.8%
卫生、社会保障和社会福利业	315	269	215	200	91	62	1.3%	1.4%	1.1%	1.1%	1.5%	1.1%
文化、体育和娱乐业	998	828	804	768	189	79	4.1%	4.3%	4.3%	4.2%	3.1%	1.4%
公共管理和社会组织	282	271	300	301	319	222	1.1%	1.4%	1.6%	1.6%	5.0%	3.9%
三、企业法人合计	23828	18525	18047	17621	6044	5159	100.0%	100.0%	100.0%	100.0%	100.0%	100.0%
内资	23750	18466	17991	17566	5990	5074	99.7%	99.7%	99.7%	99.7%	99.1%	98.4%
国有和集体	207	173	159	111	475	353	0.9%	0.9%	0.9%	0.6%	7.9%	6.8%
股份制、有限责任公司和其他单位	3235	2518	2552	2623	3756	1194	13.6%	13.6%	14.1%	14.9%	62.1%	23.1%
私营	20308	15775	15280	14832	1759	3527	85.2%	85.2%	84.7%	84.2%	29.1%	68.4%
外资和中国港、澳、台商投资	78	59	56	55	54	85	0.3%	0.3%	0.3%	0.3%	0.9%	1.6%

表193　　2010—2022年部分年份成都市成华区城镇住户家庭收支情况表

指标名称	单位	2022年	2021年	2020年	2019年	2015年	2010年
家庭基本情况							
调查户数	户	200	200	200	200	234	100
家庭平均人口数	人/户	2.82	2.82	2.94	2.9	2.77	2.87
人口就业情况							
有收入者人数	人/户	2.27	2.27	2.2	2.2	2.04	2.36
1. 就业人口数	人/户	1.49	1.43	1.3	1.4	1.42	1.71
2. 离退休人数	人/户	0.78	0.84	0.9	0.9	0.48	0.63
3. 其他有收入者人数	人/户	0	0	0	0.0	0.14	0.02
无收入者人数	人/户	0.66	0.55	0.9	0.8	0.81	0.5
期末家庭人口数	人/户	2.82	2.82	2.94	2.9	2.75	2.86
负担系数	人/就业者	1.97	1.97	2.37	2.2	2.35	1.68
家庭主要消费品拥有量							
1. 家用汽车	辆/百户	52.5	50	46	46	30.1	19.8
2. 洗衣机	台/百户	100.5	99	101.0	100.5	98.8	99.01
3. 电冰箱	台/百户	98	97.5	102.0	99.5	99.5	100.0
4. 彩色电视机	台/百户	110	109	120.5	120	133.1	158.42
5. 家用电脑	台/百户	68.5	72.6	78.2	76	74.5	105.94
6. 微波炉	台/百户	78.5	77.5	84.5	80	78.1	84.16
7. 摄像机	架/百户	—	—	未统计	未统计	13.4	7.92
8. 空调	台/百户	198.5	116	122	115	119	123.76
9. 固定电话	部/百户	11	10.5	23	23.5	55.5	82.18
10. 移动电话	部/百户	240	242	250	247.5	221.8	234.65
住房情况							
1. 家庭居住人口数	人/户	2.82	2.82	2.94	2.93	2.8	2.87
2. 现住房总建筑面积	平方米/人	29.4	28.8	28.3	28	31.13	24.73
3. 住宅建筑式样比重							
单栋住宅	%			—	—	5.6	—
四居室	%	1.5	1.5	3	3	—	3.96
三居室	%	36.5	36	35.5	35.5	34.2	28.71
二居室	%	53.5	54.5	49.5	49.5	55.7	59.41
一居室	%	8.5	8	12	12	2.5	3.96
普通楼房	%	—	—	—	—	—	1.98
平房及其他	%	—	—	—	—	2	1.98
家庭人均现金收入情况							
一、家庭总收入	元/人	—	—	—	—	—	23286.64
可支配收入	元/人	57563	55349	51202	48358	35349.25	21105.05
（一）工薪收入（工资性收入）	元/人	33081	32068.8	29877.4	28295.7	20573	13146.47

续表193

指标名称	单位	2022年	2021年	2020年	2019年	2015年	2010年
1. 工资及补贴收入	元/人	32108	30717	28767.6	27167.1	16508.84	12934.51
2. 其他劳动收入（其他）	元/人	973	1351.8	1109.8	1128.6	59.57	211.96
（二）经营净收入	元/人	5762	5437	4579.9	4740.6	3215	2007.93
（三）财产性收入	元/人	5002	4744.4	4300.1	4163.2	3236	1742.5
1. 利息收入	元/人	295	347.6	433.7	378.8	352.63	87.31
2. 股息与红利收入	元/人	344	245.1	408.1	428.3	39.18	63.65
3. 保险收益	元/人	203	343.8	360.2	399.8	—	—
4. 出租房屋收入	元/人	767	1032.3	939.1	884.5	992.42	519.14
（四）转移性收入	元/人	13718	13098.6	12444.2	11158.8	8325	6389.75
1. 养老金或离退休金	元/人	12835	12390	11694.8	10138.7	7966	5483.19
2. 社会救济收入	元/人	89	39.6	45.2	39.8	11.26	1.75
3. 赡养收入	元/人	794	669	704.0	980.2	573.97	198.71
二、出售财物收入	元/人	—	—	—	—	—	8.54
三、借贷收入	元/人	213.5	319.1	366.4	384.5	1537.21	4305.46
提取储蓄存款	元/人	153.5	216.2	175.6	164.5	1507.8	4289.74
家庭人均现金支出情况							
一、家庭总支出	元/人	—	—	—	—	—	20252.85
（一）消费支出	元/人	33748	33216.5	30306.7	31569.6	23019.52	16331.47
服务性消费支出	元/人	—	—	—	—	—	4612.94
1. 食品（食品烟酒）	元/人	11048.3	10933.2	10243.3	10159.8	7965.66	6413.51
2. 衣着	元/人	2726.2	2712.4	2531.4	2915.0	2082.3	1540.66
3. 生活用品及服务	元/人	1612.1	1642.6	1555.1	1791.9	1217.23	843.75
4. 医疗保健	元/人	2319.7	2197.4	1996.6	1854.7	1326.47	1122.09
5. 交通通信	元/人	3114.5	3195.9	2664.1	3020.9	2292.34	2385.71
6. 教育文化娱乐	元/人	3043.4	3048	2796.5	3457.4	2443.94	2150.07
7. 居住	元/人	8637.5	8317.3	7436.3	7097.8	4809.83	1315.32
8. 其他用品和服务	元/人	1246.2	1169.7	1083.4	1272.1	881.76	560.36
（二）购房与建房支出	元/人	367.7	1368.6	976.2	889.5	356.89	—
（三）转移性支出	元/人	4056	3995.1	3593.5	3699.3	1928.25	1717.81
（四）财产性支出	元/人	674	611.4	589.9	734.5	349.68	215.45
（五）社会保障支出	元/人	3543	3608	2817.2	2841.3	1594.85	1988.12
二、借贷支出	元/人	1781	2044.9	1362.4	1121.1	2.95	3530.03
1. 存入储蓄款		206	215.3	230.4	240.6	493.46	2962.36
2. 归还住房贷款	元/人	1410	1312.4	807.1	798.6	722.48	282.97
在外饮食	元/人	2809	2572.4	2460.2	2003.6	2086.04	1809.15
旅游人次	次/百人	—	—	—	—	—	3.98
旅游花费	元/百人	318	390	194	1267.7	1294.56	705.75

（成华区统计局）

主题索引

编辑　李锡清

编制说明

一、本索引为2023年卷《成华年鉴》的内容分析索引。通过本索引所选的主题词条，可以对具有独立检索意义的完整资料进行检索。

二、本索引按汉语拼音字母（同音字按声调）顺序排列。索引词条用宋体字标明。数字表示该词条内容所在页码，后面的拉丁字母（a、b、c）表示栏别（从左到右）。

三、“卷首图片专辑”和内文中的“特载”“大事记”“重要文献”内容以及内文照片、小资料未作索引，内文中的名单、图表仅对其标题作索引。

A

B

C

D

E

F

G

H

J

K

L

M

N

P

Q

R

S

T

W

X

Y

Z